# TOUTES les matières

1re et 2e années

# MUC

Management des Unités Commerciales

# Objectif BTS

**MATIÈRES PROFESSIONNELLES**
Nicolas BLOCH
Armelle LIARD
Séverine SÉGUY-MASSON

**ÉCONOMIE-DROIT**
Jean-Pierre BROUTIN

**MANAGEMENT DES ENTREPRISES**
Bruno BONNEFOUS
Marc GÉRONIMI

**CULTURE ET EXPRE**
Émilie DH



**ANGLAIS**
Corinne DENIS

hachette
ÉDUCATION

**Crédits photographiques**
p. 357 : © Photo Josse/Leemage
p. 359 : © PrismaArchivo/Leemage
p. 364 : © Immagina/Leemage
p. 381 : © akg-images
p. 385 : © akg-images/MPortfolio/Electa
p. 389 (h) : © Leemage
p. 389 (b) : DR

**Mise en pages et schémas** : GRAPH'in-folio
**Couverture** : Stéphanie Benoit
**Édition** : Jeanne Mauboussin




ISBN : 978-2-01-701501-7
www.hachette-education.com

# Sommaire

| BTS MANAGEMENT DES UNITÉS COMMERCIALES | | | | | | | | |
|---|---|---|---|---|---|---|---|---|
| Intitulés et coefficients des épreuves et unités | | | Voie scolaire dans un établissement public ou privé sous contrat, CFA ou section d'apprentissage habilité. Formation professionnelle continue dans les établissements publics habilités. | | Formation professionnelle continue dans les établissements publics habilités. | | Voie scolaire dans un établissement privé, CFA ou section d'apprentissage non habilité. Formation professionnelle continue dans les établissements publics non habilités ou en établissement privé, enseignement à distance, candidats justifiant de 3 ans d'expérience professionnelle. | |
| **Épreuves** | **Unités** | **Coef.** | **Forme** | **Durée** | **Évaluation en cours de formation** | **Durée** | **Forme** | **Durée** |
| **E.1. Culture générale et expression** | U1 | 3 | Ponctuelle Écrit | 4 h | CCF | | Écrit | 4 h |
| **E.2. Langue vivante étrangère 1** | U2 | 3 | Ponctuelle Écrit<br>Oral | 2 h + 20 min.(1)<br>20 min.(2) | CCF | | Ponctuelle Écrit<br>Ponctuelle Oral | 2 h + 20 min.(1)<br>20 min.(2) |
| **E.3. Économie, Droit, Management des entreprises** | | 3 | | | | | | |
| **– Économie et droit** | U31 | 2 | Ponctuelle Écrit | 4 h | CCF | | Ponctuelle Écrit | 4 h |
| **– Management des entreprises** | U32 | 1 | Ponctuelle Écrit | 3 h | CCF | | Ponctuelle Écrit | 3 h |
| **E.4. Management et gestion des unités commerciales (MGUC)** | U4 | 4 | Ponctuelle Écrit | 5 h | Ponctuelle Écrit | 5 h | Écrit | 5 h |
| **E.5. Analyse et conduite de la relation commerciale (ACRC)** | U5 | 4 | CCF | | CCF | | Oral | 45 min. |
| **E.6. Projet de développement d'une unité commerciale (PDUC)** | U6 | 4 | CCF | | CCF | | Oral | 40 min. |
| **EF 1 Langue vivante(3)** | UF1 | | Ponctuelle Oral | 20 min. | Ponctuelle Oral | 20 min. | Ponctuelle Oral | 20 min. |

(1) Temps de préparation. (2) Non compris le temps de préparation.

(3) La langue vivante étrangère choisie au titre de l'épreuve facultative est obligatoirement différente de celle choisie au titre de l'épreuve obligatoire. Seuls les points au-dessus de la moyenne sont pris en compte.

EN VIDÉO

Retrouvez les vidéos sur
www.hachette-education.com

**Retrouvez des vidéos gratuites sur www.hachette-education.com…**

Dans cet ouvrage, des logos vous signalent l'existence en ligne de courtes vidéos qui portent sur des explications de méthode

# Management et gestion des unités commerciales

# Présentation de l'épreuve de Management et gestion des unités commerciales (MGUC)

## 1 L'objectif de l'épreuve

Épreuve écrite
Durée : 5 heures
Coefficient : 4

L'objectif de l'épreuve est de vérifier les aptitudes du candidat à :

- **analyser des problèmes** de management et de gestion de l'unité commerciale à partir d'une situation professionnelle réelle ;
- **choisir les méthodes et techniques** appropriées, et les mettre en œuvre ;
- **proposer des solutions** réalistes permettant de résoudre efficacement les problèmes posés ;
- **justifier les décisions** en mobilisant les savoirs associés.

Les critères d'évaluation reposent non seulement sur **la maîtrise des connaissances et des savoir-faire**, mais également sur **la rigueur du raisonnement** ainsi que **la pertinence des méthodes, des outils et des solutions**.

## 2 Le sujet

Le sujet qui vous est proposé en MGUC :

- **s'appuie sur un contexte réel ;**
- **propose une mise en situation ;**
- **permet la mise en œuvre d'une démarche de résolution de problème** au travers de plusieurs dossiers (3 ou 4) dont le traitement est indépendant.

Chaque dossier du sujet comporte une série de questions qui vise à guider le candidat dans la résolution du problème qui lui est soumis.

## 3 Le barème de notation

Le barème qui est fourni est à titre indicatif. Il permet simplement au candidat d'estimer le poids de chacun des dossiers. Le détail des points pour chaque question n'est, quant à lui, pas indiqué.

Sur **un total de 80 points, 75 points sont attribués aux réponses aux questions et 5 points à la forme** (orthographe, syntaxe, présentation et soin).

## 4 Gérer efficacement son temps

Le temps alloué à l'épreuve tient compte du temps de lecture et de relecture.

Le barème des points attribué à chaque dossier vous permet d'estimer le temps que vous devrez passer sur chacun d'entre eux :

– **entre 20 et 25 points : de 1 h à 1 h 30** ;

– **entre 25 et 30 points : de 1 h 30 à 1 h 45.**

**Conseils**

Réservez 45 minutes pour la lecture et la relecture, et estimez rapidement le temps attribué à chacun des dossiers grâce au barème de points.

## 5 Mes étapes

étape 1 **Commencez par lire attentivement la présentation générale**, et plus particulièrement les mises en situation. Ces dernières introduisent le traitement d'un dossier, voire d'une tâche, et sont importantes car elles peuvent contenir des éléments d'information importants.

étape 2 **Lisez ensuite la ou les questions.** Sachez repérer les verbes « d'action » utilisés dans la formulation de la question car ils précisent ce qui est attendu :

- **Définissez :** définir une notion.
- **Caractérisez :** décrire, voire expliquer.
- **Calculez, déterminez :** calculs à effectuer à l'aide des données fournies en annexe.
- **Identifiez, repérez :** trouver les éléments d'explication dans les documents en annexe.
- **Vérifiez :** une vérification doit le plus souvent faire l'objet d'un calcul.

**Conseils**

Évitez d'avoir à relire les documents figurant en annexe à de multiples reprises. Lisez et analysez la question avant, puis munissez-vous de surligneurs afin de repérer les éléments utiles qui figurent dans les documents.

étape 3 **À chaque question, reportez-vous aux annexes** concernées. **Relevez les éléments d'information** qui serviront à formuler une réponse pour chacune des questions.

**Au moment de rédiger, pensez à la présentation de votre copie.** Il est inutile de rédiger une introduction et une conclusion générales ! Privilégiez un traitement par dossier :

- séparez les dossiers dans des copies distinctes ;
- reportez les numéros des questions dans la copie ;
- ne regroupez pas plusieurs questions en une et ne recopiez pas les documents fournis en annexe.

**Pensez à être soigneux dans la rédaction de vos réponses.** En général, les réponses doivent être justifiées à l'aide de calculs et/ou d'analyse qui se présentent le plus souvent sous forme de tableau ou d'énumération d'arguments.

⚠ Le recours aux techniques quantitatives de gestion (calculs) ne doit pas vous faire perdre de vue qu'**il faut toujours commenter les résultats obtenus**. De plus, **il est indispensable de détailler chaque calcul, car les points attribués dépendent du raisonnement effectué**. Ainsi, un calcul dont le résultat est faux peut malgré tout vous rapporter un nombre de points conséquent s'il est suffisamment détaillé.

**Conseils**

Certaines questions vous demandent d'avancer des arguments en faveur de telle ou telle hypothèse, ou bien d'expliquer quels sont les avantages et les inconvénients d'un choix éventuel. N'hésitez pas à être exhaustif(ve) et à avancer un maximum d'arguments, car le barème détaillé tiendra compte du nombre d'idées différentes avancées.

# 1 Le cycle d'exploitation

L'unité commerciale entretient des relations avec ses partenaires. Les différents échanges qui en résultent sont constitués de flux économiques de natures différentes.

## 1 La typologie des relations possibles

### A Les relations avec les clients et les fournisseurs

### B Les relations avec les établissements financiers et de crédit

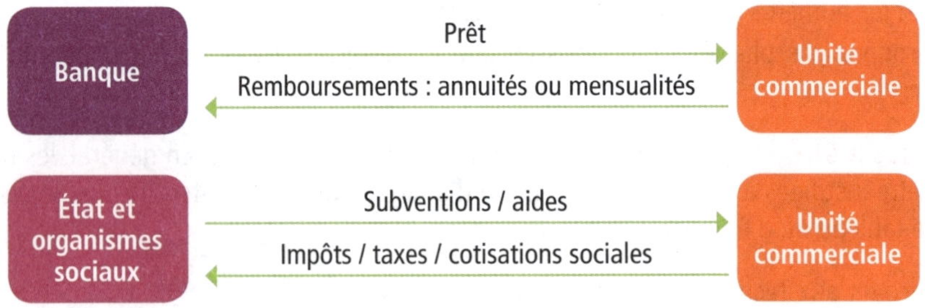


### C Les relations avec le personnel

Elles ne se limitent pas au versement d'une rémunération en contrepartie d'un travail. La compétitivité de l'unité commerciale dépend fortement des conditions de travail et de l'implication des salariés.

Le management de l'équipe est essentiel pour atteindre les objectifs qui ont été fixés.

## 2 Les opérations de l'unité commerciale

- **Les opérations d'exploitation.** Elles sont liées à l'activité courante de l'entreprise (ex. : achat, vente, règlement).
- **Les opérations d'investissement.** Elles concernent les acquisitions d'actifs matériels ou immatériels conservés durablement dans l'entreprise (ex. : achat d'un véhicule, d'une machine…).
- **Les opérations de financement.** L'entreprise utilise des ressources de financement internes ou externes pour financer ses investissements (ex. : un emprunt, qui est une ressource externe).

# 3 Le cycle d'exploitation selon l'entreprise

## A L'entreprise commerciale

## B L'entreprise industrielle

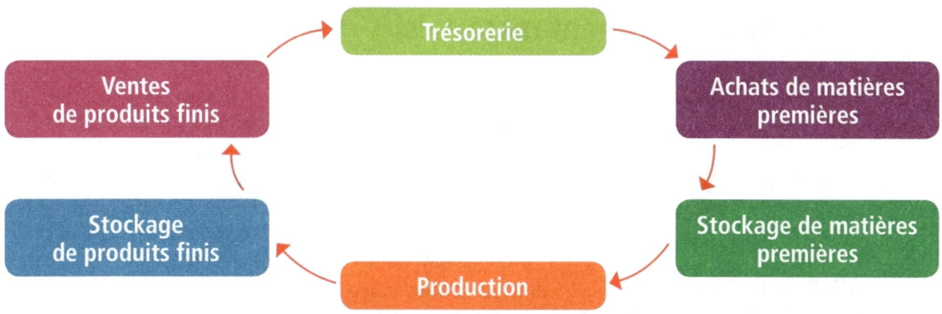


## C L'entreprise de service

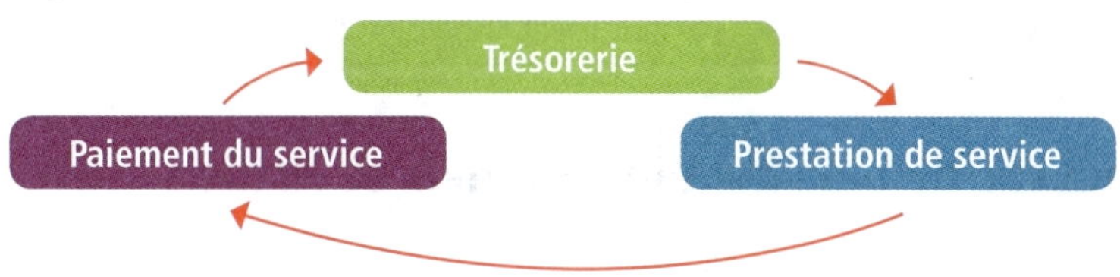


## D Le besoin en fonds de roulement (BFR)

Le BFR représente le besoin de financement qui est dû au décalage dans le temps pendant le cycle d'exploitation. Par exemple, l'entreprise doit parfois régler ses fournisseurs avant de recevoir le montant dû par ses clients.

**Exemple**

| Achat | Vente | Besoin en trésorerie |
|---|---|---|
| Règlement à 30 jours au fournisseur. | Règlement à 45 jours du client. | Il faudra régler au minimum le fournisseur 15 jours avant que les clients ne paient. |

On peut ainsi déterminer un besoin en fonds de roulement d'exploitation qui tiendra compte des décalages de trésorerie consécutifs aux opérations du cycle d'exploitation.

| Opérations qui engendrent des besoins de financement | Opérations qui apportent des ressources de financement |
|---|---|
| Durée de crédit accordée aux clients.<br>Durée de stockage. | Durée de crédit accordée par les fournisseurs. |

Afin de faire face à ses échéances, l'entreprise devra soit prélever dans sa trésorerie soit demander des facilités de trésorerie à sa banque, ce qui engendrera des frais.

# 2 Les relations avec les banques

L'entreprise doit faire face à une diversification importante des moyens de paiement liée aux achats sur Internet. La relation avec la banque est primordiale car un bon suivi de la trésorerie est essentiel.

## 1 Les moyens et outils de paiement

### A Les moyens de paiement matériels

| | |
|---|---|
| **Espèces et chèques** | Le paiement en espèces (billets et pièces) n'est possible que jusqu'à un montant maximum de 1 000 €.<br>Un commerçant peut refuser le paiement par chèque.<br>Validité d'un chèque : 1 an et 8 jours. |
| **Effets de commerce : instruments de paiement à crédit** | **Lettre de change :** le tireur (vendeur) donne au tiré (client) l'ordre de payer une certaine somme au bénéficiaire à une échéance donnée. |
| | **Billet à ordre :** le souscripteur (client) émet l'effet et s'engage à payer. |
| **Mandat** | Instrument de transfert de fonds via La Poste ou autre. |

### B Les moyens de paiement immatériels et virtuels

| | |
|---|---|
| **Paiement par carte bancaire** | C'est le moyen de paiement le plus utilisé en France.<br>La carte bancaire n'est qu'une simple carte de débit dans le cadre de cartes prépayées. |
| **Virement et transfert de fonds** | **Le virement bancaire** désigne le transfert d'une somme d'argent depuis un compte vers un autre compte.<br>**Le transfert de fonds** peut s'effectuer sans l'intermédiaire d'une banque, via d'autres organismes. Ex. : Western Union. |
| **Prélèvement** | C'est le créancier qui émet l'ordre de transfert de fonds. |
| **Porte-monnaie électronique et paiement sans contact** | Le paiement sans contact s'est substitué au porte-monnaie électronique pour les petits montants. |
| **Moyens de paiement par Internet** | Ils permettent de sécuriser les transactions.<br>Ex. : Paypal. Ce moyen de paiement permet d'ouvrir un compte relié à une carte bancaire.<br>**Les e-cartes** permettent également de bénéficier de cartes bancaires virtuelles attachées à un compte. |
| **Crypto-monnaies** | Ex. : le Bitcoin. Il s'agit d'une monnaie virtuelle qui peut servir de système de paiement mais qui demeure encore principalement une monnaie spéculative. |

## 2 Les concours bancaires à court terme

• **Un concours bancaire** désigne un ou plusieurs crédits bancaires ou prêts accordés par une banque à un de ses clients à court terme.

• **Le solde créditeur de banque.** C'est un découvert ponctuel.

**Remarque**

« Solde créditeur » dans la comptabilité de l'entreprise signifie « solde débiteur » sur le relevé de banque.

• **Les facilités de caisse.** Elles sont accordées par les banques ou les autres organismes de crédit et s'accompagnent du paiement d'un agio basé sur un taux d'intérêt représentant le coût du crédit à court terme. Cet agio s'accompagne de frais conséquents si le découvert n'est pas autorisé.

## 3 L'encaissement

• **La remise de l'encaissement :** l'entreprise remet ses chèques et ses effets de commerce à l'encaissement. Ces derniers seront réglés à la date d'échéance.

• **Si l'entreprise a besoin de trésorerie**, elle peut :

– remettre des effets de commerce à l'escompte : la banque verse le montant dû par anticipation (diminué d'un agio) ;

– remettre des créances de clients professionnels à l'affacturage auprès d'une société spécialisée.

**Définitions**

**Agio :** ensemble des frais retenus par la banque (intérêt + commission d'intervention).
**Affacturage :** gestion des créances d'une entreprise, effectuée par une société spécialisée.

# 3 Les outils de calcul

## 1 Les calculs de base

### A Le pourcentage de répartition (ou poids)

**% répartition (part) = (partie/total) × 100**

**Exercice-type** **Calculer les parts de marché de chacune des entreprises.**

| Entreprise | A | B | C | Ensemble |
|---|---|---|---|---|
| CA (en k€) | 70 | 49 | 21 | 140 |
| Part de marché (en %) | ? | ? | ? | **100** |

**Solution** Entreprise A : **(70/140) × 100 = 0,5 × 100 = 50 %.**
Entreprise B : **(49/140) × 100 = 0,35 × 100 = 35 %.**
Entreprise C : **(21/140) × 100 = 0,15 × 100 = 15 %.**
**Pour retrouver le chiffre d'affaires à partir de la part de marché et du total du CA :** % × total.
**CA de l'entreprise B :** 35 % × 140 = (35/100) × 140 = 0,35 × 140 = 49.

### B Le taux d'évolution (ou taux de croissance)

$$\text{Taux d'évolution} = \frac{(VA - VD)}{VD} \times 100$$

VA : valeur d'arrivée ; VD : valeur de départ

**Exercice-type** **Calculer l'évolution annuelle du chiffre d'affaires sur 4 ans.**

| Année | 2017 | 2018 | 2019 | 2020 |
|---|---|---|---|---|
| Chiffre d'affaires | 60 | 158 | 149 | 170 |
| Évolution en % | | ? | ? | ? |

**Solution** 2018 : **(158 – 60) / 60 = 1,63333, soit 163,33 %.**
2019 : **(149 – 158) / 158 = –0,057, soit –5,70 %.**
2020 : **(170 – 149) / 149 = –0,1409, soit 14,09 %.**
**Pour retrouver la valeur d'arrivée à partir du taux d'évolution :** VA = VD × (1 + taux).
**CA en 2020 :** 149 × (1 + 14,09 / 100) = 170.

⚠ **Le taux d'évolution global n'est pas égal à la somme de chaque taux d'évolution.**
Taux d'évolution global : (170 – 60) / 60 = 1,8333, soit + 183,33 %.

### C La règle de proportionnalité

Si deux valeurs évoluent dans les mêmes proportions et que l'on connaît la variation de l'une d'elles, on peut déterminer la variation de l'autre.

| | | |
|---|---|---|
| **Situation connue** | V1 | V2 |
| **Situation à résoudre** | V3 | **V4 ?** |

$$V4 = \frac{(V2 \times V3)}{V1}$$

**Exercice-type** **Calculer combien de jours il faut à une entreprise pour atteindre son seuil de rentabilité qui est de 540 000 €, sachant que son chiffre d'affaires annuel s'élève à 870 000 €.**

| | | |
|---|---|---|
| **Situation connue** | 870 000 € | 365 jours |
| **Situation à résoudre** | 540 000 € | X |

**Solution** **X = (540 000 × 365) / 870 000 = 226,55, soit 227 jours.**

**Remarque :** on fait l'hypothèse que le chiffre d'affaires évolue linéairement donc qu'il est proportionnel au temps.

## 2 La formation du prix de vente

### A La marge

Il s'agit de la somme perçue entre l'achat et la revente, c'est-à-dire de la différence entre le prix de vente hors taxes et le prix d'achat hors taxes.

> **Calcul**
>
> **Marge brute** = prix de vente HT – prix d'achat HT

La marge brute peut également s'exprimer en pourcentage du prix d'achat ou du prix de vente.

⚠ **Ne pas confondre marge brute avec marge nette ou bénéficiaire (marge après déduction des charges liées à la vente).**

### B Les taux de marge et de marque

- **Le taux de marge** représente la marge exprimée en pourcentage du coût d'achat.
- **Le taux de marque** représente la marge exprimée en pourcentage du prix de vente.

> **Calcul**
>
> **Taux de marge** = marge brute / prix d'achat HT × 100
>
> **Taux de marque** = marge brute / prix de vente HT × 100

**Exercice-type** **Calculer la marge brute, les taux de marge et de marque d'une entreprise qui achète un produit 5 € HT et le revend 12 € HT.**

**Solution** **Marge :** 12 – 5 = 7 €.
**Taux de marge :** 7 / 5 × 100 = 1,4 × 100 = 140 %.
**Taux de marque :** 7 / 12 × 100 = 0,5833 × 100 = 58,33 %.

- **Calcul du prix de vente ou du coût d'achat.** La règle de proportionnalité, utilisée avec les taux de marge ou de marque permet de retrouver le prix de vente ou coût d'achat.

**Exercice-type** 1. **Calculer le prix de vente et la marge réalisée pour un produit dont le prix d'achat est de 20 € et le taux de marge de 70 %.**

| Indicateur | Coût d'achat | Marge | Prix de vente |
|---|---|---|---|
| **Situation de référence** | 100 | 70 | 170 |
| **Situation à résoudre** | 20 | Y | X |

**2. Calculer le coût d'achat et la marge réalisée pour un produit dont le prix de vente est de 20 € et le taux de marque de 60 %.**

| Indicateur | Coût d'achat | Marge | Prix de vente |
|---|---|---|---|
| Situation de référence | 40 | 60 | 100 |
| Situation à résoudre | X | Y | 20 |

**Solution** 1. X = 170 × 20 / 100 = 34 €.
Y = 34 – 20 = 14 €.

2. X = 40 × 20 / 100 = 8 €.
Y = 20 – 8 = 12 €.

## 3 Le traitement de la TVA

### A Définition

• **La taxe sur la valeur ajoutée** est perçue par les services fiscaux lors de la vente d'un bien ou d'un service (TVA collectée). En contrepartie, les entreprises (assujetties) ont le droit de récupérer auprès de ces mêmes services la TVA payée lors de leurs achats (TVA déductible).

**Calcul**

**Montant TTC** = montant HT × (1 + taux de TVA)
**Montant HT** = montant TTC / (1 + taux de TVA)
**Pour les taux de TVA :**
20 % → 1,20
10 % → 1,10
5,5 % → 1,055
2,10 % → 1,021

• **La TVA n'a pas d'impact sur le calcul de la marge et du bénéfice**, mais elle peut affecter la trésorerie du fait du décalage entre les flux de trésorerie réels dus aux achats et aux ventes et le paiement de la TVA due.

• **Le taux de TVA** diffère suivant la nature du bien ou du service. Les taux les plus courants sont le taux réduit pour les produits alimentaires, les biens culturels, la restauration… et le taux normal de 20 % pour les autres biens et services

| | |
|---|---|
| **Taux normal : 20 %** | Applicable à toutes les opérations imposables, si un autre taux n'est pas prévu. |
| **Taux réduit : 5,5 %** | Applicable à certains produits ou biens énumérés par la loi (livres, eau…). |
| **Taux intermédiaire : 10 %** | Applicable au bois de chauffage, à la presse, aux spectacles, aux jeux… |
| **Taux particulier : 2,10 %** | Applicable aux médicaments remboursés par la Sécurité sociale, à la redevance télévisuelle… |

**Exercice-type** **Calculer le prix de vente HT d'un article dont le prix public (TTC) est de 129,90 € (taux à 20 %).**

**Corrigé** Prix de vente HT : 129,90 / 1,20 = 108,25 €.

## 4 Schéma récapitulatif

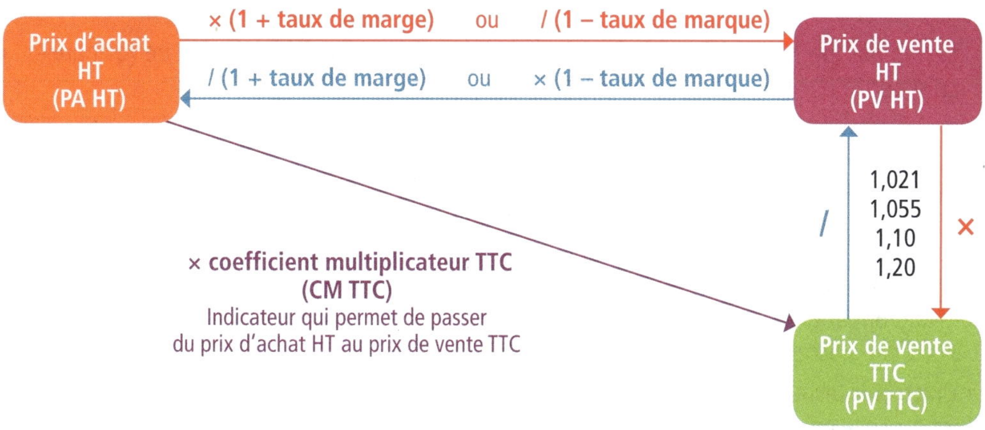


| Calculer les indicateurs | Retrouver le prix d'achat HT | Retrouver le prix de vente HT |
|---|---|---|
| **Marge :** PV HT – PA HT | PV HT × (1 – taux de marque) | PA HT × (1 + taux de marge) |
| **Taux de marge :** marge / PA HT | PV HT / (1 + taux de marge) | PA HT / (1 – taux de marque) |
| **Taux de marque :** marge / PV HT | PV TTC / CM | PA HT × CM / (1 + taux TVA) |
| **CM TTC :** PV TTC / PA HT | | |

**Astuce**

La plupart des situations présentées en étude de cas ne distinguent pas prix d'achat et coût d'achat. Par simplification, on parle de **prix d'achat**.

Dans le cas d'une entreprise de fabrication, pour calculer le prix de vente des biens ou services vendus, on partira de leur **coût de revient** (et non pas de leur prix d'achat).

Ces calculs peuvent être effectués de manière unitaire ou pour une quantité définie de produits (en global). De manière globale, le prix de vente HT devient alors le chiffre d'affaires HT.

# 4 Le tableau de bord

Le tableau de bord est un **outil de pilotage** qui permet d'évaluer les performances commerciales et/ou sociales de l'unité commerciale.

## 1 Les fonctions et enjeux du tableau de bord

- **Améliorer la réactivité des prises de décision.** Le tableau de bord permet la confrontation d'informations immédiates et passées. La mise en place d'écarts est fondamentale, car cela permet des ajustements.
- **Contrôler les activités.** Grâce à la comparaison des données réelles aux normes sectorielles, il est possible de contrôler l'action des responsables de service.
- **Améliorer la communication.** Le tableau de bord est un outil d'animation servant de base de dialogue au sein de l'entreprise, ce qui permet d'accroître la communication entre les services et auprès de la direction générale.

## 2 Exemple de tableau de bord

| | CA 2018 | CA 2017 | Objectif 2018 | Taux de réalisation de l'objectif | Taux d'évolution |
|---|---|---|---|---|---|
| **Brie-Comte-Robert** | 140 400 | 94 739 | 120 000 | 117 % | 48,20 % |
| **Saint-André-les-Vergers** | 144 000 | 103 680 | 124 416 | 115,74 %[1] | 38,89 %[2] |

1. **Taux de réalisation de l'objectif :** Objectif/Chiffres d'affaires ; **Écart correspondant :** 115,74 % – 100 % = + 15,74 %.
2. **Taux d'évolution :** (CA 2018 – CA 2017) / CA 2017 × 100.

**Remarque :** un taux de réalisation peut également être formulé en écart (taux d'évolution positif ou négatif) : Écart = taux de réalisation – 100 %.

### A Caractéristiques des indicateurs du tableau de bord

- **Clarté :** comprendre ce qu'il recouvre et comment il est calculé.
- **Pertinence :** présenter une vue précise de l'activité.
- **Fiabilité :** identifier des sources d'information.
- **Actualité :** reposer sur des données récentes.

### B Indicateurs commerciaux présents dans un tableau de bord

- Écart sur objectif en valeur et en pourcentage
- Marge, taux de marge, taux de marque
- Taux d'évolution : CA, marge
- Taux de réalisation, indice de réalisation, écart de réalisation
- Panier moyen
- Nombre de contrats proposés/souscrits
- Nombre de contrats souscrits global et par catégorie
- Nombre de personnes présentes/invitées
- Pourcentage de contribution au CA et à la marge pour chaque famille de produits
- Etc.

## C Indicateurs sociaux présents dans un tableau de bord

- Nombre de journées de formation
- Effort de formation : $\frac{\text{dépenses de formation}}{\text{masse salariale}}$
- Jours d'absence
  - *Turn-over* : $\frac{\text{(nombre de départs + nombre d'arrivées) / 2}}{\text{Effectif total}} \times 100$

## 3 Un outil de communication et de motivation

étape 1 **Le manager analyse le tableau de bord.** Il étudie dans un premier temps les indicateurs, les écarts et les évolutions anormales. Il recherche dans un second temps les causes.

étape 2 **Le manager communique les résultats à l'équipe commerciale.**

- **Lecture du tableau de bord :** le manager retient les informations liées à l'activité de son équipe.
- **Communication et recherche des solutions :**

– Communication quotidienne des résultats pour corriger rapidement les écarts.
– Organisation de réunions pour motiver les équipes : amener l'équipe à proposer des mesures pour améliorer ou conforter les résultats.

# ÉTUDE DE CAS (Intermarché – métropole, 2011)

*Corrigé p. 86*

Madame Bats vous demande de réaliser un tableau de bord permettant d'analyser les performances des différents rayons « Produits frais » du magasin.

**1. Construisez et complétez un tableau de bord pour l'ensemble de ces rayons en utilisant les indicateurs que vous jugerez pertinents.**

**2. Analysez les résultats obtenus en faisant ressortir la part et les performances du rayon « Fruits et légumes ».**

ANNEXE

| Rayons « Produits frais » | CA HT 2010 | CA HT 2009 | Objectif CA HT 2010 | Achats HT 2010 |
|---|---|---|---|---|
| Fruits et légumes | 804 630 | 762 943 | 800 000 | 519 116 |
| Boucherie et volailles | 1 069 636 | 1 258 582 | 1 100 000 | 678 723 |
| Charcuterie | 193 223 | 190 000 | 200 000 | 119 041 |
| Traiteur | 76 566 | 75 582 | 80 000 | 57 000 |
| Produits de la mer | 250 000 | 280 258 | 270 000 | 190 200 |
| Fromage | 164 968 | 164 890 | 165 000 | 100 250 |
| Surgelés | 255 580 | 359 580 | 270 000 | 201 598 |
| TOTAUX | **2 814 603** | **3 091 835** | **2 885 000** | **1 865 928** |

# 5 Les méthodes de prévision

Il existe 3 grandes méthodes : la méthode des moindres carrés, la méthode de Mayer ou la méthode des points extrêmes. À ces méthodes, il faut ajouter la corrélation et la saisonnalité des ventes.
Les exemples étudiés dans cette fiche permettront de calculer les quantités prévisionnelles et d'évaluer les chiffres d'affaires prévisionnels.

## 1 Les méthodes statistiques

La méthode statistique est utilisée pour prolonger la tendance des ventes passées afin d'extrapoler les ventes futures.

### A Les 3 méthodes de précision

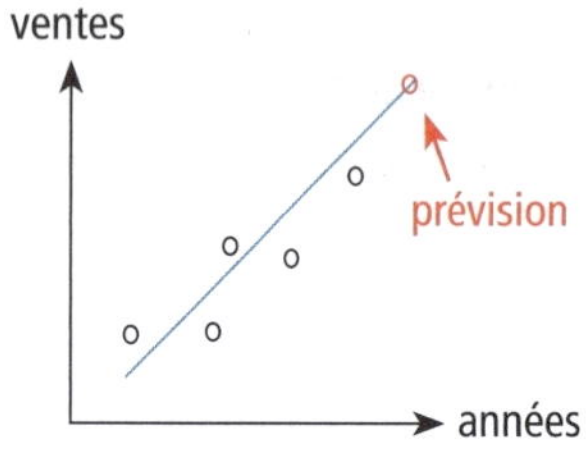


1 **La méthode des moindres carrés :** on prolonge la droite qui passe au plus près de tous les points (régression linéaire). Cela s'applique à des séries irrégulières, un nuage de points.

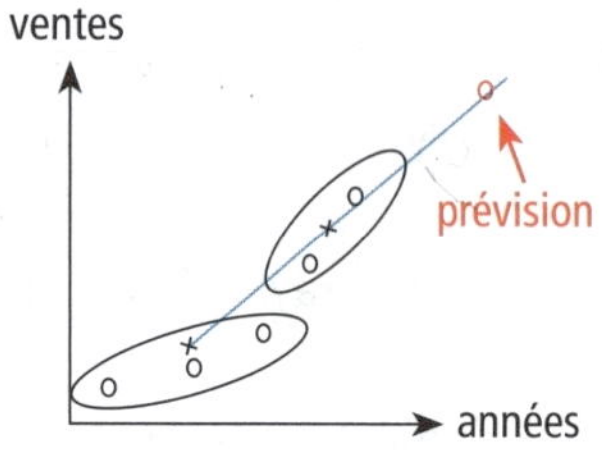


2 **La méthode de Mayer :** on prolonge la droite qui passe par 2 points moyens. On sépare donc la série en 2 sous-séries d'importance à peu près identiques : 3 + 2 ; 4 + 3 ; 5 + 4…

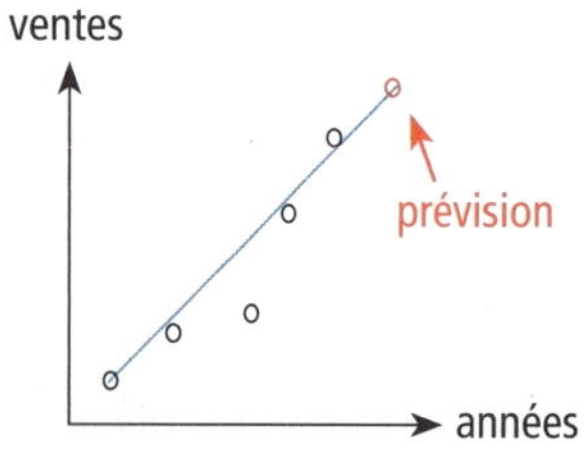


3 **La méthode des points extrêmes :** on prolonge la droite qui passe par les 2 points extrêmes. Cela s'applique à des séries régulières.

**Dans les 3 cas, il s'agit de déterminer l'équation d'une droite de type : $y = ax + b$.**

### B Inconvénients des méthodes statistiques

Les méthodes statistiques s'appuient sur les ventes passées et ne tiennent pas compte des événements qui pourraient survenir.

## 2 Calcul des moindres carrés

### A Construction du tableau

**Exemple**

Années passées — Numérotation des années à partir de 1 — Ventes passées

| Année | $x$ | $y$ (CA en k€) |
|---|---|---|
| 2014 | 1 | 480 |
| 2015 | 2 | 546 |
| 2016 | 3 | 569 |
| 2017 | 4 | 629 |
| Somme | 10 | 2 224 |
| Moyenne | $\bar{x} = 2{,}5$ | $\bar{y} = 556$ |

$(-1{,}5) \times (-1{,}5)$ — $1 - 2{,}5$ — $480 - 556$ — $(-1{,}5) \times (-76)$

| Année | $X = x - \bar{x}$ | $Y = y - \bar{y}$ | $X^2$ | $XY$ |
|---|---|---|---|---|
| 2014 | −1,5 | −76 | 2,25 | 114 |
| 2015 | −0,5 | −10 | 0,25 | 5 |
| 2016 | 0,5 | 13 | 0,25 | 6,5 |
| 2017 | 1,5 | 73 | 2,25 | 109,5 |
| Somme | $\Sigma X = 0$ | $\Sigma Y = 0$ | $\Sigma X^2 = 5$ | $\Sigma XY = 235$ |
| Moyenne | | | | |

### B Analyse du tableau et calculs

On obtient : $a = \dfrac{\Sigma XY}{\Sigma X^2}$ $b = \bar{y} - a\bar{x}$

$a = 235/5 = 47$ et $b = 556 - 47 \times 2{,}5 = 438{,}5$

On obtient une équation du type : $y = 47x + 438{,}5$.

**Prévision :** on remplace $x$ par le numéro de l'année, donc, en 2018 :

$y = 47 \times 5 + 438{,}5 = 673{,}50$ k€.

**Remarque**

La calculatrice programmable permet de déterminer $a$, $b$ grâce à la fonction statistique (à 2 variables) préprogrammée linearReg (régression linéaire). Le tableau n'est pas exigé à l'examen.

## 3 La méthode de Mayer (ou de la double moyenne)

On sépare la série en 2 et on calcule les coordonnées de 2 points moyens A et B dont les coordonnées sont les moyennes des coordonnées des points correspondants : A($\bar{x}$ ; $\bar{y}$) et B($\bar{x}$ ; $\bar{y}$).

**Exemple**

| Année | 2014 | 2015 | 2016 | 2017 | 2018 |
|---|---|---|---|---|---|
| $x$ : renumérotation des années | 1 | 2 | 3 | 4 | 5 |
| $y$ : ventes en k€ | 401 | 562 | 630 | 738 | 852 |

A (2014 à 2016) — B (2017 à 2018)

**Point moyen A** de coordonnées $x_A = \dfrac{(1 + 2 + 3)}{3} = 2$ et $y_A = \dfrac{(401 + 562 + 630)}{3} = 531$

**Point moyen B** de coordonnées $x_B = \dfrac{(4 + 5)}{2} = 4{,}5$ et $y_B = \dfrac{(738 + 852)}{2} = 795$

**Résultats :** $a = \dfrac{(y_B - y_A)}{(x_B - x_A)}$ $b = y_A - ax_A$

Dans notre exemple : $a = \frac{(795 - 531)}{(4,5 - 2)} = 105,6$ et $b = 531 - 105,6 \times 2 = 319,80$.

On obtient une équation du type : $y = 105,6x + 319,80$.

**Prévision :** on remplace $x$ par le numéro de l'année, donc, en 2019 :
$y = 105,6 \times 6 + 319,80 = 953,40$ k€.

## 4 La méthode des points extrêmes

On détermine l'équation de droite qui passe par les 2 points se situant aux extrémités de la série : $A(x_A ; y_A)$.

**Exemple**

| Année | 2014 | 2015 | 2016 | 2017 | 2018 |
|---|---|---|---|---|---|
| **x : renumérotation des années** | 1 | 2 | 3 | 4 | 5 |
| **y : ventes en k€** | 401 | 562 | 630 | 738 | 852 |

**Résultats :** $a = \frac{(y_B - y_A)}{(x_B - x_A)}$ $b = y_A - ax_A$

Dans notre exemple : $a = \frac{(852 - 401)}{(5 - 1)} = 112,75$ et $b = 401 - 112,75 \times 1 = 288,25$.

On obtient une équation du type : $y = 112,75x + 288,25$.

**Prévision :** on remplace $x$ par le numéro de l'année, donc, en 2019 :
$y = 112,75 \times 6 + 288,25 = 964,75$ €.

**Remarque**
Des méthodes de prévisions différentes appliquées à une même série de données ne donnent pas le même résultat.

## 5 Les autres méthodes

### A Utilisation d'un taux de croissance

On peut étudier la progression des ventes par rapport à un taux de croissance.

**Exercice-type** **Calculer le CA prévisionnel de l'entreprise Alpha pour 2018 et 2019, sachant que le CA en 2017 est de 50 000 €, qu'on prévoit une croissance du marché de 10 % l'année suivante et de 20 % l'année d'après.**

**Solution** CA 2018 = CA 2017 × (1 + taux) = 50 000 × 1,10 = 55 000 €.
CA 2019 = 55 000 × 1,20 = 66 000 €.

### B La corrélation

Dans l'étude de cas, si 2 variables sont corrélées, cela signifie que la variation de l'une affecte l'autre. On peut alors effectuer une prévision après avoir vérifié s'il existe un lien de corrélation, appelé « $r$ ».

$$r = \frac{\Sigma XY}{\sqrt{\Sigma X^2 \Sigma Y^2}}$$

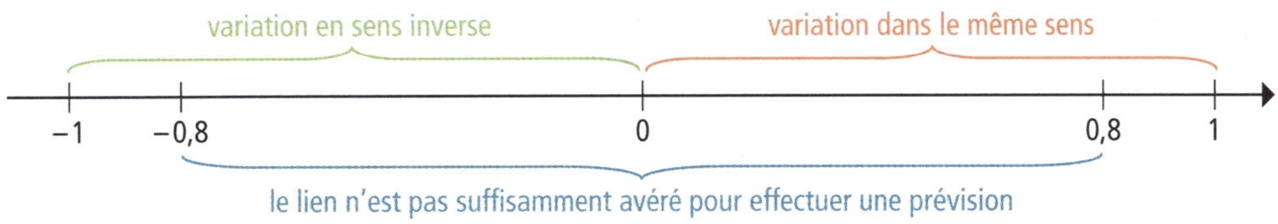


Si **$r \leqslant -0{,}8$ ou $r \geqslant 0{,}8$**, le lien est suffisamment fort pour effectuer une prévision.

**Exercice-type** **Vérifier, pour l'entreprise présentée en exemple, la corrélation entre le budget de communication engagé et le chiffre d'affaires, afin d'estimer le chiffre d'affaires réalisé pour un budget de communication de 150 000 € en 2018.**

| **Année** | **2013** | **2014** | **2015** | **2016** | **2017** |
|---|---|---|---|---|---|
| **Budget (en k€)** | 103 | 131 | 82 | 103 | 131 |
| **CA (en k€)** | 2 123 | 2 230 | 1 969 | 2 043 | 2 435 |

**Solution**

**étape 1** Vous devez constituer un tableau pour déterminer si la corrélation est avérée.

| | $x$ en k€ (budget) | $y$ en k€ (CA) | $X = x - \bar{x}$ | $Y = y - \bar{y}$ | $X^2$ | $Y^2$ | $XY$ |
|---|---|---|---|---|---|---|---|
| | 103 | 2 123 | −7 | −37 | 49 | 1 369 | 259 |
| | 131 | 2 230 | 21 | 70 | 441 | 4 900 | 1 470 |
| | 82 | 1 969 | −28 | −191 | 784 | 36 481 | 5 348 |
| | 103 | 2 043 | −7 | −117 | 49 | 13 689 | 819 |
| | 131 | 2 435 | 21 | 275 | 441 | 75 625 | 5 775 |
| **Somme** | **550** | **10 800** | **0** | **0** | **1 764** | **132 064** | **13 671** |
| **Moyenne** | **110** | **2 160** | | | | | |

Ainsi, $r = \dfrac{13\,671}{\sqrt{1\,764 \times 132\,064}} = 0{,}896$. La corrélation entre le budget de communication et le chiffre d'affaires est avérée.

⚠ **Il faut repérer dans la situation proposée quel est $x$ et quel est $y$ ; c'est le niveau de $x$ qui va influer sur le niveau de $y$.**

**étape 2** Pour effectuer une prévision (prévoir $y$ en connaissant $x$), on détermine l'équation de droite grâce aux mêmes formules que celles présentées dans la méthode des moindres carrés :

$a = \dfrac{\Sigma XY}{\Sigma X^2}$ et $b = \bar{y} - a\bar{x}$.

$a = 13\,671 / 1\,764 = 7{,}75$

$b = 2\,160 - 7{,}75 \times 110 = 1\,307{,}5$

Prévision pour un budget de 150 000 € (150 k€) :

$y = 7{,}75 \times 150 + 1\,307{,}5 = 2\,470$ k€.

**Remarque :** la fonction linearReg de la calculatrice programmable permet également de déterminer $r$. Le tableau n'est pas exigé à l'examen.

# 6 La saisonnalité des ventes

## A Les coefficients saisonniers

Les coefficients saisonniers représentent la part des ventes réalisées au cours des différentes périodes de l'année et peuvent s'exprimer en données brutes ou en pourcentage.

**Le coefficient de variation saisonnière (CVS)** est représentatif de l'intensité des ventes par rapport à la moyenne qui est de 1.

**Exemple** **Une entreprise, Vivasurf, vend des planches de surf.**

| Trimestre | 1 | 2 | 3 | 4 |
|---|---|---|---|---|
| CVS | 0,2 | 1 | 2,4 | 0,4 |

**La somme des CVS** est égale au nombre de périodes prises en compte, dans notre exemple 4.

**Exercice-type** **Calculer les CVS de Vivasurf en pourcentage.**

| Trimestre | 1 | 2 | 3 | 4 |
|---|---|---|---|---|
| CVS en % | ? | ? | ? | ? |

**Solution** CVS brut / nombre de périodes

– Trimestre 1 : 0,2/4 (× 100) = 5 %.
– Trimestre 2 : 1/4 (× 100) = 25 %.
– Trimestre 3 : 2,4/4 (× 100) = 60 %.
– Trimestre 4 : 0,4/4 (× 100) = 10 %.

## B La prévision des ventes périodiques à l'aide des CVS

Pour calculer le nombre de ventes sur une période donnée, vous devez utiliser la formule suivante :

**Ventes période n = ventes annuelles × CVS en % période n**

**Exercice-type** **Calculer le nombre de ventes sur chaque trimestre chez Vivasurf, sachant que la prévision de ventes de planches de surf pour 2018 est de 62 000 unités.**

**Solution**

– Trimestre 1 : 62 000 × 5 % = 3 100.
– Trimestre 2 : 62 000 × 25 % = 15 500.
– Trimestre 3 : 62 000 × 60 % = 37 200.
– Trimestre 4 : 62 000 × 10 % = 6 200.

## C Le calcul des coefficients saisonniers

Pour calculer les CVS, vous devez utiliser la formule suivante :

**CVS = moyenne des ventes par période / moyenne des moyennes**

**Exercice-type** **Calculer la moyenne des moyennes et le CVS du trimestre 4 (en données brutes et en pourcentage) pour Vivasurf.**

| Années \ Trimestre | 1 | 2 | 3 | 4 |
|---|---|---|---|---|
| **2015** | 3 150 | 14 500 | 34 800 | 5 700 |
| **2016** | 2 900 | 15 200 | 35 900 | 6 100 |
| **2017** | 2 950 | 15 300 | 37 300 | 6 200 |
| | | | | |
| **Moyenne par période** | 3 000 | 15 000 | 36 000 | 6 000 |
| **CVS** | 0,2 | 1 | 2,4 | ? |
| **CVS en %** | 5 | 25 | 60 | ? |

**Solution**

Moyenne des moyennes : (3 000 + 15 000 + 36 000 + 6 000) / 4 = 15 000.

Calcul du CVS du trimestre 4 : 6 000 / 15 000 = 0,4.

Calcul du CVS en % du trimestre 4 : 0,4 / 4 (× 100) = 10 %.

**⚠ Prenez garde au sens du tableau tel qu'il est proposé en annexe. Les années peuvent être en colonnes et les périodes en lignes. Les moyennes et CVS seront alors présentés en colonne.**

**Remarque**

Les CVS peuvent également être mensuels. La somme des CVS est alors égale à 12.

# ÉTUDE DE CAS (Super U – métropole, 2013)

*Corrigé p. 86*

**Évaluez les chiffres d'affaires prévisionnels avant et après réimplantation du beurre bio doux de baratte en 125 g pour l'année 2018.**

**ANNEXE** **Ventes de beurre bio doux de baratte**

Le prix de vente du beurre bio doux de baratte en 125 g est de 1,86 € HT.

**Ventes avant réaménagement de la surface de vente :**

| Années | 2013 | 2014 | 2015 | 2016 | 2017 |
|---|---|---|---|---|---|
| **Ventes en quantité** | 3 300 | 5 100 | 6 500 | 8 400 | 11 520 |

**Prévisions de vente après réaménagement :**

On peut espérer une augmentation de 8 % des quantités pour l'exercice comptable 2018.

# 6 L'analyse du compte de résultat

Le compte de résultat est un document comptable et financier qui permet de constater un bénéfice ou une perte.

## 1 Modèle de compte de résultat

**Exemple**

| Compte de résultat au 31/12/N | | | |
|---|---|---|---|
| **CHARGES** | **Montant** | **PRODUITS** | **Montant** |
| **Charges d'exploitation** ❶ | | **Produits d'exploitation** | |
| Achats de marchandises | 140 000 | Ventes de marchandises | 242 200 |
| Variation de stocks | –35 000 | Indemnités et subventions | 0 |
| Autres achats | 3 050 | Autres produits | 20 000 |
| Services extérieurs | 68 500 | | |
| Impôts et taxes | 3 100 | | |
| Charges de personnel | 24 000 | | |
| Dotations aux amortissements et provisions | 50 500 | | |
| **Total charges d'exploitation** | **254 150** | **Total produits d'exploitation** | **262 200** |
| ❷ **Charges financières** | **6 120** | **Produits financiers** | **340** |
| ❸ **Charges exceptionnelles** | **40** | **Produits exceptionnels** | **95** |
| **Total charges** | **260 310** | **Total produits** | **262 635** |
| **Solde créditeur (bénéfice)** ❹ | **2 325** | **Solde débiteur (perte)** | |
| **TOTAL** | **262 635** | **TOTAL** | **262 635** |

❶ Ensemble des opérations qui entrent dans le cadre de l'activité habituelle de l'entreprise.
❷ Intérêts perçus sur des placements (produits) ou payés sur des emprunts ou découverts (charges).
❸ Opérations qui ne se rapportent pas à la gestion courante de l'entreprise.
❹ Résultat : Total des produits – total des charges. S'il est positif, l'entreprise fait des bénéfices ; s'il est négatif l'entreprise subit des pertes.

- **Les produits** correspondent aux opérations qui augmentent le résultat de l'entreprise (ex. : les ventes).
- **Les charges** correspondent aux opérations qui diminuent le résultat de l'entreprise (ex. : les achats).

**Remarque**

Le bénéfice (solde créditeur) est placé dans la colonne des charges pour des raisons de présentation, afin d'équilibrer le total des charges et des produits.

## 2 Analyse du compte de résultat

Le calcul de certains indicateurs significatifs de gestion (soldes intermédiaires de gestion/SIG) et leur évolution permet de distinguer plusieurs étapes dans la formation du résultat.

**Remarque**

On se limitera au calcul des soldes présentés ici dans le cadre d'une activité commerciale. Ce type de document est fourni en annexe.

| PRODUITS | – CHARGES | = SOLDES INTERMÉDIAIRES DE GESTION |
|---|---|---|
| Ventes de marchandises | Coût d'achat des marchandises vendues | Marge commerciale |
| Marge commerciale + production | Consommation de l'exercice en provenance des tiers | Valeur ajoutée |
| Valeur ajoutée<br>Indemnités et subventions | Impôts et taxes<br>Charges de personnel | Excédent brut d'exploitation (EBE) |

- **Coût d'achat des marchandises vendues :** achat de marchandises + variation de stock.
- **Consommation de l'exercice en provenance de tiers :** autres charges externes (autres achats et services extérieurs) + achats de matières premières et variation de stock (dans le cas d'une activité de production accessoire).

**Exercice-type Calculer la marge commerciale, la valeur ajoutée et l'EBE d'après le compte de résultat précédent.**

**Solution**
**Marge commerciale :** 242 200 – (140 000 – 35 000) = **137 200**.
**Valeur ajoutée :** 137 200 – (3 050 + 68 500) = **65 650**.
**EBE :** 65 650 – (3 100 + 24 000) = **38 550**.
Il est aussi possible de calculer directement l'EBE sans réaliser le tableau des SIG :
Produits d'exploitation (sauf reprises sur amortissements et provisions) – charges d'exploitation (sauf dotations aux amortissements et provisions).

## 3 Signification des soldes

| Solde | Signification |
|---|---|
| Marge commerciale | Efficacité de l'activité commerciale de l'unité commerciale. |
| Valeur ajoutée | Richesse créée par l'unité commerciale. |
| Excédent brut d'exploitation | Part de la valeur ajoutée après rémunération des salariés et paiement des impôts, taxes et charges sociales. |

## 4 Calcul de la capacité d'autofinancement (CAF)

- **Méthode additive à partir du résultat net**

COMPRENDRE EN VIDÉO

**CAF = résultat net + dotations amortissements et provisions – reprises sur amortissements et provisions**

- **Méthode soustractive à partir de l'EBE**

**CAF = EBE + produits encaissés – charges décaissées**

**Remarque**
Pour la méthode soustractive, ne pas tenir compte des dotations et reprises sur amortissements et provisions.

## 5 Calcul des ratios de performance

| Ratio | Calcul |
|---|---|
| **Taux de marge brute :** performance commerciale | **EBE / CA HT** |
| **Taux de marge bénéficiaire :** performance globale | **Résultat / CA HT** |

# ÉTUDE DE CAS (Crédit Mutuel – métropole, 2011)

*Corrigé p. 87*

Fin 2018, Monsieur Fleury souhaite financer un investissement soit par emprunt soit par crédit-bail.

**Calculez l'excédent brut d'exploitation (EBE) et la capacité d'autofinancement pour 2017. (Remarque : l'EBE est l'indicateur de solvabilité retenu par la banque.)**

## ANNEXE 1 Comptes de résultat au 31/12/2016 et 31/12/2017

| CHARGES | 2017 | 2016 | PRODUITS | 2017 | 2016 |
|---|---|---|---|---|---|
| **Charges d'exploitation** | | | **Produits d'exploitation** | | |
| Achats de marchandises | 142 108 | 132 000 | Ventes de marchandises | 170 219 | 220 963 |
| Variation de stocks | –37 252 | –44 916 | Indemnités et subventions | 93 296 | 96 883 |
| Autres achats | 3 103 | 8 394 | Autres produits | 0 | 7 751 |
| Services extérieurs | 67 930 | 65 922 | | | |
| Impôts et taxes | 3 062 | 1 620 | | | |
| Charges de personnel | 24 000 | 22 898 | | | |
| Dotations aux amortissements et provisions | 50 455 | 57 770 | | | |
| **Total charges d'exploitation** | **253 406** | **243 688** | **Total produits d'exploitation** | **263 515** | **325 597** |
| Charges financières | 6 036 | 7 803 | Produits financiers | 340 | 952 |
| Charges exceptionnelles | 0 | 25 288 | Produits exceptionnels | 98 | 33 467 |
| **Total charges** | **259 442** | **276 779** | **Total produits** | **263 953** | **360 016** |
| Solde créditeur (bénéfice) | 4 511 | 83 237 | Solde débiteur (perte) | | |
| TOTAL | **263 953** | **360 016** | TOTAL | **263 953** | **360 016** |

## ANNEXE 2 Éléments clés du tableau des Soldes Intermédiaires de Gestion (SIG)

| PRODUITS | – CHARGES | = SOLDES INTERMEDIAIRES DE GESTION |
|---|---|---|
| Ventes de marchandises | Coût d'achat des marchandises vendues | **Marge commerciale** |
| Marge commerciale | Consommations de l'exercice en provenance des tiers | **Valeur ajoutée** |
| Valeur ajoutée<br>Indemnités et subventions | Impôts et taxes<br>Charges de personnel | **Excédent Brut d'Exploitation (EBE)** |

# 7 L'analyse du bilan

L'analyse du bilan d'un client permet d'estimer le risque encouru. Elle ne s'effectue pas directement à partir du bilan comptable ; ce dernier doit faire l'objet de retraitements permettant de construire un bilan fonctionnel qui fera l'objet d'une analyse.

## 1 Le bilan fonctionnel

### A Définition

Le **passif** présente toutes les dettes contractées par l'entreprise qui sont des **ressources** de financement. Ces dernières permettent de financer différents **emplois** regroupés dans l'**actif**.

**Exemple**

| ACTIF | Année N |
|---|---|
| **EMPLOIS STABLES** | |
| Immobilisations | 400 000 |
| **ACTIF CIRCULANT** | |
| Stocks | 40 000 |
| Créances d'exploitation | 80 000 |
| Disponibilités (trésorerie active) | 20 000 |
| **TOTAL** | **540 000** |

← financent

| PASSIF | Année N |
|---|---|
| **RESSOURCES STABLES** | |
| **Ressources propres :** | |
| Capitaux propres | 200 000 |
| Résultat | 4 000 |
| Amortissement et provisions | 180 000 |
| Dettes financières | 90 000 |
| **PASSIF CIRCULANT** | |
| Dettes d'exploitation | 50 000 |
| Dettes hors exploitation | 10 000 |
| Trésorerie passive | 6 000 |
| **TOTAL** | **540 000** |

### B Les composantes du bilan fonctionnel

- **Les dettes d'exploitation** regroupent les dettes fournisseurs, fiscales et sociales.
- **Les disponibilités** correspondent à la trésorerie positive : banque, caisse et placements liquides.
- **La trésorerie au passif** correspond aux concours bancaires : découverts et soldes créditeurs de banque (un solde créditeur de banque dans la comptabilité de l'entreprise correspond à un solde débiteur sur le relevé de banque).
- **Les ressources stables** correspondent aux dettes à long terme qui permettent de financer des investissements liés à l'actif immobilisé (immobilisations).
- **Le passif circulant** regroupe les dettes à court terme (exploitation et hors exploitation) qui financent en partie ou totalement les actifs circulants (dont le montant varie en fonction du cycle d'exploitation).

# 2 Les indicateurs

## A FRNG : fonds de roulement net global

Il traduit la capacité de l'entreprise à financer correctement ses investissements (actif immobilisé). Il doit donc être positif.

**Calcul**

FRNG = ressources stables – emplois stables

**Un FRNG négatif** est le signe d'une structure financière risquée. Quand le FRNG est positif cela signifie qu'**il subsiste une ressource excédentaire** après le financement des investissements.

## B BFR : besoin en fonds de roulement

Il correspond au besoin de financement de l'actif circulant né au cours du cycle d'exploitation. Généralement, **l'actif circulant n'est pas totalement financé par le passif circulant** et il subsiste un besoin qui devra être financé grâce au FRNG.

**Calcul**

BFR = actif circulant (hors trésorerie) – passif circulant (hors trésorerie)

## C TN : trésorerie nette

**Quand le fonds de roulement net global est suffisant** pour couvrir le besoin en fonds de roulement, la trésorerie nette est positive.

**Si le FRNG n'est pas à la hauteur du BFR**, le besoin de financement résiduel engendre une trésorerie nette négative et sera apporté par du crédit à très court terme, c'est-à-dire un découvert. Cette dernière situation est défavorable car elle entraîne le paiement d'un agio coûteux à la banque (frais bancaires et intérêts).

**Calcul**

Trésorerie nette = FRNG – BFR (vérification directe au bilan : trésorerie active – trésorerie passive)

## D Mise en application par l'exemple

Analyse du bilan fonctionnel présenté p. 27.

| | | |
|---|---|---|
| **FRNG** | 74 000 | (200 000 + 4 000 + 180 000 + 90 000) – 400 000 |
| **BFR** | 60 000 | (40 000 + 80 000) – (50 000 + 10 000) |
| **TN** | 14 000 | 74 000 – 60 000 (vérification : 20 000 – 6 000) |

**Le fonds de roulement net global est positif** donc l'entreprise parvient à financer correctement ses investissements grâce à des ressources stables.

**Le besoin en fonds de roulement est totalement couvert** par le FRNG.

Il reste, après financement du BFR par le FRNG, un montant de 14 000 € que l'on retrouve au niveau de la trésorerie nette.

**Conclusion :** l'entreprise possède une structure financière satisfaisante et n'a pas besoin de recourir au découvert.

### • Et si le FRNG est positif ?

| | |
|---|---|
| **Le FRNG est positif mais il ne finance pas totalement le BFR** | La trésorerie nette est négative. Il faut adopter des solutions pour y remédier. |

### • Et si le BFR est négatif ?

| | |
|---|---|
| **Le BFR est négatif : le cycle d'exploitation dégage de la trésorerie** | Un BFR négatif constitue une ressource de financement qui peut éventuellement couvrir un besoin dû à un FRNG négatif. C'est le cas de la distribution et de la restauration car les dettes d'exploitation sont bien supérieures aux créances d'exploitation : les clients paient comptant et les fournisseurs sont réglés à crédit. |

### • Solutions quand la trésorerie nette est négative

| Deux solutions : augmenter le FRNG et/ou diminuer le BFR | |
|---|---|
| **SOLUTION** | **APPLICATION** |
| **Augmenter le FRNG**<br>Ressources stables – actif immobilisé | La solution la plus simple consiste à **souscrire un emprunt** pour augmenter les ressources stables. |
| **Diminuer le BFR**<br>stocks + créances<br>–<br>dettes exploitation et hors exploitation | Diminuer le montant des créances clients en **diminuant le délai de paiement des clients et/ou diminuer le montant des stocks.** |
| | Augmenter le montant des dettes d'exploitation en **augmentant le délai de règlement aux fournisseurs** (les dettes fournisseurs constituent la plus grande partie des dettes d'exploitation). |

## 3 Les ratios

| | Ratio | Calcul | Analyse |
|---|---|---|---|
| STRUCTURE | Couverture des emplois stables | $\frac{\text{ressources stables}}{\text{emplois stables}}$ | > 1 : les immobilisations sont financées par des ressources stables. |
| | Indépendance financière | $\frac{\text{capitaux propres}}{\text{ressources stables}}$ | Indicateur permettant de mesurer la capacité d'endettement de l'entreprise. |
| | Rentabilité financière | $\frac{\text{résultat net}}{\text{capitaux propres}}$ | Indicateur mesurant le rendement des capitaux propres, c'est-à-dire la rentabilité des capitaux investis. |

| | Ratio | Calcul | Analyse |
|---|---|---|---|
| EXPLOITATION | **Délai de crédit client** | $\frac{\text{créances clients}}{\text{chiffre d'affaires TTC}} \times 360$ | Plus il est élevé, plus le BFR est important. |
| | **Délai de crédit fournisseur** | $\frac{\text{dettes fournisseurs}}{\text{achats TTC}} \times 360$ | Son niveau contribue à faire diminuer le BFR. |
| | **Délai de stockage** | $\frac{\text{créances clients}}{\text{coût d'achat HT (des marchandises vendues ou des matières premières utilisées)}} \times 360$ | L'allongement du délai contribue à faire augmenter le BFR. |

**Remarque**

L'analyse du bilan et le calcul des ratios font généralement l'objet d'une comparaison entre deux années. Il faut alors commenter leur évolution et conclure sur une évolution favorable ou défavorable.

# Exercice

*Corrigé p. 87*

**Bilans fonctionnels de l'entreprise MILLAU**

| ACTIF | | | PASSIF | | |
|---|---|---|---|---|---|
| | **au 31/03/2016** | **au 31/03/2015** | | **au 31/03/2016** | **au 31/03/2015** |
| **ACTIF IMMOBILISÉ** | 183 864 | 226 563 | **RESSOURCES STABLES** | | |
| | | | Ressources propres | 220 115 | 225 533 |
| | | | Dettes financières | 56 747 | 60 200 |
| **ACTIF CIRCULANT** | | | **PASSIF CIRCULANT** | | |
| Stocks | 2 970 | 1 150 | Dettes Fournisseurs | 47 939 | 38 120 |
| Clients et comptes rattachés | 189 336 | 173 224 | Dettes fiscales et sociales | 61 319 | 57 875 |
| Disponibilités | 48 420 | 24 516 | Concours bancaires | 38 470 | 43 725 |
| **TOTAL ACTIF** | **424 590** | **425 453** | **TOTAL PASSIF** | **424 590** | **425 453** |

*Source : SARL MILLAU, Banque populaire Lorraine Champagne.*

**Analysez, pour 2015 et 2016, les indicateurs de financement et leur évolution : FRNG, BFR et trésorerie nette.**

# 8 Le financement d'un projet



Pour demeurer compétitive ou assurer sa croissance, l'entreprise doit avoir accès à différentes sources de financement. Si les fonds propres ne suffisent pas, il faut alors recourir au financement externe.

## 1 Le financement par emprunt

### A Le calcul du taux d'intérêt

- **Le taux d'intérêt mensuel** se calcule à partir du taux annuel :

**Taux proportionnel : taux mensuel = taux annuel / 12**

- **Les banques et organismes de crédit** retiennent le taux proportionnel.

### B L'emprunt par mensualités ou annuités constantes

- **Selon les situations**, l'emprunt peut être remboursable par mensualités ou annuités constantes. Il faut utiliser la formule suivante, fournie en annexe dans les sujets :

$$\text{Mensualité ou annuité constante} = \frac{\text{capital emprunté} \times \text{taux}}{1 - (1 + \text{taux})^{-n}}$$

n = nombre de périodes
taux = taux d'intérêt mensuel ou annuel

capital emprunté × taux / (1 – (1 + taux)$^{-n}$), avec le taux exprimé en valeur brute (ex. : 0,14 % = 0,0014).

**L'amortissement** représente le remboursement du prêt : amortissement = mensualité – intérêt.

**Coût de l'emprunt** = total des intérêts (total des mensualités – montant emprunté) + assurance + frais de dossier.

**Exercice-type Calculer le taux mensuel, le montant de chaque mensualité, le montant total des mensualités et le coût de l'emprunt à partir des informations fournies.**

Emprunt pour une acquisition de 250 000 € HT en novembre N.
Un apport de 30 000 €.
Un taux annuel de 2,1 % + 30 €/mois d'assurance.
Pas de frais de dossier.
Une durée de 20 ans.

**Solution** Le capital emprunté est de 220 000 € (250 000 – 30 000) et le nombre de mensualités (n) est de 240 mois (20 ans × 12 mois). Le taux d'intérêt mensuel est de 2,1 % / 12 = 0,175 %.

| Période | Capital restant dû (cal) | Taux d'intérêt (taux) | Intérêt = Cal × taux | Amortissement = Mensualité – Intérêt | Mensualité | Cal restant dû fin de période = Cal restant dû début de période – amort |
|---|---|---|---|---|---|---|
| Nov. N | 220 000 | 0,175 % | 385,00 | 738,39 | 1 123,39 | **219 261,61** |
| Déc. N | **219 261,61** | 0,175 % | 383,71 | 739,68 | 1 123,39 | 218 521,92 |
| Janv. N + 1 | 218 521,92 | 0,175 % | 382,41 | 740,98 | 1 123,39 | 217 780,94 |

**Taux mensuel** (en taux proportionnel) = 2,1 % / 12 = 0,175 %.
**Mensualité** = 220 000 × 0,00175 / (1 – $1,00175^{-240}$) = 1 123,39 €.
Amortissement = remboursement du prêt (hors assurance).
**Montant total des mensualités** réglées à la banque : mensualités × n + total assurance :
1 123,39 × 240 + (30 × 240) = 269 613, 6 + 7 200 = 276 813,6 €.
**Coût de l'emprunt :** Coût des intérêts (montant total avec assurance – montant emprunté) + frais de dossier : 276 813,6 – 220 000 + 0 = 56 813,6 €.

## C L'emprunt par amortissements constants

• **Calcul de l'amortissement constant :** cal emprunté / n

**Exercice-type Calculer l'amortissement mensuel de l'exemple précédent ainsi que le coût du crédit.**

**Solution** L'amortissement mensuel est : 220 000 / 240 = 916,67 €.

| Période | Capital restant dû (cal) | Taux d'intérêt (taux) | Intérêt = Cal × taux | Amortissement | Mensualité = Intérêt + Amortis-sement | Cal restant dû fin de période = Cal restant dû début de période – amort |
|---|---|---|---|---|---|---|
| Nov. N | 220 000 | 0,175 % | 385,00 | 916,67 | 1 301,67 | **219 083,33** |
| Déc. N | **219 083,33** | 0,175 % | 383,40 | 916,67 | 1 300,07 | 218 166,67 |
| Janv. N+1 | 218 166,67 | 0,175 % | 381,79 | 916,67 | 1 298,46 | 217 250,00 |

**Coût du crédit :** somme des intérêts (il faut réaliser le tableau dans son intégralité pour l'obtenir) + assurance + frais de dossier.

Fiche 6 p. 24

• **Pour les entreprises**, l'indicateur de solvabilité retenu par les banques n'est pas le chiffre d'affaires mais bien l'excédent brut d'exploitation.

• **Les ratios d'endettement maximum** varient en fonction du secteur. Ils peuvent atteindre 60 % de l'EBE.

# 2 Le recours au crédit-bail

• **Le crédit-bail (ou *leasing*) est en général une location avec option d'achat.** Au terme du contrat, l'entreprise peut donc lever l'option d'achat pour devenir propriétaire du bien.

• **Coût du crédit-bail :** somme des redevances versées + frais de dossier + assurance + option d'achat (éventuelle).

# 3 L'autofinancement

Fiche 6 p. 24

• **C'est la capacité d'autofinancement (CAF)** qui sera l'indicateur retenu pour évaluer la capacité d'une entreprise à financer par elle-même ses investissements.

## 4 Comparaison des modes de financement

| | Avantages | Inconvénients |
|---|---|---|
| **Autofinancement** | Pas de coût.<br>Propriétaire : déduction des amortissements de l'investissement (charges). | Trésorerie peut être insuffisante.<br>Pas de déduction d'intérêt. |
| **Emprunt** | Propriétaire : déduction des amortissements de l'investissement (charges).<br>Intérêts déductibles (charges). | Coût des intérêts. |
| **Crédit-bail (*leasing*)<br>Location-vente** | Redevance intégralement déductible.<br>Pas besoin de trésorerie.<br>Plus souple. | Pas propriétaire.<br>Pas de déduction des amortissements de l'investissement. Cher. |

# ÉTUDE DE CAS (examens 2011 et 2013)

### Exercice 1

*Corrigé p. 88*

Vous contractez un crédit pour 260 000 €, sur une période de 15 ans, avec des mensualités constantes. Le taux brut est de 2,8 % et l'assurance s'élève à 0,1 % du montant emprunté chaque année.

**Calculez le coût total du crédit.**

### Exercice 2

*Corrigé p. 88*

Fin 2017, Monsieur Fleury souhaite remplacer un enjambeur pour son exploitation agricole : le besoin de financement s'élève à 103 000 €. Il souhaite financer cet investissement soit par emprunt soit par crédit-bail.

1. **Présentez les avantages et inconvénients de l'emprunt et du crédit-bail.**
2. **Calculez, pour la période de financement envisagée, le montant des décaissements de chaque solution. Conseillez Monsieur Fleury au regard de sa situation financière.**

**ANNEXE Informations sur les modes de financement**

**Monsieur Fleury a déjà contracté plusieurs emprunts**, les remboursements (amortissement + intérêts) annuels s'élèvent à 29 808 € pour chacune des années 2016, 2017 et 2018.
**Les normes du Crédit Mutuel** sont les suivantes : le montant total annuel des remboursements d'emprunts ne doit pas dépasser 60 % de l'excédent brut d'exploitation (EBE).
**En 2018**, l'excédent brut d'exploitation (EBE) prévisionnel est évalué à 82 465 €.
**Matériel à financer** : un enjambeur (tracteur agricole à trois ou quatre roues).

**L'emprunt**

**Montant emprunté** : 103 000 €.
**Remboursement** : par annuités constantes sur 7 ans.
**Taux annuel** : 3,5 %.
**Montant de l'assurance** : 24 € par an pour 10 000 € empruntés.
**Frais de dossier** : 300 €.
**1re annuité** : 2018.
**Calcul de l'annuité de remboursement :**

$$A = V0 \times \frac{i}{1-(1+i)^{-n}}$$

**Crédit-bail**

**Montant du financement** : 103 000 €.
**Valeur résiduelle (option d'achat)** : 2 060 €.
**84 loyers** : le premier loyer mensuel, janvier 2018 est de 20 600 €.
Les autres loyers mensuels seront de 1 137,21 €.
**Frais de dossier** : 515 €.
**Assurance du matériel** : 30,90 € par mois.

# 9 La rentabilité des investissements

Pour déterminer la rentabilité d'un investissement, on peut :
– **utiliser la valeur actuelle nette** comme indicateur ;
– **calculer le délai de récupération** de l'investissement envisagé.
Dans les sujets d'étude de cas, le terme « rentabilité » peut renvoyer au concept de seuil de rentabilité ou à celui de flux nets de trésorerie à actualiser. Le sujet précisera toujours de calculer une valeur actuelle nette ou un délai de récupération du capital investi dans le second cas.

## 1 Le principe de rentabilité

**Définition**

**Flux net de trésorerie** = Trésorerie nette dégagée par l'activité (encaissements – décaissements).

Il vous faut évaluer la rentabilité d'un investissement en comparant les recettes nettes qu'il génère au coût de ce dernier.

Si la somme des flux nets de trésorerie actualisés est supérieure au montant dépensé pour l'investissement alors l'investissement est rentable.

## 2 Calcul de la rentabilité

### A Étape 1 : calculer les flux nets de trésorerie

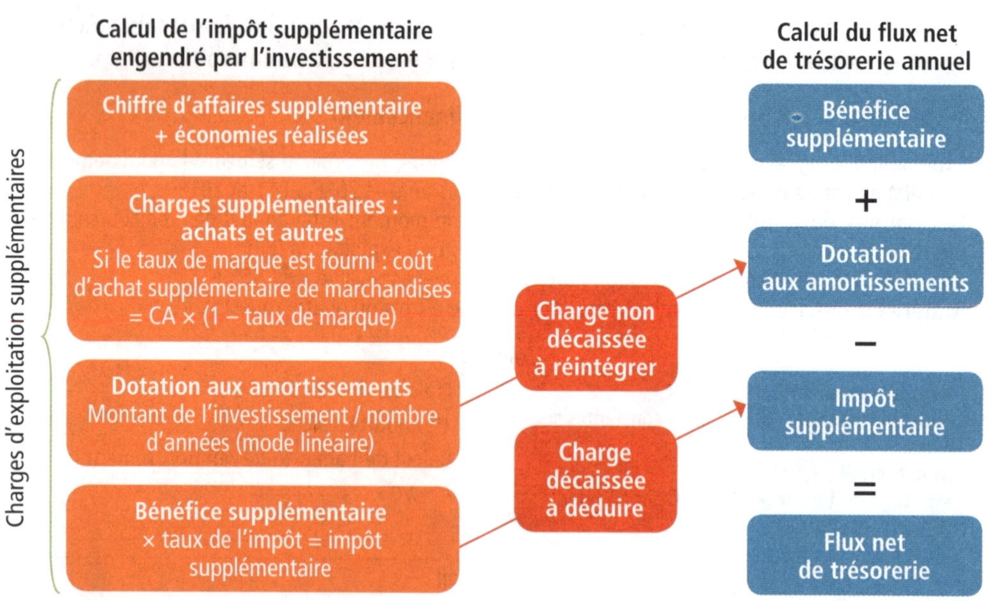


Fiche 6 p. 24

⚠ En fonction des sujets qui vous sont proposés, vous disposez parfois du montant des charges d'exploitation amortissements inclus.

• **Cas particulier du financement par emprunt :** la mensualité se décompose entre l'intérêt et l'amortissement.

• **L'intérêt (charge)** doit être déduit du bénéfice pour le calcul de l'impôt et **l'amortissement** doit être déduit au niveau du calcul du flux net de trésorerie (FNT).

⚠ Si l'impact de l'impôt n'est pas négligé, il faut calculer le supplément d'impôt qui sera décaissé.

**Remarque**

C'est parfois le taux de marque qui vous permet de calculer les coûts d'achat (charges supplémentaires) engendrés par un nouvel investissement : coût d'achat = chiffre d'affaires × (1 – taux de marque).

**Exercice-type** 1. **Calculer le bénéfice d'une unité commerciale.** 2. **Calculer les FNT.**

Une unité commerciale d'une surface de 250 m² réalise un investissement de 50 000 € début 2017 pour agrandir et rénover la surface de vente.

**Le CA hors taxes actuel** s'élève à 1 150 000 €.

**Le CA supplémentaire hors taxes espéré** est de 13 % par an pendant 5 ans.

**Les économies d'énergie annuelles** sont estimées à 2 €/m².

**Les charges d'exploitation** (incluant l'amortissement) engendrées par l'investissement s'élèvent à 141 000 € chaque année.

**L'investissement** est amorti suivant le mode linéaire sur 5 ans. Le taux d'imposition est de 33 % 1/3.

**Solutions** 1. **CA supplémentaire hors taxes sur 1 année :** 1 150 000 × 13 % = **149 500 €.**

**Économies réalisée :** 250 × 2 = **500 €.**

**Calcul des encaissements supplémentaires de 2017 à 2021 (5 ans) :** 149 500 + 500 = **150 000 € chaque année.**

**Bénéfice : encaissements – charges d'exploitation (amortissement inclus) :** 150 000 – 141 000 = **9 000 €.**

⚠ Les encaissements peuvent être différents d'une année à l'autre.

2. Il faut calculer la dotation aux amortissements annuelle pour la réintégrer et également tenir compte de l'impôt pour le déduire.

**Dotation annuelle aux amortissements :** 50 000 / 5 = **10 000 € par an.**

**Impôt supplémentaire :** 9 000 × 1/3 = **3 000 € par an.**

**FNT = bénéfice + dotation – impôt :** 9 000 + 10 000 – 3 000 = **16 000 €.**

## B Étape 2 : actualiser les FNT et calculer la valeur actuelle nette

• **L'actualisation des flux nets de trésorerie** permet de tous les ramener à la valeur actuelle (au moment de l'investissement) car « un euro de demain ne vaut pas un euro d'aujourd'hui ». On utilise donc un taux d'actualisation :

$$\text{FNT actualisé} = \frac{\text{FNT}}{(1 + \text{taux d'actualisation})^n}$$

n représente le numéro de l'année en débutant par 1

**Exercice-type** **Calculer les FNT actualisés.**

Pour notre unité commerciale, le taux d'actualisation est de 6 %.

| Année | 2018 | 2019 | 2020 | 2021 | 2022 |
|---|---|---|---|---|---|
| FNT | 16 000 | 16 000 | 16 000 | 16 000 | 16 000 |
| FNT actualisé | ? | ? | ? | ? | ? |

**Solution** **FNT actualisé 2018 :** 16 000 / 1,06 = **15 094 €.**
**FNT actualisé 2019 :** 16 000 / $1{,}06^2$ = **14 240 €.**
**FNT actualisé 2020 :** 16 000 / $1{,}06^3$ = **13 434 €.**
**FNT actualisé 2021 :** 16 000 / $1{,}06^4$ = **12 673 €.**
**FNT actualisé 2022 :** 16 000 / $1{,}06^5$ = **11 956 €.**
Pour l'année 2019 : 16 000 / $(1 + 6 / 100)^2$.

- **Si les FNT sont identiques**, on peut utiliser la formule de la valeur actuelle d'une suite d'annuités constantes :

$$\Sigma\text{FNT actualisé} = \text{FNT} \times \frac{1 - (1 + \text{taux d'actualisation})^{-n}}{\text{taux d'actualisation}}$$

- **Calcul de la valeur actuelle nette (VAN) :**

**VAN = somme des FNT actualisés – coût de l'investissement**

Si cette dernière est positive : l'investissement est rentable.

**Exercice-type** **Calculer la VAN pour notre unité commerciale et déterminer si l'investissement est rentable.**

**Solution** **Somme des FNT actualisés :** 15 094 + 14 240 + 13 434 + 12 673 + 11 956 = **67 397 €.**
**VAN :** 67 397 – 50 000 = 17 397 €. **L'investissement est rentable.**

⚠ La valeur actuelle nette est un critère de décision financier. D'autres critères managériaux ou commerciaux entrent en compte dans la prise de décision.

## C Étape 3 : calculer le délai de récupération du capital investi (DRCI)

- **Qu'est-ce que le DRCI ?** Le DRCI permet de déterminer le délai nécessaire (en années, mois et jours) à la récupération du capital investi, c'est-à-dire le moment où le cumul des FNT est égal au montant de l'investissement.

**Exercice-type** **Calculer le DRCI pour notre unité commerciale.**

| Année | 2018 | 2019 | 2020 | 2021 | 2022 |
|---|---|---|---|---|---|
| FNT | 16 000 | 16 000 | 16 000 | 16 000 | 16 000 |
| FNT cumulés | ? | ? | ? | ? | ? |

**Solution**

étape 1 **FNT cumulés 2018 : 16 000 €.**
**FNT cumulés 2019 :** 16 000 + 16 000 = **32 000 €.**
**FNT cumulés 2020 :** 16 000 + 32 000 = **48 000 €.**
**FNT cumulés 2021 :** 16 000 + 48 000 = **64 000 €.**
**FNT cumulés 2022 :** 16 000 + 64 000 = **80 000 €.**
**Le montant de l'investissement, 50 000 €, est récupéré au cours de l'année 2021.**

étape **2** Il faut ensuite calculer le nombre de jours nécessaires en 2020 pour atteindre un cumul de 50 000. Par simplification on estime qu'une année vaut 360 jours et un mois 30 jours.

| | **Montant** | **Nombre de jours** |
|---|---|---|
| **FNT réalisé en 2019** | 64 000 – 48 000 = 16 000 | 360 jours |
| **FNT suffisant pour atteindre le montant de l'investissement** | 50 000 – 48 000 = 2 000 | 2 000 × 360 / 16 000 = 45 |

Pour calculer le nombre de jours pour atteindre le DRCI en 2020, il faut utiliser la règle de proportionnalité.
1 mois = 30 jours, donc 45 jours / 30 = 1,5 mois.
**Le DRCI est donc de 3 ans, 1 mois et 15 jours depuis le début de l'investissement.**

- **Calcul du nombre de jours correspondant au DRCI** durant l'année où il est atteint :

$$\frac{\text{montant de l'investissement – cumul des FNT de l'année précédente}}{\text{FNT de l'année}} \times 360$$

## D Étape 4 : calculer le taux de rendement interne (TRI)

Le TRI représente le taux d'actualisation pour lequel la VAN = 0.

**Exercice-type** **Calculer le TRI.**

| Taux d'actualisation (en %) | VAN (en €) |
|---|---|
| 18 | + 35 |
| 19 | – 1 078 |

**Solution**

$$\text{TRI} = 18 + \frac{35}{35 - (-1\,078)} = 18{,}03\ \%.$$

**Remarque :** le TRI doit être supérieur au taux d'actualisation.

# ÉTUDE DE CAS (CAMIF – métropole, 2007)

*Corrigé p. 89*

Le chef de rayon d'une unité commerciale envisage de rénover l'éclairage du rayon mobilier en 2018 dans le double objectif de réaliser des économies d'énergie et d'accroître le chiffre d'affaires.

1. **Calculez la valeur actuelle nette de l'investissement en retenant une période de 10 ans. Concluez sur l'opportunité de le réaliser.**
2. **Calculez le délai de récupération de l'investissement envisagé. Concluez sachant que la CAMIF réalisera un investissement seulement si son délai de récupération est inférieur à 3 ans.**

### Annexe

La mise en place du nouvel éclairage du rayon représente un investissement de 300 000 € HT amortissable en 10 ans selon le mode linéaire.
La surface du rayon meuble est de 1 500 m².
Le nouvel investissement permettrait de réaliser une économie de 30 % sur les consommations électriques habituelles, ce qui représente une économie de 3 € par m² et par an.
Le chiffre d'affaires annuel moyen du rayon mobilier est de 7 340 000 € HT.
L'investissement, en améliorant le confort visuel des clients et en valorisant l'offre de meubles (théâtralisation), permettrait d'augmenter le chiffre d'affaires annuel de 5 %.
Le taux d'impôt sur les bénéfices est de 33 %.
Le taux de marque est de 40 %.
Le taux d'actualisation est de 4,5 %.

# 10 La rentabilité d'une activité

Évaluer la rentabilité d'une activité permet de mesurer le risque pris à la suite d'une décision d'investissement. Connaître le seuil de rentabilité permet au manager de fixer des objectifs commerciaux à son équipe.

## 1 Le principe de rentabilité

• **Évaluer la rentabilité** consiste à calculer le bénéfice ou la perte dégagé(e) par une activité marchande, qu'il s'agisse d'une opération ponctuelle ou d'une activité se déroulant tout au long de l'année.

• **Le calcul du seuil de rentabilité** (qui n'est pas systématiquement demandé) est le prolongement de l'évaluation de la rentabilité.

## 2 Le calcul de la rentabilité

• **L'entreprise dégage-t-elle des bénéfices ou des pertes ?**

Pour le savoir, il faut faire le calcul suivant : **marge sur coûts variables – coûts fixes.**

Fiche 3 p. 12

| | | |
|---|---|---|
| **Chiffre d'affaires HT** | C'est le montant total des ventes. | Quantité vendue × PV HT<br>**ou**<br>Nombre de clients × panier moyen |
| **Coûts* variables** | Il s'agit de l'ensemble des coûts qui varient proportionnellement au CA HT.<br>Exemples :<br>– le coût d'achat total des marchandises vendues ;<br>– une commission sur le CA HT. | Coût d'achat =<br>CA HT × (1 – taux de marque)<br>**ou**<br>CA HT / (1 + taux de marge) |
| **Marge sur coûts variables (MCV)** | Elle sert à financer les coûts fixes. | **CA HT – CV** |
| **Charges fixes ou de structure (CF)** | Elles peuvent varier au cours du temps (ex. : loyer) mais ne dépendent pas du niveau des ventes. | |
| **Résultat** | Bénéfice ou perte | **MCV – CF** |

*Les termes « coût » ou « charge » sont indifféremment utilisés.

• **Comment distinguer une charge variable d'une charge fixe ?**

Si les ventes doublent et que les charges doublent également, il s'agit de charges variables.

• **Calcul de rentabilité :** la distinction entre CV (coûts variables) et CF (charges fixes) est souhaitable mais pas nécessaire. **Bénéfice ou perte = chiffre d'affaires HT – charges.**

**Exercice-type** **Évaluer la rentabilité prévisionnelle d'une opération de communication commerciale (promotion accompagnée d'une distribution de prospectus sur 25 000 foyers).**
Coût HT de la conception, l'impression et la distribution : 3 500 €.
Taux de retour (visites en magasin) : 5 %.
1 visiteur sur 5 effectue un achat en magasin.
Panier moyen TTC : 60 € (TVA 20 %).
Taux de marque moyen : 35 %.

**Solution**

| | | |
|---|---|---|
| **Chiffre d'affaires HT** | **12 500 €** | Nombre de visites : 25 000 × 5 % = 1 250<br>Nombre de clients : 1 250 × 1/5 = 250<br>Chiffre d'affaires HT : 250 × 60 / 1,20 =12 500 |
| **Coûts variables** | **8 125 €** | 12 500 × (1 – 0,35) = 8 125 |
| **Marge sur coûts variables** | **4 375 €** | 12 500 – 8 125 = 4 375 |
| **Coûts fixes** | **3 500 €** | |
| **Bénéfice** | **875 €** | 4 375 – 3 500 = 875 |

**La rentabilité prévisionnelle est de 875 €.**

Dans certaines situations, on peut vous demander de calculer la dotation aux amortissements annuelle d'un matériel utilisé, il s'agit d'une charge fixe.

## 3 Le calcul du seuil de rentabilité

**Deux cas de figures :** avec ou sans prévision de vente.

- **Sans prévision de vente :** méthode unitaire (en raisonnant sur 1 unité de produit vendu).

Seuil de rentabilité (SR) en volume (en quantité) : **CF / marge sur coûts variables unitaires (MCVu).**

Seuil de rentabilité (SR) en valeur : **SR vol × PV HT.**

Exercice-type **Déterminer le nombre de clients et le CA HT minimum à réaliser pour assurer la rentabilité de l'opération de communication commerciale menée.**

Coût HT de la conception, l'impression et la distribution : 3 500 €.

Panier moyen TTC : 60 € (TVA 20 %).

Taux de marque moyen : 35 %.

**Solution**

| | |
|---|---|
| **Panier moyen HT : panier moyen TTC / 1,20** | 60 / 1,20 = **50 €** |
| **Coût variable unitaire :<br>panier moyen HT × (1 – taux de marque)** | 50 × 0,65 = **32,50 €**<br>**Remarque :** ici seul le coût d'achat est un coût variable. |
| **Marge sur coût variable unitaire** | 50 – 32,50 = **17,50 €**<br>**Remarque :** la MCVu correspond ici à la marge brute de 35 % car il n'y a pas d'autre CV que le coût d'achat. |
| **Seuil de rentabilité en volume : CF / MCVu** | 3500 / 17,50 = **200 clients** |
| **Seuil de rentabilité en valeur :<br>SR vol × panier moyen** | 200 × 50 = **10 000 €** |

- **Avec prévision de vente :** construction d'un compte de résultat différentiel (par variabilité des charges).

**SR valeur : CF /TMCV** **SR volume : SR valeur / PV HT**

| Élément | En € | En % du CA HT |
|---|---|---|
| **Chiffre d'affaires HT** | Quantité vendue × PV HT | 100 % |
| **Coûts variables totaux** | Coût d'achat = CA HT × (1 – taux de marque)<br>Autres CV éventuels tels qu'une commission | **CV / CA** |
| **Marge sur coûts variables** | CA HT – CV | **MCV / CA** |
| **Charges fixes (ou de structure)** | CF | |
| **Résultat** | **MCV – CF** | |

**MCV / CA :** Taux de marge sur coût variable = TMCV.
**MCV – CF :** Bénéfice ou perte pour connaître la rentabilité.

- **Si le SR en volume est exprimé en nombre de clients**, il faut alors disposer du panier ou ticket moyen au lieu du prix de vente pour le calculer :

**SR en volume = SR en valeur / panier moyen HT**

**Exercice-type Déterminer le chiffre d'affaires à réaliser pour rentabiliser l'opération de communication menée (d'après les données fournies p. 38).**
Donnée supplémentaire : le commercial en charge de l'opération perçoit une commission de 2 % du CA HT réalisé (charges comprises).

**Solution**

| Élément | En € | En % du chiffre d'affaires |
|---|---|---|
| Chiffre d'affaires HT | 12 500 | 100 |
| Coûts variables* | 8 375 | 67 |
| Marge sur coûts variables | 4 125 | **33** |
| Coûts fixes | 3 500 | |
| Bénéfice | **625** | |

*Coûts variables : coût d'achat et commission = 8 125 + 12 500 × 2 %.

**SR valeur :** 3 500 / 0,33 = **10 606,06 €**.

**SR volume :** 10 606,06 / 50 = 212,12 **soit 213 clients**.

**Remarque :** il faut arrondir le SR volume à l'unité supérieure.

## 4 Le calcul du point mort

- **Qu'est-ce que le point mort ?**

Il correspond à la **date à laquelle le seuil de rentabilité est atteint**. On l'exprime en nombre de jours et on peut éventuellement convertir ce nombre en date.

Pour simplifier les calculs, on adopte la convention comptable qui fixe l'année à 360 jours et le mois à 30 jours.

**Remarque**
Par souci de simplification, les sujets supposent que l'activité est régulière et linéaire sur la période considérée.

- **Comment calculer le point mort ?**

$$\text{Point mort (en jours)} = \frac{\text{seuil de rentabilité}}{\text{prévision des ventes}} \times \text{durée de l'opération (en jours)}$$

# EXERCICE

*Corrigé p. 89*

Un producteur envisage de commercialiser des carafes d'eau filtrantes en grande surface pour l'année 2018.

- Prix de vente TTC : 19,5 € TTC (TVA 20 %).
- Taux de marque prévu : 29 %.
- Commission du représentant : 2 % du CA HT (+ 50 % de charges).
- Fixe du représentant : 1 950 € par mois (rajouter 50 % de charges).
- Frais de déplacement : 800 € par mois (sur 10 mois).
- Présentoirs et PLV : 5 000 € par an.
- Prévision de vente : 12 000 unités par an.

**Déterminez le chiffre d'affaires à réaliser pour rentabiliser l'opération et le point mort correspondant.**

# 11 Les programmes d'approvisionnement

Établir un programme d'approvisionnement consiste à programmer les livraisons de façon à assurer un niveau de stock suffisant pour couvrir les ventes de la période à venir.

**Présentation de l'exemple**

Les périodes (en-tête de colonnes) peuvent également être des semaines.

**Exemple** L'entreprise Alpha prévoit les ventes suivantes pour la semaine 1 :

| | Semaine 1 | | | | | | |
|---|---|---|---|---|---|---|---|
| **Jour** | **Lundi** | **Mardi** | **Mercredi** | **Jeudi** | **Vendredi** | **Samedi** | **Dimanche (matin)** |
| **Nb. de cartons** | 2 | 4 | 5 | 6 | 7 | 13 | 4 |

Le lundi de la semaine suivante, elle prévoit 2 ventes.
Le produit est regroupé par cartons de 10 articles et la livraison se fait par palettes indivisibles de 5 cartons : stock initial = 5 cartons.
Le stock de sécurité est de 3 cartons.

**Remarques :**
**Le stock de sécurité** est un stock supplémentaire permettant d'éviter les ruptures en cas de ventes supérieures aux prévisions. Il peut parfois être exprimé en pourcentage des ventes.
**En cas de livraison en fin de journée**, le besoin en livraison ne doit pas tenir compte des ventes de la journée.

## 1 Méthode 1 : approvisionnement en quantités variables à des dates fixes

**Exemple** **Les livraisons ont lieu le mardi et le jeudi matin** avant l'ouverture du magasin.

| | Lundi | Mardi | Mercredi | Jeudi | Vendredi | Samedi | Dimanche |
|---|---|---|---|---|---|---|---|
| Ventes | 2 | 4 | 5 | 6 | 7 | 13 | 4 |
| Besoin | | 12 | | 35 | | | |
| Stock initial | 5 | 3 | 9 | 4 | 33 | 26 | 13 |
| Livraison | | 10 | | 35 | | | |
| Stock initial après livraison | 5 | 13 | 9 | 39 | 33 | 26 | 13 |
| Stock final | 3 | 9 | 4 | 33 | 26 | 13 | 9 |

• **Le mardi**
**Besoin :** ventes prévues jusqu'à la livraison suivante (4 + 5) + stock de sécurité (3) = 12.
**Livraison : besoin – stock initial (ici arrondi aux 5 unités supérieures)** : 12 – 3 = 9, arrondi à 10.
**Stock final :** stock initial (après livraison) – ventes : 13 – 4 = 9.

• **Le jeudi**
**Besoin :** ventes du jeudi au lundi suivant + stock de sécurité = 6 + 7 + 13 + 4 + 2 + 3 = 35.
**Livraison : besoin – stock initial :** 35 – 4 = 31 arrondi à **35**.

## 2 Méthode 2 : approvisionnement en quantités fixes à des dates variables

Si le besoin est inférieur au stock, on ne prévoit pas de livraison.

**Exemple**

| | Lundi | Mardi | Mercredi | Jeudi | Vendredi | Samedi | Dimanche |
|---|---|---|---|---|---|---|---|
| Ventes | 2 | 4 | 5 | 6 | 7 | 13 | 4 |
| Besoin | 5 | 7 | 8 | 9 | 10 | 16 | 7 |
| Stock initial | 5 | 3 | 9 | 4 | 8 | 11 | 8 |
| Livraison | 0 | 10 | 0 | 10 | 10 | 10 | 0 |
| Stock initial après livraison | 5 | 13 | 9 | 14 | 18 | 21 | 8 |
| Stock final | 3 | 9 | 4 | 8 | 11 | 8 | 4 |

La quantité livrée s'élève à 10 cartons.
Le besoin doit être calculé pour chaque jour.

- **Le vendredi**

**Besoin** : ventes (7) + stock de sécurité (3) = **10**. Besoin > stock initial = livraison.
**Livraison** : besoin – stock initial : 10 – 3 = 7, donc 10.
**Stock final** : stock initial (après livraison) – ventes : 18 – 7 = **11**.

# ÉTUDES DE CAS (métropole, 2006 et 2013)

## Exercice 1 Leroy Merlin (2006)

*Corrigé p. 90*

Prévisions de vente pour les 4 semaines de promotion.

| Semaine | 1 | 2 | 3 | 4 |
|---|---|---|---|---|
| Ventes prévues | 170 | 180 | 170 | 160 |

**Stock en début de semaine 1** : 180.
**Ventes de la semaine 5** : 100.
**Principes du calendrier d'approvisionnement** : livraison en fin de semaine en quantités variables ; les quantités à livrer seront calculées en fonction des prévisions de vente de la semaine suivante + un stock de sécurité de 10 % des ventes prévues.

**Construisez le calendrier d'approvisionnement.**

## Exercice 2 Chronodrive (2013)

*Corrigé p. 90*

Ventes sur la semaine : 400 barquettes.

| Jour | Lundi | Mardi | Mercredi | Jeudi | Vendredi | Samedi |
|---|---|---|---|---|---|---|
| Répartition | 12,5 % | 11,25 % | 17,5 % | 18,75 % | 17,5 % | 22,5 % |

**Stock en début de semaine 1** : 58.
**Stock de sécurité** : 5 %.
**Taux de casse journalière** : 2 % (à ajouter dans le calcul du besoin).
**Le calcul du stock final** en fin de journée doit tenir compte de la casse journalière.
**Livraison** en quantités variables le matin.

**Construisez le calendrier d'approvisionnement.**

# 12 La valorisation des stocks

Valoriser les stocks consiste à estimer la valeur d'un élément en stock d'après son coût d'entrée dans le stock.

## 1 Pourquoi valoriser les stocks ?

Deux articles identiques peuvent être acquis à des montants différents à des dates distinctes. Le problème est donc de déterminer quel est le coût de l'un de ces articles si on le prélève du stock.

**Présentation de l'exemple**

**Exemple** L'entreprise Alpha vous communique les données suivantes :

| | | Quantité | Prix unitaire (€) |
|---|---|---|---|
| 01/03 | Stock initial | 10 | 4,00 |
| 05/03 | Achat | 15 | 4,50 |
| 10/03 | Achat | 10 | 5,00 |
| 15/03 | Vente | 32 | |
| 20/03 | Achat | 15 | 4,60 |
| 25/03 | Vente | 10 | |

⚠ Les prix figurant dans les fiches de stocks présentées en exemple ne sont pas des prix de vente mais des coûts d'approvisionnement correspondant au prix d'achat et aux charges liées à ces coûts.

## 2 Méthode 1 : premier entré – premier sorti (PEPS)

Les articles sont prélevés dans le stock dans l'ordre chronologique de leur entrée.

**Exemple** L'entreprise Alpha vous communique les données suivantes :

| Date | Opération | Quantité | Prix unitaire (€) | Total (€) |
|---|---|---|---|---|
| 01/03 | Stock initial | 10 | 4,00 | 40,00 |
| 05/03 | Achat | 15 | 4,50 | 67,50 |
| 10/03 | Achat | 10 | 5,00 | 50,00 |
| 10/03 | stock | 10<br>15<br>10 | 4,00<br>4,50<br>5,00 | 40,00<br>67,50<br>50,00 |
| 15/03 | Vente | 10<br>15<br>7 | 4,00<br>4,50<br>5,00 | 40,00<br>67,50<br>35,00 |
| 15/03 | Stock | 3 | 5,00 | 15,00 |
| 20/03 | Achat | 15 | 4,60 | 69,00 |
| 20/03 | Stock | 3<br>15 | 5,00<br>4,60 | 15,00<br>69,00 |
| 25/03 | Vente | 3<br>7 | 5,00<br>4,60 | 15,00<br>32,20 |
| 25/03 | Stock | 8 | 4,60 | 36,80 |

**État des stocks juste avant une vente (sortie de stock) :** on sépare les différentes entrées en stocks sans additionner les quantités. Les premiers articles entrés en stock seront les premiers sortis.

**Lors d'une vente (sortie de stock) :** sur les 32 articles prélevés, on en prélève 10, 15 et 7 dans l'ordre d'entrée en stock.

**Le stock restant** au 15/03 s'élève à 3 unités entrées le 10/03.

## 3 Méthode 2 : coût unitaire moyen pondéré (CUMP)

COMPRENDRE EN VIDÉO

Le coût de chaque article en stock est recalculé en faisant la moyenne des coûts pondérée par les quantités.

**Exemple**

| Date | Opération | Quantité | Prix unitaire (€) | Total |
|---|---|---|---|---|
| 01/03 | Stock initial | 10 | 4,00 | 40,00 |
| 05/03 | Achat | 15 | 4,50 | 67,50 |
| 10/03 | Achat | 10 | 5,00 | 50,00 |
| 20/03 | Achat | 15 | 4,60 | 69,00 |
| **25/03** | **CUMP** | **50** | **4,53** | **226,50** |

Le prix unitaire des articles se trouvant en stock est une moyenne pondérée :

$$\text{CUMP} = \frac{\text{valeur du stock initial + valeur des entrées}}{\text{quantité du stock initial + quantité des entrées}}$$

Dans notre exemple : (40 + 67,50 + 50 + 69) / (10 + 15 + 10 + 15) = 226,50 / 50 = 4,53 €.
**Toutes les sorties de stocks de la période seront valorisées à ce coût.**

• **Autre méthode de calcul du CUMP :** le CUMP peut également être calculé après chaque entrée en stock plutôt qu'en fin de période.

## 4 Bilan des deux méthodes

• **La méthode PEPS** est rarement mise en œuvre ; elle est plutôt utilisée pour les denrées périssables par exemple.

• **La formule du CUMP**, dans une étude de cas, peut être suffisante pour calculer le coût des articles prélevés dans le stock.

**Remarque**

Dans une étude de cas, à l'occasion du calcul d'un coût de revient, le tableau n'est pas exigé.

# ÉTUDE DE CAS (Super U – Nouvelle-Calédonie, 2013) *Corrigé p. 90*

Pour un produit, le stock initial en rayon est de 5 cartons, achetés au coût d'achat de 22 € HT le carton.
**Pratiques de vente de l'enseigne :** le coefficient multiplicateur sur les produits Bio est de 1,7.
**Méthode de valorisation des stocks de l'enseigne :** les services comptables évaluent les sorties de stock en utilisant la méthode du CUMP.
**Conditions d'achat :**

• Le coût d'achat du carton est de 21 € HT (sur la période).
• Conditions fournisseur (achats par semaine) : remise de 4 % pour une quantité achetée de 10 à 30 cartons, 6 % au-delà.

**Achats :** 41 cartons en semaine 1 et 25 en semaine 2.
**Ventes :** 68 cartons en fin de quinzaine.

**Calculez le montant de la marge commerciale réalisée sur ce produit durant la quinzaine.**

# 13 La gestion économique des stocks

L'unité commerciale doit optimiser ses commandes en nombre et en quantité pour minimiser les coûts liés au stock.

## 1 L'optimisation des stocks

Pour améliorer la gestion des stocks, il faut déterminer le nombre optimal de commandes ainsi que le coût du stockage, pour en déduire le lot économique, c'est-à-dire la quantité à commander à chaque fois.

**Remarque**

Ce modèle ne s'applique qu'à un univers certain et il repose sur des hypothèses bien précises : prix fixes…

- **La formule de Wilson** permet de déterminer le nombre optimal de commandes N :

$$N = \sqrt{\frac{C \times t}{2A}}$$

*C* : **consommation annuelle** → Stock initial + achats – stock final.
*t* : **taux de possession du stock** → Coût de possession : *t* × stock moyen.
*A* : **coût de passation d'une commande** → Coût de passation : *A* × nombre de commandes.

- **Calcul du coût de stockage :** coût de possession + coût de passation.

## 2 Les indicateurs de stocks

- **Stock moyen :** moyenne des états des stocks sur une période (stock initial + stock final / 2).
- **Stock d'alerte :** seuil en dessous duquel la passation d'une commande est déclenchée.
- **Stock de sécurité :** stock supplémentaire destiné à éviter les ruptures.
- **Taux de rotation des stocks :** ventes / stock moyen. Il représente le nombre de fois où un article est renouvelé en stock en moyenne. Il doit être le plus élevé possible.
- **Délai de rotation des stocks :** 360 jours (pour 1 an) / taux de rotation. Il représente le délai moyen durant lequel le produit reste en stock. Il doit être le plus faible possible.

# EXERCICE

*Corrigé p. 91*

L'entreprise Alpha vous fournit les informations suivantes :
- Stock initial : 20 000 €.
- Achats : 65 000 €.
- Stock final : 28 000 €.
- Coût de possession du stock : 10 000 €.
- Coût de passation du stock : 250 €.

**Déterminez le nombre optimal de commandes ainsi que les quantités à commander.**

# 14 La gestion des risques

Le manager est juridiquement responsable de la sécurité et des risques associés de son unité commerciale, qu'il s'agisse de risques liés aux biens (matériels et immatériels), aux salariés ou encore aux clients. Le manager doit donc être capable d'évaluer les risques et de les prévenir.

## 1 La typologie des risques

| | |
|---|---|
| **Biens matériels et immatériels**<br>• Dégâts matériels<br>• Dégradations et vols<br>• Dysfonctionnements | **Coût induit :** baisse de la marge bénéficiaire.<br>**Solution :** système d'assurance. |
| **Climat social**<br>• Absentéisme et maladie<br>• *Turn-over* | **Coût induit :** baisse de la productivité.<br>**Solution :** repenser la politique de gestion prévisionnelle des emplois et des compétences. |
| **Management et environnement**<br>• Gestion opérationnelle<br>• Environnement politique, social, fiscal et économique<br>• Environnement technologique<br>• Risque environnemental | **Coûts induits :** baisse de la marge bénéficiaire.<br>**Solutions :** anticiper les mutations, mettre en place une veille stratégique. |
| **Clients et fournisseurs**<br>• Défauts de paiement<br>• Défauts d'approvisionnement | **Coût induit :** baisse de la marge bénéficiaire.<br>**Solution :** évaluer pour prévenir le risque client et fournisseur. |

## 2 Les provisions

- **L'objectif des provisions est double :**

– constater la perte de valeur possible ou probable d'un élément d'actif (créances clients, stocks…) ;

– constater un risque possible (pénalités, amendes…).

Ce constat se fait dans la comptabilité de l'entreprise, en calculant la charge correspondante qui diminue le résultat de l'entreprise (en vertu d'un principe de prudence).

- **La provision est annulée (reprise)** quand le risque s'est réalisé ou lorsqu'il a disparu.
- **La provision est réajustée** quand le risque existe toujours mais que son évaluation pécuniaire a changé.

## 3 Le document d'évaluation des risques

- **C'est un document écrit** qui recense :
– les consignes de sécurité ;
– les procédures et comportements à adopter en cas d'incident/d'accident ;
– les modalités de formation du personnel.
- **Le plan de prévention des risques** est établi à partir de ce document.
- **Communication aux salariés :** ce document est obligatoirement fourni aux employés.

## 4 Outil d'évaluation du risque

### A Cartographie des risques sur 2 axes

R = risque

### B Évaluation du risque client ou fournisseur par scorage (*scoring*)

Ce type d'évaluation synthétise tous les critères que vous souhaitez utiliser pour mettre en parallèle deux acteurs.

| | Client 1 | | | | Client 2 | | | |
|---|---|---|---|---|---|---|---|---|
| **Indicateurs** | **Valeur** | **Note** | **Coefficient de pondération** | **Note pondérée** | **Valeur** | **Note** | **Coefficient de pondération** | **Note pondérée** |
| **Chiffre d'affaires** | 12 000 | 8 | 5 | 40 | 10 000 | 6 | 5 | 30 |
| **Incidents de paiement** | 4 | 4 | 4 | 16 | 2 | 6 | 4 | 24 |
| **Délai de crédit** | 30 | 8 | 3 | 24 | 60 | 6 | 3 | 18 |
| **…** | | | | | | | | |
| **TOTAL** | | | **20** | **150** | | | **20** | **125** |
| **Note /10** | **7,5** | | | | **6,25** | | | |

- **La note finale** attribuée va de 0 à 10. La note de 150 est obtenue avec une pondération totale de 20 soit 200 points. Elle peut être ramenée à 15/20 ou 7,5/10.
- **Le coefficient de pondération** attribué va de 1 à 5. Il représente l'importance accordée au critère.
- **La note pondérée** de chaque critère s'obtient en multipliant la note avec le coefficient de pondération.

# ÉTUDE DE CAS (SNCF – métropole, 2014)

*Corrigé p. 91*

Micheline Rossiya doit mettre en application le document unique de gestion des risques au plus tard le 1er octobre 2014. Elle vous délègue la responsabilité de ce dossier et vous charge d'animer la première demi-journée de réunion d'information sur l'existence et le contenu du document unique.

**1. Concevez un graphique permettant de qualifier les risques en utilisant les deux axes de l'évaluation des risques.**

**2. Placez sur ce graphique les situations à risques s'étant déroulées dans l'agence commerciale de la gare de Forbach.**

## ANNEXE 1 Les axes d'évaluation des risques

### Axe 1 : La gravité du dommage

C'est l'effet redouté, plus ou moins important, sur la santé de l'agent (blessures, maladie...).

| Appellation | Cotation | Critères de gravité |
|---|---|---|
| **Minime** | 1 | Blessure légère ou atteinte légère à la santé sans arrêt de travail et sans séquelles (égratignures, brûlures très légères, fatigue visuelle...). |
| **Significative** | 2 | Blessure ou atteinte à la santé avec arrêt de travail mais sans séquelles (hématomes, coupures peu profondes, pincement, mal de tête...). |
| **Élevée** | 4 | Blessure ou atteinte à la santé avec arrêt de travail et possibilité de séquelles (écrasement d'un doigt, choc à la tête, entorse, fractures, chocs psychologiques, lumbago…). |
| **Très élevée** | 8 | Blessure ou atteinte à la santé avec arrêt ou incapacité partielle (section d'un doigt, d'un ligament ne permettant plus à l'agent de travailler dans les conditions normales, traumatisme crânien avec perte de connaissance…). |
| **Grave** | 16 | Accident mortel, incapacité totale, lésions irréversibles, séquelles irréversible… |

### Axe 2 : La fréquence d'exposition des agents aux sources de dangers

Cet axe intègre la durée et la fréquence d'exposition réelles de l'agent à la source de danger via les activités à l'origine du risque qu'il exerce.

**Cotation** : très rare = 1 ; rare = 2 ; occasionnel = 3 ; fréquent = 4 ; permanent = 5.

## ANNEXE 2 Des situations concrètes pour évaluer le risque

### Situation 1 (23 septembre 2012) : Yasmina

**Description** : glissade sur un sol humide non signalé par une balise lors de l'entretien des sols par une société extérieure. **Conséquences** : chute lors du déplacement vers le guichet, perte de connaissance, intervention du SAMU et hospitalisation durant 2 jours, traumatisme crânien.

### Situation 2 : Pierre

**Description** : utilisation d'un écran d'ordinateur (de plus de 6 ans) durant l'intégralité de son service.
**Conséquence** : fatigue visuelle nécessitant le port de lunettes.

### Situation 3 (11 mai 2013 ; 14 juin 2013 ; 14 février 2014) : Jean Maxence

**Description** : manutention d'un carton de prospectus depuis la réserve jusqu'à la surface de vente de l'agence commerciale. **Conséquence** : lumbago avec arrêt de travail.

### Situation 4 (8 avril 2011) : Victor

**Description** : agression physique par un client suite à une altercation verbale. **Conséquence** : trouble psychologique avec incapacité de reprendre son poste ; affecté à un autre service.

### Situation 5 (9 mars 2014) : Élodie

**Description** : chute occasionnée par des câbles traînant au sol lors de la modernisation du réseau informatique. **Conséquence** : fracture du poignet et arrêt de travail (10 jours).

# 15 Le budget de trésorerie

Le budget de trésorerie est un document important pour les entreprises. Il permet de déterminer, de maîtriser et d'optimiser sa trésorerie. Il récapitule les encaissements et décaissements prévus dans les budgets précédemment établis.

## 1 Qu'est-ce que le budget de trésorerie ?

- **Un budget** est un document prévisionnel qui participe au pilotage de l'entreprise.
- **Le budget de trésorerie** s'obtient à partir des **budgets des décaissements et des encaissements**. Ces derniers sont obtenus à partir de l'établissement de « sous-budgets ».

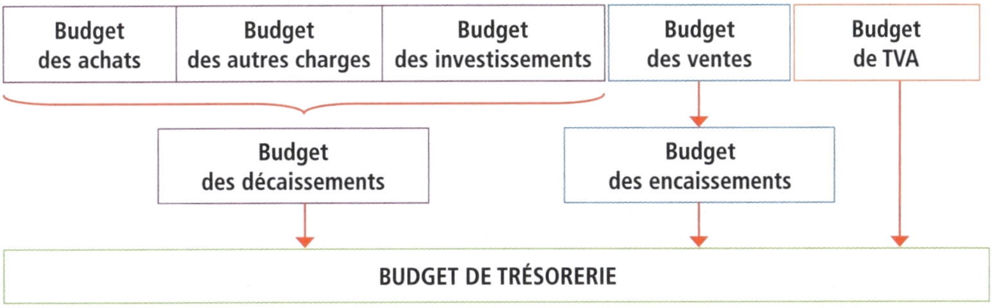


⚠ **Remarque :** dans une étude de cas de BTS, par soucis de simplification et de gestion du temps, les sujets proposent l'établissement de budgets assez simples, l'important est de comprendre l'articulation entre le budget des encaissements et le budget des décaissements :
– l'impact de la TVA est nul (budget avec crédits de TVA qui ne doivent pas être pris en compte) ;
– l'établissement des budgets intermédiaires n'est la plupart du temps pas nécessaire.

## 2 Le budget des encaissements

| | Janvier | Février | Mars |
|---|---|---|---|
| Ventes TTC | | | |
| Autres recettes TTC | | | |
| Subventions | | | |
| TOTAL | | | |

Il faut inscrire le montant des recettes TTC encaissées.

Pour le budget des encaissements, il faut calculer le montant TTC des recettes mais aussi tenir compte des délais de paiements des clients.

**Exercice-type**

**Calculer le montant de l'encaissement.**

Vous avez vendu à un client un produit pour une somme de 10 000 € HT en janvier. Il paie 30 % au comptant et 70 % à 30 jours (TVA 20 %).

**Solution**

**Encaissement :** 10 000 × 1,20 = **12 000 € TTC**.
**En janvier :** 12 000 × 30 % = **3 600 €**.
**En février :** 12 000 × 70 % = **8 400 €**.

## 3 Le budget des décaissements

| | Janvier | Février | Mars |
|---|---|---|---|
| Achats TTC | | | |
| Autres charges TTC | | | |
| Mensualités | | | |
| Salaires | | | |
| Charges sociales | | | |
| Autres | | | |
| TOTAL | | | |

Il faut inscrire le montant des dépenses TTC décaissées.

## 4 Quelle est l'utilité du budget de trésorerie ?

| | Janvier | Février | Mars |
|---|---|---|---|
| Trésorerie initiale | Solde de départ | | |
| Encaissements | Total des encaissements | | |
| Décaissements | Total des décaissements | | |
| Trésorerie finale | Trésorerie initiale<br>+ encaissements<br>– décaissements | | |

• **Prévoir l'évolution de la trésorerie.** Le budget de trésorerie est un document de pilotage qui permet de prévoir l'évolution des mouvements de trésorerie et d'adopter des actions préventives pour éviter, par exemple, que l'unité commerciale ne soit en insuffisance de trésorerie (ce qui génère des agios et des frais financiers).

• **Prendre des décisions.** L'unité commerciale peut agir sur les délais de paiement, remettre des créances à l'escompte, etc. À l'inverse, en cas de trésorerie excédentaire, elle peut mettre en place des instruments de placement à court terme.

## ÉTUDE DE CAS (PAL – Nouvelle-Calédonie, 2009)

*Corrigé p. 92*

Le PAL est un parc animalier et de loisirs ouvert 6 mois dans l'année (d'avril à septembre). Monsieur Brunet vous demande d'établir des prévisions budgétaires pour l'année 2010.

1. **Calculez les chiffres d'affaires prévisionnels mensuels d'avril à septembre 2010.**
2. **Présentez le budget de trésorerie pour les mois de janvier à juin 2010. Le solde de la trésorerie début janvier 2010 est évalué à 500 000 €.**
3. **Présentez deux propositions permettant d'améliorer la situation de la trésorerie.**

**Remarques :**
- Toutes les sommes sont données TTC.
- Vous ne tiendrez pas compte du budget de TVA.
- Vous arrondirez vos résultats à l'unité.

## Annexe 1 Recettes prévisionnelles 2010

Chiffre d'affaires prévisionnel pour 2009 = 9 700 000 €.
Taux d'évolution prévu pour 2010 : + 5 %.

| Mois | Répartition du CA (en %) |
|---|---|
| Avril | 9 |
| Mai | 6 |
| Juin | 12 |
| Juillet | 25 |
| Août | 38 |
| Septembre | 10 |
| TOTAL | **100** |

Les entrées achetées par les comités d'entreprises représentent 20 % du chiffre d'affaires mensuel et sont encaissées avec un décalage d'un mois afin de développer la fidélisation de cette clientèle. Le reste du chiffre d'affaires est encaissé le mois même.

Pour l'année 2010, une subvention d'exploitation de 80 000 € devrait être versée en mai par le Conseil Général de l'Allier.

## Annexe 2 Dépenses prévisionnelles 2010

Le tableau suivant regroupe les dépenses annuelles prévisionnelles auxquelles devra faire face le parc en 2010.

| Postes | Dépenses annuelles | Total (en €) |
|---|---|---|
| 1 | Achats de marchandises | 666 233 |
| 2 | Autres achats et charges diverses | 2 055 996 |
| 3 | Publicité, cadeaux… | 777 000 |
| 4 | Salaires et traitements hors charges sociales | 2 158 239 |

**Poste 1 :** Les achats de marchandises se répartissent de la façon suivante : 3 % en janvier, février, et mars ; 12 % en avril, mai et juin ; 25 % en juillet et août ; et le solde en septembre. Ils sont payés à 30 jours fin de mois. Les achats du mois de décembre 2009 sont estimés à 18 950 €.

**Poste 2 :** Les dépenses de ce poste se répartissent par douzième tout au long de l'année et sont toutes payées au comptant.

**Poste 3 :** Il n'y a pas de paiements relatifs à la publicité en janvier, octobre, novembre et décembre. En revanche, en février 30 000 € sont réglés, 60 000 € en mars, puis 90 000 € en avril et 100 000 € en mai. En juin, les règlements prévus s'élèvent à 120 000 €.

**Poste 4 :** Durant les mois de fermeture, les salaires, réglés le mois même, s'élèvent à 120 000 €. Ils passent à 151 000 € au mois d'avril, 195 200 € en mai, 255 000 € en juin.

**Les charges sociales** représentent 40 % des salaires versés. Elles sont réglées le 10 du mois suivant.

**En janvier**, il est prévu de verser 44 000 € au titre des dettes sociales.

# 16 Le calcul du coût de revient : la méthode des coûts complets

Le coût de revient représente l'ensemble des coûts générés jusqu'à la distribution d'un produit ou service.

## 1 À quoi sert la méthode des coûts complets ?

- **Calcul du coût de revient.** La méthode des coûts complets permet de calculer le coût de revient d'un bien ou d'un service. En effet, **certaines charges**, telles que le coût d'achat, **sont directement imputables au coût de revient** d'un produit mais **d'autres**, comme l'amortissement (la dotation annuelle), **sont globales et communes à l'ensemble des produits vendus**. Il faut alors les répartir sur l'ensemble des produits vendus en fonction de « clés de répartition ». Ces charges sont appelées charges indirectes.
- **Calcul du résultat analytique.** Calculer le coût de revient d'un produit permet de déterminer le résultat analytique : prix de vente – coût de revient.

## 2 La méthode des coûts complets pour une activité commerciale

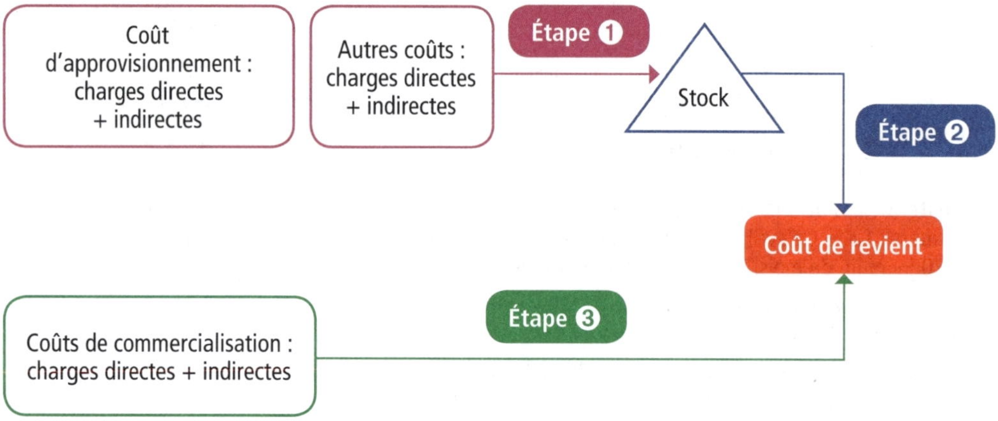


**Étape 1** Calcul du coût des produits achetés puis stockés.

**Étape 2** Calcul du coût des marchandises à la sortie du stock.

**Étape 3** Calcul des coûts de commercialisation.

**Résultat** Coût de revient.

## A Étape 1 : Calcul du coût des produits achetés puis stockés

Le calcul des charges indirectes s'effectue à l'aide du tableau de répartition des charges indirectes (CI).

| Centre | Centre d'analyse utilisé pour le calcul du coût concerné | Exemple : centre approvisionnement pour le calcul des CI du coût d'approvisionnement |
|---|---|---|
| Unité d'œuvre (UO) | Unité (représentative) de référence utilisée pour le calcul. | Le mètre. |
| Nombre d'unités d'œuvre | Nombre d'unités utilisées pour le calcul de la répartition des coûts. | 10 000 mètres. |
| Coût d'une unité d'œuvre ou taux de frais | Coût des charges indirectes pour une unité d'œuvre. | 0,20 €.<br>Pour 1 mètre acheté, il faut compter 0,20 € de charges indirectes. |

**Exemple** Un importateur achète 5 000 kg de pommes golden et 6 000 kg de pommes royal gala.
**Prix d'achat du kg de golden :** 0,70 € HT.
**Prix d'achat du kg de royal gala :** 1,10 € HT.
**Stockage :** les pommes sont placées en chambre de conservation puis conditionnées en barquettes.
**Coût de la main-d'œuvre (charges comprises) :** 0,06 € le kg.

**Tableau de répartition des charges indirectes**

| Centre | Approv. | Conservation | Conditionnement | Commercialisation |
|---|---|---|---|---|
| **Unité d'œuvre (UO)** | Tonne récoltée | Tonne conservée | Tonne conditionnée | 100 € de CA |
| **Nombre d'UO** | 11 | 11 | 11 | |
| **Coût UO** | 12 € | 11 € | 7 € | 2 € |

**Coût des pommes golden placées en stock**

| Charges | Montant | Calcul |
|---|---|---|
| **Charges directes (CD) :**<br>– Achat<br>– Main-d'œuvre | <br>3 500,00 €<br>300,00 € | <br>5 000 × 0,70<br>5 000 × 0,06 |
| **Charges indirectes (CI) :**<br>– Centre approvisionnement<br>– Centre conservation<br>– Centre conditionnement | <br>60,00 €<br>55,00 €<br>35,00 € | <br>5 × 12<br>5 × 11<br>5 × 7 |
| **Coût** | **3 950,00 €** | |
| **Coût unitaire (1 kg)** | **0,79 €** | **3 950 / 5 000** |

⚠ Pour le calcul des CD, l'unité considérée est le kg, alors que pour les CI c'est la tonne.

## B Étape 2 : Calcul du coût des marchandises à la sortie du stock

Fiche 12 p. 43

Il faut appliquer une méthode de valorisation du stock au CUMP pour déterminer le coût de sortie.

COMPRENDRE EN VIDÉO

$$\text{CUMP} = \frac{\text{coût des marchandises déjà en stock} + \text{coût des marchandises qui entrent en stock}}{\text{quantité déjà en stock} + \text{quantité qui entre en stock}}$$

**Exemple** L'importateur vend 6 tonnes (6 000 kg) de pommes golden à un distributeur à 1,20 € HT le kg. Les barquettes de pommes sont placées dans des caisses en bois.

**Stock initial :** 4 caisses au prix unitaire de 22,50 € HT.
Achat de 10 caisses au prix de 26 € HT.
12 caisses sont prélevées du stock.

**Stock initial :** 3 000 kg de pommes golden au coût de 0,87 € le kg.

**CUMP** : (3 000 × 0,87 + 3 950) / (3 000 + 5 000) = 0,82 € le kg.
**Le kg de pommes golden prélevé dans le stock coûte donc en moyenne 0,82 €.**

**Les 6 000 kg** prélevés dans le stock coûtent : 6 000 × 0,82 = 4 920 €.
Il faut également calculer le coût des caisses utilisées, donc le CUMP des caisses.
**CUMP des caisses :** (4 × 22,50 + 10 × 26) / (4 + 10) = 25 € la caisse.
**Le coût des caisses prélevées** dans le stock est de : 12 × 25 = **300 €.**

## C Étape 3 : Calcul des coûts de commercialisation

**Exemple** Le CA de l'importateur s'élève à 7 200 € HT (6 000 × 1,20).
Charges indirectes de commercialisation :
**Pour 100 € de CA : 2 € de CI.**
**Pour 7 200 € de CA : 72 × 2 = 144 €.**

## D Étape 4 : Calcul du coût de revient

**Coût de revient = coût de sortie du stock + coûts de commercialisation**

**Exemple** Pour l'importateur de pommes, le coût de revient est égal au coût de sortie du stock des marchandises + coût de sortie du stock des caisses + charges indirectes de commercialisation.
Dans notre cas, il n'y a pas de charges directes de commercialisation.

**Coût de revient :** 4 920 + 300 + 144 = **5 364 € pour 6 000 kg**, soit 5 364 / 6 000 = **0,89 € le kg** de golden.

## E Étape 5 : Calcul du résultat analytique (bénéfice ou perte)

**Résultat = chiffre d'affaires – coût de revient**

**Exemple** Pour l'importateur de pommes, le résultat analytique est :
7 200 – 5 354 = **1 846 €**, soit 1 846 / 6 000 = **0,31 € par kg** de golden.

**Remarque :** pour déterminer le résultat analytique des pommes royal gala, le raisonnement est identique.

# 17 Les fondements du management

Le dictionnaire définit le management comme l'ensemble des techniques d'organisation et de gestion des entreprises, sociétés commerciales… Par extension, le terme « manager » définit le cadre dirigeant d'une entreprise.

## 1 Schéma du management

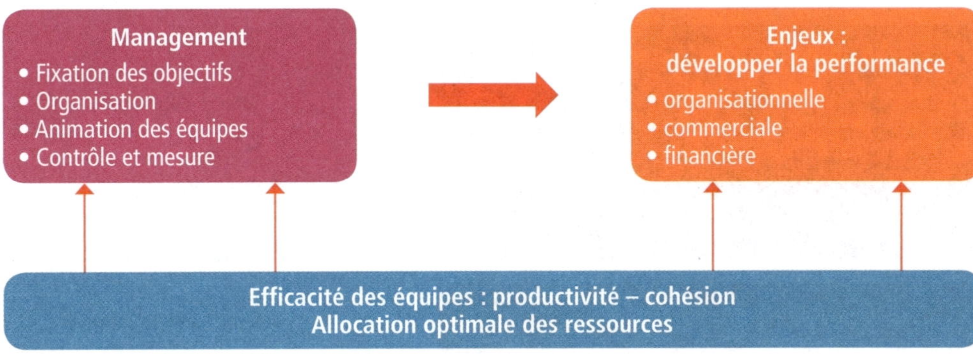


## 2 La prise de décision

### A Les différents types de leadership selon K. Lewin

- **Autocratique :** le dirigeant impose ses décisions aux autres membres du groupe sans possibilité de discussion.
- **Démocratique :** le dirigeant encourage le dialogue entre les différents membres du groupe avant de prendre une décision.
- **Laisser-faire :** le dirigeant laisse aux membres du groupe la responsabilité de la prise de décision.

### B Les styles de management d'après R. Lickert

- **Autoritaire :** les décisions sont centralisées et la mise en œuvre des décisions repose sur la crainte des sanctions. La communication est peu présente.
- **Paternaliste :** les subordonnés sont soumis à la bienveillance du dirigeant qui décerne les sanctions et les récompenses.
- **Participatif :** les objectifs sont fixés au sein du groupe. La communication est importante et permet un degré de décentralisation des décisions important.

# 18 Le manager

Le manager est une personne formée à la direction et à l'administration d'une entreprise ou d'un secteur d'activité économique dont elle assure les responsabilités.

## 1 Les missions et outils du manager

| Les missions | Les outils |
| --- | --- |
| **La gestion de l'unité commerciale**<br>• Gestion d'un centre de profit<br>• Fixation des objectifs<br>• Pilotage de l'activité<br>• Suivi des indicateurs de performance<br>• Contrôle et évaluation des performances individuelles et collectives | → Tableaux de bord<br>→ Budgets<br>→ Plannings |
| **Animation de l'équipe**<br>• Répartition des tâches<br>• Information et animation de l'équipe<br>• Développement du potentiel de l'équipe<br>• Résolution de conflits<br>• Évolution des membres de l'équipe | → Communication interne<br>→ Entretiens<br>→ Challenges<br>→ Plan de formation |
| **Anticiper les mutations**<br>• Environnement politique, économique et social<br>• Environnement technologique<br>• Environnement légal<br>• Exigences écologiques et environnementales | → Instruments de veilles concurrentielle, commerciale et technologique |

## 2 Le degré d'autonomie du manager

• **Dans la prise de décision.** Le manager possède une autonomie, dans la prise de décision, qui dépend du degré de centralisation de l'enseigne et de la latitude qu'elle accorde aux managers.

En général, les réseaux d'unités commerciales revêtent un degré de centralisation relativement important. À l'inverse, les petites structures accordent davantage de liberté au manager dans ses choix.

• **Dans la politique de distribution.** Les différentes fonctions de la politique de distribution au sein d'une même enseigne peuvent revêtir un degré d'autonomie plus ou moins élevé. En effet, un manager pourra par exemple bénéficier d'une liberté de choix assez élevée en ce qui concerne les approvisionnements, afin de s'adapter aux spécificités locales, mais sera en revanche contraint de respecter *stricto sensu* la politique de communication nationale de l'enseigne.

# 19 L'organisation de l'équipe commerciale

L'équipe commerciale est un élément important de l'unité commerciale. Elle est recrutée par le manager et elle est amenée à évoluer pour utiliser au mieux les compétences de chacun des membres et répartir les responsabilités.

## 1 L'équipe commerciale

### A Les types de relations commerciales

On distingue deux types de relations commerciales :

– ***B to C*** **(*business to consumer*) :** le client est un particulier.

– ***B to B*** **(*business to business*) :** le client est une entreprise.

Il faut également faire la distinction entre le commercial sédentaire et le commercial itinérant.

### B Les emplois de commerciaux

• **Les missions en amont du contact client :** conception de l'offre, prospection de clientèle…

• **Les missions au contact client :** animation de l'unité commerciale, vente en face à face…

• **Les missions de suivi du contact :** maintien de la relation et fidélisation.

• **La diversité des emplois commerciaux.** Les emplois sont divers et concernent des secteurs très variés tels que la banque, la grande distribution, la direction commerciale et marketing d'une entreprise…

## 2 L'organisation du travail

### A Le degré d'intégration de l'équipe

• **L'équipe interne** est propre à l'unité commerciale ou au réseau.

• **L'équipe externe** est constituée de commerciaux ne faisant pas partie de l'entreprise (sociétés prestataires ou indépendants). La formule peut paraître plus souple, voire plus efficace, mais nécessite la mise en place de processus de contrôle.

### B La structure

• **La segmentation de l'équipe commerciale** peut être réalisée suivant plusieurs critères. Le choix et la pertinence du critère dépendent de la nature de l'offre, de la demande, du mode de commercialisation, des circuits de distribution adoptés…

• **Les critères de segmentation :**

– géographique ;

– par produits ;

– par type de clientèle ;

– mixte/matricielle : plusieurs critères sont croisés ;

– par projet : organisation qui permet de réunir ponctuellement des compétences au service d'un projet commercial.

# 20 Les méthodes de planification de projet

Pour planifier un projet, vous pouvez utiliser 2 méthodes : le **graphe PERT** ou le **diagramme de Gantt**.
Le graphe PERT (*Program Evaluation and Review Technique*) est une méthode développée dans les années 1950 aux États-Unis qui permet de représenter un enchaînement de tâches et de distinguer celles possédant une certaine marge de liberté des autres.
Le diagramme de Gantt permet de visualiser dans le temps les composantes d'un projet.

## 1 Le graphe PERT

COMPRENDRE EN VIDÉO

### A Étape 1 : constitution du tableau des antériorités

Pour construire le graphe PERT, il faut commencer par construire un tableau des antériorités qui permet de situer les tâches les unes par rapport aux autres, c'est-à-dire de déterminer quelles sont les tâches qui nécessitent qu'une tâche antérieure soit achevée pour débuter à leur tour.

**Exemple** Constitution du tableau des antériorités pour un projet d'installation d'un centre de traitement des appels clients.

| Code de la tâche | Intitulé de la tâche | Durée en jours | Antériorité |
|---|---|---|---|
| A | Évaluation des besoins et entretiens | 2 | / |
| B | Étude de l'existant | 2 | A |
| C | Choix de la solution et conception du système | 5 | B |
| D | Recrutement | 6 | C |
| E | Acquisition du matériel | 3 | C |
| F | Répartition du matériel | 8 | D, E |
| G | Installation des matériels | 10 | E, F |
| H | Mise en service | 1 | G |
| I | Formation des utilisateurs | 10 | G |
| J | Évaluation | 12 | H, I |

La (ou les) première(s) tâche(s) du projet est (sont) celle(s) qui n'a (ont) pas d'antériorité.

### B Étape 2 : la construction du graphe

- **1 flèche représente 1 tâche.**
- **Le point d'arrivée d'une tâche** doit faire apparaître plusieurs éléments :

– la date au plus tôt ;
– la date au plus tard ;
– la marge.

**Remarque**
Les notions de date au plus tard et de marge seront expliquées par la suite, dans le déroulé de l'exemple.

• **La date au plus tôt** représente la date (ou le nombre de jours, semaines…) à laquelle se terminera la tâche au plus tôt :

**Date au plus tôt**
**= date au plus tôt de la tâche précédente + durée de la tâche**

**Exemple** **Graphique réalisé en fonction des données fournies.**

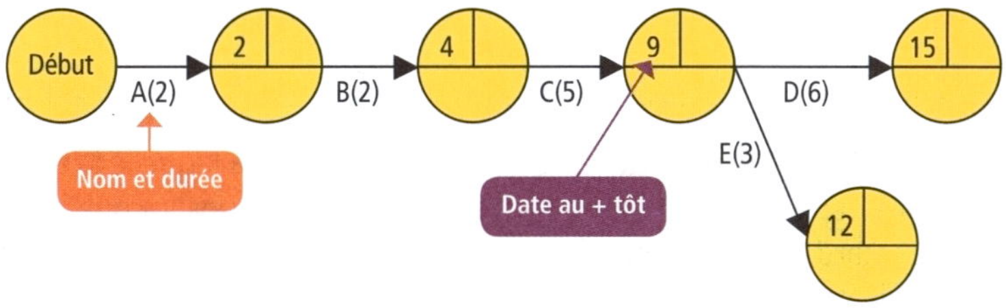


• **Quand une tâche possède plusieurs tâches antérieures**, il faut créer des tâches fictives.

**Exemple** **Dans notre exemple, la tâche F possède 2 tâches antérieures, or on ne peut représenter une tâche que par une seule flèche. Comment représenter F ?**

étape 1 On va choisir de la positionner derrière celle qui a la date au plus tôt la plus élevée, en l'occurrence dans notre exemple la tâche D.

étape 2 On va créer une tâche fictive d'une durée de 0 pour relier les autres tâches antérieures au point de départ de la tâche suivante, ici la tâche F.

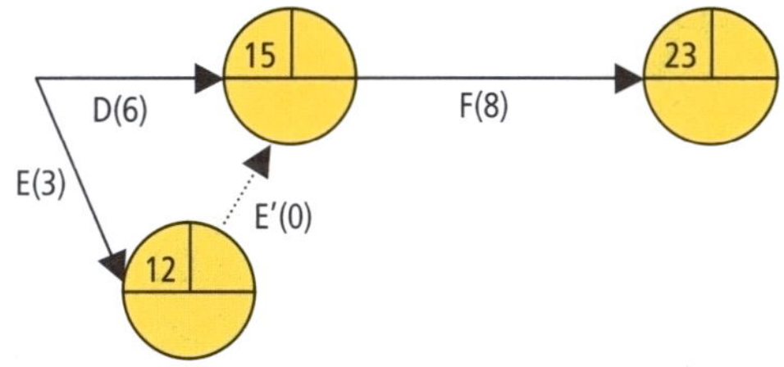


étape 3 **On positionne F après D** et on crée une tâche fictive pour E que l'on nomme E' afin de prolonger E au début de F : la tâche fictive est un prolongement visuel (sans durée supplémentaire de la tâche d'origine).

étape 4 **Il faut faire la même démarche pour G qui a pour tâches antérieures E et F.**

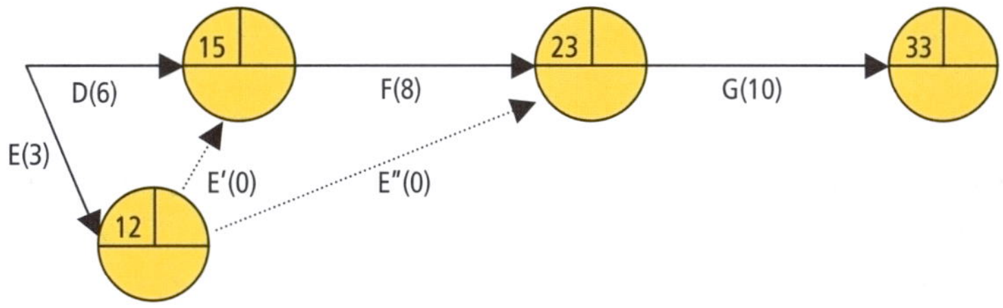

**Étape 5** **Et on poursuit sur les mêmes principes jusqu'à la dernière tâche J.**

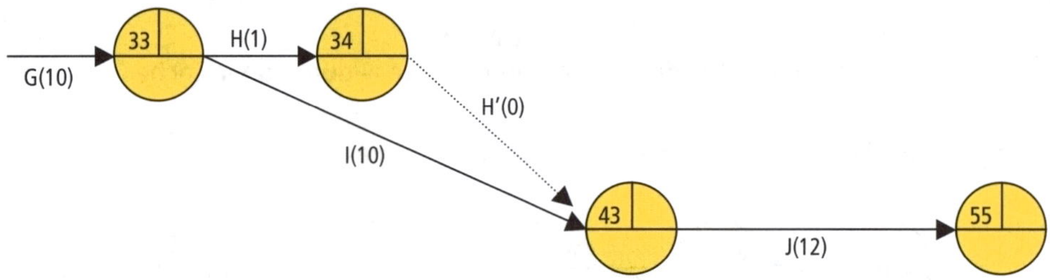


• **La détermination des dates au plus tard :** il s'agit de la date à laquelle la tâche pourrait se terminer au plus tard, sans retarder l'ensemble du projet et en supposant que les autres tâches n'aient pas pris de retard (ou que le graphe ait été refait auparavant, si certaines tâches antérieures avaient pris du retard).

On commence donc par la fin du graphe pour remonter vers le début :

**Date au plus tard de la tâche précédente**
**= date au plus tard de la tâche suivante – durée de la tâche**

**Exemple** **Dans notre exemple, comment définir la date au plus tard pour les tâches H et I ?**
Application de la méthode de calcul : **55 –12 = 43**.

**Comment définir les tâches comme la tâche G qui ont plusieurs tâches suivantes (H et I) ?**

**Étape 1** On a alors le choix entre : 43 – 1 (durée de H) = 42 ou 43 – 10 (durée de I) = 33.

**Étape 2** On choisit alors le minimum entre les différentes alternatives, soit 33.

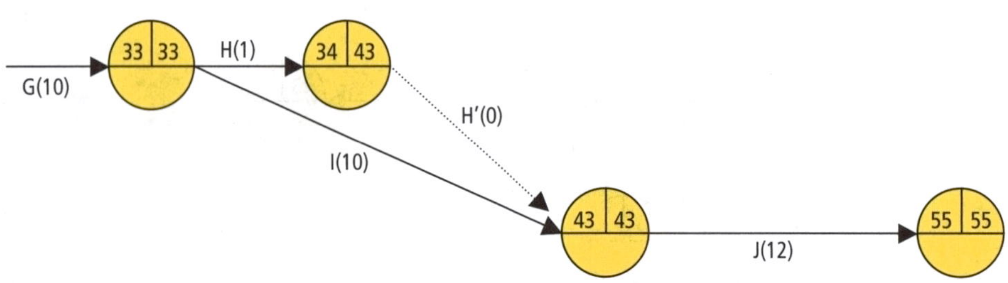


⚠ **Quand il existe plusieurs possibilités pour le calcul de la date au plus tard, alors on retient la plus petite.**

**Étape 3** **En appliquant la méthode à l'ensemble des tâches, on obtient alors le graphe final.**

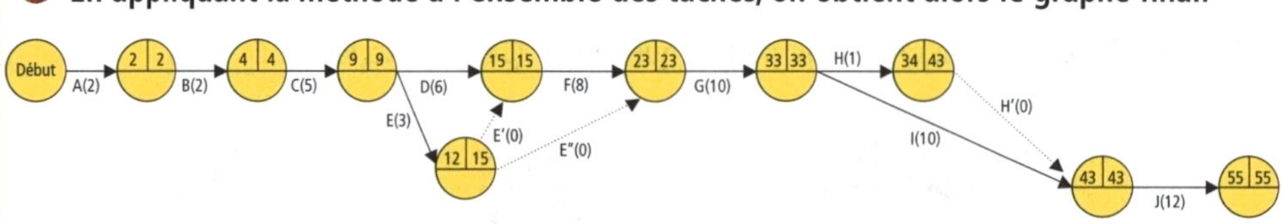


• **On calcule ensuite la marge totale** de chacune des tâches, marge qui correspond au retard que peut prendre une tâche sans affecter la date de fin du projet :

**Marge = date au plus tard – date au plus tôt**

• **On finit par définir le chemin critique**, c'est-à-dire l'enchaînement de tâches ne pouvant souffrir aucun retard.

**Exemple** Calcul de la marge totale pour chacune des tâches.

| Tâche | A | B | C | D | E | F | G | H | I | J |
|---|---|---|---|---|---|---|---|---|---|---|
| Marge | 0 | 0 | 0 | 0 | 3 | 0 | 0 | 9 | 0 | 0 |

Chemin critique : A – B – C – D – F – G – I – J.

## 2 Le diagramme de Gantt

COMPRENDRE EN VIDÉO

**Exemple** Constitution du diagramme de Gantt.

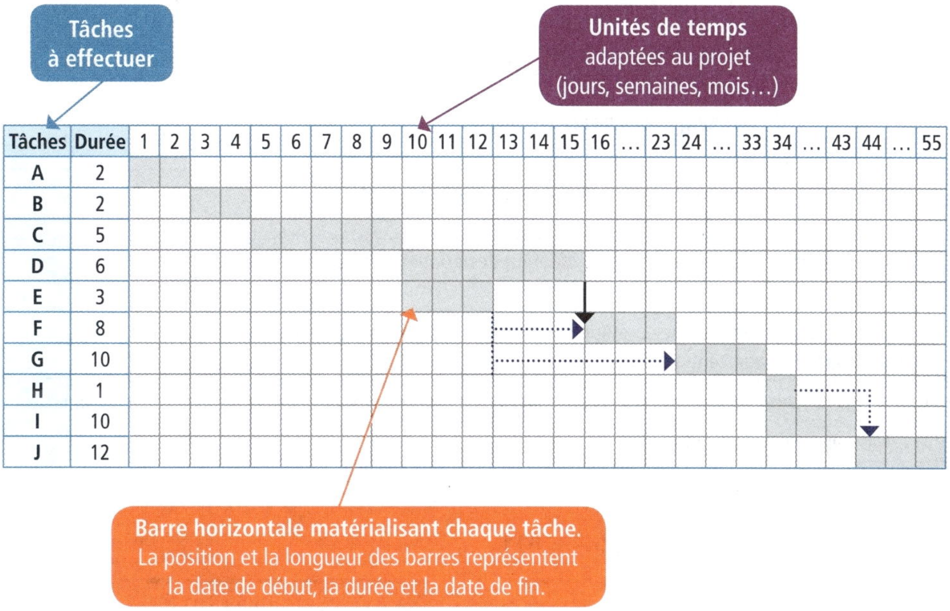


La tâche F possède 2 tâches antérieures D et E. Elle est positionnée directement après D et on la relie à E grâce à une flèche. Cette dernière correspond à la marge que possède E soit 3 jours (longueur de la flèche).

# ÉTUDE DE CAS (Intermarché – métropole, 2011)

*Corrigé p. 92*

La Chambre de Commerce et d'Industrie des Landes organise un événement marquant, le premier « Concours d'étalages des fruits et légumes » du lundi 18 au samedi 30 juillet 2011. Le 4 avril 2011, la directrice reçoit par courrier une invitation à participer au concours. Elle souhaite vivement profiter de cette opportunité pour dynamiser le rayon. Elle vous charge de monter ce projet, tout en sachant que le magasin est fermé le dimanche.

**Indiquez à quelle date au plus tard doit débuter la préparation à la participation au concours. Justifiez votre réponse par une représentation graphique de votre choix.**

## ANNEXE 1 Planification des tâches – Concours étalages de fruits et légumes

Magasin ouvert du lundi au samedi, et le 14 juillet.

| | Tâches | Missions en jours | Tâches antérieures |
|---|---|---|---|
| A | Convocation équipe, réunion pour présenter le concours, recherche idées par équipe. | 12 | – |
| B | Contact centrale : disponibilité produits, étude gamme + choix produits. | 6 | A |
| C | Contact et négociation avec les animatrices : fixation de la date. | 3 | A |
| D | Choix mobilier Bricomarché, contact pour commander le mobilier de marchandisage. | 1 | B |
| E | Livraison et installation du mobilier. | 1 | D |
| F | Étude proposition squelette, marchandisage et validation. | 5 | D |
| G | Calcul des heures de présence sur le stand, préparation de la réunion avec les chefs de rayon et déroulement de la réunion. | 5 | B |
| H | Élaboration du planning et des fiches des tâches à réaliser par personne. | 1 | G |
| I | Information du personnel, communication du planning équipe et communication des tâches. | 2 | H |
| J | Commande Scafruit, suivi livraison, création des étiquettes pour les produits. | 8 | B |
| K | Définition des supports de communication et conception maquettes, et commande aux centrales. | 7 | F |
| L | Réception des produits, balisage et préparation du marchandisage. | 1 | C, E, I, J, K |
| M | Mise en rayon des produits. | 4 | L |

## ANNEXE 2 Extrait du calendrier 2011

**Mai 2011**

| Semaine | L | M | M | J | V | S | D |
|---|---|---|---|---|---|---|---|
| 17 | | | | | | | 1 |
| 18 | 2 | 3 | 4 | 5 | 6 | 7 | 8 |
| 19 | 9 | 10 | 11 | 12 | 13 | 14 | 15 |
| 20 | 16 | 17 | 18 | 19 | 20 | 21 | 22 |
| 21 | 23 | 24 | 25 | 26 | 27 | 28 | 29 |
| 22 | 30 | 31 | | | | | |

**Juin 2011**

| Semaine | L | M | M | J | V | S | D |
|---|---|---|---|---|---|---|---|
| 22 | | | 1 | 2 | 3 | 4 | 5 |
| 23 | 6 | 7 | 8 | 9 | 10 | 11 | 12 |
| 24 | 13 | 14 | 15 | 16 | 17 | 18 | 19 |
| 25 | 20 | 21 | 22 | 23 | 24 | 25 | 26 |
| 26 | 27 | 28 | 29 | 30 | | | |

**Juillet 2011**

| Semaine | L | M | M | J | V | S | D |
|---|---|---|---|---|---|---|---|
| 26 | | | | | 1 | 2 | 3 |
| 27 | 4 | 5 | 6 | 7 | 8 | 9 | 10 |
| 28 | 11 | 12 | 13 | 14 | 15 | 16 | 17 |
| 29 | 18 | 19 | 20 | 21 | 22 | 23 | 24 |
| 30 | 25 | 26 | 27 | 28 | 29 | 30 | 31 |

# 21 La taille optimale de l'équipe

Déterminer la taille optimale d'une équipe revient à comparer les besoins en heures (ou en emplois) pour effectuer un ensemble de tâches avec le volume de travail disponible, afin que l'activité se déroule normalement.

## 1 Définir le volume horaire nécessaire

Pour définir le besoin en personnel, vous devez, dans un premier temps, quantifier les tâches à effectuer sur une période donnée, afin d'en tirer, dans un second temps, le volume horaire nécessaire.

**Exemple Détermination du volume horaire nécessaire pour le magasin Électrodépôt, d'après les informations fournies (étude de cas, sujet de métropole en 2009).**

- **Les horaires du magasin :**

Du lundi au vendredi : 9 h 30-12 h 30 et 14 h 00-19 h 30.
Le samedi : 9 h 30-19 h 30 sans interruption.
Amplitude horaire maximum : 10 h 00 avec une pause de 20 minutes minimum.

- **Les contraintes organisationnelles :**

2 livraisons par semaine nécessitant un équipier de 7 h 00 à 11 h 00.
1 équipier polyvalent présent en caisse de 16 h 00 à 18 h 00 le samedi.
1 équipier présent tous les jours une demi-heure avant l'ouverture du magasin et une demi-heure après la fermeture.

- **Présence sur la surface de vente :**

1 équipier le matin, 2 équipiers l'après-midi.
2 équipiers le vendredi matin.
3 équipiers les mercredis après-midi et vendredis après-midi.
3 équipiers le samedi en journée.

| Besoins | Total |
|---|---|
| **Surface de vente : Le matin du lundi au jeudi :** 4 jours × 3 h × 1 équipier = 12 heures<br>**Vendredi matin :** 1 jour × 3 h × 2 équipiers = 6 heures<br>**L'après-midi (lundi-mardi-jeudi) :** 3 jours × 5 h 30 × 2 équipiers = 33 heures<br>**L'après-midi (mercredi-vendredi) :** 2 jours × 5 h 30 × 3 équipiers = 33 heures<br>**Le samedi :** 10 heures × 3 équipiers = 30 heures | 114 h |
| **Livraison :** 2 jours × 4 h × 1 équipier = 8 heures | 8 h |
| **Caisse :** 2 h × 1 équipier | 2 h |
| **En dehors des horaires d'ouverture :** 2 × 30 minutes × 6 jours × 1 équipier = 6 heures | 6 h |
| **TOTAL** | **130 h** |

Dans ce cas, c'est à partir des heures d'ouverture que l'on détermine le volume horaire nécessaire.

## 2 Évaluation du besoin en personnel

Pour évaluer le besoin en personnel, vous devez effectuer **la comparaison entre le volume horaire nécessaire et le volume disponible**. Deux cas de figure peuvent en ressortir :

- > 0 : le besoin est « résiduel », il vous faut trouver une solution.
- < 0 : vous devez ajuster à la baisse les effectifs.

**Exercice-type** **Évaluer le besoin en personnel pour le magasin Électrodépôt, d'après les informations fournies dans l'exemple p. 63.**

**Composition de l'équipe :**

Karima : 35 heures, « équipier compagnon ».
Samir : 35 heures, équipier magasin et magasinier, chargé de la réception de la livraison.
Romain : 20 heures, équipier magasin.
Justine : 20 heures, polyvalente caisse.

**Solution** Volume horaire disponible :
– 2 salariés à temps plein : 2 × 35 h = 70 heures.
– 2 salariés à temps partiel : 2 × 20 h = 40 heures.
**Soit un total de 110 heures.**

**Conclusion :**

**130 – 110 = 20 heures = besoin résiduel.**
Dans le cas Électrodépôt, il manque 20 h de besoin en personnel. Une solution doit être trouvée pour pallier ce manque.

## 3 Que faire en cas de besoin résiduel ?

| | |
|---|---|
| **Recrutement** | Solution onéreuse.<br>Manque de flexibilité. |
| **Faire appel à de l'intérim** | Onéreux.<br>Simple à mettre en œuvre et flexible. |
| **Heures supplémentaires** | À privilégier pour un accroissement ponctuel d'activité. |
| **Meilleure organisation de la répartition du temps de travail ou optimisation des méthodes de travail** | À privilégier pour limiter les coûts relatifs à la masse salariale. |

En certaines circonstances, le recours à une augmentation du volume de travail est inévitable, mais le manager doit auparavant privilégier les solutions les moins onéreuses.

# ÉTUDE DE CAS (Chronodrive – métropole, 2013)

*Corrigé p. 93*

Le directeur du magasin doit élaborer le planning des préparateurs de commandes pour le mois de septembre 2014.

**Déterminez si l'équipe actuelle, compte tenu des informations dont vous disposez pour le mois de septembre 2014, est en mesure d'assurer correctement la préparation des commandes client. Justifiez votre réponse.**

### ANNEXE 1 Données sur l'activité des préparateurs de commandes

- 15 préparateurs de commandes en CDI à 35 heures par semaine.
- 27 préparateurs de commandes en contrat de 15 heures par semaine.
- Nombre de commandes en septembre 2012 : 6 514.
- Prévision du nombre de commandes en septembre 2013 : augmentation de 280 pour le mois.
- Nombre d'articles moyen par commande prévu en septembre 2013 : 50.
- Norme réseau pour l'efficacité des préparateurs de commandes : 1 prélèvement article toutes les 40 secondes.
- Le mois de septembre 2013 compte 4 semaines.
- Un préparateur en contrat 35 heures prend ses congés les deux premières semaines de septembre. Un second préparateur en contrat 35 heures prend ses congés les deux dernières semaines de septembre.

# 22 Les contrats de travail

Lorsque le manager recrute de nouveaux collaborateurs, il doit respecter la réglementation et prévoir le coût lié à une nouvelle embauche.

## 1 Le contexte réglementaire

## 2 La typologie des contrats de travail

La durée hebdomadaire du temps de travail est indépendante de la durée du contrat de travail. Ainsi, un salarié peut être recruté à temps partiel dans le cadre d'un contrat à durée indéterminée, déterminée ou d'un contrat d'intérim.

### A Le contrat à durée indéterminée (CDI)

| | | |
|---|---|---|
| **Forme** | Écrit non obligatoire (pour les temps pleins) sauf si une convention collective le prévoit. | |
| **Contenu** | Libre sauf mentions obligatoires. | |
| **Durée** | Sans limitation. | |
| **Rupture** | **À l'initiative de l'employeur**<br>– Pendant la période d'essai, sans motif particulier.<br>– Licenciement économique ou pour motif personnel.<br>– En cas de force majeure. | **À l'initiative du salarié**<br>– Pendant la période d'essai, sans motif particulier.<br>– Démission. |
| | **D'un commun accord :** rupture conventionnelle. | |

## B Le contrat à durée déterminée (CDD)

| | |
|---|---|
| **Motifs** | Remplacement d'un salarié absent.<br>Accroissement temporaire d'activité.<br>Emploi à caractère saisonnier. |
| **Forme** | Écrit obligatoire. |
| **Contenu** | Date de début et de fin.<br>Clause éventuelle de renouvellement.<br>Durée de la période d'essai.<br>Poste occupé et rémunération.<br>Droits collectifs. |
| **Renouvellement** | 2 fois au maximum. Durée totale < 18 mois. |
| **Rupture anticipée** | Accord entre employeur et salarié.<br>Faute grave du salarié ou de l'employeur.<br>Force majeure.<br>Inaptitude constatée par le médecin du travail.<br>Demande du salarié justifiant d'une embauche en CDI. |

**Les contrats d'apprentissage et de professionnalisation** sont des contrats en alternance (formation/travail) qui peuvent être conclus dans le cadre d'un contrat à durée déterminée ou indéterminée.

**Le contrat d'apprentissage** s'adresse aux jeunes de 15 à 25 ans ; **le contrat de professionnalisation** cible une population plus large.

## C Le contrat temporaire ou d'intérim

<table>
<tr><td rowspan="1">Contrats</td><td colspan="2">Contrat de mission : entre l'entreprise de travail temporaire et le salarié intérimaire.<br>Contrat de mise à disposition : entre l'entreprise de travail temporaire et l'entreprise souhaitant embaucher.</td></tr>
<tr><td>Renouvellement</td><td colspan="2">2 fois au maximum. Durée totale < 18 mois.</td></tr>
<tr><td rowspan="2">Rupture</td><td>À l'initiative de l'employeur</td><td>À l'initiative du salarié</td></tr>
<tr><td>– Pendant la période d'essai, sans motif particulier.<br>– En cas de faute grave du salarié.<br>– En cas de force majeure.</td><td>– Pendant la période d'essai, sans motif particulier.<br>– En cas de faute grave de l'employeur.<br>– En cas de force majeure.<br>– Embauche du salarié en CDI.</td></tr>
</table>

# 3 La rémunération

Les salariés sont mensualisés : leur rémunération est calculée sur la base de 52 semaines par an pour tenir compte des congés payés. Ainsi le nombre d'heures travaillées mensuel, sur la base de 35 heures de travail hebdomadaires, est déterminé par ce calcul :

**52 semaines × 35 heures hebdomadaires / 12 mois**
**= 151,67 heures par mois**

| Coût total employeur | Salaire net perçu par le salarié |
|---|---|
| **Salaire brut :**<br>• Salaire de base<br>• Heures supplémentaires<br>• Primes<br>• Avantages en nature<br>+<br>**Cotisations patronales**<br>(calculées sur le salaire brut) | **Salaire brut**<br>–<br>**Cotisations salariales**<br>(calculées sur le salaire brut) |

# ÉTUDE DE CAS

## (Crédit Mutuel du Mâconnais – Nouvelle-Calédonie, 2011)

*Corrigé p. 93*

Monsieur Gaspard envisage d'embaucher un(e) chargé(e) de clientèle le 1er décembre.

**Calculez, pour ce nouvel embauché :**
- **la rémunération brute sur une année complète ;**
- **la rémunération nette et le coût salarial pour le mois de décembre.**

### ANNEXE 1 Conditions de rémunération selon la convention collective

La rémunération annuelle d'un chargé de clientèle est composée comme suit :

un salaire brut = (nombre de points) × (valeur du point)

Au 1er décembre, la valeur du point est de 3,15 €.

Le nouvel embauché commencera au niveau 5 avec un nombre de points minimum auquel s'ajoutent :
- le treizième mois correspondant en moyenne à un mois de salaire brut (payé en novembre) ;
- la participation qui correspond en moyenne à 1,2 mois de salaire brut (payé en mai).

Par souci de simplification, on admettra que les cotisations salariales totales représentent 20 % du salaire brut et que les cotisations patronales totales représentent 40 % du salaire brut

### ANNEXE 2 Grille de rémunération selon la convention collective

Nombre de points correspondant aux différents niveaux pour le calcul de la rémunération.

| Niveaux | Mini | Maxi |
|---|---|---|
| Embauche | 440 | |
| … | … | … |
| 5 | 655 | 1 013 |
| 6 | 725 | 1 268 |

# 23 La préparation du recrutement

Fiches 21 et 22 p. 63 et 65

Pour constituer une équipe commerciale, il faut évaluer la taille optimale de l'équipe, l'environnement dans lequel elle évoluera et les contraintes juridiques et légales.

## 1 Les différents modes de recrutement

### A Le recrutement en interne

Il s'agit de faire évoluer un salarié actuellement dans l'entreprise lorsqu'un poste est à pourvoir.

| Avantages | Inconvénients |
|---|---|
| – **Économie de coût et de temps :** pas de frais de recrutement ni de période d'intégration.<br>– **Titulaire rapidement opérationnel** (le candidat connaît bien l'entreprise et sa culture).<br>– **Bon outil de motivation** (de nouveaux défis pour le promu).<br>– **Repères positifs pour la clientèle.** | – **Pas de renouvellement des pratiques.**<br>– **Démotivation du personnel** non promu.<br>– **Difficultés d'encadrer d'anciens collègues** (résistance et conflits potentiels).<br>– **Formation potentielle sur les nouvelles attributions**, d'où perte de temps et des frais. |

### B Le recrutement en externe

Le recrutement en externe se fait lorsque l'entreprise décide d'engager des personnes qui ne font pas partie du personnel de l'entreprise.

| Avantages | Inconvénients |
|---|---|
| – **Regard nouveau sur l'entreprise.**<br>– **Possibilité d'apport d'expérience extérieure.**<br>– **Motivation du candidat.** | – **Coût de recrutement.**<br>– **Période d'adaptation plus longue.**<br>– **Risque sur le choix du candidat.** |

• **Parmi les sources externes de recrutement**, on peut distinguer :
– Pôle emploi
– Les cabinets de recrutement spécialisés
– Les petites annonces (presse)
– Internet (sites spécialisés ou non)
– Les candidatures spontanées

• **Le recours à Internet a de nombreux avantages :**
– large diffusion ;
– ciblage des personnes intéressées (via des sites spécialisés) ;
– ciblage des profils utilisant Internet ;
– coût de diffusion faible, voire nul ;
– gestion des candidatures par Internet ;
– communication externe : enseigne qui embauche ;
– visuel attrayant ;
– aspect dynamique : réponse instantanée.

## 2 La définition du poste

Fiche 24 p. 71

À partir de la fiche de poste, le manager doit définir un profil de poste qui servira par la suite à évaluer les différentes candidatures.

**Remarque**

Dans le cadre d'une étude de cas, on peut exiger l'établissement de ce document à partir d'un entretien avec un responsable ou d'une fiche de poste.

**Exemple** Cette fiche de poste a été rédigée à partir des informations fournies dans l'étude de cas Batiman proposée en étude de cas de BTS en 2012 en métropole.

| PROFIL DE POSTE : Vendeur clientèle particuliers | |
|---|---|
| Lieu de travail : Batiman Saint-Maximin (Var) | **Intitulé du poste :** Vendeur clientèle particuliers |
| Rattachement hiérarchique : Directeur du magasin | |
| Missions : Chargé de l'accueil et du conseil auprès de particuliers | |
| Activités et tâches :<br>– Accueillir et conseiller la clientèle du point de vente.<br>– Développer et fidéliser la clientèle.<br>– Commercialiser « l'offre produits » et les prestations de l'entreprise. | – Planifier et suivre les dossiers jusqu'à la facturation et l'encaissement.<br>– Assurer la bonne tenue des rayons et leur approvisionnement. |
| Formation : Bac + 2 : BTS et DUT | |
| Expérience : Deux années d'expérience de vendeur en menuiserie et/ou cuisine | |
| Qualités requises :<br>– Sens du service client (accueil, disponibilité, écoute, conseil…).<br>– Sens de l'initiative et capacité à proposer des améliorations. | – Réactivité.<br>– Rigueur.<br>– Dynamisme. |

## 3 L'annonce du recrutement

Elle reprend les éléments du profil de poste. Elle doit être concise et précise, surtout si le support adopté est un site Internet.

**Exemple** **Annonce rédigée d'après la fiche de poste.**

**BATIMAN SAINT-MAXIMIN (VAR)**

RECHERCHE VENDEUR DE PRODUITS EN MENUISERIE ET CUISINE (H/F)

CDI de 35 heures

**Rattaché(e) au directeur du magasin, vous aurez pour principales missions :**

- l'accueil et le conseil à la clientèle ;
- le développement et la fidélisation de la clientèle ;
- la commercialisation de l'offre produit et des prestations de l'entreprise ;
- la planification et le suivi des dossiers jusqu'à la facturation et l'encaissement ;
- la bonne tenue des rayons et leur approvisionnement.

**Lieu de travail :** Magasin Batiman à Saint-Maximin La-Sainte-Baume (83470)

**Profil :**

- Formation : BTS ou DUT
- Expérience souhaitée : 2 ans dans la vente de menuiserie et/ou cuisine
- Sens du service et dynamisme
- Rigueur et organisation

**Poste à pourvoir en décembre 2018.**

Si vous êtes intéressé(e), merci d'adresser votre CV accompagné d'une lettre de motivation à :
recrutement@batiman.fr

Ou Cliquez ici pour postuler POSTULER

*Mentions obligatoires*

**Remarque**

Le mode de contact dépend de la situation qui est décrite dans l'étude de cas. Veillez à bien respecter les exigences formulées dans le contexte : contact par voie postale, courriel ou clic.

# ÉTUDE DE CAS (Casino – Nouvelle-Calédonie, 2015)

*Corrigé p. 94*

**Rédigez l'offre d'emploi de responsable du Corner Sushi du supermarché Lyon Gambetta (3e arrondissement), à paraître dans le quotidien régional *Le Progrès*.**

## ANNEXE Le profil du responsable Corner Sushi

**Interview du directeur du magasin (extrait)**

**Quelles seront les principales missions confiées au futur manager du Corner Sushi ?**
Outre les missions classiques de responsable de rayon (management, suivi et accompagnement d'une équipe de 3 personnes, réalisation des objectifs commerciaux, mise en place et optimisation des opérations commerciales, gestion des stocks…), nous attendons qu'il soit un manager autonome, capable de faire évoluer son Corner comme un magasin indépendant. Il devra être l'interface entre le partenaire *Sushi Daily* et l'enseigne Casino, et devra veiller à préserver les objectifs et intérêts de chacun.

**Quel profil recherchez-vous ?**
Nous recherchons un professionnel titulaire d'un BTS, ayant une expérience du rayon « Marée », en grande distribution de préférence. Un esprit commerçant est indispensable ainsi que des qualités managériales. Cette personne devra maîtriser les outils bureautiques, les éléments de gestion d'un point de vente et de traçabilité. Enfin, nous recherchons une personne rigoureuse et organisée.

**Quand ce poste est-il à pourvoir ?**
Les accords avec le partenaire potentiel sont déjà signés, l'ouverture du Corner Sushi devrait avoir lieu en décembre prochain.

**Quelle rémunération proposez-vous ?**
La rémunération sera conforme au poste de manager que nous proposons dans l'enseigne. Cependant, le profil du candidat peut faire un peu bouger les lignes sachant que ce concept de Corner est nouveau et que le responsable devrait avoir plus d'autonomie.

**Comment procédez-vous pour vos recrutements ?**
Bien entendu nous sommes présents sur tous les nouveaux supports de recrutement et nos offres d'encadrement se trouvent sur le site du groupe.
Nous ne négligeons pas la presse quotidienne régionale qui reste encore un support utilisé pour diffuser nos offres d'emploi.

**Sous quelle forme souhaitez-vous recevoir les candidatures ?**
De préférence nous demandons de nous retourner CV et lettre de motivation à l'adresse suivante : recrutement06@groupe-casino.fr.

# 24 Le recrutement et l'intégration



Les candidatures reçues font l'objet d'une sélection (tri des CV) avant la convocation à des entretiens individuels.

Étape 1 Évaluation des CV → Étape 2 Entretiens de recrutement → Étape 3 Intégration du nouveau collaborateur

## 1 L'évaluation des CV retenus

• **L'outil de comparaison des candidatures :** il prend appui sur le profil de poste et doit se faire sous la forme d'une grille d'analyse, basée sur les différents critères exigés.

• **La grille d'analyse :** elle doit distinguer les points positifs des points négatifs, ou attribuer une note pondérée à chaque critère (plus difficile) ou encore attribuer des « – » et des « + » à chaque critère.

**Exemple** Cette grille d'analyse a été rédigée à partir des informations fournies dans l'étude de cas DPAM proposée en sujet de BTS en 2016, en Nouvelle-Calédonie.

| | CV 1<br>N. Lateleh | CV 2<br>S. Braisé | CV 3<br>M. Paudevin | CV 4<br>E. Zaurrho |
|---|---|---|---|---|
| Formation commerciale | – | + | + | ++ |
| Diplôme | – | – | ++ | + |
| Expérience de la vente | ++ | ++ dans l'enseigne | +++ | + |
| Connaissance de langues étrangères | – | ++ bilingue anglais | + | – |
| TOTAL | 2 +<br>3 – | 5 +<br>1 – | 7 + | 4 +<br>1 – |

**Conclusion :** le choix va s'orienter en priorité sur M. Paudevin qui réunit le plus de points positifs.

## 2 L'entretien de recrutement

• **Le guide d'entretien :** l'entretien peut s'appuyer sur un guide type, préexistant, comme celui présenté ci-dessous.

| Étapes | Contenu |
|---|---|
| 1. Accueil | – Se présenter et rappeler le poste à pourvoir.<br>– Expliquer la raison du recrutement.<br>– Indiquer l'objectif de l'entretien et sa durée. |
| 2. Découverte | – Questionner le candidat sur son expérience, sa motivation, sa connaissance de l'entreprise…<br>– Évaluer son attitude, son expression, sa communication verbale et non verbale… |

| | |
|---|---|
| **3. Présentation de l'entreprise et du poste à pourvoir** | – Présenter l'historique, le positionnement, le métier de l'entreprise, les spécificités du secteur, du rayon, les attentes, les contraintes, les difficultés du poste…<br>– Solliciter les questions du candidat. |
| **4. Conclusion** | – Vérifier que le plan de l'entretien a été respecté.<br>– Faire la synthèse.<br>– Vérifier que toutes les questions du candidat ont reçu une réponse.<br>– Informer des étapes suivantes et des échéances.<br>– Remercier et saluer. |

⚠ Aucune personne ne peut être écartée d'une procédure de recrutement en raison de : « son sexe, ses mœurs, son orientation sexuelle, son âge, sa situation de famille ou la grossesse, ses caractéristiques génétiques, ses opinions politiques ou syndicales, ses convictions religieuses, son apparence physique, le patronyme, son état de santé. » Code du Travail (art. L.1132-1).

• **La grille d'évaluation :** l'entretien donnera lieu à une évaluation qu'il conviendra de présenter sous la forme d'une grille de notation établie sur les mêmes principes que le tri des CV.

**Exemple**

DATE :
NOM DU CANDIDAT :

| CRITÈRES | – | – – | + | + + |
|---|---|---|---|---|
| **Métier/Qualification** | | | | |
| Diplôme (Bac minimum) | | | | |
| Expérience (connaissance du secteur, des produits, de l'unité) | | | | |
| **Aptitudes professionnelles** | | | | |
| Méthode, rigueur, organisation | | | | |
| Bon contact, amabilité, accueil | | | | |
| Esprit d'équipe | | | | |
| Adaptabilité | | | | |
| Écoute, sociabilité | | | | |
| Implication | | | | |
| **Aptitudes personnelles** | | | | |
| Dynamisme | | | | |
| Autonomie | | | | |
| Motivation | | | | |
| Endurance, résistance physique | | | | |

Commentaires :

## 3 Le comportement à aborder lors d'entretiens

- **Bienveillance :** donner au candidat la possibilité de se valoriser, veiller à l'équité.
- **Écoute active :** permettre au candidat de s'exprimer, faire preuve d'empathie.
- **Respecter les principes éthiques :** respecter l'interlocuteur, éviter les rapports de communication déséquilibrés, respecter la confidentialité.
- **Disponibilité :** éteindre les portables, réorienter les appels téléphoniques.

## 4 L'intégration du nouveau collaborateur

**Exemple** Voici un exemple de déroulement d'une journée d'intégration, à adapter en fonction du contexte.

| Première demi-journée : découverte de l'entreprise | Seconde demi-journée : découverte du poste |
|---|---|
| Prise de contact avec le responsable hiérarchique. | Présentation de l'équipe et prise de contact avec le tuteur. |
| Remise de la tenue et du règlement intérieur (voire d'un livret d'accueil). | Présentation des produits. |
| Visite. | Phase d'observation. |
| Entretien avec le responsable. | Compte-rendu (*debriefing*) en fin de journée. |

## 5 Le coût du recrutement et de l'intégration

Le recrutement doit inclure les coûts liés aux opérations suivantes :
– la parution de l'annonce ;
– le recrutement et le tutorat.

# ÉTUDES DE CAS

### Exercice 1 Intermarché (métropole, 2011)

*Corrigé p. 94*

Vous recrutez un nouveau salarié et définissez les éléments des phases de recrutement et d'intégration.

**Phase de recrutement :**

- Coût annonce presse et Internet dans le journal Sud-Ouest : 171 euros.
- Temps passé par Monsieur Roboti (niveau de classification emploi : 6) : définition poste, rédaction annonce, contact presse, traitement candidatures, entretien candidats = 15 heures et 15 minutes.
- Temps passé par Madame Caf, comptable (niveau de classification emploi : 5) : travaux administratifs = 3 heures et 30 minutes.

**Phase d'intégration :**

Formation par un tuteur (niveau de classification emploi : 6) = 5 heures.

**Calculez le coût de recrutement et de l'intégration du salarié en CDI.**

**ANNEXE** **Extrait de la grille des salaires**

Extrait de la grille de salaires suivant la convention collective du commerce de gros et de détail à prédominance alimentaire, et pourcentage des charges patronales.

| Niveau de classification emploi | Total brut en euros sur une base de temps de travail de 151 heures par mois | % charges patronales |
|---|---|---|
| 1A | 1 365 | 22 |
| 1B | 1 365 | 22 |
| 2A | 1 365 | 22 |
| 2B | 1 365 | 22 |
| ... | ... | ... |
| 5 | 1 575 | 45 |
| 6 | 1 685 | 45 |

Pour les contrats à temps partiel à 25 heures, le total brut en euros est d'un montant de 976 euros par mois pour les catégories 1A à 2B.

## Exercice 2 Super U (Nouvelle-Calédonie, 2013)

*Corrigé p. 95*

**Concevez une grille d'évaluation permettant de classer les candidats et classez-les pour sélectionner ceux que vous souhaitez recevoir en entretien.**

**ANNEXE 1** **Profil de poste « Employé Commercial »**

**Missions**

Au sein d'un magasin, l'employé commercial participe à la performance économique de son rayon dans le respect des consignes communiquées par sa hiérarchie.

À ce titre, il peut être amené à :

- effectuer la réception, la mise en rayon et/ou le pesage, le balisage, le réapprovisionnement et la présentation des produits ;
- garantir le conditionnement dans les rayons des produits qui le nécessitent (boucherie, etc.) et respecter les dates limites de consommation ;
- participer aux inventaires ;
- appliquer les consignes d'hygiène et de nettoyage ;
- conseiller, renseigner les clients et assurer la vente ;
- informer sa hiérarchie des remarques clients en rapport avec le rayon ;
- prendre soin du matériel confié.

L'employé commercial peut aussi prendre plus de responsabilités, notamment en l'absence du manager de rayon :

- gérer le stock et les commandes ;
- coordonner une petite équipe (diffuser et faire respecter le planning de nettoyage, veiller au port des tenues, etc.) ;
- proposer et mettre en place des animations commerciales.

**Qualités et compétences**

Pour l'enseigne : niveau Bac minimum et expérience souhaitée.

- Aptitude physique
- Polyvalence et rigueur
- Aisance à l'oral
- Goût pour la relation clients
- Bonne connaissance des produits
- Sensibilité commerciale
- Goût pour le travail d'équipe

**Annexe 2** **Synthèse des candidatures au poste d'ELS**

Vous avez reçu plusieurs CV et lettres de motivation. Lors d'une première sélection, le directeur de Super U retient 3 candidats qui sont susceptibles de répondre au poste.
Voici les informations que vous avez relevées sur les différents documents.

| Karine Lejeune | Madjid Bouguima | Sarah Coze |
|---|---|---|
| Âge : 23 ans<br>Situation : Célibataire<br>Niveau : Bac Pro Vente<br>Adresse : Angoulême (16) | Âge : 27 ans<br>Situation : Marié, 1 enfant<br>Niveau : Bac Pro Commerce<br>Adresse : Jarnac (16) | Âge : 23 ans<br>Situation : Mariée, 1 enfant<br>Niveau : CAP Vente<br>Adresse : Périgueux (24) |
| **Connaissance du métier**<br>CDD 18 mois en tant qu'Employé Libre Service Super U Châteauneuf (16).<br>3 stages et 2 CDD en logistique. | **Connaissance du métier**<br>9 mois d'expériences en stage.<br>CDD de 9 mois Netto Rouillac.<br>CDD de 18 mois Intermarché Jarnac. | **Connaissance du métier**<br>CDD 6 mois Vendeuse prêt-à-porter à Périgueux. |
| **Compétences**<br>Mise en rayon de divers articles (rayon frais et congelés, fruits et légumes, D.P.H et liquide).<br>Rotation des produits et contrôle de DLC.<br>Mise en place du facing.<br>Utilisation de transpalette.<br>Étiquetage des produits.<br>Conseil aux clients.<br>Travail en équipe. | **Compétences**<br>Expérience en réserve de supermarché.<br>Utilisation du transpalette manuel.<br>Parcours des zones de stockage pour récupérer la marchandise.<br>Expérience en supermarché.<br>Accueil et conseil clients.<br>Réception des marchandises, mise en rayon, facing.<br>Remodeling de magasin. | **Compétences**<br>Non alimentaire (textile, sport).<br>Rangement de l'étalage.<br>Accueil et vente clients.<br>Textile : cintrage de vêtements.<br>Travail en équipe.<br>Utilisation du « Pocket » (code-barre).<br>Pose d'antivols.<br>Facing.<br>Rotation des produits. |
| **Motivation perçue**<br>Variété du métier et des structures, possibilité d'évolution. | **Motivation perçue**<br>Contact avec la clientèle, curiosité, autonomie, métier d'avenir. | **Motivation perçue**<br>Dynamisme du métier. |
| **Qualités**<br>Sérieuse, manuelle, organisée, sociable, souriante et curieuse. | **Qualités**<br>Sérieux, polyvalent, serviable, persévérant, dynamique, diplomate, enthousiaste. | **Qualités**<br>Sociable, courageuse, ordonnée. |

# 25 Les plannings d'équipe

Le planning d'équipe est un élément clé de gestion de l'unité commerciale, car il permet de répartir la charge de travail de façon rationnelle et efficace.

## 1 Étape 1 : identification des contraintes

• **Contraintes organisationnelles.** Elles sont au nombre de 3 : les horaires, la charge de travail et les jours de congés.

• **Contraintes légales.** Il est nécessaire de prendre en compte 3 critères : le repos hebdomadaire, le repos quotidien et le temps de travail journalier.

• **La durée légale du travail (sauf dérogation) :**

– **Durée légale hebdomadaire :** 35 heures (soit 151,67 h par mois).
– **Durée maximum hebdomadaire :** 48 heures.
– **Durée maximum du travail journalier :** 10 heures de travail par jour.
– **Repos quotidien :** 11 heures consécutives.
– **Jour de repos par semaine :** 1 jour de repos hebdomadaire (35 heures consécutives minimum).
– **Temps de pause quotidien :** 20 minutes minimum de temps de pause quotidien pour 6 heures de travail.

## 2 Étape 2 : réalisation du planning

| | **Lundi 6 h-20 h** | | | **Samedi 6 h-21 h** | |
|---|---|---|---|---|---|
| **Valérie 35 h** | 6 h 30-13 h = **6 h 30** | | | 6 h-13 h = **7 h** | |
| **Karim 35 h** | | 13 h 30-20 h = **6 h 30** | | | 13 h-20 h = **7 h** |
| **Hoa 24 h 30** | CONGÉ | | | 9 h-13 h = **4 h** | |

**Contraintes légales :**
• Durée légale liée au contrat de travail à temps plein ou partiel
• Repos hebdomadaire

**Contraintes organisationnelles :**
• Horaires d'ouverture
• 2 salariés le samedi toute la journée

• **Répartition du travail.** Une fois les contraintes posées, le travail doit être réparti entre les salariés de façon rationnelle en tenant compte de leurs souhaits dans la mesure du possible :
– horaires cohérents, les moins dispersés possibles pour une même personne ;
– respect des contraintes personnelles autant que possible.

• **Le planning est un outil primordial d'organisation.** Il doit être clair, cohérent et compréhensible par l'équipe. Il ne doit pas être envisagé comme un système de sanction ou de récompense vis-à-vis de l'équipe.

• **Le planning hebdomadaire.** Il peut être organisé par demi-journées ou il peut également faire l'objet d'un découpage plus fin, par tranches horaires par exemple.

• **Ajustement des horaires.** Quand la charge de travail est supérieure au volume horaire disponible, il faut ajuster les horaires. Vous pouvez avoir recours aux heures supplémentaires ou à l'emploi d'intérimaires.

> **Remarque**
> Les sujets proposés demandent très rarement l'établissement d'un planning complet. Il s'agit le plus souvent de modifier un planning existant afin de rajouter un nouveau salarié (suite à un accroissement d'activité par exemple).

• **En cas de surcharge de travail durable**, le manager doit alors recourir à l'embauche de salariés en contrat à durée déterminée ou en contrat à durée indéterminée.

## 3 L'importance du planning

• **Le planning parfait n'existe pas** mais il doit satisfaire au mieux les contraintes et les besoins exprimés par l'équipe.

• **C'est un outil important** qui participe à la performance de l'unité commerciale. Il doit être conçu comme un outil de stimulation de l'équipe.

> **Remarque**
> Les logiciels spécialisés dans l'élaboration de plannings et les outils de travail et de partage collaboratifs peuvent apporter une aide précieuse mais ils ne peuvent se substituer aux choix que doit effectuer le manager pour rendre le planning acceptable par l'ensemble de l'équipe.

• **Le planning doit être évolutif**, c'est-à-dire qu'il doit pouvoir faire l'objet de modifications destinées à l'adapter aux changements pouvant survenir.

# ÉTUDE DE CAS (DPAM – Nouvelle-Calédonie, 2016)

*Corrigé p. 95*

Vous venez d'apprendre que votre vendeuse, Filiz, va évoluer vers un poste d'adjointe au début du mois de juin 2016. Son remplacement intervient dans une période de forte activité avec la préparation et le début des soldes d'été (du mercredi 22 juin au mardi 2 août 2016). Vous décidez de recruter un(e) vendeur(se) en contrat équivalent (CDI 35 heures) et, pour faire face au surplus d'activité, vous envisagez d'embaucher également, en CDD, un contrat à temps partiel de 24 heures pour la période des soldes.

1. **Réalisez le planning de présence de la veille et des deux premiers jours des soldes pour les 2 personnes nouvellement recrutées, en vous assurant du respect des contraintes organisationnelles et légales.**
2. **Présentez les conséquences managériales de votre proposition.**

## ANNEXE 1 Équipe de vente

Une responsable : Catherine (CDI 35 h).
Deux adjoints : Laurent et vous (CDI 35 h).
Trois vendeuses en CDI 35 h : Salma, Filiz et Florianne.
Quatre vendeurs en CDI temps partiel 30 h : Valentin, Madi, Marie et Earvin.
Cinq vendeurs en CDI temps partiel 24 h : Alexandre, Jérémy, Cécile, Mounir et Christine.

## ANNEXE 2 Les contraintes organisationnelles du point de vente

Le magasin est habituellement ouvert du lundi au samedi de 10 h 00 à 19 h 30.
Un planning en cours d'élaboration sert de base à l'organisation des temps de présence pour les journées du mardi 21 juin, du mercredi 22 juin (1er jour des soldes) et du jeudi 23 juin (*cf.* annexe 4). Ce planning tient compte des souhaits des vendeurs du magasin. Il n'intègre pas encore les temps de présence des deux collaborateurs recrutés.

**Contraintes organisationnelles**

1. Deux vendeurs minimum doivent faire l'ouverture. Ils commencent 30 minutes avant l'ouverture.
2. Trois vendeurs minimum doivent faire la fermeture. Ils terminent 30 minutes après la fermeture.
3. Il faut un minimum de 5 personnes en magasin de 13 h 00 à 19 h 30.
4. Alexandre et Jérémy ne commencent jamais avant 13 h 00.

**Pour la préparation des soldes**

5. Une équipe de 5 vendeurs travaillera 4 heures après la fermeture du magasin le mardi soir, veille des soldes. Cette équipe assure également la fermeture.
6. Deux heures avant l'ouverture du magasin pour la 1re journée des soldes, 4 personnes doivent être présentes en plus des personnes qui assurent l'ouverture habituellement.
7. L'effectif doit être de 7 personnes au minimum de 10 h 00 à 16 h 00 pour la première journée des soldes.

**Contrainte légale**

Article 38.4 de la Convention Collective Nationale n° 3241 : « La journée de travail ne pourra être inférieure à 2 heures de travail continu et ne pourra comporter, outre les temps de pause rémunérés ou non, plus d'une coupure, laquelle ne pourra être supérieure à deux heures. »

## ANNEXE 3 Les contraintes concernant les nouveaux recrutés

Le CDI sera en repos le jeudi ; il souhaite travailler par tranches de 7 heures consécutives. Il a demandé, si possible, à ne pas travailler avant 13 h 00 le mercredi.
Le CDD sera en repos le mardi et souhaite travailler, si possible, par tranches de 4 heures consécutives.

## ANNEXE 4 Le planning en cours d'élaboration

| | Mardi 21 Juin 2016 | | | | | | |
|---|---|---|---|---|---|---|---|
| | 9 h 30<br>10 h 00 | 10 h 00<br>11 h 00 | 11 h 00<br>13 h 00 | 13 h 00<br>14 h 00 | 14 h 00<br>16 h 00 | 16 h 00<br>19 h 30 | 19 h 30<br>23 h 30 |
| **Salma** | 0,5 | 1 | 2 | 1 | 2 | | |
| **Florianne** | | | | 1 | 2 | 3,5 | |
| **Valentin** | | | | | | 3,5 | 4 |
| **Madi** | | | | 1 | 2 | 3,5 | |
| **Marie** | 0,5 | 1 | 2 | 1 | | | |
| **Earvin** | | | | | 2 | 3,5 | 4 |
| **Alexandre** | | | | | 2 | 3,5 | 4 |
| **Jérémy** | | | | | | 3,5 | 4 |
| **Cécile** | REPOS | | | | | | |
| **Mounir** | | | | | | 3,5 | 4 |
| **Christine** | REPOS | | | | | | |

| | Mercredi 22 Juin 2016 | | | | | | |
|---|---|---|---|---|---|---|---|
| | 8 h 00<br>10 h 00 | 10 h 00<br>11 h 00 | 11 h 00<br>13 h 00 | 13 h 00<br>14 h 00 | 14 h 00<br>16 h 00 | 16 h 00<br>19 h 30 | 19 h 30<br>20 h 00 |
| **Salma** | | | | | 2 | 3,5 | 0,5 |
| **Florianne** | 2 | 1 | 2 | 1 | | | |
| **Valentin** | | | | | 2 | 3,5 | 0,5 |
| **Madi** | 0,5[1] | 1 | 2 | 1 | 2 | | |
| **Marie** | 2 | 1 | 2 | 1 | | | |
| **Earvin** | REPOS | | | | | | |
| **Alexandre** | REPOS | | | | | | |
| **Jérémy** | REPOS | | | | | | |
| **Cécile** | 2 | 1 | 2 | | | | |
| **Mounir** | | | | 1 | 2 | 3,5 | |
| **Christine** | 2 | 1 | 2 | 1 | 2 | | |

| | Jeudi 23 Juin 2016 | | | | | | |
|---|---|---|---|---|---|---|---|
| | 9 h 30<br>10 h 00 | 10 h 00<br>11 h 00 | 11 h 00<br>13 h 00 | 13 h 00<br>14 h 00 | 14 h 00<br>16 h 00 | 16 h 00<br>19 h 30 | 19 h 30<br>20 h 00 |
| **Salma** | REPOS | | | | | | |
| **Florianne** | | | | | 2 | 3,5 | 0,5 |
| **Valentin** | 0,5 | 1 | 2 | 1 | 2 | 1 | |
| **Madi** | REPOS | | | | | | |
| **Marie** | REPOS | | | | | | |
| **Earvin** | | | | | 2 | 3,5 | 0,5 |
| **Alexandre** | | | | 1 | 2 | 3,5 | |
| **Jérémy** | | | | 1 | 2 | 3,5 | |
| **Cécile** | 0,5 | 1 | 2 | 1 | 2 | | |
| **Mounir** | REPOS | | | | | | |
| **Christine** | | | 2 | 1 | 2 | 3,5 | |

1. Madi sera présente sur le créneau 9 h 30-10 h 00.

Les données du planning ne peuvent pas être modifiées.

# 26 La réunion d'équipe

La réunion d'équipe est un moment clé dans la gestion opérationnelle de l'unité commerciale. Elle est un facteur de motivation et de stimulation. Elle contribue à la cohésion de l'équipe. Le manager la met à profit pour faire le point sur les actions passées et fixer les objectifs à venir.

## 1 La réunion en 3 étapes

| 1. Préparation | 2. Déroulement | 3. Suivi |
|---|---|---|
| – Fixer l'ordre du jour.<br>– Préparer les documents nécessaires.<br>– Déterminer les participants et les informer par le biais d'une convocation (écrite, mail ou texto).<br>– Prévoir le lieu, l'heure et la durée (aménager la salle et prévoir le matériel nécessaire). | – Accueillir les participants.<br>– Déterminer un secrétaire de séance.<br>– Rappeler l'ordre du jour et les objectifs.<br>– Animer la réunion de manière directive sur la forme et participative sur le fond.<br>– Respecter le timing prévu.<br>– Prévoir le planning des réunions ultérieures.<br>– Conclure la réunion. | – Réaliser le compte-rendu.<br>– Diffuser le compte-rendu.<br>– Assurer le suivi avec une mise en place d'un outil décidé en commun (tableau de suivi). |

**Remarque :** le contenu des différentes étapes est donné à titre indicatif. Il doit être adapté au contexte proposé par le sujet. Certains sujets demandent de définir le contenu de l'ordre du jour par exemple.

## 2 Le comportement à adopter pendant la réunion

- Adopter une attitude bienveillante.
- Distribuer la prise de parole équitablement.
- Favoriser l'écoute mutuelle.
- Reformuler les propos des participants si nécessaire.

## ÉTUDE DE CAS (Banque Populaire – métropole, 2016) *Corrigé p. 96*

L'agence Banque Populaire de Vitry-le-François (appartenant au groupe de Châlons-en-Champagne), située en centre-ville, draine un flux conséquent de clients, tant particuliers que professionnels.
Les 224 clients professionnels (au 30/04/2016) sont gérés par M. Gilles Opetre, seul conseiller clients professionnels de l'agence. M. Opetre souhaite réunir l'ensemble des collaborateurs de l'agence pour les informer d'un événement. Vous êtes chargé(e) de préparer cette réunion.
Pour relancer l'activité auprès des professionnels, M. Opetre envisage de réunir un groupe de clients professionnels pour un petit-déjeuner de réflexion sur le thème : « Quelles perspectives pour Vitry-le-François à l'horizon 2017 ? » L'objectif est de détecter de nouveaux besoins et de placer de nouveaux contrats. Il vous charge de l'organisation de l'événement programmé le 15 juin 2016.

1. **Présentez et expliquez les étapes nécessaires au bon déroulement de la réunion.**
2. **Précisez le contenu de la convocation à la réunion à afficher dans la salle de repos du personnel.**

# 27 La stimulation, la motivation et la formation de l'équipe



La motivation de l'équipe commerciale est un enjeu essentiel pour le manager. En effet, l'utilisation d'outils de stimulation permet de renforcer le sentiment d'appartenance au groupe et contribue à l'atteinte des objectifs.

## 1 La stimulation

• **Les challenges ponctuels.** La mise en place de challenges ponctuels, comme des concours de vente, permet :
– de récompenser les performances ponctuelles des commerciaux sur une opération commerciale ;
– de stimuler, individuellement ou collectivement, les salariés.

• **Les challenges annuels.** La mise en place de challenges annuels, par exemple une augmentation du chiffre d'affaires à réaliser, permet de récompenser les performances annuelles des commerciaux.

• **Les récompenses liées aux challenges.** Les challenges donnent lieu au versement de primes ou d'autres gratifications comme des cadeaux, voyages…

## 2 Les systèmes de rémunération variable

• **La commission sur les ventes** est généralement basée sur le chiffre d'affaires HT, plus rarement sur la marge, et peut suivre un barème simple ou par tranches (progressif).

Exercice-type **1. Calculez la commission d'un commercial pour un CA de 15 000 € HT, en utilisant le barème simple.**

| CA (en €) | Taux de commission |
|---|---|
| 0 – 10 000 | 2 % |
| 10 000 – 30 000 | 3 % |
| > 30 000 | 4 % |

**2. Calculez la commission d'un commercial pour un CA de 35 000 € HT, en utilisant le barème par tranches.**

| Tranches de CA (en €) | Taux de commission* |
|---|---|
| 0 – 10 000 | 2 % |
| 10 000 – 30 000 | 3 % |
| > 30 000 | 4 % |

*Le taux de commission s'applique à la valeur de la tranche. Par exemple pour la tranche 10 000 – 30 0000, le taux s'applique à (30 000 – 10 000) soit 20 000 €.

**Solution**

1. CA × taux de commission = **15 000 × 3 % = 450 €.**

**Le commercial touchera une commission de 450 euros.**

2. Le CA de 35 000 € peut se diviser en 3 tranches :
10 000 × 2 % = 200 € ;
20 000 × 3 % = 600 € ;
5 000 × 4 % = 200 €.

**Le commercial touchera une commission de 1 000 euros (200 + 600 + 200).**

• **Remarque.** Pour éviter que les commerciaux n'accordent des remises trop importantes – afin de réaliser un chiffre d'affaires élevé –, certaines entreprises calculent la commission sur la marge ou mettent en place un double système qui permet de faire baisser le taux de commission en fonction de l'importance de la remise accordée.

## 3 La formation

La valorisation du potentiel de l'équipe commerciale participe à sa motivation.

- **Le plan de formation.** Le plan de formation doit se faire en 3 étapes :

étape 1 **Identification des besoins** grâce à des entretiens individuels.

étape 2 **Confrontation des besoins individuels** avec les choix stratégiques de l'unité commerciale.

étape 3 **Choix, chiffrage et validation** du plan de formation.

- **Les différents types de formation.** Les formations peuvent revêtir différentes formes : individuelles ou en groupe ; en « présentiel » ou à distance (*e-learning*) ; sur place ou à l'extérieur.

- **Le *coaching* (accompagnement individuel).** L'accompagnement individualisé est très efficace. Le salarié bénéficie de conseils et de l'expérience de salariés déjà formés. Il contribue de plus à la cohésion de l'équipe quand il est réalisé en interne.

**Remarque**

Certains sujets, après avoir demandé de définir le plan de formation, vous proposent de réaliser un chiffrage de ce dernier.

Pour la question des réunions d'équipe, reportez-vous à la p. 80.

# ÉTUDES DE CAS

## Exercice 1

*Corrigé p. 96*

L'opération promotionnelle « Literie –25 % » est un temps fort de l'activité du département D1. M. Larque souhaite mobiliser toute l'équipe. Pour cela, il envisage de mettre en place un système de mesure des performances de ses collaborateurs lors de l'action promotionnelle.

1. **Sélectionnez des indicateurs pertinents pour évaluer le personnel lors de l'opération promotionnelle.**
2. **Calculez, d'après la simulation réalisée par M. Larque, le montant de la rémunération variable liée à l'action de promotion que percevra chaque salarié.**
3. **Identifiez les avantages et les limites de ce système de motivation. Proposez d'autres méthodes pour maintenir la mobilisation des vendeurs.**

### ANNEXE 1 Description de l'opération promotionnelle

Cette opération se déroule sur les quatre premières semaines du mois de septembre. L'opération « Literie –25% » concerne deux ensembles de la gamme « Rêverie » uniquement composés de matelas et sommiers :
- ensemble 1 : grand modèle ; dimensions 140 × 190 ;
- ensemble 2 : petit modèle ; dimensions 90 × 190.

L'offre sera présentée sous un chapiteau d'une superficie de 400 m² installé sur le parking du magasin. Les opérations de préparation de la PLV et d'installation (désimplantation des matelas dans le magasin, réimplantation sous chapiteau, installation des PLV, installation d'une alarme reliée au magasin, installation d'une caisse périphérique, implantation d'autres produits en magasin) sont assurées par le responsable du rayon Literie, assisté d'un vendeur du rayon.
Chacun des 4 vendeurs du rayon Literie sera détaché à tour de rôle une semaine complète (35 heures) pour l'animation et la vente des produits sous le chapiteau pendant l'opération.
**Remarque** : M. Larque, chef du département, complètera le temps partiel de Chantal Poix (à hauteur de 5 heures).

## ANNEXE 2 Données de la simulation

| | Nom, prénom | CA HT réalisé (€) | Marge globale dégagée | Nombre de cartes de fidélité placées |
|---|---|---|---|---|
| Équipe permanente | Lamiraux Francine | 13 200 | 3 036 | 16 |
| | Vilain Dominique | 9 250 | 2 128 | 13 |
| | Guidoux Yann | 5 750 | 1 323 | 6 |
| | Poix Chantal | 6 210 | 1 429 | 9 |

Chiffre d'affaires hors taxes réalisé durant les 4 semaines de la promotion : 34 410 €.

Il faut noter que l'équipe permanente a vendu d'autres articles durant cette période promotionnelle. La prime relative à cette opération ne constitue qu'une partie de la rémunération variable perçue sur les quatre semaines.

## ANNEXE 3 Système de primes des vendeurs

| | Eléments de rémunération |
|---|---|
| **Rémunération brute mensuelle** | 500 € |
| **Commission sur le chiffre d'affaires HT** | 2,5 % |
| **Commission sur la marge globale** | Calculée en fonction des tranches de marges globales dégagées, selon le barème suivant : (voir tableau ci-dessous) |
| **Prime sur nombre de cartes de fidélité**<br>• **Quota pour un vendeur temps plein : 10 cartes.**<br>• **Quota pour un vendeur temps partiel : proportionnel au nombre d'heures travaillées.** | • Quota atteint : prime forfaitaire de 40 €.<br>• Quota > 150 % : prime forfaitaire de 60 €. |

| Tranches en € | % progressif |
|---|---|
| De 0 à 1 000 € | 4 % |
| De 1 000 à 2 000 € | 5 % |
| De 2 000 à 3 000 € | 6 % |
| À partir de 3 000 € | 7 % |

## Exercice 2 Batiman (métropole, 2012)

*Corrigé p. 97*

À l'issue de la campagne de recrutement, M. Amaury Darbois décide d'intégrer deux nouveaux vendeurs dans l'équipe.
Chaque nouveau vendeur bénéficie d'une formation à la vente d'une durée maximale de 16 heures par vendeur, destinée à faciliter son intégration. M. Amaury Darbois dispose pour cela d'un budget global de 800 € (plus ou moins 10 %).

**Construisez le programme de formation des deux vendeurs.**

### ANNEXE 1 Profils des vendeurs recrutés

**Nadia :**
- 35 ans
- Titulaire d'un BTS Transport obtenu en 1997
- Sans activité depuis 2004 pour raisons familiales

**Rémy :**
- 24 ans
- Titulaire d'un BTS Technico-commercial obtenu en 2008
- Expérience 3 ans dans la vente de mobilier

### ANNEXE 2 Interview du DRH de Batiman et témoignages de vendeurs

**Recrutez-vous des vendeurs débutants ?**
Ça peut nous arriver, mais souvent, je dois l'avouer, notre réseau recrute des vendeurs avec un diplôme BAC + 2 dans le domaine du commerce et avec au moins deux ans d'expérience, si possible dans le secteur des menuiseries et/ou cuisines.

**Proposez-vous des formations en interne pour vos vendeurs ?**
Dans son désir de professionnalisation, BATIMAN s'est doté d'une école de formation en interne. Celle-ci a pour but de former les nouveaux commerciaux à notre politique commerciale, nos techniques de gestion et à la connaissance technique des produits distribués.
L'objectif de cette formation est d'offrir aux nouveaux embauchés une formation axée sur la réalité de leur activité (jeux de rôles, études de cas...) afin d'améliorer leurs performances commerciales.
Nous proposons également une formation aux vendeurs confirmés sur des thématiques précises afin de faire évoluer leurs performances et leurs projets professionnels.

**Existe-t-il des possibilités d'évolution pour vos vendeurs ?**
Oui, nos vendeurs ont des possibilités d'évolutions et d'accès à des fonctions à responsabilités, comme responsable de magasin, animateur commercial du réseau ou assistant logistique.

- **Témoignage de Fabrice. P., Vendeur Menuiserie**

« Je travaille depuis 13 ans chez BATIMAN, l'intégration s'est bien passée et on bénéficie de formations commerciales régulières. J'ai pour mission de recevoir les clients, les conseiller, établir les devis, les relancer, passer et suivre les commandes. Pour exercer ce métier il faut avoir envie et avoir l'esprit "battant". L'intérêt de ce poste c'est la diversité des produits et des clients, la satisfaction de voir un chantier terminé et le client comblé. Le plus délicat, c'est l'organisation du temps et les problèmes de SAV. Nous bénéficions de prix compétitifs et attractifs grâce au groupement, nous profitons aussi de formations et de la variété des fabricants. » – Fabrice P.

- **Témoignage d'Yves V., Vendeur pour les professionnels**

« Depuis août 2010 chez BATIMAN, je dois développer le portefeuille clients professionnels, les suivre, et leur apporter une meilleure connaissance de nos produits, c'est une relation de partenariat. Cette fonction demande écoute, présence, réactivité, service, disponibilité et conseils. Ce métier est intéressant car il privilégie le contact et l'échange. Les problèmes rencontrés sont principalement liés à la concurrence et à la difficulté pour prendre des rendez-vous avec les professionnels. » – Yves V.

## ANNEXE 3 L'offre de formation du réseau Batiman

Le réseau Batiman propose à ses franchisés 7 modules de formation en interne.

**• Module 1 : Les étapes de la vente**

**Contenu :**
- L'accueil.
- La découverte des besoins.
- L'argumentaire.
- La réfutation des objections.
- La conclusion de la vente.
- La prise de congés.

**Durée :** 6 heures.
**Coûts :** 29 €/heure et par salarié.

**• Module 2 : Manager une équipe**

**Contenu :**
- Savoir animer.
- Savoir motiver.
- Savoir stimuler.

**Durée :** 8 heures.
**Coûts :** 28 €/heure et par salarié.

**• Module 3 : La communication non-verbale**

**Contenu :**
- La distance (zone personnelle et zone intime).
- Les postures (caractéristiques et décodage).
- Les gestes à éviter et ceux à privilégier.
- Le visage (le regard et le sourire).

**Durée :** 5 heures.
**Coûts :** 25 €/heure et par salarié.

**• Module 4 : Développer et fidéliser**

**Contenu :**
- Les différents leviers de fidélisation.
- Prendre appui sur le parcours client pour construire sa démarche de fidélisation.
- Déterminer les axes de progrès en matière de satisfaction client et développement du chiffre d'affaires.
- Définir les actions à entreprendre.

**Durée :** 5 heures.
**Coûts :** 27 €/heure et par salarié.

**• Module 5 : Vendre en *B to B***

**Contenu :**
- Spécificités des techniques de vente en *B to B*.
- Comprendre les objectifs stratégiques du client *B to B*.
- Concevoir des solutions à valeur ajoutée.
- Convaincre une diversité d'interlocuteurs de haut niveau.

**Durée :** 6 heures.
**Coûts :** 35 €/heure et par salarié.

**• Module 6 : Connaissance des produits**

**Contenu :**
- Connaître les produits « Menuiserie ».
- Connaître les produits « Cuisines ».

**Durée :** 5 heures.
**Coûts :** 20 €/heure et par salarié.

**• Module 7 : Anticiper et traiter les situations délicates**

**Contenu :**
- Anticiper les comportements inefficaces dans les situations de tension.
- Comprendre les difficultés relationnelles rencontrées avec certains clients.
- Anticiper les comportements inefficaces dans les situations de tension.
- Rétablir une communication efficace et positive avec ses clients.
- Gérer son stress et garder le contrôle de la relation.

**Durée :** 6 heures.
**Coûts :** 32 €/heure et par salarié.

# CORRIGÉS

## Fiche 4. Le tableau de bord

*Énoncé p.17*

1.

| Rayons « Produits frais » | Contribution CA 2010 | Évolution CA 09/10 | Taux de réalisation | Marge brute 2010 | Contribution marge | Taux de marque | Taux de marge |
|---|---|---|---|---|---|---|---|
| Fruits et légumes | 28,59 % | 5,46 % | 100,58 % | 285 514 | 30,10 % | 35,48 % | 55,00 % |
| Boucherie et volailles | 38,00 % | −15,01 % | 97,24 % | 390 913 | 41,21 % | 36,55 % | 57,60 % |
| Charcuterie | 6,87 % | 1,70 % | 96,61 % | 74 182 | 7,82 % | 38,39 % | 62,32 % |
| Traiteur | 2,72 % | 1,30 % | 95,71 % | 19 566 | 2,06 % | 25,55 % | 34,33 % |
| Produits de la mer | 8,88 % | −10,80 % | 92,59 % | 59 800 | 6,30 % | 23,92 % | 31,44 % |
| Fromage | 5,86 % | 0,05 % | 99,98 % | 64 718 | 6,82 % | 39,23 % | 64,56 % |
| Surgelés | 9,08 % | −28,92 % | 94,66 % | 53 982 | 5,69 % | 21,12 % | 26,78 % |
| TOTAUX | 100,00% | −8,97 % | 97,56 % | 948 675 | 100,00 % | 33,71 % | 50,84 % |

**2. Les résultats des rayons « Produits frais »**

Il s'agit d'un rayon en perte de vitesse puisque le CA diminue de près de 9 % en 2010 et qu'il n'atteint pas ses objectifs de CA en 2010 (un manque de 2,5 % environ). À l'exception des « Fruits et légumes », tous les autres rayons n'atteignent pas leurs objectifs. Le rayon « Boucherie et volailles » devient critique : il représente à lui seul 38 % du CA et 41 % de la marge avec une baisse de 15 % en 2010.

**Les performances du rayon « Fruits et légumes »**

Parmi les produits frais, le rayon « Fruits et légumes » est le deuxième rayon en termes de contribution au CA (28,59 %) et à la marge (30,10 %). C'est un rayon qui affiche de bonnes performances puisque l'objectif a été réalisé en 2010 contrairement à la plupart des autres rayons. Les taux de marge et de marque sont également au-dessus de la moyenne des rayons. Il s'agit du rayon qui présente la meilleure progression de 2009 à 2010 avec une hausse de 5,46 % du CA alors que les autres rayons vont de la quasi-stagnation à la nette régression.

**En conclusion, le rayon « Fruits et légumes » constitue un rayon phare parmi les produits frais. Il faut soutenir sa croissance.**

## Fiche 5. Les méthodes de prévision

*Énoncé p. 23*

**Calculs du chiffre d'affaires prévisionnel pour l'année 2018**

Utilisation de la méthode des moindres carrés :

| $x_i$ | $y_i$ | $X$ | $Y$ | $X^2$ | $XY$ |
|---|---|---|---|---|---|
| 1 | 3 300,00 | −2 | −3 664,00 | 4 | 7 328,00 |
| 2 | 5 100,00 | −1 | −1 864,00 | 1 | 1 864,00 |
| 3 | 6 500,00 | 0 | −464,00 | 0 | 0 |
| 4 | 8 400,00 | 1 | 1 436,00 | 1 | 1 436,00 |
| 5 | 11 520,00 | 2 | 4 556,00 | 4 | 9 112,00 |
| **15** | **34 820,00** | **0** | **0** | **10** | **19 740,00** |
| **3** | **6 964,00** | | | | |

$\overline{x} = 15 / 5 = 3$ ; $\overline{y} = 34\,820 / 5 = 6\,964$.

$a = 19\,740 / 10 = 1\,974$.

$b = \overline{y} - (a \times \overline{x}) = 6\,964 - (1\,974 \times 3) = 1\,042$.

*La présentation du détail des calculs n'est pas attendue.*

**L'équation de la droite est donc :**

**$y = (1\,974 \times 6) + 1\,042 = 12\,886$ unités.**

**La prévision de CA est donc de 12 886 × 1,86 = 23 967,96 € pour l'année 2018 avant réimplantation.**

**Chiffre d'affaires prévisionnel pour l'année 2018 après réimplantation**
23 968 × 1,08 = 25 885,44.
**Le chiffre d'affaires prévisionnel pour 2018 est de 25 885 € après réimplantation.**
**Conclusion :** la réimplantation permet d'augmenter le chiffre d'affaires prévisionnel de 1 917 €.

## Fiche 6. L'analyse du compte de résultat

*Énoncé p. 26*

*Le tableau des SIG n'est pas exigé.*

### Calcul de l'EBE

| Produits | | Charges | | Soldes intermédiaires de gestion (SIG) | |
|---|---|---|---|---|---|
| **Ventes de marchandises** | 170 219 | **Coût d'achat des marchandises** | 142 108<br>– 37 252<br>= 104 856 | **Marge commerciale** | 170 219<br>– 104 856<br>= 65 363 |
| **Marge commerciale** | 65 363 | **Consommations de l'exercice en provenance des tiers** | 3 103<br>+ 67 930<br>= 71 033 | **Valeur ajoutée (VA)** | –5 670 |
| **Valeur ajoutée (VA)**<br>**Indemnités et subventions** | –5 670<br>93 296 | **Impôts et taxes**<br>**Charges de personnel** | 3 062<br>24 000 | **Excédent Brut d'Exploitation (EBE)** | 60 564 |

**Remarque :** le fait de constater une VA négative est exceptionnel. Il est propre à ce secteur d'activité (agriculture) qui dépend fortement de subventions pour demeurer rentable.
**Conclusion :** l'excédent brut d'exploitation est de 60 564 €.

### Calcul de la capacité d'autofinancement

Utilisation de la méthode additive (en partant du résultat).

| | |
|---|---|
| **Résultat :** 4 511 | |
| Dotations à réintégrer : 50 455 | **Reprises à déduire :** 0 |
| **Capacité d'autofinancement (CAF) : 54 966** | |

**Conclusion :** la capacité d'autofinancement de Monsieur Fleury est de 54 966 €.

## Fiche 7. L'analyse du bilan

*Le tableau n'est pas attendu.*

*Énoncé p. 30*

| | 2016 | 2015 | Évolution |
|---|---|---|---|
| Ressources propres | 220 115 | 225 533 | |
| + Dettes financières | 56 747 | 60 200 | |
| = *Ressources stables* | *276 862* | *285 733* | |
| – Actif immobilisé | 183 864 | 226 563 | |
| **= Fonds de Roulement Net global (FRNG)** | **92 998** | **59 170** | **57,17 %** |
| Stocks | 2 970 | 1 150 | |
| + Créances | 189 336 | 173 224 | |
| – Dettes Fournisseurs | 47 939 | 38 120 | |
| – Dettes fiscales et sociales | 61 319 | 57 875 | |
| **= Besoin en Fonds de Roulement (BFR)** | **83 048** | **78 379** | **5,96 %** |
| **Trésorerie Nette (TN)** | **9 950** | **–19 209** | |

Les ratios ne sont pas demandés.

**Commentaire :** l'entreprise MILLAU dégage un excédent de ressources stables, après financement des emplois stables (FRNG > 0). Sur l'exercice 2016, elle consolide son FRNG avec une augmentation de 57 %, alors que dans le même temps, le BFR n'augmente que de 6 %. La trésorerie nette devient positive en 2016.

## Fiche 8. Le financement d'un projet

Énoncé p. 33

### Exercice 1

**• Informations et calculs préliminaires**

**Mensualités constantes :** on raisonne donc en mois.
**Nombre de périodes n :** 15 ans × 12 mois = 180 mois.
**Taux mensuel proportionnel :** 2,8 % / 12 = 0,23 %, soit 0,23 / 100, soit 0,0023.

**• Calcul de la mensualité constante**

**Coût d'une mensualité :** 260 000 × 0,0023 / (1 – (1 + 0,0023)$^{-180}$) = **1 765,65 € par mois.**
**Coût total des mensualités :** 180 × 1 765,65 = **317 817 €.**

**• Calcul du coût du crédit**

**Coût des intérêts (coût du crédit) :** 317 817 – 260 000 = **57 817 €.**
**Coût de l'assurance :** (0,001 × 260 000) × 15 = **3 900 €.**
**Coût total du crédit :** 57 817 + 3 900 = **61 717 €.**
**Remarque :** pour calculer le coût d'un crédit par mensualités (ou annuités) constantes, réaliser le tableau de remboursement n'est pas nécessaire.

### Exercice 2

1. Se reporter au tableau de comparaison des modes de financement présenté p. 32.

2. **• Calcul des décaissements dans le cas de l'emprunt**

**Calcul de l'annuité :** $A = V0 \times \dfrac{i}{1-(1+i)^{-n}} = 103\,000 \times \dfrac{0{,}035}{1-(1+0{,}035)^{-7}} = \mathbf{16\,845{,}08}$ **€.**

**Calcul des décaissements à la fin des 7 ans :**
**Annuités :** (7 × 16 845,08) = 117 915,56 €.
**Assurance :** 24 × 7 × 10,3 = 1 730,40 €.
**Frais de dossier :** 300,00 €.
**Montant des décaissements :** 117 915,56 + 1 730,40 + 300,00 = 119 945,96 €.
**Conclusion :** le montant des décaissements dans le cas d'un emprunt est de 119 945,96 €.

**• Calcul des décaissements dans le cas du crédit-bail**

**Loyers :** 20 600 + (83 × 1 137,21) = 114 988,43 €.
**Valeur résiduelle :** 2 060,00 €.
**Frais de dossier :** 515,00 €.
**Assurance :** 30,90 × 84 = 2 595,60 €.
**Montant des décaissements :** 114 988,43 + 2 060,00 + 515,00 + 2 595,60 = 120 159,03 €.
**Conclusion :** le montant des décaissements dans le cas d'un crédit-bail est de 120 159,03 €.

**• Choix du mode de financement**

Sur 7 ans, les décaissements résultant du crédit-bail sont plus élevés que ceux résultant de l'emprunt (213,07 € de plus).

**• Dans le cas du crédit-bail**, le loyer de la première année s'élève à 33 109,31 € [(20 600 € + (11 × 1 137,21 €)] contre 16 845,08 € pour l'annuité de remboursement d'emprunt. Le choix du crédit-bail risque donc d'aggraver la situation de trésorerie de l'entreprise.

**• Dans le cas de l'emprunt**, le total des versements à effectuer la première année sera de 47 200,28 €.
Remboursement d'emprunts déjà contractés : 29 808 €.
Remboursement emprunt 2018 : 16 845,08 €.
Frais de dossier 2018 : 300 €.
Assurance 2018 : 24 × 10,3 = 247,20 €.
Total : 47 200,28 €.
L'excédent brut d'exploitation en 2018 sera de : 82 465 € × 60 % = 49 479 €. Les remboursements ne dépassent donc pas 60 % de l'EBE.
**Conclusion : l'emprunt est le meilleur mode de financement.**

## Fiche 9. La rentabilité des investissements

*Énoncé p. 37*

**Remarque :** ici, les charges d'exploitation ne sont pas indiquées, c'est le taux de marque qui va permettre de calculer le coût d'achat (il n'y a pas d'autres charges d'exploitation, exceptée la dotation aux amortissements).

### 1. Calcul des encaissements : chiffre d'affaires supplémentaire + économies

**Chiffre d'affaires supplémentaire HT :** 7 340 000 × 5 % = 367 000 €.
**Économies d'électricité :** 1 500 × 3 = 4 500 €.
**Encaissements annuels : 367 000 + 4 500 = 371 500 €.**

### Calcul des FNT : bénéfice supplémentaire + dotation aux amortissements – impôt supplémentaire

**Coût d'achat des marchandises HT :** chiffre d'affaires (supplémentaire) × (1 – taux de marque) = 367 000 × (1 – 40 %) = 220 200 €.
**Impôt supplémentaire :** bénéfice supplémentaire × taux.
- Dotation aux amortissements : 300 000 / 10 = 30 000 €.
- Bénéfice (CA supplémentaire + économies – achats – dotation) : 371 500 – (220 200 + 30 000) = 121 300 €.

**Impôt : 121 300 × 33 % = 40 029 €.**
**FNT annuels :** 121 300 + 30 000 – 40 029 = 111 271 €.

### Calcul des flux nets de trésorerie et de la VAN (10 ans)

| Année | 2018 | 2019 | 2020 | 2021 | 2022 | … |
|---|---|---|---|---|---|---|
| FNT | 111 271 | 111 271 | 111 271 | 111 271 | 111 271 | … |
| FNT actualisé | 106 479 | 101 894 | 97 506 | 93 308 | 89 290 | … |

**VAN : 111 271 × (1 – (1 + 0,045)$^{-10}$) / 0,045 – 300 000 = 580 456 €.**

**Remarque :** on utilise la formule d'actualisation pour une suite de FNT constants mais il aussi possible d'additionner les 10 FNT actualisés.

**Conclusion : l'investissement est rentable.**

### 2. Calcul du DRCI

| Année | 2018 | 2019 | 2020 | 2021 | 2022 |
|---|---|---|---|---|---|
| FNT | 111 271 | 111 271 | 111 271 | 111 271 | 111 271 |
| FNT cumulés | 111 271 | 222 542 | 333 813 | 445 084 | 556 355 |

**Le DRCI est atteint au cours de l'année 2020** au bout de : (300 000 – 222 542) × 360 / 111 271 = 251 jours.
251 / 30 = 8,35 mois et 8 mois = 240 jours (8 × 30).
**Le DRCI est donc de 2 ans, 8 mois et 11 jours (251 – 240).**

**Conclusion : le délai de récupération de l'investissement est inférieur à 3 ans, donc le projet sera retenu.**

## Fiche 10. La rentabilité d'une activité

*Énoncé p. 40*

| Élément | En € | En % du chiffre d'affaires |
|---|---|---|
| Chiffre d'affaires HT[1] | 195 000 € | 100 % |
| Coûts variables[2] | 144 300 € | 74 % |
| Marge sur coûts variables | 50 700 € | **26 %** |
| Coûts fixes[3] | 48 100 € | |
| **Bénéfice** | **2 600 €** | |

1. Chiffre d'affaires HT : 12 000 × 19,5 /1,20 = 195 000 €.
2. Coûts variables : coût d'achat et commission = 195 000 × (1 – 29 %) + 2 % × 195 000 × 1,5 (+50 % de charges).
3. Coûts fixes : salaire fixe + frais de déplacement + présentoirs = 1 950 × 12 × 1,5 + 800 × 10 + 5 000.

### Calcul du seuil de rentabilité

**Seuil de rentabilité en valeur :** CF / TMCV = 48 100 / 0,26 = **185 000 €**.
**Seuil de rentabilité en volume** (non demandé) : 185 000 / (19,5/1,20) = 11 384,61, soit 11 385 produits.

**Calcul du point mort**

**Point mort :** 185 000 / 195 000 × 360 = 341,54, soit 342 jours.
**Date correspondante :** 342 / 30 = 11,40, soit 11 mois et 0,40 mois, ou 11 mois et 12 jours (0,40 × 30).
**Le point mort se situe à 342 jours, soit à 11 mois et 12 jours, donc le 12 décembre.**

## Fiche 11. Les programmes d'approvisionnement

*Énoncé p. 42*

### Exercice 1

| Semaine | 1 | 2 | 3 | 4 | 5 |
|---|---|---|---|---|---|
| Ventes prévues | 170 | 180 | 170 | 160 | 100 |
| Besoin en fin de semaine | 198 | 187 | 176 | 110 | |
| Stock initial | 180 | 198 | 187 | 176 | 110 |
| Stock final | 10 | 18 | 17 | 16 | |
| Livraison | 188 | 169 | 159 | 94 | |
| Stock final après livraison | 198 | 187 | 176 | 110 | |

**Besoin en semaine 1 :** ventes semaine 2 + stock de sécurité : 180 + (10 % × 180) = 180 + 18 = 198.
**Livraison en semaine 1 :** besoin – stock final = 198 – 10 = 188.
**Remarque :** la livraison a lieu en fin de semaine donc il faut retrancher le stock final au lieu du stock initial.

### Exercice 2

| Jour | Lundi | Mardi | Mercredi | Jeudi | Vendredi | Samedi |
|---|---|---|---|---|---|---|
| Pourcentage des ventes | 12,5 | 11,25 | 17,5 | 18,75 | 17,5 | 22,5 |
| Ventes prévues en barquettes | 400 × 12,5 % = 50 | 45 | 70 | 75 | 70 | 90 |
| Stock de sécurité | 50 × 5 % = 2,5 soit 3 | 3 | 4 | 4 | 4 | 5 |
| Besoin avec la casse (ventes + stock de sécurité + casse) | 50 + 2 + 3 | 49 | 76 | 81 | 76 | 97 |
| Stock initial | 58 | 6 | 3 | 4 | 4 | 4 |
| Livraison nécessaire (besoin – stock initial) | | 43 | 73 | 77 | 72 | 93 |
| Stock initial avec livraison | 58 | 49 | 76 | 81 | 76 | 97 |
| Casse | (50/0,98) – 50 = 2 | 1 | 2 | 2 | 2 | 2 |
| Stock final après casse (stock initial – ventes – casse) | 58 – 50 – 2 = 6 | 3 | 4 | 4 | 4 | 5 |

**Difficulté :** pour calculer la casse, il faut faire une règle de proportionnalité pour savoir quelle est la quantité qui correspond à *X* unités incluant une casse de 2 %.
**En général :** 100 unités avant casse → 98 unités après casse.
**Le lundi :** *X* unités avant casse → 50 unités après casse.
***X* = 50 × 100/98 = 50/0,98 (il faut diviser les ventes prévues par 0,98).**

## Fiche 12. La valorisation des stocks

*Énoncé p. 44*

**Calcul du coût unitaire moyen pondéré (CUMP)**

| | Quantité | Prix unitaire | Total |
|---|---|---|---|
| Stock initial | 5 | 22 | 110 |
| Achat semaine 1 | 41 | 21 × 0,94 = 19,74 | 19,74 × 41 = 809,34 |
| Achat semaine 2 | 25 | 21 × 0,96 = 20,16 | 20,16 × 25 = 504,00 |
| TOTAL | 71 | 1423,34 / 71 = **20,05 €** | 1 423,34 € |

Le CUMP est donc de 20,05 €.

**Calcul du coût d'achat des marchandises vendues**

Les ventes sont de 68 cartons : 20,05 × 68 = 1 363,40 €.

**Calcul du prix de vente**
CUMP × coefficient multiplicateur = 20,05 × 1,7 = 34,085 € TTC.

**Calcul du chiffre d'affaires**
68 × 34,085 = 2 317,78 € TTC, soit 2 196,95 € HT (2 317,78 / 1,055).

Conclusion : **calcul de la marge commerciale**
2 196,95 – 1 363,40 = 833,55 €. **La marge commerciale du produit est de 833,55 €.**

## Fiche 13. La gestion économique des stocks

*Énoncé p. 45*

**Utilisation de la formule de Wilson**

$$N = \sqrt{\frac{C \times t}{2A}}$$

**Consommation annuelle (C) :** stock initial (SI) + entrée – stock final (SF) = 20 000 + 65 000 – 28 000 = 57 000 €.
**Stock moyen :** (stock initial + stock final) / 2 = (20 000 + 28 000) / 2 = 24 000 €.
**Coût de possession :** taux de possession (t) × stock moyen.
**Taux de possession (*t*) :** coût de possession / stock moyen = 10 000 / 24 000 = 0,4167, soit 41,67 %.
**Coût de passation d'une commande :** *A* = 250 €.

Conclusion : $N = \sqrt{\frac{57\,000 \times 0,4167}{500}}$, **soit 7 commandes.**

**Lot économique :** 65 000 / 7 = 9285,71, **soit 9 286 articles.**

## Fiche 14. La gestion des risques

*Énoncé p. 48*

**1. Remarque :** le graphique peut être présenté avec les axes dans l'autre sens. L'échelle des axes doit être respectée.

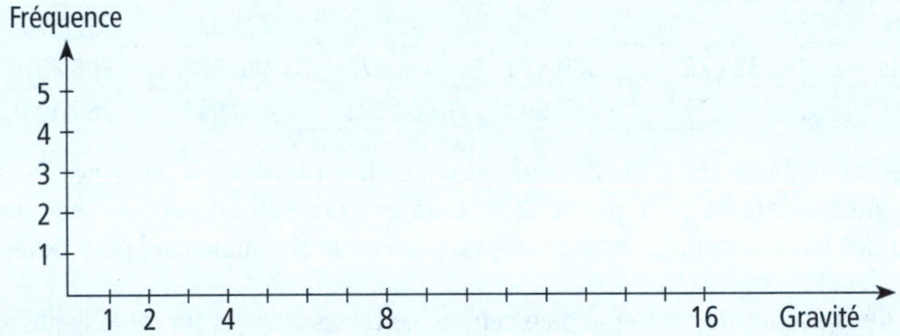


**2.**

| Situation | Gravité | Fréquence |
|---|---|---|
| S1 | Cotation 8 (très élevée) | Cotation 1 (très rare) |
| S2 | Cotation 1 (minime) | Cotation 5 (permanent) |
| S3 | Cotation 4 (élevée) | Cotation 3 (occasionnel) |
| S4 | Cotation 16 (grave) | Cotation 1 (très rare) |
| S5 | Cotation 4 (élevée) | Cotation 2 (rare) |

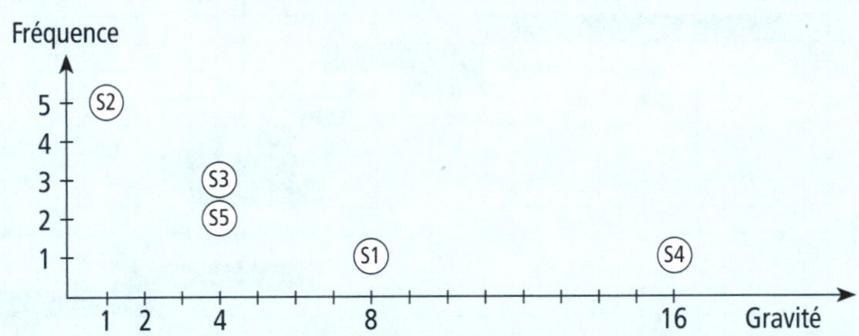

## Fiche 15. Le budget de trésorerie

*Énoncé p. 50*

**1. CA 2010 : 9 700 000 × 1,05 = 10 185 000 €.**

| **Mois** | Avril | Mai | Juin | Juillet | Août | Septembre | **TOTAL** |
|---|---|---|---|---|---|---|---|
| **Répartition** | 9 % | 6 % | 12 % | 25 % | 38 % | 10 % | 100 % |
| **CA par mois** | 916 650 | 611 100 | 1 222 200 | 2 546 250 | 3 870 300 | 1 018 500 | 10 185 000 |

**2.**

| **Budget des encaissements de janvier à juin 2010** | | | | | | |
|---|---|---|---|---|---|---|
| | **Janvier** | **Février** | **Mars** | **Avril** | **Mai** | **Juin** |
| **Entrées CE** | | | | | 183 330[1] | 122 220 |
| **Autres recettes** | | | | 733 320[2] | 488 880 | 977 760 |
| **Subvention** | | | | | 80 000 | |
| **Total encaissements** | 0 | 0 | 0 | 733 320 | 752 210 | 1 099 980 |

1. 916 650 × 0,2 2. 916 650 × 0,8

| **Budget des décaissements de janvier à juin 2010** | | | | | | |
|---|---|---|---|---|---|---|
| | **Janvier** | **Février** | **Mars** | **Avril** | **Mai** | **Juin** |
| **Poste 1** | 18 950 | 19 987 | 19 987 | 19 987 | 79 948 | 79 948 |
| **Poste 2** | 171 333 | 171 333 | 171 333 | 171 333 | 171 333 | 171 333 |
| **Poste 3** | | 30 000 | 60 000 | 90 000 | 100 000 | 120 000 |
| **Poste 4** | 120 000 | 120 000 | 120 000 | 151 000 | 195 200 | 255 000 |
| **Charges sociales** | 44 000 | 48 000 | 48 000 | 48 000 | 60 400 | 78 080 |
| **Total décaissements** | 354 283 | 389 320 | 419 320 | 480 320 | 606 881 | 704 361 |

| **Budget de trésorerie de janvier à juin 2010** | | | | | | |
|---|---|---|---|---|---|---|
| | **Janvier** | **Février** | **Mars** | **Avril** | **Mai** | **Juin** |
| **Solde de trésorerie** | 500 000 | 145 717 | −243 603 | −662 923 | −409 923 | −264 594 |
| **Encaissements** | 0 | 0 | 0 | 733 320 | 752 210 | 1 099 980 |
| **Décaissements** | 354 283 | 389 320 | 419 320 | 480 320 | 606 881 | 704 361 |
| **Trésorerie** | 145 717 | −243 603 | −662 923 | −409 923 | −264 594 | 131 025 |

**3.** Pour résorber ou diminuer son solde de trésorerie négatif sur les 4 mois concernés, l'entreprise peut :
- **agir sur les encaissements :** elle peut essayer d'obtenir une subvention d'un montant supérieur et/ou de vendre des billets avant les mois d'ouverture (créer un site marchand pour développer la vente des billets en ligne) ;
- **agir sur les décaissements :** étaler le paiement de certaines charges sur toute l'année et/ou retarder le paiement de certaines charges durant les mois où les encaissements sont les plus élevés ;
- **agir sur le solde négatif :** négocier un découvert ou un crédit de campagne avec sa banque. Le placement des excédents de trésorerie de fin d'année pourrait utilement compenser les intérêts du découvert.

## Fiche 20. Les méthodes de planification de projet

*Énoncé p. 61*

### Utilisation du diagramme de Gantt

| Tâches | Tâches antérieures | Jours | 1 | 2 | 3 | 4 | 5 | 6 | 7 | 8 | 9 | 10 | 11 | 12 | 13 | 14 | 15 | 16 | 17 | 18 | 19 | 20 | 21 | 22 | 23 | 24 | 25 | 26 | 27 | 28 | 29 | 30 | 31 | 32 | 33 | 34 | 35 | 36 |
|---|---|---|---|---|---|---|---|---|---|---|---|---|---|---|---|---|---|---|---|---|---|---|---|---|---|---|---|---|---|---|---|---|---|---|---|---|---|---|
| A | – | 1 | ■ | ■ | ■ | ■ | ■ | ■ | ■ | ■ | ■ | ■ | ■ | ■ | | | | | | | | | | | | | | | | | | | | | | | | |
| B | A | 6 | | | | | | | | | | | | | ■ | ■ | ■ | ■ | ■ | ■ | | | | | | | | | | | | | | | | | | |
| C | A | 3 | | | | | | | | | | | | | ■ | ■ | ■ | | | | | | | | | | | | | | | | | | | | | |
| D | B | 1 | | | | | | | | | | | | | | | | | | | ■ | | | | | | | | | | | | | | | | | |
| E | D | 1 | | | | | | | | | | | | | | | | | | | | ■ | | | | | | | | | | | | | | | | |
| F | D | 5 | | | | | | | | | | | | | | | | | | | | ■ | ■ | ■ | ■ | ■ | | | | | | | | | | | | |
| G | B | 5 | | | | | | | | | | | | | | | | | | | ■ | ■ | ■ | ■ | ■ | | | | | | | | | | | | | |
| H | G | 1 | | | | | | | | | | | | | | | | | | | | | | | | ■ | | | | | | | | | | | | |
| I | H | 2 | | | | | | | | | | | | | | | | | | | | | | | | | ■ | ■ | | | | | | | | | | |
| J | B | 8 | | | | | | | | | | | | | | | | | | | ■ | ■ | ■ | ■ | ■ | ■ | ■ | ■ | | | | | | | | | | |
| K | F | 7 | | | | | | | | | | | | | | | | | | | | | | | | | ■ | ■ | ■ | ■ | ■ | ■ | ■ | | | | | |
| L | C, E, I, J | 1 | | | | | | | | | | | | | | | | | | | | | | | | | | | | | | | | ■ | | | | |
| M | L | 4 | | | | | | | | | | | | | | | | | | | | | | | | | | | | | | | | | ■ | ■ | ■ | ■ |

### Utilisation du graphe PERT

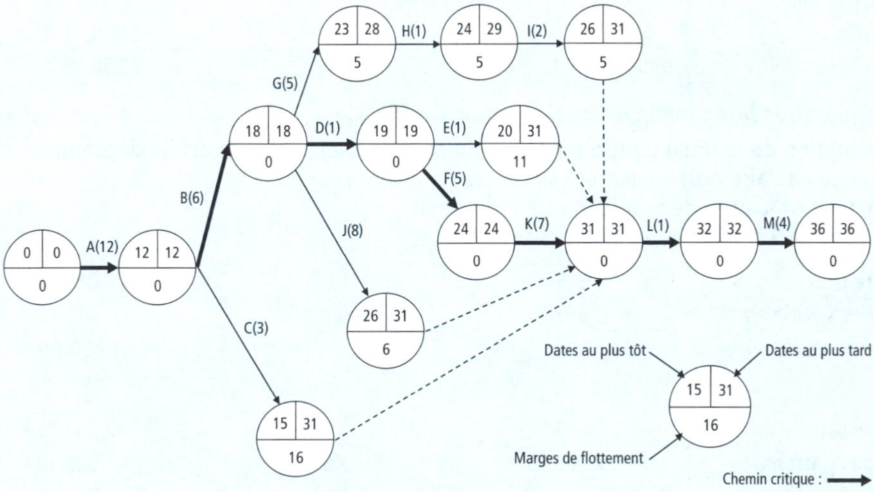


**Conclusion :** le concours doit débuter le 18 juillet. La préparation dure 36 jours ouvrés, soit 6 semaines (36/6). De fait, elle doit donc débuter au plus tard le lundi 6 juin.

## Fiche 21. La taille optimale de l'équipe

*Énoncé p. 64*

### Détermination du temps nécessaire pour assurer la préparation des commandes clients au mois de septembre

| | |
|---|---|
| **Nombre de commandes pour le mois de septembre 2013 :** commandes de septembre 2012 + augmentation en 2013 | 6 514 + 280 = 6 794 |
| **Nombre d'articles moyen par commande** | 50 |
| **Nombre d'articles à prélever pour le mois** | 6 794 × 50 = 339 700 |
| **Temps nécessaire pour prélever les articles (en secondes)** | 339 700 × 40 s = 13 588 000 s. |
| **Temps nécessaire pour prélever les articles (en heures)** | 13 588 000 / 3 600 = 3 774,44 h. |

### Détermination du volume d'heures disponibles

13 préparateurs × 35 h × 4 semaines = 1 820 heures.
2 préparateurs × 35 h × 2 semaines = 140 heures (2 semaines de vacances en septembre).
27 préparateurs × 15 h × 4 semaines = 1 620 heures.
**Total = 1 820 + 140 + 1 620 = 3 580 heures disponibles.**

### Détermination du besoin

3 774,44 – 3 580 = 194,44 heures pour le mois de septembre, soit 194,44 / 4 = 48,61 heures hebdomadaire. **Le besoin est donc résiduel.**

**Conclusion : l'équipe actuelle n'est pas en mesure d'assurer la préparation des commandes clients puisqu'il manque 48,61 heures hebdomadaires. Des solutions peuvent être envisagées comme le recrutement d'un intérimaire pour le mois de septembre ou bien le recours aux heures supplémentaires.**

## Fiche 22. Les contrats de travail

*Énoncé p. 67*

### Détermination de la rémunération brute annuelle totale

**Salaire brut annuel** = (salaire brut mensuel × 12) + la participation + le 13$^{e}$ mois.
**Salaire brut mensuel** = nombre de points × valeur du point.
Le salarié commence au niveau 5 avec un nombre de points minimum soit 655 points. La valeur du point est de 3,15 €.

| | | |
|---|---|---|
| **Salaire annuel** | 655 × 3,15 × 12 | **24 759 €** |
| **Participation** | 2 063,25 × 1,2 | **2 475,9 €** |
| **13e mois** | | **2 063,25 €** |
| **TOTAL** | | **29 298,15 €** |

**La rémunération brute annuelle totale sera de 29 298,15 €.**

**Détermination de la rémunération nette et du coût salarial pour le mois de décembre**
**Salaire net = salaire brut – charges salariales.**
**Salaire brut = nombre de points × valeur du point.**
**Il n'y a pas de 13e mois ni de participation.**

| | | | |
|---|---|---|---|
| **Salaire brut** | 655 | 3,15 | 2 063,25 € |
| **Charges salariales** | 2 063,25 | 20 % | 412,65 € |
| **Rémunération nette** | | | **1 650,60 €** |

| | | | |
|---|---|---|---|
| **Salaire brut** | 655 | 3,5 | 2 063,25 € |
| **Charges patronales** | 2 063,25 | 40 % | 825,30 € |
| **Coût salarial** | | | 2 888,55 € |

## Fiche 23. La préparation du recrutement

*Énoncé p. 70*

**SUPERMARCHÉ CASINO LYON GAMBETTA**
RECHERCHE RESPONSABLE CORNER SUSHI (H/F)
CDI de 35 heures

**Description de la mission**
Rattaché(e) au directeur du magasin, vous aurez pour principales missions :
- le management, le suivi et l'accompagnement d'une équipe de 3 personnes ;
- la réalisation des objectifs commerciaux ;
- la gestion des stocks ;
- la mise en place et l'optimisation des opérations commerciales ;
- l'application de la politique commerciale du métier.

**Lieu de travail :** Lyon 3e, Magasin Gambetta

**Profil**
- Formation : BTS
- Expérience sur un rayon « Marée »
- Expérience en grande distribution souhaitée
- Esprit commerçant indispensable
- Maîtrise des outils bureautiques
- Qualités managériales exigées
- Maîtrise de la gestion et de la traçabilité
- Rigueur et organisation

**Poste à pourvoir en décembre N.**

Si vous êtes intéressé(e), merci d'adresser votre CV accompagné d'une lettre de motivation à :
recrutement06@groupe-casino.fr

*Mentions obligatoires*

## Fiche 24. Le recrutement et l'intégration

*Énoncé p. 73*

### Exercice 1

| | Éléments de coûts | Calcul | Montant (en €) |
|---|---|---|---|
| Recrutement | Annonce | | 171,00 |
| | Temps travail M. Roboti | 15,25 × 1 685 × 1,45 / 151 | 246,75 |
| | Temps travail Mme Caf | 3,5 × 1 575 × 1,45 / 151 | 52,93 |
| Intégration | Formation Tuteur | 5 × 1 685 × 1,45 / 151 | 80,90 |
| | | **Coût Total** | **551,58** |

**Remarque :** les sujets demanderont parfois de calculer le coût global : recrutement, intégration ainsi que les charges de personnel (rémunération) pour la première année d'activité.

### Exercice 2

**Grille d'évaluation**

| A | Karine Lejeune | B | Madjid Bouguima | C | Sarah Coze |
|---|---|---|---|---|---|

| CRITÈRES | – | – – | + | + + |
|---|---|---|---|---|
| **Métier/Qualification** | | | | |
| Diplôme (Bac minimum) | C | | AB | |
| Expérience (connaissance du secteur, des produits, de l'unité) | | C | | AB |
| **Aptitudes professionnelles** | | | | |
| Méthode, rigueur, organisation | | C | A | |
| Bon contact, amabilité, accueil | | | | ABC |
| Esprit d'équipe | | | | AC |
| Adaptabilité | | C | AB | |
| Écoute, sociabilité | | | | ABC |
| Implication | | | | |
| **Aptitudes personnelles** | | | | |
| Dynamisme | | | B | C |
| Autonomie | | | B | |
| Motivation | | | | A |
| Endurance, résistance physique | | | C | |

**Possibilité de scoring**

À titre d'exemple (–2 pour un – – ; –1 pour un – ; 1 pour un + ; 2 pour un ++).

| | – | – – | + | ++ | TOTAL |
|---|---|---|---|---|---|
| **A** | 0 | 0 | 3 | 5 | **13** |
| **B** | 0 | 0 | 4 | 3 | **10** |
| **C** | 1 | 3 | 1 | 4 | **2** |

**Les candidats A et B, c'est-à-dire Karine Lejeune et Madjid Bouguima vont être reçus en entretien. Un simple comptage peut suffire.**

## Fiche 25. Les plannings d'équipe

*Énoncé p. 77*

**1.** Le candidat doit commencer par vérifier le respect des contraintes organisationnelles et légales sur le planning en cours d'élaboration.

| Contraintes | Respectées | Analyse |
|---|---|---|
| 1 | NON | Mercredi de 9 h 30 à 10 h 00 : il manque 1 personne. |
| 2 | NON | Mercredi et jeudi : il manque 1 personne sur le créneau 19 h 30-20 h 00. |
| 3 | NON | Mardi : il manque 1 personne sur le créneau 13 h 00-14 h 00.<br>Mercredi : il manque 2 personnes sur le créneau 16 h 00-19 h 30. |
| 4 | OUI | |
| 5 | OUI | |
| 6 | OUI | |
| 7 | NON | Il manque 2 personnes le mercredi sur les créneaux : 10 h 00-11 h 00, 11 h 00-13 h 00, 13 h 00-14 h 00, 14 h 00-16 h 00. |

*La reprise du planning de l'annexe 4 n'est pas exigée.*

**Proposition du planning**

Des impératifs sont à prendre en compte :

– **Impératif 1 :** les deux nouveaux salariés doivent être prioritairement présents le mercredi 22 juin sur la plage horaire 10 h 00-19 h 30 (soit 9 h 30).

– **Impératif 2 :** le mardi 21 juin sur la tranche horaire 13 h 00-14 h 00, seul le CDI peut intervenir puisque le CDD est en congé.

– **Impératif 3 :** le jeudi 23 juin sur la tranche horaire 19 h 30-20 h 00 (contrainte organisationnelle 2), seul le CDI peut intervenir car le CDD est en repos.

2. **Concernant le salarié en CDI :**

Son vœu (travailler si possible sur des tranches de 7 heures consécutives) n'est pas respecté forcément le mardi et est à satisfaire, mais impossible le mercredi, du fait des contraintes imposées par l'organisation de la première journée des soldes.

Son autre vœu de ne pas travailler avant 13 h 00 le mercredi ne peut être satisfait.

**Concernant le salarié en CDD :**

Il sera présent deux fois pour la fermeture du magasin. Recruté pour assurer la vente, on lui demande d'accomplir à hauteur d'une heure des activités non commerciales (rangement du magasin, réassort, nettoyage, etc.).

Son vœu (travailler si possible sur des tranches de 4 heures consécutives) n'est pas respecté forcément le mercredi et le jeudi, du fait des contraintes imposées par l'organisation de la première journée des soldes (mercredi).

**Les contraintes organisationnelles s'imposent au détriment des vœux des salariés. Le manager doit « vendre » son organisation auprès des deux nouveaux salariés en précisant qu'il s'agit d'un cadre exceptionnel.**

## Fiche 26. La réunion d'équipe

*Énoncé p. 80*

1. **Avant la réunion**

• Soigner l'ordre du jour : préparer le contenu (liste des points à traiter).

• Organiser la réunion :

– programmer la réunion (date, lieu, horaire) ;

– préparation matérielle ;

– choix des outils et supports d'animation et vérification du matériel.

**Pendant la réunion**

• Prendre en charge les participants :

– prévoir l'accueil ;

– favoriser le sentiment d'appartenance au groupe.

• Animer la réunion :

– se préparer ;

– s'adapter au groupe ;

– contrôler la réunion.

**Après la réunion**

• Réaliser le compte-rendu.

• Diffuser le compte-rendu.

• Assurer le suivi.

2. La convocation à la réunion doit comporter : le thème/le sujet abordé en séance ; la date et l'horaire ; les participants ; les points précis qui seront abordés.

## Fiche 27. La stimulation, la motivation et la formation de l'équipe

*Énoncé p. 82*

### Exercice 1

1. Les indicateurs pertinents sont :

– **le chiffre d'affaires :** objectif, réalisé, taux de réalisation ou écart en % ;

– **la marge globale :** objectif, réalisé, taux de réalisation ou écart en % ;

– **les quantités vendues :** objectif, réalisées, taux de réalisation ou écart en % ;

– **le nombre de cartes :** objectif, réalisé, taux de réalisation ou écart en %.

2.

| Nom, Prénom | CA HT | Commission sur CA | Nombre de cartes | Prime sur cartes |
|---|---|---|---|---|
| Lamiraux, Francine | 13 200,00 | 330,00 | 16 | 60 |
| Vilain, Dominique | 9 250,00 | 231,25 | 13 | 40 |
| Guidoux, Yann | 5 750,00 | 143,75 | 6 | 0 |
| Poix, Chantal | 6 210,00 | 155,25 | 9 | 40 |

| Nom, Prénom | Commission sur marge | | | | |
|---|---|---|---|---|---|
| | Sur tranche < 1 000 | Sur tranche < 2 000 | Sur tranche < 3 000 | Sur tranche > 3 000 | Total |
| Lamiraux, Francine | 40,00 | 50,00 | 60,00 | 2,52 | **152,52** |
| Vilain, Dominique | 40,00 | 50,00 | 7,68 | 0,00 | **97,68** |
| Guidoux, Yann | 40,00 | 16,15 | 0,00 | 0,00 | **56,15** |
| Poix, Chantal | 40,00 | 21,45 | 0,00 | 0,00 | **61,45** |

3. **La rémunération variable est basée principalement sur le variable individuel.**

| Avantages | Limites |
|---|---|
| – Outil de motivation.<br>– Vendeurs plus performants.<br>– Permet d'orienter la vente sur les produits à forte marge.<br>– Une partie de la rémunération varie en fonction du chiffre d'affaires et de la marge réalisée : meilleure gestion des coûts. | – Peu de cohésion au niveau de l'équipe.<br>– Le vendeur va délaisser les tâches non rentables (notamment administratives et collectives).<br>– Les produits à faible marge peuvent être délaissés alors que ces produits correspondent aux attentes des clients.<br>– Pression accrue qui peut engendrer du stress. |

Voici quelques propositions pour maintenir la mobilisation des vendeurs :

**Mobilisation liée au groupe :**
- réunion avant le début de l'opération de promotion pour mobiliser le groupe sur l'opération et ses objectifs ;
- réunion hebdomadaire pour faire le point sur l'état d'avancement des objectifs ;
- réunion après l'opération pour présenter le bilan de l'action.

**Mobilisation liée à l'activité :**
- challenge entre les vendeurs pour le nombre de cartes placées ;
- système de rémunération variable collective.

## Exercice 2

1. **Les contraintes liées à la formation :** 16 heures de formation par vendeur et un budget global 800 € (+/–10 %).
**Les objectifs de la formation :** connaissance des produits, de la clientèle et des techniques de vente.

| Modules | Nadia | | Rémy | |
|---|---|---|---|---|
| | Durée (h) | Coût | Durée (h) | Coût |
| Module 1 : Les étapes de la vente | 6 h | 174 € | | |
| Module 3 : La communication non verbale | 5 h | 125 € | | |
| Module 4 : Développer et fidéliser | | | 5 h | 135 € |
| Module 6 : Connaissance des produits | 5 h | 100 € | 5 h | 100 € |
| Module 7 : Les situations délicates | | | 6 h | 192 € |
| TOTAL | **16 h** | **399 €** | **16 h** | **427 €** |

**Les deux vendeurs** ont besoin d'une formation sur la connaissance des produits (module 6).
**Nadia**, qui est sans activité depuis 2004, a besoin d'une formation plus complète sur les bases de la vente : les étapes de la vente (module 1) et la communication non verbale (module 3).
**Rémy**, qui dispose d'une formation commerciale et d'une première expérience significative dans la vente, doit simplement approfondir ses connaissances avec les modules 4 : Développer et fidéliser la clientèle et le module 7 : La gestion des situations délicates.

# Le stage professionnel en unité commerciale

## 1 L'importance de décrocher un bon stage

• **Le stage constitue le support des deux épreuves orales** professionnelles du BTS MUC :
– l'épreuve d'ACRC (Analyse et conduite de la relation commerciale) ;
– l'épreuve de PDUC (Projet de développement de l'unité commerciale).

• **Chacune de ces épreuves a un coefficient 4**, d'où l'enjeu important pour vous de performer lors de ces oraux !

• **Si vous préparez le BTS en formation initiale ou continue**, dans un lycée public ou privé sous contrat avec l'État, vous serez évalué(e) en CCF (Contrôle en cours de formation) tout au long de vos deux années de BTS.

• **Si vous préparez le BTS dans un établissement non habilité au CCF**, vous serez évalué(e) à la fin de votre deuxième année de BTS en contrôle ponctuel.

• **Quelles que soient les modalités d'évaluation**, il s'agira pour vous de réaliser votre stage (ou votre contrat de professionnalisation) au sein d'une unité commerciale dans laquelle vous pourrez :
– mettre en place les activités vous permettant de valider les compétences visées par ces épreuves ;
– entretenir de bonnes relations avec votre tuteur afin de pouvoir disposer des informations nécessaires à l'élaboration des dossiers supports de ces épreuves.

## 2 Où réaliser son stage en BTS MUC ?

• Vous devez réaliser votre stage ou votre contrat dans une unité commerciale physique (ex. : un magasin) ou virtuelle (ex. : un site Internet) où le client potentiel peut accéder à une offre de biens ou de services (en magasin, en showroom ou bien sur la page du site Internet).

⚠ Vous ne devez pas être dans une unité commerciale dont l'activité principale est de prospecter le client par téléphone, par courrier ou en porte à porte.

• Cette unité commerciale peut être indépendante (ex. : magasin indépendant de prêt-à-porter de votre ville) ou bien faire partie d'un réseau (ex. : magasin Etam de votre ville) ; elle peut appartenir à n'importe quel secteur d'activité.

## 3 Exemples d'unités commerciales

Avant de signer une convention de stage ou un contrat de professionnalisation, demandez un entretien à votre tuteur afin de vous assurer que vous pourrez mener des activités validant les compétences visées, et que vous pourrez également en obtenir des preuves.

| Unité commerciale | Exemples |
|---|---|
| Grande distribution | Hypermaché Auchan, supermarché Carrefour Market, supérette Monoprix… |
| Grande surface spécialisée | Leroy Merlin, Decathlon, Kiabi… |
| Petite surface spécialisée | Célio, Guy Degrenne, Swatch, magasin indépendant de décoration… |
| Services | Agence bancaire Société Générale, cabinet d'assurances AXA, agence de location Avis… |

## 4 Objectifs et compétences visées par les épreuves orales professionnelles

| | ACRC | PDUC |
|---|---|---|
| Objectifs | • **Avoir une bonne connaissance** de l'unité commerciale au sein de son réseau.<br>• **Être opérationnel** à l'issue du stage en tant qu'assistant du manager.<br>• **Prendre en responsabilité des activités** courantes au sein de l'unité commerciale.<br>• **Interroger et exploiter le système d'information commerciale** (collecte, mise à jour ou exploitation de données). | • **Analyser l'unité commerciale** dans le contexte de son réseau.<br>• **Identifier une problématique commerciale.**<br>• **Mener une démarche de projet réalisable.** |
| Compétences visées | • **C41** – Vendre.<br>• **C42** – Assurer la qualité de service à la clientèle.<br>• **C53** – Mettre en place un espace attractif et fonctionnel.<br>• **C54** – Dynamiser l'offre de produits et de services.<br>• **C6** – Rechercher et exploiter l'information nécessaire à l'activité commerciale. | • **C3** – Piloter des projets d'action commerciale ou de management.<br>• **C43** – Développer et maintenir la clientèle de l'UC.<br>• **C51** – Élaborer une offre commerciale adaptée à la clientèle. |
| Contenu | **Vous devez réaliser des missions :**<br>– en relation avec la clientèle ;<br>– en relation avec l'offre de produits et de services.<br>**Le stagiaire recueille les preuves de ses missions.** | **Vous devez mener un projet** lié au développement de l'unité commerciale (développement de l'offre, développement de la clientèle, fidélisation de la clientèle, animation de l'équipe…).<br>**Vous procéderez en 3 étapes :**<br>– diagnostic commercial (études internes et externes) ;<br>– recherche d'une solution adaptée et analyse des répercussions de cette solution ;<br>– élaboration du plan d'action. |
| Support de l'épreuve orale | **Le dossier doit comporter :**<br>– des fiches activités couvrant les compétences de l'épreuve ;<br>– des annexes illustratives (documents internes de l'unité commerciale, productions personnelles). | **Le dossier se compose de 3 sous-dossiers :**<br>– le diagnostic de l'unité commerciale ;<br>– la solution choisie ainsi que l'analyse de ses répercussions ;<br>– les réflexions sur la mise en œuvre du projet ;<br>– toutes les annexes illustratives permettant d'accompagner la présentation orale du projet lors de l'examen. |

Pour ces deux épreuves, **l'information recueillie sur l'unité commerciale**, sur son réseau, sur la place de l'unité commerciale au sein de son réseau, sur ses performances, **est essentielle**. Vous vous engagez à ne pas les divulguer. Des rencontres régulières avec votre tuteur vous permettront de renseigner le dossier.

# Où trouver l'information pour enrichir votre dossier d'ACRC et PDUC ?

La richesse de votre dossier repose en grande partie sur la qualité des informations qui la composent. Cette information devra donc être actualisée et de source fiable. Certaines informations présentées pourront être brutes, c'est-à-dire directement issues de l'unité commerciale. D'autres informations pourront être traitées par vos soins puis présentées dans des documents de synthèse de votre production personnelle.

| | Types d'information | Sources d'information |
|---|---|---|
| Groupe d'appartenance | • Historique du groupe.<br>• Organisation du groupe.<br>• Implantation.<br>• Stratégie. | • Tuteur.<br>• Directeur régional.<br>• Site institutionnel du groupe.<br>• Presse économique (*Le Monde*, *Les Échos*, *Le Figaro*...).<br>• Presse spécialisée (*Capital*, *Management*, *Stratégies*...).<br>• Sites Internet d'information. |
| Réseau de l'unité commerciale | • Activité, organisation, taille du réseau.<br>• Implantation nationale/internationale.<br>• Clientèle ciblée : professionnelle et/ou particulière.<br>• Communication/culture d'entreprise.<br>• Positionnement du réseau. | • Site institutionnel du réseau.<br>• Site intranet du réseau.<br>• Rapport d'activité.<br>• Presse professionnelle spécialisée (*Marketing magazine*, *Stratégies*, *LSA*, *Points de vente*...).<br>• Magazine interne du réseau... |
| Unité commerciale | • Localisation géographique/attractivité de l'unité commerciale.<br>• Zone de chalandise/profil des habitants de la zone.<br>• Politique de produit : offre de produits et de services, politique de marque...<br>• Politique de prix (stratégie, promotions...).<br>• Politique de distribution (canal, méthode de vente...).<br>• Politique de communication (communication nationale/communication locale ; programme de fidélisation...).<br>• Étude des concurrents directs et indirects (cartographie des concurrents, relevé de prix, positionnement...).<br>• Étude de la clientèle (profil, motivations et freins, segmentation de la clientèle...).<br>• Étude des performances commerciales :<br>– en distribution : étude des tableaux de bord (CA, panier moyen, taux de transformation, indice de vente...) ;<br>– en banque : étude des tableaux de bord (PNB global, PNB par produit, par conseiller ou par segment client...).<br>Ces performances sont à comparer avec la moyenne du réseau, les objectifs, l'année n–1... | • Entretiens avec le tuteur.<br>• Entretiens avec le directeur régional.<br>• Entretiens avec les membres de l'équipe.<br>• Observation sur le terrain.<br>• Relevés de prix.<br>• Étude de la concurrence.<br>• Étude du profil de la clientèle potentielle (site de l'Insee (ODIL) pour recueillir des informations sur les caractéristiques des habitants de la zone).<br>• Zone de chalandise : sites www.owlapps.net ou www.creer-zone-de-chalandise.fr...<br>• Étude de satisfaction de la clientèle (réalisée par le réseau ou par vos soins).<br>• Tableaux de bord et diverses informations à disposition (salle de pause...). |

**Conseil**

Lors de vos périodes en entreprise, munissez-vous d'un carnet et pensez à noter toutes les informations que vous jugerez importantes. Votre téléphone vous permettra également de recueillir des preuves de vos activités à condition que vous en ayez l'autorisation par votre tuteur.

# La *To Do List* pour réussir son oral d'ACRC et de PDUC

Un oral ne se passe pas à la légère. Vous avez en effet 45 minutes en ACRC et 40 minutes en PDUC pour convaincre le jury. De ces prestations orales dépend votre réussite à ces épreuves à coefficients élevés (4 pour chacune des épreuves).

## 1 La préparation matérielle : que mettre dans son sac ?

### A Une pièce d'identité et la convocation

☑ **La convocation aux épreuves** doit être reçue par vous-même ou votre établissement 15 jours avant le début des épreuves.

> **Remarque**
> Si vous n'avez pas reçu de convocation, n'attendez pas le dernier moment pour contacter votre établissement ou le rectorat !

Elle contient notamment :

– L'adresse de votre centre d'examens pour les épreuves orales si celui-ci est différent du centre d'examens des épreuves écrites.

– Les dates des épreuves orales.

– La date à laquelle votre dossier (rapport de stage) doit parvenir au centre d'examen afin que le jury en prenne connaissance avant les épreuves.

⚠ Aucun recours possible si votre dossier n'est pas arrivé à la date précisée.

☑ **Votre pièce d'identité** (passeport ou carte nationale d'identité) en cours de validité.

### B Un support informatique

Pour ces épreuves orales, vous pouvez utiliser un ordinateur portable ou bien une tablette.

1 **Classez les fichiers par dossier.** Vous gagnerez du temps et vous vous y retrouverez plus facilement (ex. : un dossier ACRC avec, à l'intérieur de ce dossier, un dossier par compétence).

⚠ Vous devrez charger la batterie de votre support numérique avant votre oral car vous n'avez aucune possibilité de la relier à une prise de courant lors de l'examen.

2 **Enregistrez votre dossier.** Pensez à sauvegarder votre travail sur le disque dur de votre support numérique ET sur une clé USB en cas de problème informatique.

3 **Présentez un support informatique « professionnel ».** Veillez à ne pas avoir de photos de vacances ou de votre chien en fond d'écran…

4 **Utilisez un support numérique connu.** Pour vos présentations, prenez un support numérique que vous avez l'habitude d'utiliser car le jury sera amené à vous faire manipuler cet outil lors de votre oral (notamment en ACRC).

## C Votre dossier complet

5 **Imprimez l'intégralité du dossier, annexes comprises.** C'est indispensable en cas de problème informatique : support du Powerpoint, annexes classées par dossier…

**Remarque**

Pensez également à prendre une trousse et une calculette : le jury peut être amené à vous demander de procéder à un calcul lors de l'oral.

# 2 La préparation personnelle : comment se détendre sans perdre d'énergie ?

## A Préparer les détails pratiques

6 **Préparez-vous !** Vous devez connaître le lieu de l'examen, la durée du trajet pour vous y rendre, le moyen de transport adéquat, l'heure de départ (prévoir une arrivée 30 minutes avant l'heure de convocation)…

**Remarque**

Dans certaines régions, et particulièrement en Île-de-France, il faudra prévoir les aléas liés aux embouteillages, aux retards des transports en commun ou aux grèves. Vous pouvez éventuellement arriver la veille de l'examen en cas de lieu d'examen trop éloigné du domicile.

7 **Soignez votre tenue.** Vous devez opter pour une tenue professionnelle, propre et soignée : tenue vestimentaire, coiffure, rasage, ongles…

8 **Détendez-vous !** La veille au soir et juste avant l'examen, pensez à vous détendre avec des exercices de respiration ventrale et à vous répéter une phrase motivante que vous aurez choisie pour vous préparer au mieux physiquement à cette épreuve orale.

**« Il faut toujours viser la lune car même en cas d'échec, on atterrit dans les étoiles. »**
Oscar Wilde

**« Ils ne savaient pas que c'était impossible alors ils l'ont fait. »**
Mark Twain

**« C'est dur d'échouer, mais c'est pire de n'avoir jamais essayé de réussir. »**
T. Roosevelt

# Analyse et conduite de la relation commerciale





COURS

# Présentation de l'épreuve d'Analyse et conduite de la relation commerciale (ACRC)

Épreuve orale
Durée : 45 minutes
Coefficient : 4

Cette épreuve peut être passée sous la forme de **contrôle en cours de formation** (si votre établissement de formation est habilité au CCF) ou sous la **forme ponctuelle, en fin de formation**. En CCF, chaque établissement de formation propose son organisation en matière d'évaluation. En revanche, la forme ponctuelle répond à des contraintes fixées par la circulaire annuelle d'organisation de l'examen.

## 1 L'objectif de l'épreuve

**Remarque**

Nous ne traiterons ici que la forme ponctuelle, seule forme répondant à des exigences formalisées dans la circulaire d'organisation.

• **Il s'agit d'évaluer votre capacité à :**
– évoluer dans une unité commerciale au quotidien ;
– comprendre le fonctionnement courant de l'unité commerciale ;
– effectuer des tâches courantes de l'activité de l'unité commerciale.

• **L'épreuve prend en compte l'évaluation de vos connaissances** acquises en Gestion de la relation commerciale (GRC), en Développement de l'unité commerciale (DUC), en Informatique commerciale et en Communication.

À l'occasion de l'entretien, vous serez en capacité de répondre aux questions les plus fréquentes du jury grâce à vos connaissances et à un vocabulaire professionnel adapté.

• **On attend de vous la rédaction d'un dossier d'ACRC comprenant :**
– une présentation de l'unité commerciale d'accueil portant sur son contexte géographique local et sur son contexte commercial ;
– l'ensemble des fiches d'activités professionnelles décrivant les différentes activités courantes effectuées lors des périodes de formation en milieu professionnel.

⚠ Aucune annexe ne doit figurer dans le dossier renvoyé.

• **On attend aussi une utilisation des technologies de l'information et de la communication (TIC)** en direct, devant le jury.

**Conseil**

Cette utilisation des TIC peut être une présentation animée à l'aide d'un logiciel de présentation orale de votre dossier d'ACRC (PowerPoint, Prézi…).

## 2 Le déroulé de l'épreuve

L'épreuve, sous la forme ponctuelle, se déroule en **deux temps**.

• **Les 10 premières minutes :** le candidat expose de façon structurée et animée le contexte professionnel dans lequel il a évolué, ainsi que l'ensemble des activités menées. Pendant ces dix premières minutes, le jury ne vous interrompt pas.

• **Les 35 minutes suivantes :** le jury vous interroge sur les différentes activités menées ainsi que sur votre connaissance du contexte professionnel dans lequel vous avez effectué vos stages. Il s'agira, pendant ce temps, de montrer au jury votre degré de connaissances en GRC, DUC, Informatique commerciale et en Communication.

**Astuce**

Pour rester dans le temps imparti des dix minutes, une description succincte des activités suffira.

# 1 Constituer son dossier d'ACRC



Le dossier d'ACRC est constitué de deux parties :
– une description du contexte géographique et commercial de l'unité commerciale d'accueil ;
– une présentation des fiches d'activités professionnelles décrivant les différentes missions menées par le candidat lors de ses stages professionnels.

## 1 Contenu de la première partie

• **Description de l'unité commerciale** dans son contexte géographique et commercial. Les éléments principaux à faire figurer sont :

| | | |
|---|---|---|
| Contexte géographique | **Localisation précise de l'unité commerciale** | Ville, situation (dans le centre commercial, dans la galerie…). |
| | **Présentation du réseau** | Présentation des différentes enseignes du réseau, de la forme de commerce, du nombre de points de vente… |
| | **Voies d'accès** | Présentation des accès et de l'intérêt de ces moyens d'accès (route, transports en commun…). |
| | **Zone de chalandise** | Description des trois zones (primaire, secondaire, tertiaire).<br>Méthodologie de construction de la zone de chalandise.<br>Caractéristiques sociodémographiques de la zone.<br>Pourcentage de clients potentiels par zone. |
| Contexte commercial | **Clientèle** | Profil de la clientèle.<br>Comparaison avec les caractéristiques de la population locale. |
| | **Offre de l'UC** | Types de produits proposés, services associés. |
| | **Concurrents de l'UC** | Concurrents directs et indirects sur les trois zones.<br>Concurrents directs et indirects dans le centre commercial le cas échéant. |

**À savoir**

**La zone de chalandise** est souvent divisée en zone primaire, secondaire et tertiaire correspondant à des intervalles de temps de déplacement (moins de 5 minutes, de 5 à 10 minutes, de 10 à 20 minutes) ou de distance qui peuvent être variables selon la nature et l'attractivité des points de vente.

## 2 Contenu de la seconde partie

• **Présentation des fiches d'activité professionnelle (FAP) attendues.** En forme ponctuelle, le candidat doit présenter 6 fiches d'activité au minimum : 4 fiches obligatoires et 2 au choix.

• **4 fiches obligatoires** pour chacune des compétences ci-dessous :
– **C41 Vendre**
– **C42 Assurer la qualité de service à la clientèle**
– **C53 Mettre en place un espace commercial attractif et fonctionnel**
– **C54 Dynamiser l'offre de produits et de services**

• **2 fiches au choix** portant sur la compétence 6 :
– **C61 Assurer la veille commerciale**
– **C62 Réaliser et exploiter des études commerciales**
– **C63 Enrichir et exploiter le SIC**
– **C64 Intégrer les TIC dans son activité**

**À savoir**

Vous trouverez la description de chacune de ces fiches des pages 110 à 145 de l'ouvrage.

# 2 La fiche d'activité professionnelle

## 1 Étape 1 : grille de présentation

<table>
<tr><td colspan="12">LYCÉE ................................... – BTS MUC – SESSION XXXX.<br>FICHE D'ACTIVITÉ PROFESSIONNELLE (recto-verso)</td></tr>
<tr><td colspan="7">NOM ET PRÉNOM :</td><td colspan="5">N° de la fiche d'activité : ❷</td></tr>
<tr><td colspan="12">Intitulé précis de l'activité : ❶</td></tr>
<tr><td colspan="12">COMPÉTENCES DÉCLARÉES PAR L'ÉTUDIANT (cocher les cases correspondantes) ❸</td></tr>
<tr><td colspan="4">C41<br>Vendre</td><td colspan="3">C42<br>Assurer la qualité de service à la clientèle</td><td colspan="3">C53<br>Mettre en place un espace commercial attractif et fonctionnel</td></tr>
<tr><td>411 – Préparer l'entretien de vente</td><td>412 – Établir le contact avec le client</td><td>413 – Argumenter</td><td>414 – Conclure la vente</td><td>421 – Accueillir, informer et conseiller</td><td>422 – Gérer les insatisfactions et les suggestions de la clientèle</td><td>423 – Suivre la qualité des prestations</td><td>531 – Agencer la surface de vente</td><td>532 – Mettre en valeur les produits et assurer la visibilité des services</td><td>533 – Assurer la qualité de l'information sur le lieu de vente</td></tr>
<tr><td></td><td></td><td></td><td></td><td></td><td></td><td></td><td></td><td></td><td></td></tr>
</table>

<table>
<tr><td colspan="2">C54<br>Dynamiser l'offre de produits et de services</td><td colspan="3">C61<br>Assurer la veille commerciale</td><td colspan="2">C62<br>Réaliser et exploiter des études commerciales</td><td colspan="2">C63<br>Enrichir et exploiter le SIC</td><td colspan="2">C64<br>Intégrer les TIC dans son activité</td></tr>
<tr><td>541 – Organiser des actions de promotion des ventes</td><td>542 – Organiser des animations sur le lieu de vente</td><td>611 – Repérer les sources documentaires</td><td>612 – Sélectionner les informations</td><td>613 – Mettre à disposition les informations</td><td>621 – Concevoir et mettre en œuvre des études commerciales</td><td>622 – Analyser les informations commerciales issues d'études et exploiter les résultats</td><td>631 – Mettre à jour les données du SIC</td><td>632 – Interroger le SIC</td><td>641 – Organiser son activité</td><td>642 – Organiser l'activité de l'équipe commerciale</td></tr>
<tr><td></td><td></td><td></td><td></td><td></td><td></td><td></td><td></td><td></td><td></td><td></td></tr>
</table>

❶ Vous devez choisir un titre qui correspond à l'activité réalisée et non à celui de la compétence.
❷ Les numéros des fiches doivent suivre l'ordre des compétences (Fiche 1 : C41 ; Fiche 2 : C42…).
❸ Vous devez cocher la (ou les) sous-compétence(s) touchée(s) par l'activité réalisée, sans forcément viser la totalité des sous-compétences.

# 2 Étape 2 : rédaction de la fiche

## A Date et durée de l'activité

Vous devez indiquer la date et la durée précises de l'activité (préparation, déroulement et suivi).

## B Contexte professionnel de l'activité

Après avoir rappelé rapidement le contexte de l'unité commerciale (2 lignes maximum), vous devez expliquer le cadre dans lequel s'est déroulée votre activité (tous les éléments qui peuvent justifier cette activité). **Exemples :** une baisse de flux clients, l'arrivée d'un nouveau concurrent, une opération commerciale, l'absence d'un membre de l'équipe, la période de l'année…

## C Objectifs poursuivis

Utilisez des verbes d'action pour décrire des objectifs précis.

- **Objectifs qualitatifs :** tous les objectifs non chiffrés. **Exemples :** améliorer la satisfaction de la clientèle, proposer un produit répondant au besoin du client, rendre un rayon plus attractif…
- **Objectifs quantitatifs :** tous les objectifs chiffrés. **Exemples :** augmenter le degré de satisfaction de la clientèle de 10 %, accroître le chiffre d'affaires de 3 % par rapport à n – 1, atteindre un taux de transformation de 53 %…

## D Degré d'autonomie : total ou partiel

- **S'il est total**, vous avez mené l'activité de A à Z.
- **S'il est partiel**, vous avez reçu l'assistance de votre manager ou de son adjoint.

**Exemple :** « Pour réaliser cette activité, j'ai construit le questionnaire de satisfaction en autonomie, mais j'ai reçu l'aide de collaborateurs pour l'administration et le traitement de l'enquête. »

## E Déroulement de l'activité

Pour décrire votre activité, vous devez la diviser en 3 étapes :

Étape ❶ Préparation de l'activité → Étape ❷ Exécution de l'activité → Étape ❸ Suivi de l'activité

Pour chacune des étapes, vous devez :

– **préciser la méthodologie** que vous avez utilisée et les moyens et techniques mis en œuvre afin de montrer que votre activité a été menée avec méthode et que vous maîtrisez les notions de GRC nécessaires à l'activité ;

– **ajouter pour chaque partie des annexes** que vous prévoyez de montrer pour votre présentation orale. Donnez à chaque annexe un numéro et un titre.

> **Astuce**
> Vous pouvez présenter le déroulement de votre activité sous forme de tableau synthétique.

## F Moyens et techniques utilisés

Vous devez lister les différents outils créés ou utilisés durant cette activité.

**Exemples :** utilisation du logiciel Ethnos (ou tout autre logiciel) pour le traitement de l'enquête, consultation du book merchandising, création d'une base de données clients…

## G Résultats obtenus

Il s'agit de relier les résultats obtenus aux objectifs fixés et indiqués en haut de la fiche.

**Exemple de résultats quantitatifs :** « Le chiffre d'affaires a été augmenté de 2 %, soit un écart de – 1 point par rapport à l'objectif fixé de 3 %. »

**Exemple de résultats qualitatifs :** « Le produit proposé répondait aux attentes du client en termes de budget et de caractéristiques techniques. »

# 3 Vendre

## 1 L'activité « gagnante » : la vente en face à face en unité commerciale

### A Les sous-compétences de C41

**Attention, toutes les sous-compétences de C41 doivent être cochées !** Servez-vous du cadre de la fiche de méthodologie 2 p. 108.

Les sous-compétences sont :

- ☑ 411 – Préparer l'entretien de vente
- ☑ 412 – Établir le contact avec le client
- ☑ 413 – Argumenter
- ☑ 414 – Conclure la vente

### B Présentation, date et durée de l'activité

• **Vous devez donner un nom précis à votre activité.** Il ne s'agit pas de parler uniquement de vente sans entrer dans le détail. Vous pouvez dupliquer cette présentation en fonction des différentes activités que vous avez réalisées.
**Exemple** : vente d'un produit alimentaire lors d'une dégustation.

• **Vous devez également indiquer précisément la date et la durée** de l'activité, par exemple l'activité s'est déroulée le 20 mars 2018 et a duré 2 heures, de 13 h à 15 h.

### C Contexte professionnel de l'activité

Il ne s'agit pas seulement de décrire l'unité commerciale et son contexte mais bien aussi de décrire le contexte de l'activité « Vente en face à face en unité commerciale ».

> **Exemple** L'enseigne KADO est une enseigne britannique proposant des produits du quotidien à bas prix. L'offre est répartie en plusieurs univers tels que Décoration, Enfants, Alimentation…
> Dans mon unité commerciale, située dans le centre commercial Beausoleil, la vente est en libre-service. Pour pouvoir mettre en œuvre la compétence « Vendre », j'ai profité d'une opération commerciale imposée par le réseau.

### D Les objectifs poursuivis

• **Objectifs qualitatifs.** Dans cette activité, les objectifs qualitatifs sont pour l'essentiel des objectifs de satisfaction client. Cette satisfaction découlera d'une prise en charge efficace du client grâce au respect des différentes phases de l'entretien de vente et à la mise en œuvre d'outils d'aide à la vente. Votre objectif peut être de satisfaire le client en découvrant ses besoins et son profil, en lui proposant un produit et/ou un service adapté et en réfutant les objections opposées.

• **Objectifs quantitatifs.** Dans cette activité, les objectifs de vente peuvent se mesurer en chiffre d'affaires à atteindre, en nombre de ventes à effectuer sur une période… Votre objectif peut être, par exemple, de réaliser plus de ventes que l'année précédente, le même jour, sur la même tranche horaire, soit au moins X produits de plus et un objectif de CA de 200 € en deux heures.

### E Degré d'autonomie

• **Autonomie totale :** si vous n'avez pas été assisté(e) au cours de votre vente par votre manager (ou son adjoint).

• **Autonomie partielle :** si vous avez été assisté(e) lors de certaines phases de la vente.

## 2 Déroulement de l'activité

### A Avant la vente : les outils d'aide à la vente (OAV)

| Méthodologie à utiliser | Les moyens et techniques mis en œuvre | Annexes à présenter |
|---|---|---|
| **Construction de la fiche produit** | Comment avez-vous construit votre fiche ?<br>Où avez-vous trouvé les informations sur le produit ?<br>Comment les avez-vous sélectionnées et structurées dans une fiche produit ? | **ANNEXE 1 :**<br>Fiche produit |
| **Préparation d'un plan de découverte** | Comment avez-vous construit votre plan de découverte ?<br>Le plan de découverte doit vous permettre de découvrir à la fois le client et ses mobiles d'achat, mais également ses besoins.<br>Il doit donc impérativement faire apparaître les questions au client selon la technique de l'entonnoir (des questions les plus larges aux questions les plus précises).<br>⚠ Vous en êtes au stade de la construction des OAV. Vous ne pouvez pas encore le compléter avec les réponses du client puisque la vente n'a pas encore eu lieu ! | **ANNEXE 2 :**<br>Plan de découverte « vierge » |
| **Construction d'un argumentaire de vente** | Cet argumentaire doit permettre de lister les différents arguments de vente du produit que vous souhaitez proposer.<br>Il doit être structuré selon la méthode Caractéristiques/Avantages/Preuves et chaque argument doit être rattaché à un profil client de la typologie SONCAS. | **ANNEXE 3 :**<br>Argumentaire de vente du produit X |
| **Préparation de l'objectionnaire** | Quelles objections le client peut-il vous opposer ?<br>Identifier les objections permet de mieux les réfuter.<br>En conséquence, vous devez prévoir dans cet outil les objections mais aussi les réfutations, en fonction des différents profils de clients. | **ANNEXE 4 :**<br>Guide de traitement des objections |

## B Pendant la vente

| Méthodologie à utiliser | Les moyens et techniques mis en œuvre | Annexes à présenter |
|---|---|---|
| **L'accueil du client** | Cette étape est importante pour créer un climat favorable pour la vente. Elle doit respecter 4 étapes :<br>❶ Regarder le client = marque d'intérêt<br>❷ Lui sourire en guise de bienvenue<br>❸ Le saluer = signe de politesse<br>❹ Le prendre en charge en lui demandant en quoi vous pouvez l'aider | |
| **La découverte du client** | Remplissez votre plan de découverte vierge pour découvrir le profil du client et ses besoins. Mettez les réponses et mots clés correspondant aux besoins et au profil client en surbrillance. De cette façon, vous conclurez cette phase (preuves à l'appui) par le profil client et les besoins de votre client.<br>**Exemple :** à l'issue de la phase de découverte, j'ai pu déterminer que mon client avait un profil « Argent » grâce aux mots prononcés.<br>Il a, d'autre part, exprimé ses besoins qui sont *[à lister]*. | **ANNEXE 5 :** Plan de découverte renseigné des réponses du client |
| **L'argumentation** | Proposez le produit qui correspond au mieux aux besoins du client en argumentant sur les caractéristiques du produit qui sont les plus proches du profil client.<br>**Exemple :** un client au profil « Argent » sera sensible à l'argument « Prix ». | **ANNEXE 6 :** Argumentaire réduit aux arguments correspondant à votre client |
| **La proposition d'un produit/service complémentaire et la conclusion de la vente** | Une fois toutes les objections traitées, vous proposerez un produit complémentaire et vous conclurez la vente lorsque vous aurez repéré les signaux verbaux (le client pose des questions de détail par exemple) et non verbaux (il sourit, il se détend). | **ANNEXE 7 :** Facture ou ticket de caisse par exemple |

## C Après la vente

| Méthodologie à utiliser | Les moyens et techniques mis en œuvre | Annexes à présenter |
|---|---|---|
| **Suivi des ventes** | D'un point de vue quantitatif, vous rendrez compte de la performance des ventes (CA) à l'aide d'un tableau de bord. | **ANNEXE 8 :** Tableau de bord des performances |
| **Les résultats obtenus** | Vous distinguerez ici les résultats quantitatifs et les résultats qualitatifs. | |

## 3 Comment faire ?

**Remarque :** les annexes 5, 6 et 7 ne demandent pas de méthodologie particulière.

### A Annexe 1 : Fiche produit

Une fiche produit doit reprendre les caractéristiques techniques et commerciales du produit, et comporte donc pour cela 2 colonnes. Ajoutez une photo du produit dans votre fiche afin de permettre une visualisation à votre lecteur.

**Exemple**

**Tablette de chocolat/Référence ACV1679**

| Caractéristiques techniques | Caractéristiques commerciales |
|---|---|
| X % de cacao<br>X % de sucre | 3,80 € : PV TTC |

### B Annexe 2 : Plan de découverte

Le plan de découverte permet de cerner les besoins du client et son profil. Il se construit à partir d'un questionnement respectant la technique de l'entonnoir.

**Définition**

**Technique de l'entonnoir :** les questions vont du plus général au plus précis et doivent être courtes et claires.

**Listez** toutes les questions qui vous semblent pertinentes pour mieux connaître votre client, **regroupez-les** par thème de questionnement (s'informer, orienter, conclure…) et **variez** les types de questions posées.

| | Types de question | Exemple |
|---|---|---|
| **Pour s'informer** | Ouverte | Quel est votre avis, pourquoi ? |
| | Fermée | Êtes-vous, avez-vous ? |
| **Pour approfondir** | Miroir-écho | C'est désagréable ? |
| | Relais | Qu'en pensez-vous ? |
| | Ricochet | C'est-à-dire ? |
| | Reformulation (contrôle) | Si je comprends bien, vous recherchez… ?<br>En fait pour vous… |
| **Pour orienter** | Suggestive | Ne pensez-vous pas que… ? |
| | Contre-question | Comment fonctionne cet appareil ? |
| | Polémique | Croyez-vous vraiment que ? |
| | Alternative | Préférez-vous un rendez-vous le matin ou l'après-midi ? |
| **Pour conclure** | Ouverte ou fermée appelant une réponse positive | Cela vous rendrait-il des services ? |

## C Annexe 3 : Argumentaire de vente

Listez l'ensemble des caractéristiques du produit/service, transformez-les en avantages, traduisez ces avantages en bénéfices pour le client, et apportez une preuve.

**Exemple** L'une des **caractéristiques** de mon produit est son prix : 9,99 €. Selon la méthode SONCAS, c'est l'argent qui peut motiver mon client. Je lui présente donc un **avantage** : mon produit est moins coûteux que chez notre principal concurrent. **Comment je le sais ?** Grâce au relevé du prix.

## D Annexe 4 : Guide de traitement des objections

Listez l'ensemble des objections possibles et identifiez les réponses possibles pour chacune d'entre elles.

**Exemple**

| Objections potentielles | Réponses possibles |
|---|---|
| – Prix trop élevé<br>– Proposition concurrente meilleure<br>– Pas convaincu<br>– Besoin d'un délai de réflexion | – Rappel de la qualité de la prestation/geste commercial<br>– Rappel des avantages<br>– Rassurer/revoir les avantages principaux<br>– Offre exclusive à durée limitée |

## E Annexe 8 : Tableau de bord performances commerciales

Le tableau de bord vous permettra de comparer non seulement les performances dans le temps mais aussi par rapport aux objectifs que vous vous étiez fixés.

| Tableau de bord des performances commerciales du produit X | | | | | | | | | |
|---|---|---|---|---|---|---|---|---|---|
| CA n−1 | Objectif n | CA n | Écart n/n−1 | Taux de réalisation de l'objectif | Nombre de produits vendus n−1 | Objectif n | Nombre de produits vendus N | Écart n/n−1 | Taux de réalisation de l'objectif |
| | | | | | | | | | |

### Les activités « valeurs sûres »

Ce sont les activités incontournables que vous pouvez réaliser.

- Vente à distance par téléphone d'un produit ou d'un service.
- Vente à distance par e-mailing d'un produit ou d'un service.
- Incitation à la souscription d'une carte de fidélité.
- Vente d'un rendez-vous en milieu banque/assurance.
- Vente d'un produit ou d'un service lors d'un salon.

# 4 Assurer la qualité de service à la clientèle



## 1 L'activité « gagnante » : mise en place de visites de client-mystère

### A Sous-compétences de C42

**Attention, pour cette activité « gagnante », seules deux sous-compétences doivent être cochées :**

- ☑ 422 – Gérer les insatisfactions et les suggestions de la clientèle
- ☑ 423 – Suivre la qualité des prestations

### B Présentation, date et durée de l'activité

• **Vous devez donner un nom précis à votre activité.** Il ne s'agit pas de parler uniquement de qualité de service sans entrer dans le détail. Vous pouvez dupliquer cette présentation en fonction des différentes activités que vous avez réalisées.

**Exemple :** visite de client-mystère chez les concurrents de l'UC.

• **Vous devez également indiquer précisément la date et la durée** de l'activité, par exemple l'activité a duré 2 semaines du 15 au 30 mars 2017.

### C Contexte professionnel de l'activité

Il ne s'agit pas seulement de décrire l'unité commerciale et son contexte mais bien aussi de décrire le contexte de l'activité « Visite de client-mystère ».

> **Exemple** L'enseigne KADO est une enseigne britannique proposant des produits du quotidien à bas prix. L'offre est répartie en plusieurs univers tels que Décoration, Enfants, Alimentation…
> Soucieuse de toujours satisfaire sa clientèle, ma tutrice m'a demandé de procéder à la mise en œuvre de visites de clients-mystères et de lui remettre un rapport listant les différents points d'amélioration possibles ainsi que les préconisations envisagées.

### D Objectifs poursuivis

• **Objectifs qualitatifs.** Dans cette activité les objectifs qualitatifs sont essentiellement liés à la construction de la grille de visite du client-mystère et à sa qualité. Cette grille devra, par exemple, réunir les différents critères objectifs permettant de mesurer la qualité de service à la clientèle.

• **Objectifs quantitatifs.** Dans cette activité, les objectifs sont synonymes de niveaux de performance à atteindre sur les différents critères listés dans la grille, par exemple augmenter de 2 points sur le critère « Accueil du client ».

### E Degré d'autonomie

• **Autonomie totale :** vous avez mis en place les visites depuis leur préparation jusqu'aux préconisations.

• **Autonomie partielle :** vous avez été assisté lors de certaines phases de l'activité (par exemple, lors de la construction de la grille).

## 2 Déroulement de l'activité

### A Avant les visites de clients-mystères

| Méthodologie à utiliser | Les moyens et techniques mis en œuvre | Annexes à présenter |
|---|---|---|
| **Définition des objectifs des visites client-mystère** | Il s'agit ici de décrire précisément les objectifs que vous avez fixés avec votre tuteur. Quels sont les critères à mesurer ? Combien de visites ? Quand ? Qui ? Comment ?<br>**Exemple :** « Lors d'un rendez-vous avec mon tuteur, nous avons décidé que les critères à mesurer étaient X, Y, Z. Les visites se feront le samedi, jour d'affluence importante, et seront au nombre de 5. Des collaborateurs non connus des salariés de l'UC joueront le rôle de client-mystère. » | **ANNEXE 1 :**<br>Compte-rendu de réunion avec mon tuteur |
| **Lister les contraintes du réseau et/ou de l'UC** | À cette étape, vous devez recenser l'ensemble des contraintes fixées par le réseau et/ou l'UC en termes d'accueil, de prise en charge du client, de marchandisage… | **ANNEXE 2 :**<br>Charte d'accueil, *Book Merchandising*, guide de formation vente<br>**ANNEXE 2 bis :**<br>Synthèse des contraintes imposées par le réseau ou l'UC |
| **Construction de la grille client-mystère** | Vous devez lister ici l'ensemble des critères qui permettront d'évaluer les contraintes fixées par le réseau et/ou l'UC, en prenant soin de les structurer par thématique.<br>Vous expliquerez également quel est votre choix en matière de système d'évaluation des critères (points, échelle de plus à moins…).<br>**Exemple :** les différents critères évalués sont : [à lister], structurés en 3 thématiques : l'accueil, le merchandising et la relation client. J'ai choisi le système d'évaluation suivant pour [énumérer les raisons]. | **ANNEXE 3 :**<br>Grille client-mystère |
| **Organisation des visites** | Vous devez montrer ici que vous avez organisé un planning de visites afin de respecter des contraintes :<br>– nombre de clients-mystères ;<br>– disponibilité des clients-mystères ;<br>– horaires d'affluence des clients afin de visiter l'UC à son pic d'activité. | **ANNEXE 4 :**<br>Liste des contraintes à respecter pour élaborer le planning<br>**ANNEXE 5 :**<br>Planning de visite des clients-mystères |

### B Pendant les visites de clients-mystères

| Méthodologie à utiliser | Les moyens et techniques mis en œuvre | Annexes à présenter |
|---|---|---|
| **Formation des clients-mystères** | Vous décrirez ici la formation des clients-mystères que vous avez dû mener.<br>**Exemple :** formation sur la discrétion, sur l'utilisation de la grille, sur l'évaluation des critères… | **ANNEXE 6 :**<br>*Book* de formation client-mystère |
| **Mise en œuvre des visites** | Vous préciserez comment s'est déroulée la mise en œuvre. | **ANNEXE 7 :**<br>Toutes les grilles de clients-mystères complétées |

## C Après les visites de clients-mystères

| Méthodologie à utiliser | Les moyens et techniques mis en œuvre | Annexes à présenter |
|---|---|---|
| **Suivi des visites et préconisations** | Vous rendrez compte ici des points positifs et des axes d'amélioration observés lors des visites. Vous proposerez ensuite des préconisations afin d'améliorer les points négatifs. | ANNEXE 8 : Synthèse points positifs/ axes d'amélioration en vous appuyant sur les scores de chaque critère, et préconisations |
| **Les résultats obtenus** | Vous distinguerez ici, les résultats quantitatifs et les résultats qualitatifs. Vous les comparerez aux objectifs poursuivis et indiqués au début de la fiche en calculant les écarts entre les scores attendus et les scores obtenus. | |

# 3 Comment faire ?

**Remarque :** les annexes 2, 3 et 7 ne demandent pas de méthodologie particulière.

## A Annexe 1 : Compte-rendu de réunion

- **Objectifs de la réunion :** il s'agit de la réponse à la question « Pourquoi s'être réunis ? »
- **Date de la rencontre :**
- **Liste des présents :** ajoutez éventuellement leur service si vous êtes dans une grande structure.
- **Sujets abordés :**
- **Conclusions et décisions :**
- **Actions :**

## B Annexe 2 bis : Synthèse des contraintes imposées par le réseau ou l'UC

Vous devez construire une grille qui reprend l'ensemble des contraintes fixées par le réseau d'une part, mais aussi par l'UC.

D'autre part, chaque item doit être évalué et doit se voir attribuer un score afin de déterminer, *in fine*, les points forts et les axes d'amélioration.

**Conseil**

Regroupez les différents critères par thème afin d'identifier les principaux axes d'amélioration (par exemple la propreté ou l'accueil de manière générale).

**Exemple**

| | 🙂 | 😐 | ☹️ |
|---|---|---|---|
| Propreté du point de vente | | | |
| Offre proposée | | | |
| Prix pratiqués | | | |

## C Annexe 4 : Liste des contraintes à respecter pour élaborer le planning des visites

| Contraintes liées à l'affluence des clients | Contraintes liées à la disponibilité des collaborateurs |
|---|---|
| **Exemple :** deux visites nécessaires le samedi car il y a une forte affluence. | **Exemple :** client-mystère 1 : disponible uniquement le mercredi. |

## D Annexe 5 : Planning des visites

| | Lundi | Mardi | Mercredi | Jeudi | Vendredi | Samedi |
|---|---|---|---|---|---|---|
| Client-mystère 1 | | | | | | |
| Client-mystère 2 | | | | | | |
| Client-mystère 3 | | | | | | |
| Client-mystère 4 | | | | | | |
| Client-mystère 5 | | | | | | |

**Astuce**

Afin de montrer la correspondance entre l'annexe 4 et la construction de ce planning, affectez une couleur à chaque contrainte et reportez la sur le planning.

## E Annexe 6 : *Book* de formation client-mystère

Il devra comporter l'ensemble des thèmes sur lesquels vous souhaitez former les clients-mystères :
– **la grille d'évaluation et ses items** : explication du fonctionnement, du barème de points… ;
– **le déroulé de la visite** : *timing* prévu, sens de la visite dans l'UC… ;
– **le compte-rendu de la visite** : ressentis, suggestions d'améliorations possibles…

Ce document doit être rédigé car il sera remis et laissé en guise de mémo à chaque client-mystère.

## F Annexe 8 : Synthèse des résultats et préconisations

Chaque client-mystère attribue des points qui seront ensuite comptabilisés.

| | CM1* | CM2 | CM3 | CM4 | CM5 |
|---|---|---|---|---|---|
| Propreté du point de vente | | | | | |
| Offre proposée | | | | | |
| Prix pratiqués | | | | | |
| TOTAL | | | | | |
| Suggestions | | | | | |

*CM1 : client-mystère 1.

En vous appuyant sur les retours des clients-mystères, vous proposerez un tableau des points forts et des axes à améliorer.

| Points forts | Axes d'amélioration |
|---|---|
| – | – |
| – | – |

Vous pourrez ensuite faire une liste de préconisations.

### Les activités « valeurs sûres »

– Analyse des scores NPS (Net Promoter Score) d'une unité commerciale en réseau.
– Gestion d'un retour produit.
– Étude de satisfaction de la clientèle avec préconisations.
– Traitement d'un litige client.
– Mise en place d'un suivi de réclamation.
– Gestion d'une file d'attente.
– Analyse d'un baromètre de satisfaction.
– Gestion du service après-vente.

# 5 Mettre en place un espace commercial attractif et fonctionnel



## 1 L'activité « gagnante » : implantation d'une nouvelle collection

### A Sous-compétences de C53

**Attention, pour cette activité « gagnante », seules deux sous-compétences doivent être cochées :**

- ☑ 532 – Mettre en valeur les produits et assurer la visibilité des services
- ☑ 533 – Assurer la qualité de l'information sur le lieu de vente

### B Présentation, date et durée de l'activité

• **Vous devez donner un nom précis à votre activité.** Il ne s'agit pas de parler uniquement de mise en place d'un espace commercial attractif et fonctionnel. Vous pouvez dupliquer cette présentation en fonction des différentes activités que vous avez réalisées.

**Exemple :** réorganisation d'un rayon à l'occasion d'une nouvelle collection de prêt-à-porter.

• **Vous devez également indiquer précisément la date et la durée** de l'activité, par exemple l'activité s'est déroulée le 28 février N et a duré 7 heures.

### C Contexte professionnel de l'activité

Il ne s'agit pas seulement de décrire l'unité commerciale et son contexte mais bien aussi de décrire le contexte de l'activité « Implantation de la nouvelle collection ».

**Exemple** L'enseigne KADO est une enseigne britannique proposant des produits du quotidien à bas prix. L'offre est répartie en plusieurs univers tels que Décoration, Enfants, Alimentation…
Chaque mois, le réseau développe une nouvelle collection par univers et envoie à ses unités commerciales le *book merchandising* intégrant toutes les préconisations de mise en place de cette nouvelle offre. Ma tutrice a reçu le plan merchandising de la nouvelle collection « Bougies » et me charge de procéder à son implantation.

### D Objectifs poursuivis

• **Objectifs qualitatifs.** Dans cette activité les objectifs qualitatifs sont de deux ordres : le **respect des consignes** du réseau et la **satisfaction de la clientèle**. Il vous faut par exemple implanter une collection en respectant les préconisations du réseau, proposer un merchandising attractif à la clientèle, améliorer le repérage des produits au sein du linéaire…

• **Objectifs quantitatifs.** Dans cette activité, les objectifs sont liés aux **performances commerciales** générées par cette nouvelle collection et au niveau de satisfaction de la clientèle évalué par le réseau. Vous pouvez ainsi avoir l'objectif d'augmenter le chiffre d'affaires de la collection de 10 % par rapport à n–1, d'atteindre l'objectif de vente de 150 bougies fixé par le réseau, d'atteindre un niveau de satisfaction de 85 % sur le pôle merchandising lors du prochain baromètre de satisfaction du réseau…

### E Degré d'autonomie

- **Autonomie totale :** si vous avez mis en place l'implantation depuis sa préparation jusqu'aux préconisations.
- **Autonomie partielle :** si vous avez été assisté(e) lors de certaines phases de l'activité ; par exemple lors de la préparation de l'offre.

## 2 Déroulement de l'activité

### A Avant l'implantation

| Méthodologie à utiliser | Les moyens et techniques mis en œuvre | Annexes à présenter |
|---|---|---|
| **Entretien avec ma tutrice : lecture du plan merchandising de la collection « Bougies » et repérage des contraintes** | Il s'agit de montrer qu'une activité de merchandising se prépare en amont et ne se résume pas à la simple mise en place des produits dans le linéaire.<br>Vous devez donc expliquer comment vous vous préparez à cette implantation et quelles sont les contraintes à respecter par le réseau et/ou l'unité commerciale.<br>**Exemple :** lors d'un entretien avec ma tutrice, nous avons analysé le plan merchandising de la nouvelle collection à implanter. Nous avons ensuite étudié ensemble le plan, puis nous avons choisi l'emplacement de cette nouvelle collection dans le magasin. Nous avons ensuite identifié les contraintes liées à cette implantation (produits manquants, traitement de l'ancienne collection…). | **ANNEXE 1 :** Plan merchandising de la collection à implanter (envoyé par le réseau ou créé par vos soins si l'unité commerciale est indépendante)<br>**ANNEXE 2 :** Charte du réseau sur le merchandising ou compte-rendu d'entretien avec la tutrice (modalités) |
| **Préparation des nouveaux produits à implanter** | Vous devez expliquer comment vous préparez la nouvelle collection à implanter : cette préparation se fera selon les méthodes d'organisation de votre unité commerciale.<br>**Exemple :** après avoir traité les marchandises à la réception en prenant soin de vérifier la bonne réception des produits de la nouvelle collection et du matériel d'ILV, j'ai préparé les produits à implanter dans la réserve (étiquetage, bipage). | **ANNEXE 3 :** Bon de livraison (photocopie ou photo)<br>**ANNEXE 4 :** Photo du plan de travail en réserve |

### B Pendant l'implantation

| Méthodologie à utiliser | Les moyens et techniques mis en œuvre | Annexes à présenter |
|---|---|---|
| **Désimplantation de l'ancienne collection** | Vous expliquerez ici la façon dont vous traiterez les produits de l'ancienne collection, si la nouvelle collection vient remplacer une ancienne collection.<br>**Exemple :** j'ai procédé à la désimplantation des produits de l'ancienne collection qui comportait essentiellement des bougies de Noël. Ces bougies, en accord avec ma tutrice, seront remises en réserve pour l'année suivante. | **ANNEXE 5 :** Plan de l'unité commerciale<br>**ANNEXE 6 :** Photo de la désimplantation et de la réimplantation éventuelle de l'ancienne collection |

| | | |
|---|---|---|
| **Préparation du squelette du rayon** | Vous décrirez précisément comment vous réalisez le « squelette » du rayon conformément au plan merchandising du réseau.<br>**Exemple :** après avoir étudié scrupuleusement le plan merchandising à implanter, j'ai procédé au nettoyage des étagères et j'ai ensuite modifié l'emplacement des étagères et des broches en fonction du plan. | **ANNEXE 7 :** Photo du squelette du rayon |
| **Implantation de la nouvelle collection et de l'information sur le lieu de vente** | Vous expliquerez comment vous avez procédé à l'implantation de la nouvelle collection en précisant les contraintes liées au réseau.<br>**Exemple :** j'ai procédé à l'implantation de la nouvelle collection en respectant les consignes d'implantation verticale du réseau, ainsi que la mise en place en dégradé de couleur du plus clair au plus foncé. | **ANNEXE 8 :** Photo de la nouvelle implantation |
| **Validation de l'implantation par ma tutrice** | Il s'agit de montrer que chacune de vos activités doit être validée par votre tutrice. | |

## B Après l'implantation

| Méthodologie à utiliser | Les moyens et techniques mis en œuvre | Annexes à présenter |
|---|---|---|
| **Réassort de la collection** | Vous préciserez ici la nécessité de procéder au réassort régulier des linéaires afin d'offrir un rayon attractif à la clientèle. | |
| **Analyse des performances commerciales** | Il s'agit ici de mettre en évidence les performances commerciales liées à la nouvelle implantation en prenant soin de faire le lien entre les objectifs fixés et les résultats obtenus.<br>**Exemple :** le chiffre d'affaires de la nouvelle collection a dépassé les objectifs du réseau avec un taux de réalisation de l'objectif de 117 %. Le chiffre d'affaires de la collection « Bougies » a augmenté de 15 % par rapport à n – 1, soit un écart de + 5 points par rapport à l'objectif. | **ANNEXE 9 :** Tableau de bord des performances commerciales du rayon |
| **Analyse de la satisfaction de la clientèle** | Vous indiquerez ici, si vous avez la possibilité de vous les procurer, les résultats de l'étude de satisfaction réalisée soit par le réseau, soit par vos soins.<br>**Exemple :** après traitement sur un logiciel de mon étude de satisfaction, 92 % des clients sont satisfaits, voire très satisfaits, de la présentation des rayons. | **ANNEXE 10 :** Tableau de résultat de l'étude de satisfaction |
| **Les résultats obtenus** | Vous distinguerez ici les résultats quantitatifs et les résultats qualitatifs.<br>Vous les comparerez aux objectifs poursuivis et indiqués au début de la fiche en calculant les écarts entre les résultats attendus et les résultats obtenus.<br>Vous pourrez formuler ici des axes d'amélioration pour une prochaine implantation. | |

**Remarque**

Si votre unité commerciale est une société de services, vous pourrez valider cette compétence avec la mise en place de l'information sur le lieu de vente (affiches, prospectus…). Dans ce cas, vous cocherez uniquement la case C533.

# 3 Comment faire ?

## A Annexe 1 : Plan merchandising du rayon

Pour présenter cette annexe, il vous suffit de vous procurer le plan merchandising envoyé par le réseau ; en général, les unités commerciales le fournissent aux étudiants. Si ce n'est pas le cas, ou si vous êtes dans une unité commerciale indépendante, vous devrez alors élaborer vous-même le planogramme en justifiant vos choix.

**Définition**

**Planogramme :** représentation visuelle de l'implantation d'un rayon ou d'une gondole dans un point de vente. Il correspond généralement à un rayon ou linéaire vu de face, mais peut également être visible en 3D sur support informatique.

**Exemple**

| | | |
|---|---|---|
| **Niveau des yeux** |  | |
| **Niveau des mains** |  | |
| | Etc. | |
| **Niveau des pieds** | | |

**Remarque :** le produit à forte marge sera toujours placé sur un niveau très vendeur, au niveau des yeux.

## B Annexe 2 : Charte du réseau sur le merchandising

**Si cette charte existe,** vous présenterez en annexe la totalité ou un extrait de cette charte.

**Sinon, vous recenserez dans un document les différentes règles de merchandising** observées dans votre unité commerciale.

**Exemple** Les règles de merchandising dans mon unité commerciale sont les suivantes *[à compléter par vos soins]* :

- Respecter un colorama du plus clair au plus foncé (dans le sens de circulation du rayon).
- Positionner les produits à forte marge au niveau des yeux.
- Développer le *cross merchandising* sur le linéaire.

## C Annexe 3 : Photocopie ou photo du bon de livraison

La photocopie (ou photo) du bon de livraison vous permettra, lors de votre oral, de présenter une preuve du traitement de la réception des marchandises.

Par ailleurs, ce document sera un support intéressant pour que le jury comprenne l'organisation des livraisons dans votre unité commerciale (traitement manuel et/ou informatique…).

## D Annexe 4, 6, 7 et 8 : Photos des différentes étapes de l'implantation

Afin de dynamiser votre oral et toujours dans l'esprit de mieux guider le jury dans votre activité, vous présenterez des photos du linéaire implanté pour montrer la démarche que vous avez conduite.

**Conseil**

Les photos ne peuvent pas constituer à elles seules les annexes représentatives d'une activité de merchandising, mais elles permettront au jury de se situer dans votre unité commerciale et donc de mieux comprendre le contexte de votre activité.



## E Annexe 5 : Plan de l'unité commerciale

Il est impératif de présenter un plan de l'unité commerciale pour cette activité. S'il n'existe pas dans l'unité commerciale, vous devrez alors le construire en prenant soin de bien mettre en évidence les sens de circulation dans le magasin, mais aussi les zones chaudes et froides.

**Exemple**

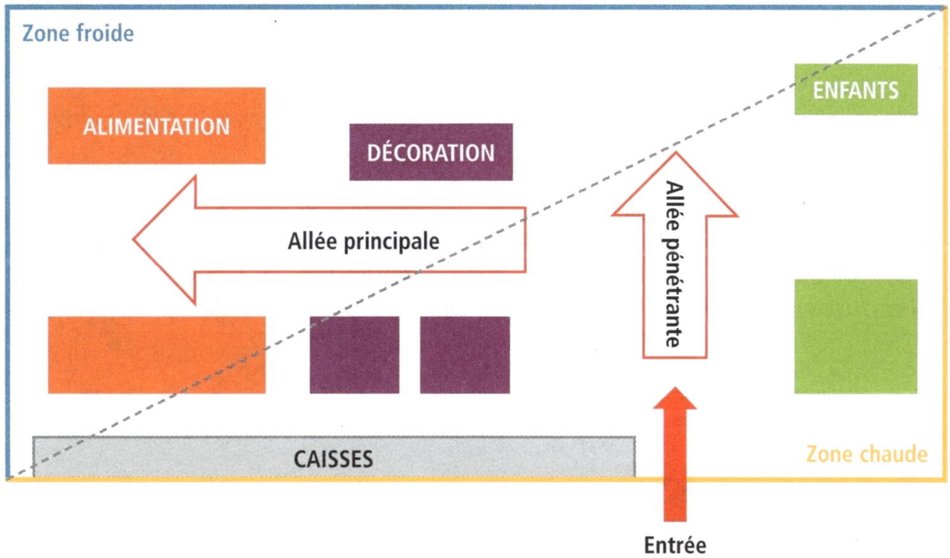


## F Annexe 9 : Tableau de bord des performances commerciales

| | Chiffre d'affaires | | | Quantités vendues | | | Objectif de CA | Taux de réalisation de l'objectif |
|---|---|---|---|---|---|---|---|---|
| | CA n−1 | CA n | Taux d'évolution | Quantités n−1 | Quantités n | Taux d'évolution | | |
| Réf. 1 | | | | | | | | |
| Réf. 2 | | | | | | | | |
| … | | | | | | | | |
| TOTAL | | | | | | | | |

- **Taux d'évolution du CA =** ((CA année N – CA année n–1) / (CA année n–1)) × 100.
- **Taux de réalisation de l'objectif =** (CA réalisé / Objectif de CA) × 100.
- **Taux de contribution au CA =** (CA Famille 1/ CA total) × 100.

**Conseil**

Vous utiliserez les indicateurs qui vous semblent les plus pertinents : chiffres d'affaires, quantités vendues, marge, contribution au chiffre d'affaires du rayon, rotation des stocks… Le jury appréciera bien sûr votre maîtrise du tableur pour la réalisation de ce tableau de bord.

## G Annexe 10 : Résultats de l'étude de satisfaction de la clientèle

Il s'agira ici de présenter les résultats de l'étude de satisfaction du réseau sur l'item « merchandising » ; ces résultats d'étude ont en général une fréquence trimestrielle.

**Conseil**

Si vous avez réalisé vous-même une étude de satisfaction avant et après l'implantation de la nouvelle collection, vous pouvez présenter en annexe les résultats de cette étude en précisant l'évolution des taux de satisfaction après l'implantation.

### Les activités « valeurs sûres »

– Implantation d'une tête de gondole.
– Réagencement d'un rayon.
– Aménagement d'une vitrine.
– Mise en place d'un showroom.
– Élaboration et mise en œuvre d'un planogramme.
– Réimplantation d'un espace de vente.
– Théâtralisation d'un rayon.
– Mise en place de la PLV.

# 6 Dynamiser l'offre de produits et de services

## 1 L'activité « gagnante » : mise en place et suivi d'une opération commerciale



### A Sous-compétences de C54

**Attention, pour cette activité « gagnante », seule la sous-compétence 541 – Organiser des actions de promotion des ventes doit être cochée car il n'y a pas eu d'animation !**

### B Présentation, date et durée de l'activité

• **Vous devez donner un nom précis à votre activité.** Il ne s'agit pas de parler uniquement de dynamiser l'offre de produits et de services. Vous pouvez dupliquer cette présentation en fonction des différentes activités que vous avez réalisées.

• **Vous devez également indiquer précisément la date et la durée** de l'activité, par exemple l'activité s'est déroulée du 15 octobre au 5 novembre N.

### C Contexte professionnel de l'activité

Il ne s'agit pas seulement de décrire l'unité commerciale et son contexte mais bien aussi de décrire le contexte de l'activité « Mise en place et suivi de l'opération Halloween ».

**Exemple** L'enseigne KADO est une enseigne britannique proposant des produits du quotidien à bas prix. L'offre est répartie en plusieurs univers tels que Décoration, Enfants, Alimentation...
Chaque année, à la même période, le réseau met en place une opération sur le thème d'Halloween, relayée par une vaste campagne de communication par le biais de prospectus distribués dans la zone de chalandise. Ma tutrice a reçu un e-mail de la direction régionale incluant toutes les préconisations de mise en place de cette opération.

### D Objectifs poursuivis

• **Objectifs qualitatifs.** Dans cette activité les objectifs qualitatifs sont de deux ordres : le respect des consignes du réseau et la fidélisation de la clientèle. Vous pouvez, par exemple, proposer une offre attractive à la clientèle (2 produits pour le prix d'un), respecter les préconisations du réseau, fidéliser la clientèle, développer la cohésion d'équipe.

• **Objectifs quantitatifs.** Dans cette activité, les objectifs sont liés aux performances commerciales générées par cette nouvelle collection et au niveau de satisfaction de la clientèle évalué par le réseau. Vous pouvez, par exemple, avoir comme objectif d'augmenter le CA de 10 % par rapport à n–1, d'atteindre un indice de vente de 3 articles, d'augmenter le panier moyen de 8 % pour atteindre 27 euros, de vendre 100 kits de décoration Halloween sur la période (challenge interne).

### E Degré d'autonomie

• **Autonomie totale :** si vous avez intégralement mis en place et suivi l'opération Halloween.

• **Autonomie partielle :** si vous avez été assisté lors de certaines phases de l'activité, par exemple, si votre tutrice vous a confié l'entière responsabilité de l'opération ainsi qu'une grande autonomie dans l'organisation du challenge interne (choix du produit, modalités du challenge...) mais que le suivi de l'opération a été réalisé en collaboration avec elle.

# 2 Déroulement de l'activité

## A Avant la mise en place de l'opération Halloween

| Méthodologie à utiliser | Les moyens et techniques mis en œuvre | Annexes à présenter |
|---|---|---|
| **Réunion de *briefing* d'équipe avec ma tutrice : prise de connaissance de l'opération Halloween du réseau** | Il s'agit de montrer ici qu'une opération commerciale se prépare en amont et que sa réussite repose sur sa bonne organisation.<br>**Exemple** : lors de la réunion de *briefing* d'équipe, ma tutrice a annoncé la mise en place d'une opération commerciale Halloween avec un challenge interne portant sur les kits de décoration Halloween. | **Annexe 1 :** Copie de l'e-mail d'information sur l'opération Halloween organisée par le réseau<br>**Annexe 2 :** Compte-rendu de la réunion d'équipe |
| **Définition des modalités du challenge interne « kit décoration Halloween »** | Vous devez expliquer précisément les modalités du challenge organisé dans l'unité commerciale.<br>**Exemple** : j'ai rédigé le règlement du challenge « kit décoration Halloween » dans lequel j'ai consigné toutes les modalités de sa mise en place : le challenge concerne tous les membres de l'équipe commerciale et s'étend sur une durée de 15 jours. | **Annexe 3 :** Règlement du challenge<br>**Annexe 4 :** Fiche produit « kit décoration » |
| **Réception des produits à implanter et du kit de théâtralisation, et étude du plan merchandising préconisé par le réseau** | Vous devez expliquer ici comment vous vous organisez pour préparer l'opération au niveau matériel.<br>**Exemple :** à la réception j'ai procédé au contrôle des produits et du kit de théâtralisation. J'ai ensuite étudié les préconisations du siège en terme d'implantation en linéaire et en vitrine. | **Annexe 5 :** Bon de livraison (photocopie ou photo)<br>**Annexe 6 :** Plan merchandising de l'opération commerciale (ou préconisations du réseau) |
| **Élaboration d'un rétroplanning de l'opération Halloween** | Il s'agit ici de mettre en évidence votre capacité à créer des outils de pilotage.<br>**Exemple :** j'ai élaboré un rétroplanning de l'opération Halloween et du challenge en précisant la répartition des tâches par collaborateur. | **Annexe 7 :** Rétroplanning de l'opération commerciale |

## B Pendant l'opération Halloween

| Méthodologie à utiliser | Les moyens et techniques mis en œuvre | Annexes à présenter |
|---|---|---|
| **Implantation des produits dans les trois univers** | Vous devez expliquer ici comment vous implantez les produits. Vous préciserez également votre marge de manœuvre par rapport aux contraintes imposées par le réseau et les difficultés éventuelles rencontrées.<br>**Exemple :** j'ai procédé à l'implantation selon les règles du réseau, à savoir une implantation verticale par thème et par couleur. | **Annexe 8 :** Plan de l'unité commerciale<br>**Annexe 9 :** Photo des linéaires implantés (rayons, vitrine…) |

| | | |
|---|---|---|
| **Élaboration de la tête de gondole « Kit déco »** | Vous décrirez précisément comment vous avez élaboré la tête de gondole.<br>**Exemple :** après avoir désimplanté et nettoyé les étagères, j'ai préparé le squelette de la tête de gondole. Puis j'ai procédé à l'implantation et au balisage. | **Annexe 10 :** Photo de la tête de gondole |
| **Théâtralisation de l'espace de vente** | Vous expliquerez comment vous avez procédé à la théâtralisation, la mise en valeur de l'espace de vente dédié à Halloween.<br>**Exemple :** pour créer une ambiance Halloween au sein des 3 univers et ainsi favoriser l'impulsion d'achat, j'ai mis en place les différents éléments du kit de théâtralisation dans les 3 univers (autocollants, affiches…). | **Annexe 11 :** Photos des univers |
| **Validation de l'implantation par ma tutrice** | Il s'agit de montrer que chacune de vos activités doit être validée par votre tutrice. | |

## C Après l'opération Halloween

| Méthodologie à utiliser | Les moyens et techniques mis en œuvre | Annexes à présenter |
|---|---|---|
| **Analyse des performances commerciales** | Il s'agit ici de mettre en évidence les performances commerciales liées à l'opération du réseau et au challenge interne.<br>**Exemple :** l'opération commerciale a permis de renforcer la cohésion d'équipe. Le chiffre d'affaires a augmenté de 8 % par rapport à n – 1 ; l'objectif du réseau n'a donc pas été atteint. | **Annexe 12 :** Tableau de bord des performances commerciales de l'opération<br>**Annexe 13 :** Résultats du challenge |
| **Bilan de l'opération commerciale Halloween** | Dans ce bilan, vous dresserez une analyse des résultats quantitatifs et qualitatifs pour l'opération commerciale ainsi que pour le challenge interne. Vous conclurez ce bilan avec vos préconisations pour la mise en place d'une opération future.<br>Ce bilan sera très souvent envoyé à la direction régionale sous la forme d'un compte-rendu. | **Annexe 14 :** Compte-rendu de l'opération commerciale |
| **Les résultats obtenus** | Vous distinguerez ici les résultats quantitatifs et les résultats qualitatifs. Vous les comparerez aux objectifs poursuivis et indiqués au début de la fiche en calculant les écarts entre les résultats attendus et les résultats obtenus.<br>Vous pourrez formuler des axes d'amélioration pour une prochaine opération. | |

## 3 Comment faire ?

**Conseil :** si cette opération est relayée par une campagne de communication, vous pourrez présenter au jury un support de communication que vous avez utilisé : prospectus, e-mail, carte d'invitation, photo d'une affiche…

**Remarque :** pour l'annexe 2, reportez-vous à l'annexe 1 p. 117 ; pour l'annexe 4, reportez-vous à l'annexe 1 p. 113 ; pour les annexes 6, 8 et 12, reportez-vous aux annexes 1, 5 et 9 p. 122-123.

Il n'existe pas de méthodologie particulière pour les annexes 1, 5, 9, 10, 11.

## A Annexe 3 : Règlement du challenge

**Le règlement du challenge** est un document synthétique et structuré qui reprend les modalités du challenge : durée, collaborateurs concernés, objectifs, récompense… Il est composé d'articles.

**Exemple**

**RÈGLEMENT DU CHALLENGE « KITS DÉCORATION HALLOWEEN »**

**Article 1 : Objet et nature du challenge**
Le challenge consiste à vendre un maximum de kits de décoration Halloween à l'occasion de l'opération commerciale du même nom. Ce challenge s'inscrit dans le cadre d'une opération nationale.

**Article 2 : Date et durée du challenge**
Le challenge se déroulera du 15 au 22 octobre N, soit 12 jours ouvrés.

**Article 3 : Personnes concernées**
Le challenge concerne tous les membres de l'équipe commerciale, à savoir : Nathalie C., Frédéric M., Caroline H., Anne-Marie E. et Anatole C.

## B Annexe 7 : Rétroplanning de l'opération commerciale

**Le rétroplanning** est un document synoptique dans lequel vous présentez l'organisation de toute l'opération commerciale, de sa préparation à son suivi en précisant la répartition des tâches entre les collaborateurs.

**Astuce**

Le rétroplanning peut être réalisé sur un traitement de texte ou un tableur. Toutefois, il existe également des logiciels de gestion des tâches téléchargeables gratuitement sur Internet (exemple : GanttProject).

| Tâches | J – 15 | J – 7 | J – 1 | Opération | J + 7 |
|---|---|---|---|---|---|
| Réunion briefing | **Ma tutrice et toute l'équipe** | | | | |
| Rédaction du règlement du challenge | | Frédéric M. | | | |
| Réception des marchandises | | | Nathalie C. Anatole C. | | |

## C Annexe 13 : Résultats du challenge

| | Quantités de kits décoration vendues : objectif 100 unités | | | Contribution aux ventes |
|---|---|---|---|---|
| | Semaine 1 | Semaine 2 | Total | |
| **Caroline H.** | 5 | 18 | 23 | 16,4 % |
| **Anne-Marie E.** | 7 | 14 | 21 | 15 % |
| **TOTAL** | 37 | 83 | 140 | 100 % |
| **Taux de réalisation de l'objectif en %** | | | | 140 % |

## D Annexe 14 : Compte-rendu de l'opération commerciale

| Compte-rendu de l'opération commerciale Halloween de l'année N |
|---|
| De : |
| À : |
| Objet : |
| Durée de l'opération : |
| Tableaux de bord : |
| Bilan au plan quantitatif : |
| Bilan au plan qualitatif : |
| Difficultés rencontrées : |
| Préconisations proposées : |

### Les activités « valeurs sûres »

- Préparation et mise en œuvre des soldes.
- Mise en place et suivi d'un podium promotionnel.
- Mise en place et suivi d'une animation commerciale.
- Mise en place et suivi d'une vente privée.
- Organisation et suivi d'un évènement.
- Mise en place et suivi d'une opération d'e-mailing sur un produit ou un service.
- Création d'une page Facebook.
- Mise en place et suivi d'une opération de phoning sur un produit ou un service.
- Participation à un salon.
- Mise en place et suivi d'une action promotionnelle sur un produit ou une famille de produits.

# 7 Assurer la veille commerciale

## 1 L'activité « gagnante » : l'étude de concurrence

### A Les sous-compétences de C61

**Attention, pour cette activité « gagnante », toutes les sous-compétences doivent être cochées !**

- ☑ 611 – Repérer les sources documentaires
- ☑ 612 – Sélectionner les informations
- ☑ 613 – Mettre à disposition les informations

### B Présentation, date et durée de l'activité

• **Vous devez donner un nom précis à votre activité.** Il ne s'agit pas de parler uniquement d'étude de concurrence, sans entrer dans le détail.
**Exemple** : étude de concurrence de l'unité commerciale Kado.

• **Vous devez également indiquer précisément la date et la durée** de l'activité, par exemple l'activité s'est déroulée du 20 mars au 15 avril 2018.

### C Contexte professionnel de l'activité

Il ne s'agit pas seulement de décrire l'unité commerciale et son contexte mais bien aussi de décrire le contexte de l'activité « Étude de concurrence ».

> **Exemple** L'enseigne KADO est une enseigne britannique proposant des produits du quotidien à bas prix. L'offre est répartie en plusieurs univers tels que Décoration, Enfants, Alimentation…
> Mon unité commerciale évolue sur un marché très concurrentiel et, afin de maintenir sa compétitivité, elle doit régulièrement procéder à des études de concurrence. Mon tuteur m'a chargé de cette étude.

### D Les objectifs poursuivis

• **Objectifs qualitatifs.** Dans cette activité, les objectifs qualitatifs sont pour l'essentiel des objectifs de connaissance des concurrents. Cette connaissance se fera par le biais d'observations des concurrents.

• **Objectifs quantitatifs.** Dans cette activité, les objectifs quantitatifs correspondent au nombre de concurrents étudiés. Vous pouvez, par exemple, choisir d'étudier 6 concurrents directs et 3 concurrents indirects dans la zone de chalandise primaire.

### E Degré d'autonomie

• **Autonomie totale :** vous avez mené l'étude, depuis la définition des objectifs jusqu'à la rédaction et la présentation du rapport d'étude à votre tuteur et à l'équipe de vente.

• **Autonomie partielle :** vous avez été assisté lors de certaines phases de l'activité (par exemple, lors de la définition des objectifs).

## 2 Déroulement de l'activité

### A Avant l'étude de concurrence

| Méthodologie à utiliser | Les moyens et techniques mis en œuvre | Annexes à présenter |
|---|---|---|
| **Définition des objectifs et des modalités de l'étude** | • Vous devez décrire ici la méthodologie que vous avez suivie pour définir les objectifs et les modalités de l'étude.<br>• Vous avez peut-être consulté votre tuteur pour cela. N'hésitez pas à faire un compte-rendu de votre rendez-vous.<br>• Les objectifs d'une étude de concurrence sont doubles :<br>– délimiter précisément sa concurrence directe et indirecte ;<br>– évaluer les forces et les faiblesses de la concurrence afin d'en tirer des enseignements et des améliorations possibles pour notre UC. | **ANNEXE 1 :** Compte-rendu du rendez-vous tuteur (objectifs et modalités de l'étude) |
| **Identification des concurrents directs et indirects sur la zone de chalandise** | • Vous devez répertorier l'ensemble des concurrents directs et indirects sur votre zone de chalandise.<br>• Vous déterminerez précisément leur activité (types de clients ciblés, offres proposées, zones géographiques touchées). | **ANNEXE 2 :** Carte de la zone de chalandise avec la localisation des différents concurrents ainsi que votre UC<br>**ANNEXE 3 :** Fiche d'identité de chaque concurrent |
| **Construction d'une grille d'analyse de la concurrence** | • Il s'agit ici de construire une grille multicritère qui vous permettra de visiter les points de vente concurrents et de les comparer sur des critères identiques.<br>Vous confronterez ces analyses avec l'analyse de votre propre UC que vous ferez à l'aide de la même grille.<br>• Vous expliquerez ici les critères que vous avez retenus ainsi que le système de *scoring* (notation) que vous avez choisi. | **ANNEXE 4 :** Grille d'analyse de la concurrence vierge |

### B Pendant l'étude de concurrence

| Méthodologie à utiliser | Les moyens et techniques mis en œuvre | Annexes à présenter |
|---|---|---|
| **Visite des différents concurrents** | Vous décrirez ici comment vous avez procédé pour effectuer les différentes visites.<br>**Astuce : la technique du client-mystère** est la meilleure pour ce genre d'étude. En effet, ne sachant pas qui vous êtes, l'équipe de vente du point de vente concurrent se comporte le plus naturellement possible.<br>**De la même façon, faites visiter votre point de vente** par quelqu'un de votre entourage qui n'est pas connu de votre équipe de vente. | **ANNEXE 5 :** Les différentes grilles d'analyse renseignées après observation des concurrents ET de votre UC |

## C Après l'étude de concurrence

| Méthodologie à utiliser | Les moyens et techniques mis en œuvre | Annexes à présenter |
|---|---|---|
| Construction du rapport d'étude | Vous décrirez ici votre méthodologie de construction du rapport d'étude que vous remettrez à votre tuteur. Vous conclurez en précisant quel est le concurrent le plus dangereux avec son score. | **ANNEXE 6 :** Rapport d'étude de concurrence |
| Présentation à l'équipe des conclusions | Vous présenterez votre compte-rendu à l'équipe.<br>Ici, vous expliquerez comment vous avez choisi une date et un créneau horaire pour réunir l'équipe ; comment vous vous êtes assuré de la disponibilité de tous.<br>**Astuce : c'est le moment de montrer que vous utilisez les TIC.** Vous pouvez utiliser Doodle (agenda partagé) pour organiser la réunion : https://doodle.com/fr/<br>Vous vous assurerez également à cette étape de la disponibilité d'une salle de réunion. | **ANNEXE 7 :** Présentation du rapport<br>**ANNEXE 8 :** Mail à l'équipe<br>**ANNEXE 9 :** Impression écran du Doodle |
| Les résultats obtenus | Vous distinguerez ici, les résultats quantitatifs et les résultats qualitatifs. Vous les comparerez aux objectifs poursuivis et indiqués au début de la fiche. Vous calculerez, le cas échéant, les écarts. | |

# 3 Comment faire ?

**Remarque :** les annexes 5, 7, 8 et 9 ne demandent pas de méthodologie particulière.

## A Annexe 1 : Compte-rendu du rendez-vous tuteur

Dans cette annexe, vous allez définir les modalités de l'étude et repérer les contraintes éventuelles.

Vous préciserez dans un document les différents éléments liés aux modalités de l'enquête :
– **Les objectifs de cette étude :** pourquoi menez-vous cette enquête ?
– **Les lieux de l'étude :** à l'intérieur du magasin, devant le magasin…
– **La durée de l'étude et les moments de visite des concurrents :** moment de la semaine, moment de la journée…
– **L'équipe d'observateurs :** êtes-vous seul à visiter ou avez-vous des collaborateurs ?
– **Le mode de l'étude :** client-mystère ou autre ?

## B Annexe 2 : Carte de la zone de chalandise

Vous présenterez la zone de chalandise de votre UC et positionnerez dessus les différents concurrents directs et indirects. Vous pouvez utiliser des logiciels spécifiques comme Owlapps (http://www.owlapps.net/application-geomarketing).

Pour en savoir plus sur ce logiciel, reportez-vous à la p. 187.

## C Annexe 3 : Fiche d'identité des concurrents

La fiche d'identité est à dupliquer autant de fois que nécessaire, afin d'en avoir une par concurrents.

| NOM DU CONCURRENT : | |
|---|---|
| Adresse : | |
| Jours et heures d'ouverture : | |
| Offre proposée : | |
| Type de clients ciblés : | |
| Direct ou indirect : | |

## D Annexe 4 : Grille d'analyse de la concurrence

Vous devez construire une grille qui permette d'évaluer la dangerosité des concurrents à différents niveaux (accueil, offre produits, offre services, aménagement du point de vente…).

Exemple Nom de l'UC : Localisation :

| CRITÈRES | ITEMS | NOTATION | POINTS | TOTAL |
|---|---|---|---|---|
| **Facilité d'accès** | Balisage | Oui<br>Non | 1<br>0 | |
| | Embouteillages fréquents à proximité | Oui<br>Non | 1<br>0 | |
| | Transports en commun | Oui<br>Non | 1<br>0 | |
| | | | **TOTAL** | |
| **Emplacement** | Facilité de stationnement | Parking du magasin<br>À proximité<br>Difficultés | 2<br>1<br>0 | |
| | Locomotive (magasin qui attire la clientèle, ex. : un hyper) | 100 à 500 m<br>500 à 1 km<br>+ 1 km | 2<br>1<br>0 | |
| | | | **TOTAL SUR** | |

## E Annexe 6 : Rapport d'étude de concurrence

Le rapport d'étude doit respecter la structure précise.

- **Page 1 : Partie 1 – Méthodologie.**
  A) Identification des concurrents directs et indirects
  B) Localisation sur la zone de chalandise (= carte)
  C) Méthode de récolte des informations (face à face, téléphone, client-mystère…)
  D) Critères de comparaison retenus et justification de la notation
- **Page 2 : Partie 2 – La grille d'analyse vierge.**
- **Page 3 et suivantes : Les grilles d'analyse de la concurrence remplies** (= une par concurrent !) **et celle de votre UC.**
- **Dernière page : Synthèse.**

| POINTS FORTS DES CONCURRENTS | POINTS FAIBLES DES CONCURRENTS |
|---|---|
| | |

| ATOUTS DE NOTRE UC / AUX CONCURRENTS | FAIBLESSES DE NOTRE UC / AUX CONCURRENTS |
|---|---|
| | |

**Scores obtenus par les différents concurrents** : lister les scores.
**Conclusion** : définir le concurrent le plus dangereux et son score.

### Les activités « valeurs sûres »

– Relevé de prix auprès de la concurrence.
– Analyse de la zone de chalandise.
– Étude de la demande sur le marché.
– Étude de l'offre sur le marché.
– Analyse des outils de communication de la concurrence.
– Veille commerciale sur un produit ou un service.

# 8 Réaliser et exploiter des études commerciales

## 1 L'activité « gagnante » : l'étude de satisfaction de la clientèle

### A Sous-compétences de C62

**Attention, pour cette activité « gagnante », 2 sous-compétences doivent être cochées :**

- [x] 621 – Concevoir et mettre en œuvre des études commerciales
- [x] 622 – Analyser les informations commerciales issues d'études et exploiter les résultats

### B Présentation, date et durée de l'activité

• **Vous devez donner un nom précis à votre activité.** Il ne s'agit pas de parler uniquement d'étude de satisfaction de la clientèle, sans entrer dans le détail.

**Exemple** : étude de satisfaction clientèle de l'unité commerciale Kado en termes d'offre produits.

• **Vous devez indiquer précisément la date et la durée** de l'activité, en intégrant la préparation du questionnaire, son administration et son traitement.

**Exemple** : précisez que l'activité s'est déroulée du 2 au 31 janvier de l'année N.

### C Contexte professionnel de l'activité

Il ne s'agit pas seulement de décrire l'unité commerciale et son contexte mais bien aussi de décrire le contexte de l'activité « Étude de satisfaction de la clientèle ».

> **Exemple** L'enseigne KADO est une enseigne britannique proposant des produits du quotidien à bas prix. L'offre est répartie en plusieurs univers tels que Décoration, Enfants, Alimentation…
> Le réseau n'a jamais mis en place d'étude de satisfaction de la clientèle. Mon tuteur s'inquiète de la baisse des performances commerciales de l'unité commerciale depuis quelques mois et souhaite mesurer la satisfaction de la clientèle en termes d'offre et d'équipe commerciale.

### D Objectifs poursuivis

• **Objectifs qualitatifs.** Dans cette activité les objectifs qualitatifs sont de deux ordres : la satisfaction et la connaissance de la clientèle.

**Exemple** : vous pouvez avoir comme objectif d'identifier les freins et les motivations de la clientèle ou de caractériser le profil client de l'unité commerciale.

• **Objectifs quantitatifs.** Dans cette activité, les objectifs quantitatifs sont liés au niveau de satisfaction de la clientèle attendu.

**Exemple** : vous pouvez avoir comme objectif de mesurer la satisfaction de la clientèle en termes d'assortiment, de prix, d'équipe commerciale…

### E Degré d'autonomie

• **Autonomie totale :** si vous avez mis en place l'étude, de la création du questionnaire jusqu'aux préconisations.

• **Autonomie partielle :** si vous avez été assisté(e) lors de certaines phases de l'activité, par exemple lors de la préparation du questionnaire.

## 2 Déroulement de l'activité

### A Avant l'étude de satisfaction

| Méthodologie à utiliser | Les moyens et techniques mis en œuvre | Annexes à présenter |
| --- | --- | --- |
| **Entretien avec mon tuteur : définition des modalités de l'étude et repérage des contraintes éventuelles** | Il s'agit de montrer qu'une étude de satisfaction de la clientèle répond avant tout à une demande émanant du directeur de l'unité commerciale.<br>**Exemple :** lors d'un entretien préalable à l'étude, mon tuteur m'a fait part des objectifs de cette étude : caractériser le profil client de l'UC et mesurer la satisfaction client sur différents items. Je serai seul pour administrer cette enquête, mais ma priorité restera le conseil et le service à la clientèle. Cette administration devra se dérouler sur une semaine, au sein de l'UC, afin d'avoir une meilleure représentation de l'échantillon, constitué de 120 personnes. | **Annexe 1 :** Définition des modalités de l'étude |
| **Élaboration du questionnaire et validation par mon tuteur** | Vous devez expliquer comment vous avez construit votre questionnaire : le choix des thèmes, la forme des questions choisies, l'ordre des questions…<br>**Exemple :** pour construire mon questionnaire, j'ai d'abord identifié les trois thèmes à aborder. Ensuite, j'ai choisi de réduire le questionnaire à 15 questions en limitant les questions ouvertes afin de faciliter l'administration. | **Annexe 2 :** Questionnaire(s) vierge(s) avec les différentes étapes de validation |
| **Test du questionnaire, corrections éventuelles, validation du questionnaire définitif et impression des questionnaires** | Vous préciserez si vous avez testé votre questionnaire, si oui, auprès de quel échantillon, et si vous avez dû faire quelques corrections après le test.<br>**Exemple :** j'ai testé mon questionnaire au sein de l'UC, auprès d'un échantillon de 12 personnes (10 % de l'échantillon). Ce test m'a permis de mettre en évidence deux questions mal formulées. | **Annexe 3 :** Questionnaire avec mise en évidence des erreurs identifiées lors du test<br>**Annexe 4 :** Questionnaire définitif validé par le tuteur |

### B Pendant l'étude de satisfaction

| Méthodologie à utiliser | Les moyens et techniques mis en œuvre | Annexes à présenter |
| --- | --- | --- |
| **Planning d'administration de l'étude et administration de l'enquête** | Vous expliquerez les modalités de l'administration : lieu, nombre de questionnaires administrés par jour…<br>**Exemple :** j'ai réalisé un tableau d'administration des questionnaires en respectant la méthode des quotas, au prorata du chiffre d'affaires réalisé par jour. | **Annexe 5 :** Tableau d'administration des questionnaires<br>**Annexe 6 :** Exemplaires de questionnaires administrés (environ 10) |

| | | |
|---|---|---|
| **Paramétrage de l'enquête sur un logiciel de dépouillement d'enquête** | Vous décrirez comment vous réalisez le paramétrage du questionnaire sur le logiciel de dépouillement d'enquête afin de mettre en évidence votre maîtrise du logiciel.<br>**Exemple :** après avoir étudié scrupuleusement les modalités de paramétrage d'une étude sur un logiciel de dépouillement, j'ai réalisé le paramétrage des différentes questions sur le logiciel. | **ANNEXE 7 :** Paramétrage du questionnaire sur le logiciel de dépouillement d'enquête |
| **Saisie des résultats** | Vous devez expliquer ici comment vous saisissez les résultats des différents questionnaires sur le logiciel de dépouillement d'enquête.<br>**Exemple :** j'ai procédé à la saisie des réponses administrées dans le module traitement du logiciel de dépouillement d'enquête, en prenant soin de bien numéroter chaque questionnaire saisi afin d'éviter les erreurs. | **ANNEXE 8 :** Exemple de page de saisie du questionnaire |

## C Après l'étude de satisfaction

| Méthodologie à utiliser | Les moyens et techniques mis en œuvre | Annexes à présenter |
|---|---|---|
| **Analyse des résultats de l'étude : analyse des tris à plat et des tris croisés** | Vous expliquerez comment vous procédez à l'analyse des résultats : choix des tris à plat, choix des tris croisés pertinents, choix des graphiques représentatifs des résultats, analyse des résultats par question…<br>**Exemple :** j'ai commencé par analyser chaque tri à plat par question, puis j'ai illustré mon analyse à l'aide d'un graphique représentatif accompagné d'une phrase d'analyse. J'ai ensuite choisi 4 tris croisés pertinents à partir des objectifs de l'étude fixés par mon tuteur, que j'ai illustrés avec un graphique pertinent et que j'ai analysés. | **ANNEXE 9 :** Tris à plat et tris croisés |
| **Rédaction d'une synthèse et des préconisations** | Il s'agit de mettre en évidence, dans un document de synthèse, les éléments les plus significatifs de l'étude et de proposer des préconisations pour améliorer les performances de l'UC.<br>**Exemple :** j'ai rédigé une synthèse en regroupant les résultats des questions par thème et en mettant en évidence les points forts et les axes d'amélioration de l'UC en terme de satisfaction client. J'ai ensuite proposé des préconisations en lien avec les objectifs fixés au départ. | **ANNEXE 10 :** Synthèse de l'étude et préconisations |
| **Élaboration du rapport d'étude et remise au tuteur** | Vous préciserez sous quelle forme vous avez rendu compte de votre travail auprès de votre tuteur : remise d'un rapport d'étude, animation d'un débriefing lors d'une réunion… Le plus souvent, il vous sera demandé d'élaborer un rapport d'étude.<br>**Exemple :** suite à l'analyse des résultats de l'étude et à la formulation de préconisations, j'ai élaboré un rapport d'étude structuré, que j'ai relié puis remis à mon tuteur pour lui soumettre mes remarques lors d'un entretien. | **ANNEXE 11 :** Plan du rapport d'étude |
| **Les résultats obtenus** | Vous distinguerez ici les résultats quantitatifs et les résultats qualitatifs. Vous les comparerez aux objectifs poursuivis et indiqués au début de la fiche en calculant les écarts entre les résultats attendus et les résultats obtenus. Vous pourrez formuler des préconisations afin d'améliorer la satisfaction de la clientèle. | |

# 3 Comment faire ?

**Remarque :** les annexes 7 et 8 ne demandent pas de méthodologie particulière.

## A Annexe 1 : Définition des modalités de l'étude

Vous renseignerez dans cette annexe les différents items proposés ci-dessous :
- Objectifs de l'étude (qualitatifs et quantitatifs)
- Les thèmes à aborder dans l'étude
- La taille de l'échantillon et sa justification
- Le lieu d'administration
- Le mode d'administration (en face à face, auto-administration, par téléphone…)
- Le planning d'administration prévu
- Les noms des enquêteurs
- La durée prévisionnelle de l'étude

## B Annexe 2, 3, 4, 6 : Questionnaire

Il s'agit ici de **présenter les différentes étapes d'élaboration de votre questionnaire**, du premier jet au questionnaire final, en mettant en évidence les différents éléments corrigés.

Un bon questionnaire présente : un titre, une introduction, des thèmes (dont celui de la signalétique), des types de questions variés (questions fermées, questions à choix multiple, au moins une question ouverte) et une conclusion.

Le questionnaire sera présenté idéalement sur une page recto-verso maximum.

**Exemple** Pour faciliter l'administration de votre questionnaire, vous pouvez rassembler certaines questions dans un tableau. Donnez votre appréciation sur les items suivants :

| | – | – – | + | + + |
|---|---|---|---|---|
| **Accueil** | | | | |
| **Présentation des produits** | | | | |
| **Choix des marques** | | | | |
| **Disponibilité des vendeurs** | | | | |
| **Qualité des conseils** | | | | |

## C Annexe 5 : Tableau d'administration des questionnaires

**Exemple** **Planning d'administration des questionnaires selon la méthode des quotas.**
Le nombre de questionnaires à administrer par jour et par moment d'administration (matin, après-midi par exemple) sera calculé au prorata du chiffre d'affaires généré par l'UC.

| | Lundi | Mardi | Mercredi | Jeudi | Vendredi | Samedi |
|---|---|---|---|---|---|---|
| **Pourcentage de CA** | | | | | | |
| **Nombre de questionnaires** | | | | | | |
| **Moments d'administration** | | | | | | |

## D Annexe 9 : Tris à plat et tris croisés

Cette annexe doit être conséquente et occuper plusieurs pages de votre dossier.

Chaque question fera l'objet d'un tri à plat. Concernant les tris croisés, le choix des questions devra s'effectuer en tenant compte des objectifs de votre enquête. L'usage est de présenter entre un et trois tris croisés pertinents.

**Définitions**

**Tri à plat :** calcul de pourcentage effectué question par question.
**Tri croisé :** calcul de pourcentage effectué en croisant plusieurs questions.

**Exemple de tri croisé :** Q1 : Avez-vous la carte de fidélité ?
Q2 : En moyenne, quelle dépense faites-vous lors d'une visite dans notre magasin ?

**Conseil**

Vous présenterez l'analyse de vos résultats à raison d'une page par tri en incluant : l'intitulé de la question, le tableau et/ou graphique des résultats du tri et une phrase d'analyse de ces résultats.

## E Annexe 10 : Synthèse de l'étude et préconisations

Vous rédigerez une synthèse structurée par thème, reprenant les éléments les plus pertinents de vos analyses de tris à plat et tris croisés.

**Exemples de thème :** comportement d'achat, satisfaction sur les services proposés, profil du client…

Vous conclurez votre synthèse par des préconisations argumentées qui pourraient répondre aux problématiques soulevées dans votre analyse.

## F Annexe 11 : Plan du rapport d'étude

Votre remettrez un rapport d'étude à votre commanditaire. Vous présenterez les résultats de votre étude de satisfaction dans un dossier relié et structuré comme suit :

- **Une page de garde** avec l'intitulé de votre étude, le nom de l'unité commerciale, vos nom et prénom, les dates de réalisation de votre étude.
- **Les modalités de votre étude :** objectifs, lieu, mode et date d'administration, caractéristiques de l'échantillon…
- **Le questionnaire vierge validé** par le commanditaire.
- **Les analyses illustrées** (tableaux, graphiques) des tris à plat et tris croisés.
- **La synthèse** de votre étude structurée par thèmes.
- **Les préconisations.**

**Les activités « valeurs sûres »**

- Étude de notoriété.
- Étude d'image.
- Étude de linéaire.
- Étude des performances commerciales.
- Étude documentaire du marché.
- Étude des fournisseurs.
- Étude d'attractivité d'un rayon ou d'un service.

# 9 Enrichir et exploiter le système d'information commercial (SIC)



## 1 L'activité « gagnante » : le suivi des performances commerciales

### A Sous-compétences de C63

**Attention, pour cette activité « gagnante », seule la sous-compétence 632 – Interroger le SIC doit être cochée.**

### B Présentation, date et durée de l'activité

• **Vous devez donner un nom précis à votre activité.** Il ne s'agit pas de parler uniquement de système d'information commercial. Vous pouvez dupliquer cette présentation en fonction des différentes activités que vous avez réalisées. **Exemple :** organisation d'une réunion d'équipe pour présenter les réalisations de la semaine et les objectifs futurs.

• **Vous devez également indiquer précisément la date et la durée de l'activité**, en intégrant l'extraction des données du système d'information commercial, l'analyse et la restitution des données. **Exemple :** vous pouvez préciser que l'activité s'est déroulée du 7 au 28 février de l'année N.

### C Contexte professionnel de l'activité

Il ne s'agit pas seulement de décrire l'unité commerciale et son contexte mais bien aussi de décrire le contexte de l'activité « Suivi des performances commerciales ».

**Exemple** L'enseigne KADO est une enseigne britannique proposant des produits du quotidien à bas prix. L'offre est répartie en plusieurs univers tels que Décoration, Enfants, Alimentation…
Chaque semaine, mon tuteur anime une réunion auprès de son équipe pour présenter les réalisations de la semaine passée et les objectifs pour la semaine suivante. Mon tuteur m'a demandé de préparer la prochaine réunion hebdomadaire.

### D Objectifs poursuivis

• **Objectifs qualitatifs.** Dans cette activité les objectifs qualitatifs sont : améliorer notre connaissance sur les performances de l'UC ainsi que sur la clientèle, informer l'équipe de l'état des performances de l'UC et animer l'équipe. Vous pouvez ainsi avoir l'objectif de caractériser le comportement d'achat de la clientèle ou de développer la cohésion d'équipe par le biais de réunions hebdomadaires.

• **Objectifs quantitatifs.** Dans cette activité, les objectifs sont liés à l'évolution des indicateurs et à l'atteinte des objectifs fixés par le réseau. Vous pouvez ainsi avoir l'objectif de mesurer l'évolution des indicateurs commerciaux par rapport à n–1, de mesurer l'indice de réalisation du chiffre d'affaires par rapport à l'objectif réseau, de situer l'unité commerciale par rapport à la moyenne du réseau…

### E Degré d'autonomie

• **Autonomie totale :** si vous avez mis en place l'étude des performances jusqu'aux préconisations.

• **Autonomie partielle :** si vous avez été assisté(e) lors de certaines phases de l'activité, par exemple lors de l'extraction des données.

# 2 Déroulement de l'activité

## A Avant le suivi des performances

| Méthodologie à utiliser | Les moyens et techniques mis en œuvre | Annexes à présenter |
|---|---|---|
| **Entretien avec mon tuteur : définition des modalités du suivi des performances** | Il s'agit de montrer que le suivi des performances répond avant tout à une demande émanant du directeur de l'unité commerciale.<br>**Exemple :** lors d'un entretien préalable à l'étude, mon tuteur m'a fait part des objectifs de ce suivi ainsi que des modalités (quels éléments à prendre en compte dans mes analyses, comment présenter les résultats…). | **Annexe 1 :**<br>Compte-rendu de l'entretien avec le tuteur |
| **Recueil des informations sur le système d'information commercial de l'unité commerciale** | Vous devez expliquer comment vous avez récupéré les différentes informations sur le SIC : nom du logiciel et modalités.<br>**Exemple :** j'ai réalisé cette étape avec l'aide de mon tuteur. Pour récupérer les données à étudier, nous avons utilisé le logiciel interne « Perlix », nous avons sélectionné notre unité commerciale ainsi que la période sur laquelle devait porter l'analyse. Nous avons ensuite imprimé les différentes données brutes. | **Annexe 2 :**<br>Extraction des données brutes du système d'information commercial<br>**Remarque :** si vous n'avez pas accès à ces données, vous pouvez demander à votre tuteur de vous fournir au moins des évolutions par indicateur. |

## B Pendant le suivi des performances

| Méthodologie à utiliser | Les moyens et techniques mis en œuvre | Annexes à présenter |
|---|---|---|
| **Élaboration des tableaux de bord et des éventuels graphiques** | Vous expliquerez ici comment vous avez élaboré vos tableaux de bord : choix des indicateurs, modes de calculs, noms des logiciels utilisés…<br>Vous préciserez également si vous avez réalisé des graphiques.<br>**Exemple :** j'ai réalisé un tableau de bord sur Excel en sélectionnant les indicateurs convenus avec mon tuteur : CA, panier moyen, taux de transformation et indice de vente. J'ai ensuite calculé, grâce à des formules Excel, les évolutions des indicateurs par rapport à l'année précédente ainsi que leurs taux de réalisation. Puis j'ai élaboré des graphiques pour illustrer mon analyse. | **Annexe 3 :**<br>Tableau de bord final (avec mise en évidence des formules Excel)<br>**Annexe 4 :**<br>Graphiques éventuels |
| **Analyse des tableaux de bord et des graphiques** | Vous expliquerez comment vous procédez à l'analyse des résultats et des graphiques (par indicateur, par thème…).<br>**Exemple :** j'ai commencé par analyser chaque indicateur, que j'ai comparé avec les résultats de n–1 et ceux du réseau, puis j'ai choisi des graphiques représentatifs du résultat. | **Annexe 5 :**<br>Analyse des performances de l'unité commerciale |

## C Après le suivi des performances

| Méthodologie à utiliser | Les moyens et techniques mis en œuvre | Annexes à présenter |
|---|---|---|
| Rédaction d'une synthèse et des préconisations | Il s'agit de mettre en évidence, dans un document de synthèse, les éléments les plus significatifs de l'étude, en prenant soin de distinguer les points forts et les points faibles identifiés. Cette synthèse sera suivie des préconisations à mettre en place pour améliorer les performances de l'UC.<br>**Exemple :** j'ai rédigé une synthèse du suivi des performances en regroupant les résultats par indicateur, puis j'ai mis en évidence les points forts et les axes d'amélioration de l'unité commerciale. J'ai ensuite proposé des préconisations en lien avec la politique du réseau. | ANNEXE 6 : Synthèse de l'étude et préconisations |
| Compte-rendu de l'étude des performances au tuteur | Vous préciserez sous quelle forme vous avez rendu compte de votre travail auprès de votre tuteur : remise d'un rapport d'étude, animation d'un débriefing lors d'une réunion…<br>**Exemple :** suite à l'analyse des résultats de l'étude et à la formulation de préconisations, j'ai préparé un support pour l'animation de la réunion hebdomadaire. Ce support devait être très synthétique, car présenté en 10 minutes auprès des collaborateurs puis affiché en salle de pause. | ANNEXE 7 : Animation d'une réunion de débriefing |
| Les résultats obtenus | Vous distinguerez ici les résultats quantitatifs et les résultats qualitatifs. Vous les comparerez aux objectifs poursuivis et indiqués au début de la fiche en calculant les écarts entre les résultats attendus et les résultats obtenus.<br>Vous pourrez formuler des préconisations afin d'améliorer les performances de l'unité commerciale. | |

# 3 Comment faire ?

**Remarque :** les annexes 2 et 4 ne demandent pas de méthodologie particulière.

## A Annexe 1 : Compte-rendu de l'entretien avec le tuteur

**Date de l'entretien :**
**Nom du tuteur et sa fonction :**
**Objet de l'entretien :**
**Actions à mettre en place :**
**Planning à respecter :**

## B Annexe 3 : Tableau de bord final

**Exemple** **Extrait d'un tableau de bord : suivi des performances en euros.**

| | CA en n | CA en n – 1 | Objectifs CA en n | Taux d'évolution | Taux de réalisation en n |
|---|---|---|---|---|---|
| UC 1 | 140 400 | 94 739 | 113 687 | 48,20 % | 123,49 % |
| UC 2 | 144 000 | 103 680 | 124 416 | 38,89 % | 115,74 % |

**Remarque :** vous mettrez en évidence les formules utilisées pour calculer les indicateurs sur le logiciel Excel.

Il existe de **nombreux autres indicateurs** à faire figurer dans un tableau de bord tels que :

– Panier moyen
– Indice de vente
– Taux de transformation
– Taux de marque
– Taux de contribution au CA
– Taux de recrutement

## C Annexe 5 : Analyse des performances de l'unité commerciale

Il s'agit de mettre en évidence les principales tendances des indicateurs : leur taux d'évolution (par rapport à l'année précédente par exemple), leur taux de réalisation par rapport aux objectifs fixés, éventuellement leur taux de contribution par rapport à l'unité commerciale, les écarts par rapport à la moyenne du réseau…

Vous devez vous poser un certain nombre de questions pour bien analyser votre tableau de bord :

| Analyse du tableau de bord | |
|---|---|
| **Les causes sont-elles…** | |
| **Externes ?** | Marché, concurrence, conjoncture, réglementation… |
| **Internes ?** | Ruptures de stocks, défaillances techniques… |
| **Les dérives défavorables sont-elles…** | |
| **Rattrapables ?** | Les mesures déjà prises ou à prendre conduiront à récupérer le manque à gagner constaté. |
| **Irrattrapables ?** | L'écart reste acquis et ne pourra être compensé. |
| **Les écarts favorables sont-ils…** | |
| **Reproductibles ?** | La tendance va se poursuivre, il convient donc de l'exploiter au maximum et de saisir toutes les opportunités. |
| **Exceptionnels ?** | Il est vraisemblable qu'on ne retrouvera plus ces conditions ; toutefois, des leçons peuvent sans doute être tirées pour le futur. |

## D Annexe 6 : Synthèse de l'étude et préconisations

À partir de l'analyse réalisée précédemment, vous rédigerez une synthèse structurée par thème, par indicateur, par famille de produits… présentant les principaux points forts de l'unité commerciale ainsi que ses principaux axes d'amélioration.

Vous proposerez ensuite des préconisations pertinentes à mettre en place pour améliorer les performances commerciales et ce en lien avec la politique du réseau.

## E Annexe 7 : Animation de la réunion de débriefing

Vous élaborerez un document synthétique (maximum deux pages) qui vous permettra d'animer votre débriefing. C'est avant tout un document très communicant puisque, le plus souvent, il sera ensuite affiché dans les espaces dédiés de l'unité commerciale.

Vous indiquerez sur ce document les principaux éléments relatifs à la période passée avec, par exemple : les tendances des indicateurs (objectif, réalisé, écart), les points positifs (avec les félicitations pour l'équipe), les points à améliorer (avec des conseils pour l'équipe) et enfin les objectifs pour la prochaine période, les éventuelles actions à mettre en place…

**Remarque**

En règle générale, dans les unités commerciales en réseau, la tête de réseau propose une structure de document qu'il suffit de compléter.

### Les activités « valeurs sûres »

– Organisation et suivi d'un inventaire.
– Création d'un fichier clients.
– Mise à jour d'une base de données.
– Traitement des marchandises à la réception.
– Souscription d'une carte de fidélité.
– Étude d'attractivité d'un rayon ou d'un service.

# 10 Intégrer les TIC dans son activité



## 1 L'activité « gagnante » : l'élaboration d'un tableau de répartition des tâches de l'unité commerciale

### A Sous-compétences de C64

**Attention, pour cette activité « gagnante », toutes les sous-compétences doivent être cochées !**

- ☑ 641 – Organiser son activité
- ☑ 642 – Organiser l'activité de l'équipe commerciale

### B Présentation, date et durée de l'activité

• **Vous devez donner un nom précis à votre activité.** Il ne s'agit pas de parler uniquement de l'élaboration de ce tableau, sans entrer dans le détail.

• **Vous devez également indiquer précisément la date et la durée de l'activité**, en commençant de la construction des outils de collecte des données jusqu'à l'exploitation des résultats. Vous pouvez préciser, par exemple, que l'activité s'est déroulée du 7 au 28 février de l'année N.

### C Contexte professionnel de l'activité

Il ne s'agit pas seulement de décrire l'unité commerciale et son contexte mais bien aussi de décrire le contexte de l'activité « Élaboration d'un tableau de répartition des tâches de l'unité commerciale ».

> **Exemple** L'enseigne KADO est une enseigne britannique proposant des produits du quotidien à bas prix. L'offre est répartie en plusieurs univers tels que Décoration, Enfants, Alimentation…
> Afin d'optimiser le travail de l'équipe commerciale, mon tuteur souhaiterait connaître les tâches effectuées par chaque membre de l'équipe au cours d'une journée type.

### D Objectifs poursuivis

• **Objectifs qualitatifs.** Dans cette activité, les objectifs qualitatifs sont une amélioration du travail d'équipe ainsi que la satisfaction du client.

**Exemple** : déterminer quels sont les experts sur les différentes tâches à réaliser au quotidien et ainsi optimiser leur temps de travail.

• **Objectifs quantitatifs.** Dans cette activité, les objectifs quantitatifs correspondent au temps passé sur chaque tâche et à l'atteinte du chiffre d'affaires quotidien.

**Exemple** : mesurer le temps passé sur chaque tâche à réaliser, et ensuite calculer le CA réalisé avant et après réaménagement du temps de travail.

### E Degré d'autonomie

• **Autonomie totale :** vous avez mis en place le tableau de répartition des tâches jusqu'aux préconisations.

• **Autonomie partielle :** vous avez été assisté(e) lors de certaines phases de l'activité, par exemple lors de la synthèse des résultats.

## 2 Déroulement de l'activité

### A Avant l'élaboration du tableau

| Méthodologie à utiliser | Les moyens et techniques mis en œuvre | Annexes à présenter |
|---|---|---|
| **Entretien avec mon tuteur : définition des modalités du suivi du travail de l'équipe** | Il s'agit de montrer que le suivi du travail de l'équipe répond avant tout à une demande émanant du responsable de l'unité commerciale.<br>**Exemple :** lors d'un entretien préalable à l'analyse du travail de l'équipe, mon tuteur m'a fait part des objectifs de ce suivi ainsi que des modalités : quels éléments à prendre en compte dans mes analyses, comment présenter les résultats… | **ANNEXE 1 :** Compte-rendu de l'entretien avec le tuteur |
| **Construction des outils de collecte** | Vous devez expliquer comment vous avez construit les outils de collecte d'informations qui vous ont permis de récolter les données concernant les habitudes de travail de chaque membre de l'équipe.<br>**Exemple :** j'ai réalisé une fiche d'autoanalyse afin que chaque salarié enregistre les tâches qu'il effectue au quotidien et le temps qu'il consacre à chacune. | **ANNEXE 2 :** Fiche d'autoanalyse |

### B Pendant l'élaboration du tableau

| Méthodologie à utiliser | Les moyens et techniques mis en œuvre | Annexes à présenter |
|---|---|---|
| **Autodéclaration des salariés** | Vous expliquerez ici comment les salariés ont utilisé votre fiche d'autoanalyse.<br>**Exemple :** j'ai demandé à chaque salarié de lister les différentes tâches réalisées au quotidien et d'estimer en moyenne le temps passé sur chacune d'elles. | **ANNEXE 3 :** Fiches d'autoanalyse renseignées |
| **Construction du tableau de répartition des tâches (TRT)** | Vous expliquerez comment vous avez procédé à la compilation des données et construit un tableau de répartition, sur une semaine type, des résultats et des graphiques (par indicateur, par thème…).<br>**Exemple :** j'ai repris l'ensemble des données fournies dans les fiches d'autoanalyse et multiplié par 5 (jours) les différentes données afin d'estimer les tâches sur une semaine type. | **ANNEXE 4 :** Tableau de répartition des tâches (TRT) |

## C Après l'élaboration du tableau

| Méthodologie à utiliser | Les moyens et techniques mis en œuvre | Annexes à présenter |
|---|---|---|
| Analyse du TRT | Il s'agit de mettre en évidence, dans un document de synthèse, les éléments les plus significatifs de l'étude, en prenant soin d'identifier les différents experts de l'équipe sur l'ensemble des tâches. Cette synthèse sera suivie des préconisations à mettre en place pour améliorer les performances de l'UC. **Exemple :** j'ai rédigé une synthèse du suivi du travail de l'équipe. J'ai mis en évidence les points forts et les axes d'amélioration de l'UC. J'ai ensuite proposé des préconisations afin d'améliorer l'organisation du travail de l'équipe. | **ANNEXE 5 :** Synthèse de l'étude et préconisations |
| Les résultats obtenus | Vous distinguerez, ici, les résultats quantitatifs et les résultats qualitatifs. Vous les comparerez aux objectifs poursuivis et indiqués au début de la fiche en calculant les écarts entre les résultats attendus et les résultats obtenus. Vous formulerez des préconisations afin d'améliorer le travail de l'équipe et l'organisation de l'UC. | |

# 3 Comment faire ?

**Remarque :** pour l'annexe 1, reportez-vous à la p. 141 ; l'annexe 3 est le prolongement de l'annexe 2.

## A Annexe 2 : Fiche d'autoanalyse

Cette fiche est un exemple, à compléter avec toutes les activités effectuées lors de la journée citée.

| Nom : | Prénom : | Journée observée : |
|---|---|---|
| **HEURE DE DÉBUT** | **DURÉE** | **TÂCHE** |
| 9 heures | 15 minutes | Rangement du rayon X |

## B Annexe 4 : Tableau de répartition des tâches

| Rayon X / Semaine du 10 au 17 avril 2018 | | | | | Temps cumulé |
|---|---|---|---|---|---|
| **Tâches** | **Fanny** | **Luc** | **Issa** | **Corinne** | |
| Rangement | 3 heures | 6 heures | 1 heure | 4 heures | 14 heures |
| Vente | 12 heures | 8 heures | 15 heures | 10 heures | 45 heures |
| … | … | … | … | … | … |
| **Total / contrats de travail** | 18 heures | 35 heures | 35 heures | 15 heures | 100 heures |

## C Annexe 5 : Synthèse de l'étude et préconisations

À partir de l'analyse réalisée précédemment, vous rédigerez une synthèse structurée pointant sur l'expertise de chacun concernant les différentes tâches, le temps passé sur chacune d'elles, le respect des contrats de travail et les préconisations que vous pourriez faire pour rééquilibrer l'organisation de l'équipe.

**Les activités « valeurs sûres »**

- Élaboration d'un planning d'équipe.
- Gestion d'un agenda collaboratif.
- Gestion des rendez-vous de l'équipe.
- Organisation d'une réunion d'équipe.
- Préparation et animation d'un briefing d'équipe.

# 11 Les 10 premières minutes de l'oral

Vous trouverez ci-après un tableau qui vous permettra de ne rien oublier lors des dix premières minutes de présentation et de proposer au jury une présentation animée par des annexes. À votre arrivée, le jury ne dispose que de votre dossier. À vous d'animer votre oral !

Les différentes parties de votre dossier.

Les éléments que vous devez dire à l'oral. Attention ! Cette colonne est à compléter par vos soins de façon à adapter votre discours à votre contexte professionnel.

L'ensemble des documents que vous pouvez produire pour illustrer votre discours (liste non-exhaustive).

Les annexes numérotées.

| Parties du dossier | Je dis | Je montre | Annexes |
|---|---|---|---|
| | Présentez-vous au jury.<br><br>**Exemple :**<br>– Bonjour, je m'appelle Ariane Legrand. | Lancement de la présentation.<br><br>**Exemple :**<br>– Vous devez lancer votre présentation animée sur votre ordinateur (PowerPoint, Prézi…) avec la photo de la vitrine de votre unité commerciale. | ANNEXE 1 |
| **Introduction** | Dites le nom de votre UC, du réseau auquel elle appartient, où elle se trouve. Précisez également dans quel univers/rayon vous avez travaillé.<br><br>**Exemple :**<br>– J'ai travaillé pour l'enseigne KADO, dans une unité commerciale située dans la banlieue nantaise. | – Plaquette de l'entreprise. | ANNEXE 2 |
| | – J'ai évolué au sein du rayon « Alimentation ». | – Photo de mon univers ou de mon rayon. | ANNEXE 3 |

| Parties du dossier | Je dis | Je montre | Annexes |
|---|---|---|---|
| **I – Contextes géographique et organisationnel de mon Unité commerciale** | | | |
| **A – Contexte géographique** | Présentez la situation de l'UC :<br>– Ville<br>– Axes d'accès (routes, transports en commun…)<br>– Zone de chalandise : zone primaire, secondaire, tertiaire et méthode de construction (isochrone ou isométrique). | | |
| | **Exemple :**<br>– Pour accéder à mon UC, les clients pouvaient emprunter le bus 62 depuis le centre-ville de Nantes ou encore l'autoroute A11 (sortie Nantes-La Beaujoire) et stationner dans le parking gratuit. | – Présentation d'une carte géographique avec localisation de l'UC et de ses moyens d'accès. | Annexe 4 |
| | – La zone de chalandise peut se définir ainsi… | – Zone de chalandise permettant de visualiser l'UC. | Annexe 5 |
| **B – Organisation matérielle de l'UC** | Énoncez les éléments constituant l'organisation matérielle (horaires, agencement de l'UC, répartition de la surface de vente…). | | |
| | **Exemple :**<br>– Les horaires sont de X heures à X heures. Nous ouvrons le dimanche, car nous sommes en zone touristique et nos jours d'ouverture sont… | | |
| | – Nous disposons de nombreux facteurs d'ambiance, notamment des CD musicaux que nous impose le réseau ainsi qu'un certain nombre de visuels. | – Photo | Annexe 6 |
| | – L'agencement de notre UC respecte les codes de l'enseigne (couleurs, mobilier…). | – Photo des éléments communs aux UC du réseau. | Annexe 7 |
| | – Notre surface de vente se répartit sur X $m^2$ et de la manière suivante : … | – Plan de masse du point de vente avec sens de circulation de la clientèle. | Annexe 8 |
| | – Nous pouvons établir les zones chaudes et les zones froides qui se localisent ainsi… | – Plan de masse avec zones chaudes et froides. | Annexe 9 |

| Parties du dossier | Je dis | Je montre | Annexes |
|---|---|---|---|
| **II – Contexte commercial** | | | |
| **A – La clientèle** | Présentez la clientèle de l'UC.<br><br>**Exemple :**<br>– Le profil type de la clientèle est… | – Présentation du profil du client et/ou de la segmentation des clients. | ANNEXE 10 |
| | – La clientèle se répartit de la façon suivante : … | – Tableau ou graphique avec la part de chaque catégorie de clientèle en % (diagramme circulaire). | ANNEXE 11 |
| **B – L'offre de l'UC** | Énoncez l'offre proposée dans l'UC.<br><br>**Exemple :**<br>– Nous proposons un assortiment [large, étroit, profond ou peu profond ?] et notre positionnement est [spécialiste, généraliste ?]. | – Catalogue de l'UC. | ANNEXE 12 |
| | – Nous offrons également des services associés au produit principal, comme… | – Tableau ou graphique avec les types de produits (et/ou services), leur part dans le CA. | ANNEXE 13 |
| **B – Les concurrents** | Présentez la concurrence de l'UC.<br><br>**Exemple :**<br>– Nos concurrents sont [nombreux/nombreux] sur notre zone de chalandise, et principalement dans la zone primaire. | – Présentation de la zone de chalandise en situant les principaux concurrents directs, voire indirects. | ANNEXE 14 |
| | – Leurs assortiments sont [similaires au nôtre ou se distinguent ?], comme vous pourrez le constater par leurs catalogues. | – Catalogues + tableau synthétique des concurrents étudiés sur différents aspects. | ANNEXE 15 |
| **III – Les différentes activités professionnelles** | | | |
| **Exposition détaillée des activités effectuées au sein de l'UC.** | **Exemple :**<br>– Je vais maintenant vous présenter succinctement mes différentes activités menées. | – Les différentes fiches d'activités professionnelles (FAP). | Ne présenter aucune annexe lors des « dix minutes ». |

# 12 Les questions du jury sur le réseau



| Questions | Exemples d'éléments de réponses |
|---|---|
| 1 Quels liens votre unité commerciale a-t-elle avec son réseau ? | Il existe plusieurs types de lien, notamment en termes :<br>– d'assortiment ;<br>– de communication ;<br>– de recrutement ;<br>– de performances à réaliser. |
| 2 Quelle est la forme de commerce de votre réseau ? | Un réseau peut être :<br>– intégré ;<br>– associé ;<br>– mixte.<br>*Voir les définitions p. 162* |
| 3 Quel est votre niveau de gamme de produits et/ou services ? | Les réseaux sont classés selon 3 gammes :<br>– haut de gamme ;<br>– moyenne gamme ;<br>– bas de gamme. |
| 4 Quelle est l'autonomie de votre unité commerciale face au réseau ? | L'autonomie d'un réseau peut être :<br>– totale ;<br>– partielle ;<br>– nulle. |
| 5 Quel rang votre unité commerciale occupe-t-elle dans son réseau ? | Vous pouvez définir le rang de votre unité selon votre CA :<br>– sur le secteur concerné ;<br>– sur la région où votre UC se situe ;<br>– sur la France. |
| 6 Quelle est la stratégie de prix adoptée par votre réseau ? | 3 politiques peuvent être menées :<br>– politique d'alignement ;<br>– politique d'écrémage ;<br>– politique de pénétration.<br>*Voir les définitions p. 163* |
| 7 Quelle est la stratégie de distribution de votre réseau ? | Le réseau peut adopter 3 stratégies de distribution :<br>– physique : points de vente physique ;<br>– virtuelle : sites Internet ;<br>– mixte : les deux. |
| 8 Quelle est la politique de communication de votre réseau ? | La communication peut passer par un ou plusieurs médias ou être hors-média (PLV, promotion de vente…) |

# 13 Les questions du jury sur l'UC

| Questions | Exemples d'éléments de réponses |
|---|---|
| 1 Quelle a été votre méthode de construction de la zone de la chalandise ? | Il est possible d'utiliser 3 méthodes différentes pour construire la zone de chalandise :<br>– construction à partir des codes postaux des clients lors de leurs passages en caisse ;<br>– construction à partir de courbes isométriques (distance) et distinction entre les 3 zones (primaire, secondaire, tertiaire) ;<br>– construction à partir de courbes isochrones (temps de déplacement) et distinction entre les 3 zones (primaire, secondaire et tertiaire). |
| 2 Caractérisez la concurrence de votre unité commerciale. | La concurrence peut être de deux ordres :<br>– directe (mêmes biens et services que l'UC) ;<br>– indirecte (biens ou services de substitution).<br>*La concurrence peut également être interne (unité commerciale du même réseau).* |
| 3 Caractérisez la clientèle de votre unité commerciale. | Pour caractériser une clientèle, vous devez définir :<br>– une segmentation de la clientèle ;<br>– le profil de la clientèle (sexe, âge, lieu d'habitation…) ;<br>– les motivations et freins de la clientèle ;<br>– le comportement d'achat (exemple avec la méthode RFM : Récence, Fréquence, Montant).<br>*Méthode RFM : à partir de l'historique d'achats, sur une période donnée, vous pouvez classer les clients en segments homogènes, en fonction de leur comportement d'achat.* |
| 4 Caractérisez l'offre de votre unité commerciale. | La caractérisation de l'offre se fait selon plusieurs critères :<br>– assortiment (largeur, profondeur) ;<br>– politique de marque (marques nationales, marques distributeurs…) ;<br>– services associés ;<br>– marchandisage (organisation, gestion, séduction). |
| 5 Quelle est la politique de prix de votre UC ? | Trois politiques peuvent être menées :<br>– politique d'alignement ;<br>– politique d'écrémage ;<br>– politique de pénétration.<br>Votre UC peut également mener une politique promotionnelle de l'unité commerciale. |
| 6 Quelle est la politique de distribution de votre unité commerciale ? | Vous devez définir l'organisation de la vente au sein de votre UC :<br>– en physique et/ou virtuelle ;<br>– existence d'un site marchand (particularité des « UC *click and mortar* ») ;<br>– méthode de vente employée : libre-service, libre-service assisté, vente conseil, vente à distance.<br>*UC ayant une activité de vente en ligne en complément de son activité plus traditionnelle.* |
| 7 Quelle est la stratégie de communication de votre unité commerciale ? | Vous devez définir l'organisation de la communication au sein de votre UC :<br>– communication du réseau (média et hors-média) ;<br>– communication locale de l'unité commerciale ;<br>– programme de fidélisation de la clientèle. |

# 14 Les questions du jury sur la compétence « Vendre »



| Questions | Exemples d'éléments de réponses |
|---|---|
| 1 Quelles sont les différentes phases de la relation commerciale ? | On dénombre 5 phases :<br>– La prise de contact.<br>– La découverte du client.<br>– L'argumentation.<br>– Le traitement des objections.<br>– La conclusion et la prise de congé. |
| 2 Quels outils d'aide à la vente avez-vous créés ou utilisés ? | Vous pouvez citer notamment :<br>– Une fiche-produit.<br>– Un plan de découverte.<br>– Un argumentaire.<br>– Un guide de traitement des objections. |
| 3 Quelle typologie de clients connaissez-vous ? | Vous pouvez évoquer la méthode SONCAS (Sécurité, Orgueil, Nouveauté, Confort, Argent, Sympathie), utilisée pour cerner les besoins et motivations du client afin de le convaincre et de déclencher la vente. |
| 4 À quoi sert la phase de découverte du client ? | Cette étape permet de :<br>– découvrir le profil du client ;<br>– découvrir ses besoins. |
| 5 Comment se construit un plan de découverte ? | Un plan de découverte se construit en entonnoir, grâce à des questions générales dans un premier temps, puis des questions de plus en plus précises dans un second temps. |
| 6 Qu'est-ce qu'un argument de vente ? | Un argument commercial est une phrase ou une proposition destinée à convaincre un acheteur de l'intérêt d'une offre ou d'un produit.<br>Il permet de transformer une caractéristique produit parfois peu parlante en un avantage tangible pour le client. |
| 7 Comment se construit un argument de vente ? | Les caractéristiques du produit sont transformées en avantages, puis traduites en bénéfices pour le client à qui on apporte une preuve. |
| 8 Quels sont les différents types d'objections possibles ? | Les objections possibles de la part du client peuvent être :<br>– non sincères : une esquive ;<br>– fondées : la solution proposée peut ne pas correspondre à sa demande ;<br>– non fondées : la solution proposée correspond mais il ne s'en rend pas totalement compte. |
| 9 Quelles réfutations pouvez-vous opposer aux objections du client ? | Différentes attitudes sont possibles :<br>– Le silence : vous ignorez l'objection du client.<br>– La diversion : vous orientez le dialogue vers une dimension plus confortable.<br>– Le questionnement : vous posez une question afin de faire préciser l'objection.<br>– L'affaiblissement : vous reprenez l'objection en affaiblissant sa portée. |

# 15 Les questions du jury sur la compétence « Assurer la qualité de service à la clientèle »

| Questions | Exemples d'éléments de réponses |
|---|---|
| ❶ Comment avez-vous déterminé les items d'évaluation de votre grille client-mystère ? | La qualité de service à la clientèle dans une UC se mesure selon plusieurs critères, mais principalement au travers :<br>– de l'accueil ;<br>– de la relation commerciale établie avec le client ;<br>– du merchandising mis en place dans le point de vente. |
| ❷ Sur quels critères avez-vous sélectionné vos clients-mystères ? | Vous pouvez citer 4 critères principaux :<br>– leur disponibilité ;<br>– leur objectivité dans le travail ;<br>– leur discrétion ;<br>– et surtout, le fait qu'ils soient inconnus de l'équipe de vente ! |
| ❸ Quelles autres techniques peuvent être utilisées pour mesurer la qualité de service à la clientèle d'une UC ? | Plusieurs techniques sont utilisables, en particulier :<br>– Boîte à idées.<br>– Enquête clients.<br>– Remontées vendeurs.<br>– Réclamations.<br>– Baromètre de satisfaction.<br>– Score NPS.<br>– Forums de discussion.<br>– Page Facebook, Twitter.<br>– Service de réclamations. |
| ❹ Quelles peuvent être les conséquences d'une baisse de la qualité de service à la clientèle ? | Les conséquences d'une baisse de qualité sont multiples, notamment :<br>– Insatisfaction de la clientèle.<br>– Bouche à oreille défavorable à l'UC.<br>– Baisse d'image.<br>– Perte de clientèle.<br>– Baisse de chiffre d'affaires. |

# 16 Les questions du jury sur la compétence « Mettre en place un espace commercial attractif et fonctionnel »



| Questions | Exemple d'éléments de réponses |
|---|---|
| 1 Quels sont les types de marchandisage que vous connaissez ? | Il existe 3 principaux types de marchandisage :<br>– **Le marchandisage d'organisation** concerne l'organisation générale de l'unité commerciale mais aussi le détail des linéaires. Il consiste à faciliter la recherche des produits par le client mais aussi à optimiser le travail de manutention.<br>– **Le marchandisage de séduction** consiste à créer une ambiance agréable et propice à l'achat par la théâtralisation de l'offre, les lumières, l'ambiance sonore, la musique…<br>– **Le marchandisage de gestion** consiste à optimiser la rentabilité du rayon et du point de vente en général. Son principe repose sur des méthodes quantitatives d'allocation du linéaire. |
| 2 Quels sont les enjeux d'une bonne présentation de son offre dans les linéaires ? | Il y a 3 enjeux principaux :<br>– **Pour le consommateur :** se repérer dans l'unité commerciale et trouver facilement les produits qu'il recherche.<br>– **Pour le distributeur :** proposer une offre qui réponde aux besoins de la clientèle.<br>– **Pour le producteur :** avoir une bonne représentation de sa gamme dans le linéaire. |
| 3 Quelle différence faites-vous entre une implantation verticale et une implantation horizontale ? | **Dans le cas de l'implantation horizontale**, le même produit est présenté sur le linéaire dans le sens horizontal. **Dans le cas de l'implantation verticale**, les produits d'une même famille sont disposés les uns au-dessus des autres sur les linéaires. Cette présentation permet un effet de masse dans le linéaire. |
| 4 Comment mesure-t-on la place accordée à une famille ou à une référence dans un rayon ? | On mesure la place accordée à une famille en calculant **le linéaire au sol** (nombre de mètres au sol occupés par la famille) et en calculant **le linéaire développé** (nombre de mètres au sol occupés par la famille × nombre de niveaux d'exposition).<br>Vous pouvez par exemple répondre : « Dans mon unité commerciale, on calcule l'allocation accordée à une produit ou une famille de produits en prenant en compte sa contribution au chiffre d'affaires du rayon. » |
| 5 En dehors des indicateurs de performances commerciales, comment auriez-vous pu analyser l'attractivité de votre rayon ? | J'aurais pu mettre en place une étude d'attractivité du rayon. Cette dernière consiste à suivre le trajet en magasin d'un échantillon de clients.<br>À partir de ce suivi, on peut calculer un certain nombre d'indices : indice de passage, indice d'achat, indice d'attractivité, indice d'attention et indice de manipulation. |

Fiche 5 p. 174

# 17 Les questions du jury sur la compétence « Dynamiser l'offre de produits et de services »

| Questions | Exemple d'éléments de réponses |
|---|---|
| ❶ Quels sont les outils méthodologiques que vous avez créés ou mobilisés pour mettre en place cette opération commerciale ? | Cette question est récurrente lors de l'oral d'ACRC car le jury a le souci de vérifier que le candidat a suivi une réelle démarche méthodologique pour mener son activité.<br>Vous ne devez donc pas vous contenter de « raconter » votre activité avec quelques photos à l'appui. Au contraire, vous devez insister sur les outils utilisés (issus du réseau ou de l'unité commerciale) et sur les outils de pilotage construits par vos soins (guide d'entretien, compte-rendu de réunion, tableau de bord…). |
| ❷ Quelle technique, sur le lieu de vente, auriez-vous pu mettre en place pour développer davantage les ventes ? | J'aurais pu mettre en place une animation sur le lieu de vente pour dynamiser le point de vente en théâtralisant une offre et ainsi créer du trafic et améliorer l'image de l'unité commerciale auprès de sa clientèle.<br>J'aurais également pu conclure un partenariat avec un fournisseur. |
| ❸ En quoi l'évaluation des performances d'une telle opération est-elle primordiale ? | Elle est primordiale car elle permet :<br>– de connaître le niveau de réalisation des objectifs ;<br>– de mettre en place des éventuelles actions correctives. |
| ❹ Comment avez-vous choisi les indicateurs de performance de votre opération ? | Les indicateurs doivent être sélectionnés sur 3 critères principaux :<br>– leur pertinence par rapport aux objectifs de l'opération ;<br>– leur actualisation, c'est-à-dire qu'ils doivent être mis à jour régulièrement tout au long de l'opération ;<br>– leur capacité à être synthétique afin d'apprécier l'opération dans sa globalité. |
| ❺ En quoi la mise en place d'un challenge peut-elle contribuer à une meilleure cohésion d'équipe ? | Les challenges permettent une meilleure cohésion d'équipe car :<br>– Ils créent une émulation au sein de l'équipe (lorsqu'il s'agit d'une récompense individuelle).<br>– Ils développent l'esprit d'équipe (lorsqu'il s'agit d'une récompense collective).<br>La condition de réussite d'un challenge est de fixer des objectifs individuels et/ou collectifs pertinents. |
| ❻ Comment peut-on procéder au contrôle des actions lors d'une opération commerciale ? | Au moment de l'opération commerciale, il faut s'assurer que les produits sont bien mis en place dans l'unité commerciale et que l'offre est attractive, tout en respectant les consignes du réseau.<br>À la fin de l'opération commerciale, il convient de déterminer sa rentabilité en calculant l'augmentation des ventes et en la comparant au coût de revient l'opération. |

# 18 Les questions du jury sur la compétence « Assurer la veille commerciale »



Fiche 12 p. 187

| Questions | Exemple d'éléments de réponses |
|---|---|
| **1 Comment avez-vous délimité votre zone de chalandise ?** | La zone de chalandise peut se définir :<br>– À l'aide du fichier clients et des clients encartés (carte de fidélité).<br>– Techniquement, à l'aide du logiciel Owlapps par exemple.<br>– En utilisant des courbes isochrones (en fonction du temps de trajet) ou isométriques (en fonction de la distance). |
| **2 Comment avez-vous construit votre grille d'analyse de la concurrence ?** | J'ai défini certains critères qui me semblaient importants à évaluer pour mesurer la dangerosité des concurrents. J'ai affecté à ces critères des points de façon à pouvoir calculer un score pour chaque concurrent et identifier le plus dangereux. |
| **3 Comment avez-vous mené votre tournée de visites ?** | – **En marguerite :** dans ce type de tournée, l'UC est au centre de la zone des concurrents à visiter. La zone est divisée en secteurs (pétales) dans lesquels sont planifiées les tournées.<br>– **En spirale :** le point de départ de la tournée « escargot » ou spirale est l'UC. Le client-mystère organise ses visites en suivant le tracé d'une spirale.<br>– **En zigzag :** le client-mystère organise sa tournée autour d'un axe central. Il commence par le concurrent le plus éloigné de son UC pour terminer par le plus proche. |
| **4 Comment avez-vous distingué les clients directs des clients indirects ?** | J'ai identifié les UC qui proposaient un produit ou service similaire à celui proposé par mon UC.<br>J'ai ensuite listé les UC qui proposaient un produit ou service différent mais répondant aux mêmes besoins du client. |

# 19 Les questions du jury sur la compétence « Réaliser et exploiter des études commerciales »

Fiche 9 p. 181

| Questions | Exemple d'éléments de réponses |
|---|---|
| **1 Comment avez-vous constitué votre échantillon en termes de taille et de caractéristiques ?** | J'ai choisi d'utiliser une méthode d'échantillonnage non probabiliste car je ne connaissais pas la liste exhaustive des individus constituant ma population mère.<br>Pour des contraintes de temps, mon tuteur et moi avons décidé d'interroger 100 personnes.<br>Afin de reproduire au mieux les caractéristiques de ma clientèle en termes d'âge et de sexe, j'ai choisi d'utiliser la méthode des quotas. |
| **2 Quel mode d'administration avez-vous choisi et pourquoi ? Connaissez-vous d'autres modes d'administration ?** | J'ai choisi le mode d'administration en face à face car il permet un contact direct avec la personne interrogée.<br>Vous pouvez aussi opter pour d'autres modes d'administration : par téléphone, par e-mail, en auto-administration, par courrier… |
| **3 Quels sont les différents types de questions que l'on peut retrouver dans votre questionnaire ? Justifiez leur choix.** | Il existe 4 principaux types de questions dans un questionnaire :<br>– **la question fermée** : collecte simple, réponses sincères ;<br>– **la question à choix multiple** : administration fluide ;<br>– **la question à échelle** : réponse précise si besoin de mesurer un item ;<br>– **la question ouverte** : permet à la personne interrogée de dire ce qu'elle n'a pas encore eu l'occasion de préciser lors de l'administration. |
| **4 Comment avez-vous procédé à l'analyse des réponses de votre questionnaire ?** | J'ai procédé en 3 temps pour analyser mes résultats :<br>– Analyse des tris à plat (question par question).<br>– Analyse des tris croisés pertinents (croisement de deux questions) en fonction des objectifs de mon enquête.<br>– Rédaction d'une analyse des résultats de mon étude par thème. |
| **5 Quel est l'intérêt de poser des questions relatives à la signalétique de la personne interrogée ?** | L'analyse de ces questions me permet de caractériser le profil de la personne interrogée en termes d'âge, de sexe, de lieu d'habitation et de profession par exemple. Ainsi, il m'est possible de mettre en corrélation le profil du client de mon UC avec la cible visée par le réseau.<br>Par ailleurs, ces questions permettent d'affiner mon analyse en réalisant des tris croisés. |
| **6 Comment avez-vous identifié les préconisations présentes dans votre rapport d'étude ?** | J'ai mis en lien les préconisations avec les objectifs de départ. |

Fiche 9 p. 181

# 20 Les questions du jury sur la compétence « Enrichir et exploiter le SIC »



| Questions | Exemple d'éléments de réponses |
|---|---|
| 1 Comment définissez-vous la notion de performance ? | La performance met en relation 3 éléments :<br>– les objectifs visés (cibles, estimations) ;<br>– les moyens pour les réaliser (ressources humaines, matérielles, financières, organisationnelles) ;<br>– les résultats obtenus (CA réalisé, volume de vente…). |
| 2 Qui s'intéresse particulièrement aux performances d'une unité commerciale ? | Les performances d'une unité commerciale intéressent particulièrement :<br>– la tête de réseau, si l'unité commerciale est en réseau, pour positionner l'UC au sein du réseau ;<br>– le manager de l'unité commerciale, pour mesurer les performances par rayon, par membre de l'équipe, par action commerciale mise en place. |
| 3 Pourquoi est-il si important de mesurer les performances d'une unité commerciale ? | Il est important de mesurer les performances commerciales, et ce pour 3 raisons principales :<br>– **sur le plan commercial :** connaître les évolutions et s'adapter au marché et à la clientèle ;<br>– **sur le plan financier :** mesurer la rentabilité de l'activité et prévoir les éventuels investissements ;<br>– **sur le plan managérial :** évaluer l'équipe et adapter les moyens humains nécessaires à l'atteinte des objectifs. |
| 4 Comment avez-vous choisi les indicateurs de votre tableau de bord ? | Le choix des indicateurs se fait à partir des objectifs fixés par le tuteur. Il s'agit d'indicateurs pour lesquels l'UC a un véritable levier d'action : CA, panier moyen, taux de transformation, indice de vente et taux de recrutement. |
| 5 Sous quels axes peut-on analyser les performances d'une unité commerciale ? | 3 axes sont possibles pour mener l'analyse :<br>– **L'efficacité** commerciale est la mesure des résultats obtenus par rapport aux objectifs à atteindre.<br>– **L'efficience** est la mesure des résultats obtenus par rapport aux moyens utilisés pour les atteindre (membres de l'équipe, budget…).<br>– **La pertinence** permet d'opposer les objectifs à atteindre aux moyens utilisés ou disponibles. |
| 6 Pourquoi est-il si important de communiquer régulièrement les résultats de l'unité commerciale à son équipe ? | La communication permet :<br>– d'informer l'équipe sur les évolutions de l'entreprise, sa place dans le réseau… ;<br>– de motiver l'équipe à atteindre les objectifs ;<br>– de décider d'actions managériales et/ou commerciales ;<br>– de favoriser la cohésion de l'équipe au sein de l'unité commerciale. |

# 21 Les questions du jury sur la compétence « Intégrer les TIC dans son activité »

| Questions | Exemple d'éléments de réponses |
|---|---|
| ❶ Qu'est-ce qu'une fiche d'autoanalyse ? | Il s'agit d'une fiche que chaque collaborateur renseigne concernant son travail au quotidien en indiquant les tâches réalisées et leurs durées. |
| ❷ Qu'est-ce qu'un tableau de répartition des tâches (TRT) ? | C'est un outil qui représente la répartition des tâches entre les différents collaborateurs d'une UC.<br>Il donne différentes informations sur le fonctionnement de l'UC : répartition du temps par collaborateur et par tâche à réaliser par exemple. |
| ❸ Comment construit-on un TRT ? | Il y a trois solutions :<br>– le manager interroge chaque membre de l'équipe ;<br>– les membres autodéclarent leurs tâches ;<br>– le manager observe l'équipe, sur une journée par exemple. |
| ❹ À quoi sert un TRT ? | Le TRT a 3 utilisations principales :<br>– informer le manager des rôles de chacun au sein de son équipe ;<br>– construire une nouvelle répartition des tâches ;<br>– contrôler le travail à effectuer par les membres de l'équipe. |
| ❺ Quelles sont les contraintes dont un manager doit tenir compte pour organiser le travail ? | Les principales contraintes sont liées :<br>– à l'organisation ;<br>– aux contrats de travail ;<br>– au flux client et à la saisonnalité éventuelle ;<br>– aux compétences et motivations des collaborateurs. |

# Projet de développement de l'unité commerciale



## COURS

# Présentation de l'épreuve de Projet de développement de l'unité commerciale (PDUC)

Épreuve orale
Durée : 40 minutes
Coefficient : 4

Cette épreuve prend appui sur **un dossier professionnel** élaboré par le candidat au fur et à mesure de sa formation. À l'origine de ce dossier : un projet de développement en cohérence avec la politique de l'enseigne dans laquelle le candidat a évolué.

• Cette épreuve peut être passée sous la forme d'un **contrôle en cours de formation** (si votre établissement de formation est habilité au CCF) ou sous la **forme ponctuelle, en fin de formation**.

## 1 L'objectif de l'épreuve

**L'épreuve doit permettre**, selon le référentiel, « d'évaluer les aptitudes du candidat à prendre des décisions ayant une incidence directe sur le développement d'une UC en appréciant les conséquences humaines, financières et organisationnelles et en estimant leur faisabilité ».

## 2 Le déroulement de l'épreuve

• L'épreuve se déroule de la façon suivante :
– **15 minutes de présentation orale** de votre PDUC (vous pouvez vous servir de la fiche 14 p. 190 pour vous organiser) ;
– **25 minutes d'interrogation** par une commission de deux jurys.

• Durant les 15 premières minutes, vous ne serez pas interrompu.

• Lors des 25 minutes d'entretien, soyez attentif aux questions posées et n'hésitez pas à vous aider de vos annexes pour étayer votre argumentation.

**Conseil**

Le jury a lu votre dossier mais il est toujours appréciable de fournir un exemplaire à chacun des membres afin qu'ils puissent suivre votre exposé.

## 3 Les compétences évaluées

Cette épreuve évalue votre capacité à piloter des projets d'action commerciale ou de management. Les compétences du référentiel évaluées sont :
– C31 : Concevoir le projet
– C32 : Conduire le projet
– C33 : Évaluer le projet
– C43 : Développer et maintenir la clientèle de l'unité commerciale
– C51 : Élaborer une offre commerciale adaptée à la clientèle.

## 4 La constitution du dossier

**Remarque**

Votre dossier doit être transmis à votre centre d'examen selon le calendrier fixé par le rectorat. Les retards ne seront pas admis.

- **Le dossier s'articule en 2 temps :** la partie administrative et la partie « projet ».
- **La partie administrative** comporte tous les documents officiels signés et nécessaires pour attester de votre activité.
- **La partie « projet »** comporte maximum 10 pages et se structure en 3 parties :

1. **Un diagnostic partiel de l'UC** (situation dans le réseau et l'environnement, compte-rendu d'entretien avec votre manager…).
2. **Une préconisation** comportant une analyse des répercussions humaines, financières et organisationnelles.
3. **Des premières réflexions pour la mise en œuvre de la préconisation** (état d'avancement du projet, gestion des conséquences, mise en place d'outils de suivi…).

Les projets relèvent essentiellement du développement de la clientèle (augmentation des achats de la clientèle par exemple) ou du développement de l'offre (lancement d'un nouveau produit).

MÉTHODOLOGIE 1

# Constituer son dossier de PDUC

Le dossier de PDUC se compose d'**un diagnostic partiel de l'UC**, d'**une préconisation** comportant une analyse des répercussions humaines, financières et organisationnelles, et **des premières réflexions** pour la mise en œuvre de la préconisation.

## 1 Partie 1 : diagnostic partiel de l'unité commerciale

**Plan-type**

A. **Analyse de l'UC dans le contexte de son réseau et sur son marché local**
- 1. Présentation du groupe et du réseau (si votre UC appartient à un réseau)
- 2. Présentation de l'UC sur son marché local
- 3. Analyse du marché local de l'UC
  - 3.1 Élaboration de la zone de chalandise
  - 3.2 Analyse de la demande locale
  - 3.3 Analyse de la concurrence
  - 3.4 Analyse de l'environnement
- 4. Analyse de la clientèle de l'UC
- 5. Analyse du plan de marchéage de l'UC
  - 5.1 Analyse de l'offre
  - 5.2 Analyse de la politique de prix
  - 5.3 Analyse de la politique de distribution
  - 5.4 Analyse de la politique de communication
- 6. Analyse des performances de l'UC

B. **Démarche de diagnostic partiel**

C. **Synthèse globale du diagnostic partiel de l'unité commerciale**

### A Analyse de l'UC dans le contexte de son réseau et du marché local

Vous devez présenter ici les principales caractéristiques du marché sur lequel évolue votre unité commerciale ainsi que ses liens avec son réseau, le cas échéant.

⚠ Cette sous-partie doit se limiter à 2 pages (un recto/verso) et sera illustrée par des annexes.

**1. L'UC, le groupe et le réseau :** cette sous-partie n'est à rédiger que si votre unité commerciale fait partie d'un réseau. Vous devez présenter les activités du groupe, son histoire, son positionnement, les valeurs qu'il défend et le type de réseau qu'il utilise.

**2. L'UC et le marché local :** il s'agit ici de mettre en perspective l'UC dans laquelle vous avez évolué avec son environnement local de façon générale, en commençant par **une fiche d'identité succinte** :
– date de création ;
– localisation géographique : vous devez justifier son attractivité (y a-t-il des accès routiers à proximité ? Si oui, lesquels ?) ;
– composition de l'équipe commerciale ;

**Définitions**

**Réseau intégré :** l'UC est la propriété de l'enseigne (ex. : Auchan).
**Réseau associé :** l'UC a sa propre personnalité juridique (ex. : Leclerc).
**Réseau mixte :** des UC font partie du réseau et d'autres sont juridiquement indépendantes (ex. : Yves Rocher).

– autonomie de l'UC : votre UC avait-elle le choix dans son assortiment de produits ? Un balisage était-il imposé par le réseau ?
– rang de l'UC dans le réseau (en terme de chiffre d'affaires).

3. Une fois le marché local présenté, il est nécessaire de l'analyser.

COMPRENDRE EN VIDÉO

**3.1 La zone de chalandise du marché local :** vous devez décrire ici la nature de votre zone de chalandise (courbes isochrones ou isométriques), son étendue (ex. : zone primaire à 10 minutes, zone secondaire à 15 minutes, etc.), ainsi que les principales villes qui la constituent.

**3.2 La demande locale :** vous caractériserez la population locale, c'est-à-dire le nombre d'habitants et la « structure » de la population par catégories (sexe, âge, profession, revenus…).

**3.3 La concurrence :** vous présenterez et localiserez (sur les zones primaire, secondaire ou tertiaire) les principales enseignes concurrentes présentes, ainsi que leur positionnement marketing. Vous qualifierez la nature de ces concurrents : concurrents directs ou indirects. Le cas échéant, vous évoquerez la concurrence de sites marchands sur Internet.

**3.4 L'environnement :** vous présenterez les principales caractéristiques de l'environnement de votre unité commerciale qui peuvent avoir une influence sur son activité :
– Y a-t-il des associations locales (sportives, culturelles…) qui génèrent une augmentation du flux clients dans l'unité commerciale ?
– Y a-t-il des entreprises de taille importante qui augmentent le trafic de la clientèle (invasion commerciale de la part des salariés) ?

4. **La clientèle :** vous devrez définir :
– le nombre de clients dans l'UC ;
– la structure de la clientèle par catégorie de client (ex. : distinction particuliers/professionnels) ;
– le profil du client-type : ses caractéristiques, ses motivations, ses freins ;
– le profil du client encarté le cas échéant.

5. Le plan de marchéage regroupe 4 grands domaines : l'offre, le prix, la communication et la distribution (les 4 « P » en anglais : Product, Price, Place, Promotion).

**5.1 L'offre :** vous devrez définir l'offre de votre UC en termes :
– d'assortiment ;
– de marques ;
– de services associés ;
– d'implantation, de disposition sur la surface de vente ;
– de mise en valeur (marchandisage).

**5.2 La politique de prix :** vous décrirez ici la stratégie de prix de votre unité commerciale (pénétration, alignement ou écrémage). Vous préciserez également sa politique promotionnelle.

**Définitions**

**Marchandisage :** synonyme de merchandising. Il s'agit de l'ensemble des techniques permettant une optimisation commerciale. Il existe un marchandisage de gestion, un marchandisage de séduction mais aussi un marchandisage d'organisation.
**Stratégie de pénétration :** le prix est fixé assez bas ce qui permet de séduire une clientèle potentielle dès le lancement du produit ou du service.
**Stratégie d'alignement :** le prix fixé est proche de celui des concurrents ce qui permet d'entrer sur le marché et d'éviter une guerre des prix.
**Stratégie d'écrémage :** le prix fixé est supérieur à celui des concurrents afin d'attirer une clientèle à fort pouvoir d'achat.

**5.3 La politique de distribution :** vous présenterez ici les méthodes de vente utilisées par l'équipe commerciale de votre unité commerciale. Vous préciserez si la distribution se fait uniquement en unité commerciale physique ou si elle est complétée par un site Internet marchand (*click and mortar*, voir la fiche 13 p. 150).

**5.4 La politique de communication :** vous décrirez ici les outils de communication locale utilisés, en distinguant les outils média des outils hors-média, et en structurant vos propos. Vous n'oublierez pas de mentionner les différentes actions de fidélisation en lien avec la communication.

**6. Les performances de l'UC :** vous présenterez dans les grandes lignes les performances actuelles de l'unité commerciale.

**Conclusion :** annonce de la problématique commerciale générale que vous souhaitez résoudre. La partie suivante, consacrée au diagnostic partiel, vous permettra de confirmer et d'affiner cette problématique.

> **Exemple** « À la fin de l'analyse, j'ai constaté une baisse de 10 % des performances globales d'un univers de mon unité commerciale. Je vais chercher à comprendre les raisons de ces contre-performances au travers d'un diagnostic partiel. »

## B Démarche de diagnostic partiel

Cette partie a pour objectif de montrer au jury quelles méthodologies vous avez mises en place pour confirmer la problématique énoncée. **Elle est essentielle dans votre dossier.**

Vous trouverez ci-dessous un exemple de traitement d'une problématique liée à une baisse de performances d'un univers.

⚠ La liste de ces études n'est pas exhaustive ; vous pouvez avoir besoin de mener d'autres études au regard de votre problématique.

| Intitulé de l'étude | Objectifs | Méthodologie utilisée |
|---|---|---|
| **Étude des performances de l'univers** | – Mesurer l'évolution des performances de chaque rayon de l'univers.<br>– Identifier les rayons les moins performants. | – Recueil de données internes.<br>– Élaboration des tableaux de bord.<br>– Analyse (taux d'évolution, taux de réalisation, taux de contribution…).<br>– Rédaction d'un rapport d'étude. |
| **Audit de l'équipe commerciale de l'univers** | – Connaître l'opinion des membres de l'équipe à propos du fonctionnement de l'univers.<br>– Identifier les sources de motivation des membres de l'équipe ainsi que leurs difficultés. | – Élaboration d'un guide d'entretien semi-directif.<br>– Animation de la réunion d'équipe ou des entretiens individuels.<br>– Analyse des réponses.<br>– Rédaction d'un rapport d'étude. |
| **Étude de la concurrence portant sur l'univers concerné** | – Se positionner par rapport aux principaux concurrents directs et indirects sur l'univers concerné. | – Élaboration d'une grille d'analyse de la concurrence.<br>– Visite du client-mystère chez les différents concurrents ainsi que dans l'univers.<br>– Analyse des forces et des faiblesses de l'univers.<br>– Rédaction d'un rapport d'étude. |

## C Synthèse globale du diagnostic partiel de l'unité commerciale

Vous noterez ici les principales opportunités/menaces et forces/faiblesses émanant de vos différentes études. Vous mettrez en surbrillance les éléments qui constituent la justification de la problématique.

| | Exemples |
|---|---|
| **Opportunité** | Le marché des accessoires connaît une croissance de 3 % par an depuis 5 ans. |
| **Menace** | C'est un marché très concurrentiel avec l'entrée des pays d'Asie. |
| **Force** | Notre unité commerciale est très innovante avec la création d'une nouvelle gamme éco-responsable. |
| **Faiblesse** | 32 % des clients ne sont pas satisfaits du temps d'attente en magasin, ce qui influe sur les achats. |

Vous rédigerez une conclusion synthétique et annoncerez précisément la problématique retenue sous la forme d'une question.

**Exemple** « L'élaboration du diagnostic partiel de l'UC met en évidence un certain nombre de dysfonctionnements. Je me concentrerai sur l'un d'entre eux afin de proposer un projet d'amélioration, à savoir la contre-performance du rayon Y faisant partie de l'univers étudié. Ma question sera donc la suivante : comment améliorer les performances du rayon Y de l'univers X ? »



# 2 Partie 2 : diagnostic partiel de l'unité commerciale

**Plan-type**

A. **Rappel de la problématique commerciale**
B. **Description et justifications de la solution choisie**
C. **Analyse des répercussions humaines, financières et organisationnelles**

## A Rappel de la problématique commerciale

Fiche 10 p. 184

Vous devez rappeler ici les raisons pour lesquelles l'unité commerciale a cette problématique, en vous appuyant sur les conclusions de vos outils. Vous énoncerez clairement votre problématique sous la forme d'une question + cahier des charges.

**Conseil**
Pensez à encadrer votre problématique pour qu'elle soit plus visible du jury !

## B Description et justifications de la solution choisie

étape 1 **Donnez un nom à votre préconisation :** vous veillerez à trouver un titre accrocheur et suffisamment clair pour que le jury comprenne bien la solution que vous avez choisie de mettre en place, par exemple « Réimplantation du rayon accessoires ».

**Étape 2** Vous énoncerez les avantages et inconvénients de votre solution :

| | Exemples d'avantages | Exemples d'inconvénients |
|---|---|---|
| **Pour l'UC** | Amélioration de l'attractivité du rayon et augmentation du chiffre d'affaires à terme. | Mobilisation de l'équipe pour la réimplantation et manque à gagner en termes de chiffre d'affaires. |
| **Pour l'équipe** | Argumentation commerciale facilitée grâce à une meilleure lisibilité du rayon. | Difficulté à atteindre les objectifs de vente compte tenu du temps passé à la réimplantation. |
| **Pour les clients** | Meilleur repérage du rayon au sein de l'univers. | Risque de confusion du client face à une nouvelle organisation du rayon. |

## C Analyse des répercussions humaines, financières et organisationnelles

Fiche 13 p. 189

Fiche 11 p. 185

| CRITÈRES | | |
|---|---|---|
| **Répercussions humaines** | **Vous listerez les acteurs du projet** ainsi que leurs rôles. Combien de personnes seront nécessaires ? Quelles compétences ? Qui ? | |
| **Répercussions financières** | **Vous chiffrerez le coût de cette solution** en demandant des devis auprès des prestataires concernés ; vous établirez ensuite un budget prévisionnel. | |
| **Répercussions organisationnelles** | **Vous détaillerez ici le plan d'action de votre solution** en précisant les étapes et les sous-étapes, ainsi que les durées de chacune d'entre elles, de la préparation jusqu'au suivi. Vous illustrerez cette partie grâce à votre diagramme de Gantt élaboré sous GanttProject. **Exemple :** « Réimplantation du rayon accessoires ». | |

| | **Préparation de la réimplantation** | |
|---|---|---|
| 1 | Entretien avec le commanditaire (en général le tuteur) au sujet du marchandisage préconisé par l'enseigne. | 1 jour |
| 2 | Préparation des produits à implanter. | 1 jour |
| | **Déroulement de l'implantation** | |
| 3 | Désimplantation de l'ancienne collection. | 2 jours |
| 4 | Préparation du squelette du rayon. | 1 jour |
| 5 | Implantation de la nouvelle collection. | 2 jours |
| 6 | Mise en place de l'information sur lieu de vente. | 1 jour |
| 7 | Validation de l'implantation par le commanditaire. | 1 jour |
| | **Suivi de l'implantation** | |
| 8 | Réassort de la collection. | 15 jours |
| 9 | Analyse des performances commerciales. | 30 jours |
| 10 | Analyse de la satisfaction de la clientèle. | 15 jours |
| 11 | Réunion bilan avec le commanditaire et l'équipe projet. | 1 jour |

# 3 Partie 3 : premières réflexions pour la mise en œuvre

**Plan-type**
A. Premier cas de figure : votre projet n'a pas été réalisé
B. Second cas de figure : votre projet a été réalisé
C. Conclusion

## A Premier cas de figure : votre projet n'a pas été réalisé

Vous listerez ici les différents outils qui vous auraient permis de mettre en œuvre le projet et de mesurer son impact sur la problématique de départ.

Vous distinguerez les outils de pilotage des outils de suivi.

**Remarque**
Chacun de ces outils sera vierge si votre projet n'a pas été réalisé mais complété et finalisé s'il l'a été.

## B Second cas de figure : votre projet a été réalisé

Vous listerez ici l'ensemble des outils créés et utilisés pour mettre en œuvre votre projet.
Vous distinguerez les outils de pilotage des outils de suivi.

**Exemple** Voici des outils de pilotage et de suivi que vous pouvez utiliser.

**Outils de pilotage :**
– Maquette de flyer
– Compte-rendu d'une réunion
– Planogramme du rayon
– Tableau de répartition des tâches
– Tableau synthétique d'indices de sensibilité
– Argumentaire
– Script téléphonique
– Emails
– Devis…

**Outils de suivi :**
– Tableau de bord
– Questionnaire de satisfaction
– Grille d'analyse de la concurrence
– Grille d'entretien avec les collaborateurs
– Guide d'entretien avec le tuteur

## C Conclusion du dossier

Vous conclurez votre dossier en identifiant les actions à mettre en œuvre pour corriger les dysfonctionnements éventuels et pérenniser votre projet.

PDUC

# 2 L'étude d'attractivité d'un rayon

Une étude d'attractivité permet de mieux comprendre les contre-performances inhérentes à un rayon ou à une famille de produits. Elle consiste à suivre un certain nombre de clients dans leur parcours au sein de l'unité commerciale afin de mettre en évidence les principaux points faibles d'un rayon. Elle peut être complétée par une étude de satisfaction de la clientèle portant sur le rayon afin de pouvoir affiner notre analyse.

## 1 Étape 1 : analyse préalable du rayon existant

### A Le ciblage des points forts et faibles

• **Démarche qualitative :** cette dernière aura lieu avant l'étude d'attractivité et aura pour objectif de déterminer les points forts et les points faibles les plus évidents de l'implantation du rayon.

**Exemple** : il peut s'agir par exemple de demander à chaque membre de l'équipe de réaliser une observation critique du rayon à partir du plan merchandising initial.

> **Définition**
> **Plan merchandising :** plan du réaménagement et de la réimplantation.

• **Exemples de points forts pour un rayon « Fruits et Légumes » :** emplacement à l'entrée de l'UC pour donner une image de qualité ou au fond de l'UC pour inciter les gens à « s'aventurer » dans une zone moins attractive ; rangement des produits par famille ; étiquetage clair…

• **Exemples de points faibles pour un rayon « Fruits et Légumes » :** réunir les fruits et légumes, ne pas retirer les produits abîmés ou fanés, positionner le rayon près de celui des produits d'entretien…

### B Les questions à se poser face au rayon

Pour mener une analyse préalable à l'étude d'attractivité, vous devez vous poser des questions sur les éléments clés d'un rayon :

– Quel est le parcours du client ?

– Comment se répartissent les zones chaudes et les zones froides ?

– Le mobilier est-il adapté aux produits du rayon ? Est-il en accord avec l'image de l'UC ?

– Comment est l'ambiance générale du rayon ? Comment est-il décoré ? Quelles sources d'éclairage sont utilisées ?

– Le client circule-t-il facilement dans le rayon ? Arrive-t-il à se repérer aisément ?

– Comment les produits sont-ils mis en valeur ? Est-ce suffisant ?

## 2 Étape 2 : étude d'attractivité du rayon

### A Élaboration du plan de masse de l'UC

Vous élaborerez un plan de masse de l'unité commerciale afin de pouvoir procéder au suivi des clients entrant dans le magasin. Ce plan de masse comportera une légende qui permettra de mettre en évidence les arrêts, les prises en main…

**Exemple de plan de suivi des clients à compléter :**

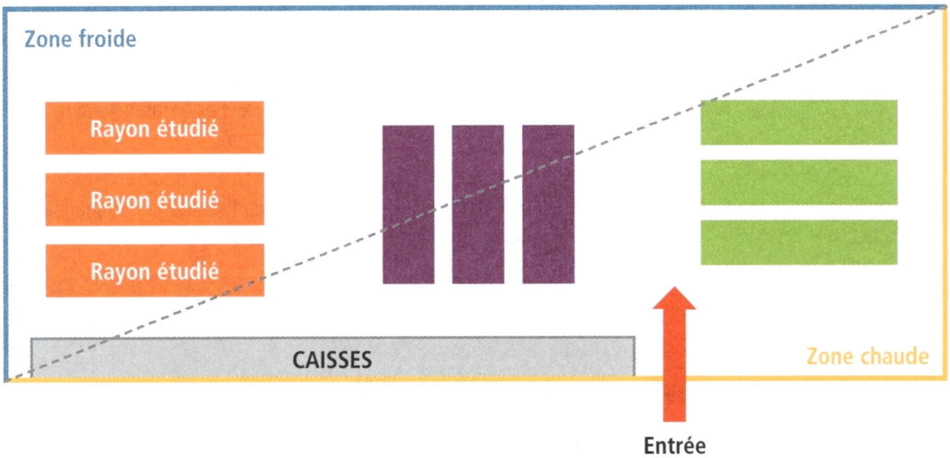


Vous pouvez proposer les éléments de légende suivants pour que chaque membre de l'équipe puisse compléter de la même façon le plan :

—— Parcours du client ● Arrêt du client ✗ Prise en main ○ Achat



## B Observation des clients

**étape 1** Une fois le plan de masse élaboré, vous le photocopierez autant de fois que le nombre de suivis prévus. **L'usage est de suivre environ 50 clients.**

**étape 2** Vous procéderez au suivi clients en prenant soin de bien noter les arrêts, prises en main et achats de vos clients. **Vous pourrez répartir ces suivis tout au long de la semaine** afin d'avoir une meilleure représentativité du comportement du client.

**En règle générale, on utilise la méthode des itinéraires** pour constituer l'échantillon des clients suivis.

**Définition**

**Méthode des itinéraires :** méthode empirique qui impose au sondeur un « itinéraire » pour éviter toute subjectivité dans l'échantillonnage choisi. Par exemple, un client sur 10 entrés dans l'UC.

## C Calcul des indices

Pour réaliser votre **étude d'attractivité**, vous devez calculer les indices suivants, à partir des suivis réalisés.

| Indice | Mode de calcul | Interprétation |
| --- | --- | --- |
| **Indice de passage** | $\frac{\text{Nombre de passages dans le rayon}}{\text{Nombre de clients suivis}}$ | Évaluer l'emplacement du rayon et déterminer les zones froides et chaudes. |
| **Indice d'attractivité** | $\frac{\text{Nombre d'achats dans le rayon}}{\text{Nombre de passages dans le rayon}}$ | Évaluer l'attractivité du rayon, son impact auprès de la clientèle. |
| **Indice d'attention** | $\frac{\text{Nombre d'arrêts dans le rayon}}{\text{Nombre de passages dans le rayon}}$ | Estimer la puissance visuelle du rayon, sa capacité à retenir l'attention du client. |

| | | |
|---|---|---|
| Indice de manipulation | $\frac{\text{Nombre de prises en main dans le rayon}}{\text{Nombre d'arrêts dans le rayon}}$ | Vérifier que l'offre de produits correspond aux besoins du client. |
| Indice d'acquisition | $\frac{\text{Nombre d'achats dans le rayon}}{\text{Nombre de prises en main}}$ | Vérifier si le niveau de prix pratiqué est correct et si l'assortiment est adapté. |
| Indice d'achat | $\frac{\text{Nombre d'achats dans le rayon}}{\text{Nombre de clients suivis}}$ | Montrer l'efficacité commerciale globale du rayon. |

## 3 Étape 3 : analyse de l'attractivité du rayon

Vous procéderez ensuite à l'analyse des calculs des indices réalisés. **Un indice performant est proche de 1**.

Idéalement, ces indices doivent être comparés dans le temps pour estimer l'évolution des performances, soit entre différents rayons, soit entre des rayons similaires dans des unités commerciales différentes du réseau.

**Exemple d'analyse** Si, lors de votre étude d'attractivité, vous obtenez un indice d'acquisition de 0,33 alors ce n'est pas un bon résultat.
Cela signifie que seuls 33 % des clients qui prennent le produit en main l'achètent. Cet indice met en évidence que le produit est attractif mais certainement trop cher.

# 3 Le guide d'entretien du tuteur

Fiche 6 p. 177

Le guide d'entretien du tuteur correspond à une étude qualitative réalisée dans le cadre du diagnostic partiel de votre unité commerciale. C'est un entretien semi-directif que vous conduirez avec votre tuteur ou tout autre collaborateur de l'entreprise enclin à vous livrer des informations utiles à votre réflexion.



## 1 Utilité du guide d'entretien

Ce guide d'entretien fait le plus souvent suite à votre étude des performances commerciales et a pour principal objectif de recueillir des informations auprès de votre tuteur pour :
– comprendre les causes des performances ou contre-performances de votre unité commerciale ;
– identifier des pistes possibles pour répondre à la problématique supposée ;
– délimiter votre marge de manœuvre dans votre démarche de projet.

## 2 Étape 1 : élaboration du guide d'entretien

• **Le guide d'entretien contient environ 5 questions ouvertes** suffisamment larges pour que votre tuteur développe ses réponses.

• **Exemples de questions :**

1. Votre unité commerciale enregistre actuellement des contre-performances en termes de panier moyen. Comment l'expliquez-vous ?
2. Avez-vous déjà mené des actions pour redynamiser le panier moyen de votre unité commerciale ? Si oui, lesquelles ? Quels ont été les résultats ?
3. Quelle serait notre marge de manœuvre dans la mise en place d'un projet destiné à redynamiser le panier moyen de l'unité commerciale ?
4. De quel budget pourrions-nous disposer ?
5. Auriez-vous des conseils à me donner afin d'optimiser la réussite de mon projet ?

**Remarque**

Ce guide d'entretien présentera, en haut de page, le nom du collaborateur interviewé et sa fonction, la date et le lieu de l'interview. Suivront ensuite les questions à poser.

## 3 Étape 2 : déroulement de l'entretien

• **Vous prendrez rendez-vous** avec la personne à interviewer afin de convenir de la date, de l'heure et du lieu de l'entretien. Vous pourrez annoncer une durée d'environ une heure.

• **Vous conduirez ensuite l'entretien** en complétant les réponses à chacune des questions, de la façon la plus complète possible.

**Remarque**

Il est possible d'enregistrer l'entretien puis de le retranscrire si toutefois si vous en avez eu l'autorisation au préalable.

## 4 Étape 3 : analyse de l'entretien

Il s'agit ici de mettre en évidence les principaux éléments qui ressortent de l'entretien et qui viendront ensuite nourrir la synthèse de votre diagnostic en prenant soin de distinguer : les éléments plutôt favorables, les éléments plutôt défavorables et les préconisations.
Vous présenterez ces différents éléments dans un rapport d'étude.

# 4 Comment construire ses rapports d'outils du diagnostic ?

## 1 Le rapport d'enquête

| | Nombre de pages | Contenu |
|---|---|---|
| **Page de garde** | 1 | • Nom, prénom, statut dans l'UC.<br>• Titre : « **Rapport de l'enquête de** » (notoriété, satisfaction… à préciser).<br>• Nom (et logo) de l'UC pour laquelle le rapport est réalisé. |
| **Sommaire** | 1 | • Subdivision du rapport avec pagination de chaque partie. |
| **Introduction** | 1 | • Présentation du **problème** à résoudre (dans le contexte de l'UC ou plus globalement).<br>• Rappel des **objectifs** de l'enquête. |
| **Méthodologie** | 1 | • Type d'étude utilisée.<br>• Utilisation des logiciels Ethnos ou Sphinx, ou tout autre logiciel de dépouillement.<br>• Justification des choix concernant la population mère, la taille de l'échantillon et son mode de calcul, le mode d'administration, etc.<br>• Les contraintes (coût, délai, personnel…).<br>• Présentation des différentes étapes dans un planning (lieu, dates et durée). |
| **Résultats** | Variable | • **Présentation synthétique** des résultats suite à l'analyse de l'ensemble des tris effectués pour toutes les questions administrées. |
| **Synthèse** | De 2 à 5 | • **Bilan** (points positifs/négatifs) compte tenu des objectifs et du problème posé.<br>• **Difficultés rencontrées.**<br>• **Préconisations/recommandations** (argumentées et budgétées) au commanditaire de l'enquête pour résoudre le problème. |
| **Annexes** | Variable | • Le questionnaire d'enquête vierge.<br>• Les questionnaires administrés.<br>• Tous les éléments chiffrés en lien avec la démarche méthodologique, avec l'analyse des tris, et enfin avec les recommandations effectuées en conclusion. |

## 2 Le tableau de bord

| | Nombre de pages | Contenu |
|---|---|---|
| **Page de garde** | 1 | • Nom, prénom, statut dans l'UC.<br>• Titre « **Rapport d'étude des performances commerciales** ».<br>• Nom (et logo) de l'UC pour laquelle le rapport est réalisé. |
| **Sommaire** | 1 | • Subdivision du rapport avec pagination de chaque partie. |
| **Introduction** | 1 | • Présentation du **problème** à résoudre (dans le contexte de l'UC ou plus globalement).<br>• Rappel des **objectifs** du tableau de bord. |
| **Méthodologie** | 1 | • Type d'étude utilisée.<br>• Utilisation du logiciel Excel.<br>• Justification du choix des indicateurs selon la problématique (si déjà trouvée) ou le besoin d'informations. |
| **Résultats** | Variable | • **Le tableau de bord rempli.**<br>• Présentation synthétique des résultats suite à l'analyse des différents indicateurs de performance. |
| **Synthèse** | De 2 à 5 | • **Bilan :** principales conclusions tirées de l'analyse des indicateurs de performance ; pistes de problématiques possibles. |
| **Annexes** | Variable | • Tableau de bord vierge et tableau de bord rempli. |

## 3 L'audit d'équipe

| | Nombre de pages | Contenu |
|---|---|---|
| **Page de garde** | 1 | • Nom, prénom, statut dans l'UC.<br>• Titre « **Rapport d'audit d'équipe** ».<br>• Nom (et logo) de l'UC pour laquelle le rapport est réalisé. |
| **Sommaire** | 1 | • Subdivision du rapport avec pagination de chaque partie. |
| **Introduction** | 1 | • Présentation du **problème** à résoudre (dans le contexte de l'UC ou plus globalement).<br>• Rappel des **objectifs** de l'audit. |
| **Méthodologie** | 1 | • Type d'étude utilisée.<br>• Utilisation du logiciel Word.<br>• Présentation du nombre de personnes interrogées, des thèmes abordés, ou date, lieu et modalités d'administration… |
| **Résultats** | Variable | • **Présentation synthétique des résultats** suite à l'analyse de différentes interviews. |
| **Synthèse** | De 2 à 5 | • **Bilan** (points forts/faibles) compte tenu des thèmes et/ou du problème posé.<br>• **Difficultés rencontrées.**<br>• **Recommandations éventuelles.** |
| **Annexes** | Variable | • La grille d'audit vierge.<br>• Les grilles remplies. |

## 4 L'étude de concurrence

| | Nombre de pages | Contenu |
|---|---|---|
| **Page de garde** | 1 | • Nom, prénom, statut dans l'UC.<br>• Titre « **Rapport d'étude de la concurrence** ».<br>• Nom (et logo) de l'UC pour laquelle le rapport est réalisé. |
| **Sommaire** | 1 | • Subdivision du rapport avec pagination de chaque partie. |
| **Introduction** | 1 | • Présentation du **problème** à résoudre (dans le contexte de l'UC ou plus globalement).<br>• Rappel des **objectifs** de l'étude de concurrence. |
| **Méthodologie** | 1 | • Type d'étude utilisée.<br>• Utilisation du logiciel Word/Excel.<br>• Justification du nombre et du choix des concurrents, des thèmes abordés, de la date, du lieu et des modalités d'administration…<br>• Présentation de la méthode d'évaluation choisie pour comparer les concurrents. |
| **Résultats** | Variable | • **Présentation synthétique des résultats** suite à l'analyse des scores obtenus par chaque concurrent. |
| **Synthèse** | De 2 à 5 | • **Bilan** (points forts et faibles de notre UC par rapport à la concurrence et des concurrents par rapport à notre UC).<br>• **Difficultés rencontrées.**<br>• **Recommandations éventuelles.** |
| **Annexes** | Variable | • Grille d'analyse de la concurrence vierge.<br>• Grille d'analyse remplie pour chaque concurrent. |

# 5 L'étude des indices de sensibilité d'un rayon

L'étude des indices de sensibilité d'un rayon consiste à vérifier si la place accordée à chacun des produits ou à chacune des familles de produits permet d'optimiser la rentabilité du rayon. C'est **une étude assez longue à réaliser qui demande beaucoup de rigueur** mais qui permet de justifier, avec beaucoup de précision, une proposition de réimplantation de rayon.

## 1 Étape 1 : le recueil des informations

- **Avant toute analyse**, vous récolterez tous les renseignements qui vous permettront ensuite d'être plus efficace. Un rayon stable (ex. : épicerie, produits d'entretien de la maison…) est plus facile à analyser qu'un rayon saisonnier (ex. : maillots de bain, bonnets et écharpes…).
- **Les informations à collecter** sont les suivantes :

| Pour l'ensemble du rayon | Pour chaque référence |
|---|---|
| – Un schéma précis au centimètre près du rayon par famille, mais aussi par référence.<br>– Une photo du linéaire pour pouvoir juger de son aspect visuel.<br>– Le sens de circulation de la clientèle pour déterminer l'entrée et la sortie du rayon. | – Le chiffre d'affaires ou les quantités vendues sur une période de plusieurs mois.<br>– La marge réalisée par référence. |

## 2 Étape 2 : diagnostic par famille de produits

- **Vous commencerez toujours par analyser chaque famille de produits** avant de procéder à l'analyse par référence. Cette dernière est beaucoup plus fastidieuse car il peut exister jusqu'à 500 références dans un rayon.
Il est possible toutefois de se limiter à l'analyse par famille, mais elle sera moins précise.

**Remarque**

N'oubliez pas de mesurer précisément, dans le rayon, le nombre de mètres alloués à chaque produit !

- **Vous présenterez votre travail dans des tableaux** de calculs d'indices comme celui proposé ci-dessous.

**Exemple**

| Famille | CA réalisé en € | MB* | MLD* | % CA | % MB | % MLD | IS CA* | IS MB* |
|---|---|---|---|---|---|---|---|---|
| Famille 1 | 8 703 | 2 786 | 25,58 | 70,7 | 64,64 | 75 | 0,94 | 0,86 |
| Famille 2 | 1 686 | 494 | 4,08 | 13,7 | 11,46 | 12 | 1,14 | 0,95 |
| Famille 3 | 670 | 412 | 2,04 | 5,4 | 9,56 | 6 | 0,9 | 1,59 |
| Famille 4 | 1 250 | 618 | 2,42 | 10,2 | 14,34 | 7 | 1,46 | 2,05 |
| TOTAL | 12 309 | 4 310 | 34,12 | 100 | 100 | 100 | | |

*MB pour marge brute ; MLD pour mètre linéaire développé ; IS CA pour indice de sensibilité sur le chiffre d'affaires ; IS MB pour indice de sensibilité sur la marge brute.

- **MLD =** nombre de mètres linéaires occupés par la famille × nombre de niveaux.

**% MLD** = (MLD occupé par la famille / MLD total) × 100.

- **% CA =** (chiffre d'affaires de la famille / chiffre d'affaires total) × 100.
- **% MB =** (marge brute de la famille / marge brute totale) × 100.
- **IS CA :** il compare les ventes de la famille avec la surface qu'elle occupe dans le rayon. On peut aussi travailler sur les quantités vendues à la place du chiffre d'affaires.

**Calcul :** % CA / % MLD.

- **IS MB :** il compare la marge dégagée par une famille de produits et la place qu'elle occupe dans le rayon.

**Calcul :** % MB / % MLD.

## 3 Étape 3 : analyse des indices de sensibilité du rayon

**Un indice de sensibilité doit être au moins égal à 1** pour être performant.

**Si l'IS est supérieur à 1**

**Le produit se vend bien.**
↓
**MAIS est sous-représenté dans le linéaire.**
↓
**Il faut augmenter le nombre de produits proposés.**

**Si l'IS est inférieur à 1**

**Le produit se vend peu.**
↓
**MAIS est sur-représenté dans le linéaire.**
↓
**Il faut réduire le nombre de produits proposés.**

- Tableau d'aide à l'interprétation des résultats :

| | IS CA < 1 | IS CA > 1 |
|---|---|---|
| IS MB < 1 | **Famille sur-représentée.** La place accordée à la famille est trop importante par rapport à son efficacité. Il faut réduire la part de linéaire accordée, voire supprimer la famille.<br>Dans notre exemple, c'est le cas de la famille 1. | **Le CA réalisé est important mais la marge est insuffisante.**<br>Il faut augmenter la marge (augmentation du prix de vente ou baisse du prix d'achat) si cela est possible.<br>Ces familles ne doivent pas être mises en valeur dans le linéaire.<br>Dans notre exemple, c'est le cas de la famille 2. |
| IS MB > 1 | **La marge réalisée sur cette famille est bonne mais les ventes réalisées sont insuffisantes.**<br>Il faut se demander si, en les changeant d'emplacement, il serait possible d'augmenter les ventes.<br>Dans notre exemple, c'est le cas de la famille 3. | **La famille est sous-représentée.**<br>Le comportement de cette famille est très bon en termes de CA et de marge générés.<br>Cette famille mérite qu'on lui accorde une plus grande part de linéaire.<br>Dans notre exemple, c'est le cas de la famille 4. |

## 4 Étape 4 : synthèse de l'étude des indices de sensibilité

Une fois les calculs réalisés, vous rédigerez une synthèse de votre étude des indices de sensibilité en précisant :
– les modalités de l'étude ;
– les tableaux de calculs des indices de sensibilité ;
– l'interprétation des indices de sensibilité calculés ;
– vos préconisations en termes d'allocation de linéaire par famille et/ou par référence.

# 6 L'audit de l'équipe commerciale

L'équipe reflète ce qui se passe dans l'unité commerciale. Elle est le témoin privilégié des problématiques de l'entreprise et il est donc intéressant de la sonder.

## 1 Trois thématiques à aborder

L'audit de l'équipe commerciale doit se concentrer sur 3 thématiques :

• **Le management mis en place au niveau du point de vente.** Vous pouvez, par exemple, interroger l'équipe sur le style de management pratiqué dans votre unité commerciale.

• **Le développement et la fidélisation de la clientèle.** Vous pouvez, par exemple, interroger l'équipe sur les éventuelles difficultés rencontrées pour fidéliser les clients.

• **L'offre de produits et de services.** Vous pouvez, par exemple, interroger l'équipe sur les produits contre-performants dans votre unité commerciale.

PDUC

## 2 Méthodologie pour mener l'audit

### A Phase préalable : définir l'équipe commerciale

• **Vous devez cibler** précisément les différents membres de l'équipe commerciale ainsi que leurs niveaux hiérarchiques.

• **Une équipe commerciale peut être organisée par :**
– produits (les équipes sont spécialisées dans une gamme de produits, par exemple les cosmétiques) ;
– clients (par exemple dans les agences bancaires) ;
– zones géographiques (par exemple dans une concession automobile).

**Définition**

**Équipe commerciale :** entité regroupant le personnel qui, au sein de l'unité commerciale, est chargée de gérer l'offre des produits et de dynamiser les ventes, tout en satisfaisant la clientèle.

### B Déterminer un mode de sondage

Le mode de sondage que vous allez choisir est important.

• **L'entretien de groupe** a pour avantage de créer de l'émulation entre les participants et de générer davantage d'idées, mais pour inconvénient de provoquer parfois une gêne de certains participants qui ont des difficultés à s'exprimer devant un groupe.

• **L'entretien individuel** a pour avantage de libérer la parole, mais pour inconvénient de ne pas permettre un recueil d'informations assez importants et précis.

• **L'entretien libre** a pour avantage de laisser libre cours à l'imagination des participants, mais pour inconvénient que le discours n'est pas canalisé sur le thème que vous souhaitez étudier.

• **L'entretien semi-directif** a pour avantage de canaliser le discours des participants, mais pour inconvénient de ne pas leur permettre de s'exprimer au-delà des questions posées.

## C Évaluer l'équipe commerciale

**• L'évaluation de l'équipe commerciale se fait au moyen d'une grille** d'interview qui recensera les points forts et les points faibles de l'équipe que vous aurez ciblés, ainsi que ceux de l'UC que les membres de l'équipe auront à leur tour mis en avant.

**• Votre grille doit être à double entrée :**

– points forts / points faibles d'une part ;

– relatifs aux membres de l'équipe / relatifs à l'UC d'autre part.

> **Remarque**
>
> Vous ne savez pas encore à ce stade quelle est votre réelle problématique. Vous la supposez… Les questions doivent donc vous permettre de la confirmer ; sinon, l'outil n'aura aucune utilité !

Votre grille doit également permettre d'aborder, lors de l'entretien, les trois thématiques citées en page 177.

## D Entretiens et synthèse

Vous devez mener les entretiens, de préférence semi-directifs, avec l'équipe commerciale.

Fiche 4 p. 172

Ensuite, il faut analyser et synthétiser les résultats en dépouillant les différents questionnaires renseignés, en distinguant les points positifs des points négatifs.

La dernière étape est la construction du rapport d'étude.

# 7 Le tableau de bord : l'étude des performances commerciales

La mesure des performances de l'unité commerciale permet d'évaluer sa situation sur une période donnée, via le tableau de bord. Ce dernier est un outil couramment utilisé par le manager et il est souvent le premier outil utilisé pour un diagnostic.

## 1 Pourquoi constituer un tableau de bord ?

Le tableau de bord peut servir à :
– diagnostiquer un problème dans l'UC (global ou sur une famille de produits) ;
– piloter l'équipe (notamment par rapport aux performances attendues par le réseau) ;
– animer l'équipe (pour l'informer et la motiver à partir de données concrètes).



## 2 Méthodologie pour créer un tableau de bord

### A Phase préalable : définir les limites du tableau de bord

Vous devez :
– **Lister tous les indicateurs commerciaux utiles** pour déterminer votre problématique (CA, marge, panier moyen, TT, ventes réalisées par les différents membres de l'équipe commerciale, etc.).
– **Déterminer la période à étudier** (1 mois, 6 mois, 1 an), en cohérence avec ce que vous supposez, puisqu'à ce stade vous ne savez pas encore quelle est votre problématique.
– **Déterminer le « champ d'exploration »** (magasin, magasin/réseau, famille de produits, rayon, etc.).

### B Validation des critères et construction du tableau

• **Vous devez valider le choix des indicateurs, de la période et du champ de recherche** auprès de votre tuteur.

• **Ensuite, vous pouvez construire votre tableau de bord**, vierge dans un premier temps, au moyen d'Excel. Une fois que vous aurez récolté les différentes informations auprès de votre tuteur ou sur l'intranet de votre UC, vous pourrez remplir le tableau de bord.

• **Vous devez enfin effectuer les calculs nécessaires** (écart, taux d'évolution, etc.) grâce au logiciel Excel.

### C Analyse des résultats et construction du rapport

Fiche 4 p. 172

Dans votre rapport, vous ferez apparaître les écarts anormaux, les points faibles de l'UC/rayon/famille. Vous chercherez également à les expliquer et proposerez des préconisations adaptées, et d'éventuelles solutions à retenir pour le projet.

# 8 L'étude de concurrence

Votre UC évolue souvent sur un secteur très concurrentiel et il convient d'être en situation de veille commerciale.

## 1 Objectifs de l'étude de concurrence

L'étude de concurrence va vous permettre :
– de délimiter clairement votre concurrence directe et indirecte ;
– d'évaluer les forces et faiblesses de la concurrence directe afin d'en tirer des enseignements et des améliorations possibles pour votre UC.

## 2 Méthodologie

### A Phase préalable : définir l'activité commerciale

• **Vous devez cibler précisément l'activité** pratiquée par votre entreprise, c'est-à-dire, notamment : le type de clients, la zone géographique et le type de produits proposés.

• **Cette définition précise vous permettra de cibler la concurrence** directe, donc positionnée sur les mêmes créneaux ou marchés, et la concurrence indirecte, positionnée sur des créneaux différents mais pouvant se substituer. Par exemple, sur le marché des transports de voyageurs, le concurrent direct d'Air France peut être EasyJet et son concurrent indirect la SNCF.

• **Enfin, vous devez créer un fichier de la concurrence** dans lequel vous réunirez tous les concurrents directs, accompagné d'une carte sur laquelle ils apparaîtront.

### B Évaluation de la concurrence

L'évaluation de la concurrence se fait au moyen d'**une analyse multicritère**, par exemple :
– **L'emplacement et la qualité du point de vente** (photos à l'appui si possible).
– **L'ancienneté et la notoriété** (du dirigeant, de l'enseigne).
– **Le niveau d'activité et de croissance du CA :** vous pouvez vous renseigner sur le site www.societes.com (attention à bien faire une recherche sur la raison sociale du magasin concurrent et pas sur l'enseigne).
– **L'accueil téléphonique** (attente, conseils, services).
– **L'accueil physique et les conseils** (client mystère).
– **Le choix et les prix pratiqués** (tableau comparatif).
– **La communication.**

### C Synthèse des résultats et préconisations

• **Pour votre synthèse**, vous devez évaluer chaque critère avec un barème de notation (de 1 à 10 par exemple) qui permettra de classer les concurrents.
Vous pouvez ensuite en déduire les concurrents les plus sérieux pour votre unité commerciale.

Fiche 4 p. 172

• **Vos préconisations** doivent permettre de confronter les résultats de cette dernière sélection aux prestations fournies par votre propre entreprise. Ainsi, vous allez en déduire les « plus et les moins » de votre entreprise, c'est-à-dire les choses à maintenir, à faire ou à ne plus faire. La dernière étape est la construction du rapport d'étude.

# 9 L'étude de satisfaction de la clientèle

## 1 Étape 1 : préparation de l'étude

### A Définition des modalités et repérage des contraintes

Vous préciserez dans un document les différents éléments liés aux modalités de l'enquête.

- **Les objectifs de cette enquête :** pourquoi menez-vous cette enquête ? Que souhaitez-vous connaître ou mesurer (produits, prix, équipe, ambiance du magasin, comportement d'achat…) ?
- **Les caractéristiques de l'échantillon à interroger :** nombre de personnes, profil des personnes à interroger (client, client fidèle, visiteur, sexe, âge…).
- **Lieu d'administration :** à l'intérieur du magasin, devant le magasin, en sortie de caisses…

**Remarque**

Vous utiliserez une méthode d'échantillonnage non probabiliste puisqu'on ne connaît pas la liste exhaustive des individus constituant la population mère. On ne peut donc pas théoriquement calculer la taille de l'échantillon. Dans la pratique, vous retiendrez un échantillon d'environ 100 personnes.

- **La durée et les moments d'administration :** moment de la semaine, de la journée…
- **L'équipe d'administrateurs :** êtes-vous seul à administrer le questionnaire ou avez-vous des collaborateurs ?
- **Le mode d'administration :** en face à face, par téléphone, par mail, en auto-administration.

### B Principales méthodes d'échantillonnage

| | Caractéristiques | Exemple |
|---|---|---|
| Méthode des quotas | On reproduit les caractéristiques (sexe, âge…) de la population étudiée sur l'échantillon. | On respectera la composition de la clientèle : 40 % d'hommes et 60 % de femmes. |
| Méthode arbitraire | L'échantillon est composé de manière intuitive en ayant cependant pour souci de respecter une variété sociale. | L'enquêteur veillera à interroger toutes les tranches d'âges. |
| Méthode des itinéraires | Les enquêteurs doivent respecter un itinéraire précis sur lequel ils vont constituer leur échantillon. | On interrogera une personne sur 5 en sortie de caisse d'un magasin. |

### C Élaboration du questionnaire et validation du commanditaire

Vous expliquerez ici les étapes de construction de votre questionnaire.

étape 1 **Identification des thèmes à aborder dans le questionnaire :** vous limiterez votre questionnaire à 4 thèmes, dont le thème signalétique (sexe, âge, lieu d'habitation, profession…).

étape 2 **Formulation des questions** : vous veillerez à alterner les types de questions : questions fermées, questions à choix multiple (QCM), questions à échelle, questions ouvertes… Vous serez attentifs à l'ordre des questions afin de rendre l'administration de votre questionnaire plus fluide.

**Astuce**

Pour faciliter le dépouillement, vous limiterez votre questionnaire à une question ouverte.

**Question fermée/ouverte**

- **Fermée**

Possédez-vous la carte de fidélité de notre magasin ? ❍ Oui ❍ Non

- **Ouverte**

Auriez-vous des suggestions à proposer pour améliorer le choix des produits dans notre magasin ?

**QCM**

**Donnez votre avis sur l'équipe du magasin :**

| | | | | |
|---|---|---|---|---|
| • Accueil en magasin | – ❍ | – – ❍ | + ❍ | + + ❍ |
| • Disponibilité | – ❍ | – – ❍ | + ❍ | + + ❍ |
| • Qualité des conseils | – ❍ | – – ❍ | + ❍ | + + ❍ |
| • Sourire | – ❍ | – – ❍ | + ❍ | + + ❍ |

**Question à échelle**

**Sur une échelle de 1 à 5 (5 étant la note la plus haute), comment jugez-vous l'ambiance générale de notre magasin ?**

❍ 1 ❍ 2 ❍ 3 ❍ 4 ❍ 5

Étape 3 **Mise en page de votre questionnaire :** vous présenterez votre questionnaire avec un titre, une introduction ainsi qu'une conclusion.

Étape 4 **Validation du questionnaire** par le commanditaire.

## D Tests, corrections, validation et impression des questionnaires

Vous testerez votre questionnaire sur environ 10 % de votre échantillon final et procéderez aux corrections éventuelles.

Vous imprimerez ensuite votre questionnaire en limitant sa présentation à une page recto-verso.

# 2 Étape 2 : déroulement de l'étude

## A Présentation du planning

Vous présenterez **un planning d'administration** de votre questionnaire afin de mettre en évidence la rigueur de votre méthodologie : nombre de questionnaires administrés par jour ou par moments de la journée…

**Exemple** L'administration des questionnaires répartis au prorata du chiffre d'affaires généré par jour. Sur un total de 100 questionnaires, si la contribution au chiffre d'affaires du samedi représente 40 %, alors 40 questionnaires seront administrés le samedi.

Vous préciserez le nom de la méthode non probabiliste que vous avez choisie.

**À savoir**

La pratique en BTS MUC est d'administrer 100 questionnaires et de justifier la taille de l'échantillon pour des contraintes de temps et/ou de budget.

## B Paramétrage du logiciel de dépouillement d'enquête

Pour réaliser cette étape, vous devez construire le questionnaire sur le logiciel et saisir les caractéristiques des différentes questions.

Cette étape est essentielle car **un paramétrage mal exécuté rend la saisie des résultats erronée** et vous oblige à recommencer cette étape.

## C Saisie des résultats

Cette étape consiste à entrer dans le fichier de l'enquête des réponses reçues lors du questionnement des personnes.

**La sauvegarde des données se fait à la fin de chaque questionnaire**, ce qui vous permet de réaliser cette étape de saisie en plusieurs fois.

**À savoir**

Dans le module de saisie, le terme ***individu*** signifie ***questionnaire***.

# 3 Étape 3 : suivi de l'étude

## A Analyse des résultats

• **L'analyse des résultats** de l'étude s'effectue grâce au module de traitement du logiciel de dépouillement d'enquête.

• **Deux techniques**

Fiche 8 p. 138

**Les tris à plat** permettent d'analyser les résultats question par question ;
**les tris croisés** permettent d'analyser les résultats d'une question en fonction des résultats d'une autre question.

• **Exemple de tri croisé**

Question 1 : avez-vous la carte de fidélité de notre magasin ?

Question 2 : dans quelle tranche d'âge vous situez-vous ?

Le croisement de ces deux questions permettra d'améliorer notre connaissance du client encarté en terme d'âge.

**À savoir**

Vous présenterez l'analyse de vos résultats à raison d'une page par tri en incluant : l'intitulé de la question, le tableau et/ou graphique des résultats du tri et une phrase d'analyse de ces résultats.

## B Rédaction d'une synthèse et des préconisations

À l'issue de la phase d'analyse des résultats, **vous rédigerez une synthèse** structurée par thème reprenant les éléments les plus pertinents de vos analyses de tris à plat et tris croisés.

**Exemple** Plusieurs thèmes peuvent structurer votre synthèse : comportement d'achat, satisfaction sur les services proposés, profil du client…

**Vous conclurez votre synthèse par des préconisations** argumentées qui pourraient répondre aux problématiques soulevées dans votre analyse.

## C Élaboration du rapport d'étude et remise au commanditaire

Votre remettrez un rapport d'étude à votre commanditaire. Vous présenterez les résultats de votre étude de satisfaction dans un dossier relié et structuré comme suit :

- **une page de garde** avec l'intitulé de votre étude, le nom de l'unité commerciale, vos nom et prénom, les dates de réalisation de votre étude ;
- **les modalités de votre étude** : objectifs, lieu, mode et dates d'administration, caractéristiques de l'échantillon… ;
- **le questionnaire vierge** validé par le commanditaire ;
- **les analyses illustrées** (tableaux, graphiques) des tris à plat et tris croisés ;
- **la synthèse de votre étude** structurée par thème ;
- **les préconisations**.

# 10 Le cahier des charges

Vous trouverez ci-dessous un modèle de cahier des charges que vous pourrez utiliser et remplir selon vos besoins. Ce document sera signé puis remis à chacune des parties.

<table>
<tr><th colspan="3">Acteurs du projet</th></tr>
<tr><td colspan="3">Entreprise : Vous devez lister tous les acteurs qui interviendront dans votre projet.</td></tr>
<tr><td colspan="2" rowspan="2">Commanditaire du projet : votre tuteur</td><td>Fonction :</td></tr>
<tr><td>Email :</td></tr>
<tr><th colspan="3">Établissement de formation</th></tr>
<tr><td colspan="3">Adresse :</td></tr>
<tr><td colspan="2">Responsable du suivi : votre formateur</td><td>Fonction :</td></tr>
<tr><td colspan="2">Tél. :</td><td>Email :</td></tr>
<tr><th colspan="3">Étudiant</th></tr>
<tr><td colspan="2" rowspan="2">Tél. :</td><td>Fonction :</td></tr>
<tr><td>Email :</td></tr>
<tr><th colspan="3">Définition du projet</th></tr>
<tr><td colspan="3">Intitulé du projet : votre titre doit correspondre à la solution mise en œuvre.<br>Exemple : mise en place d'une opération promotionnelle sur la famille de produits X.</td></tr>
<tr><td colspan="3">Initiateur du projet : en général, c'est le commanditaire.</td></tr>
<tr><td colspan="3">Origine du projet : vous devez expliquer comment vous avez décelé un problème commercial dans votre unité commerciale. Quels sont les outils qui vous ont permis d'aboutir au diagnostic/problème ?</td></tr>
<tr><td colspan="3">Objectifs du projet : ils peuvent être quantitatifs et/ou qualitatifs.</td></tr>
<tr><th colspan="3">Organisation du projet</th></tr>
<tr><td colspan="3">Acteurs du projet : qui va faire partie de l'équipe projet ? Vous devez lister ici les différentes parties prenantes.</td></tr>
<tr><td colspan="3">Description du projet : en quelques lignes, vous décrirez en quoi consiste votre projet.</td></tr>
<tr><td colspan="3">Plan d'action : vous listerez ici les principales étapes de votre projet en y associant les durées pour chacune d'entre elles.</td></tr>
<tr><td colspan="3">Durée du projet : vous préciserez la durée totale de votre projet qui doit correspondre à celle de votre diagramme de Gantt.</td></tr>
<tr><td colspan="3">Ressources nécessaires : vous préciserez quelles sont les ressources matérielles et humaines nécessaires pour mettre en œuvre le projet.</td></tr>
<tr><td colspan="3">Budget prévisionnel :<br>le budget doit être établi à partir de données réelles. Pensez à faire établir des devis !</td></tr>
<tr><td colspan="3">Contraintes et ou risques : vous listerez l'ensemble des contraintes et des risques qui peuvent être des freins au bon déroulement du projet.</td></tr>
<tr><td colspan="3">Outils de pilotage et de suivi du projet : vous citerez ici, les différents outils que vous allez créer pour suivre l'impact de votre projet sur la problématique de départ.<br>Exemple : si votre problématique correspond à un manque de performance, un tableau de bord est nécessaire pour montrer que votre projet a un impact sur ces performances.</td></tr>
<tr><td>Signature du commanditaire du projet :</td><td>Signature de l'étudiant :</td><td>Signature du responsable du suivi :</td></tr>
</table>

# 11 Le diagramme de Gantt

Le diagramme de Gantt permet de visualiser dans le temps les composantes d'un projet et se construit en 4 étapes.

## 1 Étape 1 : cibler les tâches

COMPRENDRE EN VIDÉO

• **Le manager doit déterminer correctement les tâches** qui feront partie de votre diagramme ainsi que la durée des différentes opérations. Pour cela, le manager peut :
– utiliser les données collectées sur des projets similaires menés dans le passé ;
– s'informer des délais de réalisation de certaines tâches auprès de professionnels ou d'entreprises prestataires de services susceptibles de travailler sur le projet.

Fiche 10 p. 184

• **Cette première étape n'est pas toujours facile** à réaliser mais elle est essentielle, et la durée figurant sur votre diagramme doit être reportée dans votre cahier des charges.

## 2 Étape 2 : déterminer l'enchaînement des tâches

• **À ce stade, le manager doit définir l'ordre dans lequel les tâches seront effectuées** et s'il est possible d'en réaliser certaines en simultané. Par exemple, vous pouvez créer une lettre de publipostage et en même temps créer un fichier de prospects : l'une ne doit pas être terminée pour commencer l'autre.

• **Cette étape est appelée la recherche des antériorités :** il faut repérer quelles tâches sont antérieures à quelles autres tâches.

## 3 Étape 3 : créer le graphique

Le manager doit ensuite traduire tous les éléments en graphique à l'aide de différents logiciels tels que le traitement de texte, le tableur ou un logiciel de gestion de projets, par exemple Gantt Project ou Microsoft® Project.

**Remarque**

Il existe des logiciels de gestion de projets gratuits, comme GanttProject ou OpenProj, qui offrent des possibilités plus limitées par rapport aux logiciels payants, comme Microsoft® Project, plus complets.

## 4 Étape 4 : définir le chemin critique

Le chemin critique regroupe l'ensemble des tâches qui déterminent la durée totale du projet et cible celles qui ne peuvent prendre aucun retard, au risque de décaler l'ensemble des activités.

Il permet de clarifier l'approche à adopter sur votre projet afin de savoir quelles tâches sont urgentes, lesquelles sont susceptibles de pouvoir prendre du retard, lesquelles peuvent être planifiées plus tardivement…

**Exemple**

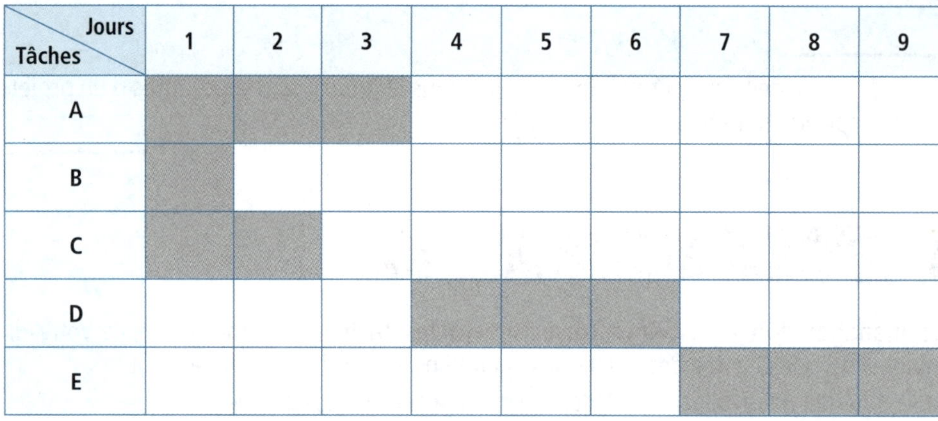


Ici, le chemin critique est constitué des tâches A, D et E. Aucun retard n'est possible sans impacter l'intégralité du projet.

Les tâches B et C peuvent prendre respectivement 2 et 1 jours de retard sans remettre en question la date de fin de projet. Il y a donc une marge de retard possible sur ces deux tâches.

Pour plus d'informations sur la planification de projets, reportez-vous à la fiche 20 p. 58 en MGUC.

# 12 La construction de la zone de chalandise

COMPRENDRE EN VIDÉO

La zone de chalandise est la zone géographique dans laquelle se situent les clients potentiels de l'unité commerciale. Elle est propre à chaque unité commerciale.
La connaissance de la zone de chalandise est essentielle :
– à des fins prévisionnelles lors d'une ouverture ;
– pour optimiser les investissements publicitaires (définition des zones de distribution des ISA, choix des emplacements d'affichage, choix des supports de presse locaux, etc.) ;
– pour connaître la provenance de ses clients et adapter son offre.



## 1 Étape 1 : déterminer l'étendue de la zone de chalandise

• **L'étendue de la zone de chalandise** se définit de différentes façons. Vous pouvez :
– demander aux clients leur code postal lors de leur passage en caisse ;
– récupérer les adresses sur les demandes de cartes de fidélité ;
– collecter les adresses des participants à un jeu concours ;
– demander des informations sur la provenance des clients auprès du tuteur.

Les informations collectées permettent ensuite de diviser la zone de chalandise en 3 sous-zones, par temps d'accès à l'unité commerciale ou par distance d'éloignement.

• **La zone primaire** est la zone la plus proche du point de vente (0 à 10 minutes d'accès environ/200 à 400 mètres) et au taux d'emprise le plus élevé (entre 55 et 70 % de la clientèle potentielle). **Elle constitue le cœur de cible de l'unité commerciale.**

• **La zone secondaire** se situe à environ 10 à 15 minutes de l'unité commerciale, soit 500 à 800 mètres, et constitue la **zone d'emprise intermédiaire** (de 20 à 25 % environ) au sein de laquelle la concurrence est importante et la clientèle instable.

• **La zone tertiaire** est la zone la plus éloignée (15 à 20 minutes d'accès environ/1 kilomètre et plus) au taux d'emprise minimum. **La clientèle est donc marginale.**

**À savoir**
Ces intervalles de temps et de distance peuvent être variables en fonction de la nature de l'activité et de l'attractivité de l'unité commerciale.

## 2 Étape 2 : construire la zone de chalandise sur un logiciel de géomarketing

La construction de la zone de chalandise peut s'effectuer à partir de courbes isométriques ou isochrones.

De nombreux logiciels de géomarketing sont accessibles gratuitement en ligne pour construire votre zone de chalandise comme www.owlapps.net ou www.creer-zone-de-chalandise.fr.

**À savoir**
Dans le cas particulier des unités commerciales du secteur bancaire, la zone de chalandise est découpée en fonction de la situation géographique des autres agences du réseau.

### A Utilisation de courbes isométriques

Les courbes isométriques sont des cercles concentriques mesurant la distance qui sépare le client de l'unité commerciale. Elles ne prennent pas en compte les éventuelles difficultés d'accès.

**Exemple** Voici la représentation sur OwlApps de la zone de chalandise du Decathlon Paris Rive Gauche.

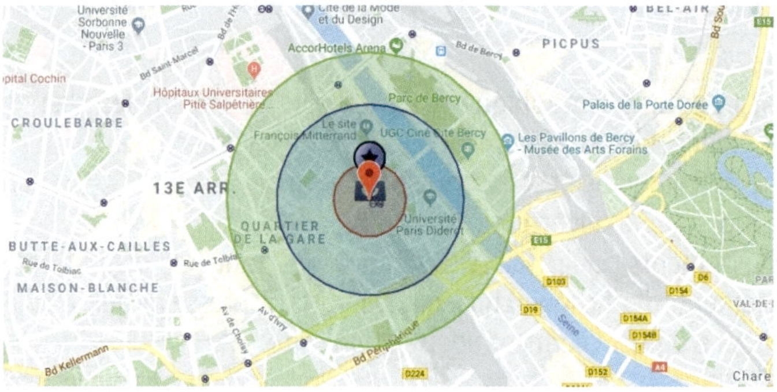


- Zone primaire = 250 mètres = cercle rouge.
- Zone secondaire = 650 mètres = cercle bleu.
- Zone tertiaire = 1 000 mètres = cercle vert.

## B Utilisation de courbes isochrones

Les courbes isochrones mesurent le temps d'accès du client au point de vente à pieds ou en voiture. Elles sont en général plus pertinentes que les courbes isométriques.

**Exemple** Voici la représentation sur OwlApps de la zone de chalandise du Decathlon Paris Rive Gauche.

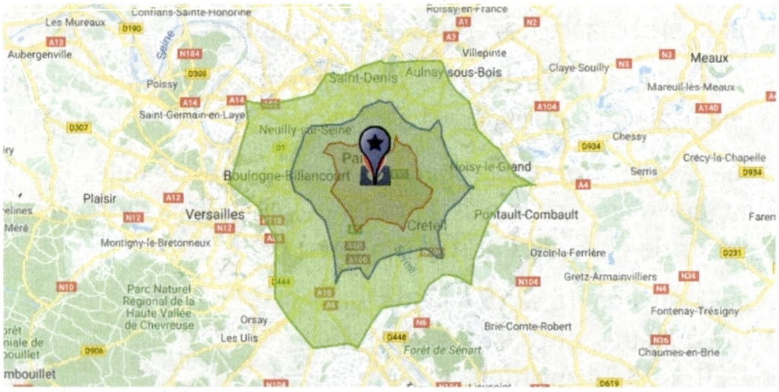


- Zone primaire = 8 minutes = cercle rouge.
- Zone secondaire = 13 minutes = cercle bleu.
- Zone tertiaire = 20 minutes = cercle vert.

# 3 Étape 3 : qualification de la zone de chalandise

- **Collecte d'informations.** Afin de rendre plus précise votre zone de chalandise, vous devrez collecter des informations relatives aux caractéristiques des habitants de la zone :

– **Au niveau quantitatif :** recenser le nombre d'habitants de la zone et par sous-zone.

– **Au niveau qualitatif :** collecter des informations sur le profil des habitants de la zone et des sous-zones (sexe, âge, revenus, dépenses…).

Ces informations peuvent être collectées auprès de différentes sources : mairies, Internet (www.insee.fr)…

- **Synthèse des informations.** Toutes ces informations vous permettront d'affiner l'étude de votre zone de chalandise et de mettre en évidence l'adéquation ou la non-adéquation de la cible visée par l'unité commerciale avec le profil de la clientèle potentielle de la zone.

**À savoir**

Dans certaines unités commerciales en réseau, vous pourrez récupérer la zone de chalandise déjà construite, directement auprès du responsable de l'unité commerciale ou bien de la direction du centre commercial.

# 13 L'élaboration d'un budget prévisionnel

Dans le cadre de votre projet, vous êtes amené à construire le budget prévisionnel de la solution que vous avez décidé de mettre en place.
Le principe d'un budget est l'équilibre entre les dépenses et les recettes. Il se présente en général sous la forme d'un tableau.

## 1 Modèle de budget prévisionnel

| Dépenses prévisionnelles | | Recettes prévisionnelles | |
|---|---|---|---|
| **Nature** | **Montant** | **Nature** | **Montant** |
| **Au niveau matériel**<br>• Achats de marchandises<br>• Toutes les dépenses matérielles liées à la solution mise en place | | • Objectif de chiffre d'affaires (si vous connaissez le montant des achats)<br>**Ou**<br>• Objectif de marge générée par l'opération | |
| **Sous-total 1** | | | |
| **Au niveau humain**<br>• Nombre d'heures × taux horaire par personne<br>*Pensez aussi aux charges sociales !* | | | |
| **Sous-total 2** | | | |
| **Au niveau financier**<br>• Toutes les dépenses financières liées à l'opération | | | |
| **Sous-total 3** | | | |
| **Total des dépenses** | | **Total des recettes** | |
| Bénéfice | | Perte (dans le budget réel uniquement) | |
| **TOTAL** | | **TOTAL** | |

## 2 Remarques

• **Si votre projet a des objectifs exclusivement qualitatifs**, vous élaborerez un « état des dépenses prévisionnelles » (partie gauche du budget) en lieu et place du budget prévisionnel.

• **Vous devez vous procurer les devis** qui vous ont permis d'élaborer votre budget prévisionnel.

• **Si votre solution a été réellement mise en place**, il conviendra également d'élaborer le budget réel de l'opération et de mesurer les écarts entre le prévisionnel et le réel (dans la partie 3 de votre dossier).

# 14 Les 15 premières minutes de l'oral

Vous trouverez ci-dessous un tableau qui vous permettra de ne rien oublier lors des quinze premières minutes de présentation et de proposer au jury une présentation animée par des annexes. À votre arrivée, le jury ne dispose que de votre dossier. À vous d'animer votre oral !

- **Parties du dossier** : Les différentes parties de votre dossier.
- **Je dis** : Les éléments que vous devez dire à l'oral. Attention ! Cette colonne est à compléter par vos soins de façon à adapter votre discours à votre contexte professionnel.
- **Je montre** : L'ensemble des documents que vous pouvez produire pour illustrer votre discours (liste non-exhaustive).
- **Annexes** : Les annexes numérotées.

| Parties du dossier | Je dis | Je montre | Annexes |
|---|---|---|---|
| | Vous devez vous présenter au jury.<br><br>**Exemple :**<br>– Bonjour, je m'appelle Antoine Marin. | Lancement de la présentation.<br><br>**Exemple :**<br>– Vous devez lancer votre présentation animée sur votre ordinateur (PowerPoint, Prézi…) avec la photo de la vitrine de votre unité commerciale. | ANNEXE 1 |
| | Vous devez ensuite présenter votre UC : son nom, le nom du réseau le cas échéant, l'endroit où elle se trouve et l'univers dans lequel vous avez travaillé.<br><br>**Exemple :**<br>– J'ai travaillé pour l'enseigne KADO, dans une unité commerciale située dans le centre commercial de La Part-Dieu à Lyon.<br><br>– J'ai évolué au sein du rayon « Enfants ». | Vous devez proposer une photo de votre rayon. | ANNEXE 2 |

| Parties du dossier | Je dis | Je montre | Annexes |
|---|---|---|---|
| Présentation du réseau | Si votre UC fait partie d'un réseau, vous devez affiner sa présentation en la mettant en lien avec lui. | | |
| | Exemple :<br>– Mon réseau se compose de X UC. L'enseigne est présente géographiquement dans X pays et se positionne comme étant *[au choix le leader, le challenger, le suiveur, etc.]* sur le marché de *[à compléter]*. | Présentation d'une carte géographique avec la localisation de toutes les UC du groupe. | ANNEXE 3 |
| | Sa politique commerciale est la suivante : *[à compléter]*. | Présentation du classement des principaux concurrents en termes de parts de marché et/ou d'articles de presse spécialisée. | ANNEXE 4 |
| | – Mon UC se classe au X$^{e}$ rang en termes de CA dans mon réseau. | Présentation du classement des UC dans le réseau et sur la région (2 tableaux). | ANNEXE 5 |
| | – Compte tenu de la nature du réseau, qui est *[vous préciserez intégré, associé ou mixte]*, mon UC dispose d'un certain nombre de libertés qui sont *[à lister]*. Cependant, il doit aussi respecter un certain nombre de contraintes fixées par la tête de réseau qui sont *[à lister]*. | Présentation du tableau libertés/contraintes face au réseau. | ANNEXE 6 |
| | – Par ailleurs, mon réseau nous apporte *[énoncer les apports]*, mais nous fixe aussi des contraintes comme *[énoncer les contraintes]*. | Présentation du tableau apports/contraintes du réseau. | ANNEXE 7 |
| | – J'ai également étudié la façon dont l'information circule entre l'UC et la tête de réseau et comment cela impacte son fonctionnement. | Présentation du système d'information mercatique. | ANNEXE 8 |
| Présentation de l'UC et de son marché | Vous devez ensuite mettre votre UC en lien avec son marché. | | |
| | Exemple :<br>– Mon UC se situe sur le marché du *[à compléter]*, que l'on peut qualifier de *[au choix concentré, atomisé, concurrentiel]*. Elle se positionne comme le *[au choix leader, challenger…]* et a l'ambition de devenir le X$^{e}$ du marché. Elle propose tels produits et tels services *[inutile de donner une liste exhaustive]*. Elle a récemment innové en proposant à ses clients tel concept de produit. | Visuel avec les données récapitulant le discours : marché sur lequel la société se situe ; place sur le marché ; stratégie actuelle ; positionnement en termes de communication ; l'offre produits/services. Il peut être souhaitable de créer plus d'une annexe. | ANNEXE 9 |

PDUC

| Parties du dossier | Je dis | Je montre | Annexes |
|---|---|---|---|
| Présentation de l'UC et de son marché | – Au niveau local, la concurrence est ***[au choix pas, peu, très]*** présente. Il s'agit avant tout d'une concurrence ***[au choix directe ou indirecte]***, avec comme concurrent principal X. | Carte géographique permettant de visualiser l'UC, ses concurrents ainsi que la zone de chalandise. | ANNEXE 10 |
| | – D'après les recherches que j'ai effectuées sur le site l'Insee ***[ou autre]***, j'ai constaté que ***[listez toutes les caractéristiques quantitatives de la clientèle potentielle de votre UC]***. | Présentation d'un diagramme circulaire ou d'un tableau avec les caractéristiques de la population de la ville où est implantée l'UC. Mettez en surbrillance les éléments remarquables pour l'analyse. | ANNEXE 11 |
| | – En parallèle, j'ai obtenu des données sur les clients de mon UC qui sont ***[présentez le profil du client et la segmentation des clients de votre UC]***. | Présentation du profil du client et/ou de la segmentation des clients. | ANNEXE 12 |
| | – Grâce aux recherches effectuées auprès de la mairie de la ville, je peux vous présenter la structure de l'environnement. | Présentation du tableau « structure de l'environnement ». Mettez en surbrillance les éléments remarquables pour l'analyse. | ANNEXE 13 |
| **I – Diagnostic partiel de l'UC** | | | |
| Pour chaque outil, présentez au minimum 2 documents : l'outil vierge et le rapport de l'étude menée (avec les questionnaires ou grilles remplies et le tableau de synthèse des forces et faiblesses décelées). | Commencez par une phrase de transition pour montrer au jury que vous passez désormais au diagnostic partiel de l'UC. | | |
| | Présentez un à un les outils que vous avez utilisés pour le diagnostic en justifiant le choix de cet outil et en présentant sa méthodologie. | Montrez votre questionnaire d'enquête vierge pour chaque outil. | ANNEXE 14 |
| | **Exemple :**<br>– Pour mesurer la satisfaction de la clientèle de l'UC, j'ai réalisé une étude de satisfaction par sondage. J'ai réalisé un questionnaire d'enquête, structuré selon les thèmes suivants ***[à lister]*** en utilisant des QCU, QCM, QF, QO et en terminant par des questions signalétiques. J'ai choisi d'interroger 100 personnes suivant la méthode des quotas. Pour le dépouillement, j'ai eu recours à un logiciel, puis j'ai rédigé le rapport sous Word. | Mettez à la disposition du jury votre rapport d'enquête pour chaque outil, en l'ouvrant à la page de synthèse. | ANNEXE 15 |
| | Cela m'a permis d'en tirer les conclusions suivantes ***[à lister]***.<br><br>Utilisez cet exemple pour les 4 outils que vous allez présenter. | Présentez les principales conclusions de votre enquête sous forme de tableau forces/faiblesses par exemple. | ANNEXE 16 |

| Parties du dossier | Je dis | Je montre | Annexes |
|---|---|---|---|
| | Faites ensuite un résumé des principaux éléments qui constituent :<br>**1. Des forces pour votre UC** (la satisfaction de la clientèle, une concurrence faible, etc.).<br>**2. Des faiblesses pour votre UC** (des performances commerciales insuffisantes compte tenu de la surface de vente/moyenne du réseau, etc.). | Présentation du tableau forces/ faiblesses **(Attention ! Tout ce qui se trouve dans ce tableau doit avoir été vu dans une des sous-parties précédentes).** | ANNEXE 17 |
| | Concluez votre diagnostic partiel.<br><br>**Exemple :**<br>– L'élaboration du diagnostic et de l'analyse m'ont permis de mettre en évidence un certain nombre de dysfonctionnements. Je me concentrerai sur ***[énoncez clairement la problématique retenue : manque de clientèle, manque de performance d'un produit…]***, pour proposer un projet d'amélioration. | Visuel avec l'énoncé de la problématique retenue. **(À laisser sur la table, sous les yeux du jury.)** | ANNEXE 18 |
| **II – Préconisation et analyse des répercussions organisationnelles, financières et commerciales de la solution** | | | |
| | Vous devez annoncer clairement votre ou vos objectifs.<br><br>**Exemple :**<br>– Au vu de cette problématique ***[la rappeler]***, mon objectif/ mes objectifs est/sont donc ***[à énoncer]***.<br><br>L'objectif doit être clair et précis et en lien avec le problème posé (X % de CA en plus, X % de clients en plus). | Visuel avec le/les objectif/s retenu/s. | ANNEXE 19 |
| **III – Réflexion sur la mise en œuvre** | | | |
| | Vous devez annoncer la solution que vous avez retenue.<br><br>**Exemple :**<br>– Mon projet de développement de mon unité commerciale s'intitule ***[donner le titre]*** et je l'ai fait valider par mon tuteur, comme vous pouvez le voir dans cette note de cadrage. | Visuel intitulé du projet/note de cadrage. | ANNEXE 20 |

| Parties du dossier | Je dis | Je montre | Annexes |
|---|---|---|---|
| | Vient ensuite le temps de présenter les répercussions et le plan d'action mis en place.<br><br>**Exemple :**<br>– Cette solution engendre un certain nombre de répercussions. Je vais donc vous présenter le plan d'action de la solution et, pour chaque étape, les répercussions organisationnelles, commerciales, financières et humaines. | Visuel du plan d'action (liste des différentes étapes du projet) et diagramme de Gantt.<br>Attention ! Pour chacune des répercussions annoncées, je fais l'effort d'apporter la preuve de ce que je dis.<br>**Exemple :** ce projet coûterait à mon UC X €, j'apporte un devis qui le prouve ! | **Annexe 21 et suivantes** |
| | Vous devez ensuite rappeler si votre solution a été mise en place ou non.<br><br>**Exemple :**<br>– Mon projet de PDUC a été mis en place le ***[à préciser]*** ou n'a pas été mis en place pour les raisons suivantes ***[à lister]***.<br>– Néanmoins, j'ai préparé un certain nombre d'outils de pilotage permettant au manager de l'UC de suivre cette mise en place et l'impact de mon projet sur la problématique initiale. | | |
| | À ce moment, vous devez rappeler :<br>– la problématique ;<br>– l'objectif fixé ;<br>– les ressources dont vous disposiez en interne ;<br>– les ressources que vous deviez aller chercher en externe.<br><br>**Exemple :**<br>– Je vous rappelle que ma problématique était ***[à rappeler]*** mon objectif était donc ***[à rappeler]***, je disposais en interne des ressources suivantes ***[à lister]*** ; je devais trouver en externe les ressources suivantes ***[à lister]***.<br>– Afin de piloter le projet, j'ai construit les outils suivants ***[à lister]***, qui permettront au manager de suivre l'avancement du projet. | Visuel de la mise en œuvre. | **Annexe 22** |
| | Vous devez ensuite faire une phrase de **conclusion sur ce que ce projet vous a apporté professionnellement.** | Visuels des différents outils utilisés (si mis en œuvre), vierges (si non mis en œuvre). | **Annexe 23** |

# 15 Les questions du jury les plus courantes lors de l'épreuve de PDUC

| Questions | Exemples d'éléments de réponses |
|---|---|
| **Partie 1 : Diagnostic partiel de l'UC** | |
| **1.1. Analyse de l'UC dans le contexte de son réseau et sur son marché local** | |
| **1 Quels liens votre UC a-t-elle avec son réseau ?** | Les liens entre une UC et son réseau peuvent se faire, par exemple, au niveau de l'assortiment, de la communication, du recrutement, des performances à réaliser… |
| **2 Quelle est la forme de commerce de votre réseau ?** | Vous devez préciser si votre réseau est un réseau intégré, associé ou mixte (voir le rappel de la définition p. 162). |
| **3 Quel est le positionnement de votre réseau ?** | Vous devez préciser si votre réseau se positionne sur du haut de gamme, du moyenne gamme ou du bas de gamme. |
| **4 En quoi votre UC est-elle attractive ?** | Listez ici les critères d'attractivité de votre UC, par exemple : présence d'un centre commercial à proximité, implantée dans une zone d'habitation dense ou dans une zone de bureaux importante… |
| **5 Quel type de management est pratiqué dans votre UC ?** | Il existe 4 grands types de management :<br>– **Le management persuasif :** organisationnel fort et des échanges nombreux.<br>– **Le management participatif :** organisationnel minimum et échanges nombreux.<br>– **Le management directif :** organisationnel fort et des échanges limités au minimum.<br>– **Le management délégatif :** organisationnel et échanges minimum. |
| **6 Quelle est l'autonomie de votre UC ?** | L'autonomie d'une UC peut être totale, partielle ou nulle. |
| **7 Quel rang votre UC occupe-t-elle dans son réseau ?** | Vous devez être assez précis et fournir son rang en termes de CA sur le secteur, la région, la France. |
| **8 Quelle a été votre méthode de construction de la zone de chalandise ?** | Choix des courbes isochrones ou isométriques (voir la fiche 12 p. 187). |
| **9 Quelles sont les caractéristiques de la population locale de votre zone ? Ces caractéristiques correspondent-elles à celles de votre clientèle ?** | Citez les principales caractéristiques en termes d'âge, de sexe, de professions et catégories socioprofessionnelles (PCS) de votre population locale et faites le parallèle avec votre profil de clientèle. |
| **10 Comment qualifierez-vous la concurrence de votre UC ?** | Existe-t-il une concurrence faible ou forte ? |
| **11 Votre environnement local est-il propice au développement de votre UC ?** | Listez ici les éléments propices au développement de votre UC, par exemple : présence d'un centre commercial à proximité, UC implantée dans une zone d'habitation dense ou dans une zone de bureaux importante, possibilité de stationner, zone piétonne à proximité… |
| **12 Quelle est la structure de votre clientèle ?** | Citez les pourcentages de chaque segment de clientèle : 20 % de 20-30 ans, 30 % de 30-40 ans… |

PDUC

| | |
|---|---|
| **13 Quel est le profil de votre client type ?** | Mon client type est : un homme à 45 %, entre 20 et 30 ans à 55 %, de PCS ++ à 48 %. |
| **14 Caractérisez la structure de votre assortiment. Comment le chiffre d'affaires se répartit-il entre les différentes offres de l'UC ?** | Citez les pourcentages de CA de chaque famille de produits, par exemple 20 % pour le Sportswear, 30 % pour le Casual… |
| **15 Quelles sont les techniques de marchandisage utilisées par votre UC ?** | Précisez s'il s'agit d'un marchandisage de gestion, de séduction ou d'organisation. |
| **16 Quelle est la stratégie de prix adoptée par votre UC ? Met-elle en œuvre une politique promotionnelle ?** | Votre UC a-t-elle adopté une politique d'alignement, d'écrémage ou de pénétration ? À vous de le préciser (voir les définitions de la fiche 1 p. 163). |
| **17 Quelle est la stratégie de distribution de votre UC ?** | Précisez si le réseau de votre UC utiliser une stratégie :<br>– **intensive** (couverture globale d'un marché avec de nombreux distributeurs) ;<br>– **sélective** (nombre limité de points de vente, dans une zone géographique définie) ;<br>– **exclusive** (très peu de distributeurs). |
| **18 Quelle est la méthode de vente utilisée par votre UC ?** | Votre UC utilise-t-elle la vente traditionnelle, la vente en libre-service ou la vente en libre-service assisté ? |
| **19 Quelle est la politique de communication locale mise en œuvre par votre UC ?** | Est-ce une communication média ou hors-média ? |
| **20 Votre UC met-elle en œuvre une politique de fidélisation de sa clientèle ? Si oui, laquelle ?** | Il existe différents programmes de fidélisation : système de points, gratuité de certains services (la livraison), invitations à des événements (ventes privées)… |
| **21 Pouvez-vous nous préciser les principales tendances de votre UC en matière de performances ?** | Il faut citer les principaux indicateurs de performances que l'UC utilise au quotidien et présenter leur état de santé. |
| **1.2. Démarche de diagnostic partiel** | |
| **1 Pouvez-vous justifier la logique des études conduites dans le cadre de votre diagnostic ?** | Le point de départ du diagnostic est souvent l'étude des performances qui montre une faiblesse.<br>Afin de comprendre ce dysfonctionnement, vous avez complété votre analyse avec d'autres outils. |
| **2 Pour chacune des études conduites, le jury vous questionnera sur les méthodologies mises en œuvre pour mener vos études, par exemple :<br>– Quels indicateurs du tableau de bord avez-vous choisis et pourquoi ?<br>– Quelle méthode d'interview des membres de l'équipe avez-vous privilégiée ?<br>– Comment avez-vous élaboré votre grille d'analyse de la concurrence ?<br>– Quels tris avez-vous jugé utiles de faire pour mesurer la satisfaction de votre clientèle ?** | Il faut que vous justifiiez tous vos choix :<br>– Citez les indicateurs et dites pourquoi vous les avez choisis.<br>– Précisez quel type d'entretien vous avez mené : directif, semi-directif ou libre.<br>– Citez les critères étudiés chez les concurrents et la méthode d'observation (ex. : client-mystère).<br>– Listez les tris à plat mais aussi croisés (croisement entre deux questions par exemple) que vous avez pu faire. |

| 1.3. Synthèse | |
|---|---|
| **Quelles sont les principales menaces et opportunités, forces et faiblesses qui se dégagent de votre diagnostic ?** | Reprenez votre synthèse de dossier et citez les principales forces et faiblesses ainsi que les opportunités et menaces que vous avez pu identifier grâce à votre diagnostic.<br>Insistez sur la faiblesse ou la menace que vous allez tenter de traiter grâce à votre projet.<br>Attention ! Tout élément cité doit venir d'un de vos outils. |
| **Partie 2 : Préconisations comportant une analyse des répercussions humaines, financières et organisationnelles** | |
| **2.1. Rappel de la problématique commerciale** | |
| **Quelle est précisément la problématique de votre projet ?** | Reprenez l'intégralité de votre problématique sous la forme d'une question. |
| **2.2. Description et justification de la solution retenue** | |
| **1 Quel est l'intitulé exact de votre solution ?** | Choisissez en amont un intitulé suffisamment précis et clair afin que le jury comprenne exactement la nature de votre solution. |
| **2 Pouvez-vous justifier la solution retenue ?** | Justifiez la solution retenue en reprenant ses principaux avantages pour l'UC, pour la clientèle et pour l'équipe. Vous vous appuierez sur les éléments importants de la synthèse de votre diagnostic |
| **2.3. Analyse des répercussions humaines, financières et organisationnelles** | |
| **1 Quels sont les acteurs de votre projet ainsi que leurs rôles ?** | **Cette question porte sur les répercussions humaines.** Listez tous les acteurs de votre projet en précisant leur fonction dans l'unité commerciale et leur rôle dans le projet (vous pourrez illustrer vos propos avec un tableau de répartition des tâches). |
| **2 Quel est le coût global de votre solution ?** | **Cette question porte sur les répercussions financières.** Répondez-y à l'aide de votre budget prévisionnel afin de pouvoir détailler si besoin les différents éléments de coûts. |
| **3 Quelles sont les principales étapes de votre solution ?** | **Cette question porte sur les répercussions organisationnelles.** Présentez ici votre plan d'action détaillé avec étapes et sous-étapes. Vous pourrez illustrer vos propos à l'aide d'un diagramme de Gantt réalisé sur un logiciel de gestion de projet. |
| **Partie 3 : Premières réflexions sur la mise en œuvre** | |
| **1 Quels sont les outils de pilotage et de suivi de votre projet que vous avez prévus ?** | Listez et présentez les outils de pilotage et les outils de suivi que vous utilisez dans le cadre de la mise en œuvre de votre solution (tableau de bord, compte-rendu de réunion…).<br>Il y a 2 cas de figures :<br>– Votre projet n'a pas été réalisé : vous présenterez les outils prévus non complétés.<br>– Votre projet a été réalisé (totalement ou partiellement), vous présenterez les outils renseignés avec les résultats partiels ou définitifs. |
| **2 Si votre projet a été réalisé, quelle est votre autoanalyse sur sa mise en œuvre ?** | Présentez également les points positifs et les axes de progrès de votre projet, les actions correctrices que vous conseillez de mettre en place. |

PDUC

# TESTEZ-VOUS !

**1. La taille de la zone de chalandise d'une UC dépend :**

a) de la réglementation en vigueur. ◯
b) des caractéristiques de la clientèle. ◯
c) de la présence d'un entrepôt à proximité. ◯
d) du climat. ◯

**2. Une courbe isochrone représente :**

a) le déplacement des clients exprimé en distance ◯
b) le déplacement des clients exprimé en temps. ◯
c) le tracé en couleur de la zone de chalandise. ◯
d) les pôles culturels situés autour de l'UC. ◯

**3. L'achat d'impulsion est un achat :**

a) routinier. ◯
b) sans réflexion. ◯
c) réfléchi. ◯
d) de substitution. ◯

**4. Le benchmarking est :**

a) le marketing de l'offre. ◯
b) la veille concurrentielle. ◯
c) la veille commerciale. ◯
d) la veille marketing. ◯

**5. L'échantillon est considéré comme probabiliste lorsque :**

a) les personnes interrogées sont connues et listées. ◯
b) les personnes interrogées sont méconnues. ◯
c) les caractéristiques de la population de base sont connues. ◯
d) le sondage est régulier. ◯

**6. L'acronyme SONCAS désigne :**

a) la structure d'un argumentaire. ◯
b) une typologie des mobiles d'achat. ◯
c) le comportement des clients. ◯
d) la structure du plan de découverte. ◯

**7. Quelle réponse propose la bonne définition de l'assortiment ?**

a) pour un grand magasin : large et profond. ◯
b) pour un hypermarché : étroit et profond. ◯
c) pour un magasin spécialisé : large et profond. ◯
d) pour une supérette : étroit et profond. ◯

**8. Quel domaine le marchandisage ne couvre-t-il pas ?**

a) la séduction. ◯
b) l'organisation. ◯
c) la communication. ◯
d) la gestion. ◯

**9. Le linéaire développé d'un rayon est défini par :**

a) linéaire au sol × nombre de niveaux. ☐
b) longueur de rayon × nombre de rayons. ☐
c) longueur du rayon × profondeur du rayon. ☐
d) longueur du rayon × largeur du rayon. ☐

**10. L'identité visuelle d'une UC, c'est :**

a) sa notoriété spontanée. ☐
b) son positionnement dans l'esprit du consommateur. ☐
c) son image de marque. ☐
d) ses signes graphiques. ☐

**11. La communication locale de l'UC s'exerce :**

a) dans l'UC. ☐
b) dans la zone de chalandise. ☐
c) dans la région de l'UC. ☐
d) dans le pays de l'UC. ☐

**12. Quel indicateur ne permet pas d'évaluer une opération de mercatique directe ?**

a) le coût par contact. ☐
b) le taux de retour. ☐
c) le taux de réclamation. ☐
d) le taux de rendement. ☐

**13. La zone chaude ou froide d'une UC est définie par :**

a) l'indice de sensibilité. ☐
b) l'indice de passage. ☐
c) l'indice d'attractivité. ☐
d) l'indice d'achat. ☐

**14. La démarche mercatique, c'est avant tout :**

a) la capacité à percevoir l'évolution du marché. ☐
b) la mise en place d'une stimulation de la force de vente. ☐
c) l'évaluation du potentiel du marché. ☐
d) la recherche permanente d'innovations. ☐

**15. Quelle composante ne fait pas partie du plan de marchéage ?**

a) le prix. ☐
b) la communication. ☐
c) l'achat. ☐
d) le produit. ☐

**16. Un logiciel de CRM permet de connaître :**

a) les ventes réalisées avec un client particulier. ☐
b) l'état des stocks d'une référence particulière. ☐
c) les ventes réalisées sur un article en particulier. ☐
d) les achats réalisés auprès d'un fournisseur particulier. ☐

**17. En achetant un bien ou un service, le consommateur achète souvent d'autres éléments qu'on appelle :**

a) les services combinés. ○
b) les services associés. ○
c) les services abstraits. ○
d) les services inhérents. ○

**18. La garantie légale et conventionnelle est un service fourni par :**

a) le producteur. ○
b) le distributeur. ○
c) l'intermédiaire entre le producteur et le distributeur. ○
d) la centrale d'achat. ○

**19. Le positionnement marketing d'une marque ou d'une enseigne :**

a) détermine la place occupée par la marque ou l'enseigne dans l'esprit du consommateur. ○
b) évalue le taux de pénétration sur un segment de marché. ○
c) situe la marque ou l'enseigne par rapport au leader ou au challenger. ○
d) mesure la position concurrentielle. ○

**20. La marque enseigne :**

a) est une marque de distributeur. ○
b) ne concerne que des packs de produits. ○
c) ne concerne que les services. ○
d) est une marque de fabricant. ○

**21. L'image de marque, c'est :**

a) la perception d'une marque par le consommateur. ○
b) la perception que peut avoir l'entreprise de ses clients. ○
c) la notoriété spontanée d'une marque. ○
d) la personnalité d'une marque. ○

**22. Le « parc de biens durables » désigne :**

a) le nombre d'appareils ou de produits en service à un instant t. ○
b) le parc de stockage de biens durables. ○
c) le parc de stationnement de biens durables. ○
d) rien de tout ce qui précède. ○

**23. L'indice de disparité de la consommation est un coefficient permettant de :**

a) mesurer l'écart de consommation entre deux clients d'une UC. ○
b) réduire l'écart de consommation entre les professions et les catégories socioprofessionnelles. ○
c) prendre en compte les disparités de consommation régionales et locales relatives à une famille de produits. ○
d) réduire les écarts dus à la saisonnalité. ○

**24. Le scoring via la méthode RFM signifie :**

a) récence, fréquence, montant. ○
b) remise, franchise, montant. ○
c) réduction, fréquence, marge. ○
d) repérage, fréquentation, méthode. ○

**25. La DGCCRF (Direction Générale de la Concurrence, de la Consommation et de la Répression des Fraudes) a pour mission :**

a) la régulation concurrentielle des marchés.
b) la publication de la revue *60 Millions de consommateurs.*
c) l'établissement des normes de sécurité des produits alimentaires.
d) la veille sanitaire.

**26. Un réseau intégré :**

a) regroupe des UC indépendantes.
b) regroupe des UC indépendantes et des UC appartenant à la tête de réseau.
c) cumule les fonctions de gros et de détail.
d) n'assure que la fonction de détail.

**27. Un canal de distribution est :**

a) l'ensemble des intervenants dans l'acheminement du produit vers le consommateur final.
b) une voie d'acheminement du produit vers le consommateur final.
c) l'ensemble des circuits de distribution.
d) la force de vente du producteur.



**28. La stratégie d'écrémage consiste à vendre à un prix :**

a) supérieur à celui de la concurrence.
b) inférieur à celui de la concurrence.
c) aligné sur celui de la concurrence.
d) qui ne tient pas compte de la concurrence.

**29. Le mix de communication est :**

a) l'ensemble de la communication utilisée par l'entreprise.
b) la combinaison optimale des moyens de communication utilisés par l'entreprise.
c) l'ensemble des actions du plan de marchéage.
d) l'ensemble des cibles visées par la communication.

**30. La promotion des ventes permet de :**

a) faire aimer l'enseigne.
b) créer une image forte.
c) informer la cible visée.
d) faire réagir rapidement les clients.

Réponses : 1/b ; 2/b ; 3/b ; 4/b ; 5/a ; 6/b ; 7/a ; 8/c ; 9/a ; 10/d ; 11/b ; 12/c ; 13/b ; 14/a ; 15/c ; 16/a ; 17/b ; 18/a ; 19/a ; 20/a ; 21/a ; 22/a ; 23/c ; 24/a ; 25/a ; 26/c ; 27/b ; 28/a ; 29/b ; 30/d

# Économie Droit



## LE COURS

# L'épreuve d'Économie-Droit

## 1 Présentation de l'épreuve

**Épreuve écrite**
Durée : **4 heures**
Coefficient : **2**

• Elle est constituée de **deux parties distinctes** (une en Droit, une en Économie). Comme elles sont distribuées en même temps, il est important que vous accordiez 2 heures à chacune.

• Chaque partie est notée sur 20 et la note finale est obtenue en calculant leur **moyenne** arrondie au point supérieur.

• L'épreuve se présente sous la forme d'un **dossier documentaire** (situations juridiques en Droit, divers types de documents en Économie) et comporte un questionnement destiné à vous guider.

• L'objectif est d'évaluer vos compétences acquises au cours des **deux années de BTS**, ainsi que votre capacité à les mobiliser pour analyser une ou plusieurs situations.

## 2 Méthode : comment préparer l'épreuve

### La partie juridique

• **Analyser une situation juridique (résolution d'un cas pratique).** Vous devez **qualifier** les faits, **identifier** le problème juridique et les règles juridiques applicables (majeure) afin de proposer une solution argumentée (mineure) en utilisant un vocabulaire juridique approprié. Vous terminerez en répondant explicitement à la question posée.

• **Rédiger une note structurée.** Vous devez apporter un **éclairage juridique** à une question précise. Vous devez mobiliser vos connaissances. Des annexes sont parfois à votre disposition. Faites un **travail concis**. Pour cela, analysez la consigne, qui donne souvent le plan à suivre, et construisez la note en soignant le raisonnement et l'argumentation pour présenter les principes juridiques applicables au problème. N'hésitez pas à **expliciter** ces éléments dans le contexte proposé. L'**introduction** doit comprendre la **définition des termes** du sujet. La conclusion ne s'impose pas car les conseils ou les propositions suffisent, mais elle reste possible si vous voulez clore le sujet.

### La partie économique

• La partie économique prend souvent la forme d'une **note de synthèse** qui vous impose :
– de repérer les informations dans le dossier documentaire ;
– de présenter des notions ou des mécanismes économiques applicables à la situation ;
– de présenter de manière structurée et synthétique les arguments qui répondent aux points à traiter.

## 3 Conseils pratiques

• **De manière générale.** Dans un premier temps, lisez le sujet dans son ensemble et repérez les thèmes abordés et à développer dans le devoir. N'oubliez pas ensuite, lors de la rédaction, de **soigner la présentation** de la copie en aérant votre travail et en faisant attention à l'orthographe.

• **La partie juridique.** Analysez les questions posées afin d'identifier le travail demandé (cas pratique ou note structurée). **Identifiez les annexes** et reliez-les aux questions correspondantes.

• **La partie économique.** Recherchez les notions vues en cours en lien avec le sujet. Rédigez d'abord l'introduction au brouillon, répondez à chaque point de la note de synthèse en respectant le plan proposé, illustrez chaque idée par un exemple. Évitez la paraphrase et utilisez un **vocabulaire économique approprié.**

• **La gestion du temps**
– **Droit** : 20 à 25 minutes pour la lecture du sujet, 1 h 30 pour traiter les questions et 5 à 10 minutes pour la relecture.
– **Économie :** 15 à 20 minutes pour la lecture du sujet, 30 à 45 minutes pour la réflexion au brouillon, 45 minutes à une heure pour la rédaction et 5 à 10 minutes pour la relecture.

# 1 La coordination des décisions économiques par l'échange

## 1 L'organisation des échanges : le marché

• **L'échange permet d'acquérir les biens que l'on ne fabrique pas** ou que l'on préfère ne pas produire par manque de productivité. Cela amène à une **spécialisation des individus** et à une **division internationale du travail** qui engendrent une hausse de la production et de la productivité du travail.

• **Le marché est le lieu de rencontre (réel ou fictif) de l'offre et de la demande** de biens ou de services, du travail ou du capital.

## 2 Le prix

### A La formation du prix

Sur le marché, la confrontation de l'offre et de la demande aboutit à un **prix d'équilibre qui satisfait un maximum d'acheteurs et de vendeurs** car toutes les quantités proposées à la vente sont écoulées. En théorie, **l'équilibre est automatique,** mais en réalité le système de prix est perturbé par l'imperfection des marchés qui crée des déséquilibres.

> **Exemple**
> Une hausse importante du prix du pétrole peut être difficilement soutenable par les demandeurs .

### B Le rôle du prix

Le prix fournit une information qui permet à chaque acteur économique de faire des choix :
– **le producteur** détermine la quantité de biens et services à produire en fonction du prix de vente ou du coût des facteurs de production utilisés (capital et travail) ;
– **le consommateur** fixe son niveau de consommation en fonction du prix des biens, du taux d'intérêt et des revenus dont il dispose ;
– **l'investisseur** s'engage si l'opération est rentable.

### C La nécessité d'un encadrement

Les marchés ont besoin d'une organisation et de règles pour sécuriser les transactions. Ce cadre sera établi par les acteurs ou par les pouvoirs publics. Il garantit la bonne exécution des contrats, l'accès de tous les agents à l'information et la confiance mutuelle des intervenants du marché.

## 3 La monnaie dans l'échange

### A Le rôle de la monnaie

• **La monnaie est un instrument d'échange** (ou de **transaction**) car elle sert d'intermédiaire dans les échanges, elle assure le paiement. C'est aussi un **étalon de mesure**, puisqu'elle donne une unité de compte pour établir le prix de chaque bien selon ses spécificités. C'est enfin un **instrument de réserve de pouvoir d'achat** (ou d'**épargne**), car l'agent peut conserver de la monnaie en vue d'un achat ultérieur.

> **Définitions**
> **Monnaie :** ensemble des moyens de paiement dont disposent les agents économiques pour réaliser leurs échanges.
> **Pouvoir d'achat :** monnaie détenue par un agent économique.

Économie

• **La monnaie adopte des formes diverses selon les lieux et les époques** (métaux, papier-monnaie…). Elle est **métallique**, divisionnaire ou d'appoint (pièces uniquement, soit 1 % de la monnaie en circulation), **fiduciaire** (pièces et billets de banque), **scripturale** (virements, chèques, cartes bancaires). Aujourd'hui, 80 % des échanges s'opèrent au travers de la monnaie scripturale : on parle de **dématérialisation de la monnaie**.

• **Une monnaie doit inspirer confiance.** L'agent économique doit croire dans la **stabilité** de la monnaie qu'il utilise lors de ses échanges (dimension psychologique). Cette stabilité permet de sécuriser les transactions. Elle est interne quand la monnaie en circulation augmente au même rythme que la production, ce qui évite l'inflation, et externe lorsqu'un taux de change stable est établi vis-à-vis des autres devises (monnaies étrangères).

**Remarque**

La monnaie crée un lien social, c'est un facteur de cohésion et d'identité (ex. : l'euro renforce le sentiment d'être européen).

## B La masse monétaire

• **La masse monétaire est la quantité de monnaie en circulation** dans un pays nécessaire à la réalisation par les agents économiques de leurs opérations de consommation, d'épargne et d'investissement. Cette masse monétaire varie avec les besoins de l'activité économique.

• **Les agrégats monétaires mesurent la masse monétaire.** Ils sont calculés dans la zone euro par la Banque centrale européenne (BCE). On distingue :
– M1 qui représente la monnaie au sens strict : monnaies fiduciaire et scripturale ;
– M2 qui correspond à M1 augmenté des comptes sur livret et autres dépôts à terme (ex. : livret A, compte ou plan d'épargne logement…) ;
– M3 qui comprend M2 augmenté des actifs financiers transformables en monnaies. **M3 est l'agrégat le plus représentatif de la masse monétaire**.

**Définitions**

**Monnaie scripturale :** dépôts à vue des agents économiques sur des comptes bancaires ou postaux. Ces dépôts sont mobilisés par les chèques, les virements et les cartes bancaires.

## C Les contreparties de la masse monétaire

Les contreparties sont les créances de la banque centrale sous forme de **réserves d'or et de devises**, de **créances sur le Trésor** (avances faites par la banque centrale au Trésor chargé d'exécuter les dépenses de l'État) ou de **créances sur l'économie** (actifs issus du refinancement des banques de second rang, comme le réescompte des effets de commerce).

## D Les effets de la variation de la masse monétaire

• **Les déterminants de la variation.** C'est la **banque centrale** (BCE dans la zone euro) qui contrôle la création monétaire. Elle peut autoriser les banques à prêter une plus ou moins grande partie des fonds qu'elles ont en dépôt. La banque centrale peut également faire varier son taux directeur, ce qui se répercute sur le taux des prêts accordés et sur le taux d'épargne.

• **Les effets de la variation de la masse monétaire sur les prix.** L'inflation est une hausse continue et généralisée des prix qui a pour origine une augmentation des coûts de production qui se répercute sur le prix de vente, une augmentation de la demande, et de la masse monétaire plus rapide que la production : trop de prêts accordés sans croissance suffisante.

• **Les effets de la variation de la masse monétaire sur la croissance.** L'augmentation de la masse monétaire encourage la consommation, l'investissement et stimule la croissance.

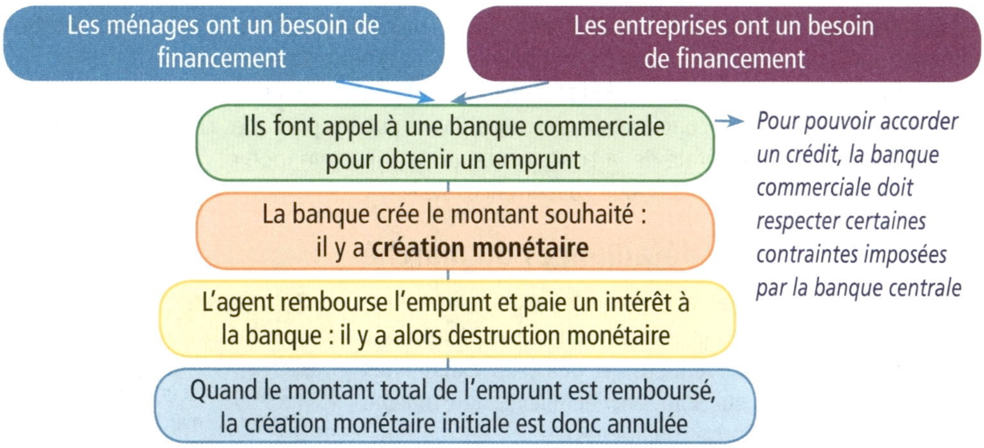


▲ Processus de création de monnaie

## 4 L'État et le fonctionnement du marché

### A La nécessité d'un encadrement du marché par l'État

• **Les dysfonctionnements du marché.** Le fonctionnement du marché repose sur l'existence d'une concurrence entre ses différents intervenants. La **concurrence** est la situation dans laquelle vendeurs et acheteurs sont suffisamment nombreux pour qu'aucun ne puisse influencer la fixation des prix. On parle alors de **concurrence pure et parfaite.**

Les marchés s'éloignent de la concurrence pure et parfaite fondée sur :

– l'**atomicité** : présence de nombreux offreurs et demandeurs, mais on constate la création de monopoles ou d'oligopoles ;

– l'**homogénéité des produits** : les produits devraient être identiques pour faciliter la comparaison, mais les producteurs utilisent la différenciation afin de présenter leur produit comme unique. De ce fait, la concurrence est dite **monopolistique** ;

– la **mobilité des facteurs de production** : capital et travail devraient circuler librement, mais ce n'est pas le cas (ex. : problème de formation pour le travailleur, machines spécifiques à l'activité…) ;

– la **transparence de l'information** qui devrait permettre au consommateur d'être informé sur les prix de tous les fabricants, mais il y a asymétrie de l'information (ex. : sur le marché boursier, les banques et les gros investisseurs sont mieux informés que le particulier) ;

– la **fluidité** : il ne devrait pas y avoir de barrières à l'entrée ou à la sortie du marché ;

– la **mobilité des facteurs de production** : l'entreprise ne peut pas changer d'activité du jour au lendemain.

**Définitions**

**Monopole :** situation du marché où un producteur fait face à une infinité de consommateurs.

**Oligopole :** situation du marché où quelques producteurs font face à une infinité de demandeurs.

Le prix ne se forme plus par la rencontre de l'offre et de la demande, il est influencé par les pressions des intervenants. De plus, les marchés sont incertains, marqués par l'évolution des techniques, des technologies de l'information et de la communication (TIC), des stratégies des concurrents…

• **La régulation par l'État.** Ménages et entreprises demandent aux pouvoirs publics d'être des réducteurs d'incertitudes :

– pour **améliorer l'information**, l'État crée pour les professionnels une obligation d'information la plus complète possible. Il intervient par l'intermédiaire d'organisations comme l'AMF (Autorité des marchés financiers) pour les opérations boursières ;

– pour **donner confiance aux contractants**, l'État impose la garantie de la bonne exécution des contrats par le droit, et la stabilité monétaire par les autorités monétaires ;
– pour **favoriser la concurrence**, l'État réglemente et contrôle les ententes et les concentrations (par le Conseil de la concurrence en France), ainsi que les pratiques commerciales (par la DGCCRF, la Direction générale de la concurrence, de la consommation et de la répression des fraudes en France) afin d'assurer une concurrence loyale.

### B L'État pallie les défaillances du marché

• **Les externalités.** L'État encourage les externalités positives (avantages gratuits) avec des mesures incitatives (ex. : exonérations fiscales, subventions) et pallie les externalités négatives (nuisances) qui sont une défaillance du marché (ex. : taxation des entreprises polluantes).

> **Définitions**
> **Externalité :** impact d'un agent économique sur un autre sans transaction sur le marché.

• **La production de biens publics (ou collectifs)**
Un **bien (ou un service) public** peut être consommé par plusieurs personnes simultanément. Il est :
– **indivisible**, car sa consommation par un individu n'a pas de conséquences sur celle des autres (ex. : l'éclairage public) ;
– **non excluable**, car personne n'est exclu de sa consommation (ex. : ponts, routes…).

Il s'agit d'externalités positives particulières, car offre et demande ne se rencontrent pas sur le marché. Comme les biens publics échappent à la logique du marché, c'est l'État qui prend en charge leur production en les finançant par les impôts.

## 5 L'ouverture des économies

### A L'évolution des échanges internationaux

• Depuis 1945, le commerce international s'est développé plus vite que la production : il a été multiplié par deux ces dix dernières années. Les pays développés représentent 70 % du commerce mondial et les produits manufacturés, les trois quarts des échanges.

• **Le taux d'ouverture** mesure l'importance des échanges avec l'extérieur.

$$\text{Taux d'ouverture} = \frac{\frac{1}{2}\,(\text{importations} + \text{exportations})}{\text{PIB}}$$

Certains pays sont peu tournés vers l'extérieur (les États-Unis ou le Japon), d'autres le sont moyennement (la France, l'Allemagne, la Grande-Bretagne ou l'Italie) et d'autres encore sont très ouverts (la Belgique ou les Pays-Bas).

### B L'enregistrement des échanges : la balance des paiements

• **La balance des paiements.** C'est un état statistique qui rassemble sous une forme comptable les flux économiques, financiers et monétaires intervenus au cours d'une période entre les agents économiques résidents et non résidents.

> **Rappel**
> La balance des paiements se compose de balances partielles comme le compte de transactions courantes.

• **L'importance du compte de transactions courantes.** Le compte de transactions courantes reflète la situation du commerce extérieur du pays :
– lorsqu'un pays dépense plus qu'il ne produit, il y a **déficit** de la balance des transactions courantes. Comme les revenus distribués sont inférieurs aux dépenses du pays, le pays a un

**besoin de financement** : il emprunte ou puise dans ses réserves de change pour financer la différence ;
– un **excédent** signifie que la demande intérieure (consommation, investissement, dépenses publiques) est inférieure au PIB : le pays a une **capacité de financement**. Cet argent est prêté à l'étranger ou conservé sous forme de réserves de change.

**Rappel**

La balance des paiements permet de montrer les performances d'une économie par rapport à celle de ses partenaires économiques. Elle est établie par la Banque de France.

## C Le règlement des échanges : les opérations de change

**• Le taux de change**

• Le **change** est l'opération qui consiste à échanger une monnaie contre une autre. Les échanges internationaux obligent les États à se procurer des devises sur le marché des changes. Cette rencontre des offres et demandes de devises se fait par des opérateurs (cambistes) représentants des banques, reliés entre eux par un réseau de télécommunications fonctionnant en continu.
• Le **taux de change** est la valeur d'une monnaie par rapport à une autre. Il résulte de la confrontation de l'offre et de la demande.
• Une **dépréciation** représente une perte de valeur de la monnaie et une **appréciation**, une augmentation.

**• Les variations du taux de change sur les agents économiques**

• **Pour le producteur**, une dépréciation de la monnaie nationale entraîne une baisse des prix à l'exportation, ce qui améliore la compétitivité prix (le contraire pour une appréciation).
• **Pour le consommateur**, la dépréciation entraîne une réduction des achats à l'étranger. En revanche, une monnaie forte est favorable à ce type d'achats.
• **L'investisseur** cherche de forts taux d'intérêts et des monnaies stables qui s'apprécient.

# 6 Les fondements de l'échange international

## A Les raisons de l'échange international

**• Théorie des avantages absolus de Smith.** Un pays a intérêt à importer un bien quand il ne sait pas le produire ou lorsque son coût de production est supérieur au prix du bien importé. Il en résulte une division internationale du travail source d'enrichissement pour chacun.

**• Théorie des avantages comparatifs pour Ricardo.** Si un pays a une productivité plus faible dans tous les secteurs, il devrait tout importer, mais, comme il lui faut des ressources, il se spécialise dans la production où il est le moins désavantagé.

**Remarque**

Les pays échangent car ils y trouvent un intérêt. Cela permet d'augmenter la variété des produits proposés, et, en fonction des pays, les matières ou les produits changent, les coûts ou la qualité sont différents.

**• Théorie des dotations en facteurs de HOS (Heckscher-Ohlin-Samuelson).** Chaque pays se spécialise dans les productions qui utilisent le facteur abondant dans le pays.

**• Paradoxe de Leontief.** Les pays (ex. : États-Unis) ayant une intensité capitalistique forte exportent des produits riches en capital mais aussi des produits utilisant du travail très qualifié.

**• Les économies d'échelle selon Krugman.** Les rendements (productivité) sont croissants (quand les quantités produites augmentent plus vite que les facteurs utilisés), constants puis décroissants, ce qu'il faut éviter.

**• La différenciation des produits.** Les pays font entre eux des échanges croisés (ou intra-branches) de produits semblables mais différenciés (avec d'autres qualités techniques).

• **La théorie de l'écart technologique.** Grâce à l'échange international, tous les pays accèdent aux nouvelles technologies mais pas en même temps, car les pays industrialisés innovent sans cesse et sont toujours avantagés par rapport aux pays en développement.

• **La théorie de la demande de Linder.** L'entreprise privilégie la demande nationale, mais l'exportation est un moyen d'écouler les excédents. L'échange international est un moyen pour le consommateur d'élargir sa gamme de produits.

• **La théorie du cycle de vie de Vernon.** Les courants de l'échange sont différents selon les étapes de la vie des produits : ils sont d'abord réservés aux pays industrialisés producteurs, puis aux autres pays industrialisés, ensuite aux pays en développement, avant de finir par être fabriqués dans ces pays pour éviter les rendements décroissants.

## B Le commerce international aujourd'hui

• **La nouvelle division internationale du travail.** Elle résulte de la **spécialisation** : les pays du Nord se spécialisent dans les biens industriels de haute technologie et les services ; les pays du Sud dans les matières premières, les produits agricoles et les industries consommatrices de travail peu qualifié. Cette division renforce l'interdépendance des pays : les autres pays sont dépendants de la demande extérieure, ce qui rend difficile la mise en place de politiques économiques autonomes et permet la propagation des crises économiques (ex. : la crise financière de 2008).

**Remarque**

Les échanges se sont surtout développés depuis 1945 : leur volume a été multiplié par 30, le PIB par 10.

• **La spécialisation par région**

• Les principaux courants d'échanges s'organisent autour de trois pôles (Union européenne, États-Unis et Asie du Sud-Est) : c'est la **Triade**. Dans ces zones, les échanges sont importants. En 2017, la Chine est le 1er exportateur mondial devant les États-Unis et l'Allemagne. Les premiers importateurs mondiaux sont les États-Unis, devant la Chine et l'Allemagne. La France occupe la 5e place pour les importations et la 6e pour les exportations.
• L'UE représente 15 % des exportations mondiales et 15 % des importations mondiales.
• Les pays du Sud échangent peu entre eux mais surtout avec les pays développés à économie de marché (PDEM). Leur place recule dans les échanges mondiaux (1,1 % du total mondial).
• Les BRICS (Brésil, Russie, Inde, Chine, Afrique du Sud) représentent un groupe de plus en plus puissant : 40 % de la population mondiale et 20 % des exportations mondiales, 50 % de la croissance mondiale des dix dernières années ;
• Les NPI4 (Nouveaux Pays Industrialisés : Chine, ou 4 dragons (Corée, Hong Kong, Singapour et Taiwan) ont été le moteur des exportations des PED (8 % du total mondial).

• **Évolution par produit**

• Le commerce des produits manufacturés est le plus important. Il représente les deux tiers des échanges alors que l'on note un regain des échanges de biens primaires (17 % du total à cause de la hausse du coût de l'énergie) et le développement considérable des services (23 % des échanges mondiaux). Dans les pays de l'UE, les échanges de services représentent 60 % des échanges.
• L'Union européenne et les États-Unis sont de grands importateurs d'énergie en provenance du Moyen-Orient ou d'Afrique.
• Les échanges intra-branches sont importants dans l'UE (70 %). Les États-Unis, le Japon et les pays pauvres pratiquent surtout des échanges interbranches.

**Rappel**

La décomposition internationale des processus de production développe l'activité économique des pays accueillant des firmes multinationales (FMN). Les échanges intra-firmes sont importants, car les FMN s'échangent des produits entre filiales.

# 2 La création de richesses et la croissance économique

## 1 L'amélioration du niveau de vie

### A La production de richesses

• **Pour créer de la richesse**, le producteur consomme des matières, de l'énergie, des services fournis par d'autres entreprises (on les appelle **consommations intermédiaires**). Le bien fabriqué a plus de valeur que les éléments utilisés ; on parle de **valeur ajoutée** :

Production – consommations intermédiaires = **valeur ajoutée**

• **Le PIB (produit intérieur brut)** est la richesse créée au cours d'une année par les entreprises résidentes. C'est la somme des valeurs ajoutées. On distingue le **PIB marchand** (biens et services créés par les entreprises et vendus sur un marché à un prix couvrant le coût de production) et le **PIB non marchand** (services fournis gratuitement ou presque par les administrations).

Le PIB en valeur est calculé en monnaie courante (en euro en France) sans tenir compte de l'inflation et le PIB en volume est calculé en monnaie constante pour éliminer l'inflation. C'est cette production réelle qui sert de base au calcul de la croissance.

$$\text{Taux de croissance} = \frac{PIB^{n} - PIB^{\,n-1}}{PIB}$$

**Remarque**

Le PIB permet de calculer la croissance mais est imparfait car il néglige des productions volontairement (travail domestique, bénévolat) ou involontairement (travail au noir, fraudes). Il ne prend pas en compte les externalités négatives (pollution) et il est aussi influencé par les variations de prix.

### B Les finalités de la production

• **La distribution de richesses.** La production de richesses permet de distribuer des revenus. La valeur ajoutée est partagée entre : les salariés sous forme de salaires, les banquiers sous forme d'intérêts, l'État sous forme d'impôts et taxes, la Sécurité sociale sous forme de cotisations, les actionnaires sous forme de dividendes et l'entreprise qui en conserve une partie pour s'autofinancer. Ces revenus distribués permettent de satisfaire les besoins. Ils sont utilisés : **en consommation**, finale quand elle satisfait un besoin, ou intermédiaire quand elle permet la production d'autres biens ; **en épargne**, non financière (investissements immobiliers) ou financière (placement ou thésaurisation).

• **Le rôle du PIB par tête.** Pour évaluer l'augmentation du niveau de vie, on utilise le **taux de croissance du PIB par habitant**. Les niveaux de vie varient beaucoup d'un pays à l'autre, aussi calcule-t-on un PIB par habitant en PPA (**parité de pouvoir d'achat**) qui annule les différences de pouvoir d'achat entre les pays.

## 2 Le développement économique

### A Distinction entre croissance et développement

• **L'expansion** est un accroissement de l'activité économique pendant une courte période. La **croissance** est un accroissement durable de l'activité économique sur une longue période. Elle est quantitative et vise l'amélioration du niveau de vie.

• **Le développement** a en plus un aspect qualitatif : c'est l'ensemble des changements économiques, techniques, sociaux et culturels qui accompagnent la croissance de la production. L'objectif du développement est l'amélioration de la qualité de vie (dans la santé, l'éducation…).

## B Effets économiques et sociaux de la croissance et du développement

| | |
|---|---|
| Effets économiques | **Effet sur le revenu et le niveau de vie.** La croissance et le développement permettent d'augmenter le bien-être matériel en améliorant le niveau de vie par la distribution de revenus.<br>**Effet sur la consommation.** Les revenus supplémentaires distribués permettent un surplus de consommation qui entretient la croissance.<br>**Effet sur l'emploi.** Pour réaliser la production, il y a nécessité d'embaucher. On assiste à une demande de qualification supérieure car les entreprises font appel à des technologies de plus en plus sophistiquées avec, en contrepartie, une mécanisation des emplois sans qualification. |
| Effets sociaux | **Effet sur le développement.** La croissance vise à l'amélioration du niveau de vie, elle permet de réduire la pauvreté et d'améliorer les conditions de vie, donc un développement humain.<br>**Augmentation de l'espérance de vie,** car le développement améliore les conditions de vie.<br>**Effet sur le bonheur.** La croissance contribue au bonheur en offrant une aisance à l'individu. |

## C Les indicateurs du développement

Les indicateurs de la croissance sont le **PIB** et le **PNB**, des indicateurs quantitatifs nécessaires mais insuffisants pour décrire les aspects sociaux, démographiques ou négatifs sur l'environnement.

• **L'IDH (indicateur de développement humain).** Il prend en compte le niveau de vie mesuré par le PIB par habitant en PPA, l'espérance de vie de la population mesurée par le niveau sanitaire du pays et le niveau d'éducation mesuré par le taux d'alphabétisation et de scolarisation.

• **L'IPH (indicateur de pauvreté humaine) :**
• **L'IPH 1, pour les pays pauvres**, prend en considération le pourcentage de la population dont l'espérance de vie est inférieure à 40 ans, le pourcentage d'analphabètes chez les adultes, les conditions de vie (accès à l'eau potable et aux soins, malnutrition des enfants).
• **L'IPH 2, pour les pays riches**, retient le pourcentage de la population dont l'espérance de vie est inférieure à 60 ans, le taux d'analphabétisme des adultes, le pourcentage de personnes pauvres (vivants avec moins de 50 % du revenu médian), le taux de chômage de longue durée.

## D Les nouveaux indices du développement

• L'utilisation combinée des indicateurs permet d'évaluer le **niveau de développement** et les **possibilités d'évolution** du pays.

• D'autres indicateurs sont calculés comme :
– **l'ISDH (indicateur sexospécifique de développement humain)** qui tient compte des inégalités hommes/femmes selon les critères de l'IDH ;
– **l'IDT (indice de développement technologique)** qui mesure l'innovation et la diffusion des nouvelles technologies dans le pays ;
– **l'IBEE (indicateur de bien-être économique)** qui associe des données économiques (consommation, patrimoine) et des données sociales (pauvreté, chômage, maladie…).

**Remarque**

La Banque mondiale classe ainsi les pays à faible revenu (moins de 1 005 $ par an et par habitant – surtout africains), pays à revenu intermédiaire (inférieur ou supérieur), pays industriels (plus de 12 235 $ pour vivre – les pays développés).

# 3 Le développement durable

## A Les limites de la croissance et du développement

Le développement économique est à l'origine des problèmes environnementaux liés à :
– **l'équilibre général** : pollution de l'eau (marée noire), de l'air (gaz d'échappement), du sol (engrais…), changements climatiques (réchauffement de la planète…), déforestation, etc.
– **la surexploitation des ressources naturelles** : épuisement des sols, dégradation de la qualité de l'eau, de l'air, de la terre…
– **les déchets** : traitement (recyclage) ou élimination nécessaires ;
– **le cadre de vie** : conservation des sites, invasions (algues…).

**Remarque**
Les inégalités persistent entre pays et même à l'intérieur d'un pays : dans les pays pauvres, on manque de l'essentiel et dans les pays riches, les écarts entre les plus riches et les plus pauvres s'accroissent.

## B Définition du développement durable

Le **développement durable** se définit comme un développement qui répond aux besoins du présent sans compromettre la capacité des générations futures à répondre aux leurs. Pour cela, il faut concilier croissance économique, progrès social et respect de la nature en misant sur :
– les **principes de solidarité :** avec les générations futures et les populations de la Terre ;
– le **principe de précaution :** mise en place d'actions pour prévenir les dégradations ;
– le **principe de participation :** les pouvoirs publics veulent la participation de tous les acteurs de la vie civile aux décisions prises.

## C Mise en pratique de politiques publiques environnementales

• **Instauration d'une politique environnementale.** Les pouvoirs publics utilisent des réglementations contraignantes (normes européennes sur le rejet des gaz polluants), des incitations fiscales (réduction d'impôts) et des pénalisations (écotaxes).

• **Politiques de protection de l'environnement**

• Le **sommet de Rio** (1992) inscrit le développement durable dans les traités internationaux. L'agenda 21 y décrit concrètement les actions à entreprendre aux niveaux national, régional ou local.
• Le **protocole de Kyoto** (1997) sur la réduction des émissions de gaz à effet de serre engage les États signataires à limiter leurs émissions polluantes. Couvrant la période 2008-2012, il est insuffisant pour répondre au défi du changement climatique. Il a néanmoins été reconduit en 2012, et reste valable jusqu'en 2020, par près de 200 pays. Les États-Unis et la Chine, les deux plus gros pollueurs, ne l'ont pas ratifié ; la Russie s'en est désengagée en 2012.
• Le **Grenelle de l'environnement** (France, 2007) a défini des projets de lutte contre les changements climatiques, la maîtrise de la demande d'énergie, la préservation de la biodiversité, les ressources naturelles…
• Le **sommet Rio + 20** (2012) a débouché sur la signature d'une résolution de l'Assemblée générale des Nations unies (« L'avenir que nous voulons ») afin de définir le cadre des initiatives futures de développement durable.
• La **COP21, en 2015**, a débouché sur une limitation à 1,5 °C du réchauffement climatique. La **COP22 en 2016** a confirmé la COP21, mais n'a pas abouti sur la question agricole, responsable du quart des émissions de gaz à effet de serre.

**Remarque**
Le principe pollueur/payeur est un impôt à redéployer vers des secteurs non polluants.

• **Les instruments du développement durable.** Ils sont économiques *via* la fiscalité écologique : l'État fixe la taxe à payer (écotaxe) pour modifier les comportements et les marchés de permis ; l'État fixe la quantité d'émissions et autorise des échanges de permis sur un marché selon les principes définis par le protocole de Kyoto.

### D Les nouveaux indicateurs

• **Les indicateurs élémentaires composites.** À la suite du sommet de Rio, 27 principes sont définis pour la protection de l'environnement, la lutte contre la pauvreté, l'élimination des modes de production et de consommation non durables. L'Union européenne retient 11 indicateurs élémentaires, comme les émissions de gaz à effet de serre.

• **Le PIB vert.** Il corrige le niveau du PIB et de la consommation en ajoutant des facteurs qui contribuent au développement durable ou au bien-être social, ou en retranchant les facteurs qui n'y contribuent pas (destruction des ressources non renouvelables, coût social du chômage…).

• **L'empreinte écologique.** C'est un indicateur qui permet d'évaluer la surface nécessaire à la production des ressources actuellement consommées par l'homme.

## 4 Les facteurs de croissance

### A La contribution des facteurs à la croissance

• **Les facteurs de production :** le **capital** et le **travail**. La combinaison des facteurs est plus efficace pour la croissance s'ils sont conjointement améliorés.

La **quantité de travail** dépend de la population active et du taux d'activité. La qualité dépend de la formation. Le **capital s'entend au sens technique** : c'est l'ensemble des biens nécessaires à la production (les machines). Il résulte de l'investissement. L'**augmentation de la production** provient de l'utilisation du capital en plus grande quantité (davantage de machines) ou d'un capital plus performant (machines élaborées). L'accumulation du capital doit être plus rapide que la croissance.

• **Le progrès technique.** Il s'agit de l'ensemble des innovations qui entraînent une transformation des moyens et des méthodes de production, de l'organisation du travail, des produits et des marchés. Il résulte des investissements en R&D qui dégagent des ressources supplémentaires pour réinvestir : c'est le **cercle vertueux de la croissance**.

> **Remarque**
> Inventions = découvertes
> Innovations = applications commerciales.

Le progrès technique agit sur la productivité par des gains de productivité de processus de production innovants, et la croissance par de nouveaux produits stimulant les marchés et favorisant la croissance par un supplément de consommation.

### B Le rôle des investissements dans la croissance

• **Les différentes formes d'investissements**

• **Investissement de capacité** : pour produire plus et augmenter l'offre.

• **Investissement de productivité (ou de modernisation)** : pour produire à un moindre coût.

• **Investissement de remplacement** : pour maintenir le niveau de production (si on remplace un matériel par une machine plus productive, cela devient un investissement de productivité).

• **Conséquences.** En transformant le contenu du travail sous l'effet du progrès technique, l'entreprise favorise le développement de nouveaux emplois sur le long terme : c'est l'effet de déversement ou de la « destruction créative » de **Schumpeter**. Il demande un personnel qualifié pour le créer puis le mettre en œuvre. Il met au chômage les peu ou pas qualifiés.

## C Les incitations à l'investissement

Les **défaillances** du marché incitent les pouvoirs publics à intervenir par : le financement direct d'équipements sous forme de prêts à taux bonifiés, des incitations fiscales pour la création d'emplois et la formation des salariés, une participation directe à l'effort de R&D (aide aux entreprises innovantes et aux centres publics de recherche...), un encouragement des entreprises innovantes (ex. : lien entre universités et entreprises par des pôles de compétitivité) et la mise en place d'un système de protection de la propriété industrielle efficace.

# 5 Les firmes multinationales dans l'économie mondiale

## A Définitions

• **FMN et IDE.** Une **FMN (firme multinationale)** est une entreprise implantée dans plusieurs pays par l'intermédiaire de filiales. Une FMN doit avoir au minimum une filiale à l'étranger, c'est-à-dire au moins 10 % du capital d'une entreprise dans un autre pays (50 % selon la CNUCED). Cette « société mère » achète des titres d'entreprises pour obtenir un intérêt durable et exercer une influence dans la gestion : on les appelle **IDE** (**investissements directs à l'étranger**).

• **DIPP (division internationale du processus productif).** Si la production d'un bien est décomposable en plusieurs étapes, les entreprises la rationalisent en fabriquant les éléments dans différents pays. Elles prennent en compte le fait que les éléments ne demandent pas le même niveau de qualification, la même maîtrise technologique, la même spécialisation des machines. Pour réduire les coûts de production, les FMN s'implantent ou sous-traitent en fonction des avantages que le pays d'accueil procure : matières premières proches, main-d'œuvre disponible abondante, qualification, savoir-faire, proximité du marché acheteur, infrastructures (ports, aéroport, autoroutes...). Ce processus correspond à la division internationale du processus productif.

## B L'influence des FMN sur la croissance

• **IDE et croissance.** En 2017, le montant des IDE était d'environ 1 800 milliards de dollars (surtout des fusions acquisitions). L'Europe réalise les deux tiers des IDE et en bénéficie d'un quart. La Chine est le pays qui attire le plus les IDE.

• **Rôle des FMN dans la mondialisation.** Les deux tiers du commerce mondial sont assurés par les FMN avec un tiers d'échanges intrafirmes (entre filiales d'une même FMN). Longtemps originaires de la Triade, les FMN des pays émergents menacent les FMN occidentales.

## C Effets des stratégies des FMN dans les pays

• **Effets dans le pays d'accueil.** L'implantation de la FMN est facteur de croissance, car elle alimente la demande globale (par l'embauche, elle développe la consommation) et améliore la capacité de production (elle crée des entreprises, diffuse la technologie).

• **Effets dans le pays d'origine.** Souvent les FMN gardent leur centre de décision dans le pays d'origine (celui du siège social) et une part importante de la production est réalisée à l'extérieur : elle entraîne des suppressions d'emplois avec les délocalisations et des investissements non réalisés sur le territoire national ; à long terme, les IDE peuvent développer exportations et demande supplémentaire en provenance des pays d'accueil. Certaines entreprises relocalisent car la production à l'étranger est parfois de mauvaise qualité.

# 3 La répartition des richesses

## 1 Les inégalités de revenus et de patrimoine

### A Le partage de la valeur ajoutée

La répartition des richesses permet de distribuer des revenus aux agents qui essaient de s'approprier la plus grande part possible de cette valeur ajoutée.

• **La répartition primaire.** Les revenus primaires sont perçus par les ménages en contrepartie de leur participation à la production. On distingue les **revenus du travail** (salaires), les **revenus de la propriété** ou **revenus du capital** (revenus de titres ou immobiliers), les **revenus mixtes** de l'exploitant individuel (commerçants, agriculteurs...), car ils rémunèrent le capital et le travail.

• **La répartition secondaire.** La redistribution des revenus vise à réduire les inégalités entre les ménages. Elle s'effectue par des prélèvements (impôts et cotisations sociales) qui permettent le versement de revenus de transfert (allocations, indemnités, RSA...).
Le revenu disponible des ménages se détermine ainsi :

Revenu primaire – prélèvements obligatoires + revenus de transfert = **revenu disponible**

Ce revenu disponible est utilisé en consommation ou épargne.

### B Les inégalités de revenus et de niveau de vie

• **Les inégalités de répartition.** Le **patrimoine d'un individu** correspond à l'ensemble des biens qu'il possède à un moment donné (biens meubles et immeubles). Le patrimoine net correspond à l'ensemble des biens moins les dettes. Il correspond à un besoin de sécurité, au désir de transmettre aux générations futures et à la valorisation de ce patrimoine.

• **Les outils de mesure des revenus**

• **La courbe de Lorenz :** elle représente la répartition des richesses d'une population entre les différents déciles ; du 1er décile regroupant les 10 % les plus pauvres au 9e décile regroupant les 10 % les plus riches. On trace la bissectrice et toute courbe en dessous implique une inégalité de répartition plus ou moins marquée.

• **L'indice de Gini :** il résume la courbe de Lorenz. C'est la surface entre la courbe de Lorenz et la diagonale (bissectrice). L'indice est compris entre 0 (égalité parfaite) et 1 (situation la plus inégalitaire).

• **Les outils de mesure du niveau de vie.** Lorsque les économies se développent, les inégalités évoluent. **Kuznets** a dégagé deux tendances : dans les deux premiers stades de développement, les inégalités augmentent en faveur de ceux qui épargnent et investissent, ensuite, la nécessité de développer le capital humain amène une réduction des inégalités.
Kuznets le démontre par un graphique en U inversé où les ordonnées représentent les inégalités (coefficient de Gini) et l'abscisse le revenu par tête. Il permet de mieux situer le stade de développement du pays à un moment donné.

**Remarque**

La Banque mondiale estime que 800 millions de personnes vivent en dessous du seuil de pauvreté (1,9 dollar par jour), soit 10,7 % de la population mondiale.

## 2 La formation des salaires

### A Les mécanismes de la formation des salaires

• **Analyse théorique.** Le **salaire** est la rémunération du travailleur qui loue sa force de travail.
• **Pour les classiques libéraux,** le salaire naturel est le revenu minimum qui permet au salarié la reproduction de sa force de travail (satisfaire ses besoins physiologiques : manger, se vêtir).
• **Pour Marx,** le salaire doit permettre la satisfaction des besoins psychologiques et sociaux (santé, éducation, logement…). Le travail est donc sous-payé.
• **Pour les néoclassiques,** le salaire est déterminé par la loi de l'offre et de la demande.
• **Pour les modernes (Hicks),** le salaire est fixé par négociation entre syndicats et patrons.

• **Analyse pratique.** Le salaire est fonction des heures travaillées, des pièces réalisées, de l'accomplissement d'une mission… Il varie aussi selon la qualification, la volonté de l'employeur de motiver son personnel, les revendications des syndicats, la rareté de l'offre de travail…

### B Les facteurs expliquant les inégalités salariales

• **Les facteurs économiques**

• **Les gains de productivité.** On produit plus avec le même temps de travail. Les salaires sont tirés vers le haut puisque le chef d'entreprise a plus à répartir. Si le coût du travail augmente plus vite que la productivité, les moins qualifiés seront éliminés car ils ne peuvent améliorer leur productivité et la productivité moyenne des salariés restants en sera augmentée.
• **La mondialisation.** Avec la concurrence des pays à bas salaire, la demande de travailleurs peu qualifiés diminue. Le chômage augmente à moins d'être flexible à la baisse.

• **Les facteurs sociaux**

• **Le dialogue social :** ce sont les consultations, négociations, échanges d'informations entre partenaires sociaux (syndicats de salariés et d'employeurs) qui limitent les conflits.
• **Le niveau de formation :** la productivité est liée à la qualification, au diplôme. L'âge, l'expérience et le sexe interviennent aussi.

### C L'action de l'État sur la formation des salaires : le salaire minimum

• Le **SMIC** a été créé en 1970 : c'est le salaire en dessous duquel un salarié ne peut pas être payé. C'est une protection contre l'équilibre automatique du marché voulu par les classiques libéraux qui pourrait se révéler dangereuse pour le travailleur (pour les libéraux, le travail doit être payé à sa juste valeur). Il évolue en fonction de l'indice des prix à la consommation et le gouvernement peut lui donner un coup de pouce. 10,6 % des salariés sont payés au SMIC en 2017.

• L'État intervient en incitant les partenaires sociaux à négocier les salaires : les allègements de cotisations patronales sont subordonnés au respect de cette incitation à négocier (–10 % sur les allègements et suppression au bout de 3 ans sans négociation).

## 3 Les objectifs et les instruments de la redistribution

### A Les objectifs de la redistribution

• **Objectifs économiques**
• **Stabiliser l'activité économique.** Si l'activité ralentit, les prélèvements freineront la baisse de la demande car l'activité reste soutenue quand le chômeur perçoit ses indemnités.

Économie

• **Soutenir la demande.** Un impôt prélevé sur un ménage à revenu élevé ne réduit pas sa consommation mais son épargne et la redistribution à un ménage modeste augmente sa consommation.

• Objectif sociaux

• **Garantir une protection contre les risques sociaux.** La collectivité prend en charge des risques (maladie, vieillesse…) pour garantir un revenu aux personnes concernées.

• **Redistribuer les revenus.** Verticalement, le transfert des hauts revenus vers les bas revenus réduit les inégalités sociales. Horizontalement, on établit une solidarité entre familles avec ou sans enfants, actifs et inactifs, occupés et chômeurs, malades et bien-portants.

**Remarque**

La protection sociale s'appuie sur deux conceptions opposées :
– **Bismarck** se basait sur une logique d'assurance : en bénéficient ceux qui cotisent ;
– **Beveridge** préconisait une logique d'assistance : la protection sociale doit couvrir toute la population et son financement est assuré par l'impôt.

## B Les instruments de la redistribution

• **La fiscalité.** Tous les impôts n'ont pas d'effet redistributif et ne réduisent pas les inégalités : les impôts sur la consommation (TVA) pénalisent davantage les bas revenus car le taux s'applique indistinctement sur chaque produit acheté.

• **Les transferts sociaux.** Le système du quotient familial permet de faire supporter l'impôt par les familles sans enfants. L'impôt sur le revenu est décroissant avec la taille de la famille. Ces transferts ont un rôle d'assistance (solidarité sans cotisation préalable) et d'assurance (prestation quand survient le risque social), de mutation des risques sociaux (c'est la logique d'assurance qui le permet), de redistribution verticale des revenus.

• **Les services publics.** En permettant au plus grand nombre d'accéder aux services essentiels (sécurité, éducation, logement, justice…), l'État lutte contre la pauvreté et les inégalités sociales. La délivrance des services publics, financés par l'impôt, conduit à une redistribution verticale des revenus (le ménage qui ne paie pas d'impôt en bénéficie comme celui qui en a payé) et horizontale (ex. : l'éducation est plus « consommée » par les ménages aisés que par les plus défavorisés).

# 4 L'efficacité de la redistribution

## A Les effets positifs de la redistribution

• **Effets sociaux.** Réduction des inégalités de revenus, amélioration du niveau de vie ; accès aux services de santé grâce à la Sécurité sociale : on se soigne mieux et l'espérance de vie augmente ; accès à l'éducation, ce qui améliore la formation et l'employabilité des travailleurs.

• **Effets économiques.** **Soutien de l'activité à court terme :** la redistribution évite de tomber dans la récession (frein au chômage) et de s'emballer en période d'expansion (inflation). Selon **Keynes**, soutenir l'économie en augmentant les bas salaires maintient la demande et peut développer l'emploi et faire redémarrer l'économie. **Influence sur la croissance à long terme :** la redistribution accroît le capital humain, source de productivité. Santé et éducation sont liées (quand l'espérance de vie s'allonge, on prolonge les études car elles seront rentabilisées sur une plus longue période).

## B La remise en cause de la redistribution

• **La faible redistribution fiscale.** L'impôt sur le revenu représente 7 % des prélèvements obligatoires et c'est le seul impôt redistributif.

• **La protection sociale en cause**

• **Les transferts sociaux** peuvent modifier le comportement de l'individu face à l'activité : le gain d'un retour à l'emploi doit être supérieur à la perception d'un revenu de transfert (RSA).

• **Les prélèvements** peuvent inciter à travailler (pour maintenir le pouvoir d'achat) ou désinciter (pour éviter la taxation), investir moins, travailler au noir.

• **L'Assurance maladie** est toujours en déficit et le vieillissement de la population ainsi que le coût élevé des traitements n'améliorent pas la situation.

• **L'allongement de la durée de vie** pose le problème du financement des retraites.

• **La persistance d'un chômage élevé** réduit les cotisations.

• **Le poids des prélèvements obligatoires.** Il y a concurrence fiscale et sociale entre les pays de l'Union européenne pour attirer les IDE. Les transferts sociaux peuvent entraîner un endettement de l'État si les recettes fiscales sont insuffisantes ou en baisse.

• **L'ouverture des services publics à la concurrence.** Elle entraîne une régulation par le marché plutôt que par l'État : c'est la **dérégulation**. L'UE incite à déréglementer pour respecter la libre circulation des biens, des services, des capitaux et des personnes, et à appliquer les mêmes règles aux entreprises privées et publiques. Cette libéralisation remet en cause la continuité du service public car les activités non rentables seront abandonnées (ex. : fermeture des bureaux de poste dans les petits villages).

## 5 Les inégalités mondiales

### A Constat des inégalités

Les inégalités de richesse entre individus résultent d'inégalités entre pays ou d'inégalités internes (partage des richesses dans le pays). Pendant les trente dernières années, certains PED (Chine, Inde) ont rattrapé une partie de leur retard économique. La mondialisation, en développant échanges et investissements, favorise la croissance et devient facteur de développement si elle crée des emplois et produit des richesses. Les pays les plus pauvres ont connu une croissance très faible de leur PIB. Les PMA (pays les moins avancés) sont une cinquantaine avec un PIB par habitant inférieur à 1 000 $.

### B Le décollage des pays émergents

• **Le rattrapage.** Forte croissance des pays émergents : ils représentent plus de la moitié de la population mondiale depuis 2005 et la moitié de l'augmentation du PIB mondial. Ils ont des gains de productivité importants avec des salaires faibles (cette productivité favorise leurs exportations).

• **Les explications.** Libéralisation des économies : la Chine a fait des réformes de libéralisation interne (création de zones franches pour attirer les IDE, abaissement des droits de douane, monopole d'État sur le commerce extérieur supprimé, propriété privée développée) et d'ouverture au marché mondial. Les pays émergents s'engagent dans la mondialisation financière par des investissements internationaux (prises de participation, acquisitions d'entreprises).

• **Les inégalités internes.** En Chine, l'écart des revenus entre les villes côtières et les campagnes a explosé, le sous-emploi dans les campagnes et les régions du Nord est énorme, l'exode vers les villes riches est freiné par le maintien du passeport intérieur. Des mouvements sociaux se développent à cause de la suppression de la protection sociale issue du socialisme et des abus des bureaucrates locaux (pression fiscale forte dans les villages). La pauvreté absolue recule mais les riches deviennent plus riches et les pauvres plus pauvres. La dégradation de l'environnement est alarmante.

# 4 Le financement des activités économiques

## 1 Les différentes modalités de financement

Financer l'économie consiste à fournir aux agents économiques les ressources dont ils ont besoin. Les entreprises ont besoin de liquidités pour financer leur activité courante (ex. : payer les fournisseurs) et les investissements, l'État doit financer son déficit budgétaire : ce sont des **agents à besoins de financement**. Même s'ils empruntent (crédit immobilier ou à la consommation), les ménages ont globalement des revenus supérieurs à leurs dépenses, ce qui leur permet d'épargner : ce sont des **agents à capacités de financement**.

### A Financement interne

Les entreprises peuvent financer elles-mêmes leurs investissements par des **ressources internes** (capital au départ, autofinancement pendant l'activité) mais ces ressources sont souvent insuffisantes et les entreprises doivent recourir à un financement externe.

### B Financement externe

Le financement indirect est un circuit de financement qui met en relation **prêteurs et emprunteurs**.

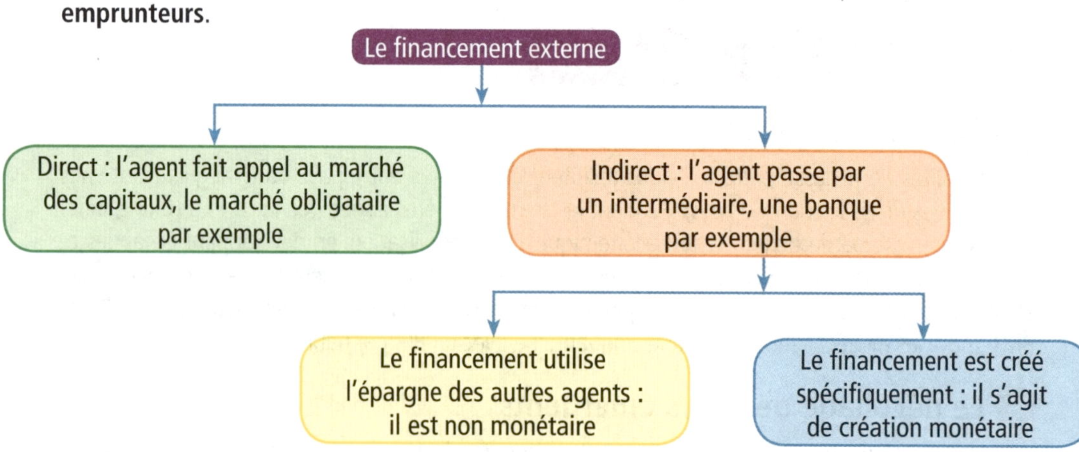


▲ Les possibilités de financement externe des entreprises

## 2 Les marchés de capitaux

Sur le marché des capitaux s'organise la rencontre de l'offre et de la demande de capitaux. On distingue le marché financier et le marché monétaire.

### A Le marché financier

Le marché financier est un circuit de financement des capitaux à long terme. Les transactions ont pour but de permettre aux entreprises d'échanger des **titres financiers** (appelés valeurs mobilières) contre des **moyens de paiement** pour assurer le financement de leur développement (investissements). Ces titres sont :

– des **actions** qui représentent une part du capital d'une société cotée en Bourse qui donne droit à un dividende et un droit de vote aux assemblées générales ;

– des **obligations** qui représentent une créance, une part d'emprunt émis par une société qui donne droit à un intérêt indépendant des résultats de l'activité ;
– des **titres mixtes** qui combinent des caractéristiques des deux catégories (ex. : obligations convertibles en actions).

## B Le marché financier primaire et secondaire

Le marché financier est composé de plusieurs compartiments, l'ensemble constitue la Bourse.

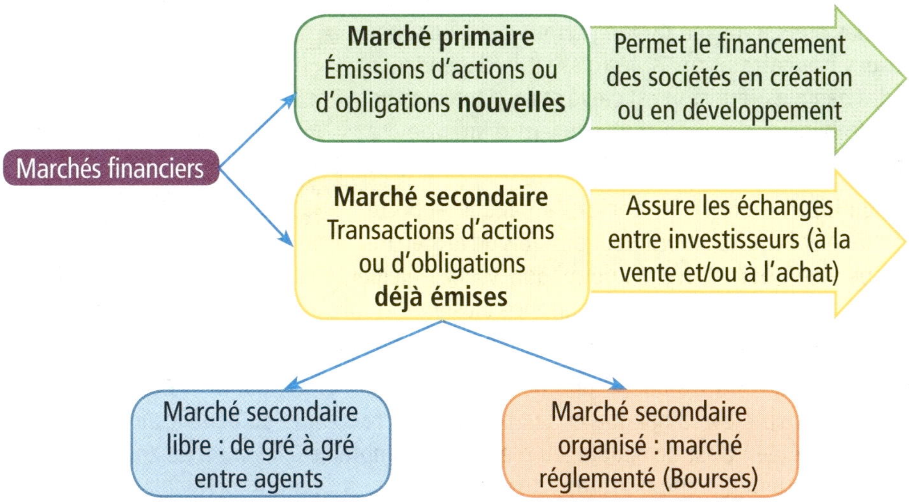


## C Le marché monétaire

Le marché monétaire est le marché où s'échangent les **capitaux à court et moyen terme**. Il se décompose en :
– **marché interbancaire** où n'interviennent que les établissements de crédit, le Trésor et la Banque de France, pour s'échanger sur de très courtes durées de la monnaie centrale (des liquidités) ;
– **marché des titres négociables** pour les banques, le Trésor et les entreprises, ce qui leur permet de se financer sans passer par le crédit bancaire en achetant ou vendant des titres (billets de trésorerie pour les entreprises, bons du Trésor ou certificats de dépôt pour les banques).

## D Intérêt des marchés de capitaux

• Pour les entreprises, les marchés de capitaux sont une solution pour éviter de s'endetter auprès des banques, ce qui leur évite des charges financières. L'ouverture au public du capital de l'entreprise et les échanges sur le marché secondaire représentent des possibilités de croissance externe par des **OPA** (offres publiques d'achat) ou des **OPE** (offres publiques d'échange), qui permettent d'acquérir les titres d'une autre société en proposant un prix supérieur au cours (pour l'OPA) ou en proposant un échange de titres entre la société visée et l'entreprise à l'origine de l'OPE. Pour les ménages, la Bourse est une nouvelle opportunité de placement. Pour être attractifs, les marchés de capitaux doivent être sécurisés : c'est le rôle de l'**AMF** (Autorité des marchés financiers) d'être le « gendarme de la Bourse ».

• L'AMF a sous son contrôle tous les marchés financiers, même les marchés non réglementés. Pour l'État, c'est une source alternative et non inflationniste pour financer un déficit public. Elle facilite les privatisations.

# 3 Le rôle des institutions financières

## A Le crédit bancaire

Le crédit est le rôle principal des banques. À partir des dépôts à vue effectués par leurs clients, les banques accordent des crédits sous forme de prêt à d'autres clients.

• Les banques participent au financement des investissements par des prêts à moyen ou long terme mais aussi par les **concours bancaires**, car ils accroissent la dépendance vis-à-vis des banques, leur coût est élevé et il y a toujours un risque que la banque décide à tout moment d'interrompre ces financements.

> **Définition**
> **Concours bancaires :** ensemble des crédits accordés par les banques à court terme (facilités de caisse pour les décalages passagers, crédits relais pour des besoins exceptionnels, découverts).

• En tant qu'**intermédiaire financier**, la banque apporte son savoir-faire et évite à l'emprunteur des frais de recherche et de prospection pour trouver l'information sur les éléments de l'opération (bien qu'il soit toujours souhaitable de mettre en concurrence plusieurs établissements afin d'obtenir les meilleures conditions). Le **taux d'intérêt** est l'élément principal dans la décision d'emprunter.

• Il y a **création monétaire** quand une banque accorde un crédit qui ne repose sur aucune contrepartie immédiate car la banque ne fait que créditer le compte du bénéficiaire en y inscrivant la somme prêtée : c'est un simple jeu d'écritures comptables. Il y aura destruction monétaire quand l'emprunteur remboursera. En revanche, s'il y a épargne préalable, il n'y a que transformation financière.

## B Les autres rôles

• Avec le développement des marchés de capitaux et la création de nouveaux marchés de financement, les emprunteurs et principalement les entreprises ne dépendent plus uniquement des banques pour obtenir des fonds. Les banques ont vu leur échapper les grandes entreprises avec le développement des financements directs, non bancaires (actions et billets de trésorerie), ainsi qu'avec la création de banques de groupe. Les banques ont dû s'adapter aux nouveaux besoins de leur clientèle, en proposant des produits innovants : elles se reconvertissent dans des **activités d'intermédiation boursière** ou de vente de produits d'assurance.

> **Exemple**
> Création des titres de créances négociables, création d'un marché de financement à court terme…

• Sur les marchés, les banques trouvent des sources de financement, des opportunités de placement pour leur compte propre ou celui des clients ; elles y interviennent comme experts financiers pour faciliter l'introduction en Bourse des entreprises, réaliser des opérations de montage financier, mettre en place des stratégies de couverture… La banque apparaît alors de plus en plus comme une entreprise de services et de gestion des risques adossée au marché des capitaux. Cette concurrence conduit à une baisse des taux pratiqués ainsi qu'à une baisse des prix des services bancaires. On parle désormais de **marchéisation des conditions bancaires** pour définir ces financements aux prix du marché.

# 4 La globalisation financière

Les **marchés financiers** sont aujourd'hui planétaires avec le développement des moyens de communication : les Bourses sont reliées les unes aux autres et, avec le décalage horaire, les transactions s'effectuent en continu car quand une Bourse ferme, une autre vient de s'ouvrir. Tout capital peut aujourd'hui rencontrer une forme de placement qui lui convient.

## A Les facteurs de la globalisation

• À la fin des années 1970, pour lutter contre l'inflation et financer les déséquilibres financiers budgétaire et extérieur, les États ont libéralisé les marchés en proposant aux investisseurs un marché des capitaux qui offrait le moins de contraintes administratives et fiscales possible.

• Trois séries de mesures ont été prises dans ce sens (on les a appelées les **3D**) :
– la **désintermédiation** : l'État veut faciliter le contact direct entre les investisseurs et les emprunteurs. Le résultat est que les entreprises se financent de plus en plus par l'émission de titres (actions ou obligations) et de moins en moins en passant par les institutions financières ;
– le **décloisonnement des activités financières** : l'État supprime les barrières entre les marchés. Cela a abouti à la création d'un vaste marché mondial des capitaux où les investisseurs et les emprunteurs se déplacent sans contrainte à la recherche du placement le plus rémunérateur ;
– la **déréglementation** : deux lois ont libéralisé les marchés financiers par la suppression du contrôle des changes (qui limitait les possibilités de sortie de liquidités vers l'extérieur) et la libéralisation des mouvements de capitaux.

• **Les innovations qui ont permis cela sont d'ordre :**
– **technologique** : les marchés sont reliés en temps réel grâce à l'informatique, les achats et ventes de titres sont automatisés et des masses d'informations sont centralisées et traitées ;
– **financier** : les banques ont créé de multiples produits financiers qui ont pour but d'assurer une couverture contre les risques financiers (risques de variation des taux ou du change, variation en capital) pour lutter contre la libéralisation qui intensifiait la concurrence entre le circuit de financement direct et indirect.

• **L'existence de déséquilibres structurels mondiaux**

• Dans les années 1960, la circulation importante de dollars dans le monde entier puis, dans les années 1970, les dollars issus du pétrole (les « pétrodollars »), qui cherchaient les placements les plus fructueux, ont favorisé le développement d'un système financier international.

• Depuis les années 1980, les déséquilibres budgétaire et extérieur de nombreux pays (États-Unis, France…) ont favorisé le développement de réseaux financiers mondiaux qui ont permis aux **pays excédentaires** (comme l'Allemagne ou le Japon) de prêter cette épargne aux **pays déficitaires** (surtout aux États-Unis qui peuvent servir des taux d'intérêt élevés).

## B Les avantages de la globalisation

• **Une mobilité plus grande de l'épargne mondiale.** Les financements et placements sont mieux adaptés aux besoins des investisseurs ou emprunteurs, chacun peut investir dans les placements les plus rémunérateurs. Cette mobilité réduit les situations de manque de capitaux et, en conséquence, les taux d'intérêt car les capitaux sont moins rares, donc moins chers.

• **Une modernisation des systèmes financiers nationaux** contraints d'évoluer pour suivre le mouvement d'internationalisation.

• **Une diversification des risques** pour les prêteurs par la multiplication des produits financiers et la possibilité de placer des capitaux à l'échelle mondiale, ce qui leur permet d'espérer le meilleur rendement possible.

• **Un financement plus diversifié.** Les marchés offrent des financements à long terme (marché financier), à court terme (marché monétaire) et des instruments diversifiés (ex. : obligations convertibles en actions, actions à droit de dividende prioritaire…).

• **Une amélioration des résultats des entreprises,** obligées de se moderniser, d'innover, de rechercher des gains de productivité pour pouvoir verser de gros dividendes à leurs actionnaires afin qu'ils laissent leurs capitaux dans l'entreprise.

• **Un financement plus facile des déficits.** Un pays peut, comme une entreprise, financer plus aisément son déficit en empruntant sur les marchés financiers internationaux, qui leur évite d'augmenter la pression fiscale.

## C Les dangers de la globalisation

### • Les risques d'insolvabilité

La meilleure répartition de l'épargne n'est pas toujours réalisée car les capitaux sont attirés par des pays qui offrent des taux élevés et une bonne solvabilité, tout créancier courant le risque de ne pas être remboursé.

**Exemple**
Les États-Unis attirent une grande partie de l'épargne mondiale ; l'Afrique, très peu.

### • Les risques de marché liés aux variations des cours

• **La spéculation** provient d'un mouvement cumulatif : l'épargne a gonflé l'offre de capitaux et augmenté la valeur des titres, donc il faut plus de capitaux pour les acquérir… À l'arrivée, la capitalisation boursière (issue de l'estimation des titres à leur cours) atteint un tel niveau que les dividendes deviennent négligeables et c'est l'espoir de la plus grosse plus-value possible qui motive l'épargnant : on assiste à la création de bulles financières qui correspondent à une déconnexion de la finance avec l'activité réelle.

• **Le court terme** est privilégié sur le long terme et les banques sont amenées à afficher des performances pour conserver et attirer les clients, elles renouvellent vite leur portefeuille, sacrifiant les titres les moins rentables et recherchant les placements les plus risqués car les plus rémunérateurs.

• **Les marchés de capitaux sont extrêmement volatils.** Une crise, des difficultés dans un autre pays, la rumeur de difficultés dans une entreprise véhiculée par un journal financier ou un conflit social peuvent amener la perspective de baisse des résultats, donc de moindres dividendes qui vont inciter des actionnaires à vendre leurs titres, ce qui dévalorisera le titre et amènera d'autres actionnaires à les imiter, précipitant la chute du titre. Un agent calque son comportement sur celui des autres car il pense qu'ils sont mieux informés que lui…

**Remarque**
Depuis les années 1970, l'économie mondiale a vu se multiplier les crises financières, la dernière étant celle de 2008. Une crise peut être financière (ou bancaire), mais aussi boursière (crise de 1929), ou de change (crise asiatique de 1997).

• **Pour améliorer leur profit** et faire monter le cours de leur action, les entreprises font des restructurations pour réduire les coûts. Ces licenciements sont toujours bien accueillis par les actionnaires (qui espèrent une hausse prochaine du dividende), même s'ils sont désastreux sur le plan social.

• **La finance internationale influence les politiques nationales** car, pour attirer et conserver les capitaux étrangers, les États ne doivent pas trop imposer les investisseurs. Les taux d'intérêt doivent être attractifs, l'inflation contenue. Les dépenses publiques doivent être limitées et même réduites pour montrer que l'État sait maîtriser ses dépenses.

# Étude d'un document

Corrigé p. 283

Dans une note structurée et argumentée :

1. Relevez les aspects de l'influence de la globalisation financière dans la crise actuelle, selon P.-N. Giraud.
2. Quels facteurs ont permis le développement de la globalisation financière ?
3. Décrivez les effets positifs de la mondialisation financière.
4. Présentez les dangers de la mondialisation financière.
5. Avancez des mesures de régulation possibles.

## Comment réguler la mondialisation financière ?

### La mondialisation est-elle responsable de la crise économique actuelle ?

Elle l'a amplifiée, la crise trouve surtout son origine dans les transformations de la finance depuis trente ans : notamment dans la généralisation de la finance de marché par rapport à la finance bancaire intermédiée, et dans une innovation financière débridée qui visait à accroître les asymétries d'information au profit des acteurs financiers et à créer des produits qui leur permettent de capter les rendements en transférant les risques aux autres.

La libre circulation des biens et des capitaux a favorisé des politiques qui ont conduit à des déséquilibres macroéconomiques, notamment dans le couple Chine-États-Unis. C'est un des facteurs qui ont permis à la crise actuelle de se déclencher avec une telle violence. Mais la question n'est pas tant de savoir si la globalisation est coupable : avec la même liberté de circulation, on aurait pu avoir des politiques étatiques différentes entre la Chine et les États-Unis. C'est surtout l'absence de coordination des politiques qui est en cause.

### Existe-t-il un lien entre la crise et le creusement des inégalités, à l'échelle mondiale comme au sein des sociétés ?

La globalisation a réduit certaines inégalités – entre pays émergents et pays riches – et en a aggravé d'autres – à l'intérieur des sociétés. Toutefois, les rémunérations extraordinaires constatées, en particulier dans la finance, sont moins liées à la mondialisation qu'à l'évolution de la finance vers une finance de marché de plus en plus dominée par des asymétries d'information et des situations de monopole. Si les traders sont si bien payés, c'est parce qu'ils font gagner énormément d'argent à leur banque. Comment se fait-il que les banques d'affaires gagnent autant d'argent ? Parce que ce sont des activités hautement monopolistiques : les barrières à l'entrée sont gigantesques, le niveau de technicité requis, très élevé, et les besoins de liquidités énormes. Au final, elles se concentrent dans quelques établissements bancaires, qui tirent du reste de l'économie des surplus exorbitants. Bref, il n'y a pas assez de concurrence. Mais on ne s'attaque pas véritablement au problème : les rémunérations des traders ne sont que la partie émergée de l'iceberg des profits.

Économie

**La liberté de circulation des capitaux et celle des marchandises et des investissements internationaux risquent-elles d'être, ou devraient-elles être, remises en cause avec la crise ?**

Il faut distinguer le probable et le souhaitable. Sur le premier plan, il y a tout lieu de croire qu'il ne va rien se passer : la crise, à court terme, n'infléchira pas de manière significative le cours de la mondialisation. Il faudrait pour cela une reprise en main collective par les États, à l'échelle mondiale, d'un certain nombre de leviers d'action sur les dynamiques des capitalismes. Cela supposerait des accords qui sont très difficiles à obtenir. Il y a peu de chances que les règles changent substantiellement dans le domaine du commerce international, des investissements, des flux financiers ou de la régulation des banques et de la concurrence. Les acteurs économiques globalisés sont plus puissants et de moins en moins nombreux : on assiste à la constitution d'un petit nombre d'oligopoles mondiaux qui sont en train de tondre le salarié et le consommateur moyen au niveau mondial. Face à eux, on aurait besoin d'une politique cohérente et ambitieuse de régulation de la finance, de la concurrence et des droits de propriété sur lesquels s'appuient ces acteurs pour créer des situations de monopoles. L'analyse du problème n'est pas partagée, les intérêts des États divergent et il n'existe pas de système politique qui pousse à de tels accords. Les systèmes politiques restent nationaux alors que le système économique est mondial. C'est le problème.

Entretien avec Pierre-Noël Giraud, professeur d'économie à Mines ParisTech
*Alternatives économiques*, hors-série n° 084, février 2010.

# 5 L'appréciation d'une situation économique

## 1 Les indicateurs économiques

### A L'analyse conjoncturelle

• **Définition.** L'analyse conjoncturelle est la démarche ou méthode assortie des outils permettant de collecter les informations pertinentes sur une situation. Elle étudie des questions comme :
– quels sont les déséquilibres conjoncturels des marchés ?
– quelles sont les conditions d'un retour à l'équilibre sur les marchés ? La nature des ajustements (par les prix, l'emploi, la valeur de la monnaie, l'offre, le commerce extérieur, la fiscalité…) ?
– quels sont les délais des ajustements ?

• **Enjeux.** Cette analyse permet aux agents économiques d'établir un **diagnostic conjoncturel**, c'est-à-dire une appréciation objective de la situation. À partir des relevés de ces variables, (quantitatives et qualitatives), on peut établir un **tableau de bord conjoncturel** qui permet de mettre en évidence le sens de l'évolution des éléments, de faire des comparaisons dans le temps, d'expliquer les écarts avec les prévisions.

• À partir de là, les agents prendront des décisions éclairées, limitant le risque d'erreurs :
– les entreprises : dans le choix des investissements, des embauches, des emprunts… ;
– les ménages : dans leurs investissements immobiliers ou financiers ;
– l'État et les collectivités territoriales : lors des choix budgétaires ;
– les partenaires sociaux : lors des négociations.

• Dans l'Union européenne, l'interdépendance est croissante entre les pays membres, ce qui fait que les difficultés de l'un peuvent avoir des répercussions sur les autres (ex. : la crise grecque).

– Avec le **pacte de stabilité et de croissance adopté en 2002**, la politique budgétaire est fortement encadrée (le déficit public doit être inférieur à 3 % du PIB et la dette publique doit être inférieure à 60 % du PIB) et un pays ne peut plus décider seul une politique de relance.

– Depuis 1998, la politique monétaire est du ressort de la **BCE**, dont l'objectif est la stabilité des prix. Les banques centrales nationales ne font qu'appliquer les décisions prises par la BCE.

• **Les indicateurs de conjoncture.** Outre les quatre variables du **carré magique de Kaldor** (taux d'inflation, de chômage, de croissance et solde du commerce extérieur), on peut s'intéresser :
– aux **échanges extérieurs** : la demande nationale et mondiale, la compétitivité des entreprises, le taux d'utilisation des capacités de production ;
– au **comportement des entreprises** : la production actuelle et anticipée, les profits espérés, l'investissement, le niveau d'endettement, le coût du capital, l'emploi ;
– au **comportement des ménages** : les revenus, l'épargne, la confiance dans l'avenir, les perspectives de consommation, l'évolution des prix...

**Remarque**
Le carré est dit « magique » car aucun pays ne peut satisfaire les 4 variables en même temps.

### B L'analyse structurelle

L'analyse structurelle s'intéresse à la situation qui concerne :
– la structure des marchés : organisation (oligopoles, monopoles ?), régulation (par le marché ou l'État ?)…
– le tissu économique : quelles sont les activités principales ? Quel est le secteur dominant ? Quelle est l'importance de l'investissement étranger ?
– la formation, le niveau d'éducation ;
– la recherche et l'innovation ;
– le modèle social (niveau de vie) ;
– l'environnement : compétitivité par rapport aux autres pays, ouverture internationale…

### C Les organismes pour l'appréciation des indicateurs

– Des **organismes publics nationaux** : l'INSEE, qui établit la comptabilité nationale et calcule l'inflation ; la Banque de France, qui établit la balance des paiements, le Conseil économique et social ; la direction de la prévision du ministère de l'Économie…
– des **organismes publics internationaux** : UE, BCE, OCDE, FMI, OMC, OIT…
– des **organismes spécialisés** : BIPE (Bureau international de la prévision économique), OFCE (Office français des conjonctures économiques)…
– des **organismes divers** : organisations socioprofessionnelles, banques, entreprises, universités…

## 2 L'appréciation par les agents économiques

### A Appréciation par les entreprises

Les entreprises analysent la conjoncture pour anticiper les évolutions et y adapter leur stratégie. Elles tiennent compte aussi des anticipations des ménages. En période de crise, elles proposent des produits d'entrée de gamme accessibles à tous ou se tournent vers des modèles *low-cost* pour maintenir leurs ventes.

### B Appréciation par les ménages

Les ménages analysent la situation économique pour essayer de préserver leur pouvoir d'achat. Les évolutions du chômage et de l'inflation les intéressent pour choisir entre consommation et épargne. Leur choix dépendra de leur revenu disponible et de leurs habitudes de consommation.

### C Appréciation par l'État

La **politique économique** est l'ensemble des actions mises en œuvre par les pouvoirs publics pour atteindre certains objectifs économiques et sociaux. Elle est conjoncturelle quand l'objectif des mesures est d'agir sur les fluctuations économiques pour stabiliser la situation et retrouver la croissance (**objectif à court terme**). Elle est structurelle quand l'objectif est une modification en profondeur du fonctionnement de l'économie (**objectif à long terme**).

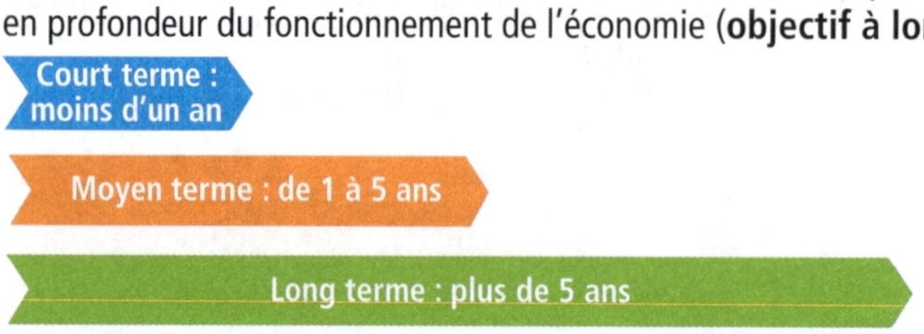


▲ De la politique conjoncturelle à court terme à la politique structurelle à long terme

# 3 La politique économique conjoncturelle

## A Objectifs

• **Les objectifs de la politique économique conjoncturelle** sont la croissance, l'emploi, la solidarité, la justice sociale, l'amélioration du niveau de vie… Ils apparaissent à travers des grandeurs mesurables :

– la **croissance économique**, déterminée par le taux de croissance du PIB : c'est l'étape incontournable pour la réalisation de toute politique économique. Il y a aujourd'hui remise en cause de cet objectif de croissance de la production au profit de la décroissance ou de la montée des thèses du développement durable qui veut l'arrêt de la pollution, du gaspillage des ressources naturelles… ;

**Rappel**
La décroissance est aussi appelée **croissance zéro.**

– l'**équilibre extérieur**, mesuré par le solde de la balance des paiements (exprimé en pourcentage du PIB), qui est logique dans l'optique d'une économie ouverte ;
– la **stabilité des prix**, évaluée par le taux d'inflation car l'inflation décourage les prêteurs ;
– l'**emploi**, apprécié par le taux de chômage (en pourcentage de la population active).

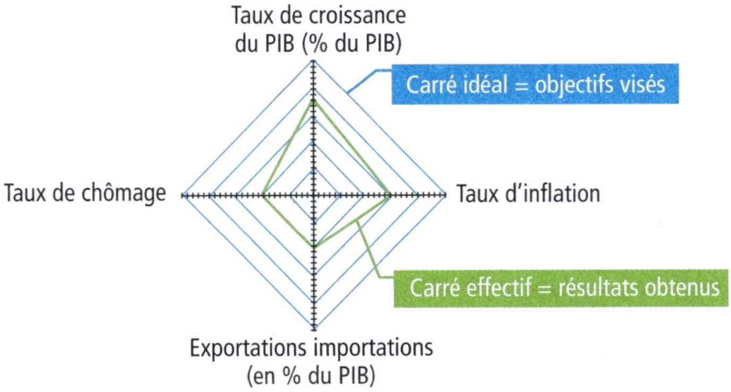


▲ Carré magique de Kaldor

**Remarque**
L'idéal économique serait d'atteindre tous les objectifs en même temps.

• L'État essaie de contrôler ces quatre grands équilibres dont Nicholas Kaldor fait une représentation graphique connue sous le nom de « carré magique ».
• Les extrémités du carré correspondent à la situation la plus enviable : une forte croissance de la production, pas de chômage, pas d'inflation, un commerce extérieur excédentaire.
• Selon cette représentation graphique, la situation économique du pays est d'autant plus satisfaisante que la surface du losange est grande et proche du carré magique.
• Ce graphique permet de faire des comparaisons dans le temps et dans l'espace. Cependant, l'État ne peut intervenir en même temps sur ces quatre éléments : il doit donc choisir son domaine d'intervention tout en tenant compte de leur interdépendance et des effets pervers des mesures prises sur les autres secteurs (ex. : la lutte contre l'inflation augmente le chômage).
• Ces choix dépendent aussi des conceptions économiques et sociales du gouvernement.

## B Les politiques possibles

• **La politique de relance.** L'État augmente les dépenses publiques pour encourager la consommation et l'investissement par des grands travaux d'infrastructures ou en distribuant des revenus à certaines catégories de personnes (bénéficiaires de minimas sociaux, fonctionnaires…).

Il peut aussi agir par la fiscalité en aidant certaines activités (baisse de la TVA sur la restauration) ou en baissant les prélèvements pour augmenter le pouvoir d'achat des ménages. Son but est de sortir de la récession

• **La politique de rigueur.** L'État veut lutter contre l'inflation et réduire le déficit extérieur en freinant la progression des salaires, en augmentant les prélèvements obligatoires (hausse de la TVA ou de l'IR) et en réduisant les dépenses. Cette politique freinera la croissance.

**Rappel**

La politique de relance va développer un effet d'entraînement de l'économie (augmentation de la demande, de la production, de l'emploi, de la croissance) : c'est l'effet multiplicateur de Keynes.

## C Les instruments : la politique budgétaire

**Définition.** C'est l'ensemble des mesures prises par l'État pour orienter l'activité économique. Elle est orientée vers la relance par une augmentation des dépenses publiques ou vers un assainissement de l'économie par le désendettement de l'État.

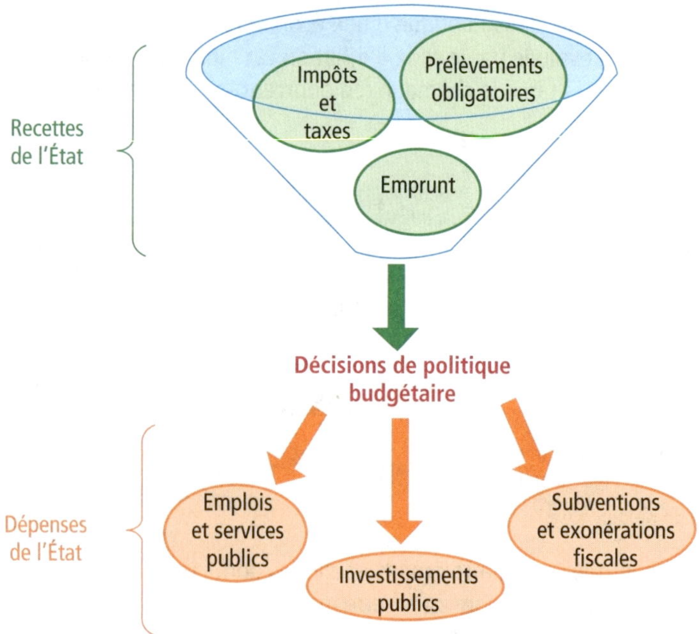


▲ La politique budgétaire : prévoir les recettes et répartir les dépenses

## D Les instruments : la politique monétaire

**Définition.** La politique monétaire est l'ensemble des mesures qui sont destinées à agir sur les conditions du financement de l'économie. Elle est définie par la BPCE (pour la zone euro) et mise en œuvre par la banque centrale du pays. Son objectif est de contrôler l'évolution de la masse monétaire et celle des taux d'intérêt pour maîtriser l'inflation et maintenir les grands équilibres économiques. Elle doit freiner la croissance de la masse monétaire pour maîtriser l'inflation, tout en la laissant suffisamment croître pour éviter la récession.

• **Trois instruments privilégiés**

• **L'action sur les taux d'intérêt.** Quand les banques ont besoin de liquidités, elles peuvent emprunter auprès de la banque centrale à un taux connu d'avance. On les appelle « **taux directeurs** », car la banque centrale dirige indirectement le crédit en le rendant cher ou attractif. Si ce taux augmente, comme la banque veut garder un bénéfice, elle répercutera la hausse du taux sur ses clients, ce qui rendra le crédit plus cher. Les agents économiques emprunteront moins, ce qui freine la création monétaire, mais aussi la demande : on a freiné l'inflation ainsi que la croissance économique.

• **Les opérations d'*open market*.** La banque centrale peut investir directement sur le marché monétaire en achetant ou en vendant des devises ou des titres. Si la banque met en circulation des titres sur le marché, elle soustrait des liquidités : l'argent devient plus rare et le taux d'intérêt augmente. Si elle rachète des titres, elle met de l'argent supplémentaire en circulation dans le but de faire baisser les taux.

• **Les réserves obligatoires.** C'est un pourcentage de leurs encaisses que les banques doivent laisser sur un compte non rémunéré auprès de la banque centrale (pour accéder à leurs demandes de liquidité). Si ce pourcentage est élevé, cela réduit les possibilités de crédit pour les banques, s'il est faible, cela encourage le crédit. Actuellement, le pourcentage est faible (1 %).

## 4 La politique économique structurelle

### A La stratégie du traité de Lisbonne

• Le traité de Lisbonne devait permettre à l'Europe des Vingt-huit de fonctionner de manière plus efficace et démocratique : il engageait les pays de l'Union européenne dans une **stratégie pour la croissance et l'emploi** et les incitait à adopter des objectifs de politique économique et de réformes structurelles communs (70 % de taux d'emploi, 3 % du PIB en R&D, renforcement de l'éducation et de la formation, promotion des TIC, modernisation des systèmes sociaux...).

• Ce projet ambitieux fut un échec avec la crise de 2008 montrant les faiblesses de l'Union européenne face à la mondialisation, la raréfaction des ressources naturelles et le vieillissement de la population. En 2010, l'Union européenne lançait la stratégie **Europe 2020** pour une croissance intelligente (basée sur la connaissance et l'innovation), durable (moins gourmande en ressources naturelles, plus verte) et inclusive (fort taux d'emploi, cohésion sociale). Cinq objectifs sont définis : 75 % de taux d'emploi, 3 % du PIB en R&D, réduction des émissions de gaz à effet de serre de 20 % par rapport à 1990, réduction de 25 % de la pauvreté et de l'exclusion, amélioration du système éducatif et de la formation.

**Remarque**

Les objectifs sont fixés par la Commission européenne et le conseil européen, mais chaque État établit ensuite un programme national de réforme (PNR) définissant ses cibles et les moyens engagés compte tenu de sa situation économique.

• Les politiques structurelles de l'Union européenne s'appuient sur la coordination des politiques par les **Grandes Orientations de Politique Économique** (GOPE) qui donnent des lignes directrices macro et microéconomiques.

### B Les domaines d'action

Pour améliorer le fonctionnement de l'économie, l'État peut développer :
– une **politique industrielle** : développer de nouvelles activités, créer des pôles de compétitivité afin d'optimiser les moyens matériels et humains rassemblés ;
– une **politique énergétique** : limiter la dépendance extérieure, développer d'autres énergies ;
– une **politique de la concurrence** pour améliorer le fonctionnement des marchés ;
– une **politique régionale** pour l'aménagement du territoire ;
– une **politique sociale** pour développer la solidarité, réduire les inégalités...
– une **politique agricole** (la Politique agricole commune ou PAC).

Économie

# 5 Les limites des politiques économiques

## A Limites de la politique budgétaire

### • Limites au niveau national

• Quand l'État veut injecter des capitaux dans l'économie (grands travaux d'infrastructure, orientation de la fiscalité pour faciliter certaines activités…), cela peut avoir des effets négatifs sur :
– l'**équilibre du marché monétaire** : l'incitation à produire entraîne une demande de monnaie qui peut amener une hausse des taux d'intérêt ;
– l'**équilibre extérieur** : si l'offre n'est pas adaptée à la demande intérieure de consommation, cela peut déclencher une hausse des importations qui entraînera une dégradation ou un déficit du commerce extérieur ;
– l'**équilibre des finances publiques** : si les recettes n'augmentent pas, l'État devra financer le déficit public par l'emprunt, ce qui augmentera la dette publique réduisant ainsi la marge de manœuvre des gouvernements.

> **Exemple**
> En France, la dette publique atteint 2 226 milliards d'euros, soit 99,2 % du PIB contre 89,2 % dans la zone euro.

• Une politique budgétaire est limitée par :
– la **soutenabilité budgétaire** : capacité d'un État à rester solvable, à conserver des marges de manœuvre pour sa politique budgétaire. Un État doit éviter l'effet « boule de neige » : ne pouvant faire face aux remboursements parce que la relance de l'activité n'est pas suffisante, l'État doit emprunter à nouveau ;
– l'**effet d'éviction** : si le déficit budgétaire d'une politique de relance est financé par un emprunt, cela augmente les taux d'intérêt, les entreprises renoncent à l'investissement. L'investissement public évince, écarte l'investissement privé ;
– la **désincitation au travail** : Laffer (économiste libéral) considère qu'une pression fiscale trop forte incite les agents économiques à réduire leurs activités pour échapper à l'impôt. Quand l'État augmente la pression fiscale, cela augmente les recettes jusqu'à un certain niveau au-delà duquel elles finissent par diminuer : « trop d'impôt tue l'impôt ».

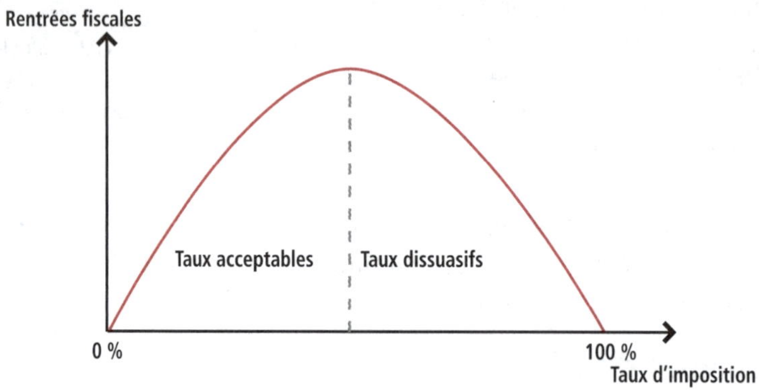


▲ Le financement des politiques budgétaires : « trop d'impôt tue l'impôt »

• Un déficit financé par un emprunt réduira la marge de manœuvre d'un gouvernement car il lui faut assurer le « service de la dette » (remboursement).
• Les politiques de relance par l'intervention de l'État sont donc très critiquées et ont débouché sur des mouvements de libéralisme prônant un retour à la régulation naturelle des marchés : privatisations, déréglementation du marché du travail, baisse des prélèvements obligatoires, retraites par capitalisation… Ces mesures doivent améliorer la compétitivité des entreprises,

lutter contre le chômage, permettre la cohésion des économies (surtout européennes).

• **Limites au niveau communautaire**

• Le **traité de Maastricht** prévoyait que les pays membres de l'UEM (Union économique et monétaire) devaient remplir cinq critères de convergence. Deux critères sont liés aux finances publiques :
– le déficit public ne doit pas dépasser 3 % du PIB ;
– la dette publique ne doit pas dépasser 60 % du PIB.
Le critère du déficit public repose sur deux constats :

• Quand un pays fait une relance budgétaire, il en subit souvent le revers : le surplus de capitaux injectés par l'État dans l'économie profite souvent aux autres pays car les entreprises importent souvent plus, ne pouvant (ou ne voulant) pas répondre à la demande supplémentaire. Un pays qui fait une relance en partage les inconvénients avec tous les membres de l'Union (risque d'inflation, hausse des taux d'intérêt et du taux de change de l'euro…). Il fallait donc encadrer les politiques budgétaires pour maîtriser ces externalités négatives.

**Remarque**

Comme la situation des différents pays membres est diverse, la fixation d'un déficit maximal à respecter permet indirectement de limiter l'évolution de la dette publique.

• Le critère concernant la dette publique permet d'éviter que la dette d'un État de la zone euro devienne insoutenable, ce qui obligerait l'Union à :
– renflouer le pays en état de cessation de paiement, ce qui serait catastrophique pour les autres membres ;
– renoncer au principe de non-renflouement établi par le traité de Maastricht (financement par augmentation de la création monétaire), ce qui relancerait l'inflation dans la zone euro ;
– répudier la dette du pays (politique de l'autruche qui ne résout rien…) ;
– son éclatement : la pire des solutions.



## B Limites de la politique monétaire

• Si la banque centrale craint le retour de l'inflation, elle augmentera le taux du crédit, ce qui réduira les liquidités et ralentira la croissance.

• Dans le cas contraire, la baisse des taux augmentera la demande de crédit, ce qui stimulera l'activité, mais trop de liquidités peuvent déclencher des bulles financières spéculatives si les investisseurs préfèrent les placements boursiers à l'activité réelle.

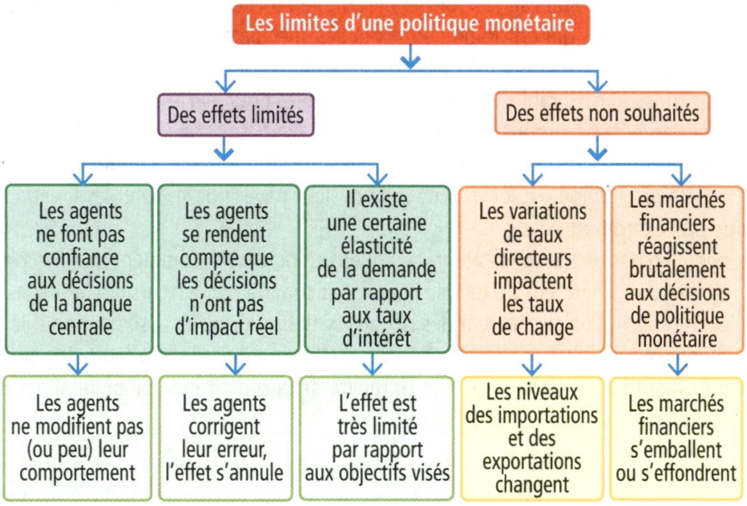

**Les autres limites d'une politique monétaire**

- Les décisions d'une banque centrale peuvent avoir des impacts différents sur les différents pays d'une même zone. Il existe alors des divergences d'intérêt à mener certaines politiques monétaires.
- Les entreprises peuvent se financer sur d'autres marchés concurrentiels internationaux dépendant d'autres banques centrales. Les marchés financiers deviennent donc des « relais » des politiques monétaires.
- La banque centrale doit maintenir des contraintes en termes de taux directeurs. Des taux trop bas créent des effets non souhaités (trappe à liquidité par exemple).
- La banque centrale peut imposer une discipline budgétaire pour éviter les déficits excessifs et stabiliser la monnaie (ce que fait la BCE par le Pacte de stabilité et de croissance signé lors du traité d'Amsterdam en 1995).

# Étude d'un document

*Corrigé p. 284*

Dans une note structurée et argumentée :

1. Analysez la crise grecque pour déterminer si elle est conjoncturelle ou structurelle.
2. Montrez l'influence du déficit public sur une situation économique, sur la situation actuelle.
3. Proposez et discutez des solutions pour réduire la dette publique.
4. Présentez les indicateurs le plus souvent utilisés pour décrire une situation économique.
5. Analysez le dossier des retraites pour savoir s'il relève d'une analyse conjoncturelle ou structurelle. Justifiez votre réponse.

### De l'Europe, de la crise grecque et des spéculateurs

Zhu Min, gouverneur adjoint de la banque centrale chinoise, considère que « la Grèce n'est que la partie visible de l'iceberg ». 20 États sur 27 font l'objet d'une procédure de déficit excessif. En économie libérale, ce sont les marchés qui ont toujours raison. Les spéculateurs sont perçus avant tout comme des fauteurs de troubles. En réalité les « spéculateurs » (qui étaient considérés dans la Rome antique comme des gens utiles et honorables), restent irremplaçables pour alerter sur les failles du marché (ce sont eux qui ont parié contre Enron*, contre Lehman**, avertissant ainsi de leur insolvabilité). Ils ne sont pas non plus à l'origine de la crise grecque, ils ont simplement hésité à prêter davantage à un État lourdement endetté et accumulant les déficits publics pour payer notamment ses fonctionnaires à un niveau et à un prix exorbitants.

Les acteurs des marchés, « les spéculateurs », jouent donc un rôle éminent, n'en déplaise à leurs détracteurs, en tant que « gardiens du temple libéral » et comme « émetteurs de messages d'alertes », dont certes ils tirent profit mais à hauteur des risques symétriques qu'ils assument pour la collectivité. Ils ont donc tendance à réduire les risques et à prendre le contre-pied de la foule des autres investisseurs, à l'instinct moutonnier, premier facteur en réalité de la constitution de bulles... dont on connaît les effets désastreux.

À cet égard, le dossier des retraites qui s'ouvre en France montrera si la lucidité peut l'emporter, si aucune piste de réflexion n'est sacrifiée au profit d'une vision court-termiste qui flatterait l'opinion en renvoyant aux calendes les solutions de fond. En effet, si rien n'est fait sur le plan des dépenses et des recettes comme sur les retraites, les dettes atteindront des sommets himalayens d'ici à 2020. 300 % du PIB au Japon, 200 % en Grande-Bretagne et « seulement 150 % pour la Belgique, la Grèce, la France, l'Italie et les États-Unis ». À de tels niveaux, les marchés pourraient s'arrêter de fonctionner et la dette ne serait plus financée. Voici venir le temps des remboursements et des impôts nouveaux.

Texte de Jean-Louis Chambon 25/04/2010 (www.canalacademie.com)

* Enron : société américaine qui a fait faillite en plaçant les fonds de pension de ses salariés en bourse, leur faisant tout perdre.

** Lehman Brothers : banque américaine qui a fait faillite en 2008 suite à la crise financière née des subprimes.

### Grèce, plan d'aide historique de 110 milliards d'euros

Les pays de la zone euro, le FMI et la Grèce sont parvenus à un accord ce week-end qui évite à Athènes le défaut de paiement. Il prévoit un crédit de 110 milliards d'euros environ sur trois ans. La contribution des 16 pays de la zone euro s'élève à 80 milliards, le FMI fournira 30 milliards. En contrepartie, Athènes s'engage sur un plan d'austérité sévère. Son déficit public devrait être réduit de 30 milliards en trois ans, pour moitié *via* des hausses de recettes et pour moitié grâce à des baisses de dépenses publiques, notamment la suppression des 13e et 14e mois pour les retraités et le secteur public.

*Les Échos*, 3 mai 2010.

# 6 La gouvernance de l'économie mondiale

## 1 Le développement des échanges

### A Évolution globale

Les échanges ont eu une croissance supérieure à celle de la production mondiale. On assiste à un mouvement général de mondialisation des économies.

> **Remarque**
> Dans la seconde moitié du XXe siècle, le commerce mondial a été multiplié par 30 et la production par 10.

### B Évolution par pays

• **Le commerce international** concerne surtout les **pays développés** (2/3 des échanges internationaux y ont lieu) et en particulier dans trois zones que l'on appelle la Triade : Amérique du Nord, Union européenne et Asie du Sud-Est (autour du Japon), qui concentrent 70 % du commerce mondial. À l'intérieur de ces zones, les échanges sont intenses : presque 2/3 des exportations européennes se font vers d'autres pays européens membres de l'Union européenne.

• **Les pays en développement** se marginalisent (surtout l'Afrique, de plus en plus pauvre) sauf ceux qui se sont industrialisés (Corée, Taiwan, Brésil, Chine aujourd'hui). Les pays du Sud échangent principalement avec ceux du Nord et peu entre eux. Pour assurer leur développement, ils doivent importer des produits manufacturés. Pour financer leurs achats, ils exportent des matières premières, des produits primaires dont les prix augmentent moins vite que ceux des produits importés. Il en résulte une dégradation des termes de l'échange qui pénalise ces pays pauvres et accentue leur dépendance commerciale.

• **Les BRICS** représentent le groupe des pays émergents. Ce sont le Brésil, la Russie, l'Inde, la Chine et l'Afrique du Sud. Ils représentent 40 % de la population mondiale (3 milliards d'habitants) et leur part dans l'économie mondiale augmente fortement (16 % du PIB en 2001, 20 % en 2017 et 40 % prévus pour 2025 d'après le **FMI**). Ce sont des pays à forte croissance grâce à des réformes qui leur ont permis d'adopter l'économie de marché pour s'intégrer dans l'économie mondiale. Leur force est d'être complémentaires : le Brésil est une puissance agricole, la Russie est riche en pétrole et en gaz, la Chine est spécialisée dans les produits manufacturés, l'Inde dans les services, l'Afrique du Sud est riche en minerais.

### C Facteurs de développement des échanges

Voir chapitre 1, partie 5.

### D Conséquences

• **La mondialisation.** On assiste à un mouvement général de mondialisation des économies qui se traduit par un effacement des frontières et la création d'un **grand marché mondial** où États, entreprises et individus se trouvent en concurrence.
Cela réduit la marge de manœuvre des États : l'ouverture des économies rend les pays dépendants de la demande extérieure, ce qui facilite la propagation des **crises économiques**, les politiques économiques étant de plus en plus **interdépendantes**. En conséquence, les entreprises sont obligées de penser leur stratégie au niveau mondial.

**• Le développement de firmes multinationales (FMN)**

• Si la production d'un bien peut être décomposée en plusieurs étapes, les entreprises vont rationaliser la production en fabricant les éléments dans différents pays en tenant compte du fait que les éléments ne demandent pas le même niveau de qualification de la main-d'œuvre, la même maîtrise technologique, la même spécialisation des machines.

• Pour réduire les coûts de production, les FMN s'implantent ou sous-traitent en choisissant le pays d'accueil en fonction des avantages comparés qu'il procure à chaque étape de la production :
– facilités d'approvisionnement en matières premières ;
– main-d'œuvre disponible abondante ;
– qualification, savoir-faire ;
– proximité du marché acheteur ;
– infrastructures : ports, aéroport, autoroutes…
• Ce processus correspond à la division (ou décomposition) internationale du processus productif. La mondialisation est auto-entretenue : elle favorise le développement des échanges et ceux-ci accentuent la mondialisation.

**• Le protectionnisme.** Le libre-échange désavantage les pays en développement par rapport aux pays développés car ils subissent une dégradation des termes de l'échange. Ils sont donc obligés de produire plus et d'exporter plus pour pouvoir importer les mêmes quantités.

• **F. List** montre les limites du libre-échange, les dangers de la spécialisation internationale, et préconise le **protectionnisme** : pour aider ses industries naissantes à affronter la concurrence internationale, un pays en développement va instaurer de manière provisoire des droits de douane élevés, le temps de s'aguerrir. (Cela doit être provisoire et dégressif pour être efficace.)

• Ce schéma sera repris par les pays développés, qui veulent maintenir leurs activités vieillissantes, qui ont perdu leur compétitivité. Le protectionnisme permet pendant un certain temps de sauvegarder l'emploi, mais surtout de faciliter la reconversion des activités vers des secteurs plus compétitifs ou des restructurations pour conquérir de nouveaux marchés.
On parle aussi de **néo-protectionnisme** pour décrire les comportements concurrentiels déloyaux.
Le protectionnisme utilise des procédés :
– tarifaires : action sur les prix par des droits de douane, des subventions à l'exportation ;
– non tarifaires : action sur les quantités par contingent (ou quota) ou embargo ;
– réglementaires : action sur les normes et règlements par des mesures administratives pour protéger l'économie du pays.

**Exemple**
Les subventions versées par des États pour que les entreprises exportatrices vendent moins cher à l'étranger que dans le pays.

| Avantages | Inconvénients |
|---|---|
| – Dominer la contrainte extérieure : réduction des dépenses d'importation ou redressement de la balance commerciale ;<br>– sauvegarder les secteurs en difficulté ;<br>– réduire les dépenses budgétaires liées au soutien de l'emploi ;<br>– moderniser les secteurs en difficulté. | – Renchérissement des importations (s'il y a des droits de douane) ;<br>– mesures de rétorsion possibles vis-à-vis des pays qui pratiquent le protectionnisme : diminution des exportations ;<br>– perte d'emploi dans les secteurs exportateurs ;<br>– subventions à l'exportation ou à la production qui déséquilibrent le budget ;<br>– dirigisme de l'État qui impose ces règles ;<br>– développement de rivalités nationales entre les entreprises subventionnées et les autres ;<br>– aggravation du retard technologique et diminution possible de la qualité des produits à cause du manque de dynamisme des entreprises trop protégées et de la faiblesse de l'innovation. |

# 2 L'organisation des échanges mondiaux par l'OMC

## A Principes de fonctionnement

Créée en avril 1994 lors des **accords de Marrakech**, dans la continuité du **GATT**, l'Organisation mondiale du commerce a pour but :
– d'assurer la continuité des négociations pour libéraliser les échanges internationaux ;
– d'organiser le règlement des conflits commerciaux entre les pays membres ;
– de surveiller le respect des accords signés.

> **Définition**
> **GATT** : *General Agreement on Tariffs and Trade*, accord commercial créé en 1947 pour libéraliser les échanges mondiaux et harmoniser les politiques douanières.

L'OMC regroupe 164 pays, les anciens membres du GATT en font partie (128 pays) et parmi les derniers entrés : la Chine en 2001, la Russie en 2012, le Tadjikistan en 2013, le Yémen en 2014, l'Afghanistan et le Libéria en 2016.

## B Organisation

• **Principes.** L'OMC a repris les principes du GATT : les négociations se déroulent en *Rounds*, cycles de négociation entre pays membres, sur les marchandises mais aussi les services et la propriété intellectuelle (les brevets).

• **Structure.** La structure de l'OMC est la suivante :
– une conférence ministérielle qui réunit tous les membres tous les deux ans (elle réunit les chefs d'État ou de gouvernement) ;
– le Conseil général, qui est l'organe permanent de l'OMC ;
– un Organe de règlement des différends (ORD), qui est chargé de régler les conflits commerciaux, de trouver une solution et de veiller à son application (nouveauté par rapport au GATT).

## C Limites

• **Résultats.** Le principal résultat est la mise en place d'une structure de négociation internationale pour éviter les guerres commerciales qui a réalisé :
– le développement d'accords multilatéraux ;
– la réduction importante des droits de douane ;
– la diminution des contingents.

• **Des difficultés.** Il reste pourtant des problèmes à résoudre :
– le protectionnisme reste sous la forme de barrières non tarifaires (ex. : normes) ;
– la difficulté à étendre le libre-échange à de nouveaux domaines (la libéralisation des services n'est qu'amorcée) ;
– l'hégémonie américaine : les États-Unis ne respectent pas les engagements signés (ils prennent des sanctions sans attendre les décisions de l'ORD) ;
– des contentieux sur les produits agricoles (qui donnent lieu à de nombreux conflits entre les États-Unis et l'Union européenne), sur les produits industriels (*dumping* ou subventions sont encore pratiqués), la propriété intellectuelle (de nombreux pays pratiquent la contrefaçon) ;
– les pays à faible coût de main-d'œuvre pratiquent le *dumping* social (avec des salaires très bas et pas de protection sociale) ;
– la régionalisation des échanges est un obstacle au libre-échange parce que les exportations des pays extérieurs à l'union régionale sont taxées alors que celles des pays membres sont détaxées (il y a ainsi détournement de trafic au profit des pays membres de la zone régionale).

# 3 Les biens publics mondiaux

## A Définition

• Un **bien public** est un bien (ou un service) dont l'utilisation par un agent n'empêche pas la consommation par un autre (non-rivalité, par exemple quand on respire) et qu'il n'est pas possible d'empêcher un agent de consommer (non-exclusion quand on utilise une bibliothèque ou une piscine municipale, par exemple).

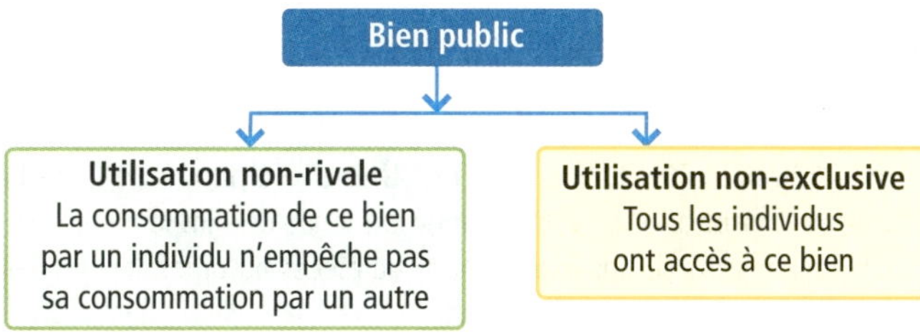


• La notion de biens publics globaux ou mondiaux repose sur la notion de **développement durable** : les prélèvements actuels sur les ressources naturelles ne permettent pas un développement soutenable et posent la question de ce que l'on va laisser aux générations futures (problème crucial pour les pays pauvres dont les ressources sont pillées par les FMN). Les biens publics mondiaux sont des choses auxquelles les peuples ont droit, produites et réparties dans des conditions d'équité et de liberté.

• Comme ces biens ne peuvent pas être produits par le marché, ils doivent être pris en charge par les États (et non par un seul), mais aussi par les ONG, les associations, les grandes entreprises. Mais il y a le problème de leur financement, bien que chacun ait intérêt à le préserver.

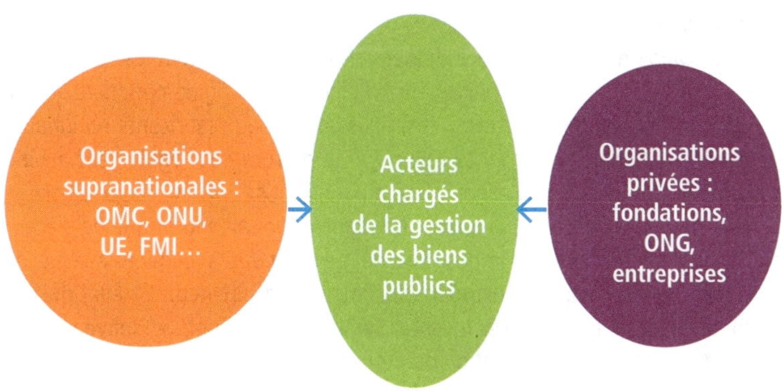


## B Exemples

• On parle de biens publics mondiaux dans des domaines comme :
– la santé ;
– l'environnement ;
– le patrimoine culturel : protéger les peuplades isolées, maintenir rites, dialectes… ;
– la connaissance : la formation est un bien qui permet le développement d'un pays ;
– l'information, etc.

• L'eau n'est pas un bien public mondial mais un **bien commun** car, s'il y a non-exclusion (c'est une ressource naturelle : tout le monde peut puiser de l'eau à la rivière), il y a rivalité pour son usage entre agriculteurs, industriels et particuliers, puisque c'est une ressource limitée (on l'appelle bien public impur car une seule condition est remplie).

**Remarque**
Un bien public en libre accès peut faire l'objet d'un gaspillage.

# Étude d'un document

Corrigé p. 284

Dans une note structurée et argumentée :

1. Analysez le conflit : son origine, les parties, les solutions.
2. Qualifiez les mesures qu'avait prises la Chine. Comment le pays peut-il les justifier ?
3. Quels autres procédés pouvait utiliser la Chine ?
4. Quel est le rôle de l'ORD ? Quels autres organismes composent la structure de l'OMC ?
5. Quels reproches peut-on faire à l'OMC sur son action ?

## Règlement d'un conflit par l'OMC

Le 30 mars 2006 et le 13 avril 2006, l'UE et les États-Unis d'une part, et le Canada d'autre part, ont demandé l'ouverture de consultations avec la Chine au sujet de l'imposition par cette dernière de mesures ayant des effets négatifs sur les exportations de pièces automobiles des Communautés européennes, des États-Unis et du Canada vers la Chine.

Les Communautés européennes font valoir que les pièces automobiles importées qui sont utilisées dans la fabrication de véhicules destinés à la vente en Chine sont soumises à des impositions égales au droit de douane applicable à un véhicule complet, si elles sont importées en quantités supérieures à certains seuils. Elles considèrent que ces mesures sont incompatibles avec les principes de l'OMC.

Les États-Unis font valoir qu'il apparaît que les mesures indiquées pénalisent les fabricants qui utilisent des pièces automobiles importées dans la fabrication de véhicules destinés à la vente en Chine. Selon eux, bien qu'elle ait consolidé ses droits de douane pour les pièces automobiles à des taux sensiblement inférieurs à ses consolidations tarifaires pour les véhicules complets, la Chine applique sur les pièces automobiles importées une imposition égale au droit de douane perçu sur les véhicules complets, si les pièces importées sont incorporées dans un véhicule qui contient des pièces importées en quantités supérieures aux seuils.

Le Canada fait valoir que les mesures indiquées ci-dessus soumettent les véhicules fabriqués en Chine à des impositions différentes selon la teneur en éléments d'origine nationale des pièces automobiles utilisées dans la fabrication, conférant ainsi un avantage aux fabricants nationaux s'ils utilisent des pièces d'origine nationale. Il fait aussi valoir que la mesure peut également avoir une incidence sur l'investissement étranger puisqu'elle confère aux entreprises un avantage subordonné à l'utilisation, dans la fabrication des véhicules, de pièces d'origine nationale plutôt que de pièces importées. Le Canada ajoute qu'il apparaît que les impositions qui peuvent être appliquées aux pièces automobiles une fois que le véhicule est complet constituent une imposition supérieure à celles qui sont prévues dans la Liste de concessions de la Chine. Les mesures semblent constituer des subventions subordonnées aux résultats à l'exportation et à l'utilisation de produits nationaux de préférence à des produits importés.

À sa réunion du 26 octobre 2006, l'ORD a établi un groupe spécial. Compte tenu de ces constatations, le Groupe spécial a recommandé que l'Organe de règlement des différends demande à la Chine de rendre les mesures incompatibles énumérées plus haut conformes à ses obligations au titre du GATT de 1994 et de l'accord de l'OMC.

À la réunion de l'ORD du 11 février 2009, la Chine a informé l'ORD qu'elle avait l'intention de mettre en œuvre les recommandations et décisions de l'ORD et qu'elle aurait besoin d'un délai raisonnable pour le faire (sept mois et vingt jours, jusqu'au 1er septembre 2009).

À la réunion de l'ORD du 31 août 2009, la Chine a informé l'ORD que, le 15 août 2009, le ministère de l'Industrie et des Technologies de l'information avait publié un décret pour stopper les dispositions concernant l'importation de pièces automobiles dans le cadre de la politique de développement de l'industrie automobile. Étant donné que tous ces nouveaux décrets entreraient en vigueur le 1er septembre 2009, la Chine a déclaré qu'elle avait rendu ses mesures conformes aux recommandations et décisions de l'ORD.

DS342 de l'OMC.

# 7 Les régimes de l'activité professionnelle

Le droit à l'accès à l'activité professionnelle est reconnu par les traités internationaux et la Constitution. Il comprend :
– **la liberté d'établissement,** qui permet aux membres de l'Union européenne de s'installer dans un autre pays membre pour y exercer des activités non salariées ou créer des entreprises qui seront soumises à la législation du pays qui les accueille ;
– **la liberté de circulation des personnes ;**
– **la liberté de travail** pour les travailleurs dépendants ou indépendants ;
– **le droit à l'emploi**.

## 1 Les différents régimes juridiques

### A Le régime des salariés

Les **salariés** accomplissent un travail sous la direction et le contrôle d'un **employeur** moyennant une rémunération. Après une procédure de **recrutement**, ils sont liés à l'employeur par un **contrat de travail** qui définit un lien de subordination vis-à-vis de l'employeur.

**Remarque**

L'employeur doit réserver aux travailleurs handicapés 6 % de ses emplois dans les entreprises de plus de 20 salariés mais a la possibilité de verser une contribution à un centre spécialisé s'il ne veut pas les employer.

• **Le recrutement.** L'employeur doit respecter :
– les libertés et les droits quant à la nature des informations collectées (la capacité du candidat à occuper l'emploi et celles qui ont un lien avec l'emploi) ;
– les droits fondamentaux dans l'utilisation des techniques de recrutement ;
– les priorités d'embauche vis-à-vis des handicapés ou des salariés en congé parental d'éducation ou licenciés pour motif économique (priorité pendant un an après la rupture du contrat de travail).
Il lui est interdit de :
– faire des discriminations liées à la religion, au sexe, à l'appartenance syndicale ;
– d'employer des jeunes de moins de 16 ans (sauf préapprentissage dès 14 ans.

• **Le contrat de travail.** C'est une convention par laquelle un salarié s'engage à effectuer un travail sous les ordres et pour le compte d'un employeur moyennant un salaire. Il se caractérise par trois éléments : un **travail physique ou intellectuel**, une **rémunération** en contrepartie et un **lien de subordination** entre employeur et employé.
• Comme tout contrat, le contrat de travail doit respecter des conditions de validité :

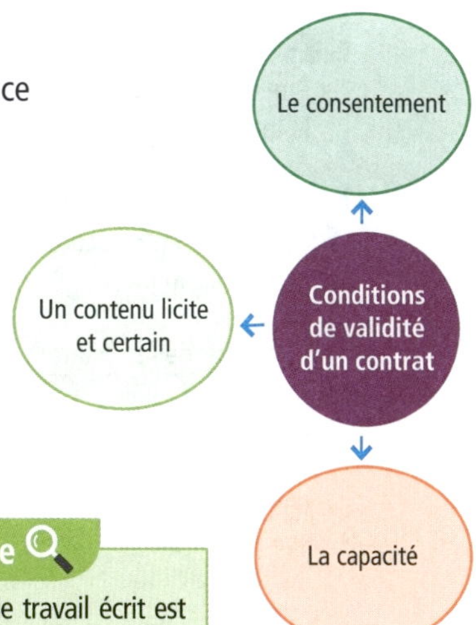


• Les différents types de contrat de travail sont :
– **Le CDI (contrat à durée indéterminée)** : contrat type qui permet aux salariés de travailler de façon infinie dans l'entreprise.

**Remarque**

Le contrat de travail écrit est obligatoire pour les contrats précaires (CDD, CTT) pas pour le CDI.

– **Le CDD (contrat à durée déterminée)** : contrat précaire qui permet à l'entreprise de pourvoir un poste pour une certaine durée non liée à l'activité normale (remplacer un salarié absent, accroissement temporaire d'activité, emplois saisonniers, emplois où il est d'usage de recourir au travail temporaire, comme le monde du spectacle, dans l'attente de l'arrivée d'un nouveau salarié ou lors de la suppression du poste d'un salarié qui a quitté l'entreprise). Le CDD est obligatoirement écrit et doit préciser les motifs du recours. Il peut être renouvelé deux fois et sa durée totale ne doit pas dépasser généralement 18 mois, renouvellement inclus.
– **Le CTT (contrat de travail temporaire)** : contrat qui met en relation une entreprise utilisatrice d'un travailleur temporaire et un salarié intérimaire qui est placé pour une mission par une agence de travail temporaire. Un contrat de mise à disposition précisant les dates de début et de fin de mission, les motifs du recours (les mêmes que ceux du CDD) et les caractéristiques du poste à pourvoir est établi entre l'entreprise utilisatrice et l'agence de travail temporaire. Cette dernière remettra à son employé, le travailleur intérimaire, un **contrat de mission** précisant la qualification, la rémunération et les éventuelles possibilités d'embauche.
– **Le contrat de travail à temps partiel** : il prévoit une durée de travail inférieure à la durée légale ou conventionnelle. Il est à durée déterminée ou indéterminée, est écrit et comporte des mentions obligatoires (la répartition des heures). Les heures effectuées au-delà de la durée prévue sont appelées heures complémentaires : elles ne peuvent dépasser de 10 % la durée prévue et le total ne peut dépasser la durée légale (elles seront payées avec une majoration de 25 %).
– **Le contrat d'apprentissage** : contrat de formation en alternance qui permet aux jeunes de 16 à 25 ans d'acquérir une formation, une qualification professionnelle et un diplôme. Il dure de 1 à 3 ans et donne droit à une rémunération qui est un pourcentage du SMIC variable selon l'âge et l'ancienneté.
– **Le contrat de professionnalisation** : il s'adresse aux jeunes de 16 à 25 ans et aux demandeurs d'emploi de 26 ans et plus pour compléter leur formation initiale, acquérir une qualification professionnelle et favoriser leur insertion. Il donne droit à un pourcentage du SMIC selon l'âge et le niveau de formation (pour les plus de 26 ans, au minimum le SMIC ou 85 % du salaire minimum conventionnel). Il y a exonération de charges sociales pour l'employeur.
– **Le contrat d'avenir :** pour les jeunes loin de l'emploi (géographiquement ou par manque de formation).
– **Le contrat de génération :** pour permettre au séniors de transmettre leurs savoirs aux jeunes.

### • Les droits et obligations des parties

| Droits du salarié | Obligations du salarié |
|---|---|
| • Être rémunéré selon le taux convenu.<br>• Bénéficier de la réglementation du travail et des accords ou conventions collectives.<br>• Bénéficier de la Sécurité sociale.<br>• Pouvoir effectuer le travail en disposant des moyens nécessaires à son exécution. | • Exécuter personnellement le travail.<br>• Accomplir les ordres donnés.<br>• Respecter la discipline et le règlement intérieur.<br>• Être loyal (ne pas nuire à l'employeur).<br>• Respecter le secret professionnel.<br>• Ne pas faire concurrence à son employeur*.<br>• Accepter un changement géographique de son lieu de travail si le salarié s'y est engagé dans son contrat de travail par une clause de mobilité. Son refus sera considéré comme une faute grave pouvant entraîner le licenciement. La clause est obligatoirement écrite. |

**Remarque**

• Un salarié précaire (CDD ou CTT) a les mêmes droits qu'un salarié en CDI avec une indemnité de précarité de 10 % de sa rémunération brute totale à la fin du contrat.
• Un salarié en CDD ne peut pas rompre son contrat avant le terme sauf s'il est embauché en CDI.

**L'employeur peut inclure une clause de non-concurrence dans le contrat de travail (clause interdisant au salarié de travailler dans une entreprise concurrente en cas de rupture du contrat de travail ou ouvrir un commerce pour y exercer la même activité. Pour être valable, cette clause doit être écrite, limitée dans le temps et l'espace, raisonnable et être indispensable à la protection des intérêts de l'entreprise. La clause doit prévoir une contrepartie financière pour la gêne causée).*

| Droits de l'employeur | Obligations de l'employeur |
|---|---|
| • Prendre toutes les décisions concernant la gestion : embauche, licenciements, conditions de travail.<br>• Fixer le règlement intérieur (obligatoire dans les entreprises de plus de 20 salariés).<br>• Inclure dans le contrat de travail des clauses pour plus de souplesse dans l'organisation (clause de mobilité) ou se protéger contre ses anciens employés (clause de non-concurrence).<br>• Sanctionner les comportements fautifs du salarié. | • Respecter les conditions prévues par le contrat de travail : donner au salarié le travail prévu, verser le salaire dû.<br>• Respecter les conditions légales : durée du travail, salaire minimum, égalité homme/femme, etc., et les conventions et accords collectifs. |

## B Le régime des fonctionnaires

Les fonctionnaires sont des **agents des administrations** de l'État, des collectivités territoriales de la communauté européenne, du secteur sanitaire et public social. Ils bénéficient du statut de la fonction publique qui leur confère la sécurité de l'emploi. Ils y accèdent par concours.

• **Le recrutement.** Il correspond à la nécessité d'assurer l'exécution d'une mission de service public. Les conditions d'accès sont : avoir la nationalité française (une loi de 2005 élargit ce critère aux ressortissants de l'Union européenne) ; avoir ses droits civiques (droit de vote, d'éligibilité…) pour prouver sa citoyenneté ; pas d'incompatibilité pénale ou comportementale ; être apte physiquement (mais obligation d'employer 6 % de travailleurs handicapés). Comme pour le privé, il est interdit de faire des discriminations liées à l'âge, la religion, … Il y a aussi **discrimination positive** (priorité d'embauche) vis-à-vis de la Nouvelle-Calédonie et de la Polynésie. Le fonctionnaire acquiert un statut : il est nommé par arrêté ministériel dans un corps d'emploi (enseignement, encadrement, police…) après un stage de 1 ou 2 ans. Il est classé dans une catégorie A (cadre supérieur), B (cadre moyen) ou C (agent opérationnel). Il est titularisé dans un grade (professeur certifié, brigadier de police…) divisé en échelons. Il est nommé sur un emploi, un poste de travail. Il ne peut être licencié si l'emploi est supprimé (c'est le grade qui garantit l'emploi).

• **Les droits et obligations du fonctionnaire**

| Droits du fonctionnaire | Obligations du fonctionnaire |
|---|---|
| • Droit à une carrière.<br>• Droit à une rémunération.<br>• Droit à la formation.<br>• Droit à la protection sociale.<br>• Droit à une pension (de retraite ou d'invalidité).<br>• Droit à la protection fonctionnelle : protection contre les attaques, menaces, injures, diffamations…<br>• Droit à la liberté syndicale. | • Servir l'intérêt général : l'exercice des fonctions doit être effectif, exclusif et désintéressé.<br>• Obéir à la hiérarchie.<br>• Informer le public (suite à des demandes).<br>• Respecter un devoir de réserve : s'abstenir d'exprimer ses convictions.<br>• Être neutre et impartial : traiter également les usagers.<br>• Protéger les informations, respecter le secret et la discrétion professionnelle. |

Salariés et fonctionnaires sont des travailleurs dépendants qui fournissent une prestation comme exécutants dans une structure hiérarchisée.

## C Le régime des travailleurs indépendants

Les travailleurs indépendants exercent pour leur compte une activité dont ils supportent les risques mais dont ils récupèrent les bénéfices. Ils sont autonomes dans l'organisation de leur travail. Ils contractent avec des clients (contrats d'entreprise). Ils ont l'obligation d'être immatriculés. Ce sont :

– **les commerçants** : personnes physiques qui exercent pour leur propre compte et dans leur intérêt des actes de commerce et en font leur profession habituelle ;

– **les professions libérales** qui exercent une activité d'ordre intellectuel (avocats, médecins, architectes, experts comptables…) ;
– **les artisans** : personnes physiques qui vendent des produits ou services issus de leur travail. Ils ont une faible main-d'œuvre (moins de dix salariés).

• **La déclaration d'existence**

• **Pour les commerçants** : s'il y a libre accès à la profession, il y a obligation de se faire immatriculer au registre du commerce et des sociétés (RCS) pour acquérir la personnalité juridique.

• **Pour les professions libérales** : il y a libre accès à la profession sauf pour les professions règlementées dans les domaines de la santé (médecins, vétérinaires, dentistes…), du droit (avocat, notaire…), et les professions techniques et du cadre de vie (architectes, géomètres…) qui sont soumises à une inscription auprès du Conseil de l'ordre.

• **Les restrictions au libre accès**

| | Type | Cible | But |
|---|---|---|---|
| **Restrictions liées aux personnes** | Incapacités | • Mineurs.<br>• Incapables majeurs. | Protection des personnes |
| | Interdictions | • Incompatibilités (fonctionnaire ou profession libérale).<br>• Déchéances (condamnation fiscale ou pénale). | Protection de l'intérêt général |
| | Autorisations | • L'étranger doit avoir une carte de commerçant étranger.<br>• Il doit y avoir réciprocité avec le pays d'origine. | Protection de l'intérêt général |
| **Restrictions liées aux activités** | Réglementation | • Débit de boissons.<br>• Transport routier.<br>• Agents de change. | • Organiser la profession.<br>• S'assurer des compétences demandées.<br>• Protéger l'intérêt général. |

• **Les droits et obligations des travailleurs indépendants**

| | Droits | Obligations |
|---|---|---|
| **Professions libérales** | • Liberté d'entreprendre.<br>• Choisir sa forme juridique.<br>• Bénéficier d'une allocation vieillesse.<br>• Percevoir des honoraires. | • Déclarer son existence en s'immatriculant par l'intermédiaire du CFE (centre de formalités des entreprises).<br>• Être affilié à une caisse d'assurance maladie et vieillesse.<br>• Payer ses impôts.<br>• Adhérer à l'Ordre (si nécessaire). |
| **Commerçants et artisans** | • Pratiquer la libre concurrence.<br>• Être électeur et éligible au Tribunal et Chambre de commerce.<br>• Utiliser sa comptabilité en justice dans un litige avec un autre professionnel. | • S'immatriculer au RCS ou au répertoire des métiers (pour les artisans).<br>• Être capable d'exercer.<br>• Tenir une comptabilité.<br>• Avoir un compte bancaire ou postal pour les règlements.<br>• Pratiquer une concurrence loyale et licite.<br>• Respecter le droit à la consommation.<br>• Être affilié à une caisse d'assurance maladie et vieillesse.<br>• Payer ses impôts. |

## 2 Les particularités du régime juridique

• **Subordination ou indépendance ?** Souvent le travail est subordonné (il l'est pour les salariés et fonctionnaires), ce qui donne droit aux salariés à une protection sociale. Le travailleur indépendant doit financer lui-même sa protection sociale. Un cas particulier est celui du **portage salarial** : un consultant en portage est un travailleur indépendant qui prospecte sa propre clientèle et négocie les termes de son intervention. Une société de portage signe avec le client du consultant un contrat de prestation et le consultant signe un contrat de travail avec la société de portage. La différence avec l'intérim est que la société de portage n'intervient pas dans la définition de la mission.

• **Le brouillage des catégories.** La distinction entre salarié et travailleur indépendant devient plus floue avec les télétravailleurs, travailleurs à domicile, représentants multicartes… Dans le secteur public, à côté des fonctionnaires (titulaires ou stagiaires) sont apparus des non-titulaires (saisonniers, agents de remplacement, en attente de concours ou étrangers…) et les contractuels.

• **La durée de l'engagement.** Si le CDI reste le contrat-type, les contrats précaires (CDD, CTT) se développent par souci de flexibilité. Le fonctionnaire garde la sécurité de l'emploi mais peut être licencié pour insuffisance professionnelle, inaptitude physique ou abandon de poste.

• **La rémunération**

• **Pour le salarié :** son salaire résulte d'une négociation avec l'employeur qui a l'obligation de respecter le SMIC et l'égalité hommes/femmes. Des grilles de rémunération sont souvent définies par les conventions collectives.

• **Pour le fonctionnaire :** son traitement est déterminé selon le poste occupé, l'échelon et le grade.

• **Pour le travailleur indépendant :** sa rémunération est déterminée dans le contrat d'entreprise signé avec son client.

• **La recherche d'une protection sociale.** Pour les travailleurs dépendants, le salarié bénéficie du régime général de la Sécurité sociale et le fonctionnaire est soumis à des régimes spéciaux. Pour les professions indépendantes qui cotisaient avant 2018 au RSI (régime social des indépendants), elles sont rattachées au régime général de la Sécurité Sociale depuis le 1er janvier 2018 tandis que les professions libérales ont un système particulier.

• **La responsabilité.** Le salarié ne doit pas dépasser les limites de ses fonctions (dans le cas contraire, c'est l'employeur qui est responsable vis-à-vis des tiers). Le fonctionnaire répond de ses fautes personnelles en cas de dommages causés à des tiers. Le travailleur indépendant est responsable des dettes de son activité sur ses biens personnels. La loi Macron a instauré l'insaisissabilité de droit du domicile de l'exploitant individuel. Depuis 2011, l'entrepreneur individuel à responsabilité limitée (EIRL) peut développer une activité en affectant certains biens à son activité, ce qui protège ses biens personnels des poursuites de ses créanciers professionnels.

• **Activité professionnelle et éthique.** L'activité professionnelle doit respecter une certaine morale, des principes de transparence et de loyauté. Des chartes professionnelles ou des codes de bonne conduite se développent dans les entreprises afin de donner une bonne image de marque.

Dans la fonction publique, la déontologie s'exprime dans la réglementation statutaire (obligation de servir l'intérêt général et de réserve, obéissance hiérarchique…) et son contrôle est assuré par l'État.

# Cas pratiques

*Corrigé p. 285*

## Cas pratique 1

Une salariée de la Poste a attaqué son employeur en justice car elle avait effectué 574 CDD en 19 ans (entre 1986 et 2006) et elle avait demandé depuis longtemps la transformation de ses CDD en CDI. La Poste prétend que le poste occupé n'était pas toujours le même (le motif non plus : absence, surplus d'activité…) et que 19 propositions d'emploi lui avaient été faites, mais le tribunal a relevé qu'elles n'étaient pas nominatives et ne comportaient aucune garantie d'emploi.

**Que pensez-vous de la situation ?**

## Cas pratique 2

Embauché le 1er octobre 2000, en qualité d'agent technique des méthodes par la société Sagem, Monsieur Hubert Muda a été licencié le 22 juin 2001 après être venu le 21 mai 2001 travailler en bermuda et avoir continué les jours suivants à porter la même tenue vestimentaire. Ses supérieurs hiérarchiques lui ont demandé oralement, puis par écrit, de porter un pantalon sous la blouse prescrite par le règlement intérieur de l'entreprise.

**Que pensez-vous de la situation ?**

## Cas pratique 3

La société Intérim, au capital de 30 000 000 euros, dont le siège social est à Paris 17e (immatriculée au RCS de Paris) a une agence à Mantes-la-Jolie (78200). Cette dernière signe un contrat avec l'entreprise charentaise d'éoliennes implantée à Vernouillet (78540) pour l'emploi de M. Portalier, né le 24/12/1985 à Aubergenville (78410) comme attaché commercial en remplacement de Mme Addit, absente pour congé maternité. Le contrat est conclu pour une période allant du 4/09 au 24/11. Le salaire sera de 2 275,05 euros pour 151,67 heures de travail par mois (taux horaire : 15 euros) soit 35 heures par semaine (de 8 h à 12 h et de 13 h à 16 h).

1. **Déterminez le type de contrat passé.**
2. **Vérifiez si le contrat est valablement formé.**
3. **À quel autre contrat est lié le contrat de travail temporaire ? Quelles sont les obligations qui en découlent ?**

Le 20 novembre, Mme Addit fait parvenir au responsable de la direction des ressources humaines, un certificat médical lui indiquant qu'elle prolonge son congé maternité par un congé pathologique dès le 24 novembre (congé de quatre semaines). L'entreprise souhaite poursuivre le contrat de travail de M. Portalier.

4. **À quelles conditions le contrat de M. Portalier peut-il se renouveler ?**

# 8 L'adaptation aux évolutions de la vie professionnelle

## 1 La formation professionnelle

• **Les finalités de la formation professionnelle.** La formation professionnelle permet **l'adaptation** du travailleur aux changements de technique ou des conditions de travail (elle développe les compétences sur des emplois en mutation). Elle favorise également la **promotion sociale** par l'accès à la culture et à la qualification professionnelle et facilite la **mobilité professionnelle** dans l'entreprise ou en dehors (développement de l'employabilité).

• **Les enjeux de la formation professionnelle.** La **GPEC** (gestion prévisionnelle des emplois et des compétences) suit l'évolution des métiers, anticipe les restructurations et les besoins en personnel et développe l'employabilité des travailleurs. Il est indispensable pour les salariés, l'entreprise et l'économie du pays de permettre à chaque individu de faire évoluer ses compétences professionnelles. Avec les représentants du personnel, l'employeur va décider de la **politique de formation**.

• **Les actions de la formation**

• **Pour les salariés du secteur privé.** Le plan de formation est établi par l'employeur pour adapter le salarié à son poste de travail, développer ses compétences, suivre l'évolution et maintenir l'emploi.
Le salarié dispose depuis 2017 d'un Compte Personnel d'Activité (CPA) qui sécurise les parcours professionnels. Il regroupe un compte personnel de formation (CPF) pour se former tout au long de sa carrière (24 h de droits à formation par an et jusqu'à 150 h sur la carrière), d'un Compte Personnel de prévention de la Pénibilité (CPP) pour anticiper un départ en retraite et d'un Compte d'Engagement Citoyen (CEC) pour le service civique et le bénévolat.
Le CIF (congé individuel de formation) permet au salarié, à sa demande, de suivre une formation longue pour accéder à une qualification supérieure ou à une reconversion.

> **Remarque**
> C'est l'employeur qui décide quels salariés suivront la formation (le salarié peut demander à la suivre). La participation y est obligatoire.

> **Remarque**
> Le **bilan de compétences** permet au salarié de mieux définir son projet de formation et la **VAE** (validation des acquis de l'expérience) permet au salarié d'obtenir un titre, un diplôme ou une qualification en justifiant une expérience, un savoir faire.

• **Pour les fonctionnaires et agents contractuels**, le CPA s'applique aussi depuis 2017. Il comprend un CPF pour construire un parcours professionnel et un CEC, tous deux permettant d'acquérir des droits pour des formations. Les agents ont aussi un entretien professionnel annuel, un entretien de carrière après 3, 4 ans de service et un bilan de carrière après 10 ans de service. L'agent peut bénéficier d'un **congé pour bilan de compétence** de 24 heures ainsi que d'un **congé de validation des acquis** de l'expérience de 24 heures de temps de service par an et par validation.

• **Le financement de la formation.** Chaque année, les **employeurs** doivent participer au financement en versant un pourcentage de la masse salariale selon l'effectif de l'entreprise. **L'État** contribue également en finançant les dépenses de rémunération des stagiaires. Les **régions** élaborent une politique régionale d'apprentissage et de formation professionnelle des jeunes et adultes à la recherche d'un emploi ou d'une réorientation.

# 2 Les modifications des conditions de travail

## A La modification des éléments du contrat

• Pour les salariés

• Au long de la carrière du salarié dans l'entreprise, le contrat peut être modifié sur des points essentiels comme la rémunération, la qualification, la durée du travail, le lieu… : on parle de **modification du contrat de travail**. Le salarié peut refuser l'adaptation, sans sanction, mais il peut être licencié s'il y a impossibilité de maintien sur le poste.

• Le contrat peut subir une modification mineure des conditions de travail relevant du pouvoir de l'employeur (aménagement d'un poste, modification mineure de l'horaire de travail, déplacement de l'entreprise dans la même ville...) : on parle de **modification des conditions de travail** que le salarié ne peut refuser (sinon il risque le licenciement pour faute, sans indemnités).

• **Pour les fonctionnaires.** La mobilité est essentielle pour une promotion, favoriser les capacités d'adaptation, développer la connaissance de l'administration. Les mutations sont décidées dans l'intérêt du service, à la demande du fonctionnaire ou sont décrétées d'office.

## B Le transfert d'entreprise

Le changement d'employeur intervient par vente, fusion, transformation de l'activité (mise en location gérance), succession (décès)... Les contrats de travail sont automatiquement transférés au nouvel employeur (repreneur) et l'ancien employeur ne peut faire de licenciements à titre préventif, mais le repreneur pourra ensuite procéder à une restructuration pour motif économique.

## C L'obligation de reclassement

Le Code du travail prévoit qu'un licenciement pour motif économique ne peut intervenir que lorsque tous les efforts de formation et d'adaptation ont été réalisés et que le reclassement est impossible. Sauf accord du salarié, ce reclassement s'effectue sur un emploi de la même catégorie ou équivalent. L'offre doit être proposée par écrit.

**Remarque**

Dans les entreprises de plus de 50 salariés, l'employeur doit établir un plan de sauvegarde de l'emploi quand il licencie plus de 9 salariés en même temps.

# 3 La protection du salarié en cas de rupture du contrat

## A Le licenciement pour motif personnel

• Le licenciement pour motif personnel est à l'initiative de l'employeur qui a relevé un **comportement fautif** chez le salarié. Il est fondé sur une cause tenant à la personne du salarié et cette **cause** doit être **réelle** (constatable objectivement) et **sérieuse** (d'une gravité suffisante pour rendre impossible la continuation du contrat de travail : absences répétées, incompatibilité d'humeur, incompétence, ivresse au travail...). Les ordonnances Macron définissent un plafond d'indemnisation en cas de licenciement sans cause réelle et sérieuse.

• Le licenciement se déroule en trois étapes : convocation à un entretien préalable, 5 jours à l'avance par lettre recommandée avec accusé de réception (LRAR), entretien où l'employeur décline les motifs du licenciement, notification par LRAR au moins 2 jours ouvrables après l'entretien.

## B Le licenciement pour motif économique

• Le **licenciement** pour motif économique est à l'initiative de l'employeur et il est justifié par des difficultés économiques ou des modifications technologiques : suppression d'un emploi, sa transformation (mécanisation) ou le refus d'une modification d'un élément du contrat de travail.

• **Pour un licenciement individuel,** l'employeur suit la procédure du licenciement pour faute : convocation à un entretien, entretien avec proposition d'un contrat de sécurisation professionnelle (CSP) ou un congé de reclassement (dans les entreprises de plus de 1 000 salariés), notification du licenciement par LRAR, information de l'inspection du travail à la DIRECCTE (Direction régionale des entreprises, de la concurrence, de la consommation du travail et de l'emploi).

• **Pour un petit licenciement** (de 2 à 9 salariés), l'employeur réunit le comité d'entreprise ou les délégués du personnel pour les avertir de l'opération. Ensuite, il convoque les salariés licenciés à un entretien où il leur propose un contrat de sécurisation professionnelle ou un congé de reclassement. Il notifie le licenciement par LRAR et informe la DIRECCTE.

• **Pour un grand licenciement** (plus de 10 salariés en 30 jours) : l'employeur convoque le comité d'entreprise (ou les délégués du personnel ou le comité social et économique quand il sera en place) et lors de la réunion, présente le plan de sauvegarde de l'emploi (si l'effectif est de plus de 50 salariés) ou des mesures de reclassement. Il informe la DIRECCTE qui doit homologuer le projet de licenciement (sinon il est nul) et notifie les licenciements par LRAR. Ce plan a pour objectif d'éviter les licenciements (en proposant des mesures de réduction ou d'aménagement du travail) et de faciliter le reclassement. L'employeur peut conclure un accord avec les syndicats à la place des représentants du personnel. Toute contestation sera traitée en fin de procédure par le tribunal administratif.

• La **rupture du contrat de travail** ne doit pas être brutale, aussi la loi prévoit de laisser à l'autre partie le temps de retrouver un nouvel emploi (ou un nouvel employé si c'est le salarié qui démissionne). Sauf en cas de faute grave ou lourde qui justifie le licenciement immédiat, l'employeur doit respecter un délai-congé (ou préavis) dont la durée varie selon l'ancienneté du salarié.

• Une **indemnité de licenciement** est due par l'employeur au salarié sauf en cas de faute grave ou lourde, à condition que le salarié ait au moins un an d'ancienneté. Ce dernier peut aussi bénéficier d'une indemnité de brusque rupture si l'employeur l'a dispensé du préavis et d'une indemnité de congés payés qui solde ses droits à congés.

## C La démission

La **démission** est l'acte par lequel le salarié fait connaître à l'employeur sa décision de rompre le contrat de travail. C'est une décision claire et non équivoque qui n'a pas à être motivée. Aucune forme n'est imposée mais les conventions collectives imposent souvent un écrit. Le salarié devra effectuer un préavis pour laisser à l'employeur le temps de le remplacer.

## D La rupture conventionnelle

Les ordonnances Macron encouragent les salariés à négocier leur départ plutôt que d'être licenciés. Cette rupture doit être réalisée de manière libre et éclairée. L'employeur évite le licenciement (signe de difficultés aux yeux des créanciers ou tiers) et le salarié bénéficie de l'indemnité de rupture et de chômage (comme dans un licenciement). Une **transaction** s'opère donc entre les deux pour déterminer l'indemnité de départ. Le consentement mutuel suffit. Elle doit être plus avantageuse pour le salarié. La convention fixe la date de la rupture. Chacune des parties a 15 jours pour se rétracter. Les ordonnances Macron prévoient aussi un accord de **rupture conventionnelle collective** qui, comme la rupture conventionnelle individuelle, permet de rompre le contrat de travail de manière négociée en en définissant les modalités (calcul de l'indemnité de rupture, mesures de reclassement externe...). La rupture collective ne peut être proposée que par l'employeur et ne peut être imposée aux parties. Les salariés doivent remplir des conditions pour candidater à cette rupture collective.

### E Protection communautaire et internationale

• Par le **traité d'Amsterdam** (1997) l'Union européenne s'intéresse à la promotion de l'emploi. Une **directive de 2008** pose l'égalité des droits des intérimaires avec les travailleurs en CDI. Le **traité de Lisbonne** instaure la flexisécurité pour combiner mobilité et limitation des abus.

• L'**OIT** (Organisation internationale du travail) veille au respect des droits de l'homme au travail. Elle édicte des conventions contraignantes (abolition du travail des enfants, élimination des discriminations...) et des recommandations.

## 4 L'adaptation de la relation de travail par le droit négocié

### A Le rôle des représentants du personnel

• **Les délégués du personnel.** Organe de revendication, les délégués présentent à l'employeur les réclamations individuelles et collectives du personnel. Ils peuvent saisir l'inspection du travail des plaintes et observations du personnel sur les domaines qui font l'objet de leur mission. Ils sont élus pour quatre ans par les salariés dans les entreprises de plus de 10 salariés et leur nombre varie avec l'effectif.

• **Le comité d'entreprise**

• Afin d'associer plus étroitement les salariés à la vie de l'entreprise, l'employeur a l'obligation de créer un **comité d'entreprise** si l'effectif dépasse 50 salariés. C'est un organe de coopération composé du chef d'entreprise (président), des salariés élus, des représentants syndicaux (avec voix consultative). Leur nombre varie avec l'effectif et ils sont élus pour quatre ans.

• Ses attributions sont :

– une consultation en matière économique et professionnelle : il est informé de toute décision concernant l'organisation, la gestion et la marche générale de l'entreprise ;

– une gestion des œuvres sociales et culturelles (cantine, bibliothèque, arbre de Noël...).

• **Le comité social et économique (CSE).** Les ordonnances Macron modifient l'organisation du dialogue social et de la négociation collective en créant le CSE mis en place dès 2018 et généralisé en 2020. Il fusionne délégués du personnel, comité d'entreprise, CHSCT (comité d'Hygiène, de Sécurité et des Conditions de Travail) dans les entreprises de 11 salariés et plus. Ce CSE cumule les fonctions de ces instances. Ses membres ont un crédit d'heures (10 h dans les entreprises de moins de 50 salariés, 15 h au-delà), bénéficient d'un stage de formation, d'une protection contre le licenciement, d'une subvention de fonctionnement. Ils sont élus pour 4 ans et leur nombre varie selon l'effectif de l'entreprise.

• **Les délégués syndicaux.** Il y a nomination d'un délégué par le syndicat (il n'est pas élu) dans les entreprises de plus de 50 salariés pour faire la liaison entre le syndicat et la section syndicale d'entreprise. Leur nombre varie selon l'effectif.

> **Remarque**
> Dans les entreprises de moins de 50 salariés, la loi autorise le syndicat à désigner un délégué du personnel comme délégué syndical.

• **Les moyens des représentants du personnel**

• Les représentants ont un droit régulier à l'information et à la consultation sur l'évolution de l'emploi et l'activité de l'entreprise, un droit d'alerte (pour le CE) pour signaler les faits de nature à compromettre la situation économique de l'entreprise. Ils sont consultés sur le plan de formation.

• Ils disposent d'un crédit d'heures (heures de délégation rémunérées pour exercer leurs fonctions), un local, des panneaux d'affichage, une protection contre le licenciement.

## B Les acteurs de la négociation

• **Définition d'un syndicat.** C'est un groupement de personnes exerçant des métiers identiques ou complémentaires et qui défend les droits et intérêts professionnels matériels et moraux de ses adhérents.

• Reconnu par la Constitution, le syndicat a la personnalité juridique qui lui permet de percevoir des cotisations, passer des contrats, faire des actions en justice. On distingue des syndicats d'employeurs (MEDEF, CGPME) et de salariés (CGT, CFDT, CFTC, FO, CGC).

• Son rôle est de relancer le dialogue social, développer la négociation dans les PME comme au niveau européen, négocier l'application des lois et favoriser la flexibilité, solution contre le chômage.

**Remarque**

La loi du 20 août 2008 a établi les règles suivantes de **représentativité** : un certain nombre d'adhérents et de cotisations, l'influence caractérisée par l'activité et l'expérience, une ancienneté minimale de 2 ans dans le champ professionnel et géographique de la négociation, la transparence financière et l'audience électorale (au moins 10 % des suffrages au niveau de l'entreprise, 8 % au niveau de la branche, interprofessionnel ou national).

### • Le rôle de la négociation

• La loi ne pouvant pas régler l'organisation du travail dans toutes les entreprises, la négociation collective permet aux parties de passer d'une logique d'affrontement à celle de coopération (il n'y a pas obligation d'aboutir à un accord). Tout projet de réforme portant sur les relations individuelles ou collectives du travail, l'emploi, la formation professionnelle fera l'objet d'une concertation avec les syndicats : c'est la **négociation collective**.

• Si la négociation aboutit, les partenaires sociaux établissent une convention collective qui traite de l'ensemble des conditions d'emploi, de travail, de formation professionnelle et les garanties sociales et un accord collectif qui ne traite qu'un sujet (ou quelques) déterminé(s).

## C Les niveaux de négociation

### • Champ d'application des accords et conventions

• On négocie les conventions collectives au niveau de l'entreprise (niveau privilégié par la loi) pour adapter le droit du travail aux spécificités de l'entreprise, au niveau de la branche d'activité et au niveau interprofessionnel pour des questions d'enjeu national (ex. : assurance chômage, formation, lutte contre les discriminations). L'**ANI** (accord national interprofessionnel) s'impose à tous les secteurs d'activité et tous les emplois.

• La convention ou l'accord s'applique selon des critères géographique (étendue nationale, régionale, locale), professionnel (c'est la profession de l'employeur qui est prise en compte). La mention de la convention figure sur le bulletin de paie (elle est consultable dans l'entreprise).

### • Rôle des partenaires sociaux dans la négociation

L'employeur a la charge de négocier chaque année sur les salaires, la durée du travail, l'égalité professionnelle homme/femme (tous les 3 ans suite à un accord), l'insertion des travailleurs handicapés (tous les 3 ans suite à un accord).

### • Les enjeux du droit négocié

• La négociation collective permet d'adapter le Code du travail aux réalités des entreprises. Elle représente un **progrès social** car la loi est le minimum et la négociation permet des aménagements rapides pour répondre à l'instabilité de l'environnement. De plus, elle accorde

des avantages sociaux qui se diffusent à d'autres branches par les procédures d'extension ou d'élargissement :
– l'**extension** rend applicable le texte à tous les employeurs rentrant dans son champ professionnel (et territorial si le texte concerne une région). C'est le ministre du Travail qui décide de l'extension. Pour être étendu, le texte doit concerner les relations du travail, le droit syndical, les rémunérations et classifications, la représentativité du personnel ;
– **l'élargissement** rend le texte applicable à des entreprises de secteur territorial ou professionnel différent (lorsque, dans une branche, il n'a pas été possible de conclure un texte commun ou de modifier la convention existant). La procédure est la même.
• D'autres pensent que la négociation est une **régression** car les syndicats sont peu présents dans les entreprises et les accords ne sont pas représentatifs. La flexisécurité (flexibilité de l'entreprise et sécurité des salariés) se développe, réclamé par certains et craint par d'autres.

# Cas pratiques

*Corrigé p. 287*

### Cas pratique 1

Dans le règlement intérieur de l'entreprise Sudron (25 salariés), société de services et d'ingénierie informatique, se trouvent les clauses suivantes :
– il est interdit de fumer dans les locaux de l'entreprise ;
– le lieu de travail des salariés peut être modifié à tout moment par l'employeur ;
– les horaires sont fixés par la direction et portés à la connaissance des salariés par voie d'affichage.

**Appréciez et justifiez la validité des clauses ci-dessus.**

### Cas pratique 2

Madame Adèle Hine salariée en CDI à la Mutuelle Générale depuis le 15/04/1996 démissionne le 18 juin 2010 par l'envoi d'un courrier à son employeur alors qu'elle est en congé maladie depuis le 11 juin. Le 29 juillet, elle décide de se rétracter alors que son employeur avait accepté sa démission le 23 juin et l'avait dispensée de préavis. Son employeur refuse cette rétractation. Madame Hine invoque devant le conseil de prud'hommes le harcèlement moral qu'elle avait subi dans l'entreprise et qui avait causé son arrêt maladie (dépression liée à une grande fatigue nerveuse selon le médecin).

1. **Que pensez-vous de la situation ?**
2. **Quelles sont les conséquences d'une démission ?**
3. **Si le tribunal accepte les arguments de Madame Hine, quelles en seront les conséquences pour la Mutuelle Générale ?**

### Cas pratique 3

Madame Rassier est cadre administratif dans la société SDM depuis le 23 juillet 1990. Suite au rachat de l'entreprise par le groupe Vendemia en 2002, l'intégration de l'entreprise dans le groupe a entraîné des restructurations : les tâches administratives ont été regroupées et le poste de Madame Rassier a été supprimé. La société a donc licencié Madame Rassier le 14 avril 2002. Madame Rassier trouve ce licenciement injustifié car elle a toujours été bien notée de ses supérieurs.

**Que pensez-vous de la situation ?**

# 9 Le choix d'une structure juridique

## 1 Les finalités de l'organisation

### • Les organisations à but non lucratif

• **L'association** est un groupement de plusieurs personnes dans un but social, culturel, sportif, caritatif… Si elle réalise des bénéfices, ils seront utilisés pour l'association et non pour ses membres.

• **La coopérative** est une « association autonome de personnes volontairement réunies pour satisfaire leurs aspirations et besoins économiques, sociaux, culturels communs au moyen d'une entreprise dont la propriété est collective et où le pouvoir est exercé démocratiquement » (définition de l'alliance coopérative internationale). Elle supprime les intermédiaires et en fait profiter les membres.

### • Les organisations à but lucratif

• **L'entreprise individuelle** est exploitée par une seule personne physique qui cherche à réaliser un profit par une activité commerciale, artisanale, agricole ou libérale. Le droit ne connaît que l'entrepreneur, elle n'a donc pas la personnalité juridique.

• **La société** est constituée entre plusieurs personnes (parfois une seule) qui conviennent d'affecter à une entreprise commune des biens ou leur industrie (savoir-faire, connaissances) en vue de partager le bénéfice ou de profiter de l'économie qui pourrait en résulter (art. 1832 du Code civil) mais aussi de participer aux pertes. La société a la personnalité morale.



## 2 Les motivations du créateur

### • Motivations liées au patrimoine

• Le **patrimoine** est l'ensemble des droits et obligations d'une personne évaluables en argent. C'est une universalité juridique (un tout). Toute personne a un patrimoine et un seul.

• Dans **l'entreprise individuelle**, il n'est pas possible de séparer le patrimoine personnel du patrimoine professionnel, donc l'ensemble des biens de la personne répond des dettes de l'activité. Depuis 2008, il est possible de déclarer insaisissable le domicile principal par une déclaration notariale. Depuis 2015, la loi Macron l'a déclaré insaisissable de plein droit.
Depuis 2011, un entrepreneur individuel peut affecter un patrimoine à son activité professionnelle, ce qui lui permet de protéger ses biens personnels des créanciers professionnels. Il reste un entrepreneur individuel mais à responsabilité limitée (EIRL).

**Remarque**

L'EURL (entreprise unipersonnelle à responsabilité limitée) préserve les avantages du statut d'entrepreneur individuel tout en accordant une responsabilité limitée aux apports (depuis 2003, plus de capital minimum). C'est une société qui a la personnalité juridique, il y a donc séparation des patrimoines. L'exploitant est baptisé « associé unique ».

• Le statut d'**auto-entrepreneur** a été créé afin de favoriser la création d'entreprises : il s'adresse aux demandeurs d'emploi, étudiants, salariés, fonctionnaires, retraités et aux professions libérales qui veulent exercer une activité dont le chiffre d'affaires ne dépassera pas 170 000 euros HT (pour l'achat-revente de biens) et 70 000 euros HT (pour des prestations de services). La création se fait par une déclaration sur Internet ou auprès du centre de formalités des entreprises. L'immatriculation au Registre du Commerce et des Sociétés reste obligatoire (sauf pour les professions libérales). L'entrepreneur ne facture pas de TVA, ne paye de cotisations sociales qu'en fonction des recettes encaissées.

• La **société** a la personnalité morale, donc un patrimoine propre. Dans les sociétés de personnes, les associés sont indéfiniment et solidairement responsables des dettes sociales, mais dans les sociétés de capitaux et hybrides, la responsabilité des associés est limitée à leurs apports.

**• Motivations liées au statut fiscal**

• **L'entrepreneur individuel** est soumis à l'IR (impôt sur le revenu) pour les bénéfices de son entreprise au titre des BIC (bénéfices industriels et commerciaux). Il n'a pas la personnalité fiscale car le Droit ne connaît que l'exploitant. C'est un impôt progressif calculé par tranches selon l'importance du revenu (avec pondération selon la composition de la famille).

• **La société** est soumise à l'IS (impôt sur les sociétés) au taux fixe de 33,33 %.

**• Motivations liées au statut social**

• **L'entrepreneur individuel** est un indépendant qui doit assurer seul sa protection sociale.

• Dans les **sociétés**, les dirigeants peuvent être rattachés au régime général des salariés (s'ils sont minoritaires) ou des travailleurs indépendants (gérants majoritaires).

**Remarque**

Les différences entre les deux régimes se sont beaucoup amenuisées.

**• Motivations liées au fonctionnement de l'entreprise**

• Dans **l'entreprise individuelle**, l'entrepreneur est seul maître à bord (il a apporté le capital) : il prend toutes les décisions et il répond des dettes de l'exploitation.

• Dans les **sociétés**, le pouvoir est détenu par les associés (ou actionnaires) mais ils délèguent le pouvoir de décision à un gérant (ou directeur général) qui reçoit mandat pour agir au nom de la société. À l'égard des tiers, la société est engagée même par les actes des dirigeants dépassant l'objet social pour les sociétés de capitaux et les SARL (pour les sociétés de personnes, le pouvoir des dirigeants est limité à l'objet social). À l'égard des associés, le gérant peut faire tous les actes de gestion dans l'intérêt de la société pour les sociétés de personnes et SARL. En revanche, le pouvoir est limité par l'objet social pour les sociétés de capitaux.

## 3 Le financement de l'organisation

• **L'entrepreneur individuel** débute avec son apport initial, investit par autofinancement ou emprunt bancaire.

• **La société** peut se financer comme l'entreprise individuelle. Elle peut aussi émettre des titres financiers (actions ou obligations).

## 4 Le développement de l'entreprise

### A La croissance, modalité d'évolution de l'organisation

Une entreprise se développe quand son chiffre d'affaires augmente, quand elle embauche, investit, gagne des parts de marché. On distingue : la **croissance interne** (l'entreprise se développe par l'autofinancement – procédé lent) et la **croissance externe** (qui résulte de prise de contrôle d'autres sociétés –constitution d'un groupe – ou d'association de moyens – fusions).

**Remarque**

Une entreprise individuelle a intérêt à se transformer en société dès qu'elle grandit : elle peut déjà devenir EURL (ce qui lui permet de limiter la responsabilité à l'apport) puis SARL et ensuite SA (pour une grosse activité).

### B Les préoccupations à l'origine des évolutions

• **Protection contre les dettes professionnelles.** La petite structure fonctionne avec la responsabilité totale de l'entrepreneur, ce qui est risqué. Adopter la forme sociétaire permet de séparer patrimoines personnel et professionnel, dettes personnelles et professionnelles.

• **Opportunités fiscales.** Passer de l'IR à l'IS est un des buts recherchés par l'adoption du statut sociétaire. Cela peut aussi permettre de bénéficier d'avantages fiscaux (exonérations de charges).

• **Transmission de l'entreprise.** L'entreprise individuelle est lourdement taxée. La cession des titres de SA ou SARL est gratuite. Il peut y avoir des clauses d'agrément pour vendre ses parts et intégrer un nouvel associé (dans la SNC, il faut l'accord de tous les associés, des 2/3 dans les SARL).

• **Préoccupations financières.** Le développement exigeant des moyens financiers, la structure sociétaire permet d'accéder à certains modes de financement (marché boursier).

• **Préoccupations stratégiques.** Les dispositions légales favorables à la croissance de l'entreprise ne manquent pas (ex. : les PME qui ont embauché lors des deux dernières années ont des réductions d'impôt et des facilités de paiement des charges patronales).

### C Les modifications de la forme sociale de l'entreprise

• **La mise en société.** La SARL est souvent constituée entre des personnes qui se connaissent et qui veulent engager des capitaux limités. Son capital minimum est de 1 €, la responsabilité est limitée à l'apport, la gestion est confiée à un gérant (souvent celui qui a fait le plus gros apport) et le nombre maximum d'associés est de 100 (souvent ils sont quelques-uns), ce qui fait qu'elle est bien adaptée aux PME familiales. Quand la SARL se développe, on opte pour le statut de SA ou SAS (société par actions simplifiée, SA au fonctionnement souple) adaptée aux projets de grande envergure.

• **Cas particulier : la société unipersonnelle (EURL).** L'entreprise unipersonnelle à responsabilité limitée est une entreprise individuelle qui s'est donné l'apparence d'une société pour faciliter son développement. Mais si son patrimoine n'est pas suffisant, ses tentatives de croissance seront un échec car une banque demandera une garantie sur les biens personnels de l'associé unique.

Droit

## 5 La pérennité de l'entreprise

### A L'évolution du droit de l'entreprise en difficulté

• Aux origines, la loi était axée sur le règlement des dettes des commerçants malchanceux ou malhonnêtes. S'ils ne pouvaient payer, ils étaient sanctionnés (déclarés en faillite). La crise des années 1970 qui frappe petites et grandes entreprises fait changer les choses : l'entrepreneur n'est pas forcément un délinquant, il ne faut plus le sanctionner et pour enrayer le chômage, une loi de 1985 prévoit de sauver l'entreprise en apurant le passif (cette loi échoue car les liquidations sont trop nombreuses, les créanciers mal remboursés et les frais de procédure importants).

• La loi de 2005, réformée en 2008, veut développer la sauvegarde de l'entreprise en difficulté en développant trois axes :
– **la prévention** : une conciliation est ouverte quand l'entreprise est en état de cessation de paiement (c'est un dialogue entre créancier et débiteurs) ;
– **le chef d'entreprise est au cœur du dispositif** : c'est un débiteur imprévoyant dont il faut organiser le paiement des dettes et choisir la procédure la plus adaptée ;
– **favoriser la continuité de l'entreprise par des solutions amiables** (conciliation et mandat *ad hoc*) **ou judiciaires** (plan de sauvegarde et de redressement).

## B Les dispositifs de prévention des difficultés

• L'entreprise doit fournir une **comptabilité rétrospective** (comptes de l'exercice écoulé) et une **comptabilité prospective** afin de déceler les difficultés à venir. CE (ou délégués du personnel), associés et commissaires aux comptes y ont accès.

• La **procédure d'alerte** vise à avertir le dirigeant et les parties prenantes (créanciers, associés, salariés) des faits de nature à compromettre l'activité et à prendre les mesures nécessaires pour y remédier. Elle est déclenchée par le CAC, les associés ou le CE.

## C Les procédures face aux difficultés

**• Solutions choisies par le dirigeant**

• Dans la **conciliation** avec les créanciers, on recherche un accord (étalement ou remise de dettes). Elle s'applique à l'entreprise qui n'est pas encore en cessation de paiement (ou depuis moins de 45 jours). Un conciliateur est nommé, le dirigeant reste à la tête de l'entreprise.

• Dans **la procédure judicaire de sauvegarde**, l'entreprise en difficultés insurmontables (mais pas en cessation de paiement) est placée sous la protection de la justice qui va encadrer l'activité. Le dirigeant reste à la tête de l'entreprise.

**• Solutions imposées au dirigeant**

• Le **redressement judiciaire** vise à sauver l'entreprise en état de cessation de paiement, maintenir l'emploi et apurer le passif. Un administrateur est nommé par le tribunal de commerce.

• La **liquidation** intervient quand l'entreprise en cessation de paiement ne peut se redresser : le tribunal met fin à l'activité de l'entreprise et paie les créanciers.

**Remarque**

La cessation de paiement est la déclaration à la justice que l'entreprise ne peut plus faire face à ses échéances.

## D Les critères de choix des procédures

• **Être ou ne pas être en cessation de paiement :** s'il ne l'est pas, le dirigeant peut opter pour une procédure judiciaire de sauvegarde, il bénéficiera d'une période d'observation pour déceler les mesures aptes à assurer la continuité de l'activité (difficultés passagères qui ne justifient pas le dépôt de bilan). En cessation de paiement, c'est le tribunal qui choisit le redressement ou la liquidation.

• **La recherche d'un règlement discret :** la conciliation doit intervenir dans la discrétion, la révélation des difficultés entrainerait une perte de confiance des créanciers.

• **La volonté de laisser le dirigeant à la tête de l'entreprise :** pour persuader le dirigeant de s'adresser à la justice, il ne faut pas le menacer de le déposséder de son statut.

• **La préservation de l'emploi :** le législateur choisira la solution qui préserve le plus d'emplois mais les restructurations sont parfois inévitables (ou les cessions d'actifs).

## E Les sanctions du dirigeant

Si les sanctions sont moins nombreuses et fréquentes, elles existent encore si le dirigeant ne respecte pas le plan de redressement, il peut être déclaré responsable du passif de l'entreprise liquidée. S'il a commis des infractions aux obligations légales, il peut être interdit d'activité dans la vie des affaires pour une période ou sanctionné pénalement (c'est le délit de banqueroute).

**Remarque**

L'intérêt des sanctions est de faire comprendre au dirigeant qu'il doit être vigilant dans sa gestion.

# Cas pratiques

Corrigé p. 288

## Cas pratique 1

Amis de longue date, Capucine, Violette et Samuel souhaitent créer une société dont l'objet social est la production de films d'animation. Capucine apporte un local estimé à 20 000 €, Violette 5 000 € en espèces et Samuel, 4 000 € en espèces. Samuel a déjà travaillé comme infographiste et il compte bien faire profiter ses amis de ses compétences qu'ils estiment à 6 000 €. Ses amis ont décidé de le nommer gérant.
Les trois amis souhaitent avant tout protéger leur patrimoine.

1. **Présentez dans une courte note structurée aux créateurs d'entreprise les possibilités qui s'offrent à eux et conseillez-les pour déterminer la formule la plus pertinente.**

Leur choix est finalement porté sur la SARL. Au bout de quelques mois d'existence, la société envisage de s'agrandir : il a été décidé de recruter une secrétaire et d'augmenter le capital de la société.

2. **Énoncez le(s) organe(s) compétent(s) pour prendre ces décisions (justifiez votre réponse).**

Capucine aimerait céder ses parts à son mari Gaël, ce qui inquiète beaucoup Violette et Samuel qui ne voient pas l'avenir de la société comme l'entend Gaël.

3. **Capucine a-t-elle le pouvoir de le faire ?**

Samuel a commandé 1 000 DVD de genre divers qu'il espère revendre avec profit.

4. **Précisez si la société sera engagée par cette commande. Donnez les moyens d'action des autres associés.**



## Cas pratique 2

Le 4 janvier 2006, la société Photo service a déclaré son état de cessation de paiement au tribunal de Versailles qui a procédé à l'ouverture d'une procédure de sauvegarde, le 9 janvier. Cette procédure lui a permis de négocier ses dettes auprès de ses créanciers.
Or, cette société avait, fin 2005, conclu un accord de partenariat avec Orange pour se diversifier dans la téléphonie car, avec la vague du numérique et la baisse des prix des imprimantes, beaucoup de personnes mettent leurs photos sur des supports informatiques et ne les développent plus chez le photographe, entraînant des difficultés financières pour Photo service. Cependant le partenariat demande de lourds investissements dans cette nouvelle activité. La société Euler Hermes (représentant Orange) demande l'annulation de la procédure.

**Que pensez-vous de la situation ?**

## Cas pratique 3

Face à ses difficultés financières, Gérard Mentor a été mis en redressement judiciaire le 24 février 2000 puis en liquidation judiciaire le 29 novembre 2001 face à l'impossibilité de redresser la situation de son entreprise. Mais la justice s'est aperçue que M. Mentor n'avait pas respecté les engagements lors de la période de redressement judiciaire et essayé de soustraire des biens à la liquidation. Il est placé en faillite personnelle le 8 avril 2004 pour une durée de 20 ans. Or, avec la loi du 26 juillet 2005 (appliquée depuis le 1er janvier 2006), la durée maximale d'une faillite personnelle est fixée à 15 ans (il n'y avait pas de limite avant). M. Mentor demande que l'on réduise sa peine pour être en conformité avec la loi.

**Que pensez-vous de la situation ?**

# 10 Les relations contractuelles

## 1 Les relations contractuelles entre partenaires privés

### A Notion de contrat

• **Définition.** Le contrat est une convention entre deux ou plusieurs personnes (appelées parties au contrat) dont l'effet est de créer entre elles des obligations. Il produit donc des effets juridiques émanant de la manifestation de volonté : les **obligations** (ex. : le contrat de vente crée des obligations entre le vendeur qui doit remettre la chose et l'acheteur qui doit la payer).

• **La liberté contractuelle.** Il n'y a pas d'obligation juridique de contracter mais les engagements tiennent lieu de loi à ceux qui les ont souscrits. Les parties fixent généralement librement les conditions du contrat et dans le respect des règles impératives établies par la loi.

• **Les limitations de la liberté contractuelle.** Ce principe connaît des exceptions :
– **atteinte à la liberté de ne pas contracter** : l'automobiliste doit avoir une assurance pour couvrir l'indemnisation d'éventuelles victimes ;
– **atteinte au libre choix du cocontractant** : la loi impose plus ou moins l'autre partie (ex. : le droit au renouvellement du bail pour le commerçant l'impose au bailleur qui devra lui verser une indemnité s'il veut l'évincer) ;
– **atteinte à la libre fixation des conditions :** institution du SMIC pour protéger le salarié d'une exploitation par l'employeur, délai de rétractation de 14 jours pour une vente à domicile ;
– **atteinte à l'égalité des cocontractants :** une partie impose parfois ses conditions à l'autre (on ne peut discuter le prix d'une nuit d'hôtel) ;
– **atteinte à la liberté de l'objet :** le contrat ne doit pas être contraire à l'ordre public et aux bonnes mœurs (ex. : la vente de drogue est interdite en France).

**Remarque**

L'État a de plus en plus tendance à intervenir dans les contrats : les contrats deviennent des contrats d'adhésion où le consommateur ne peut discuter les conditions du professionnel.

### B Les différents types de contrats

• **Selon l'appellation du contrat :** le contrat est nommé et prévu par la loi ou innommé et non encadré par la loi (ex. : le sponsoring).

• **Selon le mode de formation :** le contrat est **consensuel** (formé par l'accord des volontés), **réel** (il y a remise d'une chose comme dans le gage), **solennel** (il impose la rédaction d'un acte).

• **Selon le contenu du contrat :** il est **bilatéral** (ou synallagmatique) quand les contractants s'obligent réciproquement, alors que le contrat **unilatéral** ne crée des obligations que pour une partie (ex. : donation). Il est **à titre gratuit** quand il procure un avantage à l'autre sans contrepartie (contrat de bienfaisance) et **à titre onéreux** quand chaque partie a une obligation à sa charge. Les obligations sont connues à la conclusion dans un contrat **commutatif** sinon il est **aléatoire** (ex. : viager).

• **Selon le rapport de force entre les contractants :** il est **de gré à gré** quand les parties discutent librement les clauses et **d'adhésion** quand le professionnel impose ses conditions à l'autre partie.

• **Selon les contractants :** c'est un contrat cadre quand les parties définissent les conditions générales de leurs relations futures (ex. : dans la distribution) et un contrat d'application qui précise les modalités d'exécution d'un contrat.

• **Selon la durée de l'exécution des obligations :** il est à **exécution instantanée** quand il s'accomplit en une fois et à **exécution successive** quand il s'étale dans le temps (ex. : contrat de travail).

## C Les conditions de formation du contrat

Trois conditions sont nécessaires à la formation du contrat :

• **Le consentement** est l'élément essentiel : la validité du contrat suppose la manifestation de volonté mais aussi la rencontre des volontés.

• **La capacité.** Le contractant doit être capable de s'engager.

• **Un contenu licite et certain.** Le contrat porte sur une chose qui existe ou existera (certaine) et dont on peut disposer sans porter atteinte à la loi (licite).

## D La négociation du contrat

### • Le processus de négociation

> **Remarque**
> La négociation est la période où les futurs contractants échangent leurs points de vue, discutent pour déterminer le contenu du contrat sans être sûrs de le conclure.

• Les pourparlers peuvent aboutir à des accords de principe qui obligent les parties à négocier de bonne foi. Les parties précisent les obligations de chacun (ne pas divulguer une information ou des documents à un partenaire…) qui, non respectées, donneront lieu à dommages et intérêts.

• Le **pacte de préférence** fait qu'une partie s'engage à conclure la vente plutôt qu'avec toute autre personne. Il se distingue du droit de préemption d'origine légale (ex. : le locataire est prioritaire à l'achat si le propriétaire veut vendre) qui offrira dommages et intérêts en cas de non-respect.

• Par une **promesse unilatérale de vente** le promettant s'engage envers le bénéficiaire à vendre une chose à un prix déterminé ou déterminable. C'est un contrat unilatéral car l'autre partie n'est pas obligée de contracter mais si la promesse est bilatérale, elle vaut vente.

• Des **contrats cadre** sont établis dans la distribution comme le contrat de concession (dans l'automobile ou les stations essence) ou de franchise (McDo, Léonidas, Phildar…) : le détaillant se fournira chez tel producteur qui ne vendra ses produits qu'à ce détaillant. De nombreuses obligations incombent aux parties (ex. : clause d'exclusivité chez les concessionnaires automobiles).

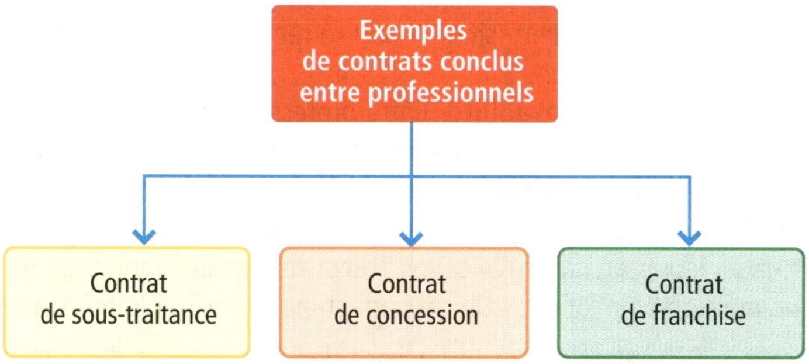


• **La représentation.** En principe, les parties au contrat sont présentes mais pas pour les contrats électroniques ou par correspondance, d'où le problème de déterminer quand se forme le contrat (le droit retient le moment de la manifestation de volonté, de la commande). Les parties présentes ne sont pas toujours les cocontractants mais le contrat reste valable. C'est le cas du représentant qui agit au nom du vendeur, son employeur, du tuteur ou curateur qui agit pour l'incapable mineur ou majeur, du mandataire social (gérant ou directeur général) qui agit au nom de la société qu'il dirige et engage la société dans les contrats qu'il passe (sa responsabilité pouvant être engagée devant les associés ou actionnaires), ou des syndicats qui signent des conventions collectives qui s'appliqueront à des employeurs et des salariés entrant dans son champ d'application.

• **L'importance du prix.** Le prix, déterminé en fonction du coût de production, doit assurer au professionnel un bénéfice qui lui permettra de rémunérer le capital investi et d'autofinancer les investissements pour le développement de l'activité. La fixation d'un prix déterminable et réel est une des conditions de formation du contrat de vente. La vente se fait souvent à prix ferme (prix déterminé à la conclusion du contrat) ou au cours (pour des matières premières ou énergétiques). Le professionnel pourra inclure une clause d'indexation pour des livraisons s'échelonnant dans le temps.

> **Remarque**
> Le vendeur pourra réduire le prix en fonction des quantités achetées ou pratiquer des promotions qui donnent un coup de pouce aux ventes (réduction du prix ou vente par lot).

# 2 L'exécution des contrats

## A Les effets du contrat

• **La force obligatoire du contrat.** L'article 1134 du Code civil énonce que « les conventions légalement formées tiennent lieu de loi à ceux qui les ont faites ». Il précise que « les conventions doivent être exécutées de bonne foi ». En plus de ces obligations, le juge impose une obligation de loyauté et de coopération entre les parties.

Le contrat, s'il respecte les dispositions légales, s'impose aux parties et ne produit d'effets qu'entre elles : les cocontractants qui l'ont négocié et signé. Chacun doit respecter ses obligations.

> **Remarque**
> Le contrat est irrévocable : les parties ne peuvent rompre unilatéralement le contrat sauf exception et en respectant des règles (ex. : licenciement, démission) sinon il faut l'accord mutuel pour le révoquer ou en conclure un autre.

• **Les clauses particulières**

• **La clause de dédit**. Le dédit est la faculté unilatérale de ne pas exécuter le contrat, de revenir sur son engagement. Le plus souvent, cette faculté s'accompagne d'une somme d'argent (ex. : arrhes).

• **La clause de réserve de propriété**. Avec cette clause, le vendeur reste propriétaire de la chose jusqu'au paiement intégral de la chose, ce qui lui assure le paiement (sinon il pourra récupérer le bien entre les mains de l'acheteur).

• **La clause limitative de responsabilité.** Entre professionnels, il est possible de limiter les responsabilités, voire de les exclure (le vendeur peut s'exonérer de dommages et intérêts dus au professionnel en cas de retard ou de délivrance non conforme), dans les limites de la bonne foi.

• **La clause pénale**. Les parties insèrent souvent dans leur contrat de négociation une clause pénale pour dissuader leur partenaire d'aller voir ailleurs et une indemnisation en cas de rupture des négociations, mais on ne peut forcer le cocontractant à conclure le contrat final.

• Toute modification du contrat nécessite l'accord des parties mais il existe néanmoins des clauses d'adaptation automatique :

– **la clause d'indexation :** elle module la somme à payer en référence à la valeur d'un produit (ex. : le loyer d'un maçon peut être indexé sur le prix du sac de ciment) ou d'un indice (ex. : un loyer peut être revalorisé en fonction de l'indice du prix à la construction) ;

– **la clause de renégociation :** elle prévoit l'obligation pour les parties de renégocier le contrat si des données essentielles à son équilibre changent (on parle aussi de clause de sauvegarde).

## B L'inexécution du contrat

• **L'exécution forcée.** Par le contrat, une obligation est née pour être exécutée et si le débiteur ne tient pas son engagement, le créancier a les moyens de le contraindre.

C'est **l'exécution forcée :**

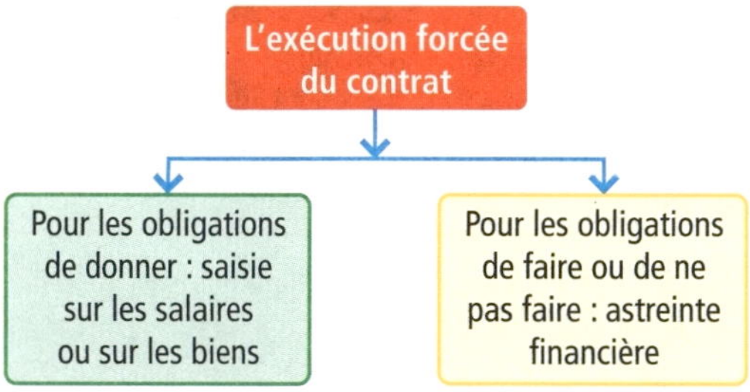


**Remarque**
L'exécution forcée est dite **en nature** quand le créancier demande la fourniture de la prestation promise ou **en équivalent** quand il réclame des dommages et intérêts.

• **Résolution et résiliation.** Si ces moyens sont inefficaces, le contractant pourra mettre en jeu la responsabilité du débiteur afin d'obtenir des dommages et intérêts. Le juge prononcera :
– la **résolution** du contrat à exécution instantanée : le contrat est annulé car l'inexécution entraîne la disparition de la cause du contrat ;
– la **résiliation** du contrat à exécution successive : le contrat est annulé pour l'avenir mais on ne peut pas revenir sur les conséquences passées.

**Remarque**
Pour éviter le recours au juge, les parties peuvent inscrire **une clause résolutoire** prévoyant dans le contrat les événements qui entraîneront sa résolution de plein droit. C'est la partie qui subit l'inexécution qui peut résoudre unilatéralement le contrat.

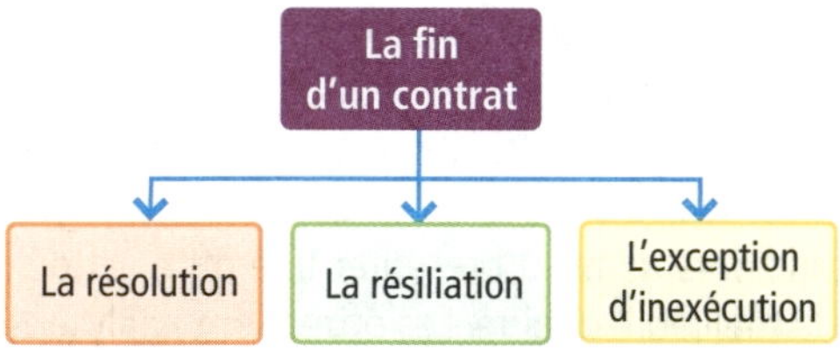


**Définition**
**Exception d'inexécution :** suspension de l'exécution de l'obligation tant que l'autre partie n'accomplit pas la sienne.

• Seul le créancier peut demander la résolution ou la résiliation. Le juge a le choix entre : accorder un délai de grâce au débiteur pour qu'il s'exécute ; condamner le débiteur à des dommages et intérêts ; prononcer la résolution ou la résiliation (avec versement ou non de dommages et intérêts).

# 3 Le contrat administratif

## A Caractéristiques du contrat administratif

Un contrat administratif se définit selon deux critères cumulatifs : un organique et un matériel.

• **Le critère organique.** Le contrat administratif engage une **personne publique** (ou privée agissant pour le compte d'une personne publique) et une **personne privée** (ou publique mais n'agissant pas dans l'intérêt général). La personne publique peut être l'État, une collectivité locale ou une personne morale ou physique représentant la puissance publique. La personne privée recherche son intérêt mais la personne publique agit dans l'intérêt général. Le contrat a pour objet un service public.

• **Le critère matériel**
– Un contrat est administratif si ses **clauses** sont **exorbitantes du droit commun.** Les clauses exorbitantes manifestent la présence de la puissance publique ou placent la personne publique contractante en situation prééminente par rapport à l'autre partie (ex. : pouvoir de résiliation unilatérale sans faute du contractant, renvoi à un cahier des charges établi par elle-même). Ces clauses seraient réputées non écrites dans un contrat civil.

– L'objet d'un contrat administratif est relatif à l'organisation et à l'exécution d'un service public. Lorsque l'exécution du service public est déléguée au cocontractant, on parle de **contrat de délégation de service public.** S'il porte sur les modalités d'exécution du service public, l'administration assurera ce service mais passera des **contrats d'engagement de personnel** avec des opérateurs privés.

**Remarque**

Les contrats de travaux routiers sont toujours administratifs même conclus entre personnes privées.

## B Les marchés publics

• **Définition.** Un marché public est un contrat à titre onéreux conclu entre les pouvoirs adjudicateurs (État, collectivités territoriales, établissements publics) et des opérateurs privés ou publics pour leurs besoins de travaux, de services, de fournitures. Il relève du Code des marchés publics qui fournit des éléments de qualification et les principes fondamentaux du droit des marchés publics.

• **Les principes de négociation des marchés publics.** Le Code des marchés publics met en concurrence des candidats (soumissionnaires) d'où un libre accès à la commande publique, une égalité de traitement des candidats une transparence des procédures (le candidat connaît les critères de sélection et d'élimination).

Cela permet de lutter contre la corruption et de produire un service de qualité.

• **La procédure d'appel d'offres** est le principal mode de passation des marchés publics : l'adjudicateur va choisir l'offre la plus avantageuse en l'absence de négociation et sur la base de critères objectifs définis au préalable et communiqués aux candidats. Elle comprend trois étapes :
– le **lancement** : l'administration identifie les besoins et rédige un cahier des charges ;
– la **sélection de l'offre** : la liste des candidats admis à présenter une offre est définie. Leur offre doit respecter le cahier et présenter la meilleure qualité. Les offres sont analysées et sélectionnées par le pouvoir adjudicateur (il choisit « le moins disant » si le seul critère est le prix ou le « mieux disant » s'il y a plusieurs critères) ;
– un **avis d'attribution** est publié : les entreprises non retenues sont averties (sur demande, elles obtiendront les motifs de leur mise à l'écart).

## C L'exécution des marchés publics

• **Les pouvoirs de l'administration sont :**
– pouvoir de direction de l'exécution du contrat : l'administration peut imposer l'ordre des opérations à accomplir ou l'emploi de certains procédés ;
– pouvoir de contrôle de l'exécution du contrat ;
– pouvoir de sanction en cas de faute (inobservation ou méconnaissance des instructions reçues) : sanctions pécuniaires (pénalités, retenues en cas de retard d'exécution) ou coercitives (substitution de l'administration elle-même ou d'un tiers pour poursuivre l'exécution du contrat aux frais du cocontractant défaillant) ;
– pouvoir de modification dans l'intérêt général avec le respect de l'équilibre financier ;
– pouvoir de résiliation dans l'intérêt général contre indemnisation du cocontractant.

• **Les obligations et droits du cocontractant**

**Cf. tableau page suivante.**
Le droit à indemnité pour rétablissement de l'équilibre financier peut provenir d'un fait intérieur à l'administration (c'est le **« fait du prince »** si de nouvelles dispositions alourdissent le contrat) ou d'un événement extérieur comme le cas de force majeure ou la théorie de l'imprévision qui est un obstacle physique imprévisible à la conclusion du contrat.

| Obligations du cocontractant | Droits du cocontractant |
|---|---|
| • S'acquitter de ses obligations.<br>• Il n'a pas le pouvoir d'action unilatérale (il ne peut suspendre l'exécution du contrat si faute de l'administration).<br>• Faire agréer ses sous-traitants par l'administration. (Elle les paie directement.)<br>• Ne pas céder son contrat sauf autorisation de l'administration (elle ne pourra refuser si le nouveau contractant est aussi capable que l'ancien). | • Droit à rémunération : c'est le règlement du prix ou de la redevance (prix défini initialement et qui ne peut être modifié unilatéralement par l'administration). Des clauses de révision permettent d'en modifier le prix. Des avances et acomptes sont possibles.<br>• Droit au rétablissement de l'équilibre financier si de nouvelles prestations sont imposées par l'administration. |

# Cas pratiques

Corrigé p. 289

## Cas pratique 1

Une société décide d'engager une secrétaire. Olga et Odile Sete sont des sœurs jumelles qui se ressemblent à s'y méprendre. Odile a réussi son BTS « assistante de direction » et a trouvé facilement un emploi. Par contre, sa sœur a échoué au même examen et travaille en intérim.
Pour aider sa sœur, Odile accepte de se présenter à la place de sa sœur aux tests de recrutement décidé par la société. Elle les réussit brillamment et, à l'issue de l'entretien d'embauche, elle signe un CDI avec une période d'essai d'un mois. Le chef de bureau s'étonne très vite des contre-performances de sa secrétaire. Quelques jours plus tard, en ville, il se retrouve par hasard en présence des deux sœurs qui font du shopping. Persuadé d'avoir été trompé, il en réfère immédiatement au responsable des ressources humaines.

**Que pensez-vous de la situation ?**

## Cas pratique 2

Sophie a engagé des travaux de rénovation dans la maison qu'elle vient d'acquérir mais le plombier tarde à terminer son travail. Devant de multiples rendez-vous annulés, elle décide de le renvoyer et de chercher quelqu'un pour achever le travail.
Le carreleur a terminé son travail mais Sophie ne veut pas le payer immédiatement comme il le demande car elle craint que des carreaux ne se détachent et, dans ce cas, elle n'aura plus de moyens pour lui faire réparer les dégâts.
Enfin, le décorateur fait traîner les travaux… Il a établi les plans qui ont servi de base pour le consentement de Sophie qui a accepté le prix demandé. Mais son équipe promise pour les travaux de peinture, tapisserie, aménagement n'est pas venue. « Comprenez-moi, je suis très demandé, je n'ai pas que vous à m'occuper… j'ai même un chantier bien plus important que votre petit agencement… » lui dit-il. Elle est outrée de sa désinvolture mais veut quand même le garder car il a de bonnes idées.

1. **Que peut faire Sophie avec son plombier ?**
2. **Que peut faire le carreleur impayé ?**
3. **Quelle solution s'offre à Sophie si elle veut que le décorateur effectue son travail ? Cette solution est-elle efficace ?**

## Cas pratique 3

L'ONF (office national des forêts) assure le reboisement ; la mise en état des forêts. L'ONF, qui dépend du ministère de l'Agriculture, est investi de cette mission de service public et la remplit par différents moyens comme des contrats passés par elle avec les propriétaires de terrains.
L'ONF a défriché des terrains sans l'accord des propriétaires et a facturé aux propriétaires les coûts de ces interventions.

**Que pensez-vous de la situation ?**

# 11 Le contrat électronique

## 1 Définition

• **Le commerce électronique** (ou e-commerce ou vente en ligne) est la vente ou l'achat de biens ou de services effectués par une entreprise, un particulier ou une autre entité publique ou privée et réalisée au moyen d'un réseau électronique. Il se caractérise par la dépersonnalisation, la dématérialisation et la délocalisation des échanges par Internet.

• **Les formes d'échanges électroniques** sont :
– l'échange électronique entre entreprises : B2B (*Business to Business*) ;
– le commerce électronique vers les particuliers : B2C (*Business to Consumer*) : sites Web marchands, type téléachat ;
– le commerce électronique entre particuliers : C2C (*Consumer to Consumer*) : sites Web de vente entre particuliers (immobilier, bourses, annonces, échanges…) ;
– l'échange électronique entre une entreprise et ses employés : Intranet ou B2E (*Business to Employee*) ;
– l'échange électronique entre entreprises privées et gouvernement : B2G (*Business to Government*) ou B2A (*Business to Administration*).

**Remarque**
Le client est appelé **cyberconsommateur** et le professionnel **cybercommerçant**.

## 2 La formation du contrat électronique

Le contrat électronique est conclu par l'intermédiaire d'un **réseau électronique**. Si le support est différent, l'opération reste un contrat.

### A L'offre

• **Principe.** Toute personne exerçant une activité de commerce électronique est tenue d'assurer un accès facile, direct et permanent en indiquant les informations suivantes :

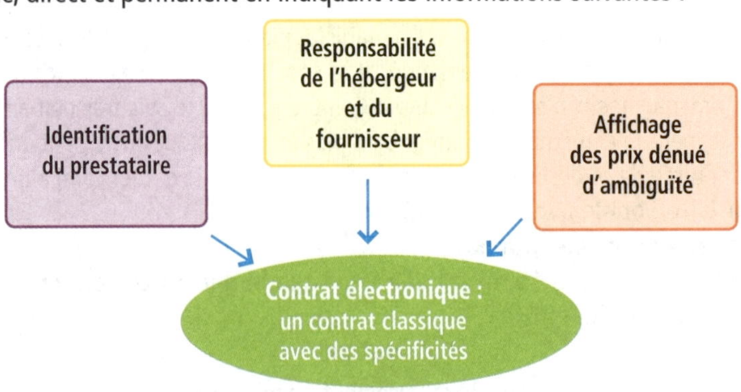


• Les produits à vendre doivent être dans le commerce, licites (conformes à l'ordre public et aux bonnes mœurs : pas de ventes d'armes, de drogue, de prostitution…).

## B Le consentement

**Formalités de commande**
- Présentation du détail de la commande avec les remises, le prix total TTC, le mode de paiement et de livraison, et les conditions de vente.
Premier « clic » de confirmation de la commande. L'objet et les obligations du contrat sont clairement définis.

**Conclusion de la commande**
- Le consentement et la capacité sont établis grâce au paiement et à la carte de crédit.
Second « clic » de validation définitive.

**Confirmation de commande**
- La commande est confirmée sur une page écran et un mail est envoyé au contractant.

▲ Étapes de conclusion d'un contrat électronique

## C La forme : l'écrit électronique

La **LCEN** du 21 juin 2004 (loi sur la confiance dans l'économie numérique) établit une équivalence entre le contrat papier et le contrat électronique. Une lettre simple relative à la conclusion et à l'exécution d'un contrat peut être envoyée par voie électronique. L'écrit électronique est considéré comme reçu lorsque le destinataire a eu la possibilité d'en prendre connaissance et d'en accuser réception.

**Remarque**

La loi permet même l'interchangeabilité de l'écrit électronique et de l'écrit papier.

## D Le paiement

- **La signature électronique.** Elle désigne les différents mécanismes techniques (ex. : systèmes de cryptage, clés cryptographiques) qui permettent aux destinataires des données électroniques de vérifier :
– l'identité de l'autre partie au contrat, son autorité et sa capacité à s'engager ;
– qu'il est l'auteur du document et que ce document n'a pas été intercepté ou modifié.

Cette signature est reconnue grâce à un **certificat** (dispositif informatique installé sur un ordinateur ou une carte à puce). Il suffit d'activer le programme lié à la signature sur les documents où on veut l'apposer, et l'ordinateur se charge de valider le paiement.

- **Le paiement en ligne.** Le commerçant exige le paiement lors de la commande. Sur Internet le paiement demande souvent la transmission du numéro de la carte de crédit sur laquelle l'argent sera prélevé, ainsi que la date d'expiration et le numéro confidentiel figurant au verso de la carte.

Le paiement sécurisé en ligne est assuré par un tiers de confiance (la banque) qui effectuera les transferts d'argent. L'acheteur et le professionnel peuvent aussi utiliser un tiers (Paypal) qui fera les mouvements d'argent sans communiquer les coordonnées des parties. Le paiement est en principe irrévocable sauf en cas d'utilisation frauduleuse de la carte bancaire de l'acheteur.

**Remarque**

Le destinataire reçoit un message indiquant le procédé d'authentification. S'il n'a pas confiance, il peut se mettre en relation avec le fournisseur du dispositif pour confirmation de l'authenticité des données (il est indiqué que les données reçues n'ont pas été falsifiées ou interceptées).

# 3 La protection du cyberconsommateur

## A Protection au niveau national

• **Respect de l'ordre public.** La loi informatique et libertés (1978) et la loi sur la confiance dans l'économie numérique (LCEN 2004) prévoient des mesures renforcées quand des mineurs sont concernés : le représentant légal doit donner son accord sur la collecte des données sur le mineur.

• **Respect de la vie privée.** Les mêmes lois prévoient une protection des données à caractère personnel : elles doivent être exactes, complètes, ne pas contenir de données sensibles (origine raciale, appartenance politique…) et doivent pouvoir faire l'objet d'une rectification ou d'une suppression.

• **Obligation d'information du vendeur.** Le cybercommerçant est soumis aux mêmes obligations que le vendeur en VPC. Il est tenu d'afficher sur le site de sa boutique son identité, un moyen de le contacter, les modalités de paiement, l'existence d'un droit de rétractation et les éventuelles exclusions, la durée minimale d'engagement pour les contrats de service et l'indication du délai de livraison. L'information doit être loyale et transparente.

• **Responsabilité de plein droit du professionnel.** Le cybercommerçant est responsable de la bonne exécution du contrat. L'opération doit en principe être effectuée dans les 30 jours.

• **Renouvellement tacite du contrat.** Si un contrat contient une clause de renouvellement automatique annuelle, le consommateur doit être informé plus de quinze jours avant le début de la nouvelle période d'abonnement pour résilier le contrat. L'avis doit être envoyé par courrier postal.

• **Droit de rétractation.** Comme pour la vente par correspondance, le consommateur dispose d'un délai de 14 jours francs pour exercer son droit de rétractation, sans avoir à justifier de motifs ni payer de pénalités (sauf frais de retour). Le délai court à partir de la réception des biens ou de l'acceptation du service. Le cybercommerçant doit rembourser les sommes versées (prix de l'article et frais de port) dans les meilleurs délais ou dans les 30 jours au plus tard (les frais de retour restent à la charge de l'acheteur).

Le droit de rétractation ne s'applique pas aux achats effectués par les entreprises (personne physique ou morale).

**Remarque**

Les produits exclus du droit de rétractation sont les enregistrements vidéo et audio, les logiciels informatiques dont l'emballage est ouvert, les journaux, magazines, biens personnalisés pour le client, loteries, produits périssables.

## B Protection au niveau communautaire

Deux instruments fondamentaux existent :

– la **directive de 1999** sur la signature électronique, qui met en place une harmonisation en matière de signature électronique avec la reconnaissance juridique des signatures électroniques et l'établissement d'un cadre juridique pour les prestataires de services ;

– la **directive de 2000** sur le commerce électronique, qui garantit la sécurité juridique pour les entreprises et les consommateurs : exigence de transparence des prix et d'information pour les fournisseurs de services en ligne, communications commerciales, contrats et limites de responsabilité.

• **Le règlement des litiges.** En principe, d'après la convention de Rome, les contractants ont le choix dans l'application des règles (on tient compte du fait que le commerçant a ou non traduit son offre dans la langue de l'acheteur) mais à défaut, on retient le pays avec lequel le contrat présente les liens les plus étroits. Le droit communautaire prévoit que le défendeur pourra être poursuivi devant le tribunal de son domicile, celui du lieu d'origine ou de l'exécution de la demande.

# Cas pratiques

*Corrigé p. 290*

## Cas pratique 1

Elisa Baitte est secrétaire de direction et, lassée de la collection de théières et de cafetières de sa mère (collection qu'elle a enrichie avec de nombreux modèles dénichés dans les braderies, foires et brocantes), elle décide de les vendre dans des braderies-brocantes ou à des collectionneurs. Comme elle vend peu en brocante, elle décide de mettre ses articles en vente sur Internet sur un site de vente aux enchères. Elle se pose la question de savoir si elle reste un particulier ou si elle est devenue commerçante car elle a quand même un nombre important d'articles à mettre en vente.

**Que pensez-vous de la situation ?**

## Cas pratique 2

M^me^ Quimiau est à la tête d'une SARL qui crée des lampes et des appliques originales. Un grand magasin, IDEKA, se trouve en rupture de stock et a passé commande à M^me^ Quimiau, *via* Internet, de 150 lampes, 50 abat-jour et 20 appliques. La commande, qui doit être livrée au plus tard pour le 16 décembre à 14 heures, a été validée par la signature électronique de M. Letoul, responsable du magasin IDEKA, pour 11 250 €.
Le 16 décembre à 18 heures, M^me^ Quimiau reçoit un appel de M. Letoul, inquiet de ne pas voir le camion arriver. Il la menace d'une action en justice. En effet, le magasin a organisé ce jour-là une ouverture exceptionnelle jusqu'à 22 heures. Les objets à livrer par M^me^ Quimiau ont été vantés dans la plaquette publicitaire éditée pour la nocturne. M^me^ Quimiau est anxieuse, d'autant qu'elle vient d'apprendre par la gendarmerie que le camion a été victime d'un vol à main armée et que tous les colis ont été volés.

**M^me^ Quimiau s'inquiète de la validité de l'engagement pris avec le responsable du magasin et vous demande si la signature électronique a valeur de preuve dans ce litige.**

## Cas pratique 3

Un particulier achète un article par voie informatique à un commerçant allemand pour un montant de 230 € et 15 € de frais de port. Mais il regrette son achat et, trois jours après, il décide de l'annuler car il sait qu'il peut bénéficier du droit de rétractation.
Le cybermarchand fait un peu traîner les choses et propose un avoir. Le particulier refuse et le cybercommerçant lui adresse enfin le remboursement de l'article mais pas des frais de livraison.

**Que pensez-vous de la situation ?**

# 12 Les productions immatérielles

## 1 Définition

• **Le droit de propriété** porte sur une chose corporelle (meuble ou immeuble) ou sur un bien abstrait, une chose immatérielle (œuvre littéraire, musicale, brevet d'invention, marque, logiciel…). On parle alors de **droit de propriété incorporelle**, ou droits intellectuels, qui se divisent en :
– **propriété littéraire et artistique** : droits des auteurs sur l'exploitation de leurs œuvres (livres, chansons, films, logiciels…) ;
– **propriété industrielle** : protection des brevets, marques, modèles, dessins…

• Cela récompense l'innovation, l'encourage car les droits de propriété industrielle confèrent une exclusivité d'exploitation et sont un élément de différenciation vis-à-vis de la concurrence. Cette protection juridique n'est effective qu'après dépôt auprès de l'INPI (Institut national de la propriété industrielle).

## 2 Les droits d'auteur

### A Le régime général

Les **œuvres de l'esprit** (chanson, roman, peinture, création multimédia, base de données, logiciel…) font l'objet d'une protection par le droit d'auteur. Elles doivent revêtir une forme concrète et originale, même si l'œuvre est inachevée. La personne protégée est l'auteur, qui est l'inventeur.

### B La protection du droit d'auteur

• **Droit moral et droit pécuniaire.** L'auteur d'une œuvre de l'esprit jouit sur cette œuvre d'un droit de propriété incorporelle exclusif et opposable à tous. Il comprend :
– un **droit moral (droit de la personnalité)** comprenant le droit au respect (de l'auteur, de sa qualité et aussi de l'œuvre), le droit de divulgation de l'œuvre et le droit de retrait et de repentir propre au droit français (à charge d'indemniser le cessionnaire). Ce droit est attaché à la personne de l'auteur, perpétuel, inaliénable et imprescriptible. Il peut être transmis aux héritiers ;
– un **droit pécuniaire (droit patrimonial)** : l'auteur a le monopole d'exploitation de son œuvre, qu'il peut exercer par représentation (communication au public par un procédé quelconque comme la télédiffusion) ou reproduction (fixation sur un support : photocopie, CD, DVD). Le droit pécuniaire peut faire l'objet d'une cession par deux contrats : le contrat d'édition ou de représentation (théâtre, cinéma…).

• **Dérogations.** Il y a des dérogations à ce droit pécuniaire :
– les copies ou reproductions strictement réservées à l'usage privé ;
– les analyses, courtes citations, revues de presse, à condition d'indiquer clairement le nom de l'auteur et la source ;
– la reproduction à des fins de conservation ;
– la reproduction ou représentation d'extraits d'œuvres dans le cadre de l'enseignement ou de la recherche (sauf partitions de musique et œuvres conçues à des fins pédagogiques).

• **Exploitation de l'œuvre.** L'auteur peut exploiter son œuvre pendant sa vie et, à son décès, les héritiers pendant soixante-dix ans. Le **droit de suite** permet à l'auteur (et ensuite à ses héritiers) de toucher une partie du produit de la vente chaque fois que le support matériel est vendu.

• **Contrefaçon.** La **contrefaçon** est l'acte qui porte atteinte aux droits de l'auteur. C'est un délit qui se résout par la mise en œuvre d'une action en contrefaçon. Elle comprend :
– des mesures provisoires (ex. : saisie de l'élément contrefait, rétention en douane…) ;
– une action civile (devant le TGI) et/ou au pénal (devant le tribunal correctionnel) pour obtenir réparation du préjudice causé.

• **Mesures de protection.** Le numérique développe la diffusion des connaissances sans garantir la protection du droit d'auteur. Le *Peer-to-Peer* (P2P) permet aux internautes de contourner le droit d'auteur. La loi Hadopi crée la Haute Autorité pour la Diffusion des Œuvres et la Protection des droits sur Internet, chargée d'avertir les internautes qui piratent et téléchargent illégalement. Toutefois, ce fut un échec : peu de sanctions (elles sont supprimées en 2013), mais le délit de téléchargement illégal est maintenu. En 2016, l'Assemblée nationale a voté la dissolution d'Hadopi qui sera effective en février 2022.

## 3 Les créations numériques

### A Les bases de données

**Protection des bases de données**

- La structure et l'architecture originales sont protégées par les droits d'auteur
- Les données et le contenu des bases de données sont protégés par les droits des producteurs de bases de données car le caractère original n'a pas été reconnu

**Définition**

**Base de données :** ensemble d'informations stockées dans un dispositif informatique. Elle est organisée et structurée pour être facilement utilisée. Elle stocke une grande quantité d'informations (exemples : Amazon, Youtube, Google, la CIA, le Centre mondial sur le climat).

### B Les sites Internet

**Définition.** Un site Internet (ou site Web) est un ensemble de pages Web, mises en ligne à une adresse Web. On distingue trois catégories de sites :
– **statiques** : les plus anciens, qui utilisent le HTML (*HyperText Markup Language*), peu évolutifs ;
– **dynamiques** : présentent leur contenu selon l'interaction avec le visiteur ;
– **en flash** : ils ne sont vus que comme une image du site par les moteurs de recherche (ce sont des animations ou des effets graphiques).

• **Protection.** Il est impossible d'empêcher une personne de copier une œuvre publiée sur Internet (ou un autre support) pour se l'approprier, mais on peut la dissuader :
– limiter les copies abusives en empêchant l'internaute d'avoir accès au code source de la page Web ;
– indiquer, à titre d'information, le droit d'auteur en vigueur sur les documents publiés sur le site (« tous droits réservés » ou copyright année – auteur).

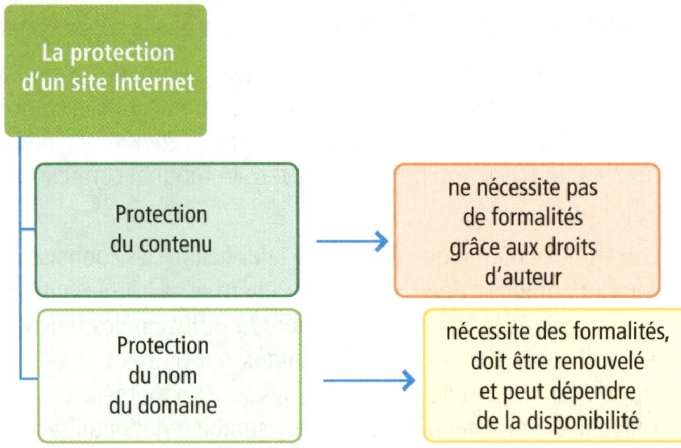


## 4 Protection des données à caractère personnel

D'après la loi informatique et libertés de 1978, une donnée à **caractère personnel** est une information relative à une personne physique identifiée ou qui peut l'être, directement ou indirectement, par référence à un numéro d'identification ou à un ou plusieurs éléments qui lui sont propres : nom, voix, image, numéro de téléphone, adresse… Si l'informatique doit être au service de l'individu, il ne doit pas porter atteinte à la personne, à sa vie privée et à ses libertés. La loi sur la confiance en l'économie numérique (LCEN de 2004) a renforcé ce principe en l'étendant aux messageries électroniques (sanctions par amende de 300 000 € et/ou 5 ans de prison maximum).

### A Les règles de protection

Toute personne a le droit à :
– l'**information** : elle peut savoir si elle est fichée et dans quels fichiers ;
– l'**accès** : elle peut interroger le responsable du fichier pour savoir s'il détient des informations sur elle et en avoir communication ;
– la **rectification** : en écrivant au responsable du fichier, la personne peut obtenir de faire rectifier, compléter, actualiser, verrouiller, effacer les informations erronées, inexactes ou dont la collecte est interdite. Le responsable devra prouver que les rectifications ont été effectuées et les notifier aux tiers à qui elles ont été transmises ;
– l'**opposition** : la personne peut s'opposer à ce qu'on la fasse figurer dans un fichier (pour des motifs légitimes) ou à ce que les données la concernant soient utilisées pour une prospection commerciale (sans avoir à se justifier). Elle peut décider de l'utilisation des données la concernant (refuser d'apparaître dans un fichier).

**Remarque**
Ce droit n'existe pas pour des fichiers du secteur public (fiscaux, de police, de justice, de Sécurité sociale…).

### B Les obligations des responsables du traitement

• Toute personne qui met en œuvre un fichier ou un traitement contenant des données personnelles doit informer les personnes fichées de :
– son identité ;
– l'objectif de la collecte des informations ;

– le caractère obligatoire ou non des réponses ;
– les conséquences de l'absence de réponse ;
– les destinataires des informations ;
– les droits reconnus à la personne fichée ;
– les éventuels transferts de données vers un pays hors Union européenne.

• Il y a des cas où l'obligation d'information est allégée (quand les données sont très vite rendues anonymes ou ne sont pas recueillies directement auprès de la personne) ou même exclue (pour les fichiers de police ou de gendarmerie, ceux relatifs aux condamnations pénales, ou lorsque l'information de la personne est impossible ou très difficile). De plus, le responsable du traitement doit notifier la mise en œuvre du fichier et de ses caractéristiques à la CNIL.

• L'entreprise qui pratique un e-mailing doit laisser au destinataire la possibilité de se désinscrire à tout moment. La CNIL précise qu'une case à cocher doit figurer sur tout support de collecte pour s'opposer à l'utilisation commerciale des données collectées (revente des fichiers) avant la validation d'une commande.

### C Les organes de contrôle

• **Le contrôle au niveau national par la CNIL** (Commission nationale informatique et Libertés). Toute personne peut s'adresser à la CNIL pour être aidée dans l'exercice de ses droits surtout si elle se heurte à un refus de droit d'accès.
La CNIL peut vérifier les informations la concernant enregistrées dans des fichiers intéressant la sûreté de l'État, la Défense ou la sécurité publique. La CNIL mandate un de ses membres pour vérifier la pertinence, l'exactitude et la mise à jour des informations, en demander rectification ou suppression.

• **Le contrôle au niveau communautaire.** L'Union européenne a adopté plusieurs directives pour encadrer la protection de la vie privée des personnes dans l'Union européenne en harmonisant les législations sur la protection des données à caractère personnel. Les 28 pays membres (et ceux de l'Espace économique européen : Islande, Liechtenstein et Norvège) ont une loi « informatique et libertés » et une autorité de contrôle indépendante qui se réunissent régulièrement pour harmoniser leurs pratiques.

**Remarque**

Depuis 2004, un correspondant Informatique et Libertés (CIL) fait le lien entre l'organisme de traitement et la CNIL.

## 5 Les données collectées dans la relation de travail

### A Lors du recrutement

L'employeur doit respecter les libertés individuelles, les droits fondamentaux, et traiter également les candidats à l'embauche :
– l'employeur ne peut demander que des informations présentant un lien direct avec l'emploi à pourvoir (aptitudes professionnelles, capacité à occuper le poste à pourvoir, personnalité) mais pas d'information sur la vie privée (état de grossesse, appartenance syndicale ou politique…) ;
– l'employeur ne peut pratiquer de discrimination selon les informations collectées (sexe, ethnie, religion, âge, mœurs, état de santé, situation familiale, appartenance à un syndicat…).

### B Lors de l'exécution du contrat de travail

• Pour la sécurité, des systèmes de contrôle pour identifier les personnes circulant dans l'entreprise par des procédés informatiques, comme une carte à puce ou un badge électronique, peuvent être mis en place à condition d'avoir été au préalable déclarés à la CNIL.

• L'employeur est libre de mettre en place la surveillance d'entrepôts ou locaux de rangement où les ouvriers ne travaillent pas. En revanche, s'il veut mettre en place un système de vidéo-surveillance, il doit en avertir les salariés au préalable (le système est interdit dans certains lieux comme les vestiaires ou les toilettes).

• L'employeur met à la disposition du personnel une connexion Internet à des fins professionnelles. L'usage d'Internet à des fins personnelles est toléré à condition que cela reste raisonnable et sans abus (consultation interdite de sites pornographiques ou pédophiles). Souvent, les employeurs établissent une charte informatique précisant les conditions d'utilisation d'Internet.

• L'employeur ne peut effectuer des recherches dans le disque dur de ses salariés, ni ouvrir les fichiers personnels à leur insu, sans leur présence, car cela correspond à une intrusion dans leur vie privée (sauf événement particulier). Il ne peut y accéder qu'avec l'accord du salarié et en sa présence. En revanche, il doit pouvoir accéder librement aux fichiers professionnels.

## 6 Les nouvelles formes de travail : le télétravail

### A Définition

Le télétravail (ou e-travail) est une forme d'organisation et/ou de réalisation du travail utilisant les technologies de l'information dans le cadre d'un contrat de travail, et dans laquelle ce travail, qui aurait également pu être réalisé dans les locaux de l'employeur, est effectué hors de ces locaux de façon régulière.

• Cette organisation en dehors de l'entreprise a été rendue possible grâce aux **technologies de l'information et de la communication** (TIC, surtout Internet, qui s'intègrent dans des domaines comme la télémédecine, l'e-santé, l'e-administration, l'e-éducation…).

### B Professions concernées

• Tous les métiers, dont 60 % peuvent être effectués hors de l'entreprise, sont potentiellement concernés par le télétravail : informatique, banques, assurance, télé-enseignement, tâches administratives ou de gestion (comptabilité), conseil, illustration, veille…

• Cela concerne :
– des prestataires de services indépendants (free-lance) ;
– des salariés (souvent cadres) qui peuvent travailler à distance ou des « nomades » qui se déplacent et se connectent à leur entreprise par leur ordinateur portable, netbook, Smartphone…

### C Avantages

• **Pour l'entreprise :**
– une augmentation de la productivité par la flexibilité du personnel ;
– moins de retards, de déplacements (moins de dégradation de l'environnement) ;
– une réduction des frais de structure (moins de bureaux) ;
– plus de réactivité, de compétitivité.

• **Pour le salarié :**
– plus de flexibilité ;
– une organisation différente du travail (séparation vie professionnelle et vie privée) ;
– un enrichissement des tâches.

## D Inconvénients

– un éloignement de l'entreprise : le travailleur peut se sentir isolé, mais webcam et visioconférence peuvent limiter ces inconvénients ;
– une diminution du rapport de subordination ;
– le travail peut empiéter sur la vie privée : le risque de « télédisponibilité » générale peut entraîner un stress au travail ;
– un affaiblissement des rapports collectifs de travail (moins de contacts entre salariés).

## E Réglementation

• Suite à un accord européen, un **accord national interprofessionnel** de 2005 sur le télétravail prévoit les droits et obligations de l'employeur et du salarié.

| Devoir de l'employeur | Devoir du télétravailleur |
|---|---|
| – Informer le télétravailleur des conditions du contrat de travail à réaliser (parties, lieu du travail, durée, rémunération…).<br>– Lui fournir la possibilité de rencontrer ses collègues de travail.<br>– Lui payer les frais de communication.<br>– Lui fournir les équipements et un service d'appui technique. | – Gérer l'organisation de son temps de travail.<br>– Prendre soin des équipements. |

• Le télétravail revêt un caractère volontaire pour le salarié et l'employeur. Il peut faire partie des conditions d'embauche ou être mis en place volontairement (il faut alors faire un avenant au contrat de travail) mais chacun peut revenir sur le principe.

# Cas pratiques

*Corrigé p. 291*

## Cas pratique 1

En janvier 2002, les sociétés Dargaud Lombard et Lucky Comics ont constaté que les bandes dessinées *Les aventures de Blake et Mortimer* : *le secret de l'espadon* et *Lucky Luke* : *le Daily Star*, dont elles sont respectivement les éditrices, étaient intégralement reproduites sans leur autorisation sous forme numérique sur le site accessible à l'adresse www.chez.com/bdz *via* le site www.chez.tiscali.fr, exploité par la société Tiscali média. L'activité de Tiscali est d'accueillir des pages personnelles mais la compagnie ne contrôle pas leur contenu. Les pages sont disponibles à partir de www.chez.tiscali.fr moyennant la mise en place d'espaces publicitaires sur ces pages personnelles. Les sociétés demandent les coordonnées de l'auteur de cette diffusion. Tiscali leur fournit ceci : Nom : Bande, prénom : dessinée ; date de naissance : 25/03/1980/Adresse : rue de la BD ; Code postal : 1000 ; ville : Bruxelles. Ces données n'ont qu'une valeur déclarative.

**Que pensez-vous de la situation ?**

## Cas pratique 2

Un employeur découvre des photos érotiques dans le tiroir du bureau d'un salarié. Il se dit qu'il y en a peut-être d'autres dans l'ordinateur de son employé. À son insu, il inspecte le disque dur et ouvre même un fichier personnel qui contient une correspondance poussée avec une autre employée. Pour cette utilisation non professionnelle, visiblement pendant son temps de travail, d'un matériel mis à la disposition du salarié, il décide de licencier celui-ci pour faute grave. Pourtant, rien ne laissait présager de tels agissements car l'employé faisait consciencieusement son travail…

**Que pensez-vous de la situation ?**

## Cas pratique 3

Une salariée responsable de communication avait convenu avec son employeur qu'elle exercerait, après un détachement de plusieurs années au sein d'une filiale, ses fonctions à partir de son domicile situé dans les Pyrénées-Orientales, la société prenant à sa charge les frais de déplacement nécessités par un aller-retour hebdomadaire au siège social situé en région parisienne. Toutefois, après quelques mois, la société demande à sa salariée de reprendre ses fonctions de manière permanente dans les locaux de l'entreprise. La salariée refuse de mettre fin à son travail à domicile. L'entreprise décide de la licencier pour faute grave.

**Que pensez-vous de la situation ?**

# 13 La notion de responsabilité

## 1 La notion de risque

### A Définition

En droit, le **risque** est l'éventualité d'un événement futur, incertain (ou d'un terme indéterminé), ne dépendant pas exclusivement de la volonté des parties, et pouvant causer un préjudice comme la perte d'un objet ou tout autre dommage.

### B La prise en compte du risque par le droit

• **La responsabilité individuelle.** L'article 1382 du Code civil énonce que « tout fait quelconque de l'homme qui cause à autrui un dommage oblige celui par la faute duquel il est arrivé à le réparer ». Cela pose les conditions de mise en jeu de la responsabilité :
– une **faute** (ou fait générateur) : un fait quelconque qui cause un dommage ;
– un **dommage** (ou préjudice) : il faudra le prouver pour mettre en jeu la responsabilité ;
– un **lien de causalité** : c'est la relation entre le dommage et la faute.

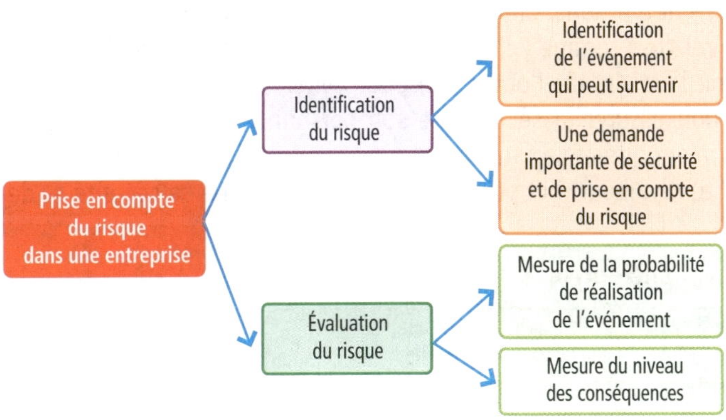


**Remarque**

La loi du 8 août 2016 reconnaît le préjudice écologique et l'obligation pour celui qui cause un dommage grave et durable à l'environnement de le réparer.

### C De la faute au risque

• La théorie de la faute est objective car la responsabilité de l'auteur du dommage repose sur la faute qu'il a commise et que la victime a prouvée.

• Avec la révolution industrielle, le développement du machinisme a été à l'origine de nouveaux risques (ex. : accidents, pollutions) qui causent des dommages aux personnes et à leur environnement (l'employeur n'a pas forcément de comportement fautif). Ce développement des techniques augmente le nombre d'accidents sans responsable identifié. Une théorie du risque est apparue : celui qui agit doit assumer les conséquences de son action. Cette socialisation du risque fait que la victime sera automatiquement indemnisée sans avoir à prouver la faute de l'auteur du dommage (objectivation de la responsabilité) et le développement de l'assurance facilite l'indemnisation (collectivisation du risque).

**Définitions**

**Mutualisation du risque :** prise en charge du risque par l'assurance pour diminuer le coût d'indemnisation pour l'auteur du dommage et assurer une indemnisation à la victime (accident de la route).
**Socialisation du risque :** prise en charge du risque par la société en impliquant l'État pour assurer une indemnisation de la victime lorsque le responsable n'est pas identifiable ou si le coût de l'assurance est exorbitant (catastrophe naturelle).

# 2 Le principe de prévention

## A La prévention du risque par anticipation

• **Principe.** Des risques liés au progrès technique ou aux évolutions de la société (amiante, vache folle, grippe H1N1) imposent des décisions et des mesures de prévention et de protection quand des incertitudes existent sur des risques pour éviter des dommages importants. Le principe de prévention consiste à anticiper et à prendre des mesures pour éviter un risque ou le réduire.

• **Moyens de prévention.** La prévention conduit les entreprises ou les décideurs publics à tenir compte de l'éventualité d'un risque et à adopter un comportement qui permette d'éviter la réalisation du risque et les dommages. La personne pourra être condamnée pour n'avoir pas pris les précautions mais aussi comdamnée à réparer les dommages causés. Si le risque est inconnu (environnement, santé publique, sécurité alimentaire), on ne peut le prévenir, mais le législateur incitera les décideurs à des expertises, une anticipation du risque, par des protections individuelles ou collectives.

## B Prévention et santé au travail

• Le travail peut être source d'atteintes physiques (pénibilité des tâches, conséquences de l'utilisation de produits dangereux…) et d'atteintes morales (stress, *burn-out*, violence, suicide…). Le droit européen définit la **prévention** comme « l'ensemble des dispositions ou mesures prises ou prévues à tous les stades de l'activité de l'entreprise pour éviter ou diminuer les risques professionnels ». L'employeur doit assurer la sécurité de son personnel. Il doit s'abstenir de pressions sur le salarié qui pourraient altérer sa santé physique et morale, éviter et prévenir tout harcèlement sexuel ou moral. Le travailleur doit prendre soin de sa santé, de sa sécurité et de celle des autres.

• **Les acteurs de la santé dans l'entreprise**

**L'employeur (obligations)**
- Application des dispositions légales sur la sécurité du travail
- Évaluation des risques professionnels
- Adoption de mesures préventives/correctives
- Établissement d'un règlement intérieur
- Définition de programmes d'action formation à la sécurité

**Les salariés (droits)**
- Formation à la sécurité du travail, générale ou spécifique
- Suivi médical
- Expression directe et collective sur les conditions de travail
  - Alerte et retrait

**Protection de la santé et de la sécurité Amélioration des conditions de travail**

**Les services de santé au travail (missions)**
- Analyse des situations et postes de travail selon une approche pluridisciplinaire (médicale, technique, organisationnelle)
- Conseils au salarié et à l'employeur
- Suivi médical de l'état de santé et contrôle de l'aptitude des salariés à leur travail

**Les instances représentatives du personnel (missions CHSCT/DP)**
- Suivi de l'application des règles relatives à la protection des salariés
- Analyse des risques professionnels et conditions de travail
- Dialogue et formulation de propositions

Remplacées par le CSE dans toutes les entreprises à partir du 1er janvier 2020 au plus tard.

• **Les acteurs de la santé hors de l'entreprise**

• **L'inspecteur du travail** vérifie la bonne application des prescriptions en matière de santé. Il peut entrer librement dans l'entreprise et dresser un procès verbal en cas de non-respect des règles et saisir le juge des référés s'il y a danger.

• **Le médecin du travail** surveille l'état sanitaire des travailleurs (mais n'a pas de pouvoir d'investigation et de contrôle) et effectue des actions préventives sur la santé et la sécurité.

**• Les engagements de l'État**

• **Le FACT** (Fonds pour l'amélioration des conditions de travail) est un dispositif public pour aider les entreprises de moins de 250 salariés à mettre en place des mesures de prévention des risques professionnels.

• **L'INRS** (Institut national de la recherche et de la sécurité) forme aux risques professionnels les acteurs de la santé (médecins du travail, membres du CHSCT...).

• **Des plans d'urgence** sur des problèmes spécifiques (plan d'urgence 2008 suite aux suicides chez France Télécom).

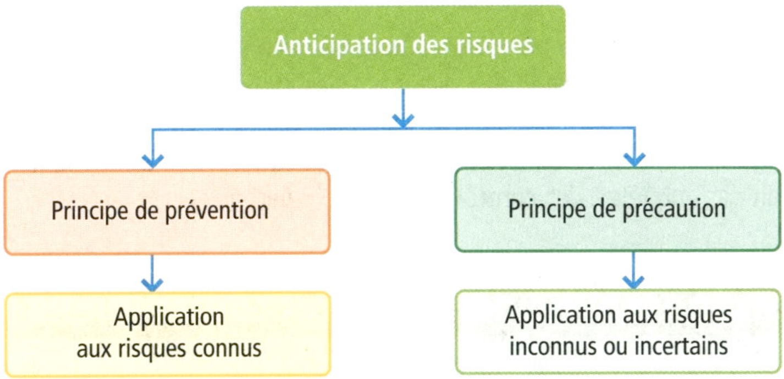


## 3 Le principe de précaution

Le **principe de précaution** est le principe selon lequel des mesures peuvent être prises dans un contexte d'incertitude scientifique pour faire face à un risque de dommages graves et irréversibles. C'est à la Conférence de Rio en 1992 que l'on a évoqué ce principe pour la première fois. Le traité de Maastricht l'a introduit sur le principe de correction à la source des atteintes à l'environnement et sur le principe du pollueur payeur. En France, la loi Barnier inscrit ce principe dans la législation en 1995 pour les dommages graves causés à l'environnement. La charte de l'environnement reprend ce principe de précaution et le rend constitutionnel en 2005.

### A Domaines de la prévention

• Le principe de précaution s'applique aux risques :

– technologiques (risques industriel, nucléaire, transport de matières dangereuses) ;

– environnementaux (accident ou incident créé par l'activité d'une entreprise et qui peut avoir des répercutions nuisibles ou graves sur l'environnement) ;

– sanitaires (risque immédiat ou à long terme, plus ou moins probable auquel la santé est exposée). L'identification et l'analyse du risque lié au phénomène (inondation, contamination...) permettent de prévoir l'impact du risque sanitaire sur la santé publique.

• Les décideurs publics et les entreprises vont tenir compte de **l'éventualité d'un risque** : ils adopteront un comportement qui permettra d'éviter la réalisation du risque et ses dommages.

### B L'obligation de sécurité

• **Définition.** L'obligation de sécurité impose au débiteur de ne pas causer de dommage corporel à son cocontractant lors de l'exécution du contrat (ex. : le transporteur doit emmener son passager sain et sauf à destination). Les pouvoirs publics imposent une obligation de sécurité aux professionnels quand ils mettent leurs produits sur le marché mais aussi une obligation de précaution dès qu'il y a risque.

• **Fondements juridiques.** Le Code de la consommation impose aux entreprises l'identification des facteurs de risques (la vente d'un produit alimentaire induit le risque d'intoxication), l'évaluation des risques (probabilité que le risque survienne et son intensité), la mise en place de mesures préventives (respect de normes, traçabilité des produits…).

• **Le rôle des pouvoirs publics.** Un système de collecte d'informations sur les atteintes à la sécurité permet d'anticiper la réalisation du dommage à travers des organismes :
– **la Commission de sécurité des consommateurs** (CSC) qui centralise les événements relatifs à la sécurité des produits, informe le public sur les produits en cause et émet des avis pour un retrait du produit ;
– **l'ANSES** (Agence nationale de sécurité sanitaire de l'alimentation, de l'environnement et du travail) : chargée de la sécurité sanitaire, elle émet des avis, accomplit des recherches, fait des expertises, forme et informe ;
– **la DGCCRF** (Direction générale de la concurrence, de la consommation, de la répression des fraudes) qui fait des enquêtes, des contrôles, des procès verbaux.

## 4 La responsabilité délictuelle et contractuelle

### A Les conditions de la mise en œuvre de la responsabilité

• **Le dommage (ou préjudice).** C'est l'atteinte portée à autrui, sur sa personne ou ses biens. Le dommage doit être direct (résulter de la faute), certain (réalisé mais on accepte le dommage futur si sa réalisation est certaine), licite et actuel. Il est matériel (atteinte aux droits patrimoniaux) ou moral (atteinte à l'honneur, la vie privée…), corporel (atteinte à l'intégrité physique qui donnera lieu à l'indemnisation des souffrances endurées ou de la privation de certaines activités ou loisirs). Le dommage par ricochet est celui subi par une personne suite au dommage subi par une autre (ex. : carambolage sur l'autoroute).

> **Remarque**
> La notion de dommage est évolutive : on admet le dommage écologique (marée noire en Bretagne lors du naufrage de l'Erika).

• **La faute (ou fait générateur).** C'est le fait quelconque qui cause un dommage. La faute est intentionnelle (c'est un délit) ou non (c'est un quasi-délit causé par l'imprudence ou la négligence de l'auteur). Elle peut être par commission ou par omission.

• **Le lien de causalité.** La victime doit prouver que le dommage résulte de la faute pour être indemnisée, mais il y a des cas d'exonération : le cas de force majeure, événement imprévisible, insurmontable, extérieur (le nuage de cendres du volcan islandais qui cloue les avions au sol), le fait d'un tiers (qui provoque la faute), la faute de la victime (suicide).

### B La mise en œuvre de la responsabilité

• **L'action de responsabilité civile délictuelle.** Une action en justice est nécessaire quand la responsabilité délictuelle est en cause. L'objectif est de replacer la victime dans la situation où elle se serait trouvée si le dommage ne s'était pas produit. La réparation est en nature dans ce cas, mais elle se fait souvent par des dommages et intérêts accordés au demandeur (victime ou héritiers).

> **Remarque**
> L'employeur est automatiquement responsable des faits de ses employés si le dommage est causé au temps et aux lieux du travail.

Si la faute civile est aussi une infraction pénale (car prévue par la loi comme le manquement à une obligation de sécurité ou la mise en danger d'autrui), le demandeur a le choix entre agir devant un tribunal civil ou pénal. Les juges sont entièrement libres de déterminer le montant de l'indemnisation (elle doit en principe couvrir toutes les conséquences du préjudice).

• **L'action en responsabilité civile contractuelle.** Le contrat crée des obligations entre les parties et la mauvaise exécution du contrat ou son inexécution entraîne la responsabilité des contractants. En plus de garantir le résultat (ou de tout faire pour l'atteindre), le débiteur ne doit pas créer de danger (l'exploitant de piscine doit assurer la sécurité), cette obligation étant accessoire à l'obligation principale (ex. : Air France doit transporter saine et sauve la personne à destination).

Dans tous les cas, la victime aura droit à des dommages et intérêts moratoires (en cas de retard) ou compensatoires (en cas d'inexécution).

**Remarque**

Le créancier doit d'abord mettre en demeure son débiteur de s'exécuter. S'il ne s'exécute pas, le créancier peut demander l'exécution forcée du contrat ou sa résolution.

# 5 La responsabilité du fournisseur de produits défectueux

## A Caractéristiques de la responsabilité

Le professionnel doit réparer le préjudice subi par l'acheteur si le produit est défectueux et s'il y a un lien de causalité entre dommage et défectuosité du produit (le demandeur doit prouver le préjudice). Cependant, le consommateur doit agir dans les trois ans à partir de la date où il a eu connaissance du défaut (délai de prescription) et toute action est éteinte au bout de dix ans.

## B Domaines de la responsabilité

• **Le produit.** L'article 1386.3 du Code civil le définit comme « tout bien meuble, même incorporé dans un immeuble, y compris les produits du sol, de l'élevage, de la chasse, de la pêche et l'électricité ».

• **Les victimes.** Ce sont les utilisateurs du produit ou des tiers.

• **Les dommages.** La loi s'applique aux dommages causés aux personnes et aux biens autres que le produit défectueux.

• **Les responsables.** C'est le producteur, fabricant du produit fini, producteur d'une matière première ou fabricant de composants mais aussi l'importateur, le vendeur ou le loueur du produit. Il est responsable de plein droit.

## C Mise en œuvre de la responsabilité

La mise en œuvre de la responsabilité suppose deux conditions :

– **la mise en circulation du produit :** c'est le dessaisissement volontaire du produit réalisé par le producteur, le distributeur ou l'importateur ;

– **la présence d'un défaut du produit** : il y a défectuosité quand le produit n'offre pas la sécurité attendue.

## D Causes d'exonération

Le professionnel ne peut s'exonérer *a priori* de responsabilité (les clauses limitant ou écartant la responsabilité sont réputées non écrites), mais il peut s'en exonérer en prouvant que le défaut est apparu après la mise en circulation du produit ; le produit n'était pas destiné à la vente ou n'a pas été mis en circulation (produit volé) ; le consommateur n'a pas respecté les règles impératives (mauvaise utilisation) ; le risque de développement du défaut n'était pas décelable compte tenu des connaissances techniques ou scientifiques au moment de la mise en circulation.

## 6 Le contrat d'assurance

### A Notion de sinistre et d'assurance

Le **contrat d'assurance** est la convention par laquelle un souscripteur obtient d'un assureur (moyennant paiement de primes) le paiement à lui-même ou à un tiers d'une prestation si se réalise un événement prévu au contrat appelé **risque**. Le **risque** est l'événement dommageable contre l'arrivée duquel on veut se préserver. Le **sinistre** est la réalisation de l'événement dommageable prévu et garanti par le contrat. La **garantie** est la prestation que l'assureur s'engage à fournir si le sinistre se déclare.

### B Spécificités du contrat d'assurance

L'assurance est un contrat qui repose sur la mutualisation des risques : l'assureur regroupe une multitude d'assurés et la masse des primes collectées permet l'indemnisation des sinistrés.

| Obligations de l'assureur | Obligations de l'assuré |
|---|---|
| • Une information précontractuelle : information sur les prix, les garanties, les exclusions, les obligations de l'assuré.<br>• Une proposition d'assurance (projet de contrat ou notice d'information). | • Payer les primes.<br>• Répondre loyalement aux questions posées par l'assureur (questionnaire de santé pour apprécier le risque pris en charge).<br>• Déclarer en cours de contrat toute circonstance nouvelle qui aggrave le risque, en crée de nouveaux ou modifie les réponses apportées lors de la conclusion du contrat. |

Le contrat se forme lorsque l'assureur accepte la proposition d'assurance de celui qui veut s'assurer et prend effet à compter de sa conclusion.

**Remarque**

La mutualisation a ses limites car certains risques sont exclus, leurs conséquences étant trop coûteuses et certaines personnes sont refusées car elles ne présentent pas les garanties suffisantes.

### C Différents types de contrats d'assurance

• **Contrat d'assurance de biens.** Ce sont des assurances de choses (bien meuble ou immeuble) qui visent à compenser la perte de la chose. Les risques couverts sont l'incendie, les dégâts des eaux, le vol, la perte d'exploitation (qui permet de compenser les pertes financières engendrées par le sinistre).

• **Contrat d'assurance de responsabilité.** Ces assurances couvrent les dommages causés aux tiers par l'exploitation de l'entreprise, aux clients par les produits de l'entreprise, aux salariés non indemnisés par la Sécurité sociale.

Pour les professionnels, la garantie civile couvre les dommages matériels et corporels causés par l'entreprise ou un de ses employés, la garantie couverture du risque professionnel et responsabilité des produits. Les professions libérales sont obligées de souscrire une assurance professionnelle. Les promoteurs immobiliers doivent souscrire une assurance construction qui couvre la responsabilité décennale.

**Remarque**
Certaines assurances sont obligatoires pour les particuliers (responsabilité civile automobile ou l'assurance habitation), ou pour les entreprises (responsabilité civile professionnelle pour dommages causés aux tiers, construction pour la garantie décennale dans le BTP).

## 7 L'indemnisation sur fonds de garantie

### A Principe

• Si la gamme des risques assurables est très étendue, des risques comme les catastrophes naturelles ou industrielles, les risques sanitaires, la sécurité alimentaire, la responsabilité médicale ou environnementale, le terrorisme ne sont pas assurables. Au titre de la **solidarité nationale**, l'État doit réparer les dommages qui résultent de « calamités nationales ». Des systèmes mixtes alliant solidarité et assurance ont été mis en place sous l'influence du législateur et du juge, se traduisant par le recours à des fonds spéciaux d'indemnisation :

– **Pour les accidents de la circulation, de chasse… :** le fonds de garantie des assurances obligatoire de dommages (FGAO) ;

– **Pour la responsabilité médicale** : le fonds d'indemnisation des transfusés et hémophiles (FITH) pour les personnes contaminées par le VIH ;

– **Pour le terrorisme** : le fonds de garantie des victimes des actes de terrorisme et autres infractions (FGTI).

• Des fonds répondent aux risques naturels ou sociaux, pour des dommages ne se rattachant à aucune responsabilité (calamités agricoles, aléas thérapeutiques) ou lorsque le responsable n'est pas identifié, pas assuré ou insolvable (terrorisme, victimes d'infractions pénales…) ou se rattachant à de nouveaux risques de masse.

### B Intérêt

• L'intérêt des fonds est de permettre des financements croisés combinant mutualisation élargie et solidarité nationale, voire de reconstituer une forme d'assurance par un financement des assurés ou des responsables.

• Certains risques sociaux, liés à l'activité des personnes privées et publiques, ont entraîné une approche convergente de leur traitement dans la mesure où les régimes de réparation entraînent des divergences ressenties comme inacceptables. C'est le cas pour les accidents du travail, la sécurité sanitaire (préjudice subi par les personnes atteintes de la maladie de Creutzfeldt-Jacob par injection d'hormone de croissance extractive), les dommages causés par les médicaments, les greffes ou les produits issus du corps humain, les contaminations provoquées par des transfusions sanguines, les dommages subis par l'inhalation des poussières d'amiante…

**Exemples**
Indemnisation des catastrophes naturelles ; couverture du risque terroriste ; couverture des risques technologiques naturels suite à la catastrophe AZF à Toulouse.

### C Limites

• Le recours à une solidarité pouvant aller jusqu'à la solidarité nationale ne doit pas être systématique et doit dépendre de la gravité des dommages et de leur ampleur, de leur caractère exceptionnel ou imprévisible, du niveau d'implication de l'État dans leur survenance, ainsi que du coût de la mesure de la solidarité. La couverture d'un risque ne doit pas être étendue à des personnes qui ne sont pas ou peu exposées à ce risque.

- La socialisation du risque doit être raisonnée et raisonnable, et ne doit pas exclure les mécanismes classiques d'assurance ou de responsabilité. Il n'est pas toujours aisé de distinguer ce qui relève de la responsabilité et ce qui justifie la solidarité (indemnisation d'un enfant né handicapé suite à une faute commise lors du diagnostic prénatal qui n'a pas décelé le handicap).

### D La prise en compte de l'intérêt général par la sanction pénale

Des infractions comme le vol, l'escroquerie, l'abus de confiance, l'abus de biens sociaux, le blanchiment d'argent… sont punissables pour protéger l'intérêt général (des peines sont prévues tant au niveau national qu'européen).

# Cas pratiques

*Corrigé p. 291*

### Cas pratique 1

Au cours d'un match de rugby, un joueur a été blessé par un joueur de l'équipe adverse qui n'a pu être identifié. Le joueur demande réparation au club adverse et à son assureur. L'assureur ne veut pas payer parce qu'il estime qu'il n'y a pas à engager la responsabilité du club car il n'existe pas de lien de subordination entre le club et ses joueurs et que, en plus, ce sont des joueurs amateurs qui disposent d'une spontanéité et d'une liberté dans leur jeu. « Ce n'est pas un sport de femmelettes ! » conclut l'avocat de l'assureur.

**Que pensez-vous de la situation ?**

### Cas pratique 2

Dans un hypermarché, une cliente est étonnée de constater que de la viande est manifestement en train de décongeler au rayon « frais ». Elle achète des lardons pour faire une quiche lorraine. La famille se retrouve intoxiquée. L'analyse médicale détecte une bactérie nocive sur les lardons. La cliente se décide à attaquer le magasin mais le directeur de l'hypermarché lui dit qu'il n'est pas responsable, qu'il faut s'adresser au fabricant qui seul est responsable de son produit.

**Que pensez-vous de la situation ?**

### Cas pratique 3

Une salariée travaillant dans une petite entreprise manipule parfois des produits à base d'éther de glycol qui sont très toxiques. Malgré ses demandes, l'employeur a toujours refusé de prendre des mesures de protection appropriées (il lui a acheté une paire de gants en caoutchouc). Elle est enceinte et l'enfant qui naît est gravement handicapée. Elle décide d'attaquer en justice son employeur et les fabricants de solvants pour obtenir une indemnisation pour sa fille et pour elle-même.

**Que pensez-vous de la situation ?**

## Chapitre 4

Énoncé p. 225

1. La globalisation financière a généralisé la finance de marché et a permis des innovations financières. La libre circulation des capitaux a accentué les déséquilibres entre les pays, même si elle a réduit certaines inégalités (entre pays émergents et riches). La globalisation financière a permis des profits énormes pour les banques d'affaires qui jouissent presque d'une situation de monopole (elles ont l'information, la connaissance des instruments financiers, des liquidités énormes). De plus, les États, ayant des intérêts différents, ne s'entendent pas pour maîtriser ces oligopoles de la finance.

2. Les facteurs qui ont permis le développement de la globalisation financière sont :
– **La libéralisation des mouvements de capitaux** : pour réduire les contraintes administratives et fiscales.
– **La déréglementation des marchés par la désintermédiation** (faciliter le contact direct entre les investisseurs et les emprunteurs, ainsi les entreprises se financent de plus en plus par les marchés boursiers en émettant actions ou obligations) ; le décloisonnement des activités financières (suppression des barrières entre les marchés afin de créer un vaste marché mondial des capitaux, où investisseurs et emprunteurs se déplacent sans contrainte à la recherche du placement le plus rémunérateur) ; la déréglementation (suppression du contrôle des changes qui limitait les possibilités de sortie de liquidités vers l'extérieur).
– **Les innovations technologiques** (les marchés sont reliés en temps réel grâce à l'informatique) et **financières** (les banques ont créé de multiples produits financiers pour se couvrir contre les risques financiers).
– **L'existence de déséquilibres structurels mondiaux** : les déséquilibres budgétaire et extérieur de nombreux pays (États-Unis, France…) ont favorisé le développement de réseaux financiers mondiaux qui ont permis aux pays excédentaires (Allemagne ou Japon) de prêter cette épargne aux pays déficitaires (surtout aux États-Unis).

3. Les **effets positifs de la mondialisation** sont :
– une mobilité plus grande de l'épargne mondiale : l'offre de capitaux rencontre la demande sans entraves ;
– une allocation optimale des ressources de financement (aux taux d'intérêt les plus faibles car les capitaux sont devenus moins rares) ;
– un financement plus diversifié : les marchés offrent des financements à long ou court terme et des instruments diversifiés (ex. : action à droit de dividende prioritaire…) ;
– une diversification des risques pour les prêteurs par la multiplication des produits et la possibilité de placer des capitaux à l'échelle mondiale pour le meilleur rendement possible ;
– une modernisation des systèmes financiers nationaux, contraints d'évoluer pour suivre le mouvement d'internationalisation ;
– une stimulation de l'investissement des entreprises, pour améliorer leurs résultats (et servir de gros dividendes aux investisseurs), et de la croissance mondiale ;
– un financement plus facile des déficits : un pays peut financer son déficit en empruntant sur les marchés financiers internationaux, ce qui évite d'augmenter la pression fiscale.

4. Les **dangers de la mondialisation financière** sont :
– les risques d'insolvabilité : les investisseurs sont attirés par des pays qui offrent des taux élevés et une bonne solvabilité (les États-Unis attirent une grande partie de l'épargne mondiale ; l'Afrique, très peu) ;
– les risques de variations des cours : la spéculation fait augmenter la valeur des titres et l'investisseur privilégie la plus-value lors de la revente, ce qui crée des bulles financières déconnectées de l'activité réelle ;
– le court terme est privilégié sur le long terme et l'investisseur sacrifiera les titres les moins rentables pour des placements plus risqués mais plus rémunérateurs ;
– les marchés de capitaux sont extrêmement volatils : toute rumeur de difficultés dans l'entreprise ou un conflit social va inciter des actionnaires à vendre leurs titres, ce qui dévalorisera le titre et amènera d'autres actionnaires à les imiter, précipitant la chute du titre (il y a mimétisme dans le comportement des investisseurs) ;
– pour améliorer leur profit et faire monter le cours de leur action, les entreprises font des restructurations, ce qui laisse augurer pour les investisseurs une meilleure rentabilité ;
– la finance internationale influence les politiques nationales car, pour attirer et conserver les capitaux étrangers, les États doivent avoir des taux d'intérêt attractifs, une inflation contenue, des dépenses publiques limitées…

5. Des **mesures** pour réguler la globalisation financière :
– la suppression des paradis fiscaux ;
– la taxation des mouvements de capitaux (taxe Tobin) ;
– une politique commune à l'échelle internationale ;
– l'adoption d'une monnaie unique qui permettrait de supprimer les risques de change. La dernière règle est de tenir compte de l'incidence fiscale : la déduction fiscale des intérêts atténue le coût du crédit.

## Chapitre 5

*Énoncé p. 234*

1. La crise a éclaté, elle a donc un **aspect conjoncturel** car elle reflète la situation du moment, mais on s'aperçoit que le mal est plus profond (la Grèce « tricherait » sur ses chiffres depuis longtemps), ce qui laisse supposer un **aspect structurel**.

2. L'analyse de la situation économique permet aux agents économiques d'établir un **diagnostic conjoncturel**, c'est-à-dire une appréciation objective de la situation. À partir des relevés de ces variables (quantitatives et qualitatives), on peut établir un tableau de bord conjoncturel qui permet de mettre en évidence le sens de l'évolution des éléments, de faire des comparaisons dans le temps, d'expliquer les écarts avec les prévisions.
À partir de là, les agents prendront des décisions éclairées, limitant le risque d'erreurs dans leurs choix d'investissements.
Dans l'Union européenne, l'interdépendance est croissante entre les pays membres : la politique budgétaire, fortement encadrée car le pacte de solidarité et de croissance limite le déficit public à 3 % du PIB et la dette publique à 60 % du PIB (un pays ne peut donc plus décider seul une politique de relance), et la politique monétaire sont du ressort de la Banque centrale européenne, dont l'objectif est la stabilité des prix (les banques centrales nationales ne sont plus autonomes car elles ne font qu'appliquer les décisions prises par la BCE). Les difficultés d'un État membre peuvent avoir des répercussions sur les autres, ce qui est le cas avec la crise grecque car les autres pays membres ont prêté 110 milliards pour renflouer le pays.

3. En théorie, **trois solutions sont possibles** :
– **réduire les dépenses** : c'est la solution adoptée par la Grèce, qui a prévu une réduction des subventions aux hôpitaux et aux fonds de retraite, une réduction des dépenses de fonctionnement (blocage des salaires des fonctionnaires, arrêt des recrutements…) ;
– **augmenter les impôts** : c'est aussi une solution employée par la Grèce (une réforme fiscale, des impôts et taxes supplémentaires, une lutte contre la fraude et l'évasion fiscale) ;
– **continuer à s'endetter** : c'est aussi le cas de la Grèce car les autres pays de l'Union européenne lui prêtent 110 milliards, mais uniquement pour boucher le « trou ». Emprunter peut permettre de faire un déficit volontariste du budget, qui ferait redémarrer l'activité économique, d'après Keynes. Ici, il n'en est pas question car le déficit est déjà trop important...

4. Les **indicateurs utilisés pour décrire une situation économique sont** :
– la croissance économique déterminée par le taux de croissance du PIB ;
– l'équilibre extérieur mesuré par le solde de la balance des paiements courants (exprimé en pourcentage du PIB) ;
– la stabilité des prix, évaluée par le taux d'inflation, car l'inflation décourage les prêteurs ;
– l'emploi apprécié par le taux de chômage (en pourcentage de la population active) ;
– le comportement des entreprises ;
– le comportement des ménages : les revenus, l'épargne, la confiance dans l'avenir, les perspectives de consommation…

5. La réforme des retraites est une réforme qui modifie en profondeur la base de calcul, la durée de cotisations… et affecte le long terme : c'est une **situation structurelle** ici.

## Chapitre 6

*Énoncé p. 240*

1. Le conflit a pour **origine** la taxation par la Chine à un taux supérieur à celui prévu des pièces automobiles d'importation, ce qui a pour but de favoriser les produits nationaux.
Le conflit oppose la Chine à l'Union européenne, aux États-Unis et au Canada.

2. Les mesures prises par la Chine sont des **mesures protectionnistes.** La Chine est un pays émergent mais qui estime que ses industries ne sont pas encore assez fortes pour affronter la concurrence internationale, ce qui justifie l'instauration de droits de douane, le temps de s'aguerrir.

3. Outre les droits de douane, la Chine aurait pu subventionner les entreprises exportatrices (autre moyen tarifaire) ou imposer des contingents (ou quotas) afin de limiter les quantités importées (mesure non tarifaire), ou imposer des normes sur les pièces importées ou des tracasseries administratives pour en limiter l'importation (protectionnisme réglementaire). À l'extrême, elle peut même décider un embargo sur un pays, en refusant des produits.

4. L'**ORD** (Organe de règlement des différends) est chargé de régler les conflits commerciaux, de trouver une solution et de veiller à son application (cependant il n'a pas de pouvoir policier pour imposer l'exécution de la décision prise).
**Les autres organes de l'OMC sont** :
– une conférence ministérielle qui réunit tous les membres tous les deux ans (elle réunit les chefs d'État ou de gouvernement) ;
– le Conseil général, qui est l'organe permanent de l'OMC.

5. Si l'OMC, à la suite du GATT, a permis le développement du libre-échange (par des accords multilatéraux), des **problèmes restent à résoudre** :
– le protectionnisme présent sous la forme de barrières non tarifaires (ex. : normes) ;
– la difficulté à étendre le libre-échange à de nouveaux domaines (la libéralisation des services n'est qu'amorcée) ;
– les pays à faible coût de main-d'œuvre pratiquent le *dumping* social (salaires très bas et pas de protection sociale) ;
– les États-Unis ne respectent pas les engagements signés (ils prennent des sanctions sans attendre les décisions de l'ORD) ;
– des contentieux demeurent sur les produits agricoles (qui donnent lieu à de nombreux conflits entre les États-Unis et l'Union européenne), sur les produits industriels (*dumping* ou subventions sont encore pratiqués), la propriété intellectuelle (de nombreux pays pratiquant la contrefaçon) ;
– l'ORD est un organe lent et qui n'a pas les moyens de faire respecter les décisions qu'il a prises ;
– la régionalisation des échanges est un obstacle au libre-échange : les exportations des pays extérieurs à l'union régionale sont taxées alors que celles des pays membres sont détaxées (détournement de trafic au profit des pays membres de la zone régionale).

## Chapitre 7

*Énoncé p. 246*

### Cas pratique 1

Peut-on multiplier les CDD pour ne pas créer de CDI ? Le contrat de travail à durée déterminée ne peut être conclu que pour le remplacement d'un salarié absent, d'un accroissement temporaire d'activité, d'emplois à caractère saisonnier ou pour des emplois où il est coutumier de recourir à des contrats à durée déterminée. Un CDD peut être renouvelé deux fois et sa durée totale (renouvellement compris) ne doit pas dépasser 18 mois (24 mois dans certains cas).
De plus, le CDD, quel que soit son motif, ne doit pas pourvoir un emploi lié à l'activité normale et permanente de l'entreprise.
Ici manifestement, bien que le poste soit différent (mais l'éventail des emplois proposés est-il si important : guichetier, facteur, conseiller ?) et le motif valable (mais la gamme des recours n'est pas infinie…), le CDD est destiné à couvrir un emploi lié à l'activité normale. De plus, la durée maximale est sans doute dépassée et le renouvellement limité à une fois non respecté. Une entreprise ne peut donc pas pourvoir un emploi lié à l'activité normale par une succession de CDD. La Poste devra donc considérer que la personne est en CDI.

### Cas pratique 2

M. Muda, salarié de la société Sagem est venu durant plusieurs jours travailler en bermuda. Ses supérieurs hiérarchiques lui ordonnent oralement puis par écrit le port d'un pantalon sous la blouse prescrite par le règlement intérieur. Le salarié s'oppose ouvertement au port de cette tenue vestimentaire. Il est licencié le 22 juin 2001. Un employeur peut-il imposer une tenue vestimentaire au travail ?

L'employeur doit respecter les droits et libertés individuels de la personne lors du recrutement et de l'exécution du travail : aucune discrimination ne peut avoir lieu en raison de l'origine, du sexe, de l'âge, de l'orientation sexuelle, de la situation de famille, des opinions syndicales ou politiques… L'obligation vestimentaire imposée par l'employeur porte-t-elle atteinte aux droits et libertés fondamentales du salarié ?
Les arguments de M. Muda sont que la liberté de se vêtir à sa guise relève incontestablement des droits de la personne et des libertés individuelles (article L.120-2 du Code du travail).
L'employeur ne peut apporter des restrictions à cette liberté qui ne seraient pas justifiées par la nature du travail ou le but recherché (porter une combinaison ou un badge qui indique la radioactivité dans une centrale nucléaire est justifié).
Mais la liberté de se vêtir à sa guise sur le lieu de travail n'entre pas dans la catégorie des libertés fondamentales. La restriction vestimentaire imposée par l'employeur est justifiée par la nature de la tâche à accomplir.

## Cas pratique 3

1. Le contrat de travail est une convention par laquelle un salarié s'engage à effectuer un travail sous les ordres et pour le compte d'un employeur moyennant un salaire en contrepartie.
Le CTT (contrat de travail temporaire) met en relation une entreprise utilisatrice d'un travailleur temporaire et un salarié intérimaire qui est placé pour une mission par une agence de travail temporaire. Un contrat de mise à disposition précisant les dates de début et de fin de mission, les motifs du recours (les mêmes que ceux du CDD) et les caractéristiques du poste à pourvoir sont établis entre l'entreprise utilisatrice et l'agence de travail temporaire. Cette dernière remettra à son employé (le travailleur intérimaire) un ordre de mission précisant la qualification, la rémunération et les éventuelles possibilités d'embauche.
Il s'agit ici d'un **contrat de travail temporaire** entre M. Portalier, salarié intérimaire et l'entreprise Interim, société de travail temporaire.

2. Un contrat suppose, pour être légalement formé, la réunion de quatre éléments : le consentement, la capacité, l'objet, la cause. Le consentement doit être exempt de vices qui sont la violence (physique ou morale), le dol (manœuvre frauduleuse pour surprendre le consentement), l'erreur sur les qualités substantielles de la chose ou sur la personne.
• **Le consentement est non vicié** : on supposera que les deux parties étaient consentantes lors de la signature.
• **La capacité des contractants existait** : M. Portalier est né en 1985 (il est majeur). L'entreprise Interim est une personne morale enregistrée au RCS (registre du commerce et des sociétés) ce qui lui confère la personnalité juridique et la capacité juridique.
• **Un contenu certain** (déterminé ou déterminable) et **licite** (non interdit par la loi).
S'agissant d'un CTT, des conditions de validité particulières sont à respecter :
– un écrit est obligatoire ;
– le contrat doit être conclu pour un cas prévu par la loi : une entreprise peut y avoir recours pour remplacer un salarié absent, un accroissement temporaire d'activité, des emplois saisonniers, des emplois où il est d'usage de recourir au travail temporaire (ex. : dans le spectacle), dans l'attente de l'arrivée d'un nouveau salarié ou lors de la suppression du poste d'un salarié qui a quitté l'entreprise ;
– il peut être renouvelé deux fois.
Il s'agit ici de remplacer une salariée absente pour un congé maladie, un CTT est possible.

3. Dans le contrat de travail temporaire, deux contrats coexistent :
– **un contrat de mise à disposition** : entre l'entreprise de travail temporaire et l'entreprise utilisatrice ;
– **un contrat de travail temporaire** entre l'entreprise de travail temporaire et le salarié, entreprise qui donnera des ordres de mission au salarié pour aller dans les entreprises utilisatrices.
Les obligations des parties sont les suivantes :
– pour le contrat de mise à disposition, l'entreprise de travail temporaire doit mettre à disposition un salarié pour la durée convenue. L'entreprise utilisatrice doit lui fournir le travail convenu, aux conditions convenues (poste, horaires) et verser la rémunération à la société de travail temporaire ;
– pour le contrat de travail temporaire, l'entreprise de travail temporaire verse la rémunération au salarié qui doit exécuter le travail proposé par le client utilisateur.

4. Une entreprise peut avoir recours au CTT pour des tâches non durables appelées missions dans certains cas (ex. : pour remplacer un salarié absent).
Mme Addit est en congé maternité et le prolonge avec un congé pathologique de quatre semaines (le

certificat médical indique que le congé prend effet à partir du 24 novembre). L'entreprise charentaise d'éoliennes souhaite renouveler le contrat de M. Portalier pour la durée du congé pathologique.
Ce congé est considéré comme un congé maladie. Mme Addit sera donc absente. L'entreprise peut renouveler deux fois le contrat et préciser les motifs du renouvellement. Il s'agit ici du premier renouvellement, l'opération est donc possible.

## Chapitre 8

*Énoncé p. 252*

### Cas pratique 1

L'entreprise a plus de 20 salariés : le règlement intérieur, expression du pouvoir normatif de l'employeur est obligatoire. Il doit être affiché sur le lieu de travail.
Son contenu est défini par la loi de manière exhaustive : les domaines visés sont l'hygiène et la sécurité, l'organisation du travail, la discipline. Les salariés s'interrogent sur la validité des clauses.
Eu égard à ce dispositif réglementaire, sont justifiées les clauses suivantes : il est interdit de fumer dans les locaux de l'entreprise ; les horaires sont fixés par la direction et portés à la connaissance des salariés par voie d'affichage.
En revanche, n'entre pas dans le cadre du règlement intérieur, la clause ci-après : le lieu de travail des salariés peut être modifié à tout moment par l'employeur.
L'insertion d'une telle clause dite de mobilité n'est possible que dans le cadre du contrat de travail négocié avec le salarié.

### Cas pratique 2

1. La démission est l'acte par lequel un salarié fait connaître à l'employeur sa décision de rompre le contrat de travail. Elle résulte d'une décision claire et non équivoque, elle n'a pas à être motivée. Aucune forme n'est imposée mais les conventions collectives imposent souvent un écrit.
La date de démission fixe le début du préavis (ou délai congé) : le salarié continuera son travail un certain temps pour que l'employeur ait le temps de le remplacer (le contrat de travail poursuit ses effets pendant cette période de préavis).
Comme Madame Hine se dit harcelée moralement, la décision de démissionner n'est plus claire et non équivoque car elle a été faite sous la pression des événements (il faudra que Madame Hine ait des témoignages de ses collègues de bureau pour prouver le harcèlement). Le conseil des prud'hommes pourra remettre en cause la démission si Adèle Hine peut prouver le harcèlement.

2. Si Madame Hine est considérée comme ayant démissionné de son plein gré, elle ne pourra prétendre à aucune indemnité de rupture ou à des indemnités de chômage.

3. Si Madame Hine gagne son procès, elle peut demander sa réintégration (situation délicate ici) ou prétendre à des indemnités pour rupture abusive du contrat de travail : indemnité de licenciement abusif, indemnité compensatrice de préavis, indemnité de congés payés éventuellement et même des dommages et intérêts.

### Cas pratique 3

Le changement d'employeur intervient par vente, fusion, transformation de l'activité (ex. : mise en location gérance), succession (en cas de décès de l'entrepreneur)…
Les contrats de travail sont automatiquement transférés au nouvel employeur. Ni lui ni le salarié ne peuvent s'y opposer (les licenciements avant transfert sont interdits).
Le licenciement pour motif économique résulte d'une suppression ou transformation d'emploi ou encore du refus de la modification d'un élément essentiel du contrat de travail consécutive à des difficultés économiques ou à des modifications technologiques.
Le problème est ici de savoir si la suppression d'emploi résultant de la réorganisation suite à la fusion constitue un motif réel et sérieux de licenciement, en l'absence de situation financière difficile (car le groupe qui a racheté avait vraisemblablement les moyens de le faire).
Il y a ici doublon dans les postes administratifs. Cette suppression n'est un motif réel et sérieux de licenciement économique que si elle résulte de difficultés économiques, de mutations technologiques ou si elle a pour but de sauvegarder la compétitivité de l'entreprise. Or ce n'est pas le cas : il n'y a ni difficultés économiques, ni mutations technologiques (seulement un problème structurel ; d'organisation) ; le fait d'avoir un doublon dans les services administratifs ne peut être qualifié d'économique. De plus, il y a l'obligation de maintenir les contrats de travail en cours. L'entreprise a donc l'obligation de **reclasser la salariée**.

## Chapitre 9

*Énoncé p. 257*

### Cas pratique 1

**1.** Les amis veulent créer une société. Ils ont le choix entre :

– Une société de personnes (ex. : SNC) mais la responsabilité dans ce type de société est illimitée et solidaire : or, ils veulent avant tout protéger leur patrimoine, donc cette solution doit être écartée.

– Une société de capitaux où la responsabilité des associés (ou actionnaires) est limitée à leur apport : la SA (société anonyme au minimum de 7 associés et de 37 000 €) ne leur est pas accessible car ils sont 3 associés et le capital est insuffisant.

– La SAS (société par actions simplifiée) qui demande 2 associés et pas de capital minimum requis est une solution possible mais les actions sont librement cessibles (s'ils ne veulent pas introduire n'importe qui).

– Une société hybride où la responsabilité est limitée aux apports.

– Dans l'EURL (entreprise unipersonnelle à responsabilité limitée), il faut un seul associé et pas de capital minimum, ce qui est impossible ici car ils sont 3 associés.

– **La SARL** (société à responsabilité limitée) ne nécessite que 2 associés et un capital social de 1 €, l'entrée d'un tiers associé est difficile (fort *intuitu personae* car il faut l'agrément des autres associés pour en intégrer un nouvel) c'est donc cette solution qui sera privilégiée.

**2.** L'embauche d'une secrétaire est une décision de gestion courante qui relève de la compétence du gérant : ce recrutement revient à Samuel.

L'augmentation du capital social est une décision qui entraîne la modification des statuts : il s'agit donc d'une décision exceptionnelle relevant de la compétence de l'AGE (assemblée générale extraordinaire).

**3.** Que les époux soient mariés sous le régime de la communauté des biens ou de la séparation des biens, selon la loi, les parts sont normalement librement cessibles entre conjoints. Capucine peut donc céder ses parts sans l'agrément des autres associés, sauf s'il a été prévu dans les statuts le consentement des associés (l'agrément) à une majorité qualifiée.

**4.** Dans les rapports avec les tiers, le gérant est investi des pouvoirs les plus étendus pour agir en toutes circonstances au nom de la société, ce qui garantit la protection des tiers. La société se retrouve engagée même par les actes dépassant l'objet social dans la SARL et les sociétés de capitaux.

Que l'acte participe ou non à l'objet social, la société est engagée et elle doit s'exécuter, c'est-à-dire payer les DVD.

À l'égard des associés, le gérant doit faire tous les actes de gestion dans l'intérêt de la société mais son pouvoir peut être limité dans les sociétés de capitaux. Ici, Samuel a dépassé l'objet social de la société en achetant des DVD mais cette constatation est inopposable aux tiers (la société est donc engagée par cet acte). Cependant, Samuel ayant commis une faute de gestion, les autres associés peuvent se retourner contre lui et demander des dommages et intérêts et même sa révocation.

### Cas pratique 2

La loi de 2005, réformée en 2008, veut développer la sauvegarde de l'entreprise en difficulté. Elle s'oriente autour de trois axes :

– la prévention : une conciliation est ouverte quand l'entreprise est en état de cessation de paiement (c'est un dialogue entre le créancier et ses débiteurs) ;

– le chef d'entreprise au cœur du dispositif : c'est un débiteur imprévoyant dont il faut organiser le paiement des dettes, un homme orchestre qui doit gérer son entreprise et choisir la procédure la mieux adaptée ;

– favoriser la continuité de l'entreprise : par des solutions amiables (conciliation et mandat *ad hoc*) ou judiciaires (plan de sauvegarde et de redressement).

Ici, Photo service s'est déclaré en état de cessation de paiements et a bénéficié de l'ouverture d'une procédure de sauvegarde afin de protéger l'emploi. La nouvelle politique liée au développement de la téléphonie ne devait pas à court terme permettre le redressement de l'entreprise car la nouvelle activité demandait de gros investissements. La société Photo service a donc eu raison de demander l'aide de la justice pour avoir des délais auprès de ses créanciers, car seule (et même avec son partenaire) elle n'aurait pu se redresser rapidement. Elle avait de grosses difficultés financières mais pour qu'elles ne se révèlent pas insurmontables, la procédure apportait une bouffée d'oxygène : la justice lui a donc donné le coup de pouce nécessaire. Le partenaire (Euler Hermes) a tort de vouloir remettre en cause la procédure de sauvegarde pour Photo service.

## Cas pratique 3

Aux origines, quand l'entreprise était en difficulté, la loi était axée sur le règlement des dettes des commerçants malchanceux ou malhonnêtes : s'ils ne pouvaient payer ils étaient sanctionnés, déclarés en faillite. La crise des années 1970 a fait changer la vision de l'entrepreneur en difficulté : ce n'est pas forcément un délinquant, il ne faut plus le sanctionner. Pour enrayer le chômage, la loi de 1985 édicte qu'il faut sauver l'entreprise en apurant le passif.

La loi de 2005, réformée en 2008, veut développer la sauvegarde de l'entreprise en difficulté. Si les sanctions sont moins nombreuses et moins fréquentes que dans le passé, elles existent encore :

– le chef d'entreprise peut être déclaré personnellement responsable du passif de l'entreprise liquidée ou s'il ne respecte pas le plan de redressement ;

– il peut être interdit d'activité dans la vie des affaires pour une période : c'est la faillite personnelle pour celui qui a commis des infractions aux obligations légales ;

– il existe une sanction pénale : le délit de banqueroute (en cas de malhonnêteté).

L'intérêt des sanctions est de faire comprendre au dirigeant qu'il doit être vigilant dans sa gestion.

La faillite personnelle consiste en l'interdiction de diriger, gérer, administrer ou contrôler directement on indirectement un entreprise commerciale, artisanale, agricole… pour une durée maximale de 15 ans depuis la loi du 26 juillet 2005. Or le jugement de M. Mentor date de 2004 et la loi ne fixait pas à l'époque de durée maximale. La loi n'a pas d'effet rétroactif : elle ne concerne que les affaires jugées à partir de son application (loi du 26 juillet 2005 appliquée depuis le 1/01/2006). **La condamnation de M. Mentor n'a donc pas à être remise en cause.**

# Chapitre 10

*Énoncé p. 263*

## Cas pratique 1

Un contrat suppose, pour être légalement formé, la réunion de trois éléments : le consentement, la capacité, un objet licite et certain.

Le consentement doit être exempt de vices qui sont :

– la violence (physique ou morale) ;

– le dol : manœuvre frauduleuse pour surprendre le consentement ;

– l'erreur sur les qualités substantielles de la chose ou sur la personne. Cette erreur sur les qualités substantielles est destructrice du consentement (ex. : un bijou que l'on prend pour un diamant alors qu'il ne s'agit que d'une pierre en zirconium, sans grande valeur) de même que l'erreur sur la personne dans un contrat *intuitu personae*. Or, le contrat de travail est un contrat *intuitu personae* car la société a engagé la personne qui a réussi brillamment les tests de recrutement et non une autre personne, même si c'est la sœur jumelle.

La société pourra légalement se séparer de la secrétaire sans formalité si on est encore en cours de période d'essai car, pendant ce laps de temps, les parties sont libres de rompre leur engagement à tout moment et sans formalité, ni indemnité.

## Cas pratique 2

1. Le contrat crée des obligations qui doivent être exécutées. Le plombier n'a pas accompli la totalité de ses obligations. Sophie peut faire intervenir un autre plombier qui finira le travail : c'est la faculté de remplacement et, au cas où il y aurait un surplus de prix, elle peut demander au plombier initialement choisi le règlement de cette différence.

2. Le carreleur a accompli ses obligations (faire le travail) ; Sophie doit accomplir les siennes (payer les travaux commandés). Le carreleur peut accorder un délai pour payer ou entamer une procédure de saisie sur le compte bancaire ou sur les revenus de Sophie.

3. Les contrats tiennent lieu de loi à ceux qui les ont faits. Le décorateur doit accomplir ses obligations, ce qu'il ne fait pas. Sophie peut s'adresser au tribunal pour obtenir l'exécution forcée sous astreinte qui est une pénalité, une somme d'argent à payer par jour, semaine ou mois tant que les travaux ne sont pas effectués. L'obligation du décorateur est une obligation de faire qui nécessite l'intervention du débiteur. L'astreinte risque de faire plier le décorateur mais Sophie ne peut le contraindre physiquement à exécuter son obligation. S'il ne veut pas céder, il faut trouver une autre solution : demander la résolution du contrat (si Sophie a versé un acompte, elle peut en demander le remboursement) et/ou une réparation par équivalent (des dommages et intérêts).

### Cas pratique 3

L'ONF est un établissement public. Les interventions de l'ONF ont le caractère de travaux publics. L'objet des interventions est la mise en état des forêts de façon à éviter les incendies. Cet objet donne aux interventions le caractère d'un contrat administratif.
Le contrat administratif se caractérise par deux critères :
– un critère organique : il met en relation une personne publique et une personne privée ;
– un critère matériel : le contrat peut avoir des clauses exorbitantes de droit commun ou être formé pour l'organisation ou l'exécution d'un service public.
Il y a bien relation entre un organisme public (ONF) et des personnes privées (les propriétaires). Il y a une mission de service public à accomplir. Le fait de défricher un terrain et de réclamer le montant aux propriétaires du terrain est une clause exorbitante de droit commun (l'ONF peut procéder à des recouvrements par voie forcée). Il s'agit bien d'un contrat administratif et l'ONF peut agir ainsi.

## Chapitre 11

*Énoncé p. 267*

### Cas pratique 1

D'après le Code de commerce (art L. 121-1) : « Sont commerçants ceux qui font des actes de commerce et en font leur profession habituelle. » (Les actes de commerce sont des actes d'achat de biens meubles en vue de leur revente.) Cette activité doit procurer au commerçant ses moyens d'existence, en a déduit la jurisprudence.
Un particulier vendant des biens sur des sites peut être qualifié de vendeur professionnel si certaines conditions sont réunies. Cette qualification est primordiale car le vendeur professionnel doit respecter des obligations supplémentaires tirées, notamment, du droit de la vente à distance. En effet, il devra procéder à certaines inscriptions administratives, ainsi qu'à des déclarations fiscales et sociales.
Cependant, tout commerçant n'est pas considéré comme un professionnel. La qualification de professionnel n'est pas liée à un seuil de valeur ou à un nombre d'objets mais à un comportement. Dans sa recommandation du 8 novembre 2005, le forum des droits sur Internet a établi la liste des critères permettant de qualifier un particulier de vendeur professionnel :
– la régularité de l'activité ;
– le but lucratif de l'activité ;
– l'intention d'avoir une activité professionnelle.
Ici, si Elisa Baitte vend régulièrement des articles, elle peut être considérée comme commerçante mais, d'après la recommandation, il faut que son activité soit régulière, qu'elle espère faire un bénéfice et qu'elle ait l'intention d'avoir une activité professionnelle en revendant les théières et cafetières dénichées dans les brocantes. Or, elle a déjà une activité puisqu'elle est secrétaire de direction et l'activité de vente n'est qu'une solution pour avoir un complément de revenu. Au regard de la recommandation, Elisa Baitte n'est pas commerçante.

### Cas pratique 2

Depuis la loi de 2000, la signature électronique identifie celui qui l'appose, au même titre que la signature manuscrite, et donne à l'acte la même force probante que celle d'un écrit sur support papier, si certaines conditions sont réunies :
– la signature doit permettre d'identifier de façon certaine celui dont elle émane ;
– l'écrit sous forme électronique doit pouvoir être conservé dans des conditions de nature à préserver son intégrité : support non falsifiable, non modifiable.
Ici, la signature électronique de M. Letoul peut authentifier sa commande (ce sont deux commerçants, la preuve peut être apportée par tous les moyens).

### Cas pratique 3

Comme pour la vente par correspondance, le consommateur dispose d'un délai de 14 jours francs pour exercer son droit de rétractation sans avoir à justifier de motifs ni à payer de pénalités (sauf frais de retour). Le délai court à partir de la réception des biens ou de l'acceptation du service. Le droit de rétractation ne s'applique pas aux achats effectués par les entreprises (personne physique ou morale).
Depuis la loi Chatel de 2008, la loi impose une information complète sur l'existence d'un droit à rétractation : le cybermarchand est tenu de mentionner l'existence d'un droit de rétractation et ses limites éventuelles.

En cas de remboursement, le cybercommerçant doit restituer « la totalité des sommes versées », ce qui inclut le prix de l'objet et les frais de livraison. Ce remboursement doit être effectué par tout moyen « dans les meilleurs délais et au plus tard dans les trente jours suivant la date » où le droit de rétractation a été exercé (article L. 121-20-1 C. conso).
Le particulier est en droit de refuser l'avoir et peut exiger le remboursement de la totalité de la somme engagée lors de l'opération (le remboursement des frais est contesté quand l'acheteur a choisi un mode de livraison plus coûteux).

## Chapitre 12

*Énoncé p. 274*

### Cas pratique 1

Le fournisseur d'hébergement est une personne physique ou morale qui assure, à titre gratuit ou onéreux, le stockage direct et permanent pour mise à disposition du public des signaux, écrits, images, sons ou messages de toute nature accessibles par ce service. Il n'est responsable civilement ou pénalement du fait du contenu de ses services que s'il n'a pas agi promptement pour empêcher l'accès au contenu et s'il en a été saisi par l'autorité judiciaire.
Ici, Tiscali n'est ni l'auteur ni l'éditeur des pages personnelles, mais simplement le fournisseur d'hébergement. Tiscali est responsable de ne pas avoir gardé les coordonnées de l'auteur, empêchant les sociétés demanderesses de se retourner contre l'auteur.
Il est impossible d'empêcher une personne de copier une œuvre publiée sur Internet pour se l'approprier mais on peut la dissuader en apposant un copyright. Les auteurs des bandes dessinées en ont cédé l'exploitation à la société d'édition qui peut s'opposer à la copie sur Internet (on peut assimiler cela à de la contrefaçon). Tiscali prétend n'offrir qu'un hébergement, or il exploite commercialement le site par ses espaces publicitaires joints. Il est donc responsable du contenu du site.

### Cas pratique 2

La Convention des droits de l'homme prévoit que « toute personne a droit au respect de sa vie privée et familiale, de son domicile et de sa correspondance ». Le Code civil (art. 9) prévoit que « chacun a droit au respect de sa vie privée » et le Code du travail (art. L. 120-2) précise que « nul ne peut apporter aux droits des personnes et aux libertés individuelles et collectives de restrictions qui ne seraient pas justifiées par la nature de la tâche à accomplir ni proportionnées au but recherché ».
L'ouverture de l'ordinateur du salarié à son insu est assimilée à une violation de la vie privée. Cette intrusion dans la vie privée du salarié ne peut se justifier que si le comportement du salarié, compte tenu de ses fonctions, crée un trouble au sein de l'entreprise. Or rien ne peut être reproché au salarié, on ne peut donc invoquer le trouble porté à l'activité de l'entreprise qui pourrait justifier le licenciement. Il s'agit donc d'un licenciement abusif dans ce cas.

### Cas pratique 3

Les conventions tiennent lieu de loi à ceux qui les ont faites. Lorsque les parties ont convenu d'une exécution de tout ou partie de la prestation de travail par le salarié à son domicile, l'employeur ne peut modifier cette organisation contractuelle du travail sans l'accord du salarié.
Les parties avaient convenu que, aussi bien lors de son détachement dans la société filiale qu'au retour dans la maison mère, la salariée effectuerait, aux frais de l'employeur, son travail à son domicile deux jours par semaine. L'employeur impose à sa salariée de travailler désormais tous les jours de la semaine au siège de la société ce qui constitue, (peu importe l'existence d'une clause de mobilité) une modification du contrat de travail que la salariée est en droit de refuser. Le licenciement est donc sans cause réelle et sérieuse.

## Chapitre 13

*Énoncé p. 282*

### Cas pratique 1

Le rugby est un sport « physique » qui demande une certaine force musculaire. Les joueurs doivent théoriquement accepter les conséquences de leur engagement dans une compétition. Comme ils ont payé leur cotisation pour jouer dans le club, le club pourra être déclaré responsable des dommages causés par ses membres au cours des compétitions sportives en vertu de la responsabilité du fait d'autrui. L'assureur pourra donc être condamné à indemniser le joueur blessé. Mais si le joueur qui a blessé l'autre joueur a commis un acte interdit par les règles du jeu (ex. : plaquer un joueur qui n'a pas le ballon), c'est la responsabilité du joueur qui pourra être mise en cause.

## Cas pratique 2

Une loi de 1998 protège le consommateur contre tout produit défectueux (même les produits de l'élevage). Elle permet d'agir contre tous les professionnels qui sont intervenus dans la chaîne de fabrication, mais aussi dans la distribution du produit. Il n'y a pas à prouver la faute du producteur puisque la responsabilité est de plein droit. Ici, le produit est défectueux puisqu'il a intoxiqué la famille. La cliente n'a pas à prouver la faute du producteur mais elle devra prouver le dommage (l'intoxication alimentaire due à la quiche lorraine), le défaut du produit (il y a présence d'une bactérie sur le produit) et le lien de causalité entre le dommage et le défaut (l'intoxication est bien due aux lardons). La cliente peut poursuivre le fabricant mais aussi le distributeur.
De plus, la viande est en train de décongeler au rayon « produits frais », la chaîne du froid n'est pas respectée et il y a danger pour le consommateur qui achèterait ces « produits frais » et les congèlerait (les recongèlerait, en fait), ce qui serait nuisible pour la santé. Encore une fois, l'hypermarché peut être tenu responsable de la situation.

## Cas pratique 3

L'action en responsabilité civile permet d'obtenir réparation pour un préjudice subi. Quand l'employée réclame une indemnisation pour elle et sa fille en réparation du préjudice subi, c'est la responsabilité civile qui est engagée. La responsabilité est aussi délictuelle car l'employeur n'a pas pris les mesures de sécurité nécessaires pour la santé de ses salarié(e)s : l'achat d'une paire de gants ne suffit pas car la salariée a continué à inhaler les produits toxiques. On ne peut incriminer les fabricants s'ils ont bien signalé la toxicité du produit par les symboles appropriés sur les emballages.
La responsabilité sera mise en jeu si elle peut prouver un dommage (ou préjudice), un fait générateur (la faute) et un lien de causalité. Il y a préjudice physique pour la fille de la salariée qui est handicapée (la salariée peut évoquer le préjudice moral résultant du traumatisme d'avoir mis au monde un enfant handicapé). Il y a faute de l'employeur qui n'a pas pris toutes les mesures de protection nécessaires et n'a pas respecté l'obligation d'assurer la sécurité de la santé de son personnel (il ne l'a peut-être pas non plus informé de la dangerosité des produits manipulés, ce qui l'aurait obligé à prendre des mesures de protection). Il reste à prouver que c'est bien la manipulation de ces produits qui est à l'origine de la malformation de l'enfant.
La responsabilité est **contractuelle** quand il y a inexécution du contrat, et elle est **délictuelle** si elle a pour origine un fait juridique ou un acte juridique répréhensible. Ici, l'employeur, en refusant de prendre les mesures de sécurité nécessaires, n'a pas accompli son obligation d'assurer la sécurité de la santé de son employée ; celle-ci peut donc faire jouer la responsabilité contractuelle (si elle agit contre les fabricants et la responsabilité sera délictuelle mais elle devra prouver le défaut d'information).

# Management des entreprises



## LE COURS



## LES EXERCICES

# L'épreuve de Management des entreprises

## 1 Composition de l'épreuve

**Épreuve écrite**
Durée : **3 heures**
Coefficient : **1**

• Au cours de cette épreuve, vous devrez mobiliser vos connaissances pour traiter un problème de management soulevé par les documents proposés.

• Les questions auxquelles vous devez répondre ont pour but d'évaluer vos capacités à :

– analyser le fonctionnement, les modes de management, les choix stratégiques et opérationnels, la structure de l'entreprise ;

– identifier, expliciter et caractériser le ou les problèmes de management posés ;

– analyser la situation à l'aide des outils pertinents ;

– établir un diagnostic (ou une partie du diagnostic) préparant une prise de décision ;

– proposer des solutions pertinentes et envisager leur mise en œuvre dans le contexte présenté ;

– argumenter vos analyses et vos propositions.

## 2 Conseils

• Pour étayer votre analyse, vous devez impérativement appuyer votre propos sur les concepts et théories vus en cours.

• Face au problème de management identifié, vous devez donc avant tout démontrer votre capacité à **proposer une ou des solutions argumentées en adoptant le point de vue d'un manager**. L'objectif n'est donc pas de rechercher la solution idéale, mais plutôt d'avancer une réflexion cohérente et pertinente et de proposer des solutions en lien avec :

– le type d'entreprise (PME, grande entreprise…) ;

– le type de management identifié (structure de l'entreprise, style de management…) ;

– le contexte interne et externe de l'entreprise, les opportunités ou contraintes de l'environnement (diagnostic stratégique…) ;

– les réponses possibles (options stratégiques) compte tenu des ressources disponibles (humaines, technologiques, financières…).

• Les réponses aux questions posées doivent par ailleurs permettre d'évaluer les conséquences attendues des prises de décision adoptées pour répondre au problème, notamment auprès des parties prenantes de l'entreprise, qu'il conviendra d'identifier.

# 1 Entreprendre et diriger

L'entrepreneur est l'acteur central de l'action collective engagée par l'entreprise. Sa démarche peut relever d'une logique managériale ou entrepreneuriale qu'il faut définir pour comprendre les motivations qui le guident. Pour cela, il faut aller au-delà de la vision schumpetérienne traditionnelle de l'entrepreneur.

## 1 Logique entrepreneuriale et logique managériale

### A La logique entrepreneuriale

La **logique entrepreneuriale** est une logique d'entreprise articulant quatre composantes entre elles :
- l'**opportunité d'affaires** ;
- l'**innovation** ;
- la **création d'une organisation** ;
- la **création de valeur**.

L'entrepreneur est donc tout à la fois un innovateur, un manager et un leader.

**Définition**

**Création de valeur :** résultat de la capacité d'une entreprise à réaliser un investissement dont le taux de rentabilité est supérieur au coût du capital engagé.

### B La logique managériale

La **logique managériale** est une logique d'entreprise caractérisée par la **recherche de performance** à travers l'optimisation des ressources exploitées pour réaliser les objectifs fixés.

### C Complémentarité et différences

| | Entrepreneur | Manager |
|---|---|---|
| **Gestion des risques** | L'entrepreneur investit ses capitaux personnels et assume les risques de l'exploitation. | Le manager n'engage pas ses ressources personnelles. Il assume une responsabilité vis-à-vis du budget qui lui est accordé et des objectifs qu'il doit atteindre. |
| **Recrutement** | L'entrepreneur recrute ses collaborateurs. | Le manager partage le pouvoir décisionnaire ou confie le recrutement à un collaborateur. |
| **Définition et mise en œuvre de la stratégie** | L'entrepreneur définit la stratégie ainsi que les moyens nécessaires à sa réalisation. | Le manager participe à la définition de la stratégie mais doit surtout s'assurer de sa mise en œuvre et de l'utilisation des ressources qui y sont affectées. |
| **Innovation** | L'entrepreneur est un créateur, un innovateur en termes de produit, de procédé, de forme d'organisation du travail… | Le manager cherche à créer de la valeur et donc à intégrer l'innovation pour améliorer l'efficacité de l'entreprise et assurer sa pérennité face à la concurrence. |

La séparation entre logique entrepreneuriale et logique managériale ne s'applique pas nécessairement dans les faits. Une définition plus globale de l'entrepreneur se retrouve dans la définition proposée par Joseph Schumpeter et actualisée aujourd'hui sous le terme d'**intrapreneuriat**.

# 2 Entrepreneur et intrapreneuriat

## A L'approche de Schumpeter

Pour **Joseph Schumpeter**, l'entrepreneur est un **agent économique** dont la fonction est d'exécuter de **nouvelles combinaisons productives**. En ce sens, l'entrepreneur est avant tout un innovateur qui a le goût de la prise de risque.

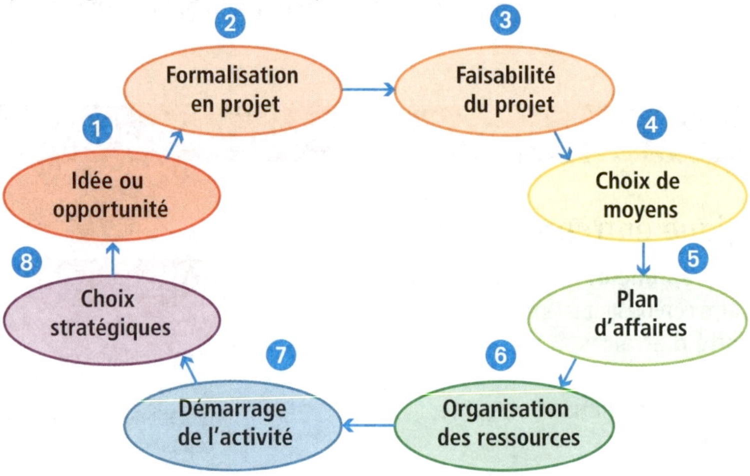


▲ Les étapes du processus entrepreneurial

## B La notion d'intrapreneuriat

• Les logiques entrepreneuriale et managériale étant de plus en plus mêlées dans les entreprises, la notion d'entrepreneur-manager (intrapreneur) cherche à faire la synthèse des deux approches.

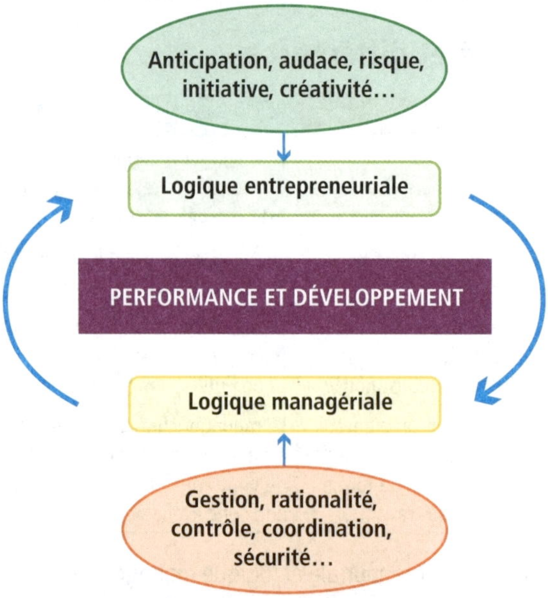


▲ Logique entrepreneuriale et logique managériale

Cette démarche permet donc aux entreprises de **favoriser la prise de risque et l'innovation** des collaborateurs, de **dynamiser la gestion des personnels** (facteur de motivation).

# 2 Finaliser, mobiliser et évaluer

Au-delà d'une vision générique, il est important de prendre en compte les finalités propres à chaque entreprise qui sont à la base du projet d'entreprise. Celui-ci intègre de plus en plus d'éléments faisant référence à la responsabilité sociale et sociétale de l'entreprise.
L'efficacité managériale est évaluée par la capacité à respecter et atteindre les objectifs fixés par le projet d'entreprise.

## 1 La notion de finalité pour une entreprise

### A Définition

• La **finalité d'une entreprise** définit les buts principaux que celle-ci cherche à atteindre. La finalité a donc un caractère permanent pour l'entreprise et elle peut se décomposer en **mission**, **but** et **vocation**.

• Initialement centrée sur des aspects économiques, la finalité de l'entreprise englobe de plus en plus de missions sociétales.

### B Finalités et projet d'entreprise

Le **projet d'entreprise** correspond à la traduction concrète de la finalité de l'entreprise. Il exprime aux acteurs de l'entreprise l'**identité de l'entreprise** et permet au manager de fédérer les acteurs de l'entreprise autour du projet qu'il compte réaliser. Ce projet sera, par la suite, décliné en termes d'objectifs concrets (**qualitatifs** et **quantitatifs**) qui permettront la mobilisation des salariés et le suivi des objectifs fixés.

### C La responsabilité sociale de l'entreprise (RSE)

La **responsabilité sociale de l'entreprise** découle de l'application aux entreprises du concept de développement durable. À l'opposé d'une vision purement économique de l'entreprise, la responsabilité sociale de l'entreprise incorpore les **aspects sociaux**, **environnementaux** de l'action d'une entreprise ainsi que les préoccupations de ses **parties prenantes** (clients, fournisseurs…).

### D Les principaux facteurs qui agissent sur la finalité

Parmi les principaux facteurs qui agissent sur la finalité, on peut citer :
– l'histoire de l'entreprise, ses traditions, ses statuts et sa culture ;
– la personnalité du dirigeant ainsi que ses valeurs et aspirations personnelles ;
– les attentes des salariés de l'entreprise ;
– le poids des actionnaires (ou associés) de l'entreprise ;
– l'environnement commercial de l'entreprise (fidélisation de la clientèle) ;
– l'environnement concurrentiel de l'entreprise (part de marché et intensité de la concurrence).

**Remarque**

L'approche de Peter Drucker remet les aspects humains au cœur des décisions managériales.

Le manager peut s'appuyer sur la finalité de l'entreprise pour mettre en œuvre son action. Il faut alors distinguer les décisions qui relèvent du management stratégique de celles qui relèvent du management opérationnel.

## 2 Le management de l'entreprise

### A Définition

Le **management** est l'art de diriger une organisation. Il se définit comme le processus qui consiste à déterminer des buts et coordonner les efforts des membres d'un groupe pour pouvoir atteindre les objectifs fixés.

### B Management stratégique et management opérationnel

• **Le management stratégique** fait référence à la définition de la stratégie de l'entreprise c'est-à-dire de son **plan d'action**. Ce management intègre donc l'analyse des facteurs (ou éléments) **externes** à l'entreprise et consiste à analyser l'environnement de l'entreprise, son potentiel de développement sur son marché.

• **Le management opérationnel,** concerne, lui, la **gestion courante** de l'entreprise. Il consiste à mettre en application le plan d'action défini par le management stratégique, notamment dans la gestion des ressources **internes** (humaines, financières, techniques) de l'entreprise. On ne peut dissocier les deux approches (dont la frontière est parfois confuse) car l'une est l'application dans l'entreprise des axes de développement proposés par l'autre.

### C L'approche de Drucker

• **L'approche de Peter Drucker** étend la finalité de l'entreprise au-delà de son aspect économique en soulignant l'importance du **facteur humain** dans les résultats de l'entreprise. Drucker propose de mettre en avant la gestion de la clientèle et de l'innovation dans la finalité de l'entreprise, ainsi que de mieux valoriser les ressources humaines de l'entreprise.

• Afin de valoriser les ressources humaines, Peter Drucker propose entre autres :
– la définition claire des objectifs pour motiver les salariés ;
– l'analyse des conditions de travail ;
– l'écoute des salariés ;
– la formation des collaborateurs…

• Le cadre de l'action du manager étant fixé, il est important de pouvoir évaluer l'impact des décisions prises. Cela suppose donc la définition de critères d'évaluation qui permettent de mesurer la performance de l'entreprise.

## 3 L'évaluation de la performance de l'entreprise

### A La mesure de la performance d'une entreprise

Une entreprise est reconnue performante lorsqu'elle réalise les résultats et objectifs fixés compte tenu des moyens mis en œuvre pour y parvenir. Cette notion de performance implique une **dimension interne** à l'entreprise (rentabilité, productivité…) ainsi qu'une **dimension externe** à l'entreprise (implication sociétale de l'entreprise, prise en compte des attentes des clients, des fournisseurs, des actionnaires…).

La performance, souvent associée à des **critères quantitatifs** (résultats financiers notamment), se mesure de plus en plus à partir de **critères qualitatifs** (climat dans l'entreprise, degré de satisfaction de la clientèle…).

**Remarque**

La performance de l'entreprise est souvent perçue comme un moyen d'évaluer la pertinence de sa stratégie.

## B Les principaux critères d'évaluation de la performance

On distingue différents critères pouvant mesurer la performance d'une entreprise :
– critères économiques mesurant la compétitivité de l'entreprise (compétitivité, prix…) ;
– critères financiers pour mesurer les résultats de l'entreprise (rentabilité, solvabilité, liquidité…) ;
– critères organisationnels pour mesurer l'efficacité ou l'efficience de l'entreprise ;
– critères sociaux pour mesurer l'implication des salariés (climat social, formation des personnels, gestion des carrières…) ;
– critères sociétaux (respect de l'environnement, développement des valeurs éthiques de l'entreprise).

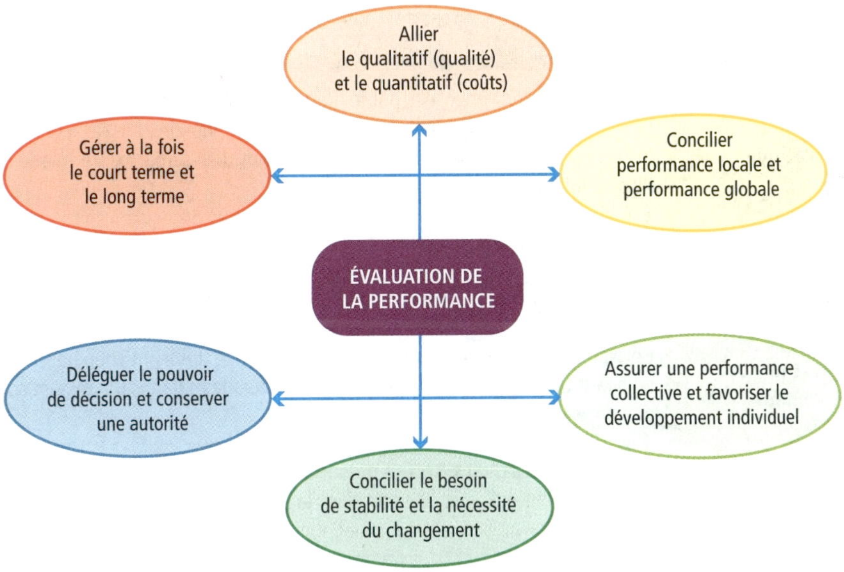


## C Le tableau de bord, un outil au service du manager

Le **tableau de bord prospectif** est un outil de management qui permet d'orienter les décisions du manager. Il constitue un outil d'évaluation permettant de **passer du management stratégique au management opérationnel** en rendant plus lisible la stratégie de l'entreprise. Il permet également d'équilibrer la répartition des critères de performance entre les acteurs.

**Remarque**

Parmi les principaux critères utilisés pour concevoir un tableau de bord, on peut citer : le chiffre d'affaires, le taux de marge, les délais de paiement client et fournisseur, le nombre de nouveaux clients, le taux d'absentéisme, le *turnover* des salariés, les flux de trésorerie, la rotation des stocks…

# 3 Diriger et décider

De nombreux auteurs proposent une **grille d'analyse** du processus décisionnel qui va de l'identification d'un problème au choix d'une solution adaptée et à l'évaluation de son efficacité.
Le processus décisionnel dans les entreprises modernes repose en grande partie sur le mode de gouvernance et la personnalité du manager.

## 1 Prise de décision et style de management

### A Les différents styles de management selon Rensis Likert

| Style de management | Caractéristiques |
|---|---|
| **Style autoritaire ou autocratique** | Les décisions sont imposées par le dirigeant aux salariés sans concertation. Le système de management repose donc sur la sanction et le respect des instructions données par une **communication descendante**. Le salarié ne dispose ni d'initiative ni de responsabilité. |
| **Style consultatif ou démocratique** | La direction consulte les salariés avant de prendre ses décisions à partir d'un système de communication aussi bien **ascendant** que **descendant**. Dans la réalité, le salarié n'a qu'une faible influence sur le management. |
| **Style paternaliste ou bienveillant** | Ce système est proche du style autoritaire mais le dirigeant cherche à mettre en avant un rôle protecteur, bienveillant, envers les salariés qui restent soumis aux décisions descendantes. |
| **Style participatif** | La mise en place d'un **système de communication transversal** permet aux subordonnés d'avoir une part dans la prise de décision. La mise en place de groupes de travail permet une prise d'initiative dans un processus de coopération. |

### B Les différents niveaux de prise de décision

On distingue trois types de décisions selon **Igor Ansoff.**

• **Les décisions stratégiques.** Elles concernent les objectifs globaux de l'entreprise. Elles sont prises par l'équipe de direction et sont irréversibles. Elles peuvent donc remettre en cause la pérennité de l'entreprise.

• **Les décisions tactiques.** Elles concernent le choix d'affectation des ressources au sein de l'entreprise. Elles sont prises par la direction opérationnelle et fonctionnelle de l'entreprise. Elles sont réversibles, mais à un coût très important pour l'entreprise.

• **Les décisions opérationnelles.** Elles concernent la vie quotidienne de l'entreprise. Elles sont prises par les différents niveaux de responsabilité de l'entreprise. Elles sont donc facilement réversibles.

**Remarque**

La distinction entre ces trois niveaux de prise de décision ne doit pas faire oublier la cohérence nécessaire entre les décisions prises au sein d'une entreprise.

### C Les facteurs qui influent sur la prise de décision

• La prise de décision ne peut être dissociée de celui qui la prend et du contexte (entreprise) dans laquelle elle est prise.

• Parmi les principaux facteurs qui vont influencer la prise de décision, il faut noter :
– le style de direction (concerté ou non) ;
– le style du manager (personnalité, histoire, attitude défensive ou offensive, expérience…) ;
– la structure de l'entreprise (entreprise décentralisée ou non) ;
– le niveau de rationalité (capacité d'analyse et de rationalisation du décideur) ;
– le degré de risque (niveau d'incertitude dans lequel est prise la décision) ;
– la répétitivité de la décision ;
– le domaine de gestion concerné.

### D La recherche d'une solution satisfaisante

• En théorie, une décision prise en suivant le principe de rationalité des agents économiques ne conduit pas nécessairement à une solution optimale. Cela supposerait un niveau d'information parfait, ce qui n'est pas souvent le cas.

• Le management consiste surtout à **définir la solution la plus satisfaisante possible** dans un contexte donné. Cela permet alors d'envisager différentes solutions satisfaisantes à partir d'un même problème de management.

**Remarque**

Le contexte de la décision (type d'entreprise, secteur d'activité, type de management…) est un élément essentiel pour juger de sa pertinence.

• Le processus décisionnel n'est pas le fruit de l'action isolée d'un manager. La nature des relations qui se nouent entre les membres de l'organisation et les parties prenantes extérieures influe sur le mode de gouvernance de l'entreprise. Le dirigeant doit savoir prendre en compte ces attentes parfois contradictoires.

## 2 Gouvernance d'entreprise et rôle des parties prenantes

### A La gouvernance de l'entreprise

• Dans une entreprise, le pouvoir de décision n'appartient pas à un seul individu. Il est de plus en plus partagé entre des administrateurs et des managers. De ce fait, la prise de décision s'opère de plus en plus en relation avec les motivations des différentes **parties prenantes** impliquées.

• La **gouvernance d'entreprise** vise à mettre en place des dispositifs institutionnels permettant d'améliorer la qualité de la prise de décision et de garantir un contrôle des décisions prises par les parties prenantes.

## B Les principales parties prenantes

| Principales typologies des parties prenantes | Composantes |
| --- | --- |
| **Parties prenantes internes** | Les propriétaires, dirigeants et managers, l'ensemble des salariés de l'entreprise. |
| **Parties prenantes externes** | Ensemble des groupes liés à l'entreprise (actionnaires, clients, fournisseurs, distributeurs, concurrents, médias…). |
| **Parties prenantes primaires** | Actionnaires, clients, salariés et fournisseurs.<br>Ces parties prenantes sont liées contractuellement à l'entreprise et contribuent à son fonctionnement quotidien. |
| **Parties prenantes secondaires** | Consommateurs, groupes de pression, concurrents, médias…<br>Elles ne contribuent pas directement au fonctionnement quotidien de l'entreprise mais peuvent influencer la prise de décision ou jouer un rôle dans sa performance. |

## C Les modèles de gouvernance

Ces principaux **modèles de gouvernance** mettent en avant les intérêts spécifiques d'une des parties prenantes de l'entreprise.

**Modèle de gouvernance actionnariale (modèle *shareholder*)**

- Il privilégie la relation dirigeant/actionnaire.
- Il cherche à maximiser la valeur actionnariale.
- Il soumet le dirigeant à un système de contrôle.

**Modèle de gouvernance partenariale (modèle *stakeholder*)**

- Il prend en compte l'ensemble des parties prenantes.
- Il défend l'intérêt de toutes les parties prenantes.
- Il introduit la notion de responsabilité sociétale.

## D L'approche de Michel Crozier

Pour Michel Crozier, les parties prenantes d'une entreprise poursuivent des intérêts spécifiques que le manager doit prendre en compte afin d'éviter les situations de conflit.

Le dirigeant doit donc mettre en place des mécanismes qui permettent de **concilier les intérêts divergents** des parties prenantes afin de favoriser le bon fonctionnement de l'entreprise. Cela impose un minimum de coordination entre les collaborateurs de l'entreprise.

# 4 Définir une démarche stratégique

Le processus décisionnel du manager prend toute son importance dans la définition et la mise en œuvre de la stratégie de l'entreprise.
Pour définir et comprendre la démarche stratégique, le recours à l'approche de l'école de Harvard ou aux travaux d'Henry Mintzberg est indispensable.

## 1 La démarche stratégique

### A Définitions

On peut proposer plusieurs définitions de la stratégie.

• **Définition d'Alfred Chandler :** déterminer les buts et objectifs à long terme d'une entreprise, l'adaptation des moyens d'action et d'allocation des ressources nécessaires pour atteindre ces objectifs.

• **Définition d'Igor Ansoff :** piloter les modifications des relations du système-entreprise avec son environnement et de la frontière de ce système avec ce qui n'est pas lui.

Dans tous les cas, la stratégie se définit à partir de la détermination par l'entreprise de choix globaux déclinés en objectifs à atteindre. Ces objectifs sont fixés à l'aide d'un ensemble de ressources déterminées à cet usage.

Par exemple, le chimiste Solvay s'est désengagé des PVC et des métiers de la chimie de base pour se concentrer sur les métiers de la chimie spécialisée avec, notamment, les plastiques appelés « polymères spéciaux ». Le groupe veut devenir un fournisseur de solutions haute technologie à forte valeur ajoutée.

Il convient de distinguer la notion de stratégie de la notion de **démarche stratégique**, qui renvoie au processus de réflexion et de conception de la stratégie s'appuyant sur un diagnostic interne et externe.

### B Les étapes de la démarche stratégique

La démarche stratégique est souvent représentée par le **modèle de Harvard** (modèle LCAG) qui contient :

étape 1 une évaluation externe, c'est-à-dire une analyse de l'environnement de l'entreprise (menaces et opportunités) ;

étape 2 une évaluation interne pour identifier les avantages compétitifs potentiels de l'entreprise par rapport à ses concurrents (forces et faiblesses de l'entreprise) ;

étape 3 une identification des stratégies possibles à partir de la synthèse des diagnostics internes et externes ;

étape 4 une détermination d'une stratégie : le choix de la stratégie à mettre en œuvre implique la définition des actions à réaliser pour accomplir les objectifs fixés.

**Remarque**

De plus en plus d'entreprises évoluent vers des stratégies émergentes afin de pouvoir s'adapter et réagir à un environnement rendu incertain et complexe par la crise et le phénomène de mondialisation.

# 2 Les principales démarches stratégiques

## A Stratégie délibérée et stratégie émergente

**Henry Mintzberg** distingue deux approches de la stratégie : la stratégie délibérée et la stratégie émergente.

- **La stratégie délibérée** est issue d'une démarche active de l'entreprise qui effectue un choix délibéré en fonction des capacités de l'entreprise et de l'analyse de son environnement. Cette stratégie délibérée se caractérise par la mise en œuvre d'une **planification stratégique** en vue d'atteindre les objectifs visés.

- **La stratégie émergente** est non planifiée. Dans un environnement de moins en moins stable, les entreprises sont souvent obligées de faire preuve d'adaptation pour pouvoir réagir aux évolutions subites de l'environnement. Cette capacité à s'adapter contribue à la mise en œuvre d'une **stratégie émergente**.

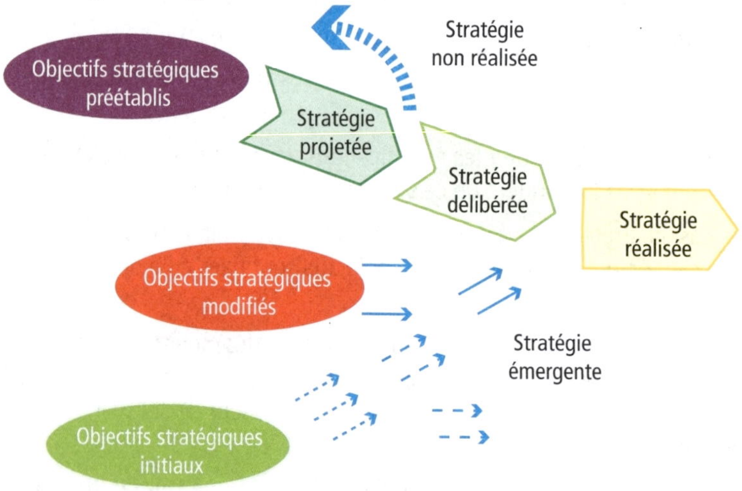


▲ Stratégie délibérée et stratégie émergente

## B Segmentation stratégique et segmentation mercatique

| | Segmentation stratégique | Segmentation mercatique |
|---|---|---|
| **Champs d'action** | Concerne l'ensemble de l'entreprise. | S'applique à un secteur d'activité de l'entreprise. |
| **Objectif** | Faire une analyse par domaine d'activité stratégique pour définir une stratégie spécifique. | Diviser la clientèle pour s'adapter au comportement d'achat des consommateurs. |
| **Horizon temporel** | Long terme. | Court et moyen termes. |

Les principaux critères de segmentation sont d'ordre sociodémographique (âge, CSP, niveau d'étude, situation familiale) ou comportemental (fréquence des achats, fidélité à la marque, panier moyen, historique des achats…). Chaque segment de clientèle peut donner lieu à une stratégie spécifique, que ce soit en termes d'offre de produits ou de services associés.

# 5 Établir un diagnostic stratégique

La définition d'une démarche stratégique impose au préalable l'identification des forces et faiblesses de chaque entreprise.

## 1 La recherche d'un avantage concurrentiel

### A Le domaine d'activité stratégique (DAS)

Le **DAS** définit l'ensemble des activités et des compétences pour lesquelles il est possible d'allouer ou de retirer des ressources, et dont la combinaison constitue le facteur clé de succès.

### B Les sources de l'avantage concurrentiel selon Michael Porter

Pour définir ses **sources d'avantage concurrentiel**, une entreprise doit mener un diagnostic global de son environnement. Les 5 forces de la concurrence sont :

❶ **l'existence de produits de substitution** qui exerce une pression indirecte sur le marché de l'entreprise ;

❷ **le pouvoir de négociation des fournisseurs** qui mesure le degré de dépendance d'une entreprise par rapport à ses fournisseurs ;

❸ **le pouvoir de négociation des clients** qui mesure les conditions d'achat qui peuvent être négociées par les clients ;

❹ **l'intensité de la concurrence** sur le marché (taille et nombre des entreprises concurrentes…) qui mesure notamment la capacité à mettre en œuvre une stratégie de segmentation et de différenciation ;

❺ **le rôle ou l'influence de l'État** qui freine l'insertion de nouveaux concurrents potentiels.

### C Le modèle PESTEL

**Le modèle PESTEL** permet une analyse plus globale de l'environnement que celle de Porter.

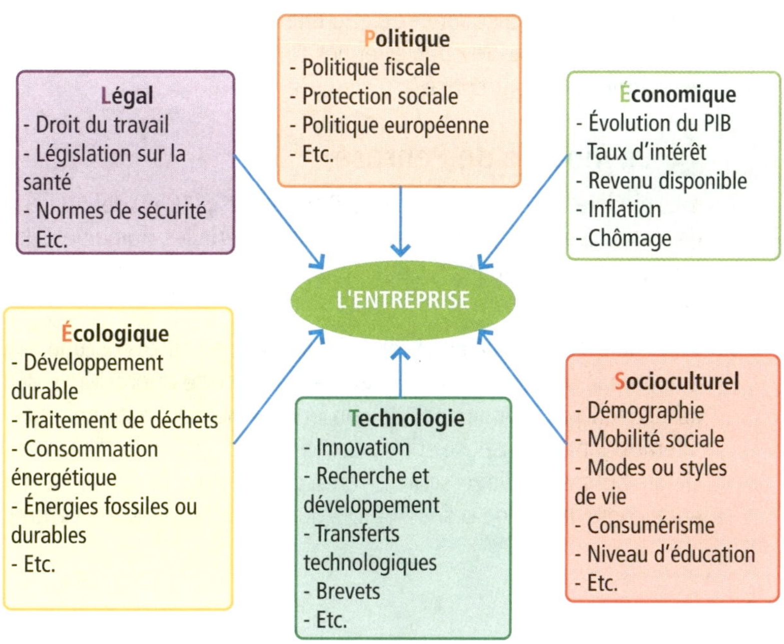

Le diagnostic stratégique fait donc apparaître les forces et faiblesses de chaque entreprise. Il intègre l'analyse de l'ensemble des ressources tangibles et intangibles propres à chaque organisation. Ces ressources seront à l'origine de son avantage compétitif.

## 2 Les ressources dont dispose l'entreprise

### A Les ressources tangibles

Les ressources tangibles constituent les ressources matérielles de l'entreprise :
– ressources **humaines** : les salariés qui détiennent des savoirs et savoir-faire ;
– ressources **physiques** : bâtiments, équipements, installations techniques…
– ressources **financières** : financements à court et long termes (dettes, trésorerie…).

### B Les compétences à la base de l'avantage compétitif

• Dans une économie de plus en plus fondée sur les technologies de l'information et de la communication (TIC), l'avantage compétitif d'une entreprise dépend de plus en plus de ses **ressources intangibles** (immatérielles ou compétences).

> **Définition**
> **Compétence** : capacité d'une entreprise à mettre en œuvre ses ressources afin d'atteindre ses objectifs.

• On distingue trois éléments complémentaires à la base de la compétence des entreprises :
– les **connaissances** (le savoir) ;
– les **pratiques** (le savoir-faire) ;
– les **attitudes** (le savoir-être).

• Les compétences constituent un élément de plus en plus important de l'avantage compétitif d'une entreprise. Elles font l'objet d'une analyse de plus en plus précise de la part des entreprises. L'analyse des ressources et des compétences permet la réalisation du **diagnostic organisationnel** de l'entreprise.

### C Le modèle de Penrose

• Le modèle inspiré des travaux d'Edith Penrose (1959) définit l'entreprise comme un ensemble de ressources productives (matérielles, immatérielles, humaines) dont l'objectif est d'acquérir et d'organiser ces ressources. Cette organisation doit permettre de vendre avec profit des biens ou des services.

• Le choix d'allocation et de combinaison des ressources occupe une place centrale dans la définition de la stratégie d'une entreprise. Selon cette approche, le développement de l'entreprise ne dépend pas uniquement de son positionnement externe, mais est soumis aux ressources internes dont elle dispose et à sa capacité à les combiner de manière avantageuse. Au-delà de la simple possession de ressources rares, c'est surtout la démarche d'identification, d'exploitation et de combinaison de ces ressources qui assure le succès de l'entreprise.

# 6 Effectuer les choix stratégiques

Une fois le diagnostic stratégique effectué, chaque entreprise définit ses choix stratégiques. Les options stratégiques mises en œuvre couvrent soit l'ensemble des domaines d'activité stratégique de l'entreprise, soit un domaine particulier.
L'entreprise a plusieurs stratégies de croissance possibles qu'il convient d'analyser.

## 1 Les stratégies globales

### A Les stratégies globales selon Igor Ansoff

Ansoff définit deux grands types de **stratégies globales** pour les entreprises.

- **La stratégie de spécialisation** qui consiste pour l'entreprise à limiter son activité à un seul métier sur lequel elle détient un avantage concurrentiel certain.
- **La stratégie de diversification** qui offre à l'entreprise l'opportunité de se développer sur un marché correspondant à un nouveau métier.

### B Les stratégies de diversification

Parmi les stratégies possibles, on peut identifier quatre types de **stratégies de diversification**.

- **La diversification de placement :** l'entreprise utilise les liquidités excédentaires issues de son activité traditionnelle.
- **La diversification de survie :** l'entreprise qui ne dispose pas d'un avantage concurrentiel initial satisfaisant se tourne vers un nouveau marché.
- **La diversification de redéploiement :** l'entreprise qui dispose d'un avantage concurrentiel initial se repositionne sur des marchés offrant de meilleurs potentiels de croissance.
- **La diversification de confortement :** l'entreprise ne disposant pas d'un avantage concurrentiel initial décisif, conforte sa position en se développant sur une activité complémentaire.

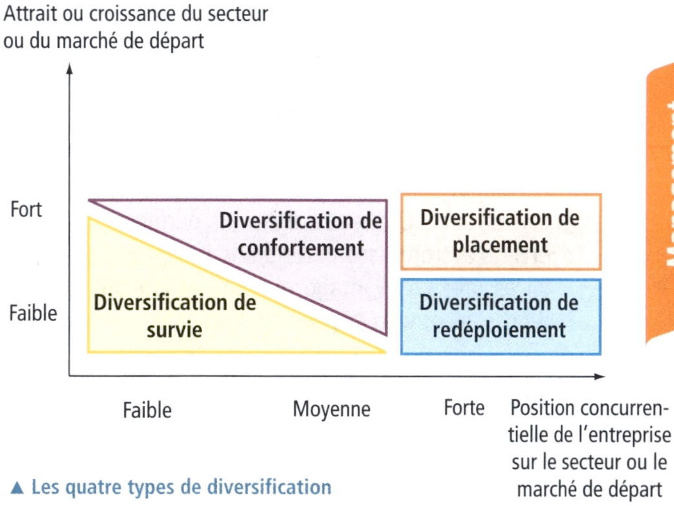


▲ Les quatre types de diversification

### C Les stratégies de spécialisation

Les **stratégies de spécialisation** sont mises en place :

- soit pour s'assurer une fidélisation des clients (ex. : programme Grand Voyageur de la SNCF) ;
- soit pour atteindre une nouvelle clientèle en développant un produit existant (ex. : ouverture de restaurants McDonald's en Russie) ;

Management des entreprises

• soit pour développer sa base de clientèle à partir d'un nouveau produit (ex. : lancement de véhicules électriques par les producteurs automobiles français).

### D Les principaux facteurs qui agissent sur la finalité

| Avantages | Limites |
|---|---|
| • Concentration des ressources de l'entreprise sur ses activités déterminantes pour son avantage concurrentiel.<br>• Flexibilité accrue de l'entreprise.<br>• Amélioration des résultats de l'entreprise (baisse des coûts liée à l'externalisation et meilleure utilisation des ressources disponibles). | • Perte de savoir-faire dans les domaines externalisés qui peut conduire à une plus grande dépendance envers les fournisseurs de l'entreprise.<br>• Problème de sécurisation à moyen et long termes des prestations externalisées.<br>• Gestion plus complexe de l'entreprise du fait de la nécessité de coordonner ses activités avec celles des fournisseurs. |

Au-delà des stratégies globales, une entreprise multi-activité est amenée à proposer des choix stratégiques spécifiques à chaque domaine d'activité stratégique en fonction des avantages concurrentiels identifiés.

## 2 Les stratégies spécifiques

### Des stratégies en lien avec les DAS

Dans le cas où une entreprise cherche à assurer le développement d'un domaine d'activité stratégique spécifique, il est possible de mettre en œuvre des stratégies spécifiques à chaque domaine concerné en fonction de ses caractéristiques.

Après avoir fait le diagnostic opérationnel de chaque DAS, l'entreprise pourra opter pour :

• **Une stratégie de domination** par les coûts afin de développer un avantage compétitif prix par rapport aux concurrents. Cette stratégie, en permettant à l'entreprise d'accroître ses parts de marché, peut contribuer à lui assurer un avantage durable du fait des économies d'échelles procurées par l'effet volume.

> **Exemple**
> L'Oréal opère sur l'ensemble des circuits de distribution du secteur de la parfumerie. Cette situation unique confère à l'entreprise un avantage comparatif vis-à-vis de ses concurrents : multiplicité des marques et des circuits de distribution, partage du savoir-faire et de l'innovation.

• **Une stratégie de différenciation** dans le cas où le prix ne constitue pas le facteur déterminant du choix des consommateurs (ex. : Iphone). Cette politique entraîne généralement une **stratégie de segmentation** du marché de la part de l'entreprise.

• **Une stratégie de concentration** (ou de niche dans le cas des PME par exemple) qui consiste pour l'entreprise à se focaliser sur un segment de son marché afin d'y concentrer ses ressources pour obtenir un avantage compétitif suffisant.

Le choix d'une stratégie de croissance passe par l'étude des différentes modalités de croissance possibles (organique, externe, conjointe). Dans un monde de plus en plus ouvert, les stratégies d'internationalisation constituent une voie de développement de plus en plus pratiquée par les entreprises.

# 3 Les stratégies de croissance

## A Les différentes stratégies de croissance

| Croissance organique ou interne | Croissance externe | Croissance conjointe |
|---|---|---|
| ↓ | ↓ | ↓ |
| Développement des ressources et des compétences en interne | Acquisition des ressources et des compétences en externe | Association pour développer des ressources et des compétences en externe |

## B Les avantages et limites d'une stratégie de croissance externe

| Avantages | Limites |
|---|---|
| • Disparition d'un concurrent et donc réduction de la pression concurrentielle.<br>• Obtention d'une taille critique suffisante pour l'entreprise.<br>• Acquisition de savoir-faire non détenus initialement par l'entreprise.<br>• Croissance rapide de l'entreprise.<br>• Économies d'échelle… | • Capacités financières de l'entreprise limitées pour pouvoir mettre en œuvre ce type de stratégie.<br>• Difficulté à intégrer de nouvelles ressources rapidement et risque de conflit lié à des opérations de rationalisation entre les différentes unités de l'entreprise.<br>• Perte potentielle de pouvoir du manager dans la nouvelle organisation de l'entreprise. |

## C La stratégie d'internationalisation

• Dans une logique de production, une **stratégie d'internationalisation** peut permettre à une entreprise de **maîtriser ses coûts** de production (délocalisation) ou de maîtriser ses **approvisionnements** en s'implantant dans un pays producteur de matières premières.

• Dans une logique de marché, la stratégie d'internationalisation permet **d'élargir le marché** de l'entreprise (recherche de nouvelles sources de croissance) soit en accédant à de nouveaux consommateurs, soit en bénéficiant d'un environnement plus favorable à la croissance de l'entreprise. Cette stratégie permet aussi à l'entreprise de devenir un producteur « national » dans le pays étranger concerné et d'éviter ainsi les restrictions liées aux importations dans le pays visé.

**Exemple**

Dans sa stratégie d'internationalisation, PSA a annoncé début 2018 un accord d'association avec Naza, un groupe industriel malaisien, pour ouvrir d'ici à la fin de l'année, une ligne d'assemblage et produire au plus près des marchés d'Asie du Sud-Est. Cet investissement vise à réduire la dépendance du groupe au marché européen, encore plus marquée depuis le rachat d'Opel en 2017.

## D Stratégie et taille d'entreprise

La **taille** d'une entreprise joue un rôle dans la définition de sa stratégie. En effet, le diagnostic opérationnel permet de mettre en parallèle les opportunités de l'environnement avec les ressources mobilisables de l'entreprise. Les modèles d'analyses stratégiques définissent un ensemble de stratégies possibles à mettre en relation avec les caractéristiques propres à chaque entreprise. Une PME a plus de difficultés à mettre en place une stratégie de croissance externe du fait de la faiblesse de ses ressources financières disponibles. Le champ des stratégies possibles est par contre plus étendu pour une grande entreprise ayant plusieurs domaines d'activité stratégiques que pour une PME mono-productrice.

# 7 Choisir une structure

Une entreprise se caractérise par une organisation particulière de ses activités. La diversité des structures d'entreprise cache toutefois des invariants structurels qu'il convient d'analyser.

## 1 Les éléments constitutifs d'une structure d'entreprise

### A Les composants d'une structure selon Henry Mintzberg

Mintzberg distingue six ensembles dans toute structure :

– **le centre opérationnel,** qui regroupe l'ensemble des personnes effectuant le travail de base de l'entreprise (fonction de production) ;

– **le sommet stratégique,** qui regroupe le ou les managers qui dirigent l'organisation et définissent la stratégie ;

– **la ligne hiérarchique,** qui regroupe l'ensemble des niveaux hiérarchiques entre le sommet stratégique et le centre opérationnel ;

**Remarque**

La pertinence d'une structure s'évalue notamment par les mécanismes de coordination et de contrôle qui en assurent le bon fonctionnement.

– **la technostructure,** qui regroupe l'ensemble des spécialistes qui planifient et contrôlent le travail des autres membres de l'organisation. Ils ont aussi une fonction de conseil auprès des managers du sommet hiérarchique ;

– **la fonction de support logistique,** qui assure l'approvisionnement des différents services internes de l'entreprise ;

– **l'idéologie** (la culture d'entreprise), qui regroupe l'ensemble des valeurs communes et des croyances de l'organisation.

### B Les mécanismes de coordination d'une structure

| | |
|---|---|
| Supervision directe | Une seule personne donne les ordres et assure la coordination du travail entre un ensemble d'individus qui agissent en interrelations. |
| Ajustement mutuel | La coordination des tâches se fait par la négociation et le compromis par le biais d'une communication informelle entre individus d'un même niveau hiérarchique. |
| Standardisation des procédés | Processus d'uniformisation des règles de fonctionnement et des méthodes de travail. La technostructure assure l'essentiel de ce travail pour le compte des membres du centre opérationnel. |
| Standardisation des qualifications | Processus d'uniformisation du savoir et des compétences des salariés grâce à l'utilisation de références communes (langage, procédures…). Cela permet de coordonner le travail des salariés de l'entreprise. |
| Standardisation des résultats | Processus d'uniformisation des objectifs (et donc des résultats) définis pour chaque département d'une organisation. |
| Standardisation des normes | Processus d'uniformisation des croyances des membres de l'entreprise autour d'une culture commune. |

## C La structure centralisée

La **centralisation du pouvoir** définit le degré d'autonomie des membres d'une entreprise. Dans le cas d'une structure centralisée, le pouvoir incombe au sommet hiérarchique. L'information circule donc verticalement et de manière descendante (vers le centre opérationnel).

• **Avantages attendus :** concentration des responsabilités, centralisation de l'information auprès du sommet hiérarchique, rationalité de la prise de décision grâce à une forte concentration de l'information.

• **Inconvénients possibles :** retard dans la prise de décision du fait de la nécessité de faire remonter l'information au sommet stratégique, la prise de décision repose sur les compétences du seul sommet stratégique qui ne bénéficie que d'une information indirecte (car transmise par la ligne hiérarchique), d'où le risque d'une mauvaise interprétation des décisions par le centre opérationnel.

Au-delà des composants d'une structure, chaque entreprise doit décider du type d'organisation structurelle qu'elle souhaite mettre en œuvre. Ce choix sera fonction des facteurs propres à chaque entreprise, en lien avec les choix stratégiques décidés.

# 2 Une structure adaptée à chaque entreprise

## A Les principales organisations structurelles

Les principales organisations structurelles sont :

– **la structure hiérarchique** fondée sur une unité de commandement, une centralisation du pouvoir et une communication verticale (ascendante et descendante) ;

– **la structure fonctionnelle** fondée sur la division fonctionnelle des tâches et une liberté d'action relative offerte aux responsables fonctionnels ;

– **la structure divisionnelle** fondée sur une division de l'entreprise selon un ou des critères (type de produits, type de clients ou zone géographique) ;

– **la structure matricielle** fondée sur une organisation structurée sur un couple de fonctions ou d'activités (couple fonction/zone, couple produit/marché).

> **Remarque**
>
> Après des résultats 2017 en demi-teinte, Suez annonce une simplification de sa structure et une mutualisation des équipes afin de réaliser des économies de 200 millions par an. Cette réorganisation devrait permettre au groupe d'augmenter sa croissance et sa profitabilité dans le futur et d'accroître les synergies entre les différents métiers du groupe.

Les entreprises mono-activité privilégient des structures simples de type hiérarchique ou fonctionnel qui reposent sur une plus grande centralisation du pouvoir au niveau du sommet stratégique.

## B Les facteurs qui agissent sur le choix d'une structure

Après les travaux de **Frederick Winslow Taylor**, qui propose un modèle unique de structure, les auteurs de l'**école de la contingence** privilégient une réflexion qui met en relation la définition d'une structure avec le contexte dans lequel évolue une entreprise. La diversité des situations implique le choix d'un mode différent de structure qui repose sur la prise en compte d'un certain nombre de facteurs :

– **la technologie :** selon que le mode de production concerne des petites séries de produits, une production de masse ou une production en continu ;

– **l'environnement :** selon que celui-ci est certain ou incertain, simple ou complexe ;

– **l'âge de l'entreprise :** plus une entreprise vieillit et se développe, plus sa structure devient complexe ;

– **la taille de l'entreprise :** plus une entreprise est grande, plus elle développera une structure reposant sur une centralisation du pouvoir et une standardisation des procédés ;

– **la culture de l'entreprise :** plus la culture de l'entreprise est forte et plus sa structure pourra s'appuyer dessus pour limiter la standardisation des tâches.

## C Le lien entre stratégie et structure

• **Alfred Chandler** définit le lien entre la stratégie et la structure d'une entreprise. Son analyse repose sur l'idée que la structure d'une entreprise se définit en fonction de la stratégie qu'elle décide de mettre en œuvre.

• Cette stratégie n'est pas définitivement fixée et s'adapte continuellement à l'évolution de l'environnement de l'entreprise. De ce fait, la définition de la stratégie détermine la meilleure structure à mettre en place par l'entreprise.

• Chandler distingue alors un certain nombre d'alternatives stratégiques qui impliquent des structures différentes. Ainsi, la définition d'une stratégie de diversification entraînera l'entreprise à privilégier une structure divisionnelle par produit.

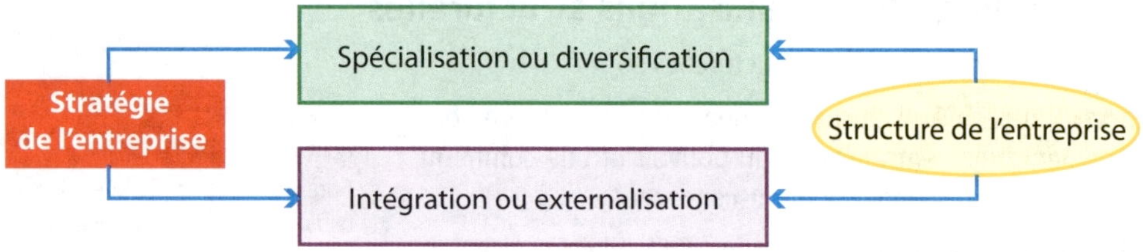


▲ La stratégie et la structure (A. Chandler)

# 8 Faire évoluer la structure

**Le choix d'une structure d'entreprise n'est pas définitif.** Dans un environnement de plus en plus complexe, les entreprises sont amenées à envisager des configurations structurelles flexibles.
Ces changements structurels sont accentués par la redéfinition des frontières de l'entreprise dans le cadre de la mise en œuvre de stratégies d'externalisation.

## 1 Des structures d'entreprise en mouvement

### A La structure flexible

La notion de **structure flexible** fait référence aux nouvelles formes d'organisations qui voient le jour à côté des structures traditionnelles et dont les principales caractéristiques sont :

**Définition**

**Structure** : somme totale des moyens employés pour diviser le travail entre tâches distinctes afin d'assurer la coordination nécessaire entre ces tâches.

– Une diminution du nombre de niveaux hiérarchiques afin de rendre la structure plus réactive, notamment en termes de prise de décision.

– Une réorganisation de la fonction de production qui n'est plus centrée sur les différentes fonctions de l'entreprise mais qui repose sur la notion de processus (*cf.* **Michael Hammer** et **James Champy**). La prise en compte de cette nouvelle approche permet de répondre à des demandes plus variées et complexes.

– Une structure qui favorise l'innovation en étant moins hiérarchique et davantage régie par l'ajustement mutuel et un pouvoir décentralisé.

### B Internalisation ou externalisation

| | Production conservée en interne | Externalisation |
|---|---|---|
| **Avantages** | Maîtrise par l'entreprise de la compétence nécessaire pour produire. | Coûts de production plus faibles de la part du sous-traitant.<br>Expertise plus forte dans le domaine de la part du sous-traitant. |
| **Inconvénients** | Mobilisation de ressources pour produire en interne (coût élevé).<br>La maîtrise de la compétence nécessite du temps. | Dépendance envers le prestataire tant en termes de compétence que de risque lié aux propres défauts du prestataire.<br>Risques relationnels liés à la nécessité de travailler avec une autre entreprise. |

Au-delà des frontières de l'entreprise, les facteurs de changement d'une structure sont nombreux. Il convient alors d'analyser les différents types de changements possibles et les différentes étapes de ce processus.

# 2 Des facteurs de changement nombreux

## A Les facteurs de changement d'une structure

On distingue comme principaux **facteurs du changement** (liste non exhaustive) :
– le développement de l'activité et du chiffre d'affaires ;
– la croissance des effectifs de l'entreprise ;
– l'élargissement du marché de l'entreprise (internationalisation) ;
– le développement des technologies de l'information et de la communication (TIC) ;
– les changements plus fréquents de stratégie de l'entreprise dans un monde plus complexe.

## B Les types de changements possibles

| | Types de changement | |
|---|---|---|
| **Degré de planification** | Changement dirigé (car prévu). | Changement spontané (en fonction des opportunités ou contraintes qui s'imposent). |
| **Rapidité de changement** | Changement rapide (imposé par l'environnement et donc porteur de risques plus élevés). | Changement évolutif (qui s'articule mieux dans le cadre d'une structure flexible). |
| **Étendue du changement** | Changement radical (*reengineering*). | Changement incrémental (amélioration progressive et continue de l'entreprise). |

## C Les étapes du changement selon Kurt Lewin

**Kurt Lewin** identifie trois étapes dans le **processus de changement** d'une entreprise :

– le **dégel** (ou déracinement) : le manager doit assurer un rôle de pédagogue auprès des salariés pour expliquer le changement prévu et rassurer les personnes concernées ;

– le **changement** proprement dit : le manager planifie et conduit le changement en définissant des objectifs intermédiaires à atteindre pour réaliser le changement voulu ;

– l'**enracinement** (ou regel) : l'entreprise s'articule autour de nouvelles routines dans la nouvelle structure créée par le changement.

**Remarque**

Le rôle du manager ne se limite pas à la gestion du changement proprement dit. Il doit impérativement avoir une vision plus large du changement afin d'en gérer au mieux les étapes en amont.

# 9 Mobiliser les ressources humaines

Les ressources humaines constituent une ressource stratégique pour l'entreprise. Leurs aspects quantitatifs (gestion des emplois) mais aussi qualitatifs (gestion des compétences) sont directement liés à la stratégie de l'entreprise.

## 1 La gestion des ressources humaines (RH)

### A Définition

• La **gestion des ressources humaines** regroupe l'ensemble des politiques et des actions qui permettent à une entreprise de disposer en permanence d'un effectif à la fois suffisant et compétent pour réaliser le travail demandé de manière performante.

• Souvent identifiée par sa dimension **quantitative** (recrutements, licenciements…), la gestion des ressources humaines intègre de plus en plus d'éléments en lien avec la **gestion qualitative** des ressources humaines (cartographie des compétences, besoins en formation des salariés…).

**Remarque**

La gestion prévisionnelle de l'emploi et des compétences est un enjeu essentiel de compétitivité pour l'entreprise.

### B L'évaluation des compétences détenues par les salariés

• Avant de définir sa politique en matière de ressources humaines, l'entreprise doit mener un audit de ses ressources existantes. Il peut être (relativement) facile de faire un audit quantitatif des ressources disponibles (nombre de salariés, nombre d'heures travaillées…), mais il est plus difficile d'établir le **bilan des compétences** détenues et exercées par l'ensemble des salariés d'une entreprise. Différents outils peuvent néanmoins être utilisés :

– l'**organigramme hiérarchique** : outil de représentation de la structure d'une organisation qui fait ressortir le nombre de niveaux hiérarchiques, les liens hiérarchiques entre les individus ainsi que les fonctions et postes clés ;

– le **descriptif de poste et le profil de poste** qui définissent les composantes d'un poste de travail (place dans l'organigramme, missions à réaliser…) ainsi que les qualifications et compétences qu'un individu doit posséder pour prétendre à un poste de travail déterminé ;

– le **référentiel de compétences** : outil de gestion qui consiste à inventorier et classer les compétences détenues par le personnel de l'entreprise. Il permet notamment d'élaborer pour chaque fonction ou métier de l'entreprise une grille qui définit les niveaux de compétences nécessaires pour les exercer de manière performante ;

– l'**évaluation individuelle et collective** des compétences (auto-évaluation, entretien individuel, entretien collectif…).

• D'un point de vue dynamique, la gestion des ressources humaines doit répondre à la stratégie mise en œuvre dans l'entreprise et aux avantages compétitifs qu'il convient de conserver ou d'enrichir. Cette gestion doit tenir compte d'un certain nombre de contraintes qu'il faut identifier au préalable.

# 2 Les déterminants de la gestion des RH

## A La stratégie de l'entreprise

• En définissant une stratégie, une entreprise détermine en même temps les ressources dont elle va avoir besoin pour la mener à bien et réaliser les objectifs fixés. Cela suppose notamment une réflexion sur les ressources humaines nécessaires tant d'un point de vue qualitatif que quantitatif.

• Des compétences spécifiques peuvent être un élément déterminant de l'avantage compétitif d'une entreprise qui doit donc à la fois évaluer les compétences dont elle dispose et déterminer le potentiel de développement de ses compétences.

• L'aspect quantitatif (nombre de postes…) est bien entendu une autre variable des ressources humaines impactée par la définition de la stratégie d'une entreprise.

## B Les contraintes à prendre en compte

Les contraintes qui pèsent sur la gestion des ressources humaines sont de différentes natures.

• **La contrainte juridique.** La gestion des ressources humaines s'opère dans le cadre juridique du droit du travail et de la Sécurité sociale. Elle implique aussi le respect de la législation sur les règles d'hygiène, de sécurité et des conditions de travail des salariés.

• **La contrainte sociale.** La gestion des ressources humaines doit permettre de favoriser l'implication et la motivation des salariés et limiter les risques de conflits sociaux dans l'entreprise.

• **La contrainte humaine.** La gestion des ressources humaines doit s'efforcer d'assurer l'épanouissement et le développement personnel de chaque salarié.

La gestion des ressources humaines se doit d'anticiper les besoins futurs de l'entreprise et d'engager les actions nécessaires à la satisfaction de ces besoins.
La compréhension des attentes des salariés permet de proposer des actions de formation qui sont un des facteurs de motivation des personnels.

# 3 La gestion de l'emploi et des compétences

## A Définition

• La **gestion prévisionnelle de l'emploi et des compétences** (GPEC) est la démarche d'optimisation de l'allocation des ressources humaines. Celle-ci vise à identifier les besoins à venir d'une organisation et à les mettre en relation avec les ressources actuelles. L'écart entre l'existant et les besoins entraîne la mise en œuvre d'actions d'ajustement (formation, recrutement…).

> **Remarque**
> La loi impose une négociation triennale en matière de GPEC.

• La GPEC constitue un enjeu important dont l'objectif est de permettre à une entreprise de trouver un juste milieu entre le coût de sa masse salariale et la richesse créée par les salariés. Les ressources humaines étant une source d'avantage concurrentiel durable, l'entreprise doit favoriser l'émergence d'une **main-d'œuvre polyvalente** (pour répondre à un environnement de plus en plus complexe), spécialisée (sur les domaines de compétences recherchés), réactive (adaptable), créative (source de création de valeur ajoutée) et disponible (motivée et impliquée).

## B La prise en compte des besoins de formation des personnels

• On distingue comme principales actions de formation à destination des personnels de l'entreprise :
– des actions permettant une adaptation du salarié au poste de travail ;
– des actions liées à l'évolution des emplois ou participant au maintien dans l'emploi ;
– des actions permettant le développement personnel des salariés.

• La mise en œuvre d'un **plan de formation** va donc concerner :
– la réalisation de **bilans de compétences** afin que les salariés puissent analyser leurs aptitudes et compétences, définir leurs priorités professionnelles et solliciter les formations en lien avec leurs objectifs de carrière ;
– la **validation des acquis** de l'expérience pour permettre à chaque salarié de faire reconnaître par un diplôme, titre ou qualification l'expérience professionnelle (et les compétences associées) acquise sur le lieu de travail ;
– les **congés individuels de formation** permettant à tout salarié de suivre à son initiative et à titre individuel des actions de formation ;
– le **compte personnel de formation** (24 heures par an cumulables jusqu'à 120 heures) utilisable par le salarié après accord de son employeur pour suivre une action de formation.

**Rappel**

Trois ans d'expérience en rapport avec le contenu de la certification visée sont nécessaires pour obtenir une validation des acquis de l'expérience (VAE).

## C Les facteurs de motivation selon Maslow et Herzberg

• **Abraham Maslow**, dans sa **théorie des besoins**, détermine cinq catégories de besoins, hiérarchiquement structurés, que tout individu cherche à satisfaire et qui sont à la source de sa motivation : les besoins physiologiques, les besoins de sécurité, les besoins sociaux, les besoins d'estime, les besoins d'auto-accomplissement.

• **Frederick Herzberg**, pour sa part, distingue les facteurs « **de motivation** » afférents au contenu du travail (réussite, considération, responsabilité…) des facteurs « **ambiance** » liés au contexte du travail (politique salariale, sécurité de l'emploi, conditions de travail…).

Des actions en lien avec les facteurs de motivation identifiés doivent donc être menées par le manager pour favoriser la motivation individuelle des salariés.

## D Les outils au service de la motivation des salariés

| | |
|---|---|
| Système de primes | Des primes, variables en fonction du critère retenu, permettent de mener une politique de rémunération flexible qui lie une partie du salaire aux résultats obtenus de manière individuelle ou collective. |
| La participation aux résultats | Système (obligatoire dans les entreprises de 50 salariés et plus) permettant aux salariés de percevoir une part des résultats de l'entreprise. |
| L'intéressement | Avantage financier fondé sur les résultats de l'entreprise distribué à tout ou à une partie du personnel de l'entreprise dans le but d'accroître l'implication. |
| Le plan épargne entreprise (PEE) | Système d'épargne collectif et facultatif mis en place pour permettre au(x) salarié(s) de se constituer un capital sous forme de valeurs mobilières. |
| Les stocks-options | Droit accordé à certains salariés d'acquérir dans le futur des actions de leur entreprise à un prix fixé lors de l'attribution du droit et pendant un nombre d'années donné. |

Dans tous les cas cités, l'enjeu pour l'entreprise est de proposer des outils permettant d'individualiser les rémunérations des salariés en fonction d'objectifs (chiffrés ou non) évaluant la motivation et l'implication des salariés et/ou leur contribution aux résultats globaux de l'entreprise.

# 10 La culture d'entreprise

Au-delà de la motivation personnelle, des divergences existent entre les parties prenantes d'une entreprise. Une entreprise peut ainsi se définir en fonction d'une culture et de valeurs qui lui sont propres et qu'elle fait partager à l'ensemble de ses salariés.

## 1 Les principaux éléments de la culture d'entreprise

La **culture d'entreprise** est l'ensemble des artefacts, des valeurs, des croyances et des symboles propres à une entreprise et dont la spécificité culturelle la différencie des autres entreprises :
– **la culture nationale :** croyances et valeurs communes qui relient les habitants d'un pays et qui influent sur le mode de pensée des individus ;
– **les sous-cultures** propres à chaque groupe composant l'entreprise ;
– **les valeurs :** préférences collectives, normes qui s'imposent au groupe et déterminent leur façon de penser ;
– **les symboles :** mots, objets, gestes, tenues… qui ont une signification dans l'entreprise en lien avec les valeurs affichées ;
– **les mythes :** légendes, histoires associées au passé d'une entreprise, à la personnalité du fondateur ou du manager de l'entreprise ;
– **les rites :** ensemble des pratiques qui découlent des valeurs partagées dans l'entreprise.

## 2 Un outil au service du manager

• En tenant compte de la culture d'entreprise, le manager prend des décisions stratégiques en adéquation avec les spécificités de l'entreprise, en vue de la réalisation des objectifs.

• La culture d'entreprise est donc un outil au service du manager qui permet : d'assurer la **cohérence** des acteurs de l'entreprise en les rassemblant autour de valeurs communes ; d'améliorer l'**adaptation** de l'entreprise en conservant son unité face aux mutations de l'environnement ; de favoriser la **motivation** des salariés qui adhèrent mieux aux objectifs fixés par le management.

## 3 La théorie de Cyert et March

**Richard Cyert** et **James March** développent la **théorie du décideur politique** (ou théorie du comportement de la firme) qui consiste à considérer les organisations comme des entités fonctionnant sur le principe continu de la prise de décision. Cette prise de décision implique un ensemble d'individus dont les **aspirations**, les **attentes** et les **besoins**, sont variables. La prise de décision apparaît alors comme la recherche d'un compromis acceptable par tous.

La théorie du comportement de la firme repose ainsi sur 4 postulats : ❶ la mise au point de procédures de résolution de conflits entre les coalitions disparates au sein de l'entreprise ; ❷ la recherche permanente de l'élimination des facteurs d'incertitude en vue de la stabilité du consensus ; ❸ la nécessité de répondre aux vrais problèmes posés dans l'entreprise ; ❹ la mise en œuvre d'une démarche systémique reposant sur l'effet d'apprentissage afin d'adapter la stratégie de l'entreprise. Cela suppose d'être capable d'analyser ce qui a été fait dans le passé.

Le sociologue **Michel Crozier** reprend les travaux de Cyert et March et montre que dans des systèmes rigides de type bureaucratique, le contournement des règles peut être source d'efficacité.

# 11 Optimiser les ressources technologiques et la connaissance

L'optimisation du mode de production est aujourd'hui un facteur clé de succès. L'intégration du progrès technique et technologique est un processus continu qui suppose des actions spécifiques (veille technologique, démarche qualité…) menées dans le cadre d'un véritable management des connaissances au sein de l'entreprise.

## 1 Les enjeux d'une économie de services

### A Les spécificités de la production de services

Dans une économie de plus en plus orientée vers la production de services, les managers sont confrontés à de **nouvelles contraintes**.

Parmi les principales spécificités des services il faut souligner :

– **la participation du client à la production :** le client participe au processus de production en fournissant des informations essentielles (ex. : commande au restaurant) ou en coopérant et exécutant certaines des tâches de production (ex. : self-service) ;

– **la production de services** représente un acte immatériel par nature non stockable (consommé en même temps qu'il est produit) ;

– **le service** est intangible et ne peut donc être perçu par le consommateur (vu, goûté…) avant de donner lieu à un acte d'achat de sa part.

### B L'optimisation du processus productif

Les principales contraintes qui s'imposent au manager dans la gestion de la production reviennent à **faire des choix** qui impliquent des contraintes financières et commerciales.

• **Faire ou faire faire (internaliser ou externaliser une production) ?** Ce choix repose notamment sur les compétences détenues par l'entreprise, qui déterminent ou non son avantage concurrentiel.

• **Où localiser la production ?** Le choix de l'implantation des différents éléments de la chaîne de valeur de l'entreprise se pose de plus en plus dans nos économies contemporaines fortement ouvertes et intégrées dans le système productif international.

> **Exemple**
> En mars 2016, le groupe Siemens a officialisé la construction d'une usine de pales d'éoliennes à Tanger au Maroc. Cette décision fait suite à la volonté de l'État marocain de développer un parc de 400 éoliennes sur son territoire.

• **Quel degré de flexibilité choisir ?** La flexibilité a un coût mais permet en même temps de faire face aux évolutions plus rapides de l'environnement des entreprises.

• **Comment mieux satisfaire le client ?** La démarche de qualité totale s'impose de plus en plus dans toutes les fonctions de l'entreprise et implique des prises de décisions qui tiennent compte des attentes des acteurs extérieurs à l'entreprise (clients mais aussi fournisseurs…).

• **Comment mieux répondre aux attentes spécifiques de chaque client ?** Le choix de la modularisation et de la différenciation retardée offre une réponse plus personnalisée à chaque client mais peut représenter un surcoût important pour l'entreprise.

### C La détermination du mode de pilotage de la production

| | Flux poussés (pilotage par l'amont) | Flux tendus (pilotage par l'aval) |
|---|---|---|
| **Principe** | La production précède la vente. | La vente entraîne l'acte de production. |
| **Avantages** | Économies d'échelles réalisées grâce à une optimisation de l'appareil de production. | Réduction des stocks intermédiaires dans l'entreprise. |
| **Inconvénients** | Créations de stocks importants qui constituent une charge financière. | Système de production plus fragile et sous tension qui implique une plus grande réactivité de la structure. |

La constitution d'un patrimoine technologique est facilitée par la mise en place d'une politique d'innovation importante permettant l'obtention d'un avantage compétitif parfois déterminant.

## 2 Le management des ressources technologiques

### A L'innovation

• L'innovation regroupe l'ensemble des démarches scientifiques, technologiques, organisationnelles, financières et commerciales qui aboutissent à la réalisation de produits, procédés ou processus nouveaux ou améliorés.

• On distingue notamment :
– la création de produits nouveaux qui répondent mieux aux besoins des consommateurs ;
– la satisfaction d'un besoin nouveau ;
– l'amélioration de la qualité d'un produit ;
– la conquête de nouveaux débouchés ;
– la mise au point d'une nouvelle méthode de production.

**Exemples**
Invention de nouveaux textiles dits « respirants », James Dyson qui invente l'aspirateur sans sac, l'introduction du GPS et de systèmes de géolocalisation pour la gestion des flux logistiques...

### B Le patrimoine technologique

• **Le patrimoine technologique** regroupe l'ensemble des technologies possédées par une entreprise, que ces technologies soient **émergentes** (technique nouvelle en phase de développement), **clés** (déterminantes dans l'avantage concurrentiel de l'entreprise) ou **de base** (nécessaires mais non discriminantes par rapport à la concurrence).

• **La connaissance du patrimoine** technologique de l'entreprise est un élément déterminant de la politique d'innovation qui pourra être décidée par le manager.

• **Quelques modèles d'innovation** peuvent être mis en œuvre dans une entreprise :
– la politique d'**innovation incrémentale**, qui favorise les petites améliorations successives de l'offre de l'entreprise ;
– la politique « **d'adjacence marché** », qui consiste à s'appuyer sur les compétences de l'entreprise pour se développer en dehors du marché (ou segment de marché) traditionnel ;
– la politique « **d'adjacence produit** », qui cherche à développer de nouvelles technologies et compétences sur le marché traditionnel de l'entreprise ;
– la politique d'**innovation de rupture** qui cherche à répondre à de nouveaux besoins que le client lui-même ignore (création d'un nouveau marché).

## C Le développement du patrimoine technologique

Pour accroître son patrimoine technologique, l'entreprise dispose de nombreux outils :
– **la recherche et le développement** est l'ensemble des travaux de création entrepris de façon systématique en vue d'accroître la somme des connaissances ainsi que l'utilisation de cette somme de connaissances pour de nouvelles applications ;
– **la veille technologique** est l'ensemble des techniques licites visant à organiser de façon systématique la collecte d'informations technologiques, l'analyse, la diffusion et l'exploitation de ces informations utiles à la croissance et au développement de l'entreprise ;
– **la démarche qualité** est un mode de management qui consiste à rechercher l'amélioration continue et progressive des pratiques existantes.

# 3 Le management des connaissances

## A Le développement du portefeuille de connaissances

Le **management des connaissances** est une démarche globale qui suppose l'implication de tous les acteurs de l'entreprise. Cette démarche globale repose sur l'identification des connaissances de l'entreprise (individuelles et collectives), leur capitalisation (patrimoine technologique), leur enrichissement (recherche et innovation, formation des personnels…) et leur diffusion (développement d'une culture de l'échange, travail collaboratif…

**Remarque**

Le management des connaissances doit impliquer le plus grand nombre d'acteurs possible et être encouragé par une culture d'entreprise permettant le partage des savoir-faire détenus par les salariés.

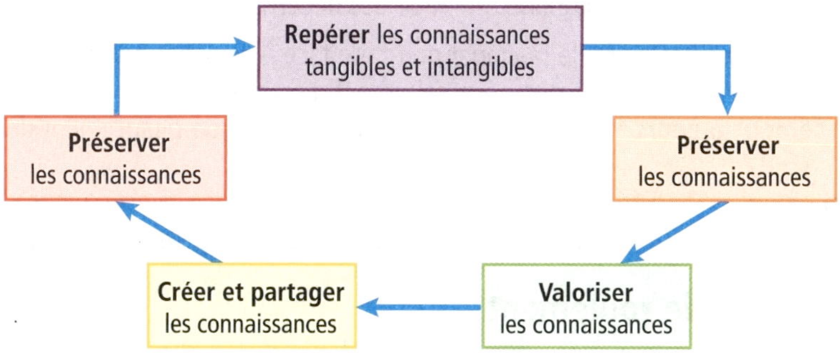


## B Connaissances tangibles et intangibles

• **Les connaissances tangibles** sont l'ensemble des connaissances contenues dans les bases de données ou matérialisées sur des supports papiers ou électroniques dans l'entreprise (ex. : marques, brevets, bases de données clients…).

• **Les connaissances intangibles** sont l'ensemble des connaissances, du savoir et des compétences du personnel d'une organisation (capital immatériel) (ex. : savoir-faire acquis par l'expérience…).

# 12 Financer les activités

Pour une entreprise, les ressources financières constituent une ressource fondamentale qui conditionnera sa marge d'action et donc la définition de sa stratégie de développement. L'entreprise dispose de différents modes de financement possibles qui ont tous des avantages et des inconvénients qu'il convient d'analyser.

## 1 La gestion des ressources financières

### A Les principales contraintes financières d'une entreprise

• **La contrainte de solvabilité :** capacité de l'entreprise à honorer ses dettes exigibles à tout moment (contrainte de liquidité des fonds disponibles).

• **La contrainte de pérennité :** assurer la cohérence entre le besoin de financement (court ou long terme) et le mode de financement retenu pour le financer.

• **La contrainte de disponibilité des ressources à court terme :** assurer le bon usage des ressources disponibles à court terme.

**Définition**

**Gestion financière :** ensemble des décisions et actions destinées à équilibrer les besoins et les ressources de financement de l'entreprise à long terme comme à court terme.

• **La contrainte du coût du mode de financement retenu :** le coût du financement doit notamment être mis en parallèle avec la rentabilité attendue des dépenses envisagées.

• **Dans le cadre de la gestion financière,** le manager doit faire face à deux types de besoins qui supposent des réponses spécifiques (mais non nécessairement dissociées) :
– des besoins de **financement à court terme**, pour faire face aux besoins de financement du cycle d'exploitation ;
– des besoins de **financement à long terme**, pour assurer le financement des investissements de l'entreprise à moyen et long termes en fonction de la stratégie de développement adoptée.

### B La gestion du fonds de roulement

• **Pour réduire le besoin en fonds de roulement de l'entreprise**, le manager doit notamment diminuer les besoins de financement à court terme de son cycle d'exploitation, c'est-à-dire réduire les postes qui mobilisent le plus de ressources financières ou accroître ses ressources financières disponibles à court terme. Cela suppose :
– de réduire les délais de paiement accordés à ses clients ;
– d'accroître les délais de paiement consentis par ses fournisseurs ;
– de réduire les stocks intermédiaires des productions réalisées ;
– d'accroître ses concours bancaires auprès des établissements de crédit.

• Ces différents éléments montrent l'importance de la relation qu'entretient le manager avec les partenaires extérieurs de l'entreprise (clients, fournisseurs, banques…).

Le choix du mode de production qui sera retenu par un manager doit prendre en compte les incidences financières qui vont en découler en termes de besoin en fonds de roulement (financement de stocks de produits…).

# 2 Le financement de l'activité d'une entreprise

## A Les principaux modes de financement

| Mode de financement interne | Mode de financement externe |
|---|---|
| **Utilisation de la CAF (capacité d'autofinancement)** : ensemble des ressources financières internes sécrétées par l'entreprise et utilisables pour satisfaire ses besoins de financement à long terme. | **Augmentation de capital** : opération qui consiste pour l'entreprise à accroître son capital par émission de nouvelles actions qui seront cédées soit aux actionnaires actuels, soit à de nouveaux entrants qui vont acquérir en contrepartie des droits de vote à la hauteur de leur participation au capital de l'entreprise. |
| **Cession d'actifs (désinvestissement)** : opération qui consiste pour une entreprise à céder à une autre entreprise une partie de ses actifs en échange d'une contrepartie monétaire. Les cessions d'actifs coïncident souvent avec une stratégie de recentrage de l'entreprise sur les domaines où elle dispose d'un avantage concurrentiel plus important. | **Crédit-bail** : opération permettant à une entreprise de disposer d'un bien d'équipement de son choix, sans en être propriétaire, en le louant à une société spécialisée qui l'achète au fabricant. |
| | **Emprunts bancaires** : opérations par lesquelles un établissement financier met à la disposition d'une entreprise une somme d'argent contre la promesse de remboursement et moyennant le paiement d'un intérêt. |

## B Caractéristiques des différents modes de financement

Le choix du mode de financement dépendra essentiellement d'un arbitrage par le manager entre les avantages et inconvénients propres à chaque mode de financement. Les principaux critères de décision sont relatifs au coût et au risque liés à ces types d'opération.

- **L'utilisation de la CAF** n'engendre aucun coût puisque les ressources sont détenues par l'entreprise, mais il y a risque de mauvaise utilisation des fonds disponibles qui sont ainsi immobilisés sans garantie initiale de rentabilité.
- **Les cessions d'actifs** engendrent un risque de perte de compétences et de sortie définitive d'un marché par l'entreprise. Les cessions d'actifs peuvent par ailleurs entraîner un coût (moins-value) par rapport à la valeur comptable des actifs cédés.
- **L'augmentation de capital** engendre un risque de perte de pouvoir du manager du fait de l'arrivée de nouveaux actionnaires et un coût financier futur lié à la nécessité de verser des dividendes plus importants.
- **L'emprunt bancaire** engendre un coût financier lié à la nécessité de payer des charges d'intérêts sur les sommes contractées et un risque d'endettement trop important de l'entreprise.

**Remarque**

Une fois les contraintes financières identifiées, le manager doit choisir le mode de financement adéquat pour adapter les ressources de l'entreprise à la stratégie mise en œuvre.

- **Le crédit-bail.** Le coût de la location accroît les charges de l'entreprise. Le risque est plus limité puisque l'entreprise ne devient pas propriétaire des biens acquis par ce procédé.

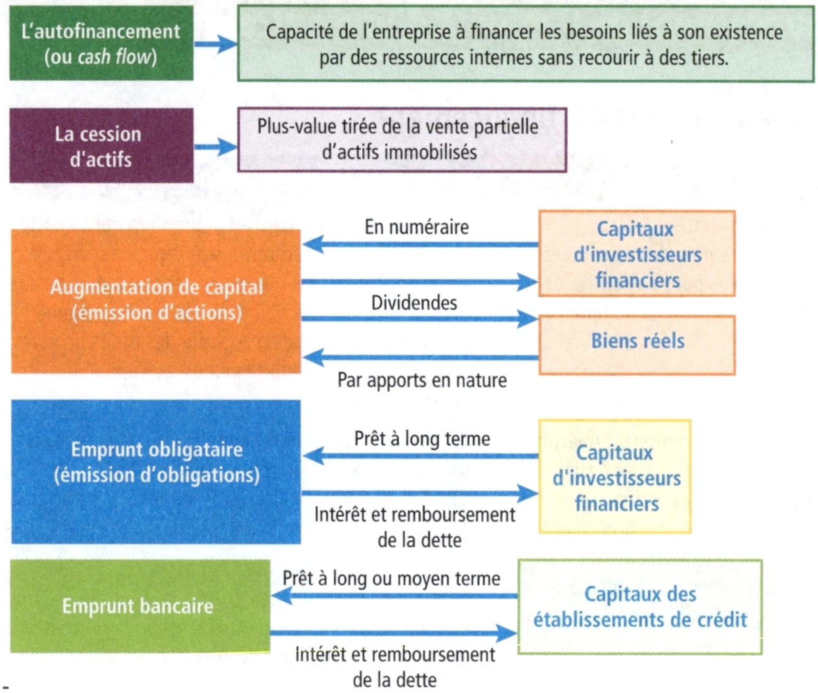


## C La prise en compte de la stratégie

La définition de la stratégie implique la détermination des ressources nécessaires à sa réalisation. Il y a un lien direct entre la définition de la stratégie et la réflexion à mener par le manager sur le volume des ressources financières dont doit disposer l'entreprise, que ce soit pour faire face à ses besoins de financement à court terme ou pour satisfaire ses besoins de financement à long terme.

Le manager doit s'assurer du bon usage des ressources financières dont il dispose car celles-ci sont limitées. Elles doivent être utilisées de manière à pouvoir répondre aux différents besoins de financement de l'entreprise.

**Remarque**

Une trop forte immobilisation financière des ressources disponibles fait courir un risque vital à l'entreprise, qui ne pourrait plus assurer sa solvabilité à court terme.

# Étude de cas 1 Le cas Brikhome

## SUJET

(Corrigés p. 342)

• **Après avoir pris connaissance du cas Brikhome et des ressources proposées, vous réaliserez une étude en répondant aux questions suivantes.**

### Analyse du contexte

1. **Identifiez le type de structure adoptée par Brikhome. En vous référant aux travaux de Mintzberg, donnez ses principales caractéristiques.**
2. **Montrez en quoi cette structure est une adaptation pertinente des concepts de différenciation et d'intégration de Lawrence et Lorsch.**

### Problème(s) de management

3. **Procédez au diagnostic stratégique de l'entreprise Brikhome.**
4. **Repérez l'opportunité de croissance que devrait saisir Brikhome. À quelle option stratégique cette opportunité correspond-elle ?**

### Solution(s) argumentée(s)

5. **Pour mettre en œuvre cette nouvelle stratégie, trois voies de développement sont envisageables. Analysez les avantages et les inconvénients de chacune de ces voies de développement.**
6. **Déduisez-en celle qui vous paraît la plus pertinente pour le cas de Brikhome.**
7. **Proposez un organigramme représentant la structure après l'adoption de la nouvelle stratégie.**



**Le cas Brikhome**

**Le dossier**

Le dossier comprend :

- Le cas Brikhome.
- Les ressources :

– Ressource 1 : *Le marché du bricolage.*
– Ressource 2 : *L'habitat durable.*
– Ressource 3 : *Le crédit d'impôt pour investissement durable.*

Le groupe Brikhome est une société anonyme au capital de 2 500 000 € implantée à Strasbourg. Son activité consiste à fournir à ses clients des biens et des services dans le domaine de la construction et du bricolage. Le groupe place la satisfaction du client au cœur de sa démarche. Ce ne sont pas moins de 50 000 références en moyenne qui sont proposées dans 28 magasins en France. En outre, une politique de prix bas et une recherche constante de la qualité dans les produits proposés font de l'enseigne un acteur majeur et compétitif dans son secteur.
Le groupe se compose de deux filiales détenues à 100 % par la société mère Brikhome SA. D'une part, la société « Brikoréso », d'autre part, la société « Brikoconcept ». La société mère, elle, conserve la définition de la stratégie, la finance et la gestion du système d'information.

## I La division « Brikoréso »

La division « Brikoréso » regroupe l'ensemble des magasins qui composent le réseau de distribution du groupe Brikhome. Sur les 28 magasins, 20 sont entièrement intégrés et 8 sont sous contrat de franchise. Le nombre de magasins est en progression constante, car depuis sa création, le groupe ouvre en moyenne 3 magasins par an. Quels que soient sa dimension, son statut juridique ou son âge, chaque point de vente est autonome et chaque directeur d'enseigne se comporte comme un entrepreneur. Cela lui permet d'être proche de sa clientèle et de prendre les décisions qui correspondent le mieux à son marché local.
Le conseil d'administration de la filiale se charge de fixer des objectifs annuels aux différents magasins. À charge ensuite aux différents directeurs de mettre en œuvre au sein de leur point de vente la politique nécessaire pour atteindre ces objectifs. Les indicateurs de performance sont standardisés. Ils sont les mêmes pour tous les magasins. Les objectifs de performance peuvent porter sur trois domaines.

| Domaine évalué | Objectif recherché | Exemples d'indicateurs |
|---|---|---|
| **Performance financière** | Mesurer la rentabilité du point de vente et le degré de satisfaction du client. | – Le chiffre d'affaires.<br>– Le résultat annuel.<br>– Le taux de marge.<br>– Le taux de satisfaction des clients. |
| **Performance sociale** | Mesurer l'implication et la satisfaction des salariés au travail. | – Le taux d'absentéisme.<br>– Le niveau de l'intéressement et de la participation aux résultats.<br>– Le taux de *turnover*. |
| **Performance environnementale** | Mesurer l'action du magasin dans l'optimisation de l'allocation de ses ressources et dans son impact sur l'environnement. | – Taux de recyclage des composants sur les produits vendus.<br>– Évaluation du niveau de consommation de carbone.<br>– Part des « produits verts » sur le total des produits présentés en rayon. |

Les informations sont traitées grâce à un progiciel de gestion intégré. Ainsi, la santé de chaque enseigne est connue au niveau de la division presque en temps réel. Cette dernière transmet ensuite une agrégation de ces données à la société mère qui pourra les confronter avec celles de la division « Brikoconcept ». Le but est de créer des synergies entre les deux divisions. Un bilan de performance est établi à chaque fin de période. Des actions correctives sont proposées par le siège si celui-ci constate des dérives. À l'inverse, le repérage de bonnes pratiques dans quelques magasins est étendu à l'ensemble du groupe.

**Exemples de synergies entre magasins au sein de la division « Brikoréso »**

| Constat | Actions pour l'ensemble des enseignes |
|---|---|
| L'accueil des stagiaires est pratiqué dans toutes les enseignes, mais des divergences ont été constatées sur l'application des règles en matière de convention de stage. | La société mère, à travers son service juridique, a proposé un guide de bon accueil et de respect des droits des stagiaires. |
| Un directeur a lancé une idée originale pour faciliter le tri et le recyclage des déchets d'un magasin. | La société mère réfléchit à l'extension de cette solution pour les magasins du groupe. Elle cherche également à intégrer cette solution dans les magasins à venir. |

## II La division « Brikoconcept »

La division « Brikoconcept » est le laboratoire du groupe. Sa finalité consiste à chercher, trouver et développer des solutions qui permettent de rendre plus satisfaisantes les prestations des magasins du groupe. Cette stratégie d'innovation rassemble quatre activités :
- Étudier les attentes des clients par des enquêtes de satisfaction.
- Observer l'évolution des marchés des matériaux et des matières premières.
- Améliorer la qualité des produits proposés par le groupe et en faire bénéficier les magasins.
- Trouver des agencements ou des modes de présentation facilitant le repérage ou le guidage des clients dans un magasin tout en préservant l'image du groupe.

Le travail est organisé par équipes de 5 à 10 personnes. Chacune est affectée à un projet de recherche. Une fois le projet abouti, elle est affectée à une autre initiative. C'est une structure souple et très flexible. Chaque groupe de projet dispose d'une forte autonomie. Les membres d'un projet rendent compte à un responsable qui lui-même est responsable devant le directeur de division.

**Exemples d'indicateurs de performance de la division « Brikoconcept »**

| Domaine évalué | Objectif recherché | Exemples d'indicateurs |
|---|---|---|
| **Performance financière** | Mesurer la bonne utilisation des fonds consacrés à la recherche. Concéder des licences d'exploitation de brevet. | – Montant annuel des dépenses.<br>– Prime à la découverte.<br>– Revenus tirés des brevets concédés. |
| **Performance sociale** | Mesurer l'implication et la satisfaction des salariés au travail. | – Le taux d'absentéisme.<br>– Le taux de *turnover*. |
| **Performance environnementale** | Mesurer les découvertes en faveur d'un développement durable. | – Nombre d'améliorations « vertes ».<br>– Nombre de brevets déposés. |

Grâce aux travaux de cette division, il est désormais possible de trouver en magasin certaines références, dont des peintures sans solvants, des engrais sans pesticides ou encore des ampoules à faible consommation d'énergie.

Les informations relatives à la division « Brikoconcept » sont rassemblées sur la même application que la division « Brikoréso ». Ainsi, l'ensemble peut être plus facilement centralisé, traité et analysé par le siège social.

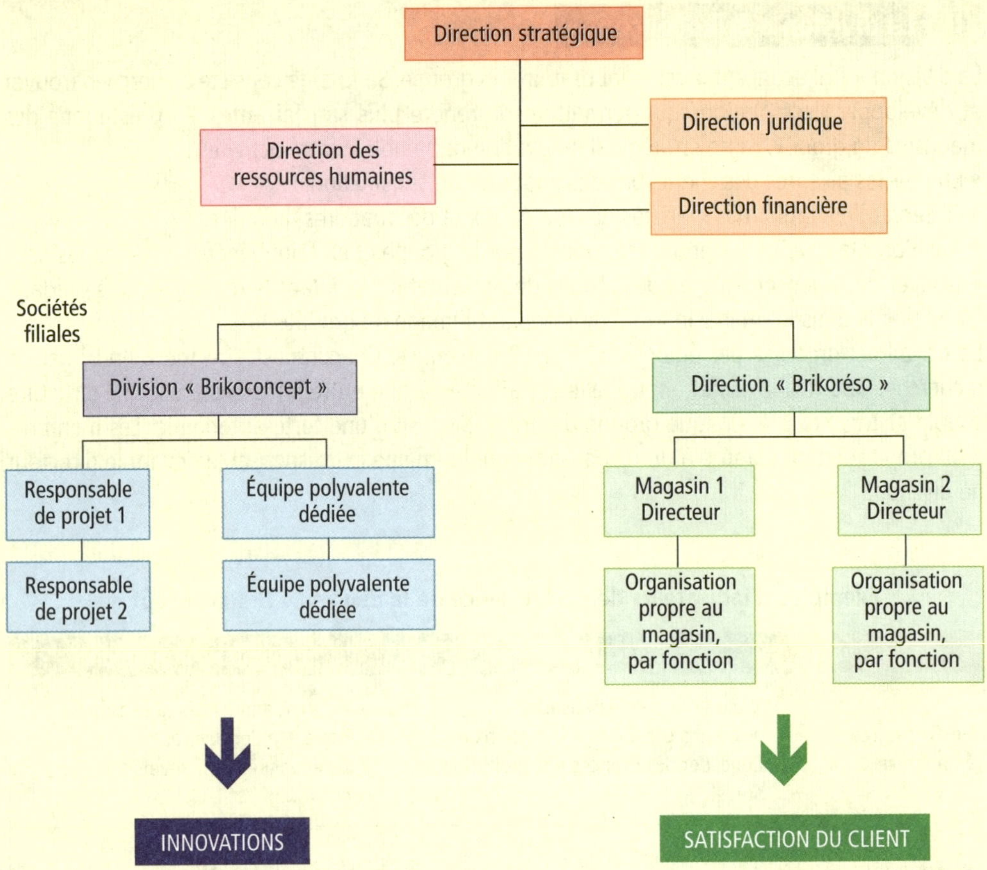


▲ L'organigramme du groupe

**Remarque :** l'organigramme ne représente que deux équipes de projet mais il en existe autant que de besoins. L'organigramme ne représente que deux magasins, mais il en existe actuellement 28 qui viennent se positionner selon le même modèle.

## III Les valeurs du groupe

Tout salarié du groupe Brikhome est conscient de contribuer au quotidien dans la réalisation de son métier à la performance du groupe et au partage de ses valeurs : « respect et professionnalisme responsable ». Ces lignes directrices se retrouvent dans quatre axes interdépendants.

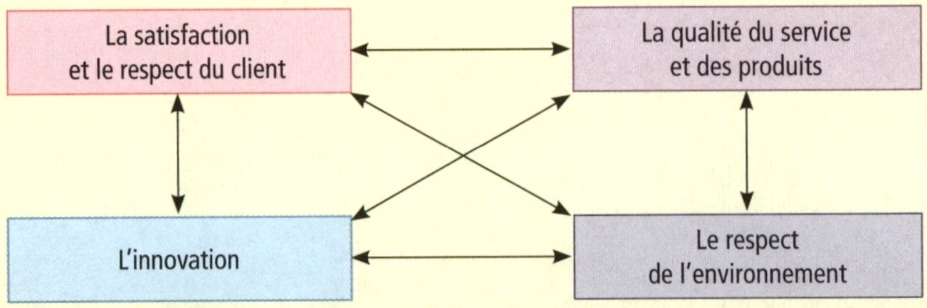

## IV Aujourd'hui

Le groupe peut s'appuyer sur un vivier de compétences diverses et riches, capables d'apporter des innovations dans le domaine du développement durable. En outre, la situation financière du groupe est favorable. Ces atouts poussent la direction stratégique à envisager une nouvelle voie de développement tout en poursuivant la mise en place de ses enseignes.

### RESSOURCE 1

#### Le marché du bricolage

Que l'on bricole par plaisir ou par nécessité pour réaliser des économies, le bricolage véritablement indépendant de la conjoncture économique, reste une valeur sûre. Les chiffres parlent d'eux-mêmes : loisir préféré des Français, le bricolage représente un marché important estimé à près de 40 milliards d'euros en croissance moyenne de 4 % chaque année depuis 10 ans. Réduction du temps de travail, accès à la propriété facilité, tendance au cocooning et évolution démographique… autant de facteurs qui poussent les ménages français à s'adonner au bricolage et à privilégier les dépenses liées à l'aménagement de la maison ou du jardin.

C'est au total 67 % de la population française qui bricole et 8 femmes sur 10 qui réalisent elles-mêmes des travaux dans leur maison. On estime également que pas moins de 500 millions de personnes visitent les magasins de bricolage chaque année.

Avec une dépense moyenne d'environ 1 500 euros par ménage, les Français sont les plus dépensiers en Europe devant les Britanniques (1 300 euros) et les Allemands (1 100 euros).

**Trois familles de magasins** existent sur le marché du bricolage :

- Les grandes surfaces de bricolage (de 9 600 $m^2$ en moyenne et jusqu'à 19 000 $m^2$), implantées à proximité des grandes agglomérations. Leur offre est composée, en libre-service et en vente assistée, de gammes de produits au meilleur prix pour aménager entièrement son habitat : bricolage – construction – jardinage – décoration – cuisine – sanitaire – rangement.
- Les petites et moyennes surfaces de proximité implantées en centre-ville ou en périphérie. Proches et pratiques, ces enseignes (entre 1 000 et 4 000 $m^2$) proposent en libre-service des produits de bricolage pour du dépannage, des travaux de rénovation, d'entretien, de jardinage…
- Les magasins discount : en périphérie des villes, les magasins discount Bricoman apportent une réponse rapide et économique aux besoins de construction et de rénovation de la maison. Sur une surface moyenne de 6 500 $m^2$, l'enseigne pratique des prix discount permanents sur des gammes couvrant les besoins standard de gros œuvre, second œuvre, aménagement et finition.

www.groupe-adeo.com ; service presse.

**Mais une catégorie de magasin n'existe pas.** Le film *Home* de Yann Arthus-Bertrand, les accords du Grenelle de l'environnement, la semaine annuelle du développement durable… montrent que la prise de conscience de l'impact de l'homme sur l'environnement touche de plus en plus les consommateurs. D'autres organismes tels que « habitat-durable » ou « France Habitation » proposent d'établir des diagnostics ou conseillent sur les produits à choisir. Mais, à ce jour, il n'existe pas de spécialiste qui vende aux particuliers les produits liés à ces diagnostics.

RESSOURCE 2

## L'habitat durable

L'habitat est parmi l'un des premiers émetteurs de gaz à effet de serre, tout juste devant les transports. L'action est donc entre nos mains. Nous pouvons facilement et rapidement nous engager dans cette voie. Encore faut-il savoir arbitrer et faire les bons choix.
Comment réduire sa facture énergétique :
Faut-il installer une pompe à chaleur, changer ses fenêtres, améliorer l'isolation des combles, modifier son système de ventilation… ?
Pour répondre à toutes ces questions, les responsables de pôle habitat durable sont à votre disposition. Totalement indépendants, ils ne sont redevables d'aucun organisme et n'ont pas pour vocation de vendre tel ou tel matériel.
Ils sont signataires de la charte de déontologie habitat durable®.
Ils ont une approche globale du bâtiment et sont souvent adhérents de la Fédération française du bâtiment, gage d'une volonté d'allier professionnalisme et compétence.

• **Vous souhaitez réduire l'impact environnemental de votre habitat ?** Nos bilans aboutissent aux meilleures solutions économiques et environnementales.

• **Vous êtes sur le point d'acquérir un bien immobilier ?** Le faire diagnostiquer permet d'évaluer en détail la qualité de l'enveloppe (isolation, etc.) et du système de chauffage. Vous éviterez par conséquent les mauvaises surprises, et vous obtiendrez un chiffrage précis des travaux que vous aurez peut-être envie d'effectuer.

• **Vos équipements de chauffage sont à remplacer ?** Il est toujours difficile de choisir une technologie par rapport à une autre, et encore plus de bien la dimensionner. Nous vous aidons à choisir.

• **Vos factures sont importantes et ne cessent d'augmenter ?** Faire diagnostiquer sa maison au travers d'un bilan thermique permet de comprendre les faiblesses de votre installation, et de disposer de recommandations concrètes pour l'amélioration rentable de votre habitat.

www.habitat-durable.com.

RESSOURCE 3

## Crédit d'impôt : les règles 2018

Pour encourager les travaux d'amélioration des performances énergétiques des habitations, les pouvoirs publics ont mis en place un **CITE (crédit d'impôt pour la transition énergétique)**. Créé en 2005, il permet aujourd'hui aux particuliers domiciliés fiscalement en France, de recevoir un crédit sur leur impôt équivalent à **30 % du montant dépensé** dans la réalisation des travaux d'économies d'énergie [...] qui respectent certains critères techniques.

### Équipements et matériaux éligibles

Les travaux de rénovation éligibles au dispositif du crédit d'impôt concernent principalement l'isolation, la production d'eau chaude sanitaire et le chauffage.

**Pour l'isolation thermique**, les travaux éligibles concernent l'isolation thermique des parois vitrées : fenêtres ou portes fenêtres, fenêtre de toiture, doubles fenêtres (seconde fenêtre sur la baie) avec un double vitrage renforcé, vitrages de remplacement à isolation renforcée (faible émissivité), volets isolants caractérisés par une résistance thermique additionnelle apportée par l'ensemble volet-lame d'air ventilé, porte d'entrée donnant sur l'extérieur, calorifugeage d'une installation de production ou de distribution de chaleur ou d'eau chaude sanitaire.

**Pour le chauffage du domicile** et la production d'eau chaude sanitaire (ECS) les travaux sont éligibles pour l'installation : d'une pompe à chaleur géothermique eau/eau, air/eau, d'une pompe à chaleur sol/eau, sol/sol utilisées pour le chauffage ou le chauffage et la production d'eau chaude sanitaire, d'un chauffe-eau thermodynamique (CET).

**Pour l'installation d'équipements de production de chauffage** ou de fourniture d'eau chaude sanitaire fonctionnant à l'énergie renouvelable : équipements de production de chauffage fonctionnant à l'énergie solaire, équipements de fourniture d'eau chaude sanitaire (ECS) seule ou associée à la production de chauffage, capteur solaire, ballon d'eau chaude solaire, équipements de chauffage ou de fourniture d'eau chaude sanitaire fonctionnant à l'énergie hydraulique, équipements de fourniture d'électricité à partir de l'énergie hydraulique ou de biomasse, poêles (bois ou autres biomasses)...
Enfin, le CITE s'applique pour l'installation de bornes de recharge pour véhicules électriques et la réalisation, sans obligation légale, de diagnostic de performance énergétique.

www.quelleenergie.fr

# Étude de cas 2 Le cas Legeris

## SUJET

(Corrigés p. 345)

**• Après avoir pris connaissance du cas Legeris et des ressources proposées, vous réaliserez une étude en répondant aux questions suivantes.**

### Analyse du contexte

**1. Montrez que M. Legeris se comporte à la fois comme un entrepreneur et un manager.**

**2. Parmi les décisions prises par M. Legeris depuis la création de l'entreprise, distinguez celles qui relèvent du domaine stratégique et celles qui relèvent du domaine opérationnel. Établissez le lien entre ces deux types de décisions.**

**3. Procédez au diagnostic de l'entreprise au sens d'Edith Penrose. Quel élément est le plus propice à créer un avantage concurrentiel en faveur de l'entreprise ?**

**4. En vous appuyant sur les stratégies concurrentielles de Michael Porter, identifiez celle adoptée par la SARL Legeris Fitness. Justifiez-la.**

### Problème(s) de management

**5. Identifiez le problème de management auquel est confrontée dernièrement l'entreprise.**

### Solution(s) argumentée(s)

**6. Proposez une mesure pertinente qui permettrait de protéger les innovations mises au point par la SARL Legeris Fitness. Expliquez les avantages et les inconvénients de cette mesure.**

**7. Conseillez l'entreprise Legeris Fitness sur les moyens qu'elle pourrait utiliser pour financer de nouveaux projets de recherche ou accéder à de nouvelles technologies.**

**Le cas Legeris**

**Le dossier**

Le dossier comprend :
- Le cas Legeris.
- Les ressources :

– Ressource 1 : *Vocabulaire technique.*
– Ressource 2 : *La protection des créations.*

M. Legeris est ingénieur de formation. Il est doté d'un tempérament dynamique et cherche toujours à relever de nouveaux défis. Grand amateur de sport, il aime se dépenser et prendre soin de sa santé. Il pratique régulièrement la course à pieds. Il a également l'habitude de passer deux à trois heures par semaine dans une salle de fitness pour faire des exercices de musculation.
Après avoir travaillé pendant 18 ans dans le secteur de la métallurgie et de la plasturgie, il a envie de « changer de décor et de se lancer sa propre aventure ». Il discute avec quelques amis, prend contact avec des organismes tels que la chambre de commerce et d'industrie de sa ville, obtient de la part de son employeur un congé pour création d'entreprise et décide finalement de créer la sienne.

Son projet lui permet de concilier travail et passion. Il s'implante à Lille et monte une unité de conception et de fabrication d'articles de sport pour le fitness et la remise en forme. Il investit dans des machines de fonte et de moulage du plastique et du métal. Il recrute au départ 6 salariés. Ses produits sont vendus essentiellement à des salons de sport et clubs d'activités sportives. Parfois, il obtient des contrats pour approvisionner des magasins de distribution spécialisés dans la vente d'articles de fitness.

Les deux premières années d'activité, l'entreprise ne proposait que quelques produits :

– une gamme d'haltères ;

– deux planches ergonomiques pour abdominaux ;

– trois types de planche de step.

Les ventes furent satisfaisantes et permirent de dégager des bénéfices. Mais, très vite, M. Legeris a conscience que la concurrence est forte sur le secteur des sports et des loisirs sportifs. Il sait que s'il veut pérenniser son activité, il doit proposer une large gamme de produits à une clientèle ciblée.

Il décide de transformer son entreprise individuelle en société à responsabilité limitée et crée la SARL Legeris Fitness. Cela lui permet de s'associer à un organisme financier (à hauteur de 30 % dans le capital social), d'augmenter ses capacités financières ainsi que ses possibilités d'emprunt. Il réinvestit donc massivement pour élargir sa gamme. Dans ce but, il achète de nouvelles machines et recrute 8 techniciens et 2 ingénieurs.

L'année dernière, le catalogue de la SARL Legeris Fitness comprenait plus de 120 références. Aux haltères et aux planches de travail musculaire se sont ajoutés cerceaux, ballons, cordes à sauter, disques à poignée, vélos d'intérieur, tapis de gym, CD d'ambiance, DVD de démonstration d'exercices de fitness…

En 5 ans, la SARL Legeris Fitness s'est positionnée comme la spécialiste du fitness à destination des professionnels. La stratégie de croissance de l'entreprise a poussé M. Legeris à décider du déplacement de son site dans un bâtiment plus grand. Désormais, l'activité est gérée dans un immeuble disposant d'une grande surface au sol. Les étages supérieurs regroupent les activités administratives, financières, commerciales et humaines. Le premier étage est consacré à la recherche et à la conception des produits. Le rez-de-chaussée est occupé par l'ensemble des machines destinées à la fabrication. Le résultat est satisfaisant et les profits toujours au rendez-vous.

Cette année, la SARL Legeris Fitness doit faire face à un nouveau défi. Les difficultés financières rencontrées par les consommateurs français se font sentir. La crise du pouvoir d'achat est là. Elle se traduit par une fréquentation moindre des salles de musculation et de fitness et donc par une stagnation des commandes auprès de la SARL.

Par ailleurs, le coût des matières premières augmente. Par exemple, l'acier des haltères est importé d'Asie. La forte croissance de la Chine et de l'Inde et la hausse de la demande de métaux qui en découle font monter les cours. En outre, le prix du pétrole augmente et donc, avec lui, le coût du transport jusqu'en France.

Fidèle à son caractère réactif, M. Legeris ne se laisse pas abattre. Il décide de redéfinir son budget pour le consacrer davantage à la recherche et développement. La part du chiffre d'affaires consacrée à la recherche est doublée, passant de 5 à 10 %. Conscient de l'implication supplémentaire que cela suppose des ingénieurs, il se rapproche de ses équipes de chercheurs. Chaque matin, il passe les saluer au premier étage et il se réunit à chaque fin de semaine avec eux pour constater l'état d'avancement des projets. Il fait également des propositions pour orienter les recherches. Pour se démarquer de ses concurrents, il suggère par exemple d'intégrer une dimension environnementale à la conception des produits. Son idée est la suivante : il faut montrer aux clients que son entreprise est un acteur responsable, un acteur qui se soucie de l'écologie.

Par exemple, son raisonnement est le suivant pour les haltères :
« Les clients qui achètent des haltères achètent un lest à "soulever", ce qui compte c'est le poids choisi et non la matière qui sert de lest. Les disques d'haltères standards sont fabriqués en Europe ou en Asie : ils sont en acier recouvert de plastique ou ce sont des contenants plastiques remplis de ciment. Pour rester compétitif par rapport aux importations asiatiques, je propose une stratégie visant à réduire les délais de fabrication et optimiser la qualité des produits, pour un prix plus compétitif que l'importateur de base. Pour ce faire, nous allons développer une nouvelle gamme de produits en plastique recyclable que le client remplit lui-même avec de l'eau.
**Conséquences en termes d'environnement**
- Les émissions de $CO_2$ sont réduites parce que l'ensemble de la production peut se faire en France. Il n'y a plus besoin d'importer la matière première.
- Nous remplaçons l'utilisation de l'acier par une ressource renouvelable et recyclable : un plastique PEHD et de l'eau !

Nous pouvons donc vendre des produits moins chers avec une image forte de respect de l'environnement. »

Trois mois plus tard, les nouveaux haltères sont commercialisés.
Un mois plus tard, M. Legeris arrive en trombe, catastrophé, dans le bureau de ses collaborateurs. Les produits innovants sont copiés par les concurrents européens : Espagne, Pays-Bas et Grèce proposent des produits s'appuyant sur le même concept que ceux que la SARL fabrique actuellement. Cela met grandement en danger le savoir-faire technologique de l'entreprise, fondement de sa stratégie.

**Quelques chiffres**

| | N – 1 | N |
|---|---|---|
| **Chiffre d'affaires** | 1 270 000 € | 2 000 000 € |
| **Résultat après charges, impôts et distribution des dividendes** | 220 000 € | 400 000 € |
| **Montant des emprunts en cours** | 500 000 € | 500 000 € |
| **Taux d'endettement** | 39 % | 25 % |

### Ressource 1

#### Vocabulaire technique

Le polyéthylène ou polyéthène (sigle PE) est un des polymères les plus simples et les moins chers. C'est un plastique inerte. Il appartient à la famille des polyoléfines. Son nom vient du fait qu'il est obtenu par polymérisation des monomères d'éthylène. Ses propriétés sont intéressantes : il est à la fois solide, rigide et facile à manipuler.

### Ressource 2

#### La protection des créations

Vous êtes à l'origine d'innovations, de créations esthétiques, d'une nouvelle image ou d'un nom pour votre entreprise ? Quels que soient votre projet et votre domaine d'activité, ce que vous inventez ou concevez mérite d'être protégé.
Vous êtes designer, artiste, étudiant ou chercheur ? Votre création, qu'elle ait un caractère technique ou artistique, qu'elle ait un but commercial ou non, peut faire l'objet d'une ou de plusieurs protections.

La propriété intellectuelle sert à protéger les créations intellectuelles. Elle récompense l'effort des innovateurs en leur donnant des droits, leur permettant de diffuser leurs créations dans la société en les faisant fructifier, grâce à un monopole d'exploitation pour une période déterminée. Se protéger grâce à la propriété intellectuelle, c'est se donner les moyens d'agir contre les contrefacteurs et les pratiques déloyales, mais c'est aussi…

**Créer de la valeur**

Posséder un portefeuille de brevets, de marques, de dessins et modèles, contribue à enrichir le capital immatériel de votre entreprise, et peut constituer une source de revenus tangibles (cessions de brevets, licences d'exploitation…).

**Valoriser vos créations**

Facteur de reconnaissance, la propriété intellectuelle est un moyen sûr de valoriser vos créations auprès des partenaires et d'asseoir votre notoriété auprès de vos clients. Si vous êtes un laboratoire, elle contribue à renforcer vos liens avec le milieu industriel et à concrétiser vos recherches.

**Stimuler votre créativité et vos innovations**

La propriété intellectuelle vous permet d'évaluer le caractère novateur d'une innovation et vous incite à la recherche de solutions toujours plus créatives.

**Accroître votre crédibilité**

Déposer des titres de propriété industrielle, revendiquer des droits d'auteur, c'est vous assurer une plus grande crédibilité face à vos partenaires, notamment financiers, et concrétiser le développement de vos idées ou de vos produits.

**Se développer sur d'autres marchés**

Protéger votre création à l'international, c'est ouvrir de nouveaux marchés pour exploiter vos produits, et s'allier de nouveaux partenaires à l'étranger.

La propriété intellectuelle regroupe la propriété industrielle, d'une part, et la propriété littéraire et artistique, d'autre part.

LA PROPRIÉTÉ INTELLECTUELLE

LA PROPRIÉTÉ INDUSTRIELLE

**Créations techniques**
- Brevets
- Certification d'obtention végétale
- Topographie de semi-conducteurs

**Créations ornementales**

**Signes distinctifs**
- Marques
- Dénomination sociale, nom commercial, enseigne
- Noms de domaine
- Appellations d'origine
- Indications de provenance

Les droits de propriété industrielle s'acquièrent en principe par un dépôt (ex. : brevet, dessin et modèle, marque), parfois par l'usage (ex. : noms commerciaux ou enseignes).

LA PROPRIÉTÉ LITTÉRAIRE ET ARTISTIQUE

**Droits d'auteur**
- Œuvres littéraires, musicales, graphiques, plastiques...
- Logiciels

**Droits voisins**

Destinés exclusivement aux artistes interprètes, aux producteurs de vidéogrammes et de phonogrammes et aux entreprises de communication audiovisuelle

Le droit d'auteur s'acquiert sans formalités, du fait même de la création de l'œuvre.

Source : INPI.fr

# Étude de cas 3 Le cas Transtateco

## SUJET

(Corrigés p. 348)

**• Après avoir pris connaissance du cas Transtateco et des ressources proposées, vous réaliserez une étude en répondant aux questions suivantes.**

### Analyse du contexte

**1.** **Caractérisez la finalité de l'entreprise Transtateco au sens de Peter Drucker.**

**2.** **Repérez les dispositifs liés à la responsabilité sociétale mis en œuvre ou envisagés par Transtateco.**

**3.** **En vous appuyant sur les travaux de Cyert et March, identifiez les parties prenantes et analysez le mode de gouvernance de l'entreprise.**

### Problème(s) de management

**4.** **Expliquez le problème de management auquel est confronté le conseil d'administration de Transtateco.**

**5.** **Déduisez, en termes de performance, les inconvénients soulevés par ce problème.**

### Solution(s) argumentée(s)

**6.** **En vous inspirant du modèle LCAG (Learned, Christensen, Andrews, Guth), proposez une démarche à adopter par Transtateco afin qu'elle puisse résoudre son problème. À quelles conditions cette démarche sera-t-elle valable ?**

**7.** **Qualifiez les voies de développement que Transtateco peut emprunter. Argumentez celle qui vous paraît la plus pertinente.**

**Le cas Transtateco**

**Le dossier**

Le dossier comprend :

- Le cas Transtateco.
- Les ressources :

– Ressource 1 : *L'éco-conception.*
– Ressource 2 : *Le covering.*
– Ressource 3 : *La réglementation européenne.*
– Ressource 4 : *Le marché du stationnement et du transport urbain.*
– Ressource 5 : *La norme ISO 14001.*

L'entreprise Transtateco est une société par actions simplifiée implantée à Paris depuis l'an 2000. Elle compte aujourd'hui 213 salariés répartis sur trois sites en France. Le siège social est à Paris et deux centres industriels sont installés à Besançon et à Lille.

Transtateco est un acteur clé dans le domaine de la mobilité urbaine et se positionne sur deux activités : le stationnement et le transport. Dans chacun de ces domaines, l'entreprise propose une offre intégrée complète : des équipements, des services et des outils informatiques de gestion facilitant la mise en œuvre et le contrôle des politiques de déplacement urbain.

Transtateco conseille, accompagne et déploie son savoir-faire auprès des collectivités locales et acteurs privés.

## I La composition du capital

L'entreprise a été fondée grâce au regroupement de trois associés.
M. Bonimi est un ingénieur issu de l'école des Métiers de l'Environnement. Pendant dix ans, il est salarié au STIF, l'autorité organisatrice des transports de voyageurs d'Île-de-France, où il a acquis une expertise dans le domaine de la gestion des transports et de la logistique. Conscient du rôle croissant du facteur environnemental dans le transport urbain, il s'intéresse fortement à l'amélioration de la conception des horodateurs. Fort de ses recherches, il décide de lancer sa propre activité suite à une opération d'essaimage avec le STIF.
M^me^ Gerous est titulaire d'un master de gestion de production. Après avoir travaillé à la RATP, elle officie au service innovation de la SNCF. Elle se spécialise dans la gestion du système d'information de la billetterie. Après quelques années, elle est contactée par M. Bonimi qui lui a exposé son projet de création d'entreprise. La force de M^me^ Gerous est qu'elle maîtrise les solutions applicables dans ce que l'on appelle la billettique.
Le projet prend forme mais une levée massive de fonds est nécessaire dans les premiers temps pour satisfaire aux achats des premiers produits de stationnement. Séduite par la philosophie du projet, la société d'investissement « Equi-Libre » intervient alors en proposant des fonds à hauteur de 1 million d'euros.

Pendant les années 2000, l'activité est prospère et trouve sa clientèle. Toutefois, en 2005, pour renforcer ses fonds et assurer le financement de la fabrication des nombreuses commandes, l'entreprise fait appel à un quatrième associé. La société d'investissement « Bankafair » a apporté 500 000 € au capital.
Enfin, afin de partager les fruits de sa croissance avec l'ensemble de ses collaborateurs et de promouvoir la transparence des décisions prises, l'entreprise a progressivement admis les salariés à devenir actionnaires. Aujourd'hui, ils représentent 22 % du capital social.

| Répartition du capital social | % |
|---|---|
| M. Bonimi | 25 % |
| Mme Gerous | 23 % |
| La société Equi-Libre | 20 % |
| La société Bankafair | 10 % |
| Les salariés | 22 % |
| Total | 100 % |



## II Les produits et prestations proposés

### 1 Au sein de l'activité stationnement

Le produit phare de Transtateco est l'horodateur. Son produit est à la fois esthétique, peu encombrant et respectueux de l'environnement, car il fonctionne en toute autonomie grâce à des capteurs solaires photovoltaïques. En outre, 70 % de ses composants sont recyclables. De nombreux moyens de paiement sont envisageables : pièces, carte bancaire ou carte d'abonné.
Pour la gestion du parc d'horodateurs, Transtateco fournit un système d'information complet qui permet de suivre l'évolution des tickets émis, de calculer le niveau d'occupation d'une zone de parking et de faciliter les opérations de contrôle.
Transtateco propose également des barrières de parking avec portique et des bornes d'entrée et de sortie.

### 2 Au sein de l'activité transport

À l'écoute des besoins des municipalités, des opérateurs et des exploitants et sur la base de principes innovants, Transtateco a développé une offre billettique complète qui touche les trois principaux domaines d'activité du transport public : la vente des titres de transport (au guichet, à une borne ou *via* internet), la validation de ces titres (valideur dans les bus, portillon dans le métro, composteur sur les quais) et le contrôle des paiements (outil pour les contrôleurs).
Là encore, Transtateco accompagne la vente de ses produits par la mise en place d'un système d'information qui permet une exploitation optimale de la vente des titres de transport.
Ainsi, le portefeuille de produits et de systèmes de Transtateco est pensé pour atténuer les embouteillages et faciliter le flux de la circulation. En tant que leader dans les solutions de billettique et de paiement pour stationnement et transports publics, Transtateco a joué un rôle primordial dans le développement de la technologie pour horodateurs. Transtateco s'efforce, à travers ses différentes prestations de concilier service économique, gestion des flux urbains et respect de l'environnement.

## III Un contrat signé à l'international

L'année dernière, Transtateco a remporté un important contrat d'horodateurs en Angleterre. La ville de Londres a commandé 140 horodateurs de couleur verte à énergie solaire, pour remplacer ses anciennes unités. La livraison et l'installation d'un premier lot d'horodateurs se feront à l'automne et un second lot en 2018. Ce contrat montre que l'offre de Transtateco est compétitive et qu'elle commence à intéresser les grandes villes d'Europe.

## IV Le dernier conseil d'administration de la société

Le conseil d'administration est composé de cinq administrateurs désignés par les actionnaires. Siègent M. Bonimi, M^me^ Gerous, M. Balance, représentant de la société Equi-Libre, M. Buzi, représentant de la société Bankafair et M^me^ Vorker, représentante des salariés. Siègent également M. Milot, responsable de l'activité stationnement et M^me^ Tongris, responsable de l'activité billetique. Ces deux derniers ne sont pas actionnaires. Ils ont chacun la fonction de « directeur général ».
Lors du dernier conseil, les discussions ont été particulièrement animées.

- **M. Bonimi :**

« Chers collaborateurs, aujourd'hui, les centres urbains et grandes villes du monde entier sont confrontés aux mêmes problématiques : embouteillage, changement climatique, pollution, voire insécurité. À la recherche d'une nouvelle "mobilité urbaine" en termes de transport et d'urbanisme, ces acteurs sont dès lors confrontés à des enjeux économiques, sociaux et avant tout sociétaux. Dans ce contexte, Transtateco doit trouver sa place et gérer son potentiel de croissance en faisant les bons choix. Mais lesquels ? Plusieurs axes de développement se profilent et, aujourd'hui, aucune stratégie réelle n'est définie.
C'est pourquoi, je propose, conformément à notre finalité première, de placer nos investissements dans la recherche de modes de production respectueux de l'environnement. Nous devons réduire l'impact du fonctionnement de nos produits sur l'environnement. La démarche est déjà entamée avec les horodateurs. Étendons-la à tous nos produits en mettant en œuvre une démarche d'éco-conception. »

- **M. Balance :**

« Je connais l'importance que vous donnez au respect de l'environnement, mais nos efforts sont déjà satisfaisants dans ce domaine. Avant d'investir davantage, nous devrions récolter le fruit de nos efforts passés. Nos produits ont du succès, profitons-en et étendons nos ventes à d'autres clients, notamment à l'étranger. Le dernier contrat passé avec Londres montre les débouchés que nous pouvons retirer de nos produits. »

• **Mme Vorker :**

« Certes le déploiement de l'entreprise à l'international génèrerait des profits mais il aurait aussi l'inconvénient de nous pousser à augmenter fortement nos capacités de production. Cela supposerait une quantité de travail accrue pour les salariés. Cela se traduirait-il par une hausse de salaire ? Comment allez-vous motiver davantage des salariés qui donnent déjà beaucoup ? Ne pensez-vous pas qu'il faudrait recruter et créer des emplois avant de chercher à vendre nos produits à toute la planète ? »

• **M. Buzi :**

« Mme Vorker n'a pas tort. Le développement à l'international supposerait alors de nouveaux investissements financiers avant de pouvoir obtenir des profits. Or, je ne pense pas que le conseil puisse faire appel aux banques ou à un nouvel associé pour dégager de l'argent frais. Je préconise davantage d'optimiser la rentabilité de nos équipements en place. Par exemple, nous pourrions recourir au covering sur les horodateurs. C'est un moyen simple et efficace de faire de la publicité et d'augmenter nos recettes. »

• **Mme Gerous :**

« M. Buzi, vous vous contentez d'une vision de court terme. Votre proposition est intéressante mais ne résout pas notre positionnement sur le long terme. Je suis d'avis, comme M. Bonimi le suggérait, de consacrer nos efforts à ce pourquoi nous avons créé Transtateco : la mobilité urbaine dans le respect de l'environnement. Contrôlons notre croissance. Grandissons lentement mais en proposant des produits de haute qualité. À cette fin, je propose d'entamer une démarche pour obtenir la certification ISO 14001 et d'augmenter nos investissements dans la recherche et développement, et notamment, dans les panneaux solaires destinés aux horodateurs. »

• **Mme Tongris :**

« Si des investissements doivent être faits, je souhaiterais que la priorité soit donnée à l'activité billettique. L'activité stationnement bénéficie déjà d'une part substantielle du chiffre d'affaires pour financer ses recherches. En outre, nos dernières études sur les modes de paiement nous révèlent qu'il serait possible de mettre au point des systèmes de règlement en utilisant des téléphones portables ou des clés USB. Ces solutions seraient particulièrement innovantes et supprimeraient le recours au papier. Mais elles ne sont pas encore toutes opérationnelles. »

• **M. Milot :**

« Sauf votre respect Mme Tongris, votre branche est loin d'être ignorée de nos actionnaires. Par ailleurs, nos chercheurs ont découvert un moyen de réduire de moitié la consommation d'énergie de nos équipements dotés de panneaux solaires. En outre, pour l'instant, nous ne pouvons recycler que 70 % des matières qui composent un horodateur. Nous devons investir pour augmenter encore ce chiffre. Nous avons donc également besoin de fonds pour rendre effectives nos recherches. »

• **M. Bonimi :**

« Toutes ces propositions sont autant de pistes de croissance. Mais laquelle adopter ? De quelles données disposons-nous pour évaluer avec précisions nos dépenses, nos résultats et nos besoins ? Avons-nous des informations propres aux contraintes et aux opportunités de chacune de nos branches d'activité ? »

• **Mme Gerous :**

« À ce jour, notre système d'information ne permet pas une remontée d'information aussi complète. »

• **M. Bonimi :**

« Nous ne pouvons pas décider de l'avenir de l'entreprise sur des considérations qui relèvent plus de l'intuition individuelle que de la réflexion globale. »

### Ressource 1

## L'éco-conception

L'éco-conception consiste à prendre en compte la protection de l'environnement dans la conception des produits et services, depuis l'extraction des matières premières jusqu'au traitement des produits en fin de vie. La dimension « environnement » est intégrée à côté d'autres préoccupations : attentes clients, faisabilité technique, maîtrise des coûts…

Sur fond de concurrence, cette approche préventive des problèmes environnementaux intéresse l'ensemble des acteurs économiques : fournisseurs de matières premières, fabricants, distributeurs, acheteurs publics et privés… À service rendu égal, elle débouche sur la mise sur le marché de produits plus respectueux de l'environnement.

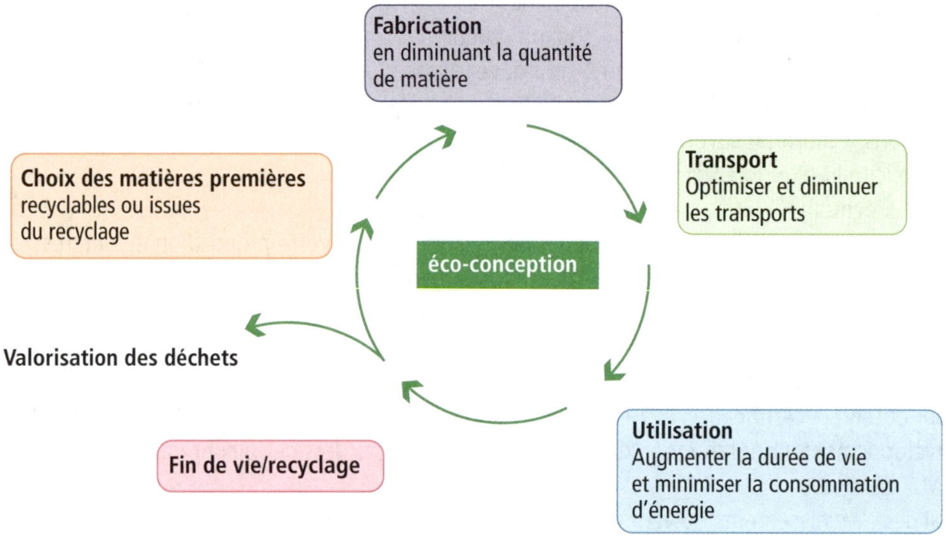


www.eco-conception.fr

### Ressource 2

## Brochure sur le covering d'horodateur

Vous organisez dans votre ville un événement particulier.

Vous souhaitez faire la promotion d'un thème précis, et vous recherchez un support de communication original et largement visible…

Utilisez le formidable potentiel de communication que représente l'horodateur !

- Forte visibilité liée à la densité d'implantation (en général 1 appareil tous les 100 m dans les zones de stationnement).
- Une surface de plus de 2 m² exploitable par appareil.

Grâce à un film adhésif pelliculé sur l'extérieur du boîtier du terminal, vous pouvez renforcer les moyens de diffusion de l'information dont disposent les villes.

De nombreuses possibilités s'offrent à vous :

- Communication institutionnelle : promotion de thèmes, valeurs de la ville.
- Communication événementielle : fête de la musique, du cinéma, festival, spectacle…
- Recherche esthétique : décoration.
- Protection contre les graffitis.

### Ressource 3

## La norme ISO 14001

Les normes ISO 14000 sont un outil de management qui permet à un organisme de toute taille et de tout type :
- d'identifier et de maîtriser l'impact environnemental de ses activités, produits ou services ;
- d'améliorer en permanence sa performance environnementale ;
- de mettre en œuvre une approche systématique pour définir des objectifs et cibles environnementaux, les atteindre et démontrer qu'ils ont été atteints.

La norme ISO 14001 (définie en 2004) a pour but de fournir un cadre pour une approche stratégique de la politique, des plans et des actions de l'organisme à l'égard de l'environnement.

Ce que l'on peut réaliser : ISO 14001:2004 est un outil qui sert à réaliser des objectifs internes :
- donner à la direction une assurance qu'elle maîtrise les processus et activités organisationnels ayant un impact sur l'environnement ;
- donner aux employés une assurance qu'ils travaillent pour une organisation responsable vis-à-vis de l'environnement.

ISO 14001:2004 sert aussi à réaliser des objectifs externes :
- donner une assurance sur les questions environnementales aux parties prenantes extérieures ;
- se conformer à la réglementation en matière d'environnement.

www.iso.org

### Ressource 4

## Le marché du stationnement et du transport urbain

On observe que :
- chaque véhicule n'est en circulation que 6 % du temps. Il passe en moyenne 94 % de son temps en stationnement ;
- le nombre de véhicules stationnés sur le domaine public est en constante augmentation en lien avec la croissance continuelle du nombre d'automobiles des ménages ;
- en conséquence, l'espace public est de plus en plus saturé, ce qui contribue à dégrader le paysage urbain, à perturber le cheminement des piétons, des bus, à dégrader l'environnement.

Partant de ces constats, le stationnement est aujourd'hui au centre des préoccupations des élus et techniciens des grandes villes. Sous la pression des usagers, des associations de consommateurs et des partis politiques écologiques, les collectivités locales, en lien avec les entreprises privées bénéficiant de concession, recherchent des partenaires pour mettre en œuvre des solutions.

Les collectivités locales souhaitent concilier les objectifs suivants : l'attractivité des centres-villes, le respect de la réglementation grâce à un contrôle efficace du stationnement et l'optimisation du stationnement en respectant l'environnement.

Le marché est prometteur. Transtateco est leader sur le marché français. Dans les autres pays européens, les concurrents sont encore balbutiants et ne proposent pas une offre aussi complète que Transtateco.

### Ressource 5

## La réglementation européenne

Depuis 2005, tous les nouveaux systèmes de stationnement installés dans les pays de l'Union européenne (EU) doivent mettre en application la restriction sur les substances dangereuses (règlement 2002/95/EC), et celle sur les déchets des équipements électriques et électroniques (Règlement DEEE, 2002/96/EC). Ces règles exigent des opérateurs qu'ils vendent des équipements avec une quantité minimale de produits chimiques déterminés et qu'ils disposent de systèmes propres de manière à causer un impact minimal sur l'environnement quand ils sont ôtés du site. Par exemple, les objectifs du règlement DEEE spécifient un minimum de 75 % recyclables et 80 % récupérables.

# CORRIGÉS

## Le cas Brikhome *(Énoncé p. 325)*

### Analyse du contexte

1. Brikhome est une société anonyme au capital de 2 500 000 €. La société mère est également actionnaire à 100 % dans deux filiales. Elle adopte une structure divisionnelle par métier.
La filiale « Brikoconcept » est spécialisée dans la recherche. La filiale « Brikoréso » est spécialisée dans la vente des produits du groupe.
Mintzberg caractérise une structure selon des paramètres dits de conception : sans les reprendre tous, certains peuvent être identifiés au sein du groupe Brikhome.

| Paramètre de conception | Application au cas |
| --- | --- |
| **La spécialisation du travail** | L'adoption d'une structure divisionnelle « recherche/distribution » est une forme de spécialisation. |
| **L'endoctrinement** | Le groupe partage des valeurs : satisfaction et respect du client, qualité du service et des produits, innovation, respect de l'environnement. |
| **Le regroupement en unités** | Au sein de chaque division, la spécialisation se fait encore : une équipe de projet se concentre sur un projet de recherche, un magasin se concentre sur une clientèle locale. |
| **La taille des unités** | Les équipes de projet se composent de 5 à 10 personnes. Chaque magasin a une taille variable. |
| **Les systèmes de planification et de contrôle** | Le groupe est doté d'un système d'information qui permet de faire remonter les informations au niveau de la société mère et de prendre des décisions pour tout le groupe. |
| **Les mécanismes de coordination** | Mintzberg a défini 6 mécanismes : ajustement mutuel, supervision directe, standardisation des procédés, des résultats, des normes et des qualifications.<br>On retrouve ici en mécanismes dominants :<br>• la standardisation des résultats : l'autonomie laissée aux divisions n'empêche pas le contrôle des résultats ;<br>• la standardisation des normes : les valeurs partagées du groupe lui donnent une cohésion ;<br>• l'ajustement mutuel : présent surtout dans les équipes de projet ;<br>• la standardisation des procédés : Brikoconcept fait des propositions qui sont ensuite adoptées par tous les magasins de la division Brikoréso. |
| **Le degré de centralisation** | Les divisions sont autonomes. Chaque groupe de projet ou chaque magasin dispose d'une forte autonomie. Demeurent centralisés la stratégie, la finance et le système d'information. |

2. Les fonctions qui composent l'entreprise ont chacune leur spécialisation. Cependant, les divisions d'une organisation ont besoin de coordonner leur action pour faire tendre leur travail vers un même but. Donc, plus les fonctions de l'entreprise sont diversifiées, plus il y aura besoin d'intégration.
Les départements d'une organisation ne doivent pas hésiter à se différencier entre eux pour s'adapter à leur environnement. Mais cette différenciation n'est efficace que si, derrière, des procédures d'intégration assurent l'unité de l'ensemble.

Le groupe Brikhome suit la même logique.

| | |
|---|---|
| **Éléments de différenciation** | Chaque division a sa propre spécialité. La division « Brikoconcept » adopte une structure matricielle adaptée à son besoin de concentrer ses équipes sur des projets ponctuels. La division « Brikoréso » adopte une structure divisionnelle par magasin. |
| **Éléments d'intégration** | • Le progiciel de gestion intégré assure une bonne connaissance des unités de chaque division et une bonne remontée d'information auprès de la société mère.<br>• La société mère gère ses divisions selon le principe de la direction par objectifs. Des indicateurs de performance sont définis et harmonisent les actions.<br>• Le partage de valeurs communes assure une certaine cohésion à l'ensemble du groupe. |

## Problème(s) de management

**3.** Pour procéder au diagnostic stratégique de l'entreprise, on peut s'inspirer de la démarche LCAG des auteurs Learned, Christensen, Andrews et Guth.

| | |
|---|---|
| **Forces** | • Une forte culture de l'innovation.<br>• Une division consacrée entièrement à la recherche capable de créer des produits respectueux de l'environnement.<br>• Grâce à la différenciation, une forte adaptation aux marchés locaux et donc une proximité du client.<br>• Une forte cohésion grâce à la culture partagée par l'entreprise et au système d'information.<br>• Situation financière saine.<br>• Phase de croissance et ouverture fréquente de nouveaux magasins. |
| **Faiblesses** | Pas d'information particulière. |
| **Menaces** | Pas d'information particulière. On peut supposer l'existence d'une forte concurrence à travers les trois familles de magasins : grandes surfaces, petites et moyennes surfaces et magasins discount. |
| **Opportunités** | On trouve les informations suivantes dans les ressources :<br>• Le marché du bricolage est en phase de croissance.<br>• Les particuliers s'intéressent de plus en plus à l'habitat durable, respectueux de l'environnement, source d'économie d'énergie.<br>• La loi favorise fiscalement les investissements dans les biens et matériaux durables.<br>Et surtout : une catégorie de magasin n'existe pas.<br>« À ce jour, il n'existe pas de spécialiste qui vende aux particuliers les produits liés à ces diagnostics. » |

**4.** Trois facteurs nous intéressent :
– la capacité de l'entreprise à innover et à proposer de nouveaux produits ;
– le besoin croissant des consommateurs de prendre en compte le respect de l'environnement dans leur habitat ;
– l'absence de magasins spécialisés dans l'habitat durable.
Ces trois facteurs nous poussent à formuler deux options :
– soit développer un rayon spécifique dans chaque magasin consacré à l'habitat durable ;
– soit lancer une nouvelle enseigne de magasin qui se spécialiserait dans l'habitat durable.
Si l'on considère le marché du bricolage comme florissant et le marché de l'habitat durable source de croissance, on peut opter pour la seconde option.
Cette opportunité correspond à une stratégie de diversification liée. La clientèle reste similaire, mais les produits évoluent vers un autre domaine.

## Solution(s) argumentée(s)

**5.** Classiquement, une stratégie de diversification peut prendre trois formes : une croissance organique (en interne), une croissance externe (par rachat d'entreprise existante), une croissance conjointe (sceller un partenariat).

| | Avantage | Inconvénient |
|---|---|---|
| **Croissance organique** | • Acquérir soi-même les compétences.<br>• Forte expertise. | • Suppose de forts investissements.<br>• Processus lent. |
| **Croissance externe** | • Rapidité d'acquisition des compétences. Elles sont détenues par l'entreprise rachetée. | • Il faut trouver une entreprise à racheter.<br>• Le prix de l'acquisition peut être élevé. |
| **Croissance conjointe** | Combinaison des avantages précédents :<br>– acquérir de l'expertise dans un temps rapide ;<br>– limiter les investissements. | • Il faut trouver l'entreprise avec qui se lier.<br>• Rédiger un contrat qui permette l'échange de compétences sans qu'il y ait non plus de vol de compétences. |

**6.** D'après le diagnostic externe, comme il semble ne pas exister d'entreprise sur le marché développant ce type d'activité, la solution qui s'impose est la croissance organique.
Cette solution est d'autant plus envisageable que le groupe dispose déjà de nombreuses compétences dans le domaine grâce à la division « Brikoréso » ; en outre, la situation financière saine de l'entreprise laisse supposer qu'elle pourra décider de la réalisation d'investissements dans ce domaine.
Éventuellement, des partenariats pourront être envisagés avec les spécialistes et certificateurs du secteur qui interviennent en amont de la vente, au niveau du diagnostic de l'habitation. Exemple : Pôle habitat durable mentionné dans la ressource 2.

**7.** Une nouvelle division est créée. Elle rassemblera des magasins spécialisés dans la vente de produits liés à l'habitat durable. La différenciation et l'intégration continuent d'opérer. La division « Brikoconcept » fait des propositions de produits à cette nouvelle division.

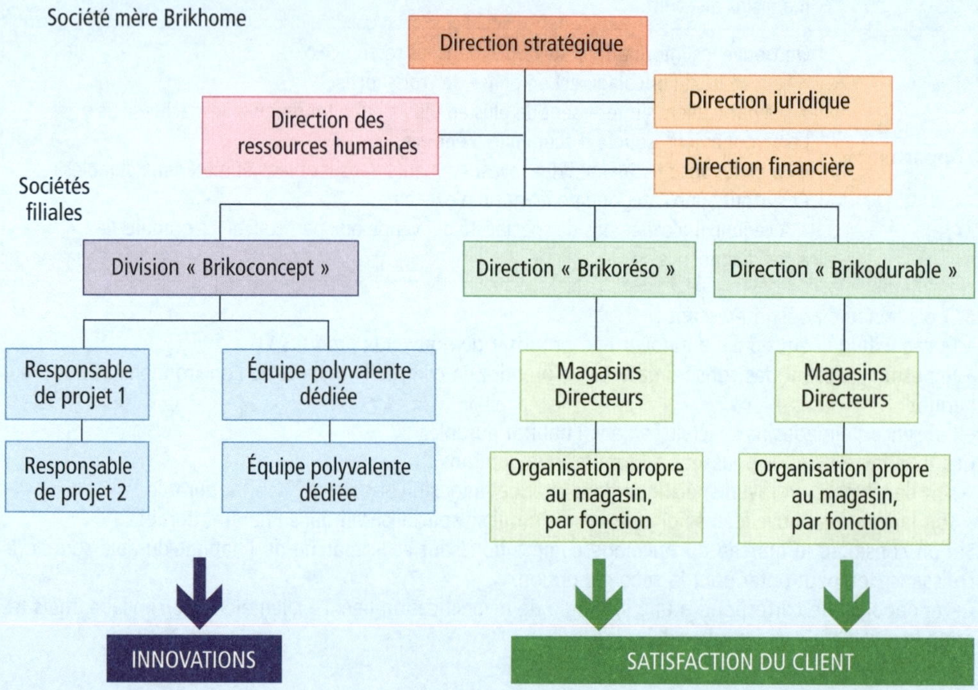

# Le cas Legeris *(Énoncé p. 332)*

## Analyse du contexte

1. L'entrepreneuriat renvoie à une dynamique d'action et à un engagement dans un projet collectif. Entreprendre consiste en premier lieu à repérer des opportunités de développement, puis à prendre les risques nécessaires pour créer l'activité nouvelle correspondante.
La logique entrepreneuriale implique donc une capacité à anticiper, à se projeter et à innover. Elle suppose également la mise en œuvre d'un projet entrepreneurial cohérent articulant contraintes, compétences et ressources.

M. Legeris illustre cette logique :
– Il décide de quitter son poste d'ingénieur dans la métallurgie et la plasturgie pour monter son propre projet. Son expérience lui a apporté de fortes compétences dans un domaine qui va correspondre à son activité. Cette démarche l'amène à prendre des contacts (quelques amis) et à se renseigner sur les modalités de créations (chambre de commerce et d'industrie).
– Sa personnalité correspond à l'état d'esprit de l'entrepreneur qui s'engage pleinement et assume les risques d'un projet au sens de Schumpeter.
– Il met en marche son activité sous la forme d'une entreprise individuelle. Ce statut lui confère une prise de risque maximum. Si son affaire devait péricliter, il devrait payer ses dettes sur ses biens personnels et non pas seulement professionnels. Ce n'est qu'après deux ans d'activité qu'il optera pour une forme juridique plus sécurisante : la SARL.
– Il reste à l'écoute de son environnement et plus précisément de la concurrence. Conscient du danger que représente la concurrence sur le marché des sports et loisirs sportifs, il tente d'anticiper les difficultés, se projette dans l'avenir et fait des propositions pour innover. Sa dernière innovation majeure porte sur les haltères en plastique que l'on remplit d'eau.

À la logique entrepreneuriale fondée sur la prise de risques, peut se combiner la logique managériale qui consiste, pour le manager, à optimiser les ressources qui lui ont été confiées. M. Legeris se comporte également comme un manager.

| | Acquérir puis optimiser les ressources |
|---|---|
| **Ressources matérielles** | - Investissement dans des machines de fonte et de moulage.<br>- Achat de nouvelles machines deux ans plus tard.<br>- Déménagement et agrandissement du siège social. |
| **Ressources humaines** | - Recrutement de 6 salariés à la création.<br>- Recrutement de 10 salariés deux ans plus tard. |
| **Ressources financières** | - Création d'une SARL et partage du capital social avec un organisme financier. |

Les différentes acquisitions sont permises grâce aux profits réalisés, aux apports de l'organisme financier et aux emprunts souscrits auprès des banques.

2. Le management se décline selon l'horizon temporel. À court terme, la dimension opérationnelle s'avère prégnante. Les managers effectuent des choix organisationnels contraints par le coût des ressources. À plus long terme, certains peuvent imposer leur vision du devenir de l'entreprise.

| Les décisions stratégiques | Les décisions opérationnelles |
|---|---|
| **Création de l'entreprise** | • Investissement dans des machines de fonte et de moulage.<br>• Recrutement de 6 salariés. |
| **Diversification de la gamme** | • Achat de nouvelles machines.<br>• Recrutement de 10 salariés. |
| **Stratégie de croissance** | • Déménagement et agrandissement du siège social. |
| **Stratégie d'innovation** | • Doublement du budget consacré à la recherche et développement.<br>• Rapprochement avec les équipes de travail.<br>• Propositions pour innover. |

Les décisions opérationnelles découlent des décisions stratégiques.

Management des entreprises

3. La SARL Legeris Fitness est une entreprise mono-activité. Elle opère essentiellement sur le marché des produits Fitness. Le diagnostic stratégique consiste à établir les forces et les faiblesses de l'organisation, les menaces et les opportunités de l'environnement et d'en déduire un avantage concurrentiel.
En ce qui concerne plus particulièrement l'approche par les ressources et les compétences (E.T. Penrose), on distingue d'abord les ressources tangibles (ex. : équipements, ressources financières et humaines dans leur dimension quantitative) des ressources intangibles (ex. : réputation, image, savoirs et savoir-faire du personnel, savoir organisationnel et managérial, ressources technologiques) puis les compétences générales et distinctives, celles-ci pouvant être spécifiques à un domaine d'activité ou plus transversales. Appliquons ces éléments au cas de la SARL Legeris Fitness.

| | |
|---|---|
| **Le diagnostic interne : l'analyse des ressources stratégiques** | Les ressources tangibles :<br>– la SARL détient un parc de machines de fonte et de moulage pour le plastique et le métal ;<br>– la SARL s'est installée dans un nouveau siège social suffisamment grand pour lui permettre de croître encore ;<br>– la SARL dispose d'un catalogue de 120 références. Les produits qu'elle propose sont souvent innovants. |
| | Les ressources intangibles : la SARL propose régulièrement des innovations. Cette capacité à innover lui confère une image positive et marque son engagement à préserver l'environnement. Mais attention, l'entreprise n'est pas à l'abri de la contrefaçon ou de l'imitation de ses innovations. |
| | Les compétences distinctives : une compétence forte revient à chaque fois que l'entreprise connaît une difficulté. C'est l'aptitude qu'elle a, à travers surtout son dirigeant M. Legeris, à se remettre en question et à s'adapter rapidement aux contraintes nouvelles de l'environnement.<br>La capacité à respecter l'environnement dans la conception des produits est également un atout. |
| **Le diagnostic externe** | La demande : la crise affecte le pouvoir d'achat des consommateurs qui réduisent leurs dépenses dans le domaine des loisirs. |
| | La concurrence : elle est plus prégnante parce que le marché est dans une phase de ralentissement. La concurrence se manifeste au niveau international (Espagne, Pays-Bas et Grèce) et sûrement au niveau national. |
| | Les matières premières : du fait de la forte croissance de la Chine et de l'Inde, le prix des métaux augmente. |

L'innovation est la source d'avantage concurrentiel de la SARL Legeris Fitness. Elle lui donne les moyens de faire face aux contraintes de l'environnement et de communiquer une nouvelle image, respectueuse de l'environnement, à ses clients.

4. Afin de conforter un avantage concurrentiel, Michael Porter a identifié trois types de stratégie.

**– La stratégie de domination par les coûts :**

L'avantage concurrentiel porte sur un avantage en termes de coût. L'organisation est capable de proposer un produit ou un service à un coût de revient moins élevé que ses concurrents, toutes choses étant égales par ailleurs. Cela lui permet de le vendre à un prix moins élevé sur le marché que les concurrents.

**– La stratégie de différenciation :**

L'avantage concurrentiel est fondé sur une qualité distinctive. Le produit peut être vendu plus cher car il apporte une valeur supplémentaire, unique ou rare, que le client est prêt à payer. La différenciation est donc subjective : c'est la perception par le client du surcroît de valeur qui fonde la différenciation et qui assure la rentabilité de cette stratégie.
La différenciation peut porter sur une innovation technologique, une innovation marketing ou sur une marque forte.

**– La stratégie de focalisation :**

Elle combine les deux stratégies précédentes mais le positionnement de l'entreprise se fait sur un segment bien précis.

Ici, les dernières innovations de la SARL Legeris Fitness permettent de vendre des produits moins chers avec une image forte de respect de l'environnement. Domination par les coûts et différenciation sont assurées. En outre, sachant que, sur le marché du sport et des loisirs sportifs, l'entreprise ne s'adresse qu'à un segment, celui des produits fitness, on peut qualifier la stratégie de stratégie de focalisation.

## Problème(s) de management

5. M. Legeris découvre que ses produits innovants sont copiés dans trois autres pays européens : l'Espagne, la Grèce et les Pays-Bas. Ces entreprises s'attaquent donc directement à ce qui fonde la stratégie de la SARL Legeris Fitness : l'innovation.
L'entreprise doit trouver des solutions qui permettraient de protéger son patrimoine technologique.

## Solution(s) argumentée(s)

6. Pour s'assurer un avantage concurrentiel, l'entreprise doit optimiser la gestion de son patrimoine technologique. Cela suppose de mettre au point des innovations puis de les protéger vis-à-vis de la concurrence.
La ressource 2 nous montre qu'une création, selon sa nature, peut faire l'objet de protections. La plus pertinente dans le cas de la SARL Legeris Fitness est le brevet.
Lorsque l'innovation porte sur une invention (domaine de la propriété industrielle), l'innovation peut être protégée par un brevet déposé auprès de l'INPI. À l'inverse, si l'entreprise ne souhaite pas déposer de brevets, elle doit s'assurer du caractère difficilement imitable de son invention et imposer une obligation de confidentialité à ses salariés.

| | Avantages | Risques |
|---|---|---|
| **Déposer un brevet** | Suite au dépôt auprès de l'INPI, le brevet confère à son titulaire un monopole d'exploitation pendant 20 ans. Si le produit est imité, le titulaire du brevet peut exercer une action en contrefaçon. | En contrepartie de la protection, l'invention est mise à la connaissance du public.<br>À la fin du délai de protection, toute personne pourra reprendre à son compte cette invention. |
| **Ne pas déposer de brevet** | Si la confidentialité est maintenue et si l'invention est difficilement imitable, le secret peut être conservé plus que 20 ans.<br>**Exemple :** la formule du Coca-Cola. | Si le secret est divulgué ou l'invention facilement imitable (un bien matériel), l'invention peut échapper à son auteur. |

Un brevet est déposé à l'INPI pour obtenir une protection nationale. Le dépôt peut se faire également au niveau européen *via* l'office européen des brevets. C'est vers cette option que devra se tourner l'entreprise car la concurrence provient de trois pays européens.
Déposer une marque correspondant aux produits innovants peut être également une solution. Mais elle est moins pertinente. Protéger le signe distinctif ne protège pas l'invention contenue dans le produit. Le point positif est que la marque est protégée 10 ans, renouvelables.

7. Pour accéder à de nouvelles technologies, les organisations disposent de trois moyens :
– Financer elles-mêmes leurs projets. Le financement est interne. Il est rendu possible grâce à la capacité d'autofinancement de l'organisation ou par une augmentation des apports de chacun des associés.
– Financer le projet en recourant à un emprunt bancaire. Le financement est externe. L'entreprise s'endette.
– Financer le projet avec l'aide d'un partenaire. Le financement est partagé. Il peut prendre la forme d'une augmentation de capital avec l'introduction d'un nouveau partenaire dans le capital, ou la création d'une filiale commune avec un partenaire.
Vérifions si ces hypothèses sont applicables au cas :

| Hypothèse | Faisabilité ou intérêt |
|---|---|
| **Capacité d'autofinancement** | L'entreprise dégage des profits. Elle dispose d'une réserve de 400 000 € pour l'année N. |
| **Augmentation de capital sans nouvel associé** | C'est envisageable à condition que les associés, M. Legeris et le partenaire financier soient prêts à investir d'autres fonds. |
| **Augmentation de capital avec l'arrivée d'un nouvel associé** | C'est envisageable, mais cela pose la condition de savoir qui et dans quelle proportion. Le montant de l'apport modifiera les rapports de pouvoir au sein de l'entreprise. |
| **Emprunt bancaire** | Le taux d'endettement de l'entreprise est passé de 39 % à 25 %. La situation financière s'assainit. Généralement les banques octroient des fonds lorsque le taux d'endettement ne dépasse pas 33 %. L'entreprise a des chances d'obtenir des fonds supplémentaires. |
| **Filiale commune avec un partenaire** | C'est envisageable, mais avec quel partenaire ? Qui fournira les apports nécessaires à ce type d'alliance ? Comment sera dirigée la filiale commune ? |

Les entreprises peuvent utiliser ces fonds soit pour créer leur propre technologie, soit pour acheter des licences de brevets déjà existants, racheter les droits complets de ces brevets ou racheter les entreprises qui développent des innovations intéressantes.

# Le cas Transtateco *(Énoncé p. 336)*

## Analyse du contexte

1. L'entreprise a une finalité qui ne peut se réduire à la maximisation du profit. Elle reflète les aspirations de la communauté humaine qui constitue l'entreprise et se décline également en termes de biens et services offerts à la clientèle. Selon Peter Drucker, la finalité est influencée par les valeurs personnelles et les aspirations des dirigeants et des associés, les statuts et l'histoire de l'entreprise, les attentes du personnel et les contraintes imposées par l'environnement.
Comme toute entreprise, Transtateco cherche à pérenniser son action en réalisant du profit. En outre, Transtateco prend en compte les contraintes environnementales dans la conception et la production de biens et services. Ses fondateurs ont justement à cœur de proposer à leurs clients une offre toujours plus respectueuse de l'environnement en termes notamment de recyclage et d'économie d'énergie.
La finalité de l'entreprise peut se formuler ainsi : Transtateco conçoit et fournit des solutions intégrées pour les secteurs du stationnement et du transport dans le but d'assurer à ses clients une mobilité urbaine respectueuse de l'environnement.

2. Les entreprises font partie intégrante de la société dans laquelle elles vivent. Elles reconnaissent, en tant qu'acteur essentiel de la vie en société, leur responsabilité en matière éthique, sociale et environnementale. Transtateco n'échappe pas à cette vision assumée.

| Nature de la responsabilité | Dispositifs mis en œuvre ou envisagés par Transtateco |
|---|---|
| **Sociale** | Dans un souci de transparence et de partage de la valeur, les salariés sont représentés à hauteur de 22 % au sein du capital social. |
| **Environnementale** | • Les horodateurs sont conçus avec des panneaux solaires. Les économies d'énergie sont recherchées.<br>• Les composants des horodateurs sont recyclables.<br>• La recherche et développement oriente ses innovations vers le respect de l'environnement.<br>• M. Bonimi envisage la mise en œuvre d'une démarche d'éco-conception.<br>• M$^{me}$ Gerous envisage une certification ISO 14001. |

3. Selon Cyert et March, la nature des relations qui se nouent entre les acteurs au sein de l'organisation et avec les partenaires extérieurs influence de façon déterminante le mode de gouvernance dans l'entreprise. Le dirigeant doit en permanence arbitrer entre les attentes des différentes parties prenantes.
Traditionnellement, on distingue les parties prenantes suivantes :

| Les parties prenantes | Intérêt |
|---|---|
| **Les actionnaires** | Retour sur investissement par le versement de dividendes. |
| **Les dirigeants** | Trouver les voies du développement de l'entreprise. |
| **Les salariés** | Maintenir un niveau de rémunération et une quantité de travail satisfaisants. |

Le cas présent est plus complexe. Les actionnaires sont également membres du conseil d'administration exceptés M. Milot et M^me^ Tongris. L'actionnariat n'est pas dispersé et se fond presque totalement avec la composition du conseil. Chaque membre du conseil d'administration développe son propre point de vue :

| Les parties prenantes | Point de vue |
|---|---|
| **M. Bonimi** | Développer la protection de l'environnement par une démarche d'éco-conception. |
| **Mme Gerous** | Développer la protection de l'environnement par une démarche ISO 14001 et par une croissance contrôlée. |
| **M. Balance** | Développer les ventes à l'international. |
| **M. Buzi** | Rentabiliser le parc déjà en place par le covering. |
| **Mme Vorker** | Maintenir les conditions de travail à un niveau satisfaisant. |
| **Mme Tongris** | Apporter des fonds pour l'innovation dans la recherche et développement de la billettique. |
| **M. Milot** | Apporter des fonds pour l'innovation dans la recherche et développement des horodateurs. |

Et la structure de l'entreprise ne permet pas de trancher la question. Comme l'apport dans le capital de chacun des actionnaires est relativement équilibré, aucune majorité ne ressort, si bien qu'un actionnaire ne peut pas faire pression sur un autre pour remettre en cause son jugement.
Même M. Bonimi et Mme Gerous, les fondateurs, ne détiennent pas à eux deux la majorité des voix de l'assemblée générale et ne peuvent donc faire entendre leur volonté de développer la stratégie environnementale. Il y a donc blocage dans la prise de décision.

## Problème(s) de management

4. Le conseil d'administration est dans une situation de blocage. Ce contexte empêche toute définition d'une stratégie et d'objectifs à long terme pour promouvoir le développement de l'entreprise. Les membres ne savent quelle voie prendre.

5. La performance s'articule en deux volets : l'efficacité et l'efficience. La notion d'efficience illustre la relation entre ressources utilisées et résultats obtenus, tandis que la notion d'efficacité permet d'évaluer le degré de réalisation des objectifs.
L'évaluation de la performance permet de comparer les résultats obtenus avec les objectifs initiaux et de mettre en évidence des écarts significatifs. Elle est ainsi à l'origine du déclenchement d'actions correctrices qui permet d'assurer à court terme la régulation du fonctionnement de l'entreprise.
Jusqu'à maintenant, la stratégie se fait au jour le jour. Elle est dite émergente au sens de Mintzberg et non pas délibérée. Or, sans le choix d'une voie cohérente de développement, sans stratégie claire, il n'est pas possible d'être performant. L'utilisation des ressources et, notamment ici les ressources financières, peut difficilement être optimale.

## Solution(s) argumentée(s)

**6.** La démarche stratégique s'appuie généralement sur celle mise en évidence par l'école de Harvard (modèle LCAG : Learned, Christensen, Andrews, Guth). Lorsque l'entreprise est une organisation multi-activités, comme c'est le cas pour Transtateco, la démarche stratégique pourrait suivre les étapes suivantes :

1. Diagnostic interne et externe du domaine d'activité stratégique (DAS) transport : identification des forces/faiblesses, menaces/opportunités de ce domaine.
2. Diagnostic interne et externe du DAS stationnement : identification des forces/faiblesses, menaces/opportunités de ce domaine.
3. Remontée des diagnostics à la direction générale.
4. Diagnostic global au niveau du groupe : identification des forces/faiblesses, menaces/opportunités du groupe.
5. Identification des alternatives stratégiques et choix d'une stratégie de groupe.
6. Identification des alternatives stratégiques et choix d'une stratégie pour chaque domaine d'activité.
7. Mise en application des options stratégiques.
8. Suivi et contrôle des mises en œuvre.

Cette démarche sera valable à la condition de mettre en place un réel système d'information au sein du groupe. Cela ne semble pas être le cas actuellement.
« *À ce jour, notre système d'information ne permet pas une remontée d'information aussi complète.* »
Un système de veille stratégique s'impose. Cela permettra de faciliter le diagnostic stratégique en amont et la fixation d'indicateurs de performance pour le suivi de l'action en aval.

**7.** Au niveau corporate, le groupe ne souhaite ni recentrage ni diversification. La stratégie maintient le nombre de DAS à deux. La stratégie corporate est donc de spécialisation. Précisons les orientations stratégiques possibles en fonction des arguments avancés par chaque administrateur.

| Auteur | Proposition | Stratégie |
|---|---|---|
| **M. Bonimi** | Démarches d'éco-conception | Stratégie de différenciation par l'innovation |
| **M$^{me}$ Gerous** | Démarche ISO 14001 | Stratégie de différenciation par l'innovation |
| **M. Balance** | Vente à l'international | Stratégie d'internationalisation |
| **M. Buzi** | Rentabiliser le parc avec le covering | Innovation marketing. Ce n'est pas une stratégie. |
| **M$^{me}$ Vorker** | Maintenir les conditions de travail | Empêcher une stratégie de domination par les coûts |
| **M$^{me}$ Tongris** | L'innovation dans la billettique | Stratégie de différenciation par l'innovation |
| **M. Milot** | L'innovation dans les horodateurs | Stratégie de différenciation par l'innovation |

**Commentaire**

Chaque proposition est pertinente et présente un intérêt. Le choix doit être argumenté. Dans tous les cas, l'analyse doit intégrer :

– Une contrainte suggérée par les annexes : l'entreprise doit se conformer à la directive européenne DEEE. Celle-ci spécifie un objectif minimum de 75 % recyclables et 80 % récupérables. Or Transtateco n'atteint pas ce quota pour les horodateurs, qui sont leur produit phare.
– L'idée que la stratégie doit porter sur le long terme. Cela exclut *a priori* l'idée du covering.
– L'idée que la stratégie choisie doit rester fidèle à la finalité de l'entreprise. Ici, l'opinion des fondateurs pourrait être valorisée, mais pour autant, M. Bonimi et M$^{me}$ Gerous ne sont pas majoritaires pour imposer leur point de vue.

# Culture générale et expression



## LE COURS

### Thème 1 : « Corps naturel, corps artificiel »



### Thème 2 : « Seuls avec tous »

# L'épreuve de culture générale et expression

## 1 Les modalités d'épreuve

Épreuve écrite
Durée : 4 heures
Coefficient : 3

• **Les formes de l'évaluation.** On propose 3 à 4 documents de nature différente (textes littéraires, textes non littéraires, documents iconographiques, tableaux statistiques, etc.) choisis en référence à l'un des deux thèmes inscrits au programme. Chacun d'eux est daté et situé dans son contexte.

• **L'épreuve**

**Première partie : synthèse (notée sur 40).** Vous devez rédiger une **synthèse objective** en confrontant les documents fournis.

**Deuxième partie : écriture personnelle (notée sur 20).** Vous répondez de **façon argumentée** à une question relative aux documents proposés. La question posée invite à confronter les documents proposés en synthèse et les études de documents menées dans l'année en cours de culture générale et expression.

La note globale est ramenée à une note sur 20 points.

## 2 Conseils de méthode

• **La synthèse**

La synthèse est l'exercice qui prend le plus de temps. Votre rédaction doit faire à peu près quatre pages, soit deux feuilles. L'ensemble doit être structuré, comprenant une introduction, un développement, une conclusion.

• **La lecture des documents**

Avant de vous lancer dans la rédaction, prenez bien le temps de lire chaque document, d'en vérifier la bonne compréhension et surtout d'en résumer le contenu très succinctement, en mettant en lumière les idées principales, ainsi que les mots-clés.

Ensuite, envisagez les liens entre les documents et leur façon d'aborder le thème général.

Au brouillon, vous pouvez faire un tableau rapide pour synthétiser toutes ces données. Attention de ne pas oublier de document.

• **La rédaction**

Pour la rédaction, l'introduction et la conclusion s'élaborent d'une traite, au brouillon afin qu'elles soient dans une réelle continuité. N'oubliez pas que ces deux parties sont fondamentales dans la mesure où, selon leur qualité, elles orientent d'emblée l'appréciation du correcteur face à votre copie.

Une composition de qualité présente un ensemble :

– clair ;
– structuré : avec des paragraphes, alinéas, sauts de ligne cohérents et la présence de connecteurs ;
– concis : pas de « bavardage », ni de répétition, un vocabulaire juste et précis ;
– sans fautes : une bonne relecture finale évite parfois bien des étourderies.

| INTRODUCTION | |
|---|---|
| **4 composantes** | 1. **Présentation** du thème de l'année + **traitement** par les documents proposés.<br>2. **Présentation du corpus** (nature du document, auteur, date de parution, une phrase résumant chaque document).<br>3. **Problématique** : la question pivot du corpus à laquelle répondent les documents.<br>4. **Annonce du plan.** |

| | |
|---|---|
| **Présentation** | – **Introduction** = un paragraphe monobloc avec un alinéa au début et un saut de ligne avant de passer au développement.<br>– **Documents :** ne pas les citer de façon numérotée (« dans le document 1 »), mais reprendre **le nom de l'auteur**.<br>– **Problématique** à introduire par une formule du type : « **De fait, une question émerge : … ?** ».<br>– Pour l'**annonce du plan**, utiliser des connecteurs : « Dans un premier temps, sera abordé(e = **attention à l'accord avec le sujet inversé**)… ; dans un second temps, sera évoqué(e)… ; dans un troisième temps, sera souligné(e)… ». |
| **DÉVELOPPEMENT** | |
| **Composantes** | – **2 ou 3 grandes parties**, chacune constituée de 2 ou 3 sous-parties.<br>– 1 sous-partie = un **connecteur** + **une idée principale** + **traitement dans les documents** = Mettre en évidence comment ils **se complètent ou s'opposent**.<br>– **Transition** à la **fin** d'une partie : résumé de ce qui a été démontré + annonce de la suite. |
| **Présentation** | – Pas de saut de ligne entre les sous-parties, mais **entre les parties.**<br>– Saut de ligne entre **la dernière partie et la conclusion.**<br>– **Connecteurs en début** de chaque sous-partie (« Il en résulte / En effet / C'est pourquoi / Ensuite / Enfin… »).<br>– Attention : ne pas trop citer d'extraits des documents mais en reformuler les idées principales.<br>– SURTOUT pas d'avis personnel. Restez objectif et nuancé.<br>– **Plan logique et cohérent** et non simple inventaire des documents pris un à un. |
| **CONCLUSION** | |
| – **Synthèse** de ce qui a été démontré.<br>– Reprendre les mots-clés et ne pas introduire de nouvelles données.<br>– 1 **paragraphe** (alinéa + connecteur : « Pour conclure / En somme / Pour finir »).<br>– Ne pas utiliser de formules maladroites : « Nous avons montré que… »<br>– Le tout = 3 à 5 phrases dont une phrase au minimum pour chaque partie. | |

### • L'écriture personnelle

L'écriture personnelle, plus courte que la synthèse, consiste en une réponse argumentée à la question posée. Prévoyez entre 1 heure et 1 h 30 pour la composer. L'essentiel est de répondre clairement, de façon nuancée, pertinente (évitez l'emploi trop subjectif de « nous » et surtout pas de « je ») et structurée (introduction, développement, conclusion). Les principes de présentation sont les mêmes que pour la synthèse.

| | |
|---|---|
| **Introduction** | 1. **Amorce :** présentez le sujet.<br>2. **Problématique :** reprenez la question telle qu'elle vous est donnée.<br>3. **Annonce du plan.**<br>Le tout = **un paragraphe** (alinéa + saut de ligne à la fin). |
| **Développement** | – **Réponse** apportée à la **question** + **d'autres possibilités**. Pas un point de vue, mais plusieurs.<br>– Pas simple reprise des éléments de réflexion des documents.<br>ATTENTION : évaluation de culture générale (connaissances sur le thème) = enrichir la démonstration par **des références culturelles personnelles variées** (littérature, cinéma, peinture, sport, actualité, sciences, histoire, géographie). |
| **Conclusion** | – une prise de position **claire**, nuancée et répondant à la question posée en introduction.<br>– **brève** et **succincte** (reprenant les **mots-clés**) = **un paragraphe**, introduit par un connecteur. |

### • La préparation au cours de l'année

Pour vous préparer au mieux durant toute l'année, il faut un travail régulier et continu :
– Entraînez-vous à écrire pour entretenir la fluidité de votre expression.
– Faites des fiches de vocabulaire des différents mots-clés pour les réutiliser dans votre composition.
– Élargissez vos connaissances en consultant le maximum d'œuvres que vous référencerez sur des fiches synthèse.

THÈME 1

# Corps naturel, corps artificiel

## INTRODUCTION

Le corps est défini par le *Trésor de la langue française* comme « l'ensemble des parties matérielles constituant l'organisme, siège des fonctions physiologiques et, chez les êtres animés, siège de la vie animale ». L'association « **naturel/artificiel** » instaure un clivage, c'est-à-dire la « faculté de pouvoir être scindé en différentes parties ».

Cette association **oxymorique** met l'accent sur la **relation qu'entretient l'homme avec son corps** car « artificiel » induit un travail par une volonté externe, un perfectionnement. *A contrario*, l'adjectif « **naturel** » insiste sur **l'être, sur sa condition première.** Il rappelle **l'origine** du corps puisqu'il est octroyé à l'homme par la nature. En effet, c'est par lui qu'il vit, qu'il peut **s'incarner**, c'est-à-dire prendre vie grâce à une enveloppe de chair. C'est dans le corps que se concentrent les fonctions vitales, les différents organes. Il est aussi un support matériel de la pensée et de son expression. Il se livre alors comme une entité **fondamentale**, essentielle, qui **détermine la vie de l'homme** et en devient fondatrice.

Toutefois, cette condition naturelle peut être dépassée. Le corps peut être soumis à un **travail**, à un **processus artificiel**. Il devient perfectible, c'est-à-dire susceptible d'amélioration, de progression. Son **être** est alors soumis à un **questionnement. Il est jugé, critiqué ou estimé selon des concepts inhérents à l'individu ou à un code institué par la société.**

### 1er axe de réflexion : *Le « corps naturel » : l'être fondamental*

**Problématiques**
- Comment la relation entre l'homme et le corps a-t-elle évoluée ?
- L'insertion du clivage « naturel-artificiel » induit-elle l'influence de paramètres extérieurs à l'homme pour appréhender le corps ?

#### 1. Corps et anatomie

Le corps naturel forme **un tout achevé, une machine**.

***Mots-clés*** : squelette, organes, organisme, machine, construction, temps, naissance/adolescence/adulte/vieillesse, déclin, cycle de la vie, dégénérescence, anatomie, corps naturel, vieillissement, somatisation, mort, décrépitude, vigueur.

#### 2. Le fonctionnement du corps naturel

Le corps se conçoit comme un ensemble dont l'état est variable, **un microcosme autonome et complexe**.

***Mots-clés*** : équilibre, harmonie, hygiène de vie, théorie des humeurs, maladies, objet d'étude, expérience, handicap, intégrité, traumatisme, dépassement, identité, symptôme.

### 2e axe de réflexion : *Corps naturel et représentation*

**Problématiques**
- La quête effrénée de la jeunesse, de la perfection répond-elle à une pression sociale ?
- Le corps artificiel s'inscrit-il comme l'aboutissement/la finalité du corps naturel ?

#### 1. Le paraître

**Le corps naturel**, manifeste au regard d'autrui, **se dévoile et se mue parfois en corps artificiel**, cédant à la **pression sociétale**.

***Mots-clés*** : substantiel, jugement, exhibition, déception, corps réifié, perception, diktat, société, beauté, laideur, caractère, physiognomonie, caractère, égérie.

### 2. L'idéal du corps naturel

Le corps naturel idéal est inatteignable car il est soumis à de nombreux critères variables. **Cette quête devient alors aliénante.**

***Mots-clés*** : critères, modèles, idéal, société de consommation, aliénation, déterminisme, danger, dérives, anorexie, boulimie.

### 3. Le corps artificiel comme substitut au corps naturel

**Le corps naturel doit devenir autre** pour répondre aux attentes de l'idéal esthétique.

***Mots-clés*** : maquillage, façade, modifier, mode, uniformisation, séduction, superficialité, chirurgie esthétique, chirurgie réparatrice, instruments, améliorations, mannequin, mode.

## 3e axe de réflexion : *Le corps artificiel : vers l'avènement d'une nouvelle humanité ?*

blématiques

- La recherche d'un corps artificiel n'est-elle pas une façon de défier le temps ?
- Un perfectionnement excessif du corps ne l'engage-t-il pas vers une **dénaturation**, voire l'avènement, d'une nouvelle humanité ?

### 1. Le corps artificiel : un défi au corps naturel

**Le corps artificiel résulte d'un ensemble de choix** pour atteindre un idéal.

***Mots-clés*** : quête identitaire, polymorphisme, problème éthique, jeunesse éternelle, mythe, jeunisme, fontaine de jouvence, revitalisation, narcissisme.

### 2. La mutation du genre humain

**La création totale d'un corps artificiel** est synonyme de disparition du corps naturel.

***Mots-clés*** : hybridation, création, remise en cause, homme-machine, manipulation, sélection, dérives, eugénisme, éthique, bioéthique, cybernétique, transhumanisme, technoscience.

# 1 Le « corps naturel » : l'être fondamental



## 1 Corps et anatomie

La **physiologie** se définit comme « la science qui étudie les fonctions normales ainsi que les propriétés des tissus des organismes vivants, humains, végétaux ou animaux ». (*Trésor de la langue française*) Elle induit le rapport à la **santé**, à la **maladie**, aux différentes phases de développement.

### A Une entité fondamentale

• **Un ensemble complexe.** D'un point de vue **anatomique** et donc extérieur, le corps naturel forme un **tout achevé**. Il comporte un **squelette articulé** qui, par ses **articulations**, joint les muscles et permet des variations de mouvements à l'infini. Il se décline en sous-ensembles, à savoir la tête, les membres, le tronc. D'un point de vue **interne**, le corps naturel contient les **organes vitaux,** leur donne une épaisseur salvatrice. Il s'agit de l'**organisme** résultant de la combinaison d'organes structurés, reliés les uns aux autres par une **interaction constante**.

• **Le corps machine.** Cette puissante mécanique que constitue le corps est souvent assimilée à une **machine**. Elle se définit comme « un **objet fabriqué complexe,** capable de **transformer** une forme **d'énergie en une autre** et /ou d'utiliser cette transformation pour produire un effet donné, pour **agir directement** sur l'objet de travail afin de le modifier selon **un but fixé** ». (*Trésor de la langue française*)

Le documentaire **« La machine humaine : le corps incroyable »** fait étal des capacités exceptionnelles de l'organisme, mesurées grâce à une imagerie médicale de pointe. Totalement autonome et unique, le corps sait se procurer l'énergie nécessaire à son fonctionnement. En une journée, 23 000 respirations en moyenne sont prises, soit de quoi pouvoir remplir 7 714 ballons. Le sang parcourt près de 19 000 km en 24 heures. Le cerveau comporte près d'1 kg de fluide, de sang et autres, et cent milliards de neurones qui traitent l'information en utilisant tous le même circuit. Mis bout à bout, les nerfs équivalent à 100 000 km, à peu près 2,5 fois le tour de la Terre. Devant une telle perfection, le corps s'est vu souvent comparé à une « **machine** ».

**Document**

« Je suppose que le corps n'est autre chose qu'une statue ou machine de terre, que Dieu forme tout exprès, pour la rendre la plus semblable à nous qu'il est possible : en sorte que, non seulement il lui donne au dehors la couleur et la figure de tous nos membres, mais aussi qu'il met au dedans toutes les pièces qui sont requises pour faire qu'elle marche, qu'elle mange, qu'elle respire, et enfin qu'elle imite toutes celles de nos fonctions qui peuvent être imaginées procéder de la matière, et ne dépendre que de la disposition des organes.

Nous voyons des horloges, des fontaines artificielles, des moulins, et autres semblables machines, qui n'étant faites que par des hommes, ne laissent pas d'avoir la force de se mouvoir d'elles-mêmes en plusieurs diverses façons ; et il me semble que je ne saurais imaginer tant de sortes de mouvements en celle-ci, que je suppose être faite des mains de Dieu, ni lui attribuer tant d'artifice, que vous n'ayez sujet de penser, qu'il y en peut avoir encore davantage… »

Descartes, *Discours*, *Traité de l'Homme*, 5e partie, 1648.

Ce texte trouve écho dans la lettre du 23 novembre 1646 au Marquis de Newcastle où il affirme que « le corps est une machine qui se remue de soi-même ». Le modèle mécanique permet de penser le vivant, tout en ne remettant pas en cause les spécificités de l'être humain. En effet, contrairement à l'animal machine, le corps est aussi une âme qui donne à son existence une dimension morale et métaphysique. Cette anatomie et physiologie purement mécanistes s'illustrent dans un système organique complexe, garant du fonctionnement du corps humain.

## B Les âges du corps : une entité complexe

• **Le corps et le temps.** La célèbre énigme posée par le Sphinx à Œdipe traduit le **rapport du temps et du corps naturel** : « Quel être, pourvu d'une seule voix, a d'abord quatre jambes, puis deux jambes, et finalement trois jambes ? » La réponse n'est autre que « **l'homme**, car dans sa **prime enfance** il se traîne sur ses pieds et ses mains, à **l'âge adulte** il se tient debout sur ces jambes, et dans sa **vieillesse,** il s'aide d'un bâton pour marcher ».
**Trois temps** scandent donc la construction du corps naturel :
– de la **naissance à l'adolescence**, il s'agit de la phase de **développement** où le corps se forme, se structure ;
– l'âge adulte qui maintient une identité corporelle **affirmée et stable** ;
– une phase de déclin pendant la vieillesse, temps ultime de **dégradation corporelle et physique** amenant à la mort.

▲ Hans Baldung, *Les trois âges de la vie*, 1540.

Le corps s'inscrit dans une temporalité, un cheminement qui lui est propre, balisé entre la naissance et la mort.
Le tableau de Hans Baldung, ***Les trois âges de la vie*** (ou *Les trois âges et la mort*), cristallise cette évolution. Quatre personnages le composent : l'enfant, la jeune femme, la vieille et la mort. Chaque figure symbolise une étape dans le **cycle de la vie** et de la **transformation du corps. L'enfant en devenir** s'incarne dans la **sensualité** et la **beauté de la jeune femme**. Le développement corporel est alors à son apogée. *A contrario*, la **dégénérescence corporelle** se traduit dans la vieillesse et la mort, illustrées par un corps flétri et amoindri. La continuité de ces quatre corps rappelle également les quatre saisons (printemps, été, automne, hiver) ou moments de la journée (matin, après-midi, soir et nuit).

**Définition**
**Dégénérescence** : perte de qualités.

• **Le corps et l'adolescence.** Le corps évolue et ne cesse de **se transformer dans la durée.** De l'enfance à l'adolescence, il connaît une période de croissance, de développements physiques et psychiques considérables. Cette mutation, parfois brutale, peut être mal vécue. Elle a été théorisée par **Françoise Dolto** sous l'appellation **« le complexe du homard »**. Cette comparaison met l'accent sur la perte de la carapace, de l'image perdue de l'enfance. En attendant d'en reconstruire une nouvelle, l'adolescent est sans défense, vulnérable. Il devient plus sensible aux dangers extérieurs.
Ainsi, le corps s'échappe par son évolution physique et devient autre. Devant cette incertitude, la relation avec l'homme devient alors nébuleuse car le corps devient un **étranger** pour son **possesseur**.

# 2 Le fonctionnement du corps naturel

## A Corps et santé

• **Un équilibre fonctionnel.** Le corps se conçoit donc comme un ensemble dont l'état est variable. Dans l'état physiologique normal de l'organisme, il connaît un **fonctionnement vital harmonieux** avec la **préservation de toutes les fonctions vitales. Vigoureux, sain,** en pleine possession de ses moyens, le corps naturel connaît un **équilibre** plus ou moins pérenne, théorisée par **l'espérance de vie.** Son état de santé induit un indice qualitatif au niveau physiologique. En parfait état de marche, le corps naturel connaît une stabilité, qui peut s'entretenir, notamment par une hygiène de vie correcte. L'expression, ***mens sana in corpore sano,*** « un esprit sain dans un corps sain », renvoie à cet état de bien-être parfois idéalisé.

> **Définition**
>
> **Espérance de vie :** durée de vie moyenne des individus d'une population.

• **Le sport, un vecteur de santé.** Le corps devient un **capital** qu'il faut savoir entretenir et ménager pour le maintenir et le pérenniser. Ainsi, **l'hygiène de vie** revêt une importance fondamentale. Nombreuses sont les campagnes de prévention qui visent à promouvoir, par exemple, une **alimentation équilibrée.** Des slogans tels que « Manger cinq fruits et légumes par jour » ou « Pour votre santé, évitez de manger trop gras, trop sucré, trop salé ! » égrènent les principes élémentaires de pratiques alimentaires saines. La pratique **d'une activité physique régulière** favorise également la santé. Comme l'évoque le ministère des Affaires sociales et de la Santé[1], il est nécessaire, pour se maintenir en bon état physique, de pratiquer l'équivalent d'au moins 30 minutes de marche rapide par jour pour les adultes, et ce cinq fois par semaine ; pour les enfants et adolescents, au moins 60 minutes par jour. Le corps naturel se pense alors comme un **bien,** un capital qu'il faut savoir entretenir et préserver.

• **La théorie des humeurs.** Cet équilibre organique a longtemps été perçu dans **la théorie des humeurs.** La médecine antique, représentée principalement par Hippocrate et Galien, voyait dans le corps naturel un équilibre entre le sang, le flegme, la bile et l'atrabile**. Cette harmonie ou crase** gouvernait le corps humain. Ainsi, **toute pathologie résultait d'un déséquilibre humoral.** Le corps naturel s'appréhende comme une entité complexe, autonome, **un microcosme** qui nécessite des soins ou intervention extérieure si un dysfonctionnement paraît.

## B Corps et médecine

• **Le corps comme principe d'étude.** La **médecine** se conçoit comme la science qui a pour objet l'étude, le traitement, la prévention des maladies. En tant qu'entité complète et indépendante, le corps naturel est soumis à un fonctionnement qui peut s'altérer à cause d'un facteur extérieur. La médecine appelle donc à une **compréhension du système organique** et à **une identification de la cause perturbatrice** dans le cas d'une maladie. La médecine instaure donc le corps naturel comme **principe d'étude**.

1. http://social-sante.gouv.fr/prevention-en-sante/preserver-sa-sante/article/activite-physique-et-sante.

• **La compréhension du corps**
Le tableau de Rembrandt de 1632, *La Leçon d'anatomie du docteur Tulp*, rappelle combien la médecine est **source d'apprentissages et de pratiques.**

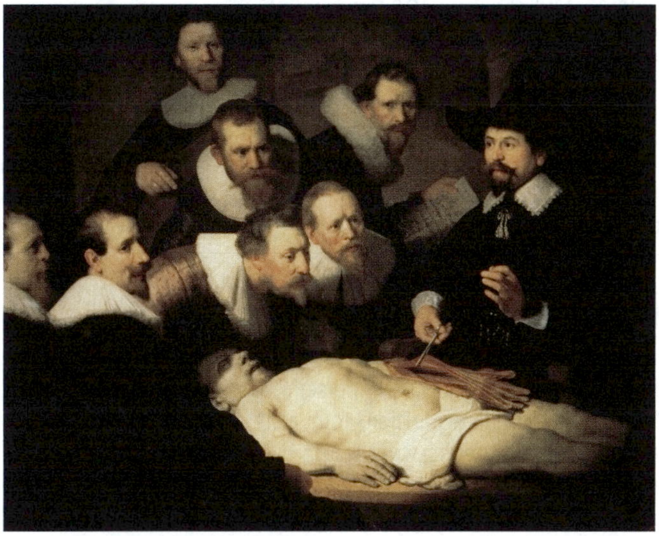

▲ Rembrandt, *La Leçon d'anatomie du docteur Tulp*, 1632.

La scène se déroule **en hiver,** puisque le froid aide à la conservation des corps. Cette **dissection** est en effet unique dans la mesure où la guilde des chirurgiens d'Amsterdam n'en autorise qu'une par an sur le cadavre d'un condamné à mort. Il s'agit, dans ce tableau, d'**Aris Kindt**, pendu pour vol. Le corps naturel devient à la fois **objet d'étude et spectacle.** La lumière met en évidence la **place centrale du cadavre** étendu sur la table. L'utilisation du **clair-obscur** en accentue la position focale. En effet, les habits noirs des observateurs contrastent fortement avec le faisceau lumineux du cadavre. Car non seulement des chirurgiens observent avec attention la partie du corps disséquée, ainsi que la pince de Tulp, mais de nombreux observateurs extérieurs y assistent également. Comme le montre Alain-Charles Masquelet dans son article[2], cette leçon est une « véritable **démonstration expérimentale** d'une corrélation entre une structure anatomique et la physiologie des mouvements de la main ». L'action des fléchisseurs des doigts est ainsi montrée. Le corps humain devient source d'apprentissage et un spectacle saisissant par sa complexité et la perfection de ses organes.

**Définitions**

**Clair-obscur :** nuances de lumière contrastant avec un fond sombre.
**Dissection :** dégager et dissocier méthodiquement les éléments anatomiques.

## C Corps et handicap

• **Le corps traumatisé.** Le corps naturel peut parfois être **touché dans son intégrité.** Il est alors amoindri par un **handicap physique.** Cette infirmité est variable et unique selon chaque personne. Elle peut survenir à la naissance ou suite à un accident ou une maladie. Elle engendre un nouvel état corporel permanent, et devient brutale et soudaine quand elle résulte d'un accident ; elle touche dans sa chair le corps naturel et l'atrophie. Ainsi, **le passage de valide à handicapé** engendre un **véritable traumatisme** pour la personne. C'est une **rupture entre**

2. « La leçon d'anatomie du docteur Tulp », www.academie-medecine.fr/publication100036305.

**deux identités corporelles**, l'une disparue, l'autre qui doit être acceptée. La personne handicapée doit faire le deuil de son ancien corps, de ses facultés déficientes ou disparues. Elle doit apprendre à apprivoiser son nouveau corps, à être parfois soutenue dans son quotidien pour des gestes les plus simples, ceux de la toilette par exemple.

• **Vivre le handicap.** Le handicap peut toucher tout le monde. Le film ***Patients*** de Grand Corps Malade (2017) retrace l'année qu'il a passée dans un centre de rééducation après son accident : à 20 ans, il se retrouve tétraplégique suite à un mauvais plongeon dans une piscine. Le livre autobiographique de Jean-Dominique Bauby, ***Le Scaphandre et Le Papillon*** (publié pour la première fois en 1997), évoque sa vie avant une attaque cérébrale et son expérience dans un corps ne répondant plus à son esprit. Le clignement de l'œil gauche est resté l'unique moyen de communication avec l'extérieur.

**Document**

« "Le 8 juin, cela fera six mois que ma nouvelle vie a commencé. [...] D'abord j'ai voulu croire qu'il ne s'était rien passé. Dans l'état de semi-conscience qui suit le coma, je me voyais revenir bientôt dans le tourbillon parisien, tout juste flanqué d'une paire de cannes." Tels étaient les premiers mots du premier courrier de la lettre de Berck qu'à la fin du printemps je décidai d'envoyer à mes amis et relations. Adressée à une soixantaine de destinataires, cette missive fit un certain bruit et répara un peu les méfaits de la rumeur. [...] "Sais-tu que B. est transformé en légume? disait l'un. – Evidemment, je suis au courant. Un légume, oui, un légume." Le vocable "légume" devait être doux au palais de ces augures car il était revenu plusieurs fois entre deux bouchées de welsh rarebit. Quant au ton, il sous-entendait que seul un béotien pouvait ignorer que désormais je relevais davantage du commerce des primeurs que de la compagnie des hommes. Nous étions en temps de paix. On ne fusillait pas les porteurs de fausses nouvelles. Si je voulais prouver que mon potentiel intellectuel était resté supérieur à celui d'un salsifis, je ne devais compter que sur moi-même. Ainsi est née une correspondance collective que je poursuis de mois en mois et qui me permet d'être toujours en communion avec ceux que j'aime. [...] Je reçois des lettres remarquables. [...] Je lis chaque lettre moi-même scrupuleusement. Certaines ne manquent pas de gravité. Elles me parlent du sens de la vie, de la suprématie de l'âme, du mystère de chaque existence et, par un curieux phénomène de renversement des apparences, ce sont ceux avec lesquels j'avais établi les rapports les plus futiles qui serrent au plus près ces questions essentielles. Leur légèreté masquait des profondeurs. Étais-je aveugle et sourd ou bien faut-il nécessairement la lumière d'un malheur pour éclairer un homme sous son vrai jour ? »

Jean-Dominique Bauby, « Le Légume », *Le Scaphandre et le Papillon*, © Robert Laffont, 2007.

Le handicap génère une nouvelle condition physique qui appelle à l'adaptation de l'existence. La métaphore du « légume » montre combien cette rupture brutale dans la vie d'un être est difficile. Il meurt aux yeux des autres, doit se redéfinir en fonction de ce corps profondément changé et transformé.

Le corps naturel est donc une **donnée primaire**. Livré à l'homme dès la naissance, il est essentiel et fondamental. Il **incarne** l'individu et lui donne la matérialité nécessaire ainsi que les capacités primordiales. Il est substantiel à l'homme ; il se pense à travers lui, se reconnaît en lui.

# Corps naturel et représentation



## 1 Le paraître

### A Le corps naturel appréhendé par autrui

**• Corps naturel *versus* corps artificiel**

Le corps naturel synthétise une somme de **caractéristiques physiques anatomiques et physiologiques.** Elles forment le **paraître**, c'est-à-dire ce qui est **visible, manifeste** au regard d'autrui. Le corps est alors exhibé et parfois **jugé** par une instance soit individuelle, soit collective. C'est pourquoi, quelquefois considéré comme insuffisant, voire décevant, il est soumis à un processus de perfectionnement. Apparaît alors **un corps artificiel,** qui peut se substituer au naturel.

> **Définition**
> **Artificiel :** qui est dû à l'art, fabriqué, qui imite la nature, qui se substitue à elle ; qui n'est pas naturel.

**• Le corps naturel : un moyen de communication**

Par son apparence, le corps naturel se dévoile aux autres. Dans la communication, **il est le medium** le plus direct. En effet, il est immédiatement saisi par autrui qui, s'y attardant, le considère, le jauge, le reconnaît. La perception aide à l'identification et à la considération du corps. Comme le théorise Sartre, le regard d'autrui fait exister comme un « **dehors**[3] » le corps appréhendé. C'est en cela que, **soumis à la perception de l'autre,** le corps se retrouve **réifié car réduit à sa facticité,** c'est-à-dire son paraître.

Ainsi, **un jugement mélioratif ou péjoratif** peut être porté sur cette image corporelle. Cette appréciation variable émane d'une instance extérieure collective ou individuelle. **Le corps naturel se dédouble** dans le regard de l'autre qui envisage **séparément l'être et le paraître** de l'individu perçu.

> **Définitions**
> **Medium :** ce qui sert de support et de véhicule à un élément de connaissance.
> **Réifié :** réduit à l'état de chose, d'objet.

> **Définitions**
> **Mélioratif :** favorable.
> **Péjoratif :** défavorable.

### B Le diktat du corps naturel

**• La primauté du paraître**

Le paraître finit donc par primer, estompant l'être. Il peut devenir **autoritaire,** voire **tyrannique** pour l'être. Dans l'Antiquité, pour **les Grecs, toute difformité physique est révélatrice d'une laideur de l'esprit.** Le corps exprime les qualités physiques et éthiques de l'individu. Les qualités du visage et du corps reflètent naturellement **la beauté spirituelle**.

**• La recherche de l'idéal**

Preuve en est de **la statuaire grecque aux proportions et régularités harmonieuses.** Le ***Diadumène*** ou le ***Doryphore*** de Polyclète illustrent cet idéal éthique où **la beauté coïncide avec la vertu.** Un idéal est institué, **un modèle suprême** vers lequel on doit tendre ; il fait donc autorité. Ne pas y répondre, c'est alors se marginaliser. Ces attentes, parfois de nature culturelle, créent un déterminisme, un horizon d'attente, régulant l'esthétique.

---

**3.** J.-P. Sartre, *L'Être et le Néant*, « collection Tel », Gallimard, p. 321.

## C Le corps naturel et le caractère

### • Le concept de physiognomonie

Poussé à l'extrême, le physique acquiert une telle importance qu'il en vient à **déterminer l'être,** c'est-à-dire **le caractère de la personne**. C'est sur ce principe que repose la pseudo-science de la **physiognomonie**. Elle se définit comme « l'étude du tempérament et du caractère à partir de la forme, des traits et des expressions du visage[4] ». Très utilisée au XIXe siècle, elle trouve ses origines dans l'Antiquité.

**Document**

« La physiognomonie est la science, la connaissance du rapport qui lie l'extérieur à l'intérieur, la surface visible à ce qu'elle couvre d'invisible. Dans une acception étroite, on entend par physionomie, l'air, les traits du visage, et par physiognomonie la connaissance des traits du visage et de leur signification. Autant l'homme présente à l'observation des côtés différents, autant il y a d'espèces possibles de physiognomonies. [...] Celui qui, à la première impression que l'extérieur d'un homme fait de lui, juge bien de son caractère ou d'une partie de son caractère, celui-là est naturellement physiognomoniste ; on l'est scientifiquement lorsqu'on sait exposer d'une manière précise et ranger dans un ordre les traits et signes observés ; enfin le physiognomoniste philosophe est celui qui, à l'inspection de tel ou tel trait, de telle ou telle expression, est en état d'en déduire les causes, et de donner les raisons internes de ces manifestations extérieures. »

Lavater, *La physiognomonie ou l'art de connaître les hommes d'après les traits de leur physionomie*, XVIIIe siècle.

L'être humain se retrouve alors classifié selon des critères physiques codifiés. Cette typologie englobe les corps naturels dans **une saisie collective des tempéraments.**

### • Fusion de l'être et du paraître

Cette fusion se retrouve dans de nombreuses expressions : « le délit de sale gueule » désigne la situation d'une personne malmenée uniquement à cause de son apparence ; « avoir la tête de l'emploi » évoque le fait de posséder le visage conforme en tout point à la profession exercée. **Le paraître est alors tout-puissant** ; il devient **substantiel** à l'être.

**Définition**

**Substantiel :** qui est de la même substance.

## D Le corps naturel laid

### • La laideur : une corruption morale ?

Avoir un physique répondant naturellement à ses exigences permet de se conformer aux attentes du paraître. Sommairement, la laideur s'établirait comme le contraire. Elle témoignerait alors d'une **corruption morale.** Pourtant, **Socrate incarne la transgression de cette corrélation.** Cet homme à la laideur proverbiale est pourtant le modèle d'une sagesse exceptionnelle. Comme l'évoque Nietzsche, « il est significatif que Socrate ait été le premier Grec illustre qui ait été laid[5] ». Avec ses yeux d'écrevisse, sa bouche lippue et sa bedaine[6], il aurait été comparé par le physionomiste Zopyre à un monstre, cachant en lui les pires vices et appétits. Il ressemble à un **Silène, démon hybride, mi-homme, mi-animal.** Ces créatures paillardes, bouffonnes,

4. Définition du *Trésor de la langue française*.

5. Nietzsche, *Socrate et la tragédie*, traduction de G. Bianquis *in Nietzsche, La Naissance de la tragédie*, coll. « Idées », NRF, Paris, 1949, p. 213.

6. *Ibid.*, p. 212.

grotesques accompagnaient le cortège de Dionysos. Mais dans l'éloge à la fin du *Banquet*[7], Alcibiade compare Socrate aux **Silènes** des boutiques de sculpteurs. Elles servent de coffret pour déposer les figurines des dieux.

**Document**

« Buveurs très illustres, et vous vérolés très précieux, car c'est à vous, non aux autres, que je dédie mes écrits, Alcibiade, dans un dialogue de intitulé le Banquet, faisant l'éloge de son précepteur Socrate, sans conteste le prince des philosophes, déclare entre autres choses qu'il est semblable aux Silènes. Les Silènes étaient jadis de petites boîtes, comme celles que nous voyons à présent dans les boutiques des apothicaires, sur lesquelles étaient peintes des figures drôles et frivoles : harpies, satyres, oisons bridés, lièvres cornus, canes batées, boucs volants, cerfs attelés, et autres figures contrefaites à plaisir pour inciter les gens à rire (comme le fut Silène, maître du Bacchus). Mais à l'intérieur on conservait les drogues fines, comme le baume, l'ambre gris, l'amome, la civette, les pierreries et autres choses de prix. Alcibiade disait que Socrate leur était semblable, parce qu'à le voir du dehors et à l'évaluer par l'aspect extérieur, vous n'en auriez pas donné une pelure l'oignon, tant il était laid de corps et d'un maintien ridicule, le nez pointu, le regard d'un taureau, le visage d'un fou, le comportement simple, les vêtements d'un paysan, de condition modeste, malheureux avec les femmes, inapte à toute fonction dans l'état ; et toujours riant, trinquant avec chacun, toujours se moquant, toujours cachant son divin savoir. Mais en ouvrant cette boîte, vous y auriez trouvé une céleste et inappréciable drogue : une intelligence plus qu'humaine, une force d'âme merveilleuse, un courage invincible, une sobriété sans égale, une égalité d'âme sans faille, une assurance parfaite, un détachement incroyable à l'égard de tout ce pour quoi les humains veillent, courent, travaillent, naviguent et bataillent. »

Rabelais, « Prologue » de *Gargantua*, 1534.

Le clivage être/paraître créée un portrait ambivalent. L'allure peu aimable, signifiée par le lexique du grotesque, construit une description monstrueuse, voire repoussante. Toutefois, sur le modèle du motif du Silène résident les plus exquises et précieuses qualités humaines. Cet éloge marque la distorsion entre l'être et le paraître. Il appelle à voir dans le corps naturel un leurre.

**• Le corps comme façade**

Cette rupture entre l'être et le paraître met l'accent sur le rôle de **façade** que peut avoir le corps. Il peut être considéré comme un masque, réduit à sa **simple condition de surface extérieure.** Mais, paradoxalement, cette façade suffirait à déterminer l'intégralité de l'être. C'est alors conférer une totale supériorité au corps et l'inscrire dans un schéma de **prédominance**. Le corps devient alors tout-puissant.

## 2 L'idéal du corps naturel

### A Le corps naturel parfait repose sur un idéal inatteignable

Cette suprématie du corps se régule, s'évalue selon des **critères esthétiques variables** d'après les cultures, les époques, les ethnies. **L'esthétique** est motivé par la perception et sensation du **beau. Cette notion est universelle** car elle révèle une finalité primordiale. Par la représentation de **l'Homme de Vitruve**, Léonard de Vinci a conceptualisé une projection idéale du corps humain.

**7.** Platon, *Banquet*, 215 b, Les Belles Lettres, Paris.

Comme le remarque Hans Belting, dans son ouvrage *Pour une anthropologie des images*[8], cette figure à la fois anatomique et esthétique ramène le corps naturel à un schéma aux proportions idéalisées. Aucun corps naturel n'est bâti selon ce modèle universel, mais il peut tendre à le devenir.

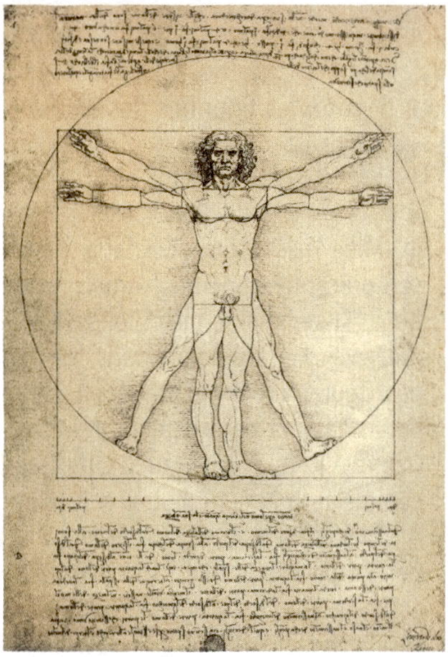

▲ *L'Homme de Vitruve*, dessin de Léonard de Vinci, vers 1490.

## B Le corps naturel parfait est modulé selon des critères relatifs

L'image d'un **corps sublimé** se module en fonction des critères esthétiques qui varient selon les époques, les cultures, les ethnies. Aux VIe et Ve siècles avant Jésus-Christ, **Xénophane de Colophon**[9] remarque déjà : « [...] si les bœufs et les chevaux et les lions avaient des mains et pouvaient, avec leurs mains, peindre et produire des œuvres comme les hommes, les chevaux peindraient des figures de dieux pareilles à des chevaux, et les bœufs pareilles à des bœufs, bref des images analogues à celles de toutes les espèces animales. »

Dans son *Dictionnaire philosophique* (1764), **Voltaire** lui fait écho : « Demandez à un crapaud ce que c'est que la beauté, le grand beau, le *to kalon*. Il vous répondra que c'est sa crapaude avec deux gros yeux ronds sortant de sa petite tête, une gueule large et plate, un ventre jaune, un dos brun. Interrogez un nègre de Guinée ; le beau est pour lui une peau noire, huileuse, des yeux enfoncés, un nez épaté. Interrogez le diable ; il vous dira que le beau est une paire de cornes, quatre griffes, et une queue. »

Autant de cas énoncés qui présentent les **déclinaisons possibles du corps naturel idéal.** Des femmes girafes (qui portent des anneaux en métal autour du cou) aux pieds bandés des Chinoises, les **modèles varient. La représentation du corps idéal est fluctuante** et repose sur des critères soit individuels, soit collectifs.

## C Un idéal parfois aliénant

### • Le poids de la société

**La société de consommation** actuelle n'a de cesse d'encadrer le corps. Célébré, accessoirisé, mis en avant, il doit correspondre à un idéal de **minceur** pour les femmes, de **muscles** pour les hommes. Signe de santé, la sveltesse témoigne d'une maîtrise de soi.

Ces **modèles filiformes** sont incarnés par des mannequins dont **l'extrême minceur** fait **polémique.** Les mensurations de Kate Moss, par exemple, rappellent des jeunes filles à l'adolescence. C'est au prix de restrictions alimentaires draconiennes que certaines femmes y parviennent. Dans les cas les plus extrêmes, cela peut générer une obsession. Le critère esthétique du « **thigh gap** » désigne **l'espace vide entre les cuisses lorsque les jambes sont serrées**. Symbole de l'extrême maigreur, plus le creux est important, plus il est source de satisfaction. Cependant, il projette certaines jeunes filles dans les affres de la **boulimie** et de **l'anorexie**.

---

**8.** Hans Belting, *Pour une anthropologie des images*, coll. « Le temps des images », Gallimard, Paris, 2004.

**9.** Selon Clément d'Alexandrie, Stromates, V, 110, Les Belles Lettres, Paris.

**• Le corps naturel en danger**

On peut ainsi penser au **courant pro-ana** qui encense un **corps squelettique**. Suivre cet idéal revient parfois pour le corps naturel à mettre **en danger sa propre santé.** Mais ne pas y parvenir sonne comme **l'échec de l'investissement de la personne pour son propre corps** et de son **intégration dans le groupe.**

**Document**

« Autant l'admettre : dans une société où compte avant tout l'écoulement des produits, où la logique consumériste s'étend à tous les domaines de la vie, où l'évanouissement des idéaux laisse le champ libre à toutes les névroses, où règnent à la fois des fantasmes de toute-puissance et une très vieille haine du corps, surtout lorsqu'il est féminin, nous n'avons quasiment aucune chance de vivre les soins de beauté dans le climat de sérénité idyllique que nous vend l'illusion publicitaire. Pourtant, même si l'on soupire de temps à autre contre les normes tyranniques, la réalité de ce que recouvrent les préoccupations esthétiques chez les femmes fait l'objet d'un déni stupéfiant. L'image de la femme équilibrée, épanouie, à la fois active et séductrice, se démenant pour ne rater aucune des opportunités que lui offre notre monde moderne et égalitaire, constitue une sorte de vérité officielle à laquelle personne ne semble vouloir renoncer.

Pendant ce temps, sans qu'on y prenne garde, notre vision de la féminité se réduit de plus en plus à une poignée de clichés mièvres et conformistes. La dureté de l'époque aidant, la tentation est grande de se replier sur ses vocations traditionnelles : se faire belle et materner. Le cinéma est gangrené par le phénomène des "égéries", ces actrices sous contrat avec un parfumeur, un maroquinier ou une marque de cosmétique, et plus préoccupées de soigner leur image de portemanteau maigrichon tiré à quatre épingles que d'étendre la palette de leur jeu. Le succès des blogs mode ou beauté témoigne lui aussi d'un horizon mental saturé par des crèmes et les chiffons. »

Mona Chollet, *Beauté fatale, les nouveaux visages d'une aliénation féminine*,
© La Découverte, 2015, pp. 7-8.

L'horizon sociétal crée une **aliénation** de la condition féminine. **L'idéal à atteindre au quotidien est celui de l'« égérie »,** c'est-à-dire ces icônes glacées, à la plastique parfaite. La femme se doit de cumuler une réussite sociale, familiale, mais également physique. Elle se retrouve **dépossédée de son corps,** soumis à une pression constante des diktats du paraître.

> **Définition**
>
> **Aliénant** : qui prive l'homme de sa liberté, de son humanité.

L'idéal du corps naturel résulte d'un **déterminisme sociétal parfois aliénant**. Il devient **miroir de l'être.** Il définit l'intégration de l'individu dans le groupe. À trop vouloir se conformer à cet idéal, l'individu se retrouve destitué de son propre corps. Il doit atteindre cet idéal et tout mettre en œuvre pour y parvenir, quitte à **rendre son corps artificiel.**

## 3 Le corps artificiel comme substitut du corps naturel

Si le corps naturel ne sait pas répondre de manière innée aux attentes de l'idéal esthétique, **il doit devenir autre** grâce à des subsidiaires parfois des plus **sophistiqués**. C'est alors qu'apparaît le corps artificiel comme **alternative aux manquements du corps naturel.** En effet, « artificiel » renvoie par son sens à tout ce qui n'est pas naturel, ce qui est **fabriqué.** Il met en évidence une **construction** s'élaborant notamment grâce au **maquillage** et à la **chirurgie esthétique**.

## A Le maquillage

Le corps se conçoit une **façade**, le visage comme un **masque**. Les **cosmétiques**, les **fards**, les **produits de beauté** tentent de rehausser le teint, de gommer des imperfections ou de créer des effets. Utilisé tous les jours, il devient **habituel**. Parfois, par le **maquillage permanent**, il peut s'incruster de manière pérenne. Il permet d'influer sur sa propre image, **de se valoriser**, de créer un nouveau caractère. **Auxiliaire du narcissisme**, il **modifie** ce qui est visible par les autres. Il propose alors un nouveau support identitaire. Parfois, **la transformation peut être totale et déroutante.**

Il s'inscrit également dans des **modes**, ce qui permet de « **s'uniformiser** », de se conformer au discours sociétal prédominant. Il est un instrument de **séduction** et comble les insuffisances du naturel avec une **couche superficielle** de produits.

**Document**

« La femme est bien dans son droit, et même elle accomplit une espèce de devoir en s'appliquant à paraître magique et surnaturelle ; il faut qu'elle étonne, qu'elle charme ; idole, elle doit se dorer pour être adorée. Elle doit donc emprunter à tous les arts les moyens de s'élever au-dessus de la nature pour mieux subjuguer les cœurs et frapper les esprits. Il importe fort peu que la ruse et l'artifice soient connus de tous, si le succès en est certain et l'effet toujours irrésistible. C'est dans ces considérations que l'artiste philosophe trouvera facilement la légitimation de toutes les pratiques employées dans tous les temps par les femmes pour consolider et diviniser, pour ainsi dire, leur fragile beauté. L'énumération en serait innombrable ; mais pour nous restreindre à ce que notre temps appelle vulgairement maquillage, qui ne voit que l'usage de la poudre de riz, si niaisement anathématisé par les philosophes candides, a pour but et pour résultat de faire disparaître du teint toutes les taches que la nature y a outrageusement semées, et de créer une unité abstraite dans le grain et la couleur de la peau, laquelle unité, comme celle produite par le maillot, rapproche immédiatement l'être humain de la statue, c'est-à-dire d'un être divin et supérieur ? Quant au noir artificiel qui cerne l'œil et au rouge qui marque la partie supérieure de la joue, bien que l'usage en soit tiré du même principe, du besoin de surpasser la nature, le résultat est fait pour satisfaire à un besoin tout opposé. Le rouge et le noir représentent la vie, une vie surnaturelle et excessive ; ce cadre noir rend le regard plus profond et plus singulier, donne à l'œil une apparence plus décidée de fenêtre ouverte sur l'infini ; le rouge, qui enflamme la pommette, augmente encore la clarté de la prunelle et ajoute à un beau visage féminin la passion mystérieuse de la prêtresse.

Ainsi, si je suis bien compris, la peinture du visage ne doit pas être employées dans le but vulgaire, inavouable, d'imiter la belle nature et de rivaliser avec la jeunesse. On a d'ailleurs observé que l'artifice n'embellissait pas la laideur et ne pouvait servir que la beauté. Qui oserait assigner à l'art la fonction stérile d'imiter la nature ? Le maquillage n'a pas à se cacher, à éviter de se laisser deviner ; il peut, au contraire, s'étaler, sinon avec affectation, au moins avec une espèce de candeur. »

Baudelaire, « Éloge du maquillage », *Le Peintre de la vie moderne*, 1863.

Dans cet éloge paradoxal, Baudelaire révèle l'artifice comme un travail, un degré de perfection de l'artiste. La Nature propose une facilité primitive et l'Art ne doit pas en être une pâle imitation. Au contraire, l'artificialité se revendique dans sa propre facticité. Le lexique du maquillage construit une « vie surnaturelle et excessive », mystifiant la beauté humaine.

## B La chirurgie esthétique

### • Définition

Autre alternative possible pour modifier en profondeur et surtout de manière constante un corps naturel considéré comme défaillant : **la chirurgie esthétique.** Il s'agit d'une spécialité chirurgicale qui regroupe l'ensemble des opérations qui consistent à **améliorer l'apparence physique d'un individu.**

Le terme « chirurgie » induit l'utilisation de **procédés manuels et d'instruments,** et donc artificiels, sur le corps naturel, soumis à une intervention extérieure. Son étymologie grecque, « χ ε ι ρ ο υ ρ γ ι ΄ α » (prononcé « xeirourgia »), évoque une activité manuelle, un travail, une industrie ; elle travaille à même **la plastique**. La chirurgie concerne une grande partie du corps : **le visage** avec le nez, les paupières, le menton par exemple ; **la silhouette,** avec le ventre, les seins, les fesses, peut également être modifiée.

### • Chirurgie esthétique *versus* chirurgie réparatrice

Toutefois, **la chirurgie esthétique est à distinguer de la chirurgie réparatrice**. En effet, **la première est voulue** et repose sur une démarche individuelle ; elle émane d'un jugement critique sur son propre corps. Elle vise à améliorer l'aspect physique, voire à gommer les traces du vieillissement. Quant à **la chirurgie réparatrice,** elle permet de **réparer des malformations** comme le bec de lièvre, **des séquelles** après un accident. Par exemple, la reconstruction mammaire intervient après l'ablation d'un sein suite à un cancer. L'une repose sur une optique **esthétique**, l'autre sur une visée **thérapeutique**.

### • Les excès de la chirurgie esthétique

Cependant, il est à noter **l'utilisation abusive de la chirurgie esthétique.** Le corps naturel se retrouve alors méconnaissable. **Son allure originelle** est complètement **modifiée**, transformée par une nouvelle apparence. Les exemples abondent dans le « **star-système** ». Bon nombre de personnes n'hésitent pas à passer par le bistouri pour rendre leur physique plus glamour, plus séducteur, voire plus conforme à une esthétique imposée. La rhinoplastie, les implants mammaires, le botox sont d'usage coutumier pour des starlettes ou des célébrités au paraître irréprochable. Le naturel cède donc la place à un artificiel prédominant, voire aliénant.

THÈME 1 3

# Le corps artificiel : vers l'avènement d'une nouvelle humanité ?



## 1 Le corps artificiel : un défi au corps naturel

**Le corps artificiel** s'impose comme un **substitut** au corps naturel. Il est la somme **d'interventions extérieures** sur une base organique initiale. Ces modifications résultent :
– soit **d'opérations chirurgicales** qui modifient l'aspect physique de la zone concernée ;
– soit de **l'ajout potentiel** d'une matière étrangère.
Le corps artificiel est donc la **mise en œuvre de combinaisons d'actes et de substances externes** au corps naturel. Il traduit des desseins inhérents à une volonté individuelle ou collective. Il se retrouve ainsi à la croisée de multiples questionnements et projections qui interrogent la notion même d'humanité.

### A Une nouvelle identité ?

En tant qu'entité perfectible, le corps artificiel illustre un ensemble de choix. Cette volonté détermine une apparence physique en adéquation avec un idéal, voire la recherche **d'une quête identitaire**. Le corps naturel se façonne, se pétrit. L'engagement est parfois tel que **le corps naturel devient autre.**
Michael Jackson n'a cessé durant sa vie de dépasser sa propre image. Son apparence s'est modifiée au point de fusionner dans un **polymorphisme identitaire.** Il est dû, en partie, aux nombreuses interventions chirurgicales, mais également au morphisme. Son origine ethnique africaine a été complètement gommée.

> **Définition**
> **Polymorphisme :** capacité à revêtir de nombreux aspects morphologiques différents.

De fait, le rôle majeur de la chirurgie esthétique dans **la conception du corps artificiel** n'est pas sans poser de **nombreux problèmes éthiques.** La triste destinée d'Ève Valois, plus connue sous le nom de Lolo Ferrari, en est un déchirant exemple. Au total, **vingt-huit interventions chirurgicales** pour cette jeune femme qui défraiera la chronique pour son 130 G de tour de poitrine dans les années 1990.

### B L'éternelle jeunesse

**Le recours excessif à la chirurgie esthétique** peut également révéler l'obstination de rester éternellement jeune. La société de consommation ne cesse de véhiculer l'image **d'icônes toujours plus jeunes.** À croire que le corps naturel échapperait sans difficultés au temps… Les rides, les cheveux blancs doivent disparaître, car les vertus exaltées des modèles tant vantés instituent une norme où se standardise l'éternelle jeunesse, et donc la beauté. Tout ce qui touche à la **vieillesse**, perçue comme **la décrépitude du corps et la dépendance,** tend à disparaître. Le **jeunisme** s'instaure donc comme le culte de la jeunesse. Tout doit être mis en œuvre pour cristalliser une apparence concordante.

> **Définition**
> **Jeunisme :** tendance à exalter la jeunesse, ses valeurs, à en faire un modèle obligé.

**Le mythe de la Fontaine de Jouvence** évoque cette utopique capacité de régénérescence du corps naturel. Ce symbole d'immortalité ou de rajeunissement perpétuel lui permettrait de **défier le temps et la mort.** L'expression « **bain de jouvence** » évoque la même réalité, celle de **redonner de la vitalité**, de faire **rajeunir** quelqu'un.

**Document**

« Ils sont installés dans une petite case de roseaux, une paillote sur pilotis au-dessus d'un lagon céruléen. Chaque soir, ils croisent les autres faux morts de l'île : les chanteurs Claude François (62 ans) et Elvis Presley (66 ans) écoutent le petit Kurt Corbain (34 ans) composer des chansons country avec Jimi Hendrix (59 ans) [...].
Tandis que la brise légère transforme les palmiers en éventails géants, Patrick et Caroline partagent une orangeade avec Serge Gainsbourg (73 ans) et Antoine Blondin (79 ans) [...] l'écrivain psychédélique Carlos Castenada (environ 61 ans) bouffe son peyotl avec Jean Eustache (63 ans), tout en consultant les plus-values boursières du capital de Ghost Island. L'île secrète est en effet autofinancée par les intérêts des capitaux versés par tous ses habitants (le ticket d'entrée étant fixé à 3 millions d'US dollars). Une équipe de médecins transgéniques et de chirurgiens bioniques se débrouille pour prolonger l'existence de tous les îliens jusqu'à environ 120 ans. Tous les habitants de Ghost sont officiellement décédés aux yeux du monde, mais ce n'est pas une raison pour se laisser aller : les interventions plastiques, greffes, liftings, implants et injections de silicone sont gratuits, comme tout le reste, d'ailleurs. C'est pourquoi Romy Schneider ne fait pas du tout ses 63 ans, quand elle discute cinoche avec Maurice Ronet, son camarade de La Piscine, qui en a 74, ou plaisante avec Coluche, âgé de 57 ans. »

Frédéric Beigbeder, *99 francs*, © Éditions Grasset, 2000, pp. 263-265.

Le monde réel est comme suspendu, **le temps n'agit plus,** les corps se figent. En vain, les mentions des différents âges tentent de réinstaurer le décompte des années. Cependant, le contraste est irrévocable avec le physique des îliens qui n'a plus rien de naturel. Les corps se maintiennent par des protocoles scientifiques complexes qui souhaitent annihiler irrémédiablement la vieillesse. Mais Ghost Island est une utopie, un fantasme de cette éternelle jeunesse.

## 2 La mutation du genre humain

### A Le corps artificiel : projection fantasmatique d'une nouvelle humanité

La **création totale d'un corps artificiel** résonne comme la **disparition du corps naturel.** Intrinsèquement liée à la notion même d'humanité, il s'agit alors **d'une remise en cause** de sa nature profonde. Le processus de création est revu et modifié. Les matières organiques de la chair et du sang se mêlent à d'autres substances par un procédé **d'hybridation**. Elle sous-entend le croisement naturel ou artificiel de deux éléments relevant d'espèces ou de variétés différentes. **Spider-Man,** l'homme araignée, ou **Iron Man** sont autant de défis à la nature par leur condition de **mutants**. Ils renforcent la conviction que le corps naturel peut être aisément dépassé.
**Le concept du cyborg** matérialise l'association de greffes de parties mécaniques à un être humain alors amélioré. Les films de James Cameron, *Terminator* (1985), ou de Paul Verhoeven, *Robocop* (1988), mettent en scène de telles créatures. **Ces hommes machines** dépassent les capacités humaines. La nature profonde de l'être humain se modifie alors dans sa substance la plus intime.

**Document**

« Une sinistre nuit de novembre, je pus enfin contempler le résultat de mes longs travaux. Avec une anxiété qui confinait à l'agonie, je disposai à portée de ma main les instruments qui allaient me permettre de transmettre une étincelle de vie à la forme inerte qui gisait à mes pieds. [...] à la lueur de la flamme vacillante, je vis la créature entrouvir des yeux d'un jaune terne. Elle respira profondément, et ses membres furent agités d'un mouvement convulsif.

▸▸▸

Comment pourrais-je dire l'émotion que j'éprouvais devant cette catastrophe, ou trouver les mots pour décrire l'être repoussant que j'avais créé au prix de tant de soins et de tant d'efforts ? Ses membres étaient, certes, bien proportionnés, et je m'étais efforcé de conférer à ses traits une certaine beauté. De la beauté ! Grand Dieu ! Sa peau jaunâtre dissimulait à peine le lacis sous-jacent de muscles et de vaisseaux sanguins. Sa chevelure était longue et soyeuse, ses dents d'une blancheur nacrée, mais cela ne faisait que mieux ressortir l'horreur des yeux vitreux, dont la couleur semblait se rapprocher de celle des orbites blafardes dans lesquelles ils étaient profondément enfoncés. Cela contrastait aussi avec la peau ratatinée du visage et de la bouche rectiligne aux lèvres presque noires.
[...] Pendant deux années, j'avais travaillé avec acharnement, dans le seul but d'insuffler la vie à un organisme inanimé. Je m'étais pour cela privé de repos, et j'avais sérieusement compromis ma santé. Aucune modération n'était venue tempérer mon ardeur. Et pourtant, maintenant que mon œuvre était achevée, mon rêve se dépouillait de tout attrait, et un dégoût sans nom me soulevait le cœur. Ne pouvant supporter davantage la vue du monstre, je me précipitai hors du laboratoire. »

Mary Shelley, *Frankenstein*, © Marabout, 2009, pp. 91-92.

Le docteur Victor Frankenstein est parvenu à accomplir l'ultime création : **insuffler la vie à un ensemble de membres morts** provenant de différentes sources. C'est donc un défi à la nature qui est lancé : l'être humain est capable d'engendrer de manière totalement artificielle.

## B Manipulation et sélection du corps naturel

• **Un corps naturel de qualité.** Réduit exclusivement à son statut organique et physiologique, le corps naturel peut s'appréhender sous **une optique strictement qualitative**. Il ne désigne plus une personne au sens identitaire du terme, mais le simple **maillon d'une espèce**. Il s'inscrit dans une logique de **représentant du genre humain.**
**L'eugénisme** se définit comme l'ensemble des « recherches biologiques ou génétiques et des pratiques morales et sociales qui ont pour but de déterminer les conditions les plus favorables à la procréation de sujets sains et, par là même, d'**améliorer la race humaine**[10] ». Le corps naturel se perçoit alors dans une logique possible de dégénérescence qu'il faut savoir supprimer. Par ses défauts, il « **abîme** » l'espèce à laquelle il appartient.
Le film d'Andrew Niccol, ***Bienvenue à Gattaca*** (1998), met en scène une société fondée sur les **modifications génétiques**. Deux catégories d'individus la structurent : **les valides et les non-valides**. Les premiers sont des spécimens parfaits, destinés à Gattaca, la cité des Étoiles ; les autres sont relégués du fait de leur dégénérescence à des emplois subalternes.

• **Les dérives dangereuses.** Dans sa forme la plus dévoyée, **l'eugénisme rappelle les mesures des Nazis** : stérilisation forcée, « euthanasie » des enfants handicapés, programme d'Aktion T4 qui visait à l'élimination d'adultes handicapés physiques et mentaux... Entre 1940 et 1941, plus de 70 000 personnes ont ainsi été exterminées. Afin de rendre hommage à la mémoire de ces innocentes victimes de ce crime de barbarie, un monument commémoratif a été érigé à Berlin.
Ces modifications possibles sur le corps naturel génèrent de nombreuses **questions éthiques**. L'homme peut-il se substituer totalement à la nature ? Appliquer une sélection ne risque-t-il pas de générer des embryons pour engendrer des enfants répondant à des attentes sociétales ou parentales ?

---

**10.** Définition du *Trésor de la langue française*.

• **La bioéthique.** La bioéthique a été créée afin **d'encadrer ces dérives potentielles**. Ce terme se compose des racines grecques *bios*, la « vie », et *ethos*, les « mœurs ». Apparue dans les années 1960-1970, elle interroge les **problèmes moraux potentiels**, soulevés par l'apparition de nouvelles pratiques médicales touchant au vivant. Elle ne se restreint pas à la médecine puisqu'elle implique de nombreux acteurs et disciplines comme les sociologues, les juristes, les philosophes, les généticiens, les biologistes. Elle répond aux questions fondamentales suivantes :
– Qu'est-ce qui doit être autorisé ou interdit et selon quels motifs ?
– Quels principes essentiels doivent être définis pour devenir consensuels ?
– Comment une loi peut-elle préserver la dignité humaine et mettre le progrès au service de l'humain ?
Mondialement, c'est le Comité International de la Bioéthique, branche de l'Unesco, qui prend en charge l'évolution constante de la médecine, ainsi que les enjeux éthiques et juridiques des recherches dans les sciences de la vie.

**Document**

« À l'été 2007, Laurie Essig est à Berlin. Elle assiste au congrès de l'International Confederation for Plastic, Reconstructive and Aesthetic Surgery (IPRAS). La secrétaire générale de l'association délivre un discours dans lequel elle cite des études scientifiques affirmant que le cerveau humain est programmé pour la "survie des plus beaux". Or le corps idéal a peu de chances d'apparaître spontanément dans la nature, remarque-t-elle ; la chirurgie esthétique a donc un boulevard devant elle. Essig commente, perplexe : "C'est peut-être parce que je suis juive, ou parce que je ne suis pas si belle que ça, mais cette équation entre la 'beauté' et la valeur, l'idée que la médecine allait soigner ceux qui parmi nous sont laids, et que tout ça, c'était le progrès, m'ont mise très mal à l'aise. Cela ressemblait beaucoup à de l'eugénisme, et, peut-être parce qu'on était à Berlin, faisait écho à la solution finale des nazis." [...].
Dès l'origine, souligne Essig, le projet de la chirurgie esthétique a été celui d'une normalisation tant raciale que sexuelle. Il visait à effacer tous les marqueurs qui cataloguaient un sujet comme "non blanc", à le délivrer de son corps "dégénéré", mais aussi à accentuer la différence entre les sexes, dont l'exacerbation était elle-même considérée comme un signe de supériorité raciale. Les premiers praticiens en voulaient aux "nez juifs ou irlandais". Quant à leur passion pour la femme blanche, elle n'a fait que croître. Elle est leur grand œuvre. »

Mona Chollet, *Beauté fatale, les nouveaux visages d'une aliénation féminine*,
© La Découverte, 2015, pp. 218-219.

Par ses **imperfections**, le corps naturel renvoie l'homme à **son humanité.** Il ne peut être conçu comme la simple somme d'éléments viables, conformes aux attentes d'un idéal. **L'eugénisme** théorise totalement une typologie de **physiques à valoriser ou à éradiquer**. L'appliquer revient à **faire de l'homme son propre créateur** et donc à outrepasser sa condition première. L'instauration de garde-fous comme la bioéthique est nécessaire pour maintenir l'homme dans sa finitude corporelle.

**Conclusion**

Le thème « Corps naturel, corps artificiel » renvoie à la célébration du corps, au regard que l'on porte dessus. Support de l'incarnation, il matérialise l'humanité dans ses fonctions les plus essentielles. Identité, fécondation, santé, esthétique, le corps naturel se décline selon des usages primordiaux. Le rendre artificiel, c'est intervenir sur son intégrité et le modifier. S'établit alors un nouveau rapport de l'être et du corps, lien intrinsèque qui se doit d'être mesuré et rationnel dans le respect de la nature humaine.

# Tableau de références

## Corps naturel, corps artificiel

### Comment lire ce tableau

Dans le tableau suivant, vous trouverez des références culturelles non exhaustives liées aux différentes parties du thème « Corps naturel, corps artificiel ». Ces références couvrent l'ensemble des différents supports artistiques : les écrits littéraires (en **noir**) ; les références filmographiques, (en **bleu**) ; les œuvres picturales (en **vert**) ; les œuvres photographiques (en **orange**).

| Problématique | Notion-clé | Référence |
|---|---|---|
| **1. Le « corps naturel » : l'être fondamental** | | |
| **A. Corps et anatomie** | • Une entité fondamentale<br>• Les âges du corps : une entité complexe | • Amélie Nothomb, *Métaphysique des tubes*<br>• Holbein le Jeune, *Le Christ mort au tombeau*<br>• Ivan Le Lorraine Albright |
| **B. Le fonctionnement du corps naturel** | • Corps et santé<br>• Corps et médecine<br>• Corps et handicap | • Maupassant, *La Mère aux monstres*.<br>• Molière, *Le Malade imaginaire*<br>• Tahar Ben Jelloun, *L'Ablation*<br>• Émile Zola, *Le Docteur Pascal*<br>• Jacques Audiard, *De rouille et d'os*<br>• Clint Eastwood, *Million Dollar Baby*<br>• Dalton Trumbo, *Johnny s'en va-t-en guerre*<br>• Honoré Fragonard (*Les écorchés de l'École vétérinaire*) |
| **2. Corps et représentations** | | |
| **A. Le paraître** | • Regard d'autrui<br>• Le diktat du corps naturel<br>• Corps naturel et caractère<br>• Le corps naturel laid | • Émissions et conférences disponibles en podcast sur le site de France Culture : « Est-on libre de disposer de son corps ? » : conférence du 29 novembre 2016 |
| **B. L'idéal du corps naturel** | • Un idéal inatteignable.<br>• Modulation selon des critères relatifs.<br>• Aliénation | • Georges Vigarello, *Histoire de la beauté : Le corps et l'art d'embellir de la Renaissance à nos jours*<br>• Ingres ; Michel-Ange |
| **C. Le corps artificiel comme substitut du corps naturel** | • Le maquillage<br>• La chirurgie esthétique | • Émissions et conférences disponibles en podcast sur le site de France Culture : *Du bistouri au mascara* : série de quatre émissions diffusées en janvier 2014. |
| **3. Le corps artificiel : vers l'avènement d'une nouvelle humanité ?** | | |
| **A. Le corps artificiel : un défi au corps naturel** | • Une nouvelle identité<br>• L'éternelle jeunesse | • Villiers de l'Isle Adam, *L'Ève future*.<br>• Oscar Wilde, *Le Portrait de Dorian Gray* |
| **B. La mutation du genre humain** | • Le corps artificiel comme la projection fantasmatique d'une nouvelle humanité<br>• Manipulation et sélection du corps naturel | • Isaac Asimov, *I Robot* (recueil de nouvelles), *Le Cycle des robots*.<br>• Jean-Michel Besnier, *Demain les posthumains. Le futur a-t-il encore besoin de nous ?*<br>• Bernard Claverie, *L'Homme augmenté : Néotechnologies pour un dépassement du corps et de la pensée*<br>• Rupert Sanders, *Ghost in the shell* ; James Cameron, *Terminator* ; Mamoru Oshii, *Ghost in the Shell 2, Innocence*<br>• Enki Bilal ; Neil Harbisson<br>• Eduardo Kac |

THÈME 2

# Seuls avec tous

INTRODUCTION

« Seuls avec tous » : cette expression qui associe des termes contraires est un **oxymore** ; elle fait ressortir un **paradoxe :** l'association de l'individualité et de la collectivité. Ces deux notions paraissent d'emblée contraires, opposant la **globalité d'un groupe** à l'**unicité d'un être**.

En effet, le *Trésor de la langue française* (TLF) définit l'individualité comme « le fait d'exister en tant qu'individu ou personne ». La collectivité est définie comme un « ensemble, généralement assez **dense**, d'individus groupés **naturellement** ou rassemblés pour **une certaine durée** par des **sentiments**, des **intérêts**, des **droits** ou des **devoirs communs** perçus comme distincts de ceux des individus qui le composent et tendant à s'exprimer dans une **organisation commune** ».

À la divergence relative au nombre se juxtapose la **divergence d'intérêt**. L'individu s'affirme dans la pérennité de son être, dans l'accomplissement de ses désirs, s'orientant parfois dans un **égoïsme** forcené. *A contrario*, le groupe manifeste des enjeux communs qui dépassent la cause individuelle pour assurer la **survie**, la **mutualisation**, qui se veulent **fédératrices**.

Toutefois, au-delà de ce simple clivage, affleure une **logique d'interdépendance**. L'individualité ne peut se concevoir sans le groupe, et vice-versa. Ces deux entités **s'imbriquent** et se complètent, ne pouvant exister indépendamment l'une de l'autre. Cette combinaison repose sur une dualité elle-même sujette à un **subtil équilibre** : du groupe émerge une **régulation de l'individu,** une puissance porteuse **de sens** et **féconde en potentiel** ; de l'individu, émane une volonté de **perfectibilité,** d'**amélioration du collectif**. Source d'**harmonie**, cette association peut également conduire à la détérioration de l'un ou de l'autre ; en tyran, le groupe peut **diluer** l'individu, comme l'être peut **fragmenter la cohésion** du groupe.

### 1er axe de réflexion : *Le groupe en actes, entre diversité et perfectibilité*

oblématiques

- Le groupe connaît-il plusieurs réalités ?
- Peut-il s'inscrire dans une certaine perfectibilité lui permettant d'acquérir d'autres caractéristiques que celle du nombre ?

**1. Le groupe : une densité caractéristique**

Le groupe est l'expression du plus grand nombre, notamment dans le cas de la foule.

***Mots-clés :*** foule, mouton de Panurge, instinct grégaire.

**2. Le groupe permanent**

Famille, clan et tribu.

***Mots-clés :*** groupe, famille, équipe, foule, clan, secte, bande, gang, tribu, amis, pairs.

**3. Vers une conception élaborée du groupe**

Société, communauté et Nation.

***Mots-clés :*** classes sociales, gouvernement, assemblée, syndicat, collectivisme, propriété, forum, agora.

### 2$^e$ axe de réflexion : *L'individualité, entre construction et narcissisme*

**Problématique**

- L'individu ne s'oriente-t-il que vers l'accomplissement de son être, dans une trajectoire unique niant toute altérité ?

**1. L'individualité, une construction à reconnaître**

L'individualité se construit.

***Mots-clés :*** individu, personne, sujet, identité.

**2. L'individualité, entre force agissante et possession de soi**

L'individualité permet la conquête de sa liberté et peut s'affirmer comme l'unique possession de soi.

***Mots-clés :*** libre-arbitre, distinction, originalité.

**3. Entre égotisme et égoïsme : l'individualité toute-puissante**

L'individu est par nature narcissique. Cette tendance s'exacerbe dans les cas d'égotisme et d'égoïsme.

***Mots-clés :*** égocentrisme, égoïsme, égotisme, individualisme, narcissisme.

### 3$^e$ axe de réflexion : *Collectivité et individualité, un équilibre subtil, parfois précaire*

**Problématiques**

- L'individualité se définit-elle toujours à rebours du groupe ?
- La relation individualité-globalité ne pourrait-elle pas créer une osmose, une harmonie ?
- La cohabitation de ces deux entités ne pourrait-elle pas façonner une existence commune respectueuse des intérêts de chacune ?

**1. Être à la marge du groupe : se mettre à l'écart ou entrer en résistance ?**

L'individu peut se mettre volontairement à la marge du groupe : misanthropie et résistance.

***Mots-clés :*** dissidence, misanthropie, résistance, « tour d'ivoire ».

**2. Être rejeté par le groupe : le bouc émissaire ou le sacrifice de l'individualité au nom de la collectivité ?**

L'individu peut être réduit à l'état d'objet, voire devenir un bouc émissaire.

***Mots-clés :*** bouc émissaire, marginalité, relégation, « tête de turc ».

**3. Intégrer le groupe : mutualisation et équilibre entre altérité et collectivité**

Conciliation possible de l'individualité et de la collectivité.

***Mots-clés :*** intérêt général, partage, mutualisation, coopération, fédération, cohésion, collectif, communion, contribution, alliance, synergie, collaboration, entraide, économie participative, colocation, covoiturage, projet participatif, encyclopédie, réseau, flashmob.

# Le groupe en actes, entre diversité et perfectibilité



## 1 Le groupe : une densité caractéristique

• **Primauté du critère numérique.** Le **critère numérique** se définit par la notion de **pluriel**. Le *Trésor de la langue française* attribue deux sens principaux au terme « groupe ». Il désigne d'abord « un ensemble d'êtres animés ou de choses formant un tout », puis « un ensemble de personnes ou de choses ayant des caractéristiques communes ». La grammaire souligne cette distinction par l'emploi des pronoms quantificateurs : « tout, tous, toutes » désignent la totalité globalisante ; « la plupart, plusieurs » sont employés comme des termes génériques à la pluralité indéterminée. Les caractéristiques de la collectivité reposent sur un **assemblage** de plusieurs entités, donnant lieu à une **cohésion** pour créer un groupe.

• **Le groupe dans son accumulation : la foule.** La **foule** désigne la forme la plus confuse du groupe. Elle évoque une « multitude de personnes qui se pressent les unes les autres dans un espace plus ou moins limité » ou « la multitude elle-même » (TLF). Le caractère de la pluralité devient prépondérant et s'exprime à travers les synonymes du mot « foule » : « multitude », « affluence », « quantité », « masse », « tas », « amas », « flot », « flopée », « afflux », « pléiade » et bien d'autres qui révèlent l'**accumulation**, la **profusion** et la **confusion.**

• **Un comportement grégaire.** À la foule s'associe un comportement, généralement qualifié de « **grégaire** ». Issu de l'adjectif *gregarius*, « relatif au troupeau », il désigne une tendance instinctive qui pousse des individus d'une même espèce à se rassembler et à adopter un même comportement. Dans un sens péjoratif, il évoque également la docilité à suivre les comportements d'un groupe. L'analogie avec le comportement des « bestiaux » suggère la bassesse des instincts, un comportement modelé sur le **mimétisme** pouvant aller jusqu'à l'absurde. L'expression « **moutons de Panurge** » met en évidence cet asservissement au nombre.

**Document**

**Comment Panurge fit en mer noyer le marchand et les moutons**

« Soudain, je ne sais comment (le cas fut subit, je n'eus loisir le considérer), Panurge, sans autre chose dire, jette en pleine mer son mouton criant et bêlant. Tous les autres moutons, criants et bêlants en pareille intonation, commencèrent se jeter et sauter en mer après, à la file. La foule était à qui premier y sauterait après leur compagnon. Possible n'était les empêcher, comme vous savez être du mouton le naturel, toujours suivre le premier, quelque part qu'il aille. Aussi le dit Aristoteles, lib. IX de *Histo. animal.*, être le plus sot et inepte animal du monde.

Le marchand, tout effrayé de ce que devant ses yeux périr voyait et noyer ses moutons, s'efforçait les empêcher et retenir de tout son pouvoir, mais c'était en vain. Tous à la file sautaient dedans la mer et périssaient. Finalement il en prit un grand et fort par la toison sur le tillac de la nef, croyant ainsi le retenir et sauver le reste aussi conséquemment. Le mouton fut si puissant qu'il emporta en mer avec soi le marchand, et fut noyé, en pareille forme que les moutons de Polyphemus, le borgne cyclope, emportèrent hors la caverne Ulysse et ses compagnons. Autant en firent les autres bergers et moutonniers, les prenant uns par les cornes, autres par les jambes, autres par la toison, lesquels tous furent pareillement en mer portés et noyés misérablement. »

François Rabelais, *Le Quart Livre des faits et dits héroïques du bon Pantagruel*, extrait du chapitre VIII, 1552

Ce fameux épisode du *Quart Livre* illustre l'expression « les moutons de Panurge », épisode devenu proverbial. Pour se venger d'un commerçant exigeant, Panurge se saisit du mouton qu'il vient d'acheter et le jette à l'eau. L'instinct grégaire du troupeau amène les autres moutons à le suivre, ce qui provoque la mort des bêtes et des bergers qui tentent de sauver le cheptel. Par analogie, l'être qui se détermine comme un suiveur se voit attribuer un instinct grégaire. Dérivé du latin *grex*, *gregis* (« troupeau, troupe »), cet adjectif détermine un comportement fondé sur le mimétisme. La personne suit instinctivement, sans se poser de questions. Elle se fond dans un mouvement collectif pouvant s'avérer funeste, comme l'illustre l'épisode des moutons de Panurge.

• **La psychologie des foules.** Le principe de la foule se retrouve également théorisé comme phénomène dans la **psychologie sociale**. Ce comportement de groupe résulte de la psychologie des foules. Elle provient du processus d'industrialisation européen du XIXe siècle. Les liens sociaux traditionnels se rompent alors et créent une **société de masse**. Elle suscite un **sentiment de peur** face à la possibilité que l'**on n'adhère plus à l'ordre social établi**, voire que l'**on s'attaque** à lui. La foule en action représente un **danger** bien réel. Pour la bourgeoisie, cette impression est renforcée par la fragilité de la IIIe République et des mouvements d'opposition : l'action religieuse, le populisme du général Boulanger et la montée des actions anarchistes, syndicalistes et socialistes.

C'est suite à ce constat que Gustave Le Bon rédige la *Psychologie des foules*.

**Document**

« Le fait le plus frappant que présente une foule psychologique est le suivant : quels que soient les individus qui la composent, quelque semblables ou dissemblables que soient leur genre de vie, leurs occupations, leur caractère ou leur intelligence, par le fait seul qu'ils sont transformés en foule, ils possèdent une sorte d'âme collective qui les fait sentir, penser et agir d'une façon tout à fait différente de celle dont sentirait, penserait et agirait chacun d'eux isolément. Il y a des idées, des sentiments qui ne surgissent ou ne se transforment en actes que chez les individus en foule. La foule psychologique est un être provisoire, formé d'éléments hétérogènes qui pour un instant se sont soudés, absolument comme les cellules qui constituent un corps vivant forment par leur réunion un être nouveau manifestant des caractères fort différents de ceux que chacune de ces cellules possède. »

Gustave Le Bon, *Psychologie des foules*, extrait du chapitre 1, 1895

**Document**

« La foule, avons-nous dit en étudiant ses caractères fondamentaux, est conduite presque exclusivement par l'inconscient. Ses actes sont beaucoup plus sous l'influence de la moelle épinière que sous celle du cerveau. Elle se rapproche en cela des êtres tout à fait primitifs. Les actes exécutés peuvent être parfaits quant à leur exécution, mais, le cerveau ne les dirigeant pas, l'individu agit suivant les hasards des excitations. Une foule est le jouet de toutes les excitations extérieures et en reflète les incessantes variations. Elle est donc esclave des impulsions qu'elle reçoit. L'individu isolé peut être soumis aux mêmes excitants que l'homme en foule : mais comme son cerveau lui montre les inconvénients d'y céder, il n'y cède pas. C'est ce qu'on peut physiologiquement exprimer en disant que l'individu isolé possède l'aptitude à dominer ses réflexes, alors que la foule ne la possède pas. »

Gustave Le Bon, *Psychologie des foules*, extrait du chapitre 2, paragraphe 1, 1895

Dans *Psychologie des foules*, Gustave Le Bon appréhende la foule par l'association de trois processus : la **submersion mentale**, la **contagion mentale** et la **suggestion**.

– La submersion appelle à **immerger l'individu dans la foule** ; celui-ci acquiert alors par la force du nombre un sentiment de toute-puissance, ouvrant à la domination des instincts.

– La contagion mentale révèle que **l'individu sacrifie aisément son intérêt personnel à l'intérêt collectif**.

– Dans le cadre de la suggestion, « *La personnalité consciente est évanouie, la volonté et le discernement abolis.* ***Sentiments et pensées sont alors orientés dans le sens déterminé par l'hypnotiseur*** ». Consécutivement à la perte de la personnalité individuelle dans la foule s'opère un retour à un inconscient plus ancien que la civilisation, voire que l'intellect : « *Isolé, [l'individu] était peut-être un individu cultivé, en foule, c'est un instinctif, par conséquent un barbare. Il a la spontanéité, la violence, la férocité, et aussi les enthousiasmes et les héroïsmes des êtres primitifs* ».

**Définition**

**Submersion :** fait de recouvrir complètement.

**Document**

« Les femmes avaient paru, près d'un millier de femmes, aux cheveux épars, dépeignés par la course, aux guenilles montrant la peau nue, des nudités de femelles lasses d'enfanter des meurt-de-faim. Quelques-unes tenaient leur petit entre les bras, le soulevaient, l'agitaient, ainsi qu'un drapeau de deuil et de vengeance. D'autres, plus jeunes, avec des gorges gonflées de guerrières, brandissaient des bâtons ; tandis que les vieilles, affreuses, hurlaient si fort que les cordes de leurs cous décharnés semblaient se rompre. Et les hommes déboulèrent ensuite, deux mille furieux, des galibots, des haveurs, des raccommodeurs, une masse compacte qui roulait d'un seul bloc, serrée, confondue, au point qu'on ne distinguait ni les culottes déteintes, ni les tricots de laine en loque, effacés dans la même uniformité terreuse. Les yeux brûlaient, on voyait seulement les trous des bouches noires, chantant *La Marseillaise*, dont les strophes se perdaient en un mugissement confus accompagné par le claquement des sabots sur la terre dure. Au-dessus des têtes, parmi le hérissement des barres de fer, une hache passa, portée toute droite ; et cette hache unique, qui était comme l'étendard de la bande, avait, dans le ciel clair, le profil aigu d'un couperet de guillotine.

– Quels visages atroces ! balbutia Mme Hennebeau.

Négrel dit entre ses dents :

– Le diable m'emporte si j'en reconnais un seul ! D'où sortent-ils donc, ces bandits-là ?

Et, en effet, la colère, la faim, ces deux mois de souffrance et cette débandade enragée au travers des fosses avaient allongé en mâchoires de bêtes fauves les faces placides des houilleurs de Montsou. À ce moment, le soleil se couchait, les derniers rayons d'une pourpre sombre ensanglantaient la plaine. Alors, la route sembla charrier du sang, les femmes, les hommes continuaient à galoper, saignants comme des bouchers en pleine tuerie.

– Oh ! superbe ! dirent à demi-voix Lucie et Jeanne, remuées dans leur goût d'artistes par cette belle horreur.

Elles s'effrayaient pourtant, elles reculèrent près de Mme Hennebeau, qui s'était appuyée sur une auge. L'idée qu'il suffisait d'un regard entre les planches de cette porte disjointe pour qu'on les massacrât la glaçait. Négrel se sentait blêmir, lui aussi, très brave d'ordinaire, saisi là d'une épouvante supérieure à sa volonté, une de ces épouvantes qui souffle de l'inconnu. Dans le foin, Cécile ne bougeait plus. Et les autres, malgré leur désir de détourner les yeux, ne le pouvaient pas, regardaient quand même.

▸▸▸

Culture générale et expression

C'était la vision rouge de la révolution qui les emporterait tous, fatalement, par une soirée sanglante de cette fin de siècle. Oui, un soir, le peuple lâché, débridé, galoperait ainsi sur les chemins ; et il ruissellerait du sang des bourgeois, il promènerait des têtes, il sèmerait l'or des coffres éventrés. [...]
Un grand cri s'éleva, domina *La Marseillaise* :
– Du pain ! du pain ! du pain ! »

Émile Zola, *Germinal*, extrait du chapitre 5 de la Vᵉ partie, 1885

Cet extrait de *Germinal* rend compte des craintes associées au groupe, à la déferlante du plus grand nombre. En effet, la déshumanisation est représentée par une apparence redoutable, soulignée par le vocabulaire de la monstruosité. La déferlante de la foule en colère laisse présager les pires exactions. C'est un comportement soumis à l'instinct, aux pulsions archaïques exacerbées par la faim qui illustre pleinement la théorie de la *Psychologie des foules*.

## 2 Le groupe permanent

• **La famille.** La **famille** représente une cellule collective permanente. Elle détermine « un groupe constitué par des individus apparentés par des **alliances**, par le **sang**, descendant d'**ancêtres communs** » (TLF). Ce groupe d'individus unis par le sang, les alliances ou l'adoption repose sur un modèle familial qui ne cesse de se modifier selon les époques : famille nucléaire, monoparentale, homoparentale. Mais ses rôles restent toujours les mêmes : ceux de la transmission, de l'inculcation et de l'éducation des plus jeunes. Ainsi, le groupe repose sur une hiérarchie générationnelle et fonctionnelle. Celle-ci se présente comme un vase clos qui pourvoit à la formation des plus jeunes.

• **Un groupe originellement plus vaste.** Cependant, à l'origine, le terme « famille » révèle une optique plus large. Il tire en effet son étymologie du latin *familius* qui signifie « serviteur ». Il désignait également les « esclaves attachés à la maison du maître ». Ce concept a évolué en englobant d'abord les personnes vivant sous le même toit, maîtres et serviteurs confondus, et soumis à l'autorité du ***paterfamilias***, puis en désignant les personnes liées par le sang. Cette notion intègre donc un lien de nature différente unissant des personnes, parfois soumises à une hiérarchie sociale. Il faut également distinguer la famille au sens élargi – groupe de personnes ayant un lien de parenté – et au sens restreint – la cellule familiale constituée d'individus demeurant sous le même toit.

• **Le lien avec l'extérieur.** Le lien avec tout élément extérieur repose sur une ouverture régulant la production, mais également la **transmission** du patrimoine. De fait, l'**endogamie**, c'est choisir son conjoint à l'intérieur d'un groupe (clan, village), contrairement à l'**exogamie** qui désigne le fait de choisir son conjoint à l'extérieur de ce groupe. Le couple homogamie / hétérogamie relève de la même dynamique : l'**homogamie** révèle le fait de choisir son conjoint dans le même milieu social, alors que l'**hétérogamie** ouvre sur un milieu social différent.

• **Le clan et la tribu, des variantes de la famille.** La notion de famille ouvre à celle de **clan.** Le sens ancien de « l'ensemble de familles se groupant autour d'**un même chef** et ayant un **ancêtre commun** » (TLF) s'est élargi à « un groupe homogène de personnes envisagées du point de vue de ce qu'elles ont en commun » (TLF). Dans une optique anthropologique, la **tribu** détermine un « groupe social, généralement composé de familles se rattachant à une souche commune, qui présente une certaine homogénéité (physique, linguistique, culturelle...) » (TLF). Dans les sociétés primitives, il s'agissait du **groupe social** d'un territoire se réclamant de la **même souche**, composé d'unités autonomes plus petites, généralement fondées sur la parenté, et qui bénéficie d'une autorité politique.

La famille propose donc un modèle plus restreint du groupe. Celui-ci s'inscrit dans la durée car il repose sur des données fédératrices. Les individus se retrouvent liés les uns aux autres par le sang ou par des alliances, créant une **fonctionnalité** du nombre.

**Document**

« JULIETTE. – Ton nom seul est mon ennemi. Tu n'es pas un Montague, tu es toi-même. Qu'est-ce qu'un Montague ? Ce n'est ni une main, ni un pied, ni un bras, ni un visage, ni rien qui fasse partie d'un homme... Oh ! sois quelque autre nom ! Qu'y a-t-il dans un nom ? Ce que nous appelons une rose embaumerait autant sous un autre nom. Ainsi, quand Roméo ne s'appellerait plus Roméo, il conserverait encore les chères perfections qu'il possède... Roméo, renonce à ton nom ; et, à la place de ce nom qui ne fait pas partie de toi, prends-moi tout entière.

ROMÉO. – Je te prends au mot ! Appelle-moi seulement ton amour, et je reçois un nouveau baptême : désormais, je ne suis plus Roméo.

JULIETTE. – Quel homme es-tu, toi qui, ainsi caché par la nuit, viens de te heurter à mon secret ?

Roméo. – Je ne sais par quel nom t'indiquer qui je suis. Mon nom, sainte chérie, m'est odieux à moi-même, parce qu'il est pour toi un ennemi : si je l'avais écrit là, j'en déchirerais les lettres.

JULIETTE. – Mon oreille n'a pas encore aspiré cent paroles proférées par cette voix, et pourtant j'en reconnais le son. N'es-tu pas Roméo et un Montague ?

ROMÉO. – Ni l'un ni l'autre, belle vierge, si tu détestes l'un et l'autre.

JULIETTE. – Comment es-tu venu ici, dis-moi ? et dans quel but ? Les murs du jardin sont hauts et difficiles à gravir. Considère qui tu es : ce lieu est ta mort, si quelqu'un de mes parents te trouve ici.

ROMÉO. – J'ai escaladé ces murs sur les ailes légères de l'amour : car les limites de pierre ne sauraient arrêter l'amour, et ce que l'amour peut faire, l'amour ose le tenter ; voilà pourquoi tes parents ne sont pas un obstacle pour moi.

JULIETTE. – S'ils te voient, ils te tueront. »

Shakespeare, *Roméo et Juliette*, extrait de la scène 2 de l'acte II, 1596

Cette scène de *Roméo et Juliette* présente les données du clan, façonné sur une cohésion de l'hérédité. Le nom se transmet avec une appartenance au groupe, mais peut également entraîner le rejet d'un autre groupe. Cette rivalité entre les Montague et les Capulet crée un clivage funeste qui interdit tout lien entre les deux familles. Suivant cette logique, l'alliance possible entre Roméo et Juliette apparaît comme contre-nature et comme une transgression de l'ordre établi.



## 3 Vers une conception élaborée du groupe

Quand le groupe s'élabore, s'élargit, il s'organise. Il acquiert ainsi une nouvelle identité : de « foule », il devient « **communauté** », « **société** », « **Nation** ». Il cumule alors la caractéristique numérique à celle d'un **système agencé**, inscrit dans une optique.

• **Communauté et société.** La communauté se conçoit comme un « ensemble de **personnes vivant en collectivité** ou formant une **association d'ordre politique**, **économique** ou **culturel** ». La **société**, quant à elle, détermine « une communauté d'individus **organisée autour d'institutions communes** (économiques, politiques, juridiques...) dans le cadre d'un État ou, plus généralement, dans le cadre d'une civilisation à un moment historique défini ».

Cependant, ces deux termes ont parfois été opposés. Dans son ouvrage *Gemeinschaft und Gesellschaft* (*Communauté et société*) de 1887, Ferdinand Tönnies caractérise la communauté par la proximité affective et spatiale donnant lieu à une « communauté de sang, de lieu et d'esprit », avec la primauté du tout sur l'individu. *A contrario*, la société serait le domaine de la concurrence généralisée entre les individus séparés, avec des rapports sociaux tendant à se restreindre à des échanges contractualisés.

Malgré cette différence possible, communauté et société évoquent un groupe structuré et façonné qui s'oppose à l'absence d'individualité de la foule. Communauté et société renvoient à des espaces publics, comme l'agora ou le forum, institutionnalisés dès l'Antiquité, où la ***vox populi*** s'élève, faisant du groupe une **Nation**.

**Document**

« Je veux chercher si dans l'ordre civil il peut y avoir quelque règle d'administration légitime et sûre, en prenant les hommes tels qu'ils sont, et les lois telles qu'elles peuvent être. Je tâcherai d'allier toujours dans cette recherche ce que le droit permet avec ce que l'intérêt prescrit, afin que la justice et l'utilité ne se trouvent point divisées.
J'entre en matière sans prouver l'importance de mon sujet. On me demandera si je suis prince ou législateur pour écrire sur la politique. Je réponds que non, et que c'est pour cela que j'écris sur la politique. Si j'étais prince ou législateur, je ne perdrais pas mon temps à dire ce qu'il faut faire ; je le ferais, ou je me tairais.
Né citoyen d'un État libre, et membre du souverain, quelque faible influence que puisse avoir ma voix dans les affaires publiques, le droit d'y voter suffit pour m'imposer le devoir de m'en instruire. Heureux, toutes les fois que je médite sur les gouvernements, de trouver toujours dans mes recherches de nouvelles raisons d'aimer celui de mon pays. »

Jean-Jacques Rousseau, *Du contrat social ou Principes du droit politique*, extrait du livre I, 1762

*Du contrat social* de Jean-Jacques Rousseau repose sur l'analyse de la relation contractuelle vis-à-vis de n'importe quel gouvernement légitime. Cela permet d'articuler les principes d'utilité et de justice pour concilier l'aspiration au bonheur et la soumission à l'intérêt général. **Quatre principes fondateurs structurent le contrat social :**
– les hommes renoncent à leurs droits naturels en faveur d'un État protecteur, garant de l'égalité et de la liberté ;
– le bien-être général est sauvegardé par le peuple tout-puissant grâce à l'intermédiaire d'un législateur ;
– une religion d'État ou civile est créée ;
– la pureté de la démocratie est entretenue par des assemblées législatives.

• **La Nation s'inscrit dans une dynamique historique.** La Nation recouvre un **concept difficile à définir** tant il a évolué au cours des siècles. Au Moyen Âge, il évoque un groupe d'hommes ayant une origine commune. Plus récemment, ce terme recouvre un ensemble de paramètres qui génèrent **un sentiment d'appartenance commune**, qui se **transmet de génération en génération.** Lors d'une conférence de 1882, intitulée « Qu'est ce qu'une

Nation ? », Ernest Renan conçoit celle-ci comme un résultat historique, « **une âme, un principe spirituel** ». Pour exister, il lui faut un élément fédérateur : **le sol et la langue commune, la langue et le peuple**, respectivement pour les penseurs allemands Herder et Fichte.

À ces données s'ajoutent **la religion, la culture, l'ethnie, le territoire et l'État.** La création d'une Nation coïncide avec l'évolution d'une Histoire fédératrice. C'est pourquoi des événements paraissent saillants, mais également essentiels dans l'identité d'un pays. La Révolution française engendrant la Déclaration des droits de l'homme et du citoyen participe à l'identité de la France.

▲ Jacques-Louis David, *Le Serment du Jeu de paume*, 1791 ; Château de Versailles

Ce dessin préparatoire a été réalisé par Jacques-Louis David en 1791. Commandé par le Club des Jacobins afin d'être exposé dans l'Assemblée nationale, il commémore le Serment du Jeu de paume par les députés le 20 juin 1789. Ils font le serment de ne jamais se séparer avant d'avoir rédigé une constitution. En effet, l'ouverture des états généraux a suscité une querelle de procédure : le tiers état souhaitait la réunion des trois ordres ainsi que le vote par tête, le vote par ordre donnant nécessairement la majorité au clergé et à la noblesse. Face au refus du roi, le tiers état se proclame Assemblée nationale. Il appelle les deux autres ordres à le rejoindre. Louis XVI fait fermer la salle de réunion des députés, ces derniers se rassemblent alors dans la salle du Jeu de paume. Moment-clé de la Révolution, ce serment signifie le refus de la monarchie absolue.

# 2 L'individualité, entre construction et narcissisme



Rien n'est plus **singulier**, mais également plus **commun**, que l'individu. Le nombre toujours plus important d'humains sur la terre rend chaque être commun et banal. Cependant, chaque individu est unique car résultant d'un **cheminement personnel** faisant la **somme de ses expériences** et d'**interactions avec des données personnelles** comme la famille ou le caractère. Ce paradoxe rappelle combien l'individu est une **construction**.

## 1 L'individualité, une construction à reconnaître

Reconnaître l'individualité, c'est la percevoir comme une construction et lui attribuer un statut.

• **La construction de l'être.** Dès sa naissance, l'être se construit par étapes. Étymologiquement, le terme « enfant » désigne l'état de « **celui qui ne parle pas** » (par l'association de l'élément privatif latin *in-* et de la forme verbale *-fans*). Cette inaptitude à la communication rappelle qu'il est un être en devenir, subordonné aux adultes qui en ont la charge.

Durant l'enfance, le **corps**, la **psyché** et le **rapport à autrui** se développent. Éduquer, stimuler, découvrir le monde, se socialiser, apprendre à parler, s'estimer, se responsabiliser sont autant d'enjeux d'une construction progressive qui passe par la stimulation, l'éducation, l'acquisition de règles. C'est pourquoi, dès son plus jeune âge, l'enfant doit être stimulé. Cela passe par un éveil constant qui s'accomplit grâce aux différents acteurs que sont les parents, mais également grâce au système éducatif. L'école est à la fois lieu **d'instruction** et de **socialisation**, où les enfants apprennent à vivre en communauté.

**Définitions**

**Psyché :** ensemble des aspects conscients et inconscients du comportement individuel, par opposition à ce qui est purement organique.

**Aphorisme :** proposition concise résumant un point essentiel d'une théorie.

• **L'individualité, une notion tardivement réintroduite.** Cependant, la reconnaissance de l'individualité a longtemps été **verrouillée** dans la société occidentale. De nombreux filtres, notamment religieux, la minimisaient, voire la méprisaient. L'aphorisme « **le moi est haïssable** » (Pascal, *Pensées*) cristallise ce dédain dont l'individualité a longtemps été victime. Le moi serait alors une passion abusant l'individu. L'**amour-propre** pousserait les hommes à **paraître** plutôt qu'à **être**. Pascal, en dénonçant le « sot projet qu'il a de se peindre », déconsidérait également Montaigne, l'un des premiers auteurs à réintroduire la préoccupation de soi dans la littérature occidentale avec ses *Essais*.

**Document**

« C'est ici un livre de bonne foi, lecteur. Il t'avertit, dès l'entrée, que je ne m'y suis proposé aucune fin, que[1] domestique et privée. Je n'y ai eu nulle considération de ton service, ni de ma gloire. Mes forces ne sont pas capables d'un tel dessein. Je l'ai voué à la commodité[2] particulière de mes parents et amis : à ce que[3] m'ayant perdu (ce qu'ils ont à faire bientôt) ils y puissent retrouver aucuns[4] traits de mes conditions et humeurs[5], et que par ce moyen ils nourrissent plus entière et plus vive la connaissance qu'ils ont eue de moi.

▸▸▸

1. Sinon 2. Intérêt 3. Pour que
4. Certains 5. Caractères et goûts

Si c'eût été pour rechercher la faveur du monde, je me fusse mieux paré et me présenterais en une marche étudiée. Je veux qu'on m'y voie en ma façon simple, naturelle et ordinaire, sans contention[6] et artifice : car c'est moi que je peins. Mes défauts s'y liront au vif, et ma forme naïve, autant que la révérence publique[7] me l'a permis. Que si j'eusse été entre ces nations qu'on dit vivre encore sous la douce liberté des premières lois de nature, je t'assure que je m'y fusse très volontiers peint tout entier, et tout nu. Ainsi, lecteur, je suis moi-même la matière de mon livre : ce n'est pas raison[8] que tu emploies ton loisir en un sujet si frivole et si vain ; à Dieu donc. »

Michel Eyquem de Montaigne, Préface des *Essais*, tome 1, 1580

6. Effort
7. Ma spontanéité autant que le respect du public
8. Il n'est pas raisonnable

## 2 L'individualité, entre force agissante et possession de soi

**L'individualité comme conquête de sa liberté.** L'individualité repose sur la singularité d'une personnalité, mais également sur l'accomplissement de son être, de ses propres intérêts. La reconnaître, c'est donner existence à son être et le faire valoir aux yeux des autres. L'individu souhaite jouir d'une action dénuée de toute entrave afin d'**accomplir son propre potentiel**. Il se conçoit alors comme une **force qui va**. Il conquiert sa propre liberté. Ce processus peut se faire d'abord vis-à-vis de soi-même, car la servitude peut aussi être volontaire. Dans ce cas-là s'engage le **libre-arbitre**. Par cette faculté, l'humain pourrait se déterminer librement, par lui seul, à agir et à penser.

**Document**

« La liberté est un bien si grand et si plaisant, qu'elle perdue, tous les maux viennent à la file, et les biens mêmes demeurant après elle, perdent entièrement leur goût et leur saveur... Vous vivez de sorte que vous ne pouvez pas vous vanter que rien soit à vous (en toute propriété) et semblerait que désormais ce vous serait grand heur de tenir en fermage vos biens, vos familles, vos vies ! Et tout ce dégât, ce malheur, cette ruine vous vient non des ennemis (extérieurs), mais certes de celui qui ne vous tyrannise que parce que c'est vous qui le faites si grand. Pour lui, vous allez courageusement à la guerre et pour sa grandeur vous ne refusez point de présenter vos personnes à la mort. Celui qui vous maîtrise tant n'a pourtant que deux yeux, n'a que deux mains et n'a d'autre chose... que l'avantage que vous lui faites pour vous détruire. [...] D'où a-t-il pris tant d'yeux dont il vous épie, si vous ne les lui baillez ? Comment a-t-il tant de mains pour vous frapper, s'il ne les prend de vous ? Les pieds dont il foule vos cités, d'où les a-t-il, si ce ne sont les vôtres ? Comment a-t-il quelque pouvoir sur vous, sinon par vous ? Que pourrait-il faire si vous n'étiez receleur du larron qui vous pille et du bourreau qui vous tue ? Vous semez vos fruits, afin qu'il en fasse le dégât ? Vous nourrissez vos filles, afin qu'il ait de quoi saouler sa luxure ? Vous nourrissez vos enfants, afin que, pour le mieux qu'il leur saurait faire, il les mène en ses guerres, les conduise à la boucherie ? Les fasse les ministres de ses convoitises et les exécuteurs de ses vengeances ? Vous vous rompez à la peine et vous vous affaiblissez afin de le rendre plus fort, et raide à vous tenir plus courte la bride ? Et de tant d'indignités, que les bêtes mêmes ne l'endureraient pas, vous pouvez vous délivrer, car il suffit seulement de le vouloir. Soyez résolus de ne servir plus, et vous voilà libres, je ne veux pas que vous le poussiez ou l'ébranliez ; mais seulement ne le soutenez plus, et vous le verrez comme un grand colosse à qui on a dérobé sa base, de tout son poids même fondre en bas et se rompre. »

Étienne de la Boétie, *De la servitude volontaire*, 1549

Le titre, *De la servitude volontaire*, à valeur d'oxymore, émane de ce paradoxe : la liberté est le plus grand bien, mais c'est également celui que l'homme tend le plus à oublier. Pourtant, cet instinct demeure excessivement vivace chez les animaux. Passif, docile, l'être se laisse soumettre, tout en oubliant qu'il obéit à un autre homme. La description de la multitude du corps, « tant d'yeux », « tant de mains », « les pieds » soulignent l'illusoire d'une domination qui ne repose que sur les personnes asservies et leur assujettissement.

• **L'individualité, unique possession.** Être soi, c'est donc s'appartenir. L'individualité cristallise les semences de l'être. Elle coïncide avec l'**être**, c'est-à-dire l'essence même de l'individu. Elle devient donc un **réceptacle identitaire**, elle est révélatrice de l'**unicité de chaque être humain**. En témoigne l'infinie plasticité de l'individualité humaine. Si l'être existe, il devient sa propre finalité et donc son unique possession. C'est en cela que réside la liberté individuelle : dans l'accomplissement de son être. Être soumis à autrui équivaut à une **réification**, c'est-à-dire à être transformé en objet.

**Document**

« NÉRINE.
Forcez l'aveuglement dont vous êtes séduite,
pour voir en quel état le sort vous a réduite.
Votre pays vous hait, votre époux est sans foi :
dans un si grand revers que vous reste-t-il ?

MÉDÉE.
Moi :
moi, dis-je, et c'est assez.

NÉRINE.
Quoi ! Vous seule, Madame ?

MÉDÉE.
Oui, tu vois en moi seule et le fer et la flamme,
et la terre, et la mer, et l'enfer, et les cieux,
et le sceptre des rois, et la foudre des dieux.

NÉRINE.
L'impétueuse ardeur d'un courage sensible
à vos ressentiments figure tout possible :
mais il faut craindre un roi fort de tant de sujets.

MÉDÉE.
Mon père, qui l'étoit, rompit-il mes projets ?

NÉRINE.
Non ; mais il fut surpris, et Créon se défie :
fuyez, qu'à ses soupçons il ne vous sacrifie. »

Pierre Corneille, *Médée*, extrait de la scène 5 de l'acte I, 1635

Cet échange entre Nérine et Médée révèle un paradoxe : abandonnée de tous, Médée se retrouve totalement dépossédée des réalités humaines. Sa patrie la renie après qu'elle l'a trahie pour l'amour de Jason, qui l'a également abandonnée pour une autre femme. Pourtant, dans ce dénuement le plus total, l'affirmation de soi reste la possession la plus sublime, garante de la toute-puissance de la princesse, descendante du Soleil. L'accumulation des mots évoquant le creuset universel où reposent les différents éléments (« le fer », « la flamme », « la terre », « la mer ») et les faisceaux de la puissance humaine et divine (« le sceptre des rois », « la foudre des dieux ») se mêle en Médée. La convergence en l'individu, exprimée par le groupe prépositionnel « en moi seule », révèle la reconquête par Médée de son identité première, à savoir une essence mythologique qui la ravive en tant que magicienne omnipotente, à l'hérédité divine.

## 3 Entre égotisme et égoïsme : l'individualité toute-puissante

Longtemps, l'individualité a été déniée, à cause de la crainte du narcissisme. Exacerbée, cette tendance ouvre à l'**égoïsme** et à l'**égotisme**, longtemps condamnés par la morale.

**Définitions**

**Égoïsme** : attitude ou conduite de celui qui, le plus souvent consciemment, ne se préoccupe que de son intérêt ou de son propre plaisir au détriment ou au mépris de celui d'autrui.

**Égotisme** : disposition de celui ou de celle qui fait constamment référence à lui-même en particulier dans le discours.

**Libido** : désir.

• **Le narcissisme.** En psychologie, le narcissisme détermine un « amour excessif [de l'image] de soi, associant survalorisation de soi et dévalorisation de l'autre » (TLF). Ce principe psychologique est fondateur dans la mesure où il contribue à la **construction du moi**. Il se retrouve alors investi de la **libido** et peut amener à une **idéalisation des images que l'on a de soi**.

Ce principe psychologique évoque le **mythe de Narcisse** qui associe **survalorisation personnelle**, **amour de soi** et **négation de l'autre**. Le nom même de cette figure mythologique désigne toute personne qui s'admire elle-même, qui est éprise d'elle-même.

▲ Le Caravage, *Narcisse*, vers 1597-1599 ; Galerie d'art ancien, Rome

Dans ses *Métamorphoses*, Ovide présente ce jeune homme à la beauté divine comme le fils du dieu-fleuve Céphise et de la nymphe Liriopé. À sa naissance, le devin Tirésias prédit à sa mère que son fils vivra longtemps à la condition qu'il ne voie jamais son propre visage. Un jour, **Narcisse repousse l'amour de la nymphe Écho** qui en mourra. Par vengeance, les dieux le punissent en l'amenant à contempler son propre reflet dans l'eau d'une source. Il tombe alors immédiatement amoureux de lui-même. Désespéré de ne pouvoir attraper son image, il se laisse mourir. À l'endroit où il est mort apparaissent des fleurs, nommées « narcisses ».

Toutes les constantes du mythe de Narcisse sont reprises dans le tableau du Caravage : dans un violent clair-obscur, Narcisse, richement vêtu, prend appui sur ses mains pour s'admirer dans l'eau. Cependant, le reflet est flou, insaisissable. La place centrale donnée au personnage sur la toile révèle la démesure de cette passion et de cette obstination. Les teintes rouges, brunes et noires dominent, concentrant le halo lumineux sur le protagoniste. Cela évoque la posture mortifère qui scellera la destin du jeune homme.

• **La négation de l'autre.** Donner libre cours à ses désirs, s'inscrire dans un rapport au monde exclusivement dominé par la satisfaction de ses désirs, c'est **agir en tyran.** L'autre se retrouve nié, voire **considéré** comme simple instrument.

• **La réalité de l'enfant-roi.** Le principe de l'enfant-roi illustre pleinement cette survalorisation narcissique de l'individualité de l'enfant. La société de consommation octroie à l'enfant une importance prépondérante. Il devient un consommateur à part entière. Il cumule un double pouvoir : celui, économique, de **l'enfant-acheteur**, détenteur d'argent de poche, et celui, idéologique, du **prescripteur** qui choisit des achats. Ainsi, l'enfant infléchit les choix des parents.

Cette place grandissante connaît bien des déviances et entretient bon nombre de paradoxes. Bien qu'étant normalement subordonné à l'adulte du fait de son immaturité, l'enfant est pourtant perçu comme son égal et jouit de capacités qu'il n'avait pas auparavant. Il devient cet **« enfant-roi »** auquel tout est dû. **Survalorisé, autocentré, égoïste,** il nie autrui et règne en **dictateur** sur son entourage. Il se construit dans une jouissance immédiate de ses désirs et ne possède aucune empathie.

Ce **narcissisme exacerbé** de la toute-puissance infantile rend problématique la construction et l'insertion de ces futurs adultes dans la société ; ils sont désignés par le psychologue Didier Pleux comme des « **adultes tyrans** ». Hermétiques à leur entourage, ils sont incapables de se remettre en cause et ne perçoivent nullement leurs propres responsabilités. Ils outrepassent les règles de vie en collectivité pour combler leurs propres désirs.

• **Un égoïsme effréné, résultante de l'éducation.** Pour Didier Pleux, les causes proviennent en partie de l'éducation reçue. La génération des parents de **mai 1968** et des années 1970 ont mis à mal le modèle éducatif qu'ils avaient eux-mêmes reçu. Pour eux ont primé la **liberté et l'épanouissement** de leur progéniture qui est devenue le centre de préoccupation de la cellule familiale. **Plus de « non », plus de frustration** : l'autorité parentale se disloque. Les parents souhaitent à tout prix se faire aimer par leurs enfants, au détriment des règles éducatives les plus élémentaires.

En somme, l'individualité se pose comme l'accomplissement de l'être en tant que réceptacle identitaire. Elle peut devenir l'unique finalité de l'homme. Cependant, cette orientation strictement engagée dans le moi connaît de réelles difficultés face à la réalité du groupe. Car l'altérité renvoie à d'autres individualités ainsi qu'à l'existence du groupe, entité complexe, parfois unificatrice.

# Collectivité et individualité, un équilibre subtil, parfois précaire



Comment concilier collectivité et individualité, alors qu'en ces deux réalités réside une divergence d'intérêt ? Naturellement, l'individu sera porté vers l'accomplissement de son propre désir. Instinctivement, les hommes se rassemblent pour pérenniser le groupe, alors garant de la survie de l'individu. Cette logique de l'imbrication demeure problématique dans sa réalisation.

## 1 Être à la marge du groupe : se mettre à l'écart ou entrer en résistance

Entre le groupe et l'individu, un rapport conflictuel peut s'instaurer. Différents paramètres peuvent déterminer cet antagonisme, mais tous convergent vers l'incompréhension de l'individu face au groupe. L'homme peut ne pas se reconnaître dans les valeurs véhiculées par la collectivité ou même entrer en résistance. Il en résulte une isolation de l'être en heurt avec le plus grand nombre.

• **La misanthropie.** Se mettre à la marge revient donc à ne pas adhérer au groupe et à opérer un repli. Cela peut s'effectuer dans la sphère privée. L'isolement devient volontaire et marque une **insularité** de l'individu, **marginal et isolé**. Celui-ci cesse tout rapport avec l'autre et en vient à nier l'altérité.

Cependant, une différence notable demeure par rapport à l'égoïsme exacerbé dans la mesure où la survalorisation de soi n'intervient pas systématiquement. Le point focal demeure l'être, admis comme unique point de référence. Il s'agit d'un processus d'**autosatisfaction** qui emplit pleinement l'horizon d'attente du sujet.

Toutefois, il existe un autre type de repli : la **misanthropie**, mot formé sur l'élément grec *miso-*, « haïr », associé à *-anthrop-*, « humain ». Il s'agit d'une haine du genre humain en raison de travers qui peuvent exaspérer l'individu. Les termes « misanthrope », « misogynie » (qui méprise les femmes), « misandre » (qui méprise les hommes) renvoient à cette profonde antipathie. L'individu se réfugie dans sa **tour d'ivoire** d'où il observe un monde auquel il n'adhère pas. C'est le cas d'Alceste, dans le *Misanthrope* de Molière, notamment vis-à-vis de Célimène.

Cette haine contre le genre humain sonne la déclaration de guerre d'un contre tous. De nature parfois morale et philosophique, elle jaillit d'un mécontentement exacerbé : **volonté de rester fidèle à des principes, difficulté à se projeter dans l'autre, grandes infortunes non méritées, regard critique, voire sceptique sur les agissements du groupe, ingratitude des hommes, inflexibilité d'une personnalité inapte à transiger, refus de se mêler aux faiblesses et aux vices de la société contemporaine**. Ce rapport au monde est devenu un motif littéraire dès l'Antiquité : *Timon ou le Misanthrope* de Lucien, Timon d'Athènes dans *Les Vies d'Antoine et d'Alcibiade* de Plutarque. Mais c'est **Alceste**, le misanthrope de la pièce de Molière, qui reste indubitablement le personnage-type.

**Document**

« PHILINTE
Lorsqu'un homme vous vient embrasser avec joie,
Il faut bien le payer de la même monnoie,
Répondre, comme on peut, à ses empressements,
Et rendre offre pour offre, et serments pour serments.

ALCESTE
Non, je ne puis souffrir cette lâche méthode
Qu'affectent la plupart de vos **gens à la mode** ;
Et je ne hais rien tant que les contorsions
De tous ces **grands faiseurs de protestations** ;
Ces affables donneurs d'embrassades frivoles,
Ces obligeants diseurs **d'inutiles paroles**,
Qui de civilités avec tous font combat,
Et traitent **du même air** l'honnête homme et le fat.
Quel avantage a-t-on qu'un homme vous caresse,
Vous jure amitié, foi, zèle, estime, tendresse,
Et vous fasse de vous un éloge éclatant,
Lorsqu'au premier faquin il court en faire autant ?
Non, non, il n'est point d'âme un peu bien située
Qui veuille d'une estime ainsi prostituée,
Et la plus glorieuse a des régals peu chers,
Dès qu'on voit qu'on nous mêle avec tout l'univers.
Sur quelque préférence une estime se fonde,
Et **c'est n'estimer rien qu'estimer tout le monde**.
Puisque vous y donnez, **dans ces vices du temps**,
Morbleu ! Vous n'êtes pas pour être de mes gens ;
**Je refuse** d'un cœur la vaste complaisance
Qui ne fait de mérite aucune différence ;
Je veux qu'on me distingue ; et, pour le trancher net,
**L'ami du genre humain n'est point du tout mon fait**.

PHILINTE
Mais quand on est du monde, il faut bien que l'on rende
Quelques dehors civils que l'usage demande. »

Molière, *Le Misanthrope*, extrait de la scène 1 de l'acte I, 1666

La tirade d'Alceste cristallise le rapport au monde du misanthrope. Être sans compromission, il assiste avec lucidité au caractère factice des convenances banales et hypocrites du monde des courtisans. Aucune distinction n'est faite entre les personnes estimables et « le premier faquin ». Le groupe verbal « Je refuse » condense la philosophie de cette nature intransigeante : il se veut volontairement à la marge pour ne pas se souiller dans la corruption du monde. Satire du siècle de Louis XIV, mais également de l'humanité, le caractère du misanthrope est celui qui refuse d'être « l'ami du genre humain ».

• **La lutte d'un contre le groupe : entrer en résistance.** Ne pas se conformer au groupe, c'est également faire **acte de résistance**, en affichant ouvertement une lutte contre la collectivité. Les raisons en sont multiples. Elles varient selon les contextes historiques, mais reposent sur des motifs individuels qui marquent une nette rupture avec la collectivité. Le groupe est alors jugé comme non viable, voire comme **non éthique**. L'Histoire est émaillée d'exemples de ces personnalités d'exception qui ont su faire un choix déterminant pour elles-mêmes comme pour le groupe.

▲ Le 18 juin 1940, le général de Gaulle lance son appel à la résistance sur les ondes de la BBC depuis Londres.

À ce titre, le choix de **Charles de Gaulle** est emblématique. En 1940, jeune général de brigade et fraîchement nommé sous-secrétaire d'État à la Guerre, il part pour Londres alors que Pétain demande l'armistice aux Allemands. Cet acte est un pari hasardeux, qui aura pourtant des répercussions historiques. Il incarnera par la suite l'idée d'une France qui entre en résistance et refuse l'occupation nazie. « Ce fut épouvantable », confia-t-il à son ministre André Malraux pour évoquer les tourments qui l'assaillirent avant de franchir la Manche. En effet, de Gaulle sait qu'il se met à la marge, qu'il risque le peloton d'exécution. Ces affres de l'incertitude signèrent le coup d'éclat d'un homme qui deviendra par la suite l'**emblème** de la Résistance française.

Cette **dissidence** devient résistance et anime des êtres qui ont un idéal allant à l'encontre de celui de la collectivité.

▲ Photographie prise en juin 1936 au chantier naval Blohm & Voss de Hambourg où l'on distingue August Landmesser (cercle).

Un jour de 1936, dans l'Allemagne d'Adolf Hitler, August Landmesser, ouvrier sur un chantier naval, refuse de faire le salut nazi au milieu d'une foule qui lève le bras à l'unisson pour célébrer le départ d'un navire flambant neuf du port de Hambourg. **Le contraste est net** : cet homme est entouré par une foule compacte qui fait le salut d'adhésion à la doctrine nazie. Impassible, il reste les bras croisés.

## 2 Être rejeté par le groupe : le bouc émissaire ou le sacrifice de l'individualité au nom de la collectivité

• **La relégation de l'individu.** Se mettre à la marge du groupe peut relever d'un choix personnel. Cependant, ce processus peut devenir réversible dans la mesure où le groupe peut volontairement exclure un individu ou un autre groupe. D'actif, l'être devient passif, subissant une volonté collective qui le domine et le **réifie**. L'expression « **être la tête de turc** » qualifie toute personne qui subit les sarcasmes, les mauvais traitements de quelqu'un d'autre ou d'un groupe. Ce souffre-douleur peut prendre une **dimension expiatoire**.

**Définitions**

**Réifier :** réduire (quelqu'un) à l'état de chose.

**Expiatoire :** qui répare un crime, une faute par la peine subie.

• **Le bouc émissaire.** Dans une scène de l'*Ancien Testament*, le bouc émissaire est **commandé par Dieu** : « Dieu demande que le grand prêtre, après avoir sacrifié un bouc, prenne un bouc vivant, mette sur la tête du bouc tous les péchés du peuple, puis le chasse dans le désert. »

C'est le sacrifice d'un individu qui est censé condenser toutes les souillures du groupe. Ce processus tente d'expulser le mal hors de la communauté. Ce schéma de l'un contre les autres est rémanent : ce fut par exemple le cas dans l'affaire Dreyfus.

Cette coutume sacrificielle se retrouve dans la fable des *Animaux malades de la peste* de La Fontaine :
« Ce pelé, ce galeux, d'où venait tout leur mal.
Sa peccadille fut jugée un cas pendable.
Manger l'herbe d'autrui ! quel crime abominable !
Rien que la mort n'était capable
D'expier son forfait : on le lui fit bien voir.
Selon que vous serez puissant ou misérable,
Les jugements de cour vous rendront blanc ou noir. »

L'âne est jugé responsable du déferlement de la peste. Bien que son méfait soit une « peccadille », il sera mis à mort pour éradiquer le mal dont souffre la société. Dans son ouvrage *La Violence et le Sacré* (1972), René Girard montre que la violence réciproque menace dangereusement la société. Elle engendre en effet un cercle de vengeances et de contre-vengeances. Par le **lynchage**, la violence de tous contre un résoudrait la violence de tous contre tous. Cet **exutoire** permettrait la recomposition de la collectivité.

**Définition**

**Exutoire :** dérivatif à un sentiment violent.

**Document**

« Comme s'ils [les cavaliers] avaient été une seconde fois abandonnés, reniés (la première par la locomotive au sifflet moqueur, le symbole du monde mécanique et civilisé emmenant avec elle les wagons d'où ils avaient été extraits en pleine nuit et sous la pluie pour être déposés dans un endroit dont ils ne savaient même pas le nom, la seconde par les habitants chassés d'un endroit vers lequel eux-mêmes se dirigeaient et dont ils ne savaient pas non plus le nom), et même maudits (car, de toute évidence, c'était bien quelque chose empreint de haine que venait de leur crier le conducteur de la charrette), ce qui (après l'homme qui dans la gare leur avait montré le journal déployé, les fixant au-dessus de l'énorme manchette de ses yeux à la fois sombres et furieux) faisait la seconde malédiction de la journée, ou plutôt (car un autre jour, à en juger par la position de la lune, était déjà entamé) de leur voyage.

▸▸▸

Comme si la communauté qui les avait désignés (comme on choisit les bestiaux ou les animaux de trait et selon les mêmes critères : pour leur jeunesse et leur vigueur) s'était déjà amputée d'eux, les arrachait d'elle avec horreur, les excluant, les rejetant à sa périphérie sur une frange extrême du territoire tribal dont on chassait à leur approche les populations : la dernière charrette s'éloignant irrévocablement en laissant derrière elle, de même que l'air continue à vibrer bien après la fin du glas (depuis longtemps les cavaliers avaient cessé d'entendre des gémissements d'essieux, les craquements des gravillons sous les roues et même le tintement ferraillant de la poêle), son sillage de passive exécration. »

Claude Simon, *L'Acacia*, ©Les Éditions de Minuit, 1989

Dans cet extrait, les cavaliers deviennent les sacrifiés de la communauté. Leur relégation devient spatiale car ils se retrouvent parqués sur des territoires en marge de la communauté. Ils s'assimilent à des exclus, des marginaux, volontairement relégués pour et par la communauté.

## 3 Intégrer le groupe : mutualisation et équilibre entre altérité et collectivité

• **Intérêt général et individualité.** Il est indéniable que les entités de la collectivité et de l'individualité ont par nature des intérêts divergents. Cependant, une harmonisation est possible dans le cadre d'une **intégration,** d'une union pour gagner en cohérence et en efficacité. Unir les différences pour mieux **dépasser les clivages** devient source de richesse pour le bien de l'intérêt général.

• **Mutualisation et économie.** Voir en l'autre un frère et non plus un adversaire ; ce principe communautaire se trouve à l'origine de nombreuses initiatives. L'**économie collaborative** repose sur l'échange de services, de ressources, de biens, de temps, de savoirs et de compétences. Elle favorise des relations et une organisation horizontale, d'égal à égal, plutôt que verticales et hiérarchisées. Les systèmes d'échanges locaux (SEL) regroupent des personnes qui pratiquent l'échange multilatéral de biens, de services et de savoirs. Ce réseau d'entraide est réalisé sans souci mercantile et sans usage d'argent. La **colocation** et le **covoiturage** sont d'autres dispositifs qui permettent la mutualisation.

• **Synergie.** Du groupe peut émaner une cohésion, une fédération, aidant à la **communion** et à la **synergie**. Le temps d'un **flashmob**, une foule se rassemble dans un lieu public pour effectuer une action de courte durée dans le but de créer la surprise, avant de se disperser. Le succès phénoménal des réseaux sociaux n'est pas sans rappeler cette **volonté d'union**, d'aller vers l'autre et de créer une communauté, même **virtuelle**. L'aventure de l'*Encyclopédie* de Diderot et d'Alembert, publiée entre 1751 et 1772, résulte de cette volonté de saisir l'intégralité du savoir humain (en l'occurrence, de synthétiser les connaissances du XVIII$^{e}$ siècle), et de le transmettre au plus grand nombre.

**Document**

« Groupés pour la nuit sur cette grande place de notre village, ce coupon de sable où nos caisses versaient une lueur tremblante, nous avons attendu. Nous attentions l'aube qui nous sauverait, ou les Maures. Et je ne sais ce qui donnait à cette nuit son goût de Noël. Nous nous racontions des souvenirs, nous nous plaisantions et nous chantions.
Nous goûtions cette même ferveur légère qu'au cœur d'une fête bien préparée. Et cependant, nous étions infiniment pauvres. Du vent, du sable, des étoiles. Un style dur pour trappistes. Mais sur cette nappe mal éclairée, six ou sept hommes qui ne possédaient plus rien au monde, sinon leurs souvenirs, se partageaient d'invisibles richesses.
Nous nous étions enfin rencontrés. On chemine longtemps côte à côte, enfermé dans son propre silence, ou bien l'on échange des mots qui ne transportent rien. Mais voici l'heure du danger. Alors on s'épaule l'un à l'autre. On découvre que l'on appartient à la même communauté. On s'élargit par la découverte d'autres consciences. On se regarde avec un grand sourire. On est semblable à ce prisonnier délivré qui s'émerveille de l'immensité de la mer. »

Antoine de Saint-Exupéry, *Terre des hommes*, Éditions Gallimard, 1939.

Voir en l'autre un frère, un partenaire, c'est arriver à faire une rencontre véritable. L'individualité peut devenir encombrante si elle reste omniprésente. La fraternité repose sur une entraide face à l'inconnu, au danger. **L'union fait la force.** Dans cet extrait, l'emploi des pronoms « nous » et « on » révèle cette camaraderie, cette solidarité qui émerge du groupe et ouvre à l'immensité du monde.

• **Des opportunités de socialisation.** Les réseaux sociaux privés, comme Facebook, Twitter, ou professionnels, comme LinkedIn, ont révolutionné la toile en ouvrant à un potentiel d'une communication instantanée et omniprésente. En un clic, vous voilà connecté à tous vos contacts, relié à ce réseau permanent et international, vous affranchissant des frontières géographiques et temporelles.

La facilité déconcertante d'usage, les capacités prodigieuses de communication, la quasi-instantanéité du procédé sont autant d'atouts qui ne peuvent que séduire les utilisateurs en quête de plus de liberté, de spontanéité et de technologies toujours plus performantes. Car l'actualité se fait maintenant sur les réseaux sociaux et ne pas y être revient à s'isoler du monde. C'est un espace de partage sans égal où l'on peut s'exprimer spontanément, sans frein ni tabou.

• **Réelles interactions ou isolement social ?** Si les réseaux sociaux donnent l'impression d'être constamment connecté, peut-on vraiment parler de communauté authentique ? « Seuls avec tous » crée le paradoxe d'une communication bien réelle, mais dématérialisée.

Bien que les opérateurs cités plus haut soient des espaces qui accompagnent la réalité et fassent partie de la vraie vie, cette communication reste virtuelle en déterminant une nouvelle connexion du groupe et de l'individu. Ce dernier se trouve seul devant son écran, mais connecté à une multitude de contacts ; des échanges se créent et prolifèrent via Internet ; pour communiquer, plus besoin de contact physique direct, mais d'un simple clic. Pour autant, cette accumulation de liens ne crée-t-elle pas une illusion de communauté au sein de laquelle il est difficile de faire la distinction entre réalité et virtualité ?

**Conclusion**

« Seuls avec tous » révèle le dilemme de la condition humaine. Exister, c'est s'accomplir, mais également s'ouvrir à l'autre. Individualité et collectivité restent deux entités profondément antagonistes. Cependant, aller au-delà permet d'appréhender la vérité de l'humanité : être au monde avec l'autre, son frère, son semblable pour mieux se rappeler la primauté naturelle.

# Tableau de références



## Comment lire ce tableau

Dans le tableau suivant, vous trouverez des références culturelles non exhaustives liées aux différentes parties du thème « Seuls avec tous ». Ces références couvrent l'ensemble des différents supports artistiques : les écrits littéraires (en **noir**) ; les références filmographiques (en **bleu**) ; les œuvres picturales (en **vert**) ; les œuvres photographiques (en **orange**).

| Problématiques | Notion-clés | Références |
|---|---|---|
| **1. Le groupe en actes : entre diversité et perfectibilité** | | |
| **1. Le groupe : une densité caractéristique** | Le groupe est l'expression du plus grand nombre, notamment dans le cas de la foule. | • Charles Baudelaire, *Les Foules* ; *Le Peintre de la vie moderne*<br>• Gustave Flaubert, *L'Éducation sentimentale*, IIIe partie<br>• Victor Hugo, *Les Misérables*<br>• King Vidor, *La Foule*<br>• Andreas Gursky<br>• Massimo Vitali<br>• Michael Wolf |
| **2. Le groupe permanent** | Famille, clan et tribu | • Francis Ford Coppola, *Le Parrain*<br>• Steven Spielberg, *Il faut sauver le soldat Ryan*<br>• Jan Steen, *La Joyeuse famille* |
| **3. Vers une conception élaborée du groupe** | Société, communauté et Nation | • Denis Diderot, « Droit naturel », article de L'*Encyclopédie*<br>• Maurice Druon, Joseph Kessel, *Le Chant des partisans*<br>• Alain Mabanckou, *Petit piment*<br>• Eugène Delacroix, *La Liberté guidant le peuple* |
| **2. L'individualité, entre construction et narcissisme** | | |
| **1. L'individualité, une construction à reconnaître** | L'individualité se construit. | • Bret Easton Ellis, *Moins que zéro*<br>• J. M. G Le Clézio, *Alma*<br>• Martin Parr |
| **2. L'individualité, entre force agissante et possession de soi** | L'individualité permet la conquête de sa liberté et peut s'affirmer comme l'unique possession de soi. | • Sigmund Freud<br>• Gleb Panfilov, *Je demande la parole*<br>• Matt Ross, *Captain Fantastic*<br>• Martin Parr<br>• Michael Wolf |
| **3. Entre égotisme et égoïsme : l'individualité toute-puissante** | L'individu est par nature narcissique. Cette tendance s'exacerbe dans les cas d'égotisme et d'égoïsme. | • Gilles Lipovetsky, *L'ère du vide. Essai sur l'individualisme contemporain*<br>• Léa Fehner, *Les Ogres* |
| **3. Collectivité et individualité : un équilibre subtil, parfois précaire** | | |

# Tableau de références

| Problématiques | Notion-clés | Références |
|---|---|---|
| **1. Être à la marge du groupe : se mettre à l'écart ou entrer en résistance ?** | L'individu peut se mettre volontairement à la marge du groupe : misanthropie et résistance. | • Olivier Remaud, *Solitude volontaire*<br>• Sophocle, *Antigone*<br>• Lars von Trier, *Dogville* |
| **2. Être rejeté par le groupe : le bouc émissaire ou le sacrifice de l'individualité au nom de la collectivité** | L'individu peut être réduit à l'état d'objet, voire devenir un bouc émissaire. | • Guy de Maupassant, *Boule de Suif*<br>• George Orwell, *1984*<br>• Orson Welles, *Le Procès*<br>• Baron Gérard, *La bataille d'Austerlitz* |
| **3. Intégrer le groupe : mutualisation et équilibre entre altérité et collectivité** | Conciliation possible de l'individualité et de la collectivité | • Antonio Cassili, *Les Liaisons numériques : vers une nouvelle sociabilité*<br>• Jean-Michel Guenassia, *Le Club des incorrigibles optimistes*<br>• Anna Gavalda, *Ensemble, c'est tout*<br>• René Girard, *Le Bouc émissaire*<br>• Thomas Hobbes, *Léviathan*, chapitre XIII<br>• Frans Hals et Pieter Codde, *De magere compagnie* (*La Compagnie du capitaine Reinier Reael et du lieutenant Cornelis Michielsz*) |

# Anglais



## LE COURS

# Descriptif de l'épreuve d'anglais

Épreuve orale
Durée : 20 minutes
Coefficient : 3

## 1 Modalités de l'épreuve

Les instructions officielles définissent le déroulement de l'épreuve :

« Il est remis au candidat un article inconnu choisi par l'examinateur. Celui-ci devra préciser s'il souhaite que le candidat prépare la **lecture** d'un passage court. Dans ce cas, le passage à lire sera clairement indiqué.

Le candidat aura 20 minutes pour préparer **l'explication de l'article**. Il aura à sa disposition des feuilles de brouillon et aura le droit d'annoter ou de souligner le document qui lui aura été remis. Après les 20 minutes de préparation, **le candidat présente l'article en anglais** en s'efforçant de faire une **présentation structurée (ex. : introduire le thème principal, présenter les faits, expliquer les raisons et les solutions avancées par le journaliste).**

L'examinateur engagera ensuite avec le candidat, une **conversation sur l'article**, certains points de l'article soulevés par le journaliste, etc. Il se peut que l'examinateur, en fin d'entretien, souhaite poser des questions au candidat **sur les stages** qu'il a effectués en BTS et **sur ses projets** (facultatif).

L'entretien comprenant l'explication de l'article et la conversation avec l'examinateur est d'une durée de **20 minutes**. »

## 2 Le jour de l'examen

- Pendant le temps de préparation, prenez des notes de façon organisée comme pour un compte rendu, repérez les axes de la problématique, préparez des pistes d'élargissement en anticipant les questions possibles sur le thème du texte.
- L'examinateur ou le jury vous posera des questions qui ne seront ni des questions de cours ni une vérification de vos connaissances, mais qui sont destinées à vous permettre de rebondir, de faire entendre votre anglais. Alors parlez ! On évaluera autant votre aptitude à comprendre les questions et à y réagir que la qualité de votre anglais oral.

## 3 Comment se préparer

- Tout au long de l'année, lisez en anglais et en français dans le domaine professionnel qui est le vôtre, et le jour de l'examen, pensez à mobiliser vos connaissances et votre culture générale.
- Écoutez la radio, regardez la télévision en anglais. BBC Radio 4 diffuse sur les ondes longues, et vous pouvez bien sûr accéder à de nombreuses radios par Internet. Cinq minutes d'écoute active tous les jours valent mieux qu'une demi-heure une fois par semaine : choisissez une émission ou un sujet qui vous intéresse et prenez des notes. Vous pouvez également enregistrer quelques minutes pour pouvoir réécouter ensuite, et répéter quelques phrases.

# 1 Les différents types de documents

Les textes et documents choisis pour les sujets d'oral sont en général extraits de la **presse britannique ou américaine** (quotidiens ou magazines, revues spécialisées dans le domaine du travail), mais ils peuvent également provenir de sites Internet (journaux en ligne, par exemple), ou prendre la forme d'une transcription d'émission télévisuelle ou radiophonique.

## 1 Les sources

Connaître la source du document permet de se faire une idée du type de contenu auquel vous allez avoir affaire. Par ailleurs, vous devez indiquer cette source dans l'introduction. Voici les titres des principaux journaux et revues britanniques et américains.

### A La presse britannique

• **Les quotidiens de qualité** (*broadsheets*). Tous ces quotidiens ont leur édition du dimanche, qui comporte plusieurs cahiers thématiques.

The Daily Telegraph, The Sunday Telegraph : tendance conservatrice.
The Times, The Sunday Times : le grand journal de la bourgeoisie anglaise, centre droit.
The Independent, The Independent on Sunday : publie aussi une édition format tabloïd. Tendance centre gauche.
The Guardian, The Observer : orientés à gauche.

• **La presse à sensation** : les tabloïds.

The Daily Express, The Sun.
The Mirror, The Daily Mail.
The Evening Standard : le journal de Londres.

• **Les hebdomadaires d'actualité**

The Financial Times : le journal de la finance.
The Economist : malgré son titre, analyse tous les aspects de l'actualité internationale.
The New Statesman : politique, société, culture.
The New Scientist.

### B La presse américaine

• **Les quotidiens.** Les Américains préférant lire la presse locale, il y a plus de 1800 quotidiens aux États-Unis. Les plus connus sont :

The Washington Post.
The New York Times, qui publie également The International New York Times (anciennement appelé The International Herald Tribune), que l'on trouve facilement à l'étranger.
The Los Angeles Times, The Wall Street Journal, USA Today.

• **Les hebdomadaires d'actualité**

Time magazine, Newsweek, US News and World Report, Business Week, orienté vers le monde de l'entreprise.

## 2 S'entraîner

Lire la presse anglaise ou américaine pendant l'année, c'est vous familiariser avec un lexique et des tournures que vous assimilerez presque sans y penser. Tous les grands journaux ont des **éditions en ligne** qu'il est facile de consulter depuis chez vous ou en bibliothèque.

**Conseil**

Vous pouvez également consulter le site de la **BBC** (www.bbc.uk) où l'on peut entendre de l'anglais sur tous les sujets.

# 2 Lire et comprendre le texte

Lire et comprendre le texte est bien sûr la première étape, et c'est la clé de la réussite. Avec un peu de méthode et de l'entraînement, vous prendrez l'habitude de l'exercice et vous saurez quoi chercher et où le trouver.

## 1 Prendre ses repères

Avant même de commencer à lire le texte, certains éléments peuvent vous renseigner sur la **nature du contenu** : la publication (anglaise ou américaine, généraliste ou spécialisée), le type de document (article de presse, transcription d'émission radio, site Internet), l'illustration éventuellement.

## 2 La syntaxe et le lexique de l'article de presse

Les titres utilisent généralement des tournures **elliptiques** (c'est-à-dire dans lesquelles il manque un ou plusieurs termes sans que cela ne nuise à la compréhension) : *E mail's about to get better, An Open and Shut Case*, etc. Dans ce cas, le sous-titre ou le chapeau indiquent fréquemment le sujet de l'article. Apprenez à repérer d'autres caractéristiques :

– L'utilisation de nombreux **passifs**, en particulier dans les phrases rapportant des paroles ou des attitudes : *The President* ***is reported to*** *have views over...* On trouvera ainsi : *is expected to, is said to, is rumoured to*.
Tous ces passifs correspondraient à « on » en français : « On dit que le président..., on s'attend à ce qu'il... », etc. Ils signalent un manque de précision dans l'origine de l'information.

– Des **adverbes** comme *allegedly, reportedly* (on dit que / on prétend que, etc.) permettent également au journaliste de masquer ses sources,ou bien de révéler un point de vue.

– Les **citations** sont souvent introduites ou suivies par l'inversion : *says X*.

> **Conseil**
> Après avoir lu le titre et le sous-titre, prenez le temps de vous poser les questions suivantes : que vais-je lire dans cet article ? Qu'est-ce que je connais sur le sujet ? Qu'est-ce que j'aimerais apprendre ?

## 3 Trouver le sujet

Ce qu'il faut repérer :

- **Le lieu, la (ou les) date(s).** S'agit-il d'un article lié à un événement précis, ou bien est-ce un article de réflexion plus général ?
- **Les noms propres.** Les noms sont-ils importants (personnes connues, décideurs, etc.) ou bien s'agit-il de personnes inconnues du grand public qui ont simplement été interviewées pour l'article ou juste citées ?

> **Conseil**
> N'hésitez pas à écrire sur le texte (au crayon à papier pour ne pas le rendre illisible). Entourez les mots essentiels. Ce que vous comprenez vous aide, c'est sur cela que vous devez vous appuyer !

- **Les mots qui sont répétés, ceux qui vont ensemble (champs lexicaux).** Ils vous mèneront directement au thème de l'article ;
- **Les mots transparents** qui ressemblent tant au français peuvent souvent vous aider. (Voir p. 415 une liste de faux-amis à connaître.)

## 4 Repérer la structure d'un article

- **Les idées**

C'est souvent le premier paragraphe qui contient l'essentiel de l'information, parfois sous forme d'anecdote pour mieux « accrocher » le lecteur. Vous aurez intérêt à le lire soigneusement.
La **première phrase** contient généralement l'idée directrice qui sera étoffée et développée dans le reste du paragraphe. Prêtez-y donc une attention toute particulière.

- **Les articulations**

Ce sont les **mots de liaison** qui vous aident à repérer les articulations du texte et à comprendre sous quel angle les faits sont présentés.
Voici la liste de mots de liaison qu'il faut connaître :

| Le mot | On l'utilise pour | Sa traduction |
|---|---|---|
| First / Firstly | introduire une idée | D'abord / Premièrement |
| And / Besides / Moreover / What's more / In addition / At the same time | ajouter ou compléter un argument ou une idée | Et / De plus / En outre / En même temps |
| For instance<br>… say | introduire un exemple | Par exemple<br>… disons |
| Or / Or else | présenter une autre idée, une autre interprétation | Ou / Ou bien |
| That is / That is to say / i.e. | expliciter, préciser | … c'est-à-dire |
| Above all / Over all / Mostly | insister sur un point | Surtout |
| Let alone / not least | suggérer qu'il y a encore un argument, une idée, un fait qui pourrait être pris en compte | … sans parler de |
| As it is<br>Indeed / As a matter of fact | nuancer | Les choses étant ce qu'elles sont…<br>En réalité |
| So / Therefore / Thus / Consequently / As a result | exprimer un rapport de cause à conséquence | Donc / Par conséquent |
| That's why | donner la raison, la cause | C'est pourquoi |
| On the one hand… on the other hand | opposer deux arguments, deux idées | D'une part… d'autre part |
| Finally / Lastly / To conclude | conclure | Finalement / Pour conclure |

## 5 Que faire des mots inconnus ?

Pour accéder efficacement au sens d'un mot, il faut passer par quelques étapes indispensables.

- Tout d'abord, il faut identifier la **nature** du mot (verbe transitif ou non, nom, adjectif, composé ou non, adverbe, etc.), et sa **fonction** dans la phrase : est-ce un sujet, un complément d'objet direct, un complément d'agent, un complément circonstanciel, etc. ?

- Cherchez le radical, pensez aux règles de dérivation et de composition.

**Ex.** : inconsiderately = in + considerate + ly. C'est un adverbe dérivé de l'adjectif inconsiderate, lui-même formé à partir du verbe consider (= considérer), du préfixe privatif in- et du suffixe -ate (= inconsidéré). Il se traduit par l'adverbe français « inconsidérément ».

- Pour comprendre les mots composés et les expressions complexes, pensez à partir de la droite pour « remonter » la chaîne des mots anglais.

The North America Free Trade Agreement = l'Accord de libre-échange nord-américain
The Common Agricultural Policy = la Politique agricole commune
Aggressive advertising techniques = des techniques publicitaires agressives

- Pensez aux mots proches que vous connaissez et qui peuvent vous fournir des indices : les mots transparents, bien sûr, mais aussi ceux qui ne le sont pas en apparence. Apprenez à reconnaître les parentés entre l'anglais et le français : si *recognize* peut vous sembler obscur, le rapprochement avec l'adjectif français « cognitif » vous mettra sur la voie de la « connaissance » et du verbe « reconnaître ».

- Au cours de l'année, relevez les correspondances entre les formes des deux langues. Elles vous aideront à anticiper le sens de mots nouveaux. **Ex.** : les mots qui commencent par sp- en anglais correspondent souvent à des mots qui commencent par esp- ou ép- en français.

spy = espion ; spices = épices ; spinach = épinard ; spirit = l'esprit ; sponge = l'éponge.

**Autre exemple :** les mots qui contiennent les consonnes -st- peuvent souvent être rapprochés de mots français contenant un accent circonflexe et la consonne -t.

coast = la côte ; forest = la forêt ; castle = le château ; beast = la bête ; feast = le festin, la fête ; mast = le mât ; paste = une pâte.

- Enfin, n'oubliez pas de confronter le mot à son contexte ! Si le sens d'un mot vous résiste, procédez par déduction. Remplacez le mot par *thing* et relisez en rassemblant les indices : que savez-vous sur le *thing* ?

## 6 Quelques sigles à connaître

EEC (European Economic Community) = CEE (Communauté européenne économique)
EU (European Union) = UE (Union européenne)
GNP (Gross National Product) = PNB (Produit National Brut)
IMF (International Monetary Fund) = FMI (Fonds monétaire international)
NATO (North Atlantic Treaty Organization) = OTAN (Organisation du traité de l'Atlantique nord)
OECD (Organisation for Economic Cooperation and Development) = OCDE (Organisation de coopération et le développement économique)
OPEC (Organisation of Petroleum Exporting Countries) = OPEP (Organisation des pays exportateurs de pétrole)
STD (Sexually Transmitted Disease) = MST (Maladie Sexuellement Transmissible)
UFO (Unidentified Flying Object) = OVNI (Objet Volant Non Identifié)
UNO (United Nations Organization) = ONU (Organisation des Nations unies)
WHO (World Health Organization) = OMS (Organisation mondiale de la santé)

## 7 Quelques problèmes d'interprétation

### A Les particules adverbiales

Les particules adverbiales modifient le sens des verbes qu'elles accompagnent. En voici quelques-unes :

| | | |
|---|---|---|
| **about** | It's nice to walk about and see the sights. | → de-ci, de-là |
| | The company is about to go bankrupt. | → sur le point de |
| **across** | I came across Mr Jones in Moscow. | → rencontre |
| | The goods will be shipped across the ocean in air-tight containers. | → traversée |
| **along** | They rode along for a few minutes. | → mouvement en avant |
| | Come along! | → accompagnement |
| **away** | His worries are taking time away from his duties. | → éloignement |
| | She was typing away, listening to the radio. | → continuité |
| **back** | Come back about two o'clock. | → mouvement en arrière |
| | Don't answer back. | → riposte |
| **by** | Trains flashed by them. | → passage |
| **down** | Sit down and have a talk. | → mouvement vers le bas |
| | The prices have gone down again. | → diminution |
| **for** | I'm going to run for president. | → but |
| **in** | The roof started to cave in. | → mouvement vers l'intérieur |
| | Fill in the form and send it back to us. | → écriture (formulaires) |
| **off** | He's been laid off. | → interruption |
| | It sold off last fall. | → fin |
| | Maybe the bracelet fell off Jane's wrist. | → éloignement |
| **on** | Prices keep on soaring. | → mouvement continu |
| | The computer is on. | → en fonctionnement |
| **out** | The computer works out where it is. | → extraction |
| | Time is running out. | → épuisement |
| | The secretary handed out the files. | → distribution |
| | The press churns out one page after another. | → mouvement vers l'extérieur |
| **over** | I've said this over and over again. | → répétition |
| | Game over. | → fin |
| **through** | Let's go through the dossier again. | → passage, traversée |
| **up** | I need to check up on holiday destinations. | → mouvement vers le haut |
| | Do you know who you are up against? | → face-à-face |
| | What are they getting up to? | → préparation |

## B Les formes en -ing

Les formes en -ing peuvent se traduire :

- **par un nom**

The launching of a new advertising campaign needs to be perfectly planned.
→ Le lancement d'une nouvelle campagne de publicité doit être planifié à la perfection.

- **par un participe présent**

One day, looking down the ad. column of the "Evening Standard"…
→ Un jour, en parcourant la colonne des petites annonces dans l'*Evening Standard*…

- **par un infinitif**

Many people prefer working in an open-plan office.
→ Beaucoup de gens préfèrent travailler dans un bureau en « openspace ».

**• par une proposition**

Their filing a petition in bankruptcy is terrible news for all the employees.

→ Le fait qu'ils déposent le bilan est une terrible nouvelle pour tous leurs employés.

## C Les formes passives

Le passif est beaucoup plus souvent employé en anglais qu'en français. Il se traduit de différentes manières :

**• « on »**

We were advised to contact you. → On nous a conseillé de prendre contact avec vous.

**• une forme impersonnelle**

What should be done? → Que faudrait-il faire ?

**• une forme pronominale**

Her ambition can be understood if you consider the kind of life she's had.

→ Son ambition peut se comprendre si l'on regarde le genre de vie qu'elle a menée.

**• une forme active avec changement de verbe**

Your representative was supposed to contact us last week.

→ Votre représentant devait nous contacter la semaine dernière.

**• un passif**

They will have to face telling their customers that the goods had not been cleared through customs.

→ Ils devront se résoudre à dire à leurs clients que la marchandise n'avait pas été dédouanée.

# 3 La présentation orale

Il s'agit de proposer une présentation structurée de l'article dans laquelle vous mettrez en évidence le thème principal, avant de présenter les faits et d'expliquer les raisons et les solutions avancées par le journaliste.

## 1 La méthode

• Vous devez dans un premier temps repérer le thème et le(s) point(s) de vue exprimé(s) dans le texte (la **thèse** du texte), puis faire une explication qui introduise le document et restitue son contenu de manière ordonnée, en hiérarchisant les informations.

• La plus grande difficulté est de ne garder que l'essentiel, de déterminer si l'information a de l'importance ou si elle ne sert qu'à rendre l'article plus vivant. La presse anglophone utilise souvent une anecdote en début d'article pour introduire l'idée, le problème qui va être développé ensuite, ce qui permet au lecteur de bien en mesurer les applications concrètes. Par exemple pour introduire un article sur la peine de mort aux États-Unis, le journaliste commencera par décrire la situation d'un condamné dans le couloir de la mort d'une prison du Texas. Attention, dans ce cas-là, à ne pas présenter l'article comme portant sur cette personne alors qu'elle n'est que l'illustration du problème. Il est difficile de donner des règles précises dans ce domaine, tant il est vrai que cela va dépendre du texte que vous aurez sous les yeux. On peut tout de même dire que les noms de personnes sont généralement peu importants, à moins qu'il ne s'agisse de personnalités connues dans la vie publique ou dans le domaine professionnel. De même, pour les noms de lieux, essayez d'évaluer si l'endroit a de l'importance en lui-même, ou s'il représente seulement un type d'endroit lié à un type d'activité ou de problème.

**Conseil**

Vous pouvez noter les idées principales au brouillon et ensuite voir comment elles s'articulent. **Faites des flèches**, mettez les idées en relation, demandez-vous quelle est la cause ou la conséquence, ce qui est positif ou négatif. Vous pouvez aussi faire un tableau pour classer les idées au fur et à mesure de la lecture.
Notez les points importants que vous voulez aborder, ainsi que le lexique et les structures qui vont vous permettre de parler du document. Ne perdez pas de temps à rédiger des phrases de présentation : vous n'êtes pas censé lire un discours mais participer à une conversation.

## 2 La mise en œuvre

### A L'introduction

C'est l'introduction qui donne la première impression.

• Vous pouvez éveiller la curiosité de l'examinateur par une phrase d'accroche qui présente le sujet en rappelant un fait historique ou d'actualité qui permet de replacer le texte dans un contexte plus large ou bien par une anecdote personnelle ou une définition des termes du sujet.

• L'introduction doit indiquer **l'origine** du ou des documents (les sources), et la **date** (l'année peut suffire si vous avez plusieurs documents). Vous devez bien connaître les noms des principaux journaux et magazines britanniques et américains, de manière à pouvoir donner cette précision dans l'introduction.

• L'introduction doit également annoncer le **thème principal** du ou des document(s), et annoncer une **problématique**, c'est-à-dire les grands axes autour desquels s'organise votre compte rendu.

**Remarque**

Ne dites pas *~~This document of the Guardian on the seventh of March 2013~~ mais *This article published in The Guardian on the seventh of March, 2013…*

## B Le développement

C'est dans le développement que vous détaillez les axes évoqués dans l'introduction. Soyez précis et concis.
Vous devez en général identifier les éléments suivants :

### 1. *The subject / the topic*

En une phrase concise, et avec la plus grande précision possible, indiquez quel est le sujet du texte, puis répondez aux questions *What / Where / When*. Faites comme si l'examinateur ne connaissait pas le texte : c'est à vous de l'éclairer.
N'oubliez pas qu'un article de presse est nourri de l'actualité. La question principale pour le lecteur est donc *What's new?*

### 2. *The subject in detail*

*Why / who / causes / examples / consequences / problems / solutions*

### 3. *The debate*

S'il y a débat, repérez les participants et regroupez-les selon les points de vue et les opinions exprimés : *opponents / supporters, arguments in favour / arguments against.*

Les éléments 1, 2 et 3 sont très factuels et constituent la colonne vertébrale de votre explication.

**Remarque**

Il s'agit de développer des idées logiques, adaptées au texte, et de manière organisée. Montrez que vous êtes capable de prendre du recul par rapport au document et de ne pas vous limiter à votre propre opinion. Vous pouvez donner votre avis sur la question évoquée par le texte mais de façon aussi subtile, nuancée et argumentée que possible. Ne cherchez pas à plaquer un cours ou des connaissances si ce n'est pas absolument pertinent.

### 4. *Significance of the phenomenon in the world today*

Est-ce un phénomène nouveau, qui a des échos dans le passé, des conséquences dans le futur ? Soignez ce point qui prépare et introduit l'entretien en invitant l'examinateur à vous suivre.

N'oubliez pas les mots de liaison pour hiérarchiser les idées.

## C La conclusion

• Il s'agit là de rendre compte de la conclusion explicite ou implicite du texte, ce qui revient à résumer la question centrale, ses enjeux, ou les perspectives envisagées pour l'avenir. Une phrase suffit !

• La conclusion ne doit en aucun cas répéter les éléments de votre introduction, ni se contenter de reprendre votre plan. Rien de pire qu'une introduction qui annoncerait « Je vais maintenant vous expliquer A, B et C. » suivie d'une conclusion qui dirait : « Nous avons donc vu A, B et C. » Il faut essayer de poser une question, d'ouvrir sur un autre sujet, de montrer en quoi l'article a permis à votre réflexion d'avancer.

**Conseil**

Ne terminez jamais par «*That's all!*» mais faites en sorte que votre attitude, votre intonation et vos propos signalent que vous êtes parvenu au terme de votre exposé, et que vous êtes maintenant prêt à entamer l'entretien.

# 4 Répondre aux questions

Le but de l'entretien est de permettre à l'examinateur d'évaluer votre aptitude à échanger à l'oral en anglais. Les instructions officielles recommandent une conversation sur l'article. Il ne s'agit pas de vous piéger, mais de vous tendre des perches qui vous permettent de prendre part à cette conversation.

## 1 Comprendre ce que l'on vous demande

Les questions que l'examinateur peut vous poser sont de plusieurs types.

### A Les questions de compréhension

• On vous demande d'expliciter un passage, une expression, ou un mot du texte :

Par exemple, on vous demande d'expliquer ce que Bridget Hogg veut dire dans la phrase suivante : "I would advise any secretary thinking about taking a job where hot-desking is the norm to carefully consider their suitability to this way of working."
Vous devez montrer que vous comprenez cette phrase longue et complexe. Il faut reformuler, c'est-à-dire employer des mots différents pour dire la même chose.

• On peut vouloir vérifier si vous avez bien compris les enjeux du texte et si vous êtes capable de les expliquer :
Do you think the job-for-life culture is coming to an end?
Il vous faudra, en relisant le texte, essayer de définir l'expression *job-for-life culture*. Il s'agit d'en comprendre le sens par contraste avec ce qui est décrit comme étant la tendance actuelle.

• According to the text, do all the new developments expected from Poland's entry into the EU make Polish farmers happy? What are their reasons for being happy and their fears?
Dans une question de ce type, certains éléments doivent attirer votre attention et orienter votre réflexion : dans la première question le mot *all* suggère la possibilité d'une restriction (*not all the developments, only some of them do, the others don't)* confirmée dans la question suivante par l'opposition *happy / fears*.

**Conseil**

Ayez préparé quelques phrases au sujet des stages que vous avez effectués, de ce que vous y avez appris, du type d'entreprise et d'activité dont il s'agissait. Vous ne serez pas nécessairement interrogé à ce propos, mais vous produirez une impression désastreuse si vous n'êtes pas capable de décrire votre expérience en deux mots. Cherchez le vocabulaire utile, faites-vous une fiche. Sachez également parler de vos projets professionnels et personnels.

### B Les questions personnelles

On vous demande votre avis, on s'intéresse à votre expérience, à votre réflexion autour du thème général du texte, éventuellement à vos connaissances, à votre culture dans votre domaine professionnel :
Do you think e-mailing is threatened by the rise of spam, scams and viruses?
Would you like to work as a temp?

## 2 Trouver les éléments de réponse

### A Comment procéder

• Pour répondre aux questions de compréhension, il suffit souvent de reformuler et de clarifier le sens du passage. Une paraphrase intelligente montre en général que vous avez bien compris. Si ce n'est pas le cas, vous pouvez prendre quelques précautions oratoires et dire :
I'm not sure but I think that the journalist means that… / What I understand is that…

• Pour répondre aux questions plus personnelles, il faut rassembler rapidement quelques idées, puis les exposer de façon simple et cohérente. Ne commencez pas par donner votre opinion, même si on vous la demande : exposez brièvement le sujet, ses enjeux, les divers arguments possibles, et donnez votre avis à la fin. Il s'agit de montrer que vous êtes capable de prendre du recul.

• Pour amorcer votre réflexion lorsqu'on vous demande votre opinion à l'aide d'une question fermée du type : Do you think e-mailing is threatened by the rise of spam, scams and viruses?, pensez aux axes oui/non/peut-être, ou bien encore passé/présent/futur.

### B Vocabulaire utile

• **Opinion**

I think that… I believe that… In my opinion… It seems to me that… My opinion is that… For my part,… In my case,…

• **Doute / certitude**

I doubt that… I have great doubts about… I'd hesitate to say… I wonder whether… Obviously / Of course…

No doubt / Undoubtedly… It is true that… I feel (quite) certain that… I am (rather) convinced that…

• **Goûts**

I like / I enjoy / I am fond of / I am keen on + nom ou -ing… I don't think much of… I dislike / I hate

• **Préférences**

I much prefer sthg to sthg… I prefer to do sthg than to do sthg… I prefer doing sth than doing sth… I'd rather do this than do that…

## 3 Adopter la bonne attitude

L'examinateur s'intéresse certes au contenu de votre exposé, mais également à la manière dont vous le présentez : c'est bien d'une épreuve orale qu'il s'agit.

• Ne lisez pas vos notes, regardez l'examinateur, parlez clairement, et souriez.

• Ne parlez pas français. L'effort que vous faites pour vous exprimer correctement en anglais compte autant que ce que vous dites. Utilisez des périphrases pour dire les choses autrement. En dernier recours, vous pouvez demander « What's the English for…? », mais n'en abusez pas, car cela interrompt le rythme de votre exposé.

• Soignez la prononciation. On aura du mal à vous pardonner d'avoir mal prononcé *author*, *article*, *journalist*, *written* (sans diphtongue!), *writer* (avec diphtongue), etc.

• Éliminez les bruits parasites (« euh », « en fait », etc.). Lorsque vous voulez vous donner le temps de la réflexion, utilisez des *gap-fillers* anglais (*well*, *mmh*), mais n'abusez pas de «*you know*», trop familier et franchement agaçant quand il ponctue toutes les phrases.

## 4 S'entraîner

### A En classe

L'entraînement à l'oral, qui se fait tout au long de l'année, est essentiel.

• Prenez l'habitude de réagir à tous les documents proposés, même ceux qui a priori ne vous intéressent pas. Prenez la parole, répondez à vos camarades, contredisez-les ou dites-leur que vous êtes d'accord avec eux, etc. Plus vous jouerez le jeu, moins vous serez déconcerté le jour de l'épreuve.
• Apprenez à donner votre opinion, à exprimer votre accord ou votre désaccord, à nuancer votre pensée.

## B Chez vous

### • Écoutez de l'anglais

Pour vous familiariser avec des accents, des débits différents, et apprendre à repérer les intonations et les rythmes naturels de la langue, il est indispensable de profiter de toutes les occasions d'écouter de l'anglais (ou de l'américain) authentique.
Vous pouvez écouter la radio en direct et regarder les chaînes de télévision anglaises et américaines. Sur Internet, vous pouvez vous abonner aux **podcasts de la BBC**, regarder **les vidéos du *New York Times***, etc. Vous aurez tout intérêt à consulter les sites suivants :

→ **BBC** www.bbc.co.uk
• BBC World service podcasts www.bbc.co.uk/podcasts/worldserviceradio
• 60 Second Idea to Improve the World (5') www.bbc.co.uk/podcasts/series/forum60sec
• BBC 6-minute News www.bbc.co.uk/worldservice/learningenglish/.../sixminute/

→ **Radio 4 podcasts** www.bbc.co.uk/podcasts/radio4
• Best of today – news & analyse (8') www.bbc.co.uk/podcasts/series/today

→ **American radio**
• VOA (Voice of America) www.voanews.com
• NPR (National Public Radio) www.npr.org
• WABC Radio www.wabcradio.com actualités et débats. Cliquez sur le bouton 'Live listening'.

→ **Sites d'actualités avec supports vidéo et audio**
PRESSE BRITANNIQUE
• *The Guardian* www.guardian.co.uk et www.guardian.co.uk/audio
• *The Independent* www.independent.co.uk
• *The Economist* www.economist.com
PRESSE AMÉRICAINE
• *The New York Times* www.nytimes.com et www.nytimes.com/pages/podcasts/index.html
• *The International Herald Tribune* www.iht.com
• *The Washington Post* www.washingtonpost.com
• *USA Today* www.usatoday.com
• *Slate* www.slate.com

→ **Télévision**
• CNN us.cnn.com, articles et vidéos sur us.cnn.com/videos
• CBS News & CBS Evening News www.cbsnews.com, articles et vidéos
• Sky News, télévision en direct et à la demande news.sky.com

### • Intéressez-vous à l'actualité

Lisez la presse, écoutez la radio, les informations des pays anglophones.
Soyez attentifs à l'actualité et cherchez-y des illustrations aux notions que vous étudiez en classe : vous aurez ainsi davantage de choses à dire.

### • Faites des fiches de vocabulaire thématiques

Pour chacune des notions que vous aurez abordées dans l'année, notez le vocabulaire utile, les associations de mots les plus fréquentes, les expressions idiomatiques. Vous gagnerez du temps pour vos révisions et il vous sera plus facile de mobiliser le lexique utile le moment venu.

# 5 Lecture

Le règlement d'examen prévoit que l'examinateur peut vous demander de lire un passage du texte. Il s'agit d'un test de compréhension tout autant que d'une évaluation de votre prononciation.

## 1 Quelle stratégie ?

• Il faut avoir bien compris pour pouvoir bien lire. Il est donc logique de préparer cette partie de l'exercice en dernier, une fois que vous avez bien compris le texte. En effet, la lecture trahira immédiatement une mauvaise compréhension du passage.

• Réservez quelques minutes en fin de préparation pour relire le passage attentivement.

• Crayon en main, notez les syllabes accentuées, marquez les pauses et les endroits où vous ne devez pas en faire, interrogez-vous sur la phonétique des voyelles.

**Conseil**

Entraînez-vous à bien lire les grands nombres pour n'avoir aucune hésitation le jour de l'examen.
100 = one **hun**dred / a **hun**dred
1,000 = one **thou**sand / a **thou**sand
3,257 = **three thou**sand **two hun**dred and **fif**ty **se**ven
10,000 = **ten thou**sand
100,000= **one hun**dred **thou**sand
1,000,000 = 1m = **one mil**lion
65,879,000 = **six**ty **five mil**lion **eight hun**dred and **se**venty **nine thou**sand

## 2 Quelques principes

• Pour que la lecture soit compréhensible, il faut qu'elle réponde à plusieurs conditions :
– les mots doivent être correctement prononcés et correctement accentués ;
– les pauses doivent tenir compte du sens et de la grammaire du texte ;
– le rythme et l'intonation doivent obéir aux règles de prononciation de l'anglais (*cf.* ch. 6 Éléments de phonétique, p. 410).

• La lecture à haute voix se fait en particulier sur le principe des groupes de sens : on ne sépare pas les éléments qui font sens ensemble. De manière générale, on lie le verbe et son complément d'objet direct. On ne sépare pas la particule adverbiale et le verbe, le déterminant et le nom, l'adjectif et le nom.

• Observez les syllabes accentuées (en gras), les pauses de respiration (/) et les pauses entre les groupes de sens (//) dans le passage suivant.

With a **work**force of just **o**ver 491,000 in 2013, // the **U**nited **Sta**tes **Pos**tal **Ser**vice / (USPS) // is **se**cond **on**ly to **Wal**mart / a**mong** ci**vi**lian em**plo**yers in A**me**rica. // But it **still** em**plo**yed **mo**re than 200,000 **fe**wer **peo**ple last year / than it did just **ni**ne years **ear**lier // —when it **hand**led **near**ly 500m **more pie**ces of mail / and had **al**most 2,000 more **re**tail **o**ffices. // The **r**ise of **e**-mail has left America's **mas**sive **pos**tal **ser**vice / with **far** less to do, // and it has been **scram**bling to find **ways** to raise **re**venue.

*The Economist*, April 19th 2014

## 3 S'entraîner

• Lire à haute voix et s'enregistrer sont les seuls moyens de progresser véritablement et de comprendre en profondeur les mécanismes de l'exercice. Des sites comme celui de The Economist www.economist.com ou celui de la BBC (Learning English) proposent des enregistrements des articles que vous lisez à l'écran. Le site eman.free.fr/prepa-colle/, destiné aux élèves des classes préparatoires scientifiques et commerciales, propose un ensemble d'articles avec leurs scripts, enregistrés dans un anglais très clair. C'est un matériau excellent pour l'entraînement dont vous avez besoin.

**Conseil**

On trouve facilement sur Internet de petits logiciels d'enregistrement gratuits, comme Audacity. Ils conviennent parfaitement pour cet usage.

• Vous pouvez procéder de deux manières :
– écoutez l'enregistrement et lisez l'article en même temps en silence. Avec un crayon, notez les pauses, les accents de mots, les intonations, les sons qui vous surprennent. Ensuite, lisez à votre tour, à haute voix. Enregistrez-vous, puis réécoutez et comparez ;
– lisez un passage du texte en silence. Notez au crayon toutes les indications utiles, puis lisez à haute voix en vous enregistrant. Comparez avec l'enregistrement du texte.

# 6 Éléments de phonétique

Quelques règles simples peuvent vous éviter les erreurs les plus courantes pour des francophones. Entraînez-vous régulièrement pour être prêt le jour J.

## 1 L'accent de mot

Parfois appelé accent tonique, l'accent d'un mot est un élément essentiel de la prononciation de l'anglais. On dit qu'une syllabe est « accentuée » ou « non accentuée ». La place de l'accent de mot est déterminée par plusieurs éléments : l'origine étymologique du mot (germanique, latine ou autre), la présence d'un préfixe ou d'un suffixe et la nature de celui-ci. Nous donnons ici les grandes lignes.

- La plupart des **noms et des adjectifs de deux syllabes** sont accentués sur la $1^{re}$ syllabe, sauf s'il s'agit d'un préfixe.

**Ex.** : **hap**py, **fa**ther, **pic**ture mais sur**prise**, com**plaint**, re**act**.

- La plupart des **verbes de deux syllabes** sont accentués sur la $2^{e}$ syllabe.

**Ex.** : re**peat**, re**lax**, en**joy**, for**get**, mais **can**cel, **co**py, et les verbes en -en ou -er : **lis**ten, **ha**ppen, **an**swer, **en**ter.

**Attention** : Quand le nom et le verbe sont identiques, la syllabe accentuée permet de les distinguer à l'oral.

**Ex** : record (**re**cord / re**cord**), contrast (con**trast** / **con**trast), export (**ex**port / ex**port**), object (**o**bject / ob**ject**), present (**pre**sent / pre**sent**), produce (**pro**duce / pro**duce**), protest (**pro**test / pro**test**), rebel (**re**bel / re**bel**).

mais **pict**ure, **pro**mise, **tra**vel, **vis**it sont toujours accentués sur la première syllabe.

- Les **mots de trois syllabes** sont également accentués sur la $1^{re}$ syllabe sauf s'il s'agit d'un préfixe (ils sont alors accentués sur la $2^{e}$ syllabe).

**Ex.** : **poss**ible, **hon**esty, **po**sition ... mais im**poss**ible, dis**ho**nesty, de**po**sit, ac**know**ledge, pre**cau**tion.

Entraînez-vous à lire ce dialogue en respectant l'accentuation indiquée sous chaque mot (● = syllabe accentuée ; • = syllabe non accentuée) :

**John:** When do you begin your internship?
• ●   ● • •

**Mary:** On the twentieth of September.
● • •   • ● •

**John:** Really? Next Wednesday?
● • •   ●   •

**Mary:** I'm starting in the morning.
● •   ● •

**John:** So when are you leaving?
● •

**Mary:** Tomorrow.
• ● •

**John:** And when will you be back in Paris?
● •

**Mary:** Saturday November the thirteenth.
●•• •●• •●

**John:** The thirtieth?
●••

**Mary:** No, the thirteenth!
•●

- Les **suffixes dits « neutres »** ne déplacent pas l'accent du mot de départ.

-able : ***fash**ion* → ***fash**ionable*
-al : ***per**son* → ***per**sonal*
-dom : ***mar**tyr* → ***mar**tyrdom*
-ed : *re**co**ver* → *re**co**vered*
-en : ***light*** → ***light**en*
-er : *pro**duce*** → *pro**du**cer*
-ful : *suc**cess*** → *suc**cess**ful*
-hood : ***bro**ther* → ***bro**therhood*
-ing : ***co**ver* → ***co**vering*
-ish : *e**le**ven* → *e**le**venish*
-ism : ***ter**ror* → ***ter**rorism*
-ist : *gui**tar*** → *gui**tar**ist*
-ling : ***change*** → ***change**ling*
-ly : *po**lite*** → *po**lite**ly*
-man : *po**lice*** → *po**lice**man*
-ment : *a**gree*** → *a**gree**ment*
-or : *re**act*** → *re**act**or*
-ship : ***in**tern* → ***in**ternship*
-some : ***trou**ble* → ***trou**blesome*
-wise : ***o**ther* → ***o**therwise*
-y : ***wil**low* → ***wil**lowy*
-ess : ***duke*** → ***du**chess*
-less : ***pen**ny* → ***pen**nyless*
-ness : ***hap**py* → ***hap**piness*

- Les **suffixes dits « non neutres »**, modifient la place de l'accent dans le mot de départ.
- Cas où l'accent tombe sur **le suffixe.**

-aire : ***mil**lion* → *million**naire***
-ee : *em**ploy*** → *employ**ee***
-eer : ***en**gine* → *engin**eer***
-ese : ***jour**nal* → *journal**ese***
-esque : ***pic**ture* → *pictur**esque***
-ette : ***laun**der* → *launder**ette***
-eur : *entrepre**neur***
-fy : *terri**fy***
-ique : *bou**tique***
-ise : *ad**vise***
-oon : *car**toon***

- Cas où l'accent tombe sur **la syllabe placée avant le suffixe.**

-eous : *cou**ra**geous*
-ia(n) : *pneu**mo**nia*
-ial : *fi**nan**cial*
-ic(s) : *eco**no**mics*
-ical : *his**to**rical*
-ient : *re**si**lient*
-ion : *organi**za**tion*
-ity : *natio**na**lity*
-ium : *plane**ta**rium*
-ive : *in**tru**sive*
-logy : *ide**o**logy*

- Notez que les dérivés d'un nom en -tion sont accentués sur la même syllabe que lui : *consti**tu**tional*, ***func**tional*, *insti**tu**tional*, *in**ten**tional*, *inter**na**tional*.

**Remarque**
Exceptions à la règle du suffixe -ic : **ca**tholic, **lu**natic, **po**litic, **rhe**toric, a**rith**metic, Arabic.

## 2 L'accent de phrase

L'alternance de syllabes accentuées, légèrement accentuées, ou pas accentuées constitue la structure orale du mot, mais aussi de la phrase, et lui donne son rythme et sa musicalité.

### A Accentuation

- Les mots accentués sont ceux qui portent un contenu lexical, une information. Il s'agit des noms, des verbes principaux, des adjectifs. On accentue également les pronoms possessifs et démonstratifs, les pronoms interrogatifs, les formes négatives contractées, les adverbes, les particules adverbiales ou bien encore les mots grammaticaux de deux syllabes comme *about*, *across*, *because*, etc.

• Les mots non accentués sont les autres mots fonctionnels : articles, auxiliaires, pronoms personnels, adjectifs possessifs et démonstratifs, prépositions et conjonctions.

• À l'oral, ce sont les mots accentués qui vous permettent de repérer les idées-clés.

**Ex.** : Re**la**tions bet**ween** the **com**panies that cre**a**te **me**dia **pro**ducts and **those** that dis**tri**bute them have **long been poor**.

## B Régularité du rythme

Les syllabes accentuées sont généralement séparées par un « blanc », un léger silence, comme dans la phrase *Dogs chase cats* (Les chiens pourchassent les chats). On peut ajouter des syllabes non accentuées dans ces « blancs » sans que le rythme soit modifié.

**Observez :**

| | | | | | |
|---|---|---|---|---|---|
| | ● | | ● | | ● |
| | **DOGS** | | **CHASE** | | **CATS** |
| | **DOGS** | have | **CHASED** | | **CATS** |
| The | **DOGS** | will | **CHASE** | the | **CATS** |
| The | **DOGS** | have been | **CHASing** | the | **CATS** |
| The | **DOGS** | could have been | **CHASing** | the | **CATS** |

**Quelques schémas accentuels courants**

**Conseil**

Entraînez-vous à lire ces mots, phrases et expressions en respectant le schéma accentuel.
● • = première syllabe accentuée, deuxième syllabe non accentuée.
○ • ● = première syllabe légèrement accentuée, deuxième syllabe non accentuée, troisième syllabe accentuée, dernière syllabe non accentuée.
Vous pouvez également vous enregistrer. Cela vous permet ensuite de vous réécouter d'une oreille critique.

| | | | |
|---|---|---|---|
| ● •<br>mother<br>Do it.<br>Tell them. | • ●<br>relax<br>She comes.<br>You did? | ● • •<br>president<br>Look at her!<br>Go away. | • • ●<br>guarantee<br>He's arrived.<br>Where's the cat? |
| • ● •<br>important<br>I've seen her.<br>I love you. | ● • ●<br>Come and see.<br>Don't forget.<br>What's your name? | ● ● •<br>No problem!<br>Don't worry!<br>Please help us. | • ○ • ●<br>a piece of cake<br>The shop was closed.<br>It's time to go. |
| ○ • ● •<br>education<br>John's a teacher.<br>See you later. | ● • • ●<br>Give me a call.<br>Where do you live?<br>How do you do? | • ○ • ● •<br>communication<br>I think I know her.<br>I want some coffee. | ○ • ● • •<br>nationality<br>Come to Mexico.<br>Where's your bicycle? |

# 7 Boîte à outils

## 1 Des mots de liaison utiles

### • Pour ajouter une idée, un argument

Then / Next : alors, ensuite

Besides / What is more : de plus, qui plus est

Moreover / Furthermore : en outre In addition / On top of that : de plus Similarly / Likewise : de même

Especially since / As : d'autant plus que

### • Pour indiquer la cause

Because of + nom / on account of + nom : à cause de + nom

Due to + nom : en raison de + nom

Owing to + nom : par suite de / en raison de + nom

Thanks to + nom : grâce à + nom

Since : puisque

Because : parce que

Ex. : **Since / As / Because** time is money, customers with pressing requests are willing to dig a little deeper into their pockets. → **Étant donné que** le temps c'est de l'argent, les clients pressés ne voient pas d'inconvénient à mettre la main au porte-monnaie.

### • Pour expliquer les conséquences

Therefore : donc

Consequently / As a result / Accordingly : par conséquent

That's why : c'est pourquoi

That's the reason why : c'est la raison pour laquelle

… , so much so that… : à tel point que

So : alors Thus : ainsi

Ex. : Companies are designing bigger offices **so that** they create more motivated staff. / Companies are designing bigger offices. **As a result** / **Consequently** they create more motivated staff. → Les entreprises conçoivent des bureaux plus grands, **de telle sorte** que les employés sont davantage motivés.

### • Pour faire des concessions, exprimer des réserves

Although / Even though / Even if : même si…

Ex. : Most companies rely on their employees' good judgement **although** / **even though** / **even if** human resource directors agree that sometimes employees can push business casual too far. → La plupart des entreprises font confiance au bon sens de leurs employés, **même si** certains directeurs des ressources humaines s'accordent à dire que les employés poussent parfois la décontraction un peu loin.

In spite of / Despite + nom : malgré + nom

No matter what / who / where : quoi que / qui que / où que

Ex. : **No matter what** the surveys say, dress codes are still very much the norm in companies. → **Quoi qu'**en disent les études, les codes vestimentaires sont toujours bien présents dans les entreprises.

All the same : tout de même

Nevertheless : pourtant

Nonetheless / Still : malgré tout

### • Pour exprimer le contraste, l'opposition

On the one hand : d'une part

On the other hand : d'autre part

However / Yet : cependant

In fact / Actually : en réalité

As opposed to… / Unlike : à la différence de

Ex. : **Unlike** paper ID, biometric ID is tamperproof. → **Contrairement aux** papiers d'identité, l'identification biométrique est infalsifiable.

On the contrary : bien au contraire

By contrast : par contraste

Conversely : inversement

Whereas : alors que

**Ex.** : Biometric ID is tamperproof, **whereas** paper ID isn't. → L'identification biométrique est infalsifiable, **tandis que** les papiers d'identité ne le sont pas.

Despite / in spite of : malgré

**Ex.** : **Despite / In spite of all that**, John Brown remains convinced that a blanket ban is the best way to go. → **Malgré** tout cela, John Brown demeure persuadé qu'une interdiction totale est la meilleure solution.

### • Pour faire le bilan

All in all / Finally : finalement, tout compte fait
Last (but not least) : finalement
As a matter of fact : à vrai dire, en réalité
In short / In brief : en résumé
In a nutshell : en deux mots
In conclusion : en conclusion
To conclude : pour conclure
All things considered : tout bien considéré

### • Pour exprimer une alternative

**Either** you get down to work, **or** you are fired. → **Ou** vous vous mettez au travail **ou** vous êtes renvoyé.

**Neither** our customers **nor** our suppliers have ever met the boss. → **Ni** nos clients **ni** nos fournisseurs n'ont jamais vu le patron.

## 2 Expressions utiles

| | |
|---|---|
| avoir du mal à + inf | to find it difficult / hard to + inf / to have trouble + – ing |
| avoir le droit de | to have a right / to to be entitled to / to be allowed to |
| avoir raison (de + inf) | to be right / wrong (to + inf) |
| correspondre à | to correspond to |
| envisager | to intend / to plan |
| être conscient de | to be aware of |
| être d'accord avec | to agree with |
| être en jeu | to be at stake |
| être responsable de | to be responsible for / to be in charge of |
| être sur le point de | to be about to / to be on the verge of + nom ou – ing |
| exigeant | demanding |
| exportation | export |
| face à (cette situation) | faced with / in the face of |
| faire du sport | to play sports / to go in for sports |
| faire partie de | to belong to / to be part of |
| faire pression sur | to exert pressure on sb / to pressure sb into + – ing |
| faire preuve de | to show |
| faire ressortir | to bring out / to stress / to enhance |
| jouer un rôle | to play a part |
| mettre en danger | to endanger |
| mettre en doute | to jeopardize / to question |
| prétendre que | to doubt |
| profiter de | to claim that |
| provoquer | to take advantage of |
| rater | to cause / to miss (the train) / to fail (an exam) / to carry out (a project) |
| réaliser | to fulfil (a dream) |
| se rendre compte | to realize |
| résoudre | to solve |
| risquer de | to be in danger of + – ing / to run the risk of + – ing |
| s'adapter à | to adapt to |
| s'avérer | to turn out |
| s'opposer à | to object to |
| tenir compte de | to take into account |

# 3 Les faux-amis

Il faut distinguer deux listes. D'une part, les mots qui sont toujours des faux-amis, et d'autre part ceux dont le premier sens n'est pas le même qu'en français mais qui peuvent aussi avoir le même sens que le mot français auquel ils ressemblent.

## A Les mots qui sont toujours des faux-amis

| | |
|---|---|
| accommodation | logement |
| to achieve | atteindre, réaliser |
| actual / actually | réel / en réalité |
| (in) actuality | en réalité |
| advertisement | annonce publicitaire |
| to advocate | préconiser |
| affluence | richesse, abondance |
| affluent | riche |
| agonizing | angoissant |
| alien | étranger |
| to apologize | s'excuser |
| appointment | nomination sur un poste |
| to assist | aider |
| to assume | supposer |
| to attend | assister à |
| ballot | vote, bulletin de vote |
| to bribe | donner des pots-de-vin |
| chance | hasard |
| change | changement, monnaie |
| college | faculté |
| commodity | marchandise, denrée |
| confectioner | confiseur |
| con man | escroc |
| corporation | compagnie commerciale |
| current | actuel |
| to deceive | tromper |
| deception | tromperie, duperie |
| delay | retard |
| deputy | adjoint |
| to design | concevoir |
| directions | instructions, mode d'emploi |
| dramatically | de façon spectaculaire |
| engross | absorber |
| eventually | en fin de compte |
| evidence | preuves, témoignage |
| extra | supplémentaire |
| fabric | tissu |
| facilities | équipements |
| fastidious | exigeant |
| figure | chiffre |
| to furnish | meubler |
| furniture | meubles |
| gratuity | pourboire |
| gross | brut |
| hazard | danger, risque |
| hazardous | dangereux, risqué |
| inconvenient | malcommode, gênant |
| issue | problème, numéro |
| journey | voyage |
| labour | main-d'œuvre, travail pénible |
| large | grand |
| licence | autorisation, permis |
| lime | citron |
| location | situation, emplacement |
| luxury | luxe |
| malice | méchanceté |
| notoriety | mauvaise réputation |
| novel | roman |
| patron | client |
| petrol | essence |
| piece | morceau |
| place | endroit |
| policy | ligne politique, stratégie |
| politics | la politique |
| to prove | se révéler, s'avérer |
| rampant | effréné |
| to regard | considérer |
| to qualify | nuancer |
| rate | taux, cadence |
| to rest | se reposer |
| rude | mal élevé |
| sensible | sensé, raisonnable |
| supplier | fournisseur |
| sympathetic | compréhensif, compatissant |
| trivial | insignifiant |
| utilities | services publics : eau, gaz, etc. |
| valid | valable, etc. |

**Et tous les faux-amis qui concernent l'argent :**

| | |
|---|---|
| money | argent |
| change | monnaie |
| coin | pièce de monnaie |
| currency | monnaie légale d'un pays |
| note | billet. |

Anglais

## B Les faux-amis qui ont parfois le même sens que le mot français auquel ils ressemblent

| | |
|---|---|
| application | candidature |
| argument | dispute ; argument |
| benefit | allocation ; bénéfice |
| competition | concurrence, competition |
| to complete | terminer ; compléter |
| confidence | confiance ; optimisme ; confidence |
| to consider | envisager ; considérer |
| to contemplate | envisager ; contempler |
| customs | douane ; coutumes |
| degree | diplôme universitaire ; degré |
| to demand | exiger, demander |
| demonstration | manifestation ; démonstration |
| department | ministère ; rayon ; département |
| exchange | le change ; un échange |
| to expose | dénoncer ; exposer au soleil, au chaud, au froid excessifs |
| file | dossier ; lime ; file |
| habit | habitude ; tenue, habit |
| intelligence | renseignements ; espionnage ; intelligence |
| to introduce | présenter ; introduire |
| pipe | tuyau ; pipe |
| platform | quai de gare ; estrade, plate-forme |
| prejudice | préjugé ; préjudice |
| to pretend | faire semblant ; prétendre, affirmer |
| relief | soulagement, secours ; [adj.] en relief |
| to replace | remplacer, remettre en place |
| resignation | démission ; résignation |
| rest | repos ; support, appui ; reste |
| to resume | reprendre ; résumer |
| tank | réservoir ; cuve, citerne ; aquarium ; tank (char d'assaut) |

Achevé d'imprimer en Espagne par Macrolibros - Dépôt légal : mai 2018 - Collection n° 8 - Édition 01 - 35/4914/0